금융권 최종 합격을 위한 추가학습자료

KB084837

본 교재 인강 2만원 할인쿠폰

KK5B 8999 2K8C 4000

해커스잡 사이트(ejob.Hackers.com) 접속 후 로그인 ▶ 사이트 메인 우측 상단 [나의 정보] 클릭 ▶
[나의 쿠폰 - 쿠폰/수강권 등록]에 위 쿠폰번호 입력 ▶ 강의 결제 시 쿠폰 적용

* 쿠폰 유효기간: 2026년 12월 31일까지
* 본 쿠폰은 한 ID당 1회에 한해 등록 및 사용 가능합니다.
* 본 교재 인강 외 이벤트 강의 및 프로모션 강의에는 적용 불가, 쿠폰 중복 할인 불가합니다.

PSAT형 NCS 온라인 모의고사 응시권

OK25 89AB A5D8 K000

해커스잡 사이트(ejob.Hackers.com) 접속 후 로그인 ▶ 사이트 메인 우측 상단 [나의 정보] 클릭 ▶
[나의 쿠폰 - 쿠폰/수강권 등록]에 위 쿠폰번호 입력 ▶ [마이클래스 - 모의고사]에서 응시

* 쿠폰 유효기간: 2026년 12월 31일까지
* 쿠폰 등록 시점 직후부터 30일 이내 PC에서 응시 가능합니다.
* 본 쿠폰은 한 ID당 1회에 한해 등록 및 사용 가능합니다.

* 이 외 쿠폰 관련 문의는 해커스 고객센터(02-537-5000)로 연락 바랍니다.

FREE

무료 바로 채점 및 성적 분석 서비스

해커스잡 사이트(ejob.Hackers.com) 접속 후 로그인 ▶
사이트 메인 상단 [교재정보 - 교재 채점 서비스] 클릭 ▶
교재 확인 후 채점하기 버튼 클릭

* 사용 기간: 2026년 12월 31일까지

▲ 바로 이용

취업교육 1위, 해커스 ejob.Hackers.com

주간동아 2024 한국고객만족도 교육(온·오프라인 취업) 1위

해커스
PSAT 기출로 끝내는
금융 NCS
330 제

해커스

해커스 PSAT 기출로 끝내는 금융 NCS 330제

취업강의 1위, 해커스잡 **ejob.Hackers.com**

금융 NCS,
어떻게 준비해야 하나요?

많은 수험생들이 입사하고 싶어하는 금융권 기업,
그중에서도 NH농협은행, IBK기업은행, 국민은행, 신한은행, 하나은행, KDB산업은행 등에 입사하고 싶어 하지만,
그만큼 많은 수험생이 시중 은행 입사 시 필수 관문인 금융 NCS를 어떻게 준비해야 할지 몰라 걱정합니다.

그러한 수험생들의 걱정과 막막함을 알기에 해커스는 수많은 고민을 거듭한 끝에
「**해커스 PSAT 기출로 끝내는 금융 NCS 330제**」를 출간하게 되었습니다.

「해커스 PSAT 기출로 끝내는 금융 NCS 330제」는

1. NCS 전문가가 엄선한 PSAT 기출 문제 풀이를 통해 실전에 빈틈없이 대비할 수 있습니다.

2. 유형공략 30제를 통해 유형별 접근으로 금융 NCS 문제를 효율적으로 학습할 수 있습니다.

3. 금융 NCS 시험 경향에 맞춘 실전공략 300제 풀이로 실전 감각을 극대화할 수 있습니다.

「해커스 PSAT 기출로 끝내는 금융 NCS 330제」라면
금융 NCS 시험을 확실히 준비할 수 있습니다.

해커스와 함께 금융 NCS 관문을 넘어 최종 합격하실 **'예비 금융인'** 여러분께 이 책을 드립니다.

해커스 NCS 취업교육연구소

목차

유형공략 30제

실전공략 300제

약점 보완 해설집 [책 속의 책]

금융 NCS 합격을 위한 이 책의 활용법

1 유형공략 30제로 출제 유형을 파악하여 전략적으로 학습한다.

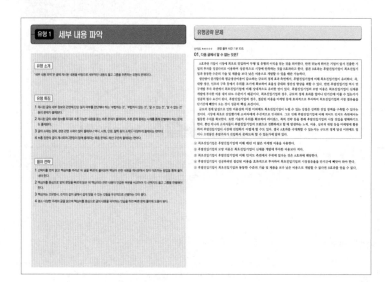

유형 특징 & 풀이 전략

금융 NCS에서 출제되는 유형별 특징 및 풀이 전략을 확인하여 유형에 대한 이해를 높일 수 있습니다.

유형공략 문제

다양한 난도로 구성된 유형공략 문제를 풀며 시간 관리 연습을 할 수 있습니다. 또한 문제별 난이도와 권장 풀이 시간을 체크하며 문제 풀이 실력을 점검할 수 있습니다.

2 취약 유형 진단 & 약점 극복으로 취약한 유형을 꼼꼼하게 보완한다.

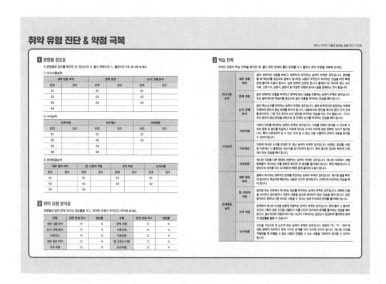

문항별 정오표 & 취약 유형 분석표

영역 및 유형별로 맞힌 문제 개수와 정답률을 파악하여 유형별로 비교해보고, 자신의 취약한 영역과 유형이 무엇인지 확인할 수 있습니다.

학습 전략

취약한 유형의 학습 전략을 확인한 후, 이에 따라 틀린 문제와 풀지 못한 문제를 반복하여 풀면서 약점을 극복할 수 있습니다.

3 실전공략 300제로 실전 감각을 극대화한다.

실전공략문제 1~10회

NCS 전문가가 엄선한 PSAT 기출문제 10회분을 풀면서 실전 감각을 기를 수 있습니다. 특히 고난도 회차를 2회분 포함하여 고난도로 출제되는 금융 NCS 시험에도 대비할 수 있도록 하였습니다.

4 상세한 해설로 취약한 점을 보완하여 완벽하게 정리한다.

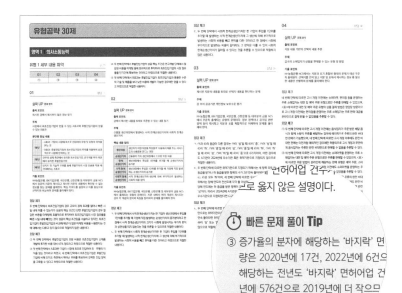

약점 보완 해설집

상세하고 이해하기 쉬운 해설로 모든 문제를 체계적으로 학습할 수 있습니다. 특히 '실력 UP 문제 분석'을 통해 문제별 출제 포인트, 핵심 내용, 기출 포인트를 확인하여 고난도 문제 풀이법을 익힐 수 있습니다. 또한 '빠른 문제 풀이 Tip'을 통해 문제를 빠르고 정확하게 푸는 방법까지 익힐 수 있습니다.

기간별 맞춤 학습 플랜

10일 완성 학습 플랜

· 하루에 한 영역씩 학습하며 유형별 문제 풀이법을 익히고 취약한 유형을 중심으로 복습합니다. 이후, 실전처럼 시간을 정해 하루에 2회분씩 실전공략문제를 풀고 마무리합니다.

	___월___일	___월___일	___월___일	___월___일	___월___일
1주차	[유형공략 30제] 영역 1 의사소통능력	[유형공략 30제] 영역 2 수리능력	[유형공략 30제] 영역 3 문제해결능력	[유형공략 30제] 복습	[실전공략 300제] 실전공략문제 1~2회
	___월___일	___월___일	___월___일	___월___일	___월___일
2주차	[실전공략 300제] 실전공략문제 3~4회	[실전공략 300제] 실전공략문제 5~6회	[실전공략 300제] 실전공략문제 7~8회	[실전공략 300제] 실전공략문제 9~10회	전체 복습

20일 완성 학습 플랜

· 하루에 한 유형씩 학습하며 유형별 문제 풀이법을 익히고 복습합니다. 이후, 실전처럼 시간을 정해 하루에 1회분씩 실전공략문제를 풀고 복습하며 마무리합니다.

	___월___일	___월___일	___월___일	___월___일	___월___일
1주차	(영역 1 의사소통능력) 유형 1 세부 내용 파악	(영역 1 의사소통능력) 유형 2 문맥 추론	(영역 1 의사소통능력) 유형 3 논지·견해 분석	(영역 2 수리능력) 유형 1 자료이해	(영역 2 수리능력) 유형 2 자료계산
	___월___일	___월___일	___월___일	___월___일	___월___일
2주차	(영역 2 수리능력) 유형 3 자료변환	(영역 3 문제해결능력) 유형 1 세부 정보 파악	(영역 3 문제해결능력) 유형 2 법·규정의 적용	(영역 3 문제해결능력) 유형 3 규칙 적용	(영역 3 문제해결능력) 유형 4 논리퍼즐
	___월___일	___월___일	___월___일	___월___일	___월___일
3주차	(실전공략문제 1회) 학습 및 복습	(실전공략문제 2회) 학습 및 복습	(실전공략문제 3회) 학습 및 복습	(실전공략문제 4회) 학습 및 복습	(실전공략문제 5회) 학습 및 복습
	___월___일	___월___일	___월___일	___월___일	___월___일
4주차	(실전공략문제 6회) 학습 및 복습	(실전공략문제 7회) 학습 및 복습	(실전공략문제 8회) 학습 및 복습	(실전공략문제 9회) 학습 및 복습	(실전공략문제 10회) 학습 및 복습

금융 NCS 및 PSAT 알아보기

금융 NCS 알아보기

1. 금융 NCS란?

NCS(National Competency Standards)는 국가직무능력표준을 의미하는 말로, 대부분의 금융권에서는 NCS에 기반한 채용을 진행하기 때문에 이를 일컬어 금융 NCS라 한다. 이때, NCS 기반 채용은 불필요한 스펙이 아니라 해당 직무에 맞는 스펙을 갖춘 인재를 NCS 기반의 평가도구를 활용하여 선발하는 채용 방식을 의미한다. 기본적으로 NCS는 의사소통능력, 수리능력, 문제해결능력, 자기개발능력, 자원관리능력, 대인관계능력, 정보능력, 기술능력, 조직이해능력, 직업윤리 10개의 영역으로 구분되지만 금융 NCS에서는 대체로 의사소통능력, 수리능력, 문제해결능력 3개 영역을 고정적으로 출제하고, 직무별 또는 기업에서 중요하게 여기는 영역을 추가로 출제하는 경우가 많다.

2. 금융 NCS 주요 시험 유형

시험 유형	시험 특징
모듈형 시험	한국산업인력공단에서 제공하는 직업기초능력 교수-학습 자료, 이른바 직업기초능력 가이드북을 기반으로 하는 모듈형 문제가 높은 비중으로 출제되는 시험을 말한다. 모듈형 문제는 응시자가 직업기초능력 가이드북의 이론 및 개념을 숙지하고 있는지 확인하고, 이를 실제 업무에 적용할 수 있는 응용 업무 능력을 갖추었는지를 평가하는 데 목적이 있다. 직업기초능력 가이드북을 충분히 학습하지 않으면 실제 시험에서 문제를 풀기 어려울 수 있으므로 관련 이론에 대한 사전 학습이 필요하다. 금융 NCS에서는 모듈형 시험만 출제하는 기업은 거의 없으며, 보통 PSAT형과 혼합한 피듈형 시험을 출제하는 기업이 더 많은 편이다.
PSAT형 시험	공직적격성평가(PSAT)와 유형이 비슷한 PSAT형 문제가 높은 비중으로 출제되는 시험을 말한다. PSAT형 문제는 응시자가 논리적인 사고력과 정보 해석 및 추론 능력 등을 갖추었는지 평가하는 데 목적이 있다. 이론 암기만으로 대비할 수 있는 유형의 시험이 아니므로 사전에 다양한 문제를 제한 시간 내에 푸는 연습을 하는 것이 중요하다. NH농협은행, IBK기업은행, 국민은행, 신한은행 등 대부분의 금융권 기업에서 PSAT형 시험을 출제한다.
피듈형 시험 (PSAT형+모듈형)	모듈형 문제와 PSAT형 문제가 비슷한 비중으로 출제되는 시험을 말한다. 직업기초능력 가이드북의 이론 및 개념을 꼼꼼히 학습하여 모듈형 문제에 대비함과 동시에 다양한 PSAT형 문제를 풀어보며 논리적인 사고력과 정보 해석 및 추론 능력을 기르는 것이 중요하다. 하나은행, KDB산업은행 등에서 모듈형과 PSAT형 시험이 혼합된 피듈형 시험을 출제한다.

▌PSAT 알아보기

1. PSAT이란?

PSAT(Public Service Aptitude Test, 공직적격성평가)는 공직과 관련된 상황에서 발생하는 여러 가지 문제에 신속히 대처할 수 있는 문제해결의 잠재력을 가진 사람을 선발하기 위해 도입된 시험이다. 즉, 특정 과목에 대한 전문 지식 보유 수준을 평가하는 대신, 공직자로서 지녀야 할 기본적인 자질과 능력 등을 종합적으로 평가하는 시험이다. 이에 따라 이해력, 추론 및 분석능력, 문제해결능력 등을 평가하는 언어논리, 상황판단, 자료해석 세 가지 영역으로 구성된다.

2. PSAT 출제 과목에 따른 금융 NCS 출제 영역 비교

과목	과목 특징	금융 NCS 출제 영역
언어논리	글의 이해, 표현, 추론, 비판과 논리적 사고 등의 능력을 평가함	의사소통능력, 문제해결능력
자료해석	제시문과 표를 이해하여 상황 및 조건에 적용하고, 판단과 의사결정을 통해 문제를 해결하는 능력을 평가함	수리능력
상황판단	제시문과 표를 이해하여 상황 및 조건에 적용하고, 판단과 의사결정을 통해 문제를 해결하는 능력을 평가함	의사소통능력, 문제해결능력

금융권 최신 이슈 및 주요 금융권 채용 알아보기

금융권 최신 이슈 알아보기

금융 NCS에서는 금융권 최신 이슈나 관련 상식들을 기반으로 한 NCS 문제의 출제 비중이 높은 편이다. 이에 따라 경영, 경제, 금융 관련 기본적인 상식과 최신 이슈 등에 대해 미리 학습해두는 것이 좋다.

구분	개념
비용개념	· 산출량(Q): 기업이 비용을 들여 생산해 낸 양 · 고정비용(FC): 임대료 등 산출량에 따라 변하지 않는 비용 · 가변비용(VC): 재료비 등 산출량에 따라 변하는 비용 · 총비용(TQ): 고정비용과 가변비용을 합한 값 · 평균총비용(ATC): 제품 한 단위를 생산하는 데 소요되는 비용(ATC=TC/Q) · 한계비용(MC): 산출량 한 단위 증가분에 대한 총비용의 증가분(MC=△TC/△Q)
환율	자국 통화와 외국 통화의 교환비율로, 한 단위의 외화를 얻기 위해 지불해야 하는 자국 통화의 양 · 환율의 변동: 외화의 수요와 공급에 의해 결정됨(외환시장에서의 수요 증가 및 공급 감소 → 환율 상승, 외환 시장에서의 수요 감소 및 공급 증가 → 환율 하락) · 환율 상승(원화 약세)의 영향: 수출 증가 및 수입 감소, 경상수지 개선, 국내 물가 상승, 외채 상환 부담 증가 · 환율 하락(원화 강세)의 영향: 수출 감소 및 수입 증가, 경상수지 악화, 국내 물가 하락, 외채 상환 부담 감소
무차별곡선	개인의 동일한 만족이나 효용을 나타내는 곡선으로, 가로축을 X상품의 수량으로 하고, 세로축을 Y상품의 수량으로 할 때 동등한(무차별의) 만족을 주는 X · Y의 여러 가지 결합을 연결하여 나타내며 무차별 곡선은 우하향하며 대체로 원점을 향하여 볼록한 형태를 취함
내쉬균형	게임의 각 참여자가 다른 참여자들의 전략을 주어진 것으로 예상하고 자신에게 최적의 전략을 선택할 때, 그 결과가 균형을 이룰 수 있는 최적 전략의 조합
헥셔-오린 정리	비교우위의 원인을 각국의 생산 요소의 부존량 차이 및 요소 집약도의 차이로 설명하는 근대적인 무역이론으로, 헥셔-오린 정리에 따르면 각국은 상대적으로 부존량이 풍부한 생산요소를 집약적으로 사용해야 하는 재화의 생산에 비교우위를 갖게 됨
시장실패	공공재, 규모의 경제, 외부효과 등의 요인 때문에 시장이 제 기능을 발휘하지 못해 자원의 효율적 배분 및 소득의 균등한 분배가 제대로 이루어지지 못하는 상태
외부효과	어떤 사람의 경제활동이 의도치 않게 다른 사람에게 이익을 주거나 피해를 입히게 되는 것 · 외부경제: 한 생산자나 소비자의 행위가 제3자에게 긍정적인 효과를 미치지만, 그에 대한 대가를 전혀 받지 못하는 것 · 외부불경제: 한 생산자나 소비자의 행위가 제3자에게 부정적인 효과를 미치지만, 그에 대한 대가를 전혀 지불하지 않는 것
도덕적 해이	정보가 불투명하거나 비대칭적이어서 상대방의 행동을 예측하기 어렵거나 본인이 최선을 다해도 자신에게 돌아오는 혜택이 거의 없을 때 발생하는 것으로, 정보가 불균형한 상황을 이용해 자신에게 유리한 행동을 하는 것

역선택	정보의 불균형으로 인해 자신에게 불리한 의사결정을 하는 것 · 역선택 사례: 보험사가 개별 가입자의 건강 상태나 사고 확률을 잘 알지 못해 평균적인 건강 수준에 기초해 보험료를 책정할 경우, 실제로 건강한 사람은 보험 가입을 꺼리고 건강하지 않은 사람들만 보험에 가입하게 되어 보험사의 재정이 악화됨
인플레이션의 영향	실질 소득이 감소하고 실물 자산의 가치가 상승하기 때문에 금융 자산 보유자, 채권자, 수출업자, 봉급생활자, 연금생활자는 불리해지고, 실물자산 보유자, 채무자, 수입업자는 유리해짐
피셔 효과	실질 이자율과 예상 인플레이션율의 합이 명목 이자율과 같다는 이론, 즉 예상 인플레이션이 1% 오를 경우 명목 이자율도 1% 오른다고 봄
멘델-토빈 효과	명목 이자율의 변화와 예상 인플레이션율이 1대1의 관계가 성립하지 않고, 명목 이자율은 예상 인플레이션율보다 낮은 정도로 오른다는 이론
스태그플레이션 (Stagflation)	불황기에 물가가 계속 상승하여 경기 침체와 물가 상승이 동시에 일어나고 있는 상태
재정정책	정부가 재정의 수입과 지출을 조정하여 국민경제를 조정하는 정책 · 확장적 재정정책: 공채를 재원으로 하면서 재정 규모를 확대하여 경기를 부양하려는 정책 · 긴축 재정정책: 재정 규모를 축소하고 가능한 한 조세를 재원으로 하여 경기 과열을 억제하는 정책
통화 정책	중앙은행은 지급준비율(금융기관의 총 예금액에 대한 현금준비 비율), 국공채(중앙은행이 시장에 참여하여 보유하고 있던 유가증권), 기준금리(중앙은행의 금융통화위원회가 매달 회의를 통해 결정하는 금리), 금융중개지원대출(중앙은행이 시중은행별로 정해놓은 한도 내에서 저금리로 돈을 대출해주는 제도) 등을 통하여 통화량을 조절할 수 있음 · 지급준비율 인상 → 통화량 감소, 지급준비율 인하 → 통화량 증가 · 국공채 매각 → 통화량 감소, 국공채 매입 → 통화량 증가 · 기준금리 인상 → 통화량 감소, 기준금리 인하 → 통화량 증가 · 금융중개지원대출 자금 축소 → 통화량 감소, 금융중개지원대출 자금 확대 → 통화량 증가
채권	국가, 지방 자치 단체, 은행, 회사 등이 사업에 필요한 자금을 차입하기 위해 발행하는 유가 증권
본원통화	중앙은행 지급준비금 계정에 예치된 금융기관 자금과 시중에 유통되고 있는 현금을 합한 것
금리역전현상	장기채권 수익률이 단기채권보다 낮은 보기 드문 현상으로 보통은 경기침체의 전조로 해석함
오퍼레이션 트위스트	장기국채를 사들이고 단기국채를 매도함으로써 장기금리를 끌어내리고 단기금리는 올리는 공개시장 조작방식
주식회사	주식을 발행함으로써 여러 사람으로부터 자본을 조달받는 회사로, 7인 이상의 주주가 유한 책임 사원이 되어 설립되며 자본과 경영이 분리되는 회사의 대표적 형태임

금융권 최신 이슈 및 주요 금융권 채용 알아보기

주주	주식을 가지고 직접 또는 간접으로 회사 경영에 참여하고 있는 개인이나 법인을 의미하는 것으로, 총회에 출석하여 질문할 권리, 1주에 대하여 1개의 의결권 보유, 이익배당청구권, 잔여재산분배청구권, 신주인수권 등의 권리를 지님
합자회사	두 사람 이상이 자본을 대어 만드는 회사로, 유한 책임 사원과 무한 책임 사원으로 구성되며 무한 책임 사원은 업무의 집행에 관한 권리 및 의무를 지니고, 유한 책임 사원은 재산에 대한 한정된 권한 및 감독권을 지님
공매도	주가 하락에서 생기는 차익금을 노리고 주권을 실제로 가지고 있지 않거나 가지고 있더라도 상대에게 인도할 의사 없이 신용거래로 환매하는 행위
서킷브레이커 (Circuit breakers)	코스피 지수나 코스닥 지수가 일정 수준 이상 하락하는 경우 투자자들이 냉정하게 투자 판단을 할 수 있도록 시장에서의 모든 매매 거래를 일시 중단하는 제도로, 우리나라의 경우 코스피 지수나 코스닥 지수가 직전 매매거래일의 종가 대비 8% 이상 떨어진 상태가 1분간 지속되면 1단계, 15% 이상 떨어진 상태가 1분간 지속되고 1단계 발동 지수 대비 1% 이상 추가 하락한 경우 2단계 서킷브레이커가 발동되어 각각 20분간 매매 거래가 중단되며, 20% 이상 급락하고 2단계 발동 지수 대비 1% 이상 추가 하락한 경우 3단계 서킷브레이커가 발동되어 당일 장 운영이 종료됨
사이드카 (Sidecar)	시장상황이 급변할 경우 프로그램매매의 호가효력을 일시적으로 제한함으로써 프로그램매매가 주식시장에 미치는 충격을 완화하고자 하는 제도로, 코스닥150지수 선물 가격이 6% 이상 상승·하락하고 코스닥150지수 현물 가격이 3% 이상 상승·하락한 상태가 1분간 지속될 때, 코스피의 경우 코스피 200지수 선물의 가격이 5% 이상 상승·하락한 상태가 1분간 지속될 때 발동되어 프로그램매매 매수호가 또는 매도호가의 효력을 5분간 정지함
옵션	거래 당사자 간에 미리 정한 가격으로 특정 시점에 일정 자산을 사거나 팔 수 있는 권리로, 살 수 있는 권리를 콜옵션, 팔 수 있는 권리를 풋옵션이라고 함
베이시스	선물 가격과 현물 가격의 차이
CD	양도성 예금증서로, 제삼자에게 양도가 가능한 무기명식의 정기 예금 만기일에 증서의 마지막 소유자가 원금과 이자를 찾게 됨
MMF	Money Market Fund의 약자로, 단기금융상품에 집중적으로 투자해 발생한 수익을 투자자들에게 돌려주는 실적 배당상품
GDP	Gross Domestic Product(국내총생산)의 약자로 국적과 관계없이 한 나라의 국경 내에서 모든 경제 주체가 일정 기간 생산활동에 참여하여 창출한 최종 재화와 서비스의 시장 가치
GNP	Gross National Product(국민총생산)의 약자로 국경에 관계없이 한 나라의 국민이 일정 기간 국내와 국외에서 생산한 최종 재화와 서비스의 시장 가치

국제수지	국제수지는 일정 기간 동안 한 나라와 다른 나라 사이에서 이루어진 경제적 거래를 체계적으로 집계한 것으로, 국제수지는 경상수지(상품수지+서비스수지+본원 소득 수지+이전 소득 수지)와 자본 및 금융 계정으로 구성됨
환포지션	외국환은행이 원화를 지불하고 매입한 외환금액과 원화를 받고 매도한 외환금액과의 차액, 즉 외화채권의 재고량을 의미하는 것으로 환포지션의 유형에는 오버 보트 포지션(Over bought position), 오버 솔드 포지션(Over sold position), 스퀘어 포지션(square position)이 있음
보호무역	자기 나라의 산업을 보호 · 육성하기 위하여 국가가 대외 무역을 간섭하고 수입에 여러 가지 제한을 두는 무역. 19세기에 독일, 미국 등지에서 자기 나라의 산업을 보호하기 위하여 채택함 · 신보호무역주의: 선진국들이 무역과 외화에 대한 규제 조치를 강화하기 위하여 내세운 새로운 보호 무역주의 경향으로, 관세, 세이프 가드 등의 방식으로 진행되며, 전통적인 후진국이 자국 시장을 보호하기 위하여 각종 규제를 행하는 전통적 보호 무역주의와는 차이가 있음
이자보상배율	기업이 수입에서 얼마를 이자비용으로 쓰고 있는지를 나타내는 수치로, 기업의 채무상환능력을 보여줌 · 이자보상배율의 계산: 영업이익을 이자비용으로 나눈 것으로, 그 값이 1이면 번 돈이 이자를 지불하고 나면 남는 돈이 없다는 의미, 1보다 크다는 것은 번 돈이 이자를 지불하고 나서도 남는다는 의미, 1보다 작으면 번 돈이 이자비용조차 지불할 수 없다는 의미이기 때문에 부실기업으로 볼 수 있음
예금자보호제도	금융회사가 파산 등으로 인해 고객의 금융자산을 지급하지 못할 경우 예금보험공사가 예금의 일부 또는 전액을 돌려주는 것으로, 1인당 원금과 소정의 이자를 합해 1인당 최고 5,000만 원까지 보호됨
구조적 실업	기술진보에 따른 자본의 유기적 구성의 고도화로 야기되는 실업으로, 4차 산업혁명으로 산업 구조가 고도화되고 기술 혁신이 이루어지면서 낮은 기술 수준의 기능 인력에 대한 수요 감소하여 대량의 실업이 발생할 것으로 예상됨
마찰적 실업	이직 시 불충분한 취업 정보로 인해 일시적으로 발생하는 실업
계절적 실업	주로 건설업이나 농업 분야에서 계절적 요인으로 인해 발생하는 실업
필립스 곡선	임금 상승률과 실업률의 관계를 나타내는 그래프로, 실업률이 높을수록 임금 상승률이 낮아지는 현상을 보임
로렌츠 곡선	소득 분포의 불평등한 정도를 측정하는 도수 곡선으로, 가로축을 소득인원 누적 비율, 세로축을 소득금액 누적 비율로 나타내며, 이 곡선과 45° 직선의 대각선 사이의 면적이 넓을수록 불평등도가 심하다고 판단하고 곡선과 대각선이 일치하면 소득의 분포가 균등하다고 판단함
지니계수	소득 분포의 불평등도를 측정하기 위한 계수로, 로렌츠 곡선에서 대각선과 로렌츠 곡선 사이의 면적을 대각선 아래의 면적으로 나눈 값으로 나타내며, 그 수치가 0에 가까울수록 소득 분포가 평등하다고 판단함

금융권 최신 이슈 및 주요 금융권 채용 알아보기

주요 금융권 채용 알아보기

1. 주요 금융권 기업별 채용 공고 및 필기시험 시기

구분		채용 공고 및 필기시험 시기
NH농협은행	하반기	채용 공고: 11월, 필기 시험: 12월 또는 1월(연 1회 채용)
IBK기업은행	상반기	채용 공고: 3월, 필기 시험: 5월
	하반기	채용 공고: 9월, 필기 시험: 10월
국민은행	상반기	채용 공고: 3월, 필기 시험: 5월
	하반기	채용 공고: 9월, 필기 시험: 10월
신한은행	상반기	채용 공고: 3월, 필기 시험: 4월
	하반기	채용 공고: 9월, 필기 시험: 10월
하나은행	상반기	채용 공고: 3월, 필기 시험: 3월
	하반기	채용 공고: 9월, 필기 시험: 10월
KDB산업은행	상반기	채용 공고: 3월, 필기 시험: 4월
	하반기	채용 공고: 9월, 필기 시험: 10월

※ 가장 최근에 치러진 시험 기준으로, 채용 공고 및 필기시험 시기는 변동 가능성 있음

2. 주요 금융권 기업별 필기전형 출제 영역 일람표

구분	필기전형 출제 영역 일람표
NH농협은행	· 시험 유형: PSAT형 · 문항 수/시간: 70문항/85분 · 출제 영역: NCS(의사소통능력, 수리능력, 문제해결능력, 정보능력), 직무상식평가
IBK기업은행	· 시험 유형: PSAT형 · 문항 수/시간: 70문항/120분 · 출제 영역: NCS(의사소통능력, 수리능력, 문제해결능력, 조직이해능력, 자원관리능력, 정보능력), 　　　　　　 직무수행능력평가
국민은행	· 시험 유형: PSAT형 · 문항 수/시간: 100문항/100분 · 출제 영역: NCS(의사소통능력, 수리능력, 문제해결능력), 직무심화지식(금융영업, 디지털부문 활용영역), 　　　　　　 상식(경제/금융/일반 상식)
신한은행	· 시험 유형: PSAT형 · 문항 수/시간: 70문항/90분 · 출제 영역: NCS(의사소통능력, 수리능력, 문제해결능력, 정보능력), 금융상식, 　　　　　　 디지털리터러시(알고리즘 + 상황판단능력)
하나은행	· 시험 유형: 피듈형 · 문항 수/시간: 80문항/90분 · 출제 영역: NCS(의사소통능력, 수리능력, 문제해결능력), 디지털 상식
KDB산업은행	· 시험 유형: 피듈형 · 문항 수/시간: 60문항/60분 · 출제 영역: NCS(의사소통능력, 수리능력, 문제해결능력, 정보능력)

※ 시험 유형, 문항 수 및 시간, 출제 영역은 시험 시기에 따라 달라질 수 있음

고난도 금융 NCS 대비를 위한 학습 가이드

▌출제 경향 & 대비 전략

1. 출제 경향

① 출제 유형
PSAT형, 피듈형 시험 모두 의사소통능력, 수리능력, 문제해결능력 각 영역에서 일반적으로 출제되는 유형이 모두 출제되었다.

② 난이도
PSAT형 시험을 출제하는 기업의 경우 난도가 높은 편이었다. 의사소통능력 및 문제해결능력의 경우 제시되는 지문의 길이가 길어 문제 풀이에 소요되는 시간이 큰 편이었고, 수리능력의 경우 계산식이 복잡하진 않지만 제시되는 수치가 복잡해 문제 풀이에 소요되는 시간이 커 체감 난도는 높은 편이었다.

③ 소재
경영/경제 관련 소재가 많이 출제되고, 금융이나 보험 상품 관련 소재의 문제 출제 비중이 높은 편이었다. 그렇지만 인문, 사회, 과학, 기술 등 다양한 소재가 지문 및 자료로 제시되었으며 특히 실무 관련 소재와 지문도 꾸준히 출제되고 있다.

2. 대비 전략

시험 문제에 대한 분석이 선행되어야 한다.
금융 NCS는 전문적인 지식의 암기 여부를 테스트하는 문제가 출제되지 않는다. 그렇기 때문에 자신이 준비하는 기업의 시험 유형과 출제 경향에 대해 정확히 파악하고 전략적으로 대비해야 한다. 영역별 시험 문제가 어떻게 구성되고, 어떤 소재가 출제되는지, 어떤 유형이 출제되는지 등 시험의 특징을 파악해야 한다.

문제 유형을 파악하고, 유형에 따른 풀이법을 학습해야 한다.
대부분의 금융 NCS에서 출제되는 의사소통능력, 수리능력, 문제해결능력은 다양한 유형으로 구분되어 있고, 유형에 따라 효과적인 풀이법이 있다. 그렇기 때문에 유형에 따른 풀이법을 정확히 파악하고, 전략적으로 준비하는 것이 중요하다. 유형별 대표 문제를 반복적으로 풀면서 제한된 시간 내에 빠르고 정확한 문제 풀이 연습이 필요하다.

문제 풀이에 필요한 정보를 빠르게 파악하는 능력을 길러야 한다.
금융 NCS에서는 다양한 조건과 상황 등이 제시되므로 문제를 해결하기 위해서는 제시된 정보에서 필요한 정보를 빠르고 정확하게 파악하는 것이 중요하다. 따라서 제시된 정보를 키워드 중심으로 정보를 파악하는 연습을 해야 한다.

출제 유형 분석

대부분의 금융 NCS에서는 의사소통능력, 수리능력, 문제해결능력을 모두 출제하고 있다. PSAT형과 피듈형 시험 모두 암기력이나 단편적 지식을 측정하는 문제를 출제하지 않고 실무적으로 업무를 처리할 수 있는 능력 정도를 측정할 수 있는 문제가 출제된다.

영역	출제 유형	분석
의사소통능력	세부 내용 파악	제시된 글·문서를 읽고 추론할 수 있는 내용 또는 추론 불가능한 내용을 가려내거나 빈칸에 들어갈 내용을 고르는 등 일반적인 독해 능력을 평가하는 문제가 주로 출제된다. 따라서 의사소통능력은 주어진 시간 내에 긴 길이의 지문을 빠르고 정확하게 이해하는 능력이 필요하다.
	문맥 추론	
	논지·견해 분석	
수리능력	자료이해	표나 그래프 등의 자료가 주어지고, 수치의 비교 및 계산의 옳고 그름을 가려내거나 제시된 자료와 조건을 활용하여 자료의 수치를 추론하는 문제가 주로 출제된다. 이외에도 주어진 자료를 이용해 다른 형식의 자료로 변화시키는 문제가 출제된다. 어려운 수학 지식이 필요하지는 않지만 자료에 대한 정확한 분석과 신속한 수치 처리 능력이 필요하다.
	자료계산	
	자료변환	
문제해결능력	세부 정보 파악	주어진 조건·상황을 적절히 활용하여 해결 방안을 도출하는 문제가 주로 출제된다. 또한 제시된 자료를 읽고 추론할 수 있는 내용 또는 추론할 수 없는 내용을 가려내는 문제가 출제돼 일부 문제의 경우 의사소통능력과 비슷한 형태의 문제가 출제되기도 하며, 법조문을 제시된 상황에 적용하여 풀이하는 문제가 출제되기도 한다.
	법·규정의 적용	
	규칙 적용	
	논리퍼즐	

유형공략 30제

영역 1 의사소통능력

영역 2 수리능력

영역 3 문제해결능력

'유형공략 30제'에는 PSAT 기출문제 중 금융 NCS 문제로 출제될 수 있는 문제에 대한 유형 학습을 위해 엄선된 대표 기출문제를 수록하였습니다. 유형 소개, 유형 특징, 풀이 전략을 학습하고 유형공략 문제를 풀어보며 금융 NCS 에 출제될 수 있는 문제 유형에 대비해보세요.

문제 풀이를 완료하면, p.68의 '취약 유형 진단 & 약점 극복'을 통해 본인의 취약 유형을 알아보고, 유형별 학습 전략을 익혀 약점을 극복해보세요.

영역 1 의사소통능력

유형 1 세부 내용 파악

유형 2 문맥 추론

유형 3 논지·견해 분석

1. 의사소통능력에서는 PSAT 기출 유형 중 세부 내용 파악, 문맥 추론, 논지·견해 분석 유형이 출제된다.
2. 세부 내용 파악은 장문의 글을 읽고 글에서 제시하는 세부 정보를 빠르게 파악하고 문제 풀이하는 것이 중요하다.
3. 문맥 추론은 제시된 글에서 제공하는 정보를 토대로 빈칸에 들어갈 알맞은 말을 고르거나 문맥의 흐름에 맞춰 수정하는 등 문맥에 대한 이해가 이루어져야 한다.
4. 논지·견해 분석에서는 제시된 글의 중심 내용이나 필자의 주장을 파악하는 문제가 출제된다.
5. 의사소통능력은 단기간에 점수가 상승하기 어려운 영역이므로 유형별 특성을 파악하여 제시된 글에서 제공하는 정보를 빠르게 정리하고 이를 문제에 적용하는 연습이 필요하다.

유형 1 세부 내용 파악

유형 소개

'세부 내용 파악'은 글에 제시된 내용을 바탕으로 세부적인 내용의 옳고 그름을 추론하는 유형의 문제이다.

유형 특징

1 제시된 글의 세부 정보와 관련해 단순 일치 여부를 판단해야 하는 '부합하는 것', '부합하지 않는 것', '알 수 있는 것', '알 수 없는 것' 등의 문제가 출제된다.

2 제시된 글의 세부 정보를 토대로 추론 가능한 내용을 묻는 추론 문제가 출제되며, 추론 문제 중에는 사례를 통해 판별해야 하는 문제 도 출제된다.

3 글의 소재는 경제, 경영 관련 소재가 많이 출제되나 역사, 사회, 인문, 철학 등의 소재도 다양하게 출제되는 편이다.

4 보통 장문의 글이 제시되며 2문항이 함께 출제되는 묶음 문제도 매년 꾸준히 출제되는 편이다.

풀이 전략

1 선택지를 먼저 읽고 핵심어를 추려낸 뒤 글을 빠르게 훑어보며 핵심어 관련 내용을 제시문에서 찾아 대조하는 방법을 통해 풀어 내야 한다.

2 핵심어를 중심으로 앞뒤 문장을 빠르게 읽은 뒤 핵심어와 관련 내용이 언급된 부분을 비교하여 각 선택지의 옳고 그름을 판별해야 한다.

3 핵심어는 고유명사, 숫자와 같이 글에서 쉽게 찾을 수 있는 것들을 우선적으로 선별하는 것이 좋다.

4 평소 다양한 주제의 글을 읽으며 핵심어를 중심으로 글의 내용을 파악하는 연습을 하면 빠른 문제 풀이에 도움이 된다.

난이도 ★★☆☆☆   권장 풀이 시간: 1분 30초

01. 다음 글에서 알 수 없는 것은?

A효과란 기업이 시장에 최초로 진입하여 무형 및 유형의 이익을 얻는 것을 의미한다. 반면 뒤늦게 뛰어든 기업이 앞서 진출한 기업의 투자를 징검다리로 이용하여 성공적으로 시장에 안착하는 것을 B효과라고 한다. 물론 B효과는 후발진입기업이 최초진입기업과 동등한 수준의 기술 및 제품을 보다 낮은 비용으로 개발할 수 있을 때만 가능하다.

생산량이 증가할수록 평균생산비용이 감소하는 규모의 경제 효과 측면에서, 후발진입기업에 비해 최초진입기업이 유리하다. 즉, 대량 생산, 인프라 구축 등에서 우위를 조기에 확보하여 효율성 증대와 생산성 향상을 꾀할 수 있다. 반면 후발진입기업 역시 연구개발 투자 측면에서 최초진입기업에 비해 상대적으로 유리한 면이 있다. 후발진입기업의 모방 비용은 최초진입기업이 신제품 개발에 투자한 비용 대비 65% 수준이기 때문이다. 최초진입기업의 경우, 규모의 경제 효과를 얼마나 단기간에 이룰 수 있는가가 성공의 필수 요건이 된다. 후발진입기업의 경우, 절감된 비용을 마케팅 등에 효과적으로 투자하여 최초진입기업의 시장 점유율을 단기간에 빼앗아 오는 것이 성공의 핵심 조건이다.

규모의 경제 달성으로 인한 비용상의 이점 이외에도 최초진입기업이 누릴 수 있는 강점은 강력한 진입 장벽을 구축할 수 있다는 것이다. 시장에 최초로 진입했기에 소비자에게 우선적으로 인식된다. 그로 인해 후발진입기업에 비해 적어도 인지도 측면에서는 월등한 우위를 확보한다. 또한 기술적 우위를 확보하여 라이센스, 특허 전략 등을 통해 후발진입기업의 시장 진입을 방해하기도 한다. 뿐만 아니라 소비자들이 후발진입기업의 브랜드로 전환하려고 할 때 발생하는 노력, 비용, 심리적 위험 등을 마케팅에 활용하여 후발진입기업이 시장에 진입하기 어렵게 할 수도 있다. 결국 A효과를 극대화할 수 있는지는 규모의 경제 달성 이외에도 얼마나 오랫동안 후발주자가 진입하지 못하도록 할 수 있는가에 달려 있다.

① 최초진입기업은 후발진입기업에 비해 매년 더 많은 마케팅 비용을 사용한다.

② 후발진입기업의 모방 비용은 최초진입기업이 신제품 개발에 투자한 비용보다 적다.

③ 최초진입기업이 후발진입기업에 비해 인지도 측면에서 우위에 있다는 것은 A효과에 해당한다.

④ 후발진입기업이 성공하려면 절감된 비용을 효과적으로 투자하여 최초진입기업의 시장점유율을 단기간에 빼앗아 와야 한다.

⑤ 후발진입기업이 최초진입기업과 동등한 수준의 기술 및 제품을 보다 낮은 비용으로 개발할 수 없다면 B효과를 얻을 수 없다.

02. 다음 글에서 추론할 수 있는 것만을 <보기>에서 모두 고르면?

생산자가 어떤 자원을 투입물로 사용해서 어떤 제품이나 서비스 등의 산출물을 만드는 생산과정을 생각하자. 산출물의 가치에서 생산하는 데 소요된 모든 비용을 뺀 것이 '순생산가치'이다. 생산자가 생산과정에서 투입물 1단위를 추가할 때 순생산가치의 증가분이 '한계순생산가치'이다. 경제학자 P는 이를 ⓐ'사적(私的) 한계순생산가치'와 ⓑ'사회적 한계순생산가치'로 구분했다.

사적 한계순생산가치란 한 기업이 생산과정에서 투입물 1단위를 추가할 때 그 기업에 직접 발생하는 순생산가치의 증가분이다. 사회적 한계순생산가치란 한 기업이 투입물 1단위를 추가할 때 발생하는 사적 한계순생산가치에 그 생산에 의해 부가적으로 발생하는 사회적 비용을 빼고 편익을 더한 것이다. 여기서 이 생산과정에서 부가적으로 발생하는 사회적 비용이나 편익에는 그 기업의 사적 한계순생산가치가 포함되지 않는다.

─────────〈보기〉─────────

ㄱ. ⓐ의 크기는 기업의 생산이 사회에 부가적인 편익을 발생시키는지의 여부와 무관하게 결정된다.

ㄴ. 어떤 기업이 투입물 1단위를 추가할 때 사회에 발생하는 부가적인 편익이나 비용이 없는 경우, 이 기업이 야기하는 ⓐ와 ⓑ의 크기는 같다.

ㄷ. 기업 A와 기업 B가 동일한 투입물 1단위를 추가했을 때 각 기업에 의해 사회에 부가적으로 발생하는 비용이 같을 경우, 두 기업이 야기하는 ⓑ의 크기는 같다.

① ㄱ

② ㄷ

③ ㄱ, ㄴ

④ ㄴ, ㄷ

⑤ ㄱ, ㄴ, ㄷ

03. 다음 글의 <표>에 대한 판단으로 적절한 것만을 <보기>에서 모두 고르면?

갑 부처는 민감정보 및 대규모 개인정보를 처리하는 공공기관에 대해 매년 「공공기관 개인정보 보호수준 평가」(이하 '보호수준 평가')를 실시한다. 갑 부처는 공공기관의 개인정보 보호 업무에 대한 관심도와 관리 수준을 평가하여 우수기관은 표창하고 취약기관에는 과태료를 부과할 수 있다.

보호수준 평가는 접근권한 관리, 암호화 조치, 접속기록 점검의 총 세 항목에 대해서 이루어진다. 각 항목에 대해 '상', '중', '하' 중 하나의 등급을 부여하며, 평가 대상 기관이 세 항목 모두 하 등급을 받으면 취약기관으로 지정된다. 평가 대상 기관이 두 항목에서 하 등급을 받는다면, 그것만으로는 취약기관으로 지정되지 않는다. 그러나 하 등급을 받은 항목의 수가 2년 연속 둘이라면, 그 기관은 취약기관으로 지정된다.

우수기관으로 지정되기 위해서는 당해 연도와 전년도에 각각 둘 이상의 항목에서 상 등급을 받고 당해 연도에는 하 등급을 받은 항목이 없어야 한다.

A기관과 B기관은 2023년과 2024년에 보호수준 평가를 받았으며, 각 항목에 대한 평가 결과는 〈표〉와 같다.

〈표〉 2023년과 2024년 보호수준 평가 결과

기관	연도＼항목	접근권한 관리	암호화 조치	접속기록 점검
A	2023	㉠	중	㉡
A	2024	㉢	하	상
B	2023	㉣	상	하
B	2024	중	㉤	㉥

〈보기〉

ㄱ. ㉠과 ㉢이 다르면 A기관은 2024년에 우수기관으로도 취약기관으로도 지정되지 않는다.

ㄴ. ㉤과 ㉥이 모두 '하'라면 B기관은 2024년에 취약기관으로 지정된다.

ㄷ. 2024년에 A기관은 취약기관으로 지정되었고 B기관은 우수기관으로 지정되었다면, ㉡과 ㉣은 같지 않다.

① ㄱ

② ㄴ

③ ㄱ, ㄷ

④ ㄴ, ㄷ

⑤ ㄱ, ㄴ, ㄷ

04. 다음 글에서 추론할 수 있는 것은?

현재 갑국의 소매업자가 상품을 판매할 수 있는 방식을 정리하면 〈표〉와 같다.

〈표〉 판매 유형 및 방법에 따른 구분

유형 ＼ 방법	주문 방법	결제 방법	수령 방법
대면	영업장 방문	영업장 방문	영업장 방문
예약 주문	온라인	영업장 방문	영업장 방문
스마트 오더	온라인	온라인	영업장 방문
완전 비대면	온라인	온라인	배송

갑국은 주류에 대하여 국민 건강 증진 및 청소년 보호를 이유로 스마트 오더 및 완전 비대면 방식으로 판매하는 것을 금지해 왔다. 단, 전통주 제조자가 관할 세무서장의 사전 승인을 받은 경우, 그리고 음식점을 운영하는 음식업자가 주문 받은 배달 음식과 함께 소량의 주류를 배달하는 경우에 예외적으로 주류의 완전 비대면 판매가 가능했다.

그러나 IT 기술 발전으로 인터넷 상점이나 휴대전화 앱 등을 이용한 재화 및 서비스의 구매 비중이 커져 주류 판매 관련 규제도 변해야 한다는 각계의 요청이 있었다. 이에 갑국 국세청은 관련 고시를 최근 개정하여 주류 소매업자가 이전과 다른 방식으로 주류를 판매하는 것도 허용했다.

이전에는 슈퍼마켓, 편의점 등을 운영하는 주류 소매업자는 대면 및 예약 주문 방식으로만 주류를 판매할 수 있었다. 그러나 개정안에 따르면 주류 소매업자가 스마트 오더 방식으로도 소비자에게 주류를 판매할 수 있게 되었다. 다만 완전 비대면 판매는 이전처럼 예외적인 경우에만 허용된다.

① 고시 개정과 무관하게 음식업자는 주류만 완전 비대면으로 판매할 수 있다.

② 고시 개정 이전에는 슈퍼마켓을 운영하는 주류 소매업자는 온라인으로 주류 주문을 받을 수 없었다.

③ 고시 개정 이전에는 주류를 구매하는 소비자는 반드시 영업장을 방문하여 상품을 대면으로 수령해야 했다.

④ 고시 개정 이전에는 편의점을 운영하는 주류 소매업자는 주류 판매 대금을 온라인으로 결제 받을 수 없었다.

⑤ 고시 개정 이후에는 전통주를 구매하는 소비자는 전통주 제조자의 영업장에 방문하여 주류를 구입할 수 없다.

약점 보완 해설집 p.2

유형 2 문맥 추론

유형 소개

'문맥 추론'은 대화 또는 제시된 글의 맥락을 고려하여 적절한 내용을 추론하거나 문맥상 흐름에 맞지 않는 내용을 수정하는 유형의 문제이다.

유형 특징

1 제시된 글의 맥락을 이해하고 밑줄 친 내용 혹은 빈칸에 들어갈 내용을 추론하는 문제가 출제된다.

2 빈칸에 들어갈 내용을 찾는 문제의 경우 1개의 빈칸에 들어갈 내용을 묻기도 하지만, 2개 혹은 그 이상의 빈칸에 들어갈 내용을 묻기도 한다.

3 제시된 글의 맥락상 어울리지 않는 내용을 고르거나 수정된 내용이 올바르지 않은 문제가 출제되기도 한다.

4 빈칸에 들어갈 내용을 추론하는 문제의 출제 비중이 높은 편이지만, 문맥을 고려하여 문단의 순서를 배열하는 문제가 출제되기도 한다.

5 지문의 소재로는 세부 내용 파악과 마찬가지로 경제, 경영 관련 소재가 가장 많이 출제되며, 그외 실무 관련 내용이나 정책 관련 내용이 지문의 소재로 출제되기도 한다.

풀이 전략

1 제시문 혹은 문서의 전체적인 흐름과 세부적인 내용을 빠르게 파악하는 연습이 필요하다.

2 실제 업무와 관련된 문서가 자주 출제되므로 평소 보도자료, 신문기사, 설명서 등 다양한 유형의 문서를 접해보는 것이 좋다.

3 문단을 문맥에 맞게 배열하는 문제는 선택지를 비교하여 첫 문단을 찾은 후 접속어, 지시어를 통해 문장 또는 문단 간의 순서를 유추한다.

유형공략 30제

영역 1
의사소통능력

영역 2
수리능력

영역 3
문제해결능력

해커스 PSAT 기출로 끝내는 금융 NCS 330제

유형공략 문제

난이도 ★★☆☆☆　　권장 풀이 시간: 1분 30초

01. 다음 글의 ㉠과 ㉡에 들어길 진술로 가장 적절한 것은?

　　A학파의 가장 큰 특징은 토지 문제를 토지 시장에 국한시키지 않고 경제 전체의 흐름과 밀접하게 연결해서 파악한다는 점이다. A학파의 주장에 따르면, 토지 문제는 이용의 효율에만 관련되는 단순한 문제가 아니라 경제 성장, 실업, 물가 등의 거시경제적 변수를 함께 고려해야만 하는 복잡한 문제이다. 그런 점에서 A학파는 토지 문제가 경기 변동과 직결될 뿐만 아니라 사회 정의와도 관련되는 것이라고 주장한다.

　　이와 달리 B학파는 다른 모든 종류의 상품과 마찬가지로 토지 문제 역시 수요·공급의 법칙에 따라 시장이 자율적으로 조정하도록 맡겨 두면 된다고 주장한다. B학파의 관점에 따르면, 　㉠　 토지는 귀금속, 주식, 채권, 은행 예금만큼이나 좋은 투자 대상이다. 부동산의 자본 이득이 충분히 클 경우, 좋은 투자 대상이 되어 막대한 자금이 금융권으로부터 부동산 시장으로 흘러 들어간다. 반대로 자본 이득이 떨어지면 부동산에 투입되었던 자금이 금융권을 통해 회수되어 다른 시장으로 흘러 들어간다. 이와 같이 부동산의 자본 이득은 부동산 시장과 금융권 사이의 연결고리 역할을 한다.

　　A학파는 B학파와 달리 상품 투자와 토지 투자를 엄격히 구분한다. 상품 투자는 해당 상품의 가격을 상승시켜 상품 공급을 증가시킨다. 공급 증가는 다시 상품 투자의 억제 요인으로 작용하기 때문에 상품 투자에는 내재적 한계가 있기 마련이다. 그러나 　㉡　 그러므로 토지 투자의 경우에는 지가 상승이 투자를 조장하고 투자는 지가 상승을 더욱 부채질하는 악순환이 반복된다. A학파는 이런 악순환의 결과로 토지를 포함한 부동산 가격에 거품이 잔뜩 끼게 된다고 주장한다.

① ㉠: 토지에 대한 투자는 상품 투자의 일종으로 이해된다.
　㉡: 토지 공급은 한정되어 있으므로 토지 투자는 상품 투자의 경우와는 달리 제어장치가 없다.

② ㉠: 토지에 대한 투자는 상품 투자의 일종으로 이해된다.
　㉡: 토지 투자는 다른 상품의 생산 비용을 상승시켜 상품의 가격 상승으로 이어진다.

③ ㉠: 토지에 대한 투자는 상품 생산의 수단으로 활용된다.
　㉡: 토지 공급은 한정되어 있으므로 토지 투자는 상품 투자의 경우와는 달리 제어장치가 없다.

④ ㉠: 토지 투자와 상품 투자는 거시경제적인 관점에서 상호보완적 역할을 수행한다.
　㉡: 토지 투자는 다른 상품의 생산 비용을 상승시켜 상품의 가격 상승으로 이어진다.

⑤ ㉠: 토지 투자와 상품 투자는 거시경제적인 관점에서 상호보완적 역할을 수행한다.
　㉡: 토지 공급은 한정되어 있으므로 토지 투자는 상품 투자의 경우와는 달리 제어장치가 없다.

02. 다음 대화의 ㉠으로 적절한 것만을 <보기>에서 모두 고르면?

갑: 현재 지방자치단체들에서는 아동학대 피해자들을 위해 아동보호 전문기관과 연계하여 적극적인 보호조치를 취하는 대응체계를 구축하고 있는데요. 그럼에도 불구하고 아동학대로부터 제대로 보호 받지 못하는 피해자들이 여전히 많은 이유는 무엇일까요?

을: 제 생각에는 신속한 보호조치가 미흡한 것 같습니다. 현행 대응체계에서는 신고가 접수된 이후부터 실제 아동학대로 판단되어 보호조치가 취해지기까지 긴 시간이 소요됩니다. 신고를 해 놓고 보호조치를 기다리는 동안 또다시 학대를 받는 아동이 많은 것은 아닐까요?

병: 글쎄요. 저는 다른 이유가 있다고 생각합니다. 현행 대응체계에서는 일단 아동학대 신고가 접수되면 실제 아동학대로 판단될 수 있는 사례인지를 조사합니다. 그 결과 아동학대로 판단되지 않은 사례에 대해서는 보호조치가 취해지지 않는데요. 당장은 직접적인 학대 정황이 포착되지 않아 아동학대로 판단되지 않았으나, 실제로는 아동학대였던 경우가 많았을 것이라고 생각합니다.

정: 옳은 지적이긴 합니다. 하지만 저는 더 근본적인 문제가 있다고 생각합니다. 아동학대가 가까운 친인척에 의해 발생한다는 점, 그리고 피해자가 아동이라는 점 등으로 인해 신고 자체가 어려운 경우가 많습니다. 애당초 신고를 하기 어려우니 보호조치가 취해질 가능성 또한 낮은 것이지요.

갑: 모두들 좋은 의견 감사합니다. 오늘 회의에서 제시하신 의견을 뒷받침할 수 있는 ㉠ 자료 조사를 수행해 주세요.

〈보기〉

ㄱ. 을의 주장을 뒷받침하기 위해, 신고가 접수된 시점과 아동학대 판단 후 보호조치가 시행된 시점 사이에 아동학대가 재발한 사례의 수를 조사한다.

ㄴ. 병의 주장을 뒷받침하기 위해, 아동학대로 판단되지 않은 신고 사례 가운데 보호조치가 취해지지 않은 사례가 차지하는 비중을 조사한다.

ㄷ. 정의 주장을 뒷받침하기 위해, 아동학대 피해자 가운데 친인척과 동거하지 않으며 보호조치를 받지 못한 사례의 수를 조사한다.

---

① ㄱ

② ㄴ

③ ㄱ, ㄷ

④ ㄴ, ㄷ

⑤ ㄱ, ㄴ, ㄷ

03. 다음 대화의 ㉠에 따라 <안내>를 수정한 것으로 적절하지 않은 것은?

갑: 지금부터 회의를 시작하겠습니다. 이 자리는 A시 시민안전보험의 안내문을 함께 검토하기 위한 자리입니다. A시 시민안전보험의 내용을 시민들에게 효과적으로 전달하기 위해서 수정 및 보완이 필요한 부분이 있다면 자유롭게 말씀해주시기 바랍니다.

을: 시민안전보험의 혜택을 누릴 수 있는 대상이 더 정확하게 표현되면 좋겠습니다. 단순히 A시에서 생활하는 사람이 아닌 A시에 주민으로 등록한 사람이라는 점이 명확하게 드러나야 한다고 생각합니다.

병: 2024년도부터는 시민안전보험의 보장 항목이 기존의 8종에서 10종으로 확대되었습니다. 보장 항목을 안내하면서 새롭게 추가된 두 가지 항목인 개 물림 사고와 사회재난 사망 사고를 포함하면 좋겠습니다.

정: 시민안전보험의 보험 기간뿐만 아니라 청구 기간에 대한 정보도 필요합니다. 보험 기간 내에 발생한 사고에 대해서 사고 발생 시점을 기준으로 할 때 보험금을 언제까지 청구할 수 있는지에 대한 안내가 추가되면 좋을 것 같습니다.

무: 보험금을 어디로 그리고 어떻게 청구할 수 있는지에 대한 구체적 정보도 부족합니다. 시민안전보험에 관심을 가진 시민이라면 연락처 정보만으로는 부족하다고 여길 것 같습니다. 안내문에 보험금 청구에 필요한 대표적인 서류들을 제시하면 어떨까요?

갑: 좋은 의견을 개진해주셔서 감사합니다. 참고로 최근 민간 기업과의 업무 협약을 통해 A시 누리집뿐만 아니라 코리아톡 앱을 통해서도 A시 시민안전보험에 관한 정보를 확인할 수 있게 되어 이 점 역시 이번에 안내할 계획입니다. 그럼 ㉠오늘 회의에서 논의된 내용을 반영하여 안내문을 수정하도록 하겠습니다. 감사합니다.

〈안내〉

우리 모두의 안전은 2024년 A시 시민안전보험 가입으로!

○ 가입대상: A시 구성원 누구나
○ 보험기간: 2024. 1. 1.~2024. 12. 31.
○ 보장항목: 대중교통 이용 중 상해 · 후유장애 등 총 8종의 사고 보장
○ 청구방법: B보험사 통합상담센터로 문의
○ 참고사항: 자세한 관련 내용은 A시 누리집을 통해서도 확인 가능

---

① 가입 대상을 'A시에 주민으로 등록한 사람 누구나'로 수정한다.

② 보험 기간을 '2024. 1. 1.~2024. 12. 31. (보험 기간 내 사고 발생일로부터 3년 이내 보험금 청구 가능)'로 수정한다.

③ 보장 항목을 '대중교통 이용 중 상해 · 후유장애, 개 물림 사고, 사회재난 사망 사고 등 총 10종의 사고 보장'으로 수정한다.

④ 청구 방법을 '청구 절차 및 필요 서류는 B보험사 통합상담센터(Tel. 15××－××××)로 문의'로 수정한다.

⑤ 참고 사항을 '자세한 관련 내용은 A시 누리집 및 코리아톡 앱을 통해서도 확인 가능'으로 수정한다.

약점 보완 해설집 p.4

유형 3 논지 · 견해 분석

유형 소개

'논지·견해 분석'은 제시된 글의 논지나 중심 내용을 정확하게 파악할 수 있는지, 논증을 지지하거나 비판하는 내용을 올바르게 찾을 수 있는지를 평가하기 위한 유형의 문제이다.

유형 특징

1 제시된 글의 중심 내용을 파악하여 논지를 찾아야 하는 문제가 출제된다.

2 글의 논지를 묻는 문제는 글의 앞부분 또는 뒷부분에 화자의 주장이 제시되는 경향이 많으므로 순차적으로 읽기보다 글의 첫 부분과 마지막 부분을 가장 먼저 읽고 글의 전체 요지 또는 화자의 입장을 파악하여 정답을 찾아야 한다.

3 제시된 화자의 논증을 강화/약화하는 문제의 경우에도 화자가 말하고자 하는 중심 내용을 먼저 파악해야 이를 뒷받침하는 선택지는 강화하는 내용으로, 화자의 의견에 허점을 찾아내는 선택지는 약화하는 내용으로 선별할 수 있다.

4 제시된 글의 화자가 주장하는 바를 비판/반박하는 유형의 문제도 출제된다.

5 실무 및 정책 관련 화자의 주장을 드러내는 문제의 출제 비중이 높으며, 이외에도 철학이나 과학 등의 이론과 관련한 논지를 파악하는 문제도 출제된다.

풀이 전략

1 글의 전체 내용을 포괄하는 논지를 파악하기 위해 단락별로 중요한 문장을 찾고, 그중 가장 포괄적인 내용을 담은 문장을 찾는 연습을 한다.

2 글의 방향성을 올바르게 파악하기 위해 글을 읽을 때 논증의 구조에 집중하여 전제와 결론을 구분하는 연습을 한다.

3 특정 쟁점과 관련한 여러 사람의 견해가 제시되는 경우 각 견해의 공통점과 차이점이 무엇인지 찾는 연습을 한다.

4 글에 제시된 정보를 모두 파악하기보다는 핵심어를 중심으로 주요 내용을 찾고 논증의 방향을 파악하는 연습을 한다.

유형공략 30제

영역 1
의사소통능력

영역 2
수리능력

영역 3
문제해결능력

해커스 PSAT 기출로 끝내는 금융 NCS 330제

유형공략 문제

난이도 ★★☆☆☆   권장 풀이 시간: 1분 30초

01. 다음 글의 결론으로 가장 적절한 것은?

정치 갈등의 중심에는 불평등과 재분배의 문제가 자리하고 있다. 이 문제로 좌파와 우파는 오랫동안 대립해 왔다. 두 진영이 협력하여 공동의 목표를 이루려면 두 진영이 불일치하는 지점을 찾아 이 지점을 올바르고 정확하게 분석해야 한다. 바로 이것이 우리가 논증하고자 하는 바다.

우파는 시장 원리, 개인 주도성, 효율성이 장기 관점에서 소득 수준과 생활환경을 실제로 개선할 수 있다고 주장한다. 반면 정부 개입을 통한 재분배는 그 규모가 크지 않아야 한다. 이 점에서 이들은 선순환 메커니즘을 되도록 방해하지 않는 원천징수나 근로장려세 같은 조세 제도만을 사용해야 한다고 주장한다.

반면 19세기 사회주의 이론과 노동조합 운동을 이어받은 좌파는 사회 및 정치 투쟁이 극빈자의 불행을 덜어주는 더 좋은 방법이라고 주장한다. 이들은 불평등을 누그러뜨리고 재분배를 이루려면 우파가 주장하는 조세 제도만으로는 부족하고, 생산수단을 공유화하거나 노동자의 급여 수준을 강제하는 등 보다 강력한 정부 개입이 있어야 한다고 주장한다. 정부의 개입이 생산 과정의 중심에까지 영향을 미쳐야 시장 원리의 실패와 이 때문에 생긴 불평등을 해소할 수 있다는 것이다.

좌파와 우파의 대립은 두 진영이 사회정의를 바라보는 시각이 다른 데서 비롯된 것이 아니다. 오히려 불평등이 왜 생겨났으며 그것을 어떻게 해소할 것인가를 다루는 사회경제 이론이 다른 데서 비롯되었다. 사실 좌우 진영은 사회정의의 몇 가지 기본 원칙에 합의했다.

행운으로 얻었거나 가족에게 물려받은 재산의 불평등은 개인이 통제할 수 없다. 개인이 통제할 수 없는 요인 때문에 생겨난 불평등을 그런 재산의 수혜자에게 책임지우는 것은 옳지 않다. 이 점에서 행운과 상속의 혜택을 받은 이들에게 이런 불평등 문제를 해결하라고 요구하는 것은 바람직하지 않다. 혜택받지 못한 이들, 곧 매우 불리한 형편에 부닥친 이들의 처지를 개선하려고 애써야 할 당사자는 당연히 국가다. 정의로운 국가라면 국가가 사회 구성원 모두 평등권을 되도록 폭넓게 누리도록 보장해야 한다는 정의의 원칙은 좌파와 우파 모두에게 널리 받아들여진 생각이다.

불리한 형편에 놓인 이들의 삶을 덜 나쁘게 하고 불평등을 누그러뜨려야 하는 국가의 목표를 이루는 데 두 진영이 협력하는 첫 걸음이 무엇인지는 이제 거의 분명해졌다.

① 좌파와 우파는 자신들의 문제점을 개선하려고 애써야 한다.

② 좌파와 우파는 정치 갈등을 해결하려는 의지가 있어야 한다.

③ 좌파와 우파는 사회정의를 위한 기본 원칙에 먼저 합의해야 한다.

④ 좌파와 우파는 분배 문제 해결에 국가가 앞장서야 한다는 데 동의해야 한다.

⑤ 좌파와 우파는 불평등을 일으키고 이를 완화하는 사회경제 메커니즘을 보다 정확히 분석해야 한다.

02. 다음 (가)~(다)에 대한 평가로 적절한 것만을 <보기>에서 모두 고르면?

(가) 기술의 발전 덕분에 더 풍요로운 세계를 만들 수 있다. 원료, 자본, 노동 같은 생산요소의 투입량을 줄이면서 산출량은 더 늘릴 수 있는 세계 말이다. 디지털 기술의 발전은 경외감을 불러일으키는 개선과 풍요의 엔진이 된다. 반면 그것은 시간이 흐를수록 부, 소득, 생활수준, 발전 기회 등에서 점점 더 큰 격차를 만드는 엔진이기도 하다. 즉 기술의 발전은 경제적 풍요와 격차를 모두 가져온다.

(나) 기술의 발전에 따른 풍요가 더 중요한 현상이며, 격차도 풍요라는 기반 위에 있기 때문에 모든 사람의 삶이 풍요로워지는 데 초점을 맞추어야 한다. 고도로 숙련된 노동자와 나머지 사람들과의 격차가 벌어지고 있다는 것을 인정하지만, 모든 사람들의 경제적 삶이 나아지고 있기에 누군가의 삶이 다른 사람보다 더 많이 나아지고 있다는 사실에 관심을 둘 필요가 없다.

(다) 중산층들이 과거에 비해 경제적으로 더 취약해졌기 때문에 기술의 발전에 따른 풍요보다 격차에 초점을 맞추어야 한다. 실제로 주택, 보건, 의료 등과 같이 그들의 삶에서 중요한 항목에 들어가는 비용의 증가율은 시간이 흐르면서 가계 소득의 증가율에 비해 훨씬 더 높아지고 있다. 설상가상으로 소득 분포의 밑바닥에 속한 가정에서 태어난 아이가 상층으로 이동할 기회는 점점 더 줄어들고 있다.

――――――――――〈보기〉――――――――――

ㄱ. 현재의 정보기술은 덜 숙련된 노동자보다 숙련된 노동자를 선호하고, 노동자보다 자본가에게 돌아가는 수익을 늘린다는 사실은 (가)의 논지를 약화한다.

ㄴ. 기술의 발전이 전 세계의 가난한 사람들에게도 도움을 주며, 휴대전화와 같은 혁신사례들이 모든 사람들의 소득과 기타 행복의 수준을 개선한다는 연구결과는 (나)의 논지를 강화한다.

ㄷ. 기술의 발전이 가져온 경제적 풍요가 엄청나게 벌어진 격차를 보상할 만큼은 아니라는 것을 보여주는 자료는 (다)의 논지를 약화한다.

① ㄱ

② ㄴ

③ ㄱ, ㄷ

④ ㄴ, ㄷ

⑤ ㄱ, ㄴ, ㄷ

03. 갑~병의 주장의 관계에 대한 평가로 적절한 것만을 <보기>에서 모두 고르면?

> 갑: 어떠한 경우에도 자살은 옳지 않은 행위이다. 신의 뜻에 어긋날 뿐만 아니라 공동체에 해악을 끼치기 때문이다. 자살은 사회로부터 능력있는 사람들을 빼앗아가는 행위이다. 물론 그러한 행위는 공동체에 피해를 주는 것이다. 따라서 자살은 죄악이다.
>
> 을: 자살하는 사람은 사회에 해악을 끼치는 것이 아니다. 그는 단지 선을 행하는 것을 멈추는 것일 뿐이다. 사회에 선을 행해야 한다는 우리의 모든 의무는 상호성을 함축한다. 즉 나는 사회로부터 혜택을 얻으므로 사회의 이익을 증진시켜야 한다. 그러나 내가 만약 사회로부터 완전히 물러난다면 그러한 의무를 계속 짊어져야 하는 것은 아니다.
>
> 병: 인간의 행위는 자신에게만 관련된 것과 타인이 관련된 것으로 구분될 수 있다. 원칙적으로 인간은 타인에게 해가 되지 않는 한 원하는 것은 무엇이든지 행할 수 있다. 다만 타인에게 해악을 주는 행위만이 도덕적 비판의 대상이 된다고 할 수 있다. 이러한 원칙은 자살의 경우에도 적용된다.

───────────────〈보기〉───────────────

ㄱ. 갑의 주장은 을의 주장과 양립할 수 없다.

ㄴ. 을의 주장은 병의 주장과 양립할 수 있다.

ㄷ. 자살이 타인이 아닌 자신에게만 관련된 행위일 경우 병은 갑의 주장에 찬성할 것이다.

─────────────────────────────────────

① ㄱ

② ㄷ

③ ㄱ, ㄴ

④ ㄴ, ㄷ

⑤ ㄱ, ㄴ, ㄷ

약점 보완 해설집 p.5

영역 2 수리능력

유형 1 자료이해

유형 2 자료계산

유형 3 자료변환

1. 수리능력에서는 PSAT 기출 유형 중 자료이해, 자료계산, 자료변환 유형이 출제된다.

2. 자료이해는 다양한 형태의 자료가 출제되므로 정형화된 통계표뿐만 아니라 다양한 자료를 접하여 수치를 정확하게 분석하고 계산하는 연습이 필요하다.

3. 자료계산은 수치 계산을 빠르고 정확하게 할 수 있도록 증감률, 변화량, 비중, 평균 등의 빈출 연산 공식을 정확하게 숙지해야 한다.

4. 자료변환은 제시된 자료를 다른 형태의 자료로 올바르게 변환했는지를 판단하는 문제가 출제된다.

5. 수리능력은 표, 그림, 보고서 형태로 제시된 수치 자료를 이해하고 정리하는 능력과 자료 분석을 통해 새로운 정보를 도출하는 능력이 필요하다.

유형 소개

'자료이해'는 자료 간의 연관성을 파악하고, 제시된 자료에 대한 설명을 정확하게 해석하여 옳고 그름을 판단하는 유형의 문제이다.

유형 특징

1 제시된 자료의 내용과 일치 여부를 판단해야 하는 '옳은 것', '옳지 않은 것' 등의 문제가 출제된다.

2 제시된 자료를 보고 단순 수치 비교나 증감 추이를 분석하거나 증감률, 변화량, 비중, 비율 등의 추가적인 정보를 계산하도록 문제가 출제된다.

3 보통 정형화된 통계표 형태의 자료가 비중 높게 출제되나 꺾은선그래프, 막대그래프, 원그래프, 보도자료와 같이 다양한 형태의 자료가 함께 출제되는 편이다.

4 자료의 소재는 금융, 경제, 경영 관련 소재가 많이 출제되나 사회, 인문, 과학 등의 소재도 다양하게 출제된다.

풀이 전략

1 자료의 형태나 출제 포인트에 따른 특징에 맞춰 관련 이론을 학습하고 문제에 적용하는 연습을 한다.

2 자료에 빈칸이 제시되는 경우 빈칸에 해당하는 값을 먼저 찾지 않고, 빈칸과 무관한 내용의 <보기>나 선택지부터 풀이하는 것이 좋다.

3 여러 가지 항목의 합으로 구성된 자료는 문제에 제시된 항목과 반대인 항목을 기준으로 해석하는 연습을 통해 실전에서는 계산이 단순한 방법으로 풀이한다.

4 합계가 동일하고 분류 기준이 다른 2가지 이상의 자료에서 하나의 항목이 각기 다른 기준으로 분류되는 경우에는 항목의 최솟값과 최댓값을 가정하여 해당 항목의 범위를 파악하는 연습을 한다.

5 크기 비교를 통해 내용의 옳고 그름을 판단하는 경우 모든 식의 값을 도출하기보다 분자와 분모의 크기를 판별하거나 앞의 항과 다음 항의 크기를 판별하는 방법으로 풀이 시간을 단축하는 연습을 한다.

유형공략 30제

영역 1
의사소통능력

영역 2
수리능력

영역 3
문제해결능력

해커스 PSAT 기출로 끝내는 공공 NCS 330제

유형공략 문제

난이도 ★☆☆☆☆   권장 풀이 시간: 1분

01. 다음 <표>는 2019~2023년 '갑'국의 양식 품목별 면허어업 건수에 관한 자료이다. 이에 대한 설명으로 옳은 것은?

<표> 2019~2023년 양식 품목별 면허어업 건수

(단위: 건)

양식 품목 \ 연도	2019	2020	2021	2022	2023
김	781	837	853	880	812
굴	1,292	1,314	1,317	1,293	1,277
새고막	1,076	1,093	1,096	1,115	1,121
바지락	570	587	576	582	565
미역	802	920	898	882	678
전체	4,521	4,751	4,740	4,752	4,453

※ 양식 품목은 '김', '굴', '새고막', '바지락', '미역'뿐임.

① '김' 면허어업 건수는 매년 증가한다.

② '굴'과 '새고막'의 면허어업 건수 합은 매년 전체의 50% 이상이다.

③ '바지락' 면허어업 건수의 전년 대비 증가율은 2020년이 2022년보다 낮다.

④ '미역' 면허어업 건수는 2023년이 2020년보다 많다.

⑤ 2023년에 면허어업 건수가 전년 대비 증가한 양식 품목은 2개이다.

02. 다음 <표>는 2022년도 '갑'국의 운전면허 종류별 응시자 및 합격자 수에 관한 자료이다. 이에 대한 설명으로 옳은 것은?

<표> '갑'국의 운전면허 종류별 응시자 및 합격자 수

(단위: 명)

종류 \ 구분	응시자	남자	여자	합격자	남자	여자
전체	71,976	56,330	15,646	44,012	33,150	10,862
1종	29,507	( )	1,316	16,550	15,736	814
대형	4,199	4,149	50	995	991	4
보통	24,388	23,133	1,255	15,346	14,536	810
특수	920	909	11	209	209	0
2종	( )	( )	14,330	27,462	17,414	10,048
보통	39,312	25,047	14,265	26,289	16,276	10,013
소형	1,758	1,753	5	350	349	1
원동기	1,399	1,339	60	823	789	34

※ 합격률(%) = $\dfrac{\text{합격자 수}}{\text{응시자 수}} \times 100$

① 2종 면허 응시자 수는 1종 면허 응시자 수의 2배 이상이다.

② 전체 합격률은 60% 미만이다.

③ 1종 보통 면허 합격률은 2종 보통 면허 합격률보다 높다.

④ 1종 면허 남자 응시자 수는 2종 면허 남자 응시자 수보다 많다.

⑤ 1종 대형 면허 여자 합격률은 2종 소형 면허 여자 합격률보다 높다.

03. 다음 <표>는 '갑'국의 가맹점 수 기준 상위 5개 편의점 브랜드 현황에 관한 자료이다. 이에 대한 <보기>의 설명 중 옳은 것만을 모두 고르면?

<표> 가맹점 수 기준 상위 5개 편의점 브랜드 현황

(단위: 개, 천 원/개, 천 원/m²)

순위	브랜드	가맹점 수	가맹점당 매출액	가맹점 면적당 매출액
1	A	14,737	583,999	26,089
2	B	14,593	603,529	32,543
3	C	10,294	465,042	25,483
4	D	4,082	414,841	12,557
5	E	787	559,684	15,448

※ 가맹점 면적당 매출액(천 원/m²) = $\dfrac{\text{해당 브랜드 전체 가맹점 매출액의 합}}{\text{해당 브랜드 전체 가맹점 면적의 합}}$

─〈보기〉─

ㄱ. '갑'국의 전체 편의점 가맹점 수가 5만 개라면 편의점 브랜드 수는 최소 14개이다.

ㄴ. A~E 중, 가맹점당 매출액이 가장 큰 브랜드가 전체 가맹점 매출액의 합도 가장 크다.

ㄷ. A~E 중, 해당 브랜드 전체 가맹점 면적의 합이 가장 작은 편의점 브랜드는 E이다.

① ㄱ

② ㄴ

③ ㄷ

④ ㄴ, ㄷ

⑤ ㄱ, ㄴ, ㄷ

04. 다음 <그림>은 2015~2023년 '갑'국의 해외직접투자 규모와 최저개발국 직접투자 비중에 관한 자료이다. 이에 대한 설명으로 옳은 것은?

<그림> 해외직접투자 규모와 최저개발국 직접투자 비중

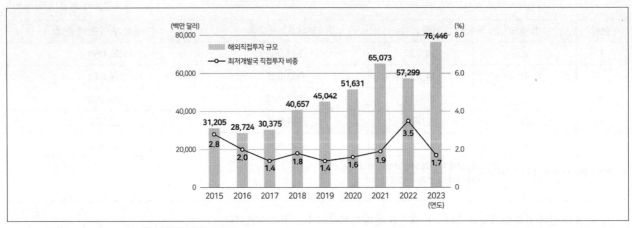

※ 최저개발국 직접투자 비중(%)=$\dfrac{\text{최저개발국 직접투자 규모}}{\text{해외직접투자 규모}} \times 100$

① 최저개발국 직접투자 규모는 2023년이 2015년보다 크다.

② 2021년 최저개발국 직접투자 비중은 전년보다 감소하였다.

③ 2018년 최저개발국 직접투자 규모는 10억 달러 이상이다.

④ 2023년 해외직접투자 규모는 전년 대비 40% 이상 증가하였다.

⑤ 2017년에 해외직접투자 규모와 최저개발국 직접투자 비중 모두 전년 대비 증가하였다.

약점 보완 해설집 p.7

유형 2 자료계산

유형 소개

'자료계산'은 제시된 자료의 수치를 이용하여 특정 값을 계산하는 유형의 문제이다.

유형 특징

1 제시된 자료와 각주, 조건 등으로 제시되는 추가적인 정보를 적용해서 특정 값을 도출하는 문제가 출제된다.

2 증감률, 변화량, 비중, 비율, 평균 등의 출제 포인트를 묻는 문제가 출제된다.

3 다양한 형태의 자료가 1개 또는 2개 이상 출제되며, 여러 개의 자료를 복합적으로 분석하여 문제를 풀도록 출제되기도 한다.

4 자료의 형태는 막대그래프, 원그래프 등 다양하게 출제되고 있다.

5 사회, 과학, 문화, 경제, 경영 등 다양한 분야의 자료가 출제된다.

풀이 전략

1 변화량, 증감률, 비중, 평균 등 간단한 공식으로 풀 수 있는 문제들이 많이 출제되므로 빈출 계산식을 반드시 암기한다.

2 다양한 문제를 풀어보면서 여러 형태의 규칙과 계산방식을 빠르게 이해하고 정확하게 적용하는 연습을 한다.

3 도출 값의 크기를 비교하는 문제는 제시된 계산식에서 공통되는 연산을 생략하고, 차이 나는 나머지 부분에 대해 연산하여 풀이 시간을 단축할 수 있다.

4 자료가 여러 개 제시된 경우 자료의 제목과 단위에서 자료 간 공통점 또는 차이점을 먼저 확인한 후, 자료를 연계하여 계산식을 도출하는 연습을 한다.

유형공략 문제

난이도 ★☆☆☆☆   권장 풀이 시간: 1분

01. 다음 <표>는 '갑'시 공공정책 홍보사업에 입찰한 A~F 홍보업체의 온라인 홍보매체 운영현황에 관한 자료이다. 이를 근거로 A~F 홍보업체 중 <선정방식>에 따라 홍보업체를 고르면?

<표> A~F 홍보업체의 온라인 홍보매체 운영현황

(단위: 만 명)

구분 홍보업체	미디어채널 구독자 수	SNS 팔로워 수	공공정책 홍보경력
A	90	50	유
B	180	0	무
C	50	80	유
D	80	60	무
E	100	40	무
F	60	45	유

〈선정방식〉

○ 공공정책 홍보경력이 있는 홍보업체 중 인지도가 가장 높은 1곳과 공공정책 홍보경력이 없는 홍보업체 중 인지도가 가장 높은 1곳을 각각 선정함.

○ 홍보업체 인지도=(미디어채널 구독자 수×0.4)+(SNS 팔로워 수×0.6)

① A, D

② A, E

③ B, C

④ B, F

⑤ C, D

02. 다음은 2023년 '갑'국의 연근해 어선 감척지원금 산정에 관한 자료이다. 이를 근거로 어선 A~D 중 산정된 감척지원금이 가장 많은 어선과 가장 적은 어선을 바르게 연결한 것은?

─────────〈정보〉─────────
○ 감척지원금 = 어선 잔존가치 + (평년수익액×3) + (선원 수 × 선원당 월 통상임금 고시액×6)
○ 선원당 월 통상임금 고시액: 5백만 원/명

〈표〉 감척지원금 신청 어선 현황

(단위: 백만 원, 명)

어선	어선 잔존가치	평년수익액	선원 수
A	170	60	6
B	350	80	8
C	200	150	10
D	50	40	3

	가장 많은 어선	가장 적은 어선
①	A	B
②	A	C
③	B	A
④	B	D
⑤	C	D

03. 다음 〈표〉는 4월 5일부터 4월 11일까지 종합병원 A의 날짜별 진료 실적에 관한 자료이다. 4월 7일의 진료의사 1인당 진료환자 수는?

〈표〉 종합병원 A의 날짜별 진료 실적

(단위: 명)

날짜 ＼ 구분	진료의사 수	진료환자 수	진료의사 1인당 진료환자 수
4월 5일	23	782	34
4월 6일	26	988	38
4월 7일	( )	580	( )
4월 8일	25	700	28
4월 9일	30	1,050	35
4월 10일	15	285	19
4월 11일	4	48	12
계	143	4,433	－

① 20

② 26

③ 29

④ 32

⑤ 38

04. 다음 <표>는 2022년 '갑'국 주요 수입 농산물의 수입경로별 수입량에 관한 자료이다. 이를 근거로 육로수입량 비중을 농산물별로 비교할 때, 육로수입량 비중이 가장 큰 농산물은?

<표> 2022년 '갑'국 주요 수입 농산물의 수입경로별 수입량

(단위: 톤)

수입경로 농산물	육로	해상	항공
콩	2,593	105,340	246,117
건고추	2,483	78,437	86,097
땅콩	2,260	8,219	26,146
참깨	2,024	12,986	76,812
팥	2,020	7,102	42,418

※ 1) 농산물별 수입량
＝농산물별 육로수입량＋농산물별 해상수입량＋농산물별 항공수입량

2) 농산물별 육로수입량 비중(%)＝$\dfrac{\text{농산물별 육로수입량}}{\text{농산물별 수입량}} \times 100$

① 건고추

② 땅콩

③ 참깨

④ 콩

⑤ 팥

약점 보완 해설집 p.8

유형 소개

'자료변환'은 제시된 자료를 다른 형태의 자료로 변환하거나 보고서 작성 시 필요한 자료를 파악하는 유형의 문제이다.

유형 특징

1 제시된 자료를 토대로 다른 형태의 자료로 변환한 내용이 '옳은 것', '옳지 않은 것' 등의 문제가 출제된다.

2 제시된 자료와 부합하거나 부합하지 않은 자료를 찾는 문제는 선택지에 제시되는 그래프의 항목이 2개 이상인 경우가 있어 확인해야 하는 내용이 많도록 출제되기도 한다.

3 보고서를 작성할 때 추가로 이용한 자료를 찾는 문제의 경우 자료의 제목뿐만 아니라 표와 그래프가 함께 제시되어 제시된 내용이 올바른지도 파악해야 한다.

4 표를 그래프로 변환하는 문제는 증가량을 고려하거나 비율 계산 등 다소 복잡한 계산이 필요한 문제가 출제되기도 한다.

5 사회, 과학, 문화, 경제, 경영 등 다양한 분야의 자료가 출제된다.

풀이 전략

1 보고서가 제시되는 문제의 경우 각 자료의 제목과 구성을 먼저 확인한 후 보고서의 내용과 관련 있는 항목만 선별적으로 판단하는 연습을 한다.

2 표 또는 그래프를 다른 형태의 자료로 변환해야 하는 경우, 자료의 수치를 그대로 옮겨놓은 선택지를 먼저 확인하고 계산이 복잡한 선택지는 후순위로 확인하면 풀이 시간을 단축할 수 있다.

3 선택지에 제시된 그래프의 구성 항목을 먼저 파악한 후 자료에서 관련 있는 항목의 값을 찾아 대소 비교로 증감 추이를 유추할 수 있는지 확인하며 문제를 빠르게 푸는 연습을 한다.

유형공략 문제

난이도 ★★☆☆☆   권장 풀이 시간: 1분 30초

01. 다음은 '갑'군의 농촌관광 사업에 관한 <방송뉴스>이다. <방송뉴스>의 내용과 부합하는 자료는?

─〈방송뉴스〉─

앵커: 농촌경제 활성화를 위하여 ○○부가 추진해오고 있는 농촌관광 사업이 있습니다. 최근 감염병으로 인해 농촌관광 사업도 큰
어려움을 겪고 있다고 합니다. □□□ 기자가 어려움을 겪고 있는 농촌관광 사업에 대해 보도합니다.

기자: …(중략)… '갑'군은 농촌의 소득 다변화를 위하여 다양한 농촌관광 사업을 추진했습니다. 하지만 감염병 확산으로 2020년
'갑'군의 농촌관광 방문객 수와 매출액이 크게 줄었습니다. 농촌체험마을은 2020년 방문객 수와 매출액이 2019년에 비해
75% 이상 감소하였습니다. 농촌민박도 2020년 방문객 수와 매출액이 전년과 비교하여 30% 이상 줄어들었습니다. 다만, 농
촌융복합사업장은 2020년 방문객 수와 매출액이 전년과 비교해 줄어든 비율이 농촌체험마을보다는 작았습니다.

①   (단위: 명, 천 원)

구분 연도	농촌체험마을		농촌민박		농촌융복합사업장	
	방문객 수	매출액	방문객 수	매출액	방문객 수	매출액
2019	1,118	12,280	2,968	98,932	395	6,109
2020	266	3,030	2,035	67,832	199	1,827

②   (단위: 명, 천 원)

구분 연도	농촌체험마을		농촌민박		농촌융복합사업장	
	방문객 수	매출액	방문객 수	매출액	방문객 수	매출액
2019	1,118	12,320	2,968	98,932	395	6,109
2020	266	3,180	2,035	67,832	199	1,827

③   (단위: 명, 천 원)

구분 연도	농촌체험마을		농촌민박		농촌융복합사업장	
	방문객 수	매출액	방문객 수	매출액	방문객 수	매출액
2019	1,118	12,280	2,968	98,932	395	6,309
2020	266	3,030	2,035	67,832	199	1,290

④   (단위: 명, 천 원)

구분 연도	농촌체험마을		농촌민박		농촌융복합사업장	
	방문객 수	매출액	방문객 수	매출액	방문객 수	매출액
2019	1,118	12,320	2,968	96,932	395	6,309
2020	266	3,180	2,035	70,069	199	1,290

⑤   (단위: 명, 천 원)

구분 연도	농촌체험마을		농촌민박		농촌융복합사업장	
	방문객 수	매출액	방문객 수	매출액	방문객 수	매출액
2019	1,118	12,280	2,968	96,932	395	6,109
2020	266	3,030	2,035	70,069	199	1,827

02. 다음 <표>는 2018~2022년 '갑'국의 양자기술 분야별 정부 R&D 투자금액에 관한 자료이다. <표>를 이용하여 작성한 자료로 옳지 않은 것은?

<표> 양자기술 분야별 정부 R&D 투자금액

(단위: 백만 원)

분야＼연도	2018	2019	2020	2021	2022	합
양자컴퓨팅	61	119	200	285	558	1,223
양자내성암호	102	209	314	395	754	1,774
양자통신	110	192	289	358	723	1,672
양자센서	77	106	125	124	209	641
계	350	626	928	1,162	2,244	5,310

※ 양자기술은 양자컴퓨팅, 양자내성암호, 양자통신, 양자센서 분야로만 구분됨.

① 2019~2022년 양자통신 분야 정부 R&D 투자금액의 전년 대비 증가율

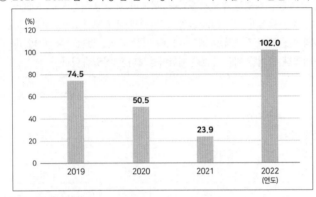

② 연도별 양자컴퓨팅, 양자통신 분야 정부 R&D 투자금액

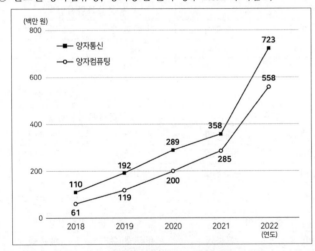

③ 2018~2022년 양자기술 정부 R&D 총투자금액의 분야별 구성비

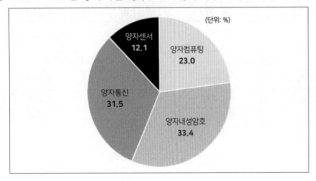

④ 연도별 양자내성암호 분야 정부 R&D 투자금액 대비 양자센서 분야 정부 R&D 투자금액 비율

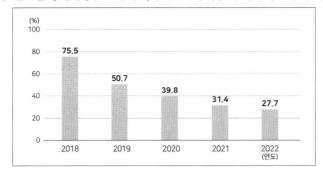

⑤ 2018~2022년 양자기술 정부 R&D 투자금액의 분야별 비중

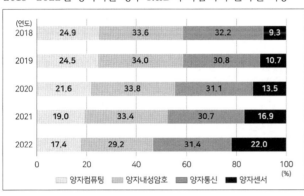

영역 3 문제해결능력

유형 1 세부 정보 파악

유형 1 세부 정보 파악

유형 2 법·규정의 적용

유형 3 규칙 적용

유형 4 논리퍼즐

1. 문제해결능력에서는 PSAT 기출 유형 중 세부 정보 파악, 법·규정의 적용, 규칙 적용, 논리퍼즐 유형이 출제된다.
2. 세부 정보 파악은 제시문 또는 실무 관련 문서를 읽고 제시문의 세부 정보와 선택지의 일치 여부를 파악해야 한다.
3. 법·규정의 적용은 법이나 규정을 임의로 해석하지 않고 제시된 내용을 그대로 문제에 적용하는 연습이 필요하다.
4. 규칙 적용 및 논리퍼즐은 다양한 조건을 적용하되 놓치는 경우의 수나 조건이 없는지 유의해야 한다.
5. 문제해결능력은 제시된 문제의 조건이나 단서를 문제에 적용하는 것이 매우 중요하므로 사소한 단서나 조건이라
   도 놓치지 않고 반영하여 풀이해야 한다.

세부 정보 파악

유형 소개

'세부 정보 파악'은 주어진 상황과 정보를 바탕으로 세부적인 정보의 옳고 그름을 추론하는 유형의 문제이다.

유형 특징

1 제시된 글을 근거로 하여 세부적인 정보의 옳고 그름을 판단하는 문제, 제시된 문서에서 명시하는 정보를 근거로 옳고 그름을 판단하는 문제가 출제된다.

2 보통 중~장문의 줄글이나 문서 등이 제시되며, 제시되는 지문의 소재로는 사회, 과학 등 특정 분야에 한정되지 않고 다양한 소재의 문제가 출제된다.

3 제시된 내용을 토대로 판별하는 단순한 문제가 출제되기도 하지만, 계산식을 세우고 풀이하는 문제가 출제되기도 한다. 계산식은 간단한 편이나 올바른 계산식을 세운 뒤 이를 적용해야 한다.

4 장문의 글이 제시되고 2문항이 함께 출제되는 묶음 문제도 매년 꾸준히 출제된다.

풀이 전략

1 선택지를 먼저 읽고 핵심어를 추려낸 뒤 제시된 글이나 문서를 훑어보며 선택지에서 판별을 원하는 정보의 내용이 무엇인지 빠르게 확인해야 한다.

2 한 문제에 여러 자료가 복합적으로 제시되는 경우에는 문제를 푸는 데 필요한 정보만 선별적으로 확인하여 풀이 시간을 단축한다.

유형공략 문제

난이도 ★★☆☆☆   권장 풀이 시간: 1분 30초

01. 다음 글을 근거로 판단할 때 옳은 것은?

이름 뒤에 성이 오는 보통의 서양식 작명법과 달리, A국에서는 별도의 성을 사용하지 않고 이름 뒤에 '부칭(父稱)'이 오도록 작명을 한다. 부칭은 이름을 붙이는 대상자의 아버지 이름에 접미사를 붙여서 만든다. 아들의 경우 그 아버지의 이름 뒤에 s와 손(son)을 붙이고, 딸의 경우 s와 도티르(dottir)를 붙여 '~의 아들' 또는 '~의 딸'이라는 의미를 가지는 부칭을 만든다. 예를 들어, 욘 스테파운손(Jon Stefansson)의 아들 피얄라르(Fjalar)는 '피얄라르 욘손(Fjalar Jonsson)', 딸인 카트린(Katrin)은 '카트린 욘스도티르(Katrin Jonsdottir)'가 되는 식이다.

같은 사회적 집단에 속해 있는 사람끼리 이름과 부칭이 같으면 할아버지의 이름까지 써서 작명하기도 한다. 예를 들어, 욘 토르손이라는 사람이 한 집단에 두 명 있는 경우에는 욘 토르손 아이나르소나르(Jon Thorsson Einarssonar)와 욘 토르손 스테파운소나르(Jon Thorsson Stefanssonar)와 같이 구분한다. 전자의 경우 '아이나르의 아들인 토르의 아들인 욘'을, 후자의 경우 '스테파운의 아들인 토르의 아들인 욘'을 의미한다.

한편 공식적인 자리에서 A국 사람들은 이름을 부르거나 이름과 부칭을 함께 부르며, 부칭만으로 서로를 부르지는 않는다. 또한 A국에서는 부칭이 아닌 이름의 영어 알파벳 순서로 정렬하여 전화번호부를 발행한다.

① 피얄라르 토르손 아이나르소나르(Fjalar Thorsson Einarssonar)로 불리는 사람의 할아버지의 부칭을 알 수 있다.

② 피얄라르 욘손(Fjalar Jonsson)은 공식적인 자리에서 욘손으로 불린다.

③ A국의 전화번호부에는 피얄라르 욘손(Fjalar Jonsson)의 아버지의 이름이 토르 아이나르손(Thor Einarsson)보다 먼저 나올 것이다.

④ 스테파운(Stefan)의 아들 욘(Jon)의 부칭과 손자 피얄라르(Fjalar)의 부칭은 같을 것이다.

⑤ 욘 스테파운손(Jon Stefansson)의 아들과 욘 토르손(Jon Thorsson)의 딸은 동일한 부칭을 사용할 것이다.

02. 다음 글을 근거로 판단할 때 옳은 것은?

자기조절력은 스스로 목표를 설정하고 그 목표를 달성하기 위해 집념과 끈기를 발휘하는 능력을 말한다. 또한 자기조절력은 자기 자신의 감정을 잘 조절하는 능력이기도 하며, 내가 나를 존중하는 능력이기도 하다. 자기조절을 하기 위해서는 도달하고 싶으나 아직 구현되지 않은 나의 미래 상태를 현재 나의 상태와 구별해 낼 수 있어야 한다. 자기조절력의 하위 요소로는 자기절제와 목표달성 등이 있다. 이러한 하위 요소들은 신경망과도 관련이 있는 것으로 알려져 있다.

우선 자기절제는 충동을 통제하고, 일상적이고도 전형적인 혹은 자동적인 행동을 분명한 의도를 바탕으로 억제하는 것이다. 이처럼 특정한 의도를 갖고 자신의 행동이나 생각을 의식적으로 억제하거나 마음먹은 대로 조절하는 능력은 복외측전전두피질과 내측전전두피질을 중심으로 한 신경망과 관련이 깊다.

한편 목표달성을 위해서는 두 가지 능력이 필요하다. 첫 번째는 자기 자신에 집중할 수 있는 능력이다. 나 자신에 집중하기 위해서는 끊임없이 자신을 되돌아보며 현재 나의 상태를 알아차리는 자기참조과정이 필요하다. 자기참조과정에 주로 관여하는 것은 내측전전두피질을 중심으로 후방대상피질과 설전부를 연결하는 신경망이다. 두 번째는 자신이 도달하고자 하는 대상에 집중할 수 있는 능력이다. 특정 대상에 주의를 집중하는 데 필요한 뇌 부위는 배외측전전두피질로 알려져 있다. 배외측전전두피질은 주로 내측전전두피질과 연결되어 작동한다. 내측전전두피질과 배외측전전두피질 간의 기능적 연결성이 강할수록 목표를 위해 에너지를 집중하고 지속적인 노력을 쏟아 부을 수 있는 능력이 높아진다.

① 자기조절을 위해서는 현재 나의 상태와 아직 구현되지 않은 나의 미래 상태를 구분할 수 있어야 한다.

② 내측전전두피질과 배외측전전두피질 간의 기능적 연결성이 약할수록 목표를 위한 집중력이 높아진다.

③ 목표달성을 위해서는 일상적이고 전형적인 행동을 강화하는 능력이 필요하다.

④ 자신이 도달하고자 하는 대상에 집중하는 과정을 자기참조과정이라 한다.

⑤ 자기조절력은 자기절제의 하위 요소이다.

03. 다음 <연구용역 계약사항>을 근거로 판단할 때, <보기>에서 옳은 것만을 모두 고르면?

─〈연구용역 계약사항〉─

□ 과업수행 전체회의 및 보고
  ○ 참석대상: 발주기관 과업 담당자, 연구진 전원
  ○ 착수보고: 계약일로부터 10일 이내
  ○ 중간보고: 계약기간 중 2회
    – 과업 진척상황 및 중간결과 보고, 향후 연구계획 및 내용 협의
  ○ 최종보고: 계약만료 7일 전까지
  ○ 수시보고: 연구 수행상황 보고 요청 시, 긴급을 요하거나 특이사항 발생 시 등
  ○ 전체회의: 착수보고 전, 각 중간보고 전, 최종보고 전

□ 과업 산출물
  ○ 중간보고서 20부, 최종보고서 50부, 연구 데이터 및 관련 자료 CD 1매

□ 연구진 구성 및 관리
  ○ 연구진 구성: 책임연구원, 공동연구원, 연구보조원
  ○ 연구진 관리
    – 연구 수행기간 중 연구진은 구성원을 임의로 교체할 수 없음. 단, 부득이한 경우 사전에 변동사유와 교체될 구성원의 경력 등에 관한 서류를 발주기관에 제출하여 승인을 받은 후 교체할 수 있음

□ 과업의 일반조건
  ○ 연구진은 연구과제의 시작부터 종료(최종보고서 제출)까지 과업과 관련된 제반 비용의 지출행위에 대해 책임을 지고 과업을 진행해야 함
  ○ 연구진은 용역완료(납품) 후라도 발주기관이 연구결과와 관련된 자료를 요청할 경우에는 관련 자료를 성실히 제출하여야 함

─〈보기〉─

ㄱ. 발주기관은 연구용역이 완료된 후에도 연구결과와 관련된 자료를 요청할 수 있다.
ㄴ. 과업수행을 위한 전체회의 및 보고 횟수는 최소 8회이다.
ㄷ. 연구진은 연구 수행기간 중 책임연구원과 공동연구원을 변경할 수 없지만 연구보조원의 경우 임의로 교체할 수 있다.
ㄹ. 중간보고서의 경우 그 출력과 제본 비용의 지출행위에 대해 발주기관이 책임을 진다.

① ㄱ, ㄴ
② ㄱ, ㄷ
③ ㄱ, ㄹ
④ ㄴ, ㄷ
⑤ ㄷ, ㄹ

약점 보완 해설집 p.10

유형 2 법·규정의 적용

유형 소개

'법·규정의 적용'은 법조문의 내용을 이해한 후 이를 특정 상황에 적용하여 옳고 그름을 판단하는 유형의 문제이다.

유형 특징

1 제시된 법조문이나 규정 등을 이해하고 선택지 내용을 판별하는 문제가 출제된다.

2 법·규정 내용에 대해 옳고 그름을 묻는 문제가 출제되기도 하지만, 법·규정을 올바르게 이해하고 이를 상황에 적용할 수 있는지를 묻기도 한다.

3 법·규정의 소재로는 경제 관련 정책이 가장 많이 출제되지만, 사회, 과학 등 다양한 소재의 법조문이 제시되며, 그 외 보험이나 은행, 증권 상품에 대한 특약 등을 설명하는 규정 등이 소재로 출제되기도 한다.

풀이 전략

1 같은 용어를 지칭하는 말인지, 다른 용어를 비슷한 용어로 지칭하는 것인지를 구분하고 선택지의 정오를 판단해야 한다. 또한, 단서 조항이 많으므로 이를 유의해야 한다.

2 평소에 경제 정책 관련 법률, 보험이나 은행 등의 상품 규정 등에 관한 내용을 읽어 두며 어려운 용어 등에 대해 미리 숙지해 두는 것이 좋다.

유형공략 30제

영역 1
의사소통능력

영역 2
수리능력

영역 3
문제해결능력

해커스 PSAT 기출로 끝내는 금융 NCS 330제

유형공략 문제

난이도 ★★★☆☆   권장 풀이 시간: 2분

01. 다음 글을 근거로 판단할 때 옳은 것은?

> 제○○조 이 법에서 사용하는 용어의 뜻은 다음과 같다.
> 1. '배아'란 인간의 수정란 및 수정된 때부터 발생학적으로 모든 기관이 형성되기 전까지의 분열된 세포군을 말한다.
> 2. '잔여배아'란 체외수정으로 생성된 배아 중 임신의 목적으로 이용하고 남은 배아를 말한다.
>
> 제△△조 ① 누구든지 임신 외의 목적으로 배아를 생성하여서는 아니 된다.
> ② 누구든지 배아를 생성할 때 다음 각 호의 어느 하나에 해당하는 행위를 하여서는 아니 된다.
> 1. 특정의 성을 선택할 목적으로 난자와 정자를 선별하여 수정시키는 행위
> 2. 사망한 사람의 난자 또는 정자로 수정하는 행위
> 3. 미성년자의 난자 또는 정자로 수정하는 행위. 다만 혼인한 미성년자가 그 자녀를 얻기 위하여 수정하는 경우는 제외한다.
> ③ 누구든지 금전, 재산상의 이익 또는 그 밖의 반대급부를 조건으로 배아나 난자 또는 정자를 제공 또는 이용하거나 이를 유인하거나 알선하여서는 아니 된다.
>
> 제□□조 ① 배아의 보존기간은 5년으로 한다. 다만 난자 또는 정자의 기증자가 배아의 보존기간을 5년 미만으로 정한 경우에는 이를 보존기간으로 한다.
> ② 제1항에도 불구하고 제1항의 기증자가 항암치료를 받는 경우 그 기증자는 보존기간을 5년 이상으로 정할 수 있다.
> ③ 배아생성의료기관은 제1항 또는 제2항에 따른 보존기간이 끝난 배아 중 제◇◇조에 따른 연구의 목적으로 이용하지 아니할 배아는 폐기하여야 한다.
>
> 제◇◇조 제□□조에 따른 배아의 보존기간이 지난 잔여배아는 발생학적으로 원시선(原始線)이 나타나기 전까지만 체외에서 다음 각 호의 연구 목적으로 이용할 수 있다.
> 1. 난임치료법 및 피임기술의 개발을 위한 연구
> 2. 희귀 · 난치병의 치료를 위한 연구

※ 원시선: 중배엽 형성 초기에 세포의 이동에 의해서 형성되는 배반(胚盤)의 꼬리쪽 끝에서 볼 수 있는 얇은 선

① 배아생성의료기관은 불임부부를 위해 반대급부를 조건으로 배아의 제공을 알선할 수 있다.

② 난자 또는 정자의 기증자는 항암치료를 받지 않더라도 배아의 보존기간을 6년으로 정할 수 있다.

③ 배아생성의료기관은 혼인한 미성년자의 정자를 임신 외의 목적으로 수정하여 배아를 생성할 수 있다.

④ 보존기간이 남은 잔여배아는 발생학적으로 원시선이 나타나기 전이라면 체내에서 난치병 치료를 위한 연구 목적으로 이용할 수 있다.

⑤ 생성 후 5년이 지나지 않은 잔여배아도 발생학적으로 원시선이 나타나기 전까지 체외에서 피임기술 개발을 위한 연구에 이용하는 것이 가능한 경우가 있다.

02. 다음 글을 근거로 판단할 때, <보기>에서 저작권자의 허락없이 허용되는 행위만을 모두 고르면?

제00조 타인의 공표된 저작물의 내용·형식을 변환하거나 그 저작물을 복제·배포·공연 또는 공중송신(방송·전송을 포함한다) 하기 위해서는 특별한 규정이 없는 한 저작권자의 허락을 받아야 한다.

제00조 ① 누구든지 공표된 저작물을 저작권자의 허락없이 시각장애인을 위하여 점자로 복제·배포할 수 있다.

② 시각장애인을 보호하고 있는 시설, 시각장애인을 위한 특수학교 또는 점자도서관은 영리를 목적으로 하지 아니하고 시각장애인의 이용에 제공하기 위하여, 공표된 어문저작물을 저작권자의 허락없이 녹음하여 복제하거나 디지털음성정보기록방식으로 복제·배포 또는 전송할 수 있다.

제00조 ① 누구든지 공표된 저작물을 저작권자의 허락없이 청각장애인을 위하여 한국수어로 변환할 수 있으며 이러한 한국수어를 복제·배포·공연 또는 공중송신할 수 있다.

② 청각장애인을 보호하고 있는 시설, 청각장애인을 위한 특수학교 또는 한국어수어통역센터는 영리를 목적으로 하지 아니하고 청각장애인의 이용에 제공하기 위하여, 공표된 저작물에 포함된 음성 및 음향 등을 저작권자의 허락없이 자막 등 청각장애인이 인지할 수 있는 방식으로 변환할 수 있으며 이러한 자막 등을 청각장애인이 이용할 수 있도록 복제·배포·공연 또는 공중송신할 수 있다.

※ 어문저작물: 소설·시·논문·각본 등 문자로 이루어진 저작물

───────────〈보기〉───────────

ㄱ. 학교도서관이 공표된 소설을 청각장애인을 위하여 한국수어로 변환하고 이 한국수어를 복제·공중송신하는 행위

ㄴ. 한국어수어통역센터가 영리를 목적으로 청각장애인의 이용에 제공하기 위하여, 공표된 영화에 포함된 음성을 자막으로 변환하여 배포하는 행위

ㄷ. 점자도서관이 영리를 목적으로 하지 아니하고 시각장애인의 이용에 제공하기 위하여, 공표된 피아니스트의 연주 음악을 녹음하여 복제·전송하는 행위

① ㄱ

② ㄴ

③ ㄱ, ㄷ

④ ㄴ, ㄷ

⑤ ㄱ, ㄴ, ㄷ

03. 다음 글을 근거로 판단할 때 옳은 것은?

제00조 이 규칙은 법원이 소지하는 국가기밀에 속하는 문서 등의 보안업무에 관한 사항을 규정함을 목적으로 한다.

제00조 이 규칙에서 비밀이라 함은 그 내용이 누설되는 경우 국가안전보장에 유해한 결과를 초래할 우려가 있는 국가기밀로서 이 규칙에 의하여 비밀로 분류된 것을 말한다.

제00조 ① Ⅰ급비밀 취급 인가권자는 대법원장, 대법관, 법원행정처장으로 한다.

② Ⅱ급 및 Ⅲ급비밀 취급 인가권자는 다음과 같다.

　　1. Ⅰ급비밀 취급 인가권자

　　2. 사법연수원장, 고등법원장, 특허법원장, 사법정책연구원장, 법원공무원교육원장, 법원도서관장

　　3. 지방법원장, 가정법원장, 행정법원장, 회생법원장

제00조 ① 비밀 취급 인가권자는 비밀을 취급 또는 비밀에 접근할 직원에 대하여 해당 등급의 비밀 취급을 인가한다.

② 비밀 취급의 인가는 대상자의 직책에 따라 필요한 최소한의 인원으로 제한하여야 한다.

③ 비밀 취급 인가를 받은 자가 다음 각 호의 어느 하나에 해당하는 경우에는 그 취급의 인가를 해제하여야 한다.

　　1. 고의 또는 중대한 과실로 중대한 보안 사고를 범한 때

　　2. 비밀 취급이 불필요하게 된 때

④ 비밀 취급의 인가 및 해제와 인가 등급의 변경은 문서로 하여야 하며 직원의 인사기록사항에 이를 기록하여야 한다.

제00조 ① 비밀 취급 인가권자는 임무 및 직책상 해당 등급의 비밀을 항상 사무적으로 취급하는 자에 한하여 비밀 취급을 인가하여야 한다.

② 비밀 취급 인가권자는 소속직원의 인사기록카드에 기록된 비밀 취급의 인가 및 해제사유와 임용시의 신원조사회보서에 의하여 새로 신원조사를 행하지 아니하고 비밀 취급을 인가할 수 있다. 다만 Ⅰ급비밀 취급을 인가하는 때에는 새로 신원조사를 실시하여야 한다.

① 비밀 취급 인가의 해제는 구술로 할 수 있다.

② 법원행정처장은 Ⅰ급비밀, Ⅱ급비밀, Ⅲ급비밀 모두에 대해 취급 인가권을 가진다.

③ 비밀 취급 인가는 대상자의 직책에 따라 가능한 한 제한 없이 충분한 인원에게 하여야 한다.

④ 비밀 취급 인가를 받은 자가 중대한 보안 사고를 범한 경우 고의가 없었다면 그 취급의 인가를 해제할 수 없다.

⑤ 비밀 취급 인가권자는 소속직원에 대해 새로 신원조사를 행하지 아니하고 Ⅰ급비밀 취급을 인가할 수 있다.

약점 보완 해설집 p.11

유형 3 규칙 적용

유형 소개

'규칙 적용'은 제시된 지문의 상황과 조건을 토대로 결괏값을 도출하거나 옳고 그름을 판단하는 유형의 문제이다.

유형 특징

1 제시된 조건이나 규칙을 토대로 항목을 비교하거나 항목별 계산을 통해 결괏값을 도출하는 문제가 출제된다.

2 제시된 조건이나 규칙을 주어진 상황에 적용하여 문제를 해결하는 문제가 출제된다.

3 제시되는 조건이나 규칙은 3개 이하로 단순한 경우도 있지만, 조건, 표, 그림 등 다양한 형태의 자료가 문제의 제시문으로 출제되기도 한다.

4 선택지 및 <보기>는 조건에 따른 항목, 비용 등으로 구성되기도 하지만, 조건이나 규칙을 토대로 판별 가능한 내용이 제시되기도 한다.

풀이 전략

1 제시된 자료에서 명시하고 있는 조건 및 규칙을 간단히 정리한 뒤 이를 문제에 적용하는 연습을 한다.

2 간단한 조건을 우선적으로 선택지 및 <보기>에 적용하여 오답을 빠르게 소거하고 이후 다음 조건을 적용하는 방식을 활용하면 빠른 문제 풀이가 가능하다.

3 문제 풀이에 필요한 조건이 누락되면 정답이 도출되지 않거나 잘못된 정답이 도출되기 쉬우므로 놓치는 조건이 없는지 꼼꼼히 확인해야 한다.

유형공략 문제

난이도 ★★☆☆☆   권장 풀이 시간: 1분 30초

01. 다음 글을 근거로 판단할 때, 인쇄에 필요한 A4용지의 장수는?

甲주무관은 〈인쇄 규칙〉에 따라 문서 A~D를 각 1부씩 인쇄하였다.

〈인쇄 규칙〉

○ 문서는 A4용지에 인쇄한다.

○ A4용지 한 면에 2쪽씩 인쇄한다. 단, 중요도가 상에 해당하는 보도자료는 A4용지 한 면에 1쪽씩 인쇄한다.

○ 단면 인쇄를 기본으로 한다. 단, 중요도가 하에 해당하는 문서는 양면 인쇄한다.

○ 한 장의 A4용지에는 한 종류의 문서만 인쇄한다.

종류	유형	쪽수	중요도
A	보도자료	2	상
B	보도자료	34	중
C	보도자료	5	하
D	설명자료	3	상

① 11장   ② 12장   ③ 22장   ④ 23장   ⑤ 24장

난이도 ★★★☆☆   권장 풀이 시간: 2분

02. 다음 글을 근거로 판단할 때, 가장 많은 액수를 지급받을 예술단체의 배정액은?

□□부는 2024년도 예술단체 지원사업 예산 4억 원을 배정하려 한다. 지원 대상이 되는 예술단체의 선정 및 배정액 산정·지급 방법은 다음과 같다.

○ 2023년도 기준 인원이 30명 미만이거나 운영비가 1억 원 미만인 예술단체를 선정한다.

○ 사업분야가 공연인 단체의 배정액은 '(운영비×0.2)+(사업비×0.5)'로 산정한다.

○ 사업분야가 교육인 단체의 배정액은 '(운영비×0.5)+(사업비×0.2)'로 산정한다.

○ 인원이 많은 단체부터 순차적으로 지급한다. 다만 예산 부족으로 산정된 금액 전부를 지급할 수 없는 단체에는 예산 잔액을 배정액으로 한다.

○ 2023년도 기준 예술단체(A~D) 현황은 다음과 같다.

단체	인원(명)	사업분야	운영비(억 원)	사업비(억 원)
A	30	공연	1.8	5.5
B	28	교육	2.0	4.0
C	27	공연	3.0	3.0
D	33	교육	0.8	5.0

① 8,000만 원   ② 1억 1,000만 원   ③ 1억 4,000만 원   ④ 1억 8,000만 원   ⑤ 2억 1,000만 원

약점 보완 해설집 p.12

유형 4 논리퍼즐

유형 소개

'논리퍼즐'은 주어진 조건을 바탕으로 내용의 옳고 그름을 판단하거나 결론을 도출하는 유형의 문제이다.

유형 특징

1 명제의 옳고 그름을 판단하거나 조건을 적용하여 결론을 도출하는 문제가 출제된다.

2 문제해결을 위한 사고력을 요구하는 문제가 출제되기도 한다.

3 비교적 짧은 줄문이나 표, 조건 등의 다양한 자료가 제시되며, 제시되는 조건 역시 3개 정도로 간단하기도 하나 5개 이상의 복잡한 조건이 제시되기도 한다.

풀이 전략

1 제시된 조건을 단어나 표로 간단히 정리한 후 고려해야 하는 조건이나 경우의 수를 빠짐없이 확인해야 한다.

2 고정된 조건이 있다면 해당 사항을 기준으로 삼고 이후 조건을 정리하는 방법으로 풀이하면 빠르게 문제를 풀이할 수 있다.

3 시험에 자주 출제되는 명제의 활용, 추론의 종류 등을 미리 숙지해두면 빠른 문제 풀이에 도움이 된다.

유형공략 30제

영역 1
의사소통능력

영역 2
수리능력

영역 3
문제해결능력

해커스 PSAT 기출로 끝내는 금융 NCS 330제

난이도 ★★☆☆☆   권장 풀이 시간: 1분 30초

01. 다음 글의 내용이 참일 때 반드시 참인 것은?

A부서에서는 새로 시작된 프로젝트에 다섯 명의 주무관 가은, 나은, 다은, 라은, 마은의 참여 여부를 점검하고 있다. 주무관들의 업무 전문성을 고려할 때, 다음과 같은 예측을 할 수 있었고 그 예측들은 모두 옳은 것으로 밝혀졌다.

○ 가은이 프로젝트에 참여하면 나은과 다은도 프로젝트에 참여한다.
○ 나은이 프로젝트에 참여하지 않으면 라은이 프로젝트에 참여한다.
○ 가은이 프로젝트에 참여하거나 마은이 프로젝트에 참여한다.

① 가은이 프로젝트에 참여하지 않으면 나은이 프로젝트에 참여한다.
② 다은이 프로젝트에 참여하면 마은이 프로젝트에 참여한다.
③ 다은이 프로젝트에 참여하거나 마은이 프로젝트에 참여한다.
④ 라은이 프로젝트에 참여하면 마은이 프로젝트에 참여한다.
⑤ 라은이 프로젝트에 참여하거나 마은이 프로젝트에 참여한다.

난이도 ★★★☆☆   권장 풀이 시간: 2분

02. 다음 글과 <상황>을 근거로 판단할 때, <보기>에서 옳은 것만을 모두 고르면?

甲국은 국내 순위 1~10위 선수 10명 중 4명을 국가대표로 선발하고자 한다. 국가대표는 국내 순위가 높은 선수가 우선 선발되나, A, B, C팀 소속 선수가 최소한 1명씩은 포함되어야 한다.

〈상황〉

○ 국내 순위 1~10위 중 공동 순위는 없다.
○ 선수 10명 중 4명은 A팀, 3명은 B팀, 3명은 C팀 소속이다.
○ C팀 선수 중 국내 순위가 가장 낮은 선수가 A팀 선수 중 국내 순위가 가장 높은 선수보다 국내 순위가 높다.
○ B팀 소속 선수 3명의 국내 순위는 각각 2위, 5위, 8위이다.

〈보기〉

ㄱ. 국내 순위 1위 선수의 소속팀은 C팀이다.
ㄴ. A팀 소속 선수 중 국내 순위가 가장 낮은 선수는 9위이다.
ㄷ. 국가대표 중 국내 순위가 가장 낮은 선수는 7위이다.
ㄹ. 국내 순위 3위 선수와 4위 선수는 같은 팀이다.

① ㄱ, ㄴ   ② ㄱ, ㄷ   ③ ㄱ, ㄹ   ④ ㄴ, ㄷ   ⑤ ㄴ, ㄹ

약점 보완 해설집 p.13

취약 유형 진단 & 약점 극복

1 문항별 정오표

각 문항별로 정오를 확인한 후, 맞았으면 O, 풀지 못했으면 △, 틀렸으면 X로 표시해 보세요.

1) 의사소통능력

세부 내용 파악		문맥 추론		논지·견해 분석	
번호	정오	번호	정오	번호	정오
01		01		01	
02		02		02	
03		03		03	
04					

2) 수리능력

자료이해		자료계산		자료변환	
번호	정오	번호	정오	번호	정오
01		01		01	
02		02		02	
03		03			
04		04			

3) 문제해결능력

세부 정보 파악		법·규정의 적용		규칙 적용		논리퍼즐	
번호	정오	번호	정오	번호	정오	번호	정오
01		01		01		01	
02		02		02		02	
03		03					

2 취약 유형 분석표

유형별로 맞힌 문제 개수와 정답률을 적고, 취약한 유형이 무엇인지 파악해 보세요.

유형	맞힌 문제 개수	정답률	유형	맞힌 문제 개수	정답률
세부 내용 파악	/4	%	문맥 추론	/3	%
논지·견해 분석	/3	%	자료이해	/4	%
자료계산	/4	%	자료변환	/2	%
세부 정보 파악	/3	%	법·규정의 적용	/3	%
규칙 적용	/2	%	논리퍼즐	/2	%

3 학습 전략

취약한 유형의 학습 전략을 확인한 후, 풀지 못한 문제와 틀린 문제를 다시 풀면서 취약 유형을 극복해 보세요.

의사소통 능력	세부 내용 파악	글의 세부적인 내용을 빠르고 정확하게 파악하는 능력이 부족한 경우입니다. 문제를 풀 때 핵심어를 중심으로 글에서 제시하는 내용이 무엇인지 파악하는 연습을 하면 빠른 문제 풀이에 도움이 됩니다. 실제 업무와 관련된 문서가 출제되기도 하므로 평소 보도 자료, 신문기사, 공문서, 설명서 등 다양한 유형의 문서나 글을 접해보는 것이 좋습니다.
	문맥 추론	글의 전체적인 흐름을 파악하고 문맥에 맞는 내용을 추론하는 능력이 부족한 경우입니다. 우선 글에 제시된 핵심어를 중심으로 글의 흐름을 파악하는 연습을 해야 합니다.
	논지·견해 분석	글의 핵심 논지를 파악하는 능력이 부족한 경우입니다. 글에 반복적으로 등장하는 어휘에 주목하며 문단의 중심 화제를 찾아야 합니다. 내용에 따라 문단을 묶으며 문단 간의 관계를 분석하고, 그중 주요 문단과 보조 문단을 파악하는 연습을 하는 것이 좋습니다. 그리고 주요 문단의 중심 문장을 바탕으로 글 전체의 논지를 파악하는 연습을 해야 합니다.
수리능력	자료이해	자료의 의미를 해석하는 능력이 부족한 경우입니다. 자료를 정확히 분석할 수 있도록 자료의 종류 및 용도를 학습하고 자료에 제시된 수치의 의미에 대한 정확한 숙지가 필요합니다. 특히 자료로부터 알 수 있는 것과 알 수 없는 것을 구별하여 선택지 내용을 분석할 수 있어야 합니다.
	자료계산	자료에 제시된 수치를 토대로 한 계산 능력이 부족한 경우입니다. 변화량, 증감률, 비중 등 자료계산 시 활용되는 계산식을 암기하여야 합니다. 특히 필요한 정보만 빠르게 자료에서 찾는 연습을 해야 합니다.
	자료변환	제시된 자료를 다른 형태로 변환하는 능력이 부족한 경우입니다. 제시된 자료에서 개별 항목들이 의미하는 바를 명확히 확인한 뒤 문제를 풀이해야 합니다. 특히 백분위수와 사분위수의 의미를 미리 숙지해두면 빠른 문제 풀이에 도움이 됩니다.
문제해결 능력	세부 정보 파악	글에서 제시하는 세부적인 정보를 판단하는 능력이 부족한 경우입니다. 제시된 글을 빠르게 읽으면서 핵심어에 해당하는 내용은 간단히 정리해 두고 선택지와 비교하는 연습을 해야 합니다.
	법·규정의 적용	법조문 또는 규정에서 제시하는 정보를 파악하는 능력이 부족한 경우입니다. 정확한 내용을 숙지하고 법조문이나 규정의 내용을 임의로 해석하지 않는 연습을 해야 합니다. 같은 용어라도 문맥상 다른 의미로 사용될 수 있다는 점에 주의하며 문제를 풀이해야 합니다.
	규칙 적용	문제에서 제시한 조건을 상황에 적용하는 능력이 부족한 경우입니다. 문제 풀이 시 필요한 조건과 그렇지 않은 조건을 선별하고 이를 간단히 정리하며 문제를 풀이하는 연습을 해야 합니다. 필수적으로 적용되어야 하는 조건이 누락되지는 않았는지 점검하며 풀이하면 문제의 정답률을 올릴 수 있습니다.
	논리퍼즐	조건을 기반으로 한 논리적 판단 능력이 부족한 경우입니다. 명제의 '역', '이', '대우'에 대해 명확히 파악하고 명제 사이의 관계를 미리 숙지해 두어야 합니다. 제시된 조건을 적용했을 때 판별할 수 없는 내용과 판별할 수 있는 내용을 구분하여 정리할 수 있어야 합니다.

실전공략 300제

'실전공략 300제'는 PSAT 기출문제 중 금융 NCS 문제로 출제될 수 있는 기출문제만을 엄선하여 실전에 대비하도록 하였습니다. 실전공략문제에는 실전처럼 대비할 수 있도록 회차별로 의사소통능력, 수리능력, 문제해결능력 영역별 10문항씩 총 30문항이 수록되어 있습니다.

실전공략문제 1회

01. 다음 글의 내용과 부합하지 않는 것은?

NH농협은행, IBK기업은행

정부는 공공사업 수립·추진 과정에서 사회적 갈등이 예상되는 경우 갈등영향분석을 통해 해결책을 마련하여야 한다. 갈등은 다양한 요인 및 양태 그리고 복잡한 이해관계를 갖고 있다. 따라서 갈등영향분석의 실시 여부는 공공사업의 규모, 유형, 사업 관련 이해집단의 분포 등 다양한 지표들을 고려하여 판단하여야 한다.

갈등영향분석 실시 여부의 대표적인 판단 지표 중 하나는 실시 대상 사업의 경제적 규모이다. 해당 사업을 수행하는 기관장은 예비타당성 조사 실시 기준인 총사업비를 판단 지표로 활용하여 갈등영향분석의 실시 여부를 판단하되, 그 경제적 규모가 실시 기준 이상이라도 갈등 발생 여지가 없거나 미미한 경우에는 갈등관리심의위원회 심의를 거쳐 갈등영향분석을 실시하지 않을 수 있다.

실시 대상 사업의 유형도 갈등영향분석 실시 여부의 판단 지표가 된다. 쓰레기 매립지, 핵폐기물처리장 등 기피 시설의 입지 선정은 지역사회 갈등을 유발하는 대표적 유형이다. 이러한 사업 유형은 경제적 규모와 관계없이 반드시 갈등영향분석이 이루어져야 한다. 해당 사업을 수행하는 기관장은 대상 시설이 기피 시설인지 여부를 판단할 때, 단독으로 판단하지 말고 지역 주민 관점에서 검토할 수 있도록 민간 갈등관리전문가 등의 자문을 거쳐야 한다.

갈등영향분석을 시행하기로 결정했다면, 해당 사업을 수행하는 기관장 주관으로, 갈등관리심의위원회의 자문을 거쳐 해당 사업과 관련된 주요 이해당사자들이 중립적이라고 인정하는 전문가가 갈등영향분석서를 작성하여야 한다. 이렇게 작성된 갈등영향분석서는 반드시 모든 이해당사자들의 회람 후에 해당 기관장에게 보고되고 갈등관리심의위원회에서 심의되어야 한다.

① 정부가 갈등영향분석 실시 여부를 판단할 때 예비타당성 조사 실시 기준인 총사업비를 판단 지표로 활용한다.

② 기피 시설 여부를 판단할 때 해당 사업을 수행하는 기관장이 별도 절차 없이 단독으로 판단해서는 안 된다.

③ 갈등영향분석서는 정부가 주관하여 중립적 전문가의 자문하에 해당 기관장이 작성하여야 한다.

④ 갈등영향분석서를 작성한 후에는 이해당사자가 회람하는 절차가 있어야 한다.

⑤ 갈등관리심의위원회는 갈등영향분석 실시 여부의 판단에 관여할 수 있다.

02. 다음 글에서 알 수 있는 것은?

NH농협은행, IBK기업은행

○○시 교육청은 초·중학교 기초학력 부진학생의 기초학력 향상을 위해 3단계의 체계적인 지원체계를 구축하였다. 이는 학습 사각지대에 놓여 있는 학생들을 조기에 발견하고, 학생 여건과 특성에 맞는 서비스를 제공하여 기초학력 부진을 해결하기 위한 조치이다.

1단계 지원은 기초학력 부진 판정을 받은 모든 학생을 대상으로 하며, 해당 학생에 대한 지도는 학교 내에서 담임교사가 담당한다. 학교 내에서 교사가 특별학습 프로그램을 진행하는 것이다.

2단계 지원은 기초학력 부진 판정을 받은 학생 중 복합적인 요인으로 어려움을 겪는 것으로 판정된 학생인 복합요인 기초학력 부진학생을 대상으로 권역학습센터에서 이루어진다. 권역학습센터는 권역별 1곳씩 총 5곳에 설치되어 있으며, 이곳에서 학습멘토 프로그램을 운영한다. 이 프로그램에 참여하는 지원 인력은 ○○시의 인증을 받은 학습상담사이며, 기초학력 부진학생의 학습멘토 역할을 담당하게 된다.

3단계 지원은 복합요인 기초학력 부진학생 중 주의력결핍 과잉행동장애 또는 난독증 등의 문제로 학습에 어려움을 겪는 학생을 대상으로 ○○시 학습종합클리닉센터에서 이루어진다. ○○시 학습종합클리닉센터는 교육청 차원에서 지역사회 교육 전문가를 초빙하여 해당 학생들을 위한 전문학습클리닉 프로그램을 운영한다. 이에 더해 소아정신과 전문의 등으로 이루어진 의료지원단을 구성하여 의료적 도움을 줄 수 있도록 한다.

① ○○시 학습종합클리닉센터는 ○○시에 총 5곳이 설치되어 있다.

② 기초학력 부진학생으로 판정된 학생은 학습멘토 프로그램에 참여할 수 없다.

③ 복합요인 기초학력 부진학생으로 판정된 학생 중 의료지원단의 의료적 도움을 받는 학생이 있을 수 있다.

④ 학습멘토 프로그램 및 전문학습클리닉 프로그램에 참여하는 지원 인력은 ○○시의 인증을 받지 않아도 된다.

⑤ 난독증이 있는 학생은 기초학력 부진 판정을 받지 않았더라도 ○○시 학습종합클리닉센터에서 운영하는 프로그램에 참여할 수 있다.

03. 다음 글에서 추론할 수 있는 것만을 <보기>에서 모두 고르면?

국민은행, KDB산업은행

○○부는 올여름 폭염으로 국가적 전력 부족 사태가 예상됨에 따라 '공공기관 에너지 절약 세부 실천대책'을 발표하였다. 이에 따르면 공공기관은 냉방설비를 가동할 때 냉방 온도를 25℃ 이상으로 설정하여야 한다. 또한 14~17시에는 불필요한 전기 사용을 자제하여야 한다.

○○부는 추가적으로, 예비전력을 기준으로 전력수급 위기단계를 준비단계(500만kW 미만 400만kW 이상), 관심단계(400만kW 미만 300만kW 이상), 주의단계(300만kW 미만 200만kW 이상), 경계단계(200만kW 미만 100만kW 이상), 심각단계(100만kW 미만) 순의 5단계로 설정하였다. 전력수급 상황에 따라 위기단계가 통보되면 공공기관은 아래 〈표〉에 따라 각 위기단계의 조치 사항을 이행하여야 한다. 이때의 조치 사항에는 그 전 위기단계까지의 조치 사항이 포함되어야 한다.

<표> 전력수급 위기단계별 조치 사항

위기단계	조치 사항
준비단계	실내조명과 승강기 사용 자제
관심단계	냉방 온도 28℃ 이상으로 조정
주의단계	냉방기 사용 중지, 실내조명 50% 이상 소등
경계단계	필수 기기를 제외한 모든 사무기기 전원 차단
심각단계	실내조명 완전 소등, 승강기 가동 중지

다만 장애인 승강기는 전력수급 위기단계와 관계없이 상시 가동하여야 한다. 또한 의료기관, 아동 및 노인 등 취약계층 보호시설은 냉방 온도 제한 예외 시설로서 자체적으로 냉방 온도를 설정하여 운영할 수 있다.

〈보기〉

ㄱ. 예비전력이 50만kW일 때 모든 공공기관은 실내조명을 완전 소등하여야 하며, 예비전력이 180만kW일 때는 50% 이상 소등하여야 한다.

ㄴ. 취약계층 보호시설에 해당하지 않는 공공기관은 예비전력이 280만kW일 때 냉방 온도를 24℃로 설정할 수 없으나, 예비전력이 750만kW일 때는 설정할 수 있다.

ㄷ. 전력수급 위기단계가 심각단계일 때 취약계층 보호시설에 해당하는 공공기관은 장애인 승강기를 가동할 수 있으나 취약계층 보호시설에 해당하지 않는 공공기관은 장애인 승강기 가동을 중지하여야 한다.

① ㄱ
② ㄷ
③ ㄱ, ㄴ
④ ㄴ, ㄷ
⑤ ㄱ, ㄴ, ㄷ

04. 다음 글에서 알 수 없는 것은?

국민은행, KDB산업은행

'계획적 진부화'는 의도적으로 수명이 짧은 제품이나 서비스를 생산함으로써 소비자들이 새로운 제품을 구매하도록 유도하는 마케팅 전략 중 하나이다. 여기에는 단순히 부품만 교체하는 것이 가능함에도 불구하고 새로운 제품을 구매하도록 유도하는 것도 포함된다.

계획적 진부화의 이유는 무엇일까? 첫째, 기업이 기존 제품의 가격을 인상하기 곤란한 경우, 신제품을 출시한 뒤 여기에 인상된 가격을 매길 수 있기 때문이다. 특히 제품의 기능은 거의 변함없이 디자인만 약간 개선한 신제품을 내놓고 가격을 인상하는 경우도 쉽게 볼 수 있다. 둘째, 중고품 시장에서 거래되는 기존 제품과의 경쟁을 피할 수 있기 때문이다. 자동차처럼 사용 기간이 긴 제품의 경우, 기업은 동일 유형의 제품을 팔고 있는 중고품 판매 업체와 경쟁해야만 한다. 그러나 기업이 새로운 제품을 출시하면, 중고품 시장에서 판매되는 기존 제품은 진부화되고 그 경쟁력도 하락한다. 셋째, 소비자들의 취향이 급속히 변화하는 상황에서 계획적 진부화로 소비자들의 만족도를 높일 수 있기 때문이다. 전통적으로 제품의 사용 기간을 결정짓는 요인은 기능적 특성이나 노후화·손상 등 물리적 특성이 주를 이루었지만, 최근에는 심리적 특성에도 많은 영향을 받고 있다. 이처럼 소비자들의 요구가 다양해지고 그 변화 속도도 빨라지고 있어, 기업들은 이에 대응하기 위해 계획적 진부화를 수행하기도 한다.

기업들은 계획적 진부화를 통해 매출을 확대하고 이익을 늘릴 수 있다. 기존 제품이 사용 가능한 상황에서도 신제품에 대한 소비자들의 수요를 자극하면 구매 의사가 커지기 때문이다. 반면, 기존 제품을 사용하는 소비자 입장에서는 크게 다를 것 없는 신제품 구입으로 불필요한 지출과 실질적인 손실이 발생할 수 있다는 점에서 계획적 진부화는 부정적으로 인식된다. 또한 환경이나 생태를 고려하는 거시적 관점에서도, 계획적 진부화는 소비자들에게 제공하는 가치에 비해 에너지나 자원의 낭비가 심하다는 비판을 받고 있다.

① 계획적 진부화로 소비자들은 불필요한 지출을 할 수 있다.

② 계획적 진부화는 기존 제품과 동일한 중고품의 경쟁력을 높인다.

③ 계획적 진부화는 소비자들의 요구에 대응하기 위하여 수행되기도 한다.

④ 계획적 진부화를 통해 기업은 기존 제품보다 비싼 신제품을 출시할 수 있다.

⑤ 계획적 진부화로 인하여 제품의 실제 사용 기간은 물리적으로 사용 가능한 수명보다 짧아질 수 있다.

05. 다음 글의 흐름에 맞지 않는 곳을 ㉠~㉤에서 찾아 수정할 때 가장 적절한 것은?

NH농협은행, IBK기업은행, KDB산업은행

에르고딕 이론에 따르면 그룹의 평균을 활용해 개인에 대한 예측치를 이끌어낼 수 있는데, 이를 위해서는 다음의 두 가지 조건을 먼저 충족해야 한다. 첫째는 그룹의 모든 구성원이 ㉠질적으로 동일해야 하며, 둘째는 그 그룹의 모든 구성원이 미래에도 여전히 동일해야 한다는 것이다. 특정 그룹이 이 두 가지 조건을 충족하면 해당 그룹은 '에르고딕'으로 인정되면서, ㉡그룹의 평균적 행동을 통해 해당 그룹에 속해 있는 개인에 대한 예측을 이끌어낼 수 있다.

그런데 이 이론에 대해 심리학자 몰레나는 다음과 같은 설명을 덧붙였다. "그룹 평균을 활용해 개인을 평가하는 것은 인간이 모두 동일하고 변하지 않는 냉동 클론이어야만 가능하겠지요? 그런데 인간은 냉동 클론이 아닙니다." 그런데도 등급화와 유형화 같은 평균주의의 결과물들은 정책 결정의 과정에서 중요한 근거로 쓰였다. 몰레나는 이와 같은 위험한 가정을 '에르고딕 스위치'라고 명명했다. 이는 평균주의의 유혹에 속아 집단의 평균에 의해 개인을 파악함으로써 ㉢실재하는 개인적 특성을 모조리 무시하게 되는 것을 의미한다.

지금 타이핑 실력이 뛰어나지 않은 당신이 타이핑 속도의 변화를 통해 오타를 줄이고 싶어 한다고 가정해 보자. 평균주의식으로 접근할 경우 여러 사람의 타이핑 실력을 측정한 뒤에 평균 타이핑 속도와 평균 오타 수를 비교하게 된다. 그 결과 평균적으로 타이핑 속도가 더 빠를수록 오타 수가 더 적은 것으로 나타났다고 하자. 이때 평균주의자는 당신이 타이핑의 오타 수를 줄이고 싶다면 ㉣타이핑을 더 빠른 속도로 해야 한다고 말할 것이다. 바로 여기가 '에르고딕 스위치'에 해당하는 지점인데, 사실 타이핑 속도가 빠른 사람들은 대체로 타이핑 실력이 뛰어난 편이며 그만큼 오타 수는 적을 수밖에 없다. 더구나 ㉤타이핑 실력이라는 요인이 통제된 상태에서 도출된 평균치를 근거로 당신에게 내린 처방은 적절하지 않을 가능성이 높다.

① ㉠을 '질적으로 다양해야 하며'로 고친다.
② ㉡을 '개인의 특성을 종합하여 집단의 특성에 대한 예측'으로 고친다.
③ ㉢을 '실재하는 그룹 간 편차를 모조리 무시'로 고친다.
④ ㉣을 '타이핑을 더 느린 속도로 해야 한다'로 고친다.
⑤ ㉤을 '타이핑 실력이라는 요인이 통제되지 않은 상태에서'로 고친다.

06. 다음 글의 핵심 논지로 가장 적절한 것은?

NH농협은행, IBK기업은행, KDB산업은행

독일 통일을 지칭하는 '흡수 통일'이라는 용어는 동독이 일방적으로 서독에 흡수되었다는 인상을 준다. 그러나 통일 과정에서 동독 주민들이 보여준 행동을 고려하면 흡수 통일은 오해의 여지를 주는 용어일 수 있다.

1989년에 동독에서는 지방선거 부정 의혹을 둘러싼 내부 혼란이 발생했다. 그 과정에서 체제에 환멸을 느낀 많은 동독 주민들이 서독으로 탈출했고, 동독 곳곳에서 개혁과 개방을 수장하는 시위의 물결이 일어나기 시작했다. 초기 시위에서 동독 주민들은 여행·신앙·언론의 자유를 중심에 둔 내부 개혁을 주장했지만 이후 "우리는 하나의 민족이다!"라는 구호와 함께 동독과 서독의 통일을 요구하기 시작했다. 그렇게 변화하는 사회적 분위기 속에서 1990년 3월 18일에 동독 최초이자 최후의 자유총선거가 실시되었다.

동독 자유총선거를 위한 선거운동 과정에서 서독과 협력하는 동독 정당들이 생겨났고, 이들 정당의 선거운동에 서독 정당과 정치인들이 적극적으로 유세 지원을 하기도 했다. 초반에는 서독 사민당의 지원을 받으며 점진적 통일을 주장하던 동독 사민당이 우세했지만, 실제 선거에서는 서독 기민당의 지원을 받으며 급속한 통일을 주장하던 독일동맹이 승리하게 되었다. 동독 주민들이 자유총선거에서 독일동맹을 선택한 것은 그들 스스로 급속한 통일을 지지한 것이라고 할 수 있다. 이후 동독은 서독과 1990년 5월 18일에 「통화·경제·사회보장동맹의 창설에 관한 조약」을, 1990년 8월 31일에 「통일조약」을 체결했고, 마침내 1990년 10월 3일에 동서독 통일을 이루게 되었다.

이처럼 독일 통일의 과정에서 동독 주민들의 주체적인 참여를 확인할 수 있다. 독일 통일을 단순히 흡수 통일이라고 부른다면, 통일 과정에서 중요한 역할을 담당했던 동독 주민들을 배제한다는 오해를 불러일으킬 수 있다. 독일 통일의 과정을 온전히 이해하기 위해서는 동독 주민들의 활동에도 주목할 필요가 있다.

① 자유총선거에서 동독 주민들은 점진적 통일보다 급속한 통일을 지지하는 모습을 보여주었다.
② 독일 통일은 동독이 일방적으로 서독에 흡수되었다는 점에서 흔히 흡수 통일이라고 부른다.
③ 독일 통일은 분단국가가 합의된 절차를 거쳐 통일을 이루었다는 점에서 의의가 있다.
④ 독일 통일 전부터 서독의 정당은 물론 개인도 동독의 선거에 개입할 수 있었다.
⑤ 독일 통일의 과정에서 동독 주민들의 주체적 참여가 큰 역할을 하였다.

07. 다음 글에서 알 수 없는 것은?

NH농협은행, IBK기업은행, KDB산업은행

재화나 용역 중에는 비경합적이고 비배제적인 방식으로 소비되는 것들이 있다. 먼저 재화나 용역이 비경합적으로 소비된다는 말은, 그것에 대한 누군가의 소비가 다른 사람의 소비 가능성을 줄어들게 하지 않는다는 것을 뜻한다. 예컨대 10개의 사탕이 있는데 내가 8개를 먹어 버리면 다른 사람이 그 사탕을 소비할 가능성은 그만큼 줄어들게 된다. 반면에 라디오 방송 서비스 같은 경우는 내가 그것을 이용한다고 해서 다른 사람의 소비 가능성이 줄어들게 되지 않는다는 점에서 비경합적이다.

재화나 용역이 비배제적으로 소비된다는 말은, 그것이 공급되었을 때 누군가 그 대가를 지불하지 않았다고 해서 그 사람이 그 재화나 용역을 소비하지 못하도록 배제할 수 없다는 것을 뜻한다. 이러한 의미에서 국방 서비스는 비배제적으로 소비된다. 정부가 국방 서비스를 제공받는 모든 국민에게 그 비용을 지불하도록 하는 정책을 채택했다고 하자. 이때 어떤 국민이 이런 정책에 불만을 표하며 비용 지불을 거부한다고 해도 정부는 그를 국방 서비스의 수혜에서 배제하기 어렵다. 설령 그를 구속하여 감옥에 가두더라도 그는 국방 서비스의 수혜자 범위에서 제외되지 않는다.

비경합적이고 비배제적인 방식으로 소비되는 재화와 용역의 생산과 배분이 시장에서 제대로 이루어질 수 있을까? 국방의 예를 이어나가 보자. 대부분의 국민은 자신의 생명과 재산을 보호받고자 하는 욕구가 있고 국방 서비스에 대한 수요도 있기 마련이다. 그러나 만약 국방 서비스를 시장에서 생산하여 판매한다면, 경제적으로 합리적인 국민은 국방 서비스를 구매하지 않을 것이다. 왜냐하면 다른 이가 구매하는 국방 서비스에 자신도 무임승차할 수 있기 때문이다. 결과적으로 국방 서비스는 과소 생산되는 문제가 발생하고, 그 피해는 모든 국민에게 돌아가게 될 것이다. 따라서 이와 같은 유형의 재화나 용역을 사회적으로 필요한 만큼 생산하기 위해서는 국가가 개입해야 하기에 이런 재화나 용역에는 공공재라는 이름을 붙이는 것이다.

① 유료 공연에서 일정한 돈을 지불하지 않은 사람의 공연장 입장을 차단한다면, 그 공연은 배제적으로 소비될 수 있다.

② 국방 서비스를 소비하는 모든 국민에게 그 비용을 지불하도록 한다면, 그 서비스는 비경합적으로 소비될 수 없다.

③ 이용할 수 있는 수가 한정된 여객기 좌석은 경합적으로 소비될 수 있다.

④ 무임승차를 쉽게 방지할 수 없는 재화나 용역은 과소 생산될 수 있다.

⑤ 라디오 방송 서비스는 여러 사람이 비경합적으로 소비할 수 있다.

08. 다음 글의 빈칸에 들어갈 내용으로 가장 적절한 것은?

NH농협은행, IBK기업은행, KDB산업은행

민간 문화 교류 증진을 목적으로 열리는 국제 예술 공연의 개최가 확정되었다. 이번 공연이 민간 문화 교류 증진을 목적으로 열린다면, 공연 예술단의 수석대표는 정부 관료가 맡아서는 안 된다. 만일 공연이 민간 문화 교류 증진을 목적으로 열리고 공연 예술단의 수석대표는 정부 관료가 맡아서는 안 된다면, 공연 예술단의 수석대표는 고전음악 지휘자나 대중음악 제작자가 맡아야 한다. 현재 정부 관료 가운데 고전음악 지휘자나 대중음악 제작자는 없다. 예술단에 수석대표는 반드시 있어야 하며 두 사람 이상이 공동으로 맡을 수도 있다. 전체 세대를 아우를 수 있는 사람이 아니라면 수석대표를 맡아서는 안 된다. 전체 세대를 아우를 수 있는 사람이 극히 드물기에, 위에 나열된 조건을 다 갖춘 사람은 모두 수석대표를 맡는다.

누가 공연 예술단의 수석대표를 맡을 것인가와 더불어, 참가하는 예술인이 누구인가도 많은 관심의 대상이다. 그런데 아이돌 그룹 A가 공연 예술단에 참가하는 것은 분명하다. 왜냐하면 만일 갑이나 을이 수석대표를 맡는다면 A가 공연 예술단에 참가하는데, _____ 때문이다.

① 갑은 고전음악 지휘자며 전체 세대를 아우를 수 있기

② 갑이나 을은 대중음악 제작자 또는 고전음악 지휘자이기

③ 갑과 을은 둘 다 정부 관료가 아니며 전체 세대를 아우를 수 있기

④ 을이 대중음악 제작자가 아니라면 전체 세대를 아우를 수 없을 것이기

⑤ 대중음악 제작자나 고전음악 지휘자라면 누구나 전체 세대를 아우를 수 있기

09. 다음 글의 (가)와 (나)에 대한 판단으로 적절한 것만을 <보기>에서 모두 고르면?

국민은행, 신한은행

확률적으로 가능성이 희박한 사건이 우리 주변에서 생각보다 자주 일어나는 것처럼 보인다. 왜 이러한 현상이 발생하는지를 설명하는 다음과 같은 두 입장이 있다.

(가) 만일 당신이 가능한 모든 결과들의 목록을 완전하게 작성한다면, 그 결과들 중 하나는 반드시 나타난다. 표준적인 정육면체 주사위를 던지면 1에서 6까지의 수 중 하나가 나오거나 어떤 다른 결과, 이를테면 주사위가 탁자 아래로 떨어져 찾을 수 없게 되는 일 등이 벌어질 수 있다. 동전을 던지면 앞면 또는 뒷면이 나오거나, 동전이 똑바로 서는 등의 일이 일어날 수 있다. 아무튼 가능한 결과 중 하나가 일어나리라는 것만큼은 확실하다.

(나) 한 사람에게 특정한 사건이 발생할 확률이 매우 낮더라도, 충분히 많은 사람에게는 그 사건이 일어날 확률이 매우 높을 수 있다. 예컨대 어떤 불행한 사건이 당신에게 일어날 확률은 낮을지 몰라도, 지구에 현재 약 70억 명이 살고 있으므로, 이들 중 한두 사람이 그 불행한 일을 겪고 있다는 것은 이상한 일이 아니다.

―――――――――〈보기〉―――――――――

ㄱ. 로또 복권 1장을 살 경우 1등에 당첨될 확률은 낮지만, 모든 가능한 숫자의 조합을 모조리 샀을 때 추첨이 이루어진다면 무조건 당첨된다는 사례는 (가)로 설명할 수 있다.

ㄴ. 어떤 사람이 교통사고를 당할 확률은 매우 낮지만, 대한민국에서 교통사고는 거의 매일 발생한다는 사례는 (나)로 설명할 수 있다.

ㄷ. 주사위를 수십 번 던졌을 때 1이 연속으로 여섯 번 나올 확률은 매우 낮지만, 수십만 번 던졌을 때는 이런 사건을 종종 볼 수 있다는 사례는 (가)로 설명할 수 있으나 (나)로는 설명할 수 없다.

① ㄱ

② ㄷ

③ ㄱ, ㄴ

④ ㄴ, ㄷ

⑤ ㄱ, ㄴ, ㄷ

10. 다음 글의 핵심 논지로 가장 적절한 것은?

국민은행, 신한은행

우리는 보통 먹거리의 생산에 대해서는 책임을 묻는 것이 자연스럽다고 생각하면서도 먹거리의 소비는 책임져야 하는 행위로 생각하지 않는다. 우리는 무엇을 먹을 때 좋아하고 익숙한 것 그리고 싸고, 빠르고, 편리한 것을 찾아서 먹을 뿐이다. 그런데 먹는 일에도 윤리적 책임이 동반된다고 생각해 볼 수 있지 않을까?

먹는 행위를 두고 '잘 먹었다' 혹은 '잘 먹는다'고 말할 때 '잘'을 평가하는 기준은 무엇일까? 신체가 요구하는 영양분을 골고루 섭취하는 것은 생물학적 차원에서 잘 먹는 것이고, 섭취하는 음식을 통해 다양한 감각들을 만족시키며 개인의 취향을 계발하는 것은 문화적인 차원에서 잘 먹는 것이다. 그런데 이 경우들의 '잘'은 윤리적 의미를 띠고 있는 것 같지 않다. 이 두 경우는 먹는 행위를 개인적 경험의 차원으로 축소하기 때문이다.

'잘 먹는다'는 것의 윤리적 차원은 우리의 먹는 행위가 그저 개인적 차원에서 일어나는 일이 아니라, 다른 사람들, 동물들, 식물들, 서식지, 토양 등과 관계를 맺는 행위임을 인식하기 시작할 때 비로소 드러난다. 오늘날 먹거리의 전 지구적인 생산·유통·소비 체계 속에서, 우리는 이들을 경제적 자원으로만 간주하는 특정한 방식으로 이들과 관계를 맺고 있다. 그러한 관계의 방식은 공장식 사육, 심각한 동물 학대, 농약과 화학비료 사용에 따른 토양과 물의 오염, 동식물의 생존에 필수적인 서식지 파괴, 전통적인 농민 공동체의 파괴, 불공정한 노동 착취 등을 동반한다.

우리가 무엇을 어떻게 먹는가 하는 것은 결국 우리가 그런 관계망에 속한 인간이나 비인간 존재를 어떻게 대우하고 있는가를 드러내며, 불가피하게 이러한 관계망의 형성이나 유지 혹은 변화에 기여하게 된다. 우리의 먹는 행위에 따라 이런 관계망의 모습은 바뀔 수도 있다. 그렇기에 이러한 관계들은 먹는 행위를 윤리적 반성의 대상으로 끌어 올린다.

① 윤리적으로 잘 먹기 위해서는 육식을 지양해야 한다.

② 먹는 행위에 대해서도 윤리적 차원을 고려하여야 한다.

③ 건강 증진이나 취향 만족을 위한 먹는 행위는 개인적 차원의 평가 대상일 뿐이다.

④ 먹는 행위는 동물, 식물, 토양 등의 비인간 존재와 인간 사이의 관계를 만들어낸다.

⑤ 먹는 행위를 평가할 때에는 먹거리의 소비자보다 생산자의 윤리적 책임을 더 고려하여야 한다.

11. 다음 <표>는 2022년 A~E국의 연구개발 세액감면 현황에 관한 자료이다. 이에 대한 <보기>의 설명 중 옳은 것만을 모두 고르면?

KDB산업은행, 하나은행

<표> 2022년 A~E국의 연구개발 세액감면 현황

(단위: 백만 달러, %)

구분 국가	연구개발 세액감면액	GDP 대비 연구개발 세액감면액 비율	연구개발 총지출액 대비 연구개발 세액감면액 비율
A	3,613	0.2	4.97
B	12,567	0.07	2.85
C	2,104	0.13	8.15
D	4,316	0.16	10.62
E	6,547	0.13	4.14

〈보기〉

ㄱ. GDP는 C국이 E국보다 크다.

ㄴ. 연구개발 총지출액이 가장 큰 국가는 B국이다.

ㄷ. GDP 대비 연구개발 총지출액 비율은 A국이 B국보다 높다.

① ㄱ

② ㄴ

③ ㄷ

④ ㄴ, ㄷ

⑤ ㄱ, ㄴ, ㄷ

12. 다음 <표>는 2017~2021년 '갑'국의 청구인과 피청구인에 따른 특허심판 청구건수에 관한 자료이다. 이에 대한 <보기>의 설명 중 옳은 것만을 모두 고르면?

KDB산업은행, 하나은행

<표> 청구인과 피청구인에 따른 특허심판 청구건수

(단위: 건)

청구인 연도	내국인		외국인	
피청구인	내국인	외국인	내국인	외국인
2017	765	270	204	172
2018	889	1,970	156	119
2019	795	359	191	72
2020	771	401	93	230
2021	741	213	152	46

〈보기〉

ㄱ. 2019년 청구인이 내국인인 특허심판 청구건수의 전년 대비 감소율은 50% 이상이다.

ㄴ. 2021년 피청구인이 내국인인 특허심판 청구건수는 피청구인이 외국인인 특허심판 청구건수의 3배 이상이다.

ㄷ. 2017년 내국인이 외국인에게 청구한 특허심판 청구건수는 2020년 외국인이 외국인에게 청구한 특허심판 청구건수보다 많다.

① ㄱ

② ㄷ

③ ㄱ, ㄴ

④ ㄴ, ㄷ

⑤ ㄱ, ㄴ, ㄷ

13. 다음 <보고서>는 2021년 '갑'국 사교육비 조사결과에 대한 자료이다. <보고서>의 내용과 부합하지 않는 자료는?

IBK기업은행, 국민은행

---〈보고서〉---

　2021년 전체 학생 수는 532만 명으로 전년보다 감소하였지만, 사교육비 총액은 23조 4천억 원으로 전년 대비 20% 이상 증가하였다. 또한, 사교육의 참여율과 주당 참여시간도 전년 대비 증가한 것으로 나타났다.

　2021년 전체 학생의 1인당 월평균 사교육비는 전년 대비 20% 이상 증가하였고, 사교육 참여학생의 1인당 월평균 사교육비 또한 전년 대비 6% 이상 증가하였다. 2021년 전체 학생 중 월평균 사교육비를 20만 원 미만 지출한 학생의 비중은 전년 대비 감소하였으나, 60만 원 이상 지출한 학생의 비중은 전년 대비 증가한 것으로 나타났다.

　한편, 2021년 방과후학교 지출 총액은 4,434억 원으로 2019년 대비 50% 이상 감소하였으며, 방과후학교 참여율 또한 28.9%로 2019년 대비 15.0%p 이상 감소하였다.

① 전체 학생 수와 사교육비 총액

(단위: 만 명, 조 원)

구분＼연도	2020	2021
전체 학생 수	535	532
사교육비 총액	19.4	23.4

② 사교육의 참여율과 주당 참여시간

(단위: %, 시간)

구분＼연도	2020	2021
참여율	67.1	75.5
주당 참여시간	5.3	6.7

③ 학생 1인당 월평균 사교육비

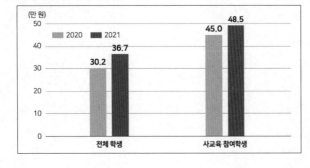

④ 전체 학생의 월평균 사교육비 지출 수준에 따른 분포

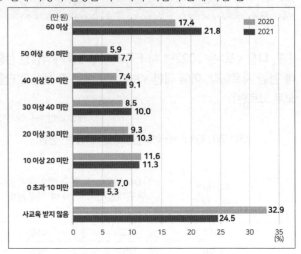

⑤ 방과후학교의 지출 총액과 참여율

(단위: 억 원, %)

구분＼연도	2019	2021
지출 총액	8,250	4,434
참여율	48.4	28.9

14. 다음 <표>는 2023년 도시 A~E의 '갑' 감염병 현황에 관한 자료이다. 이를 근거로 치명률이 가장 높은 도시와 가장 낮은 도시를 바르게 연결한 것은?

NH농협은행, 하나은행

<표> 2023년 도시 A~E의 '갑' 감염병 현황

(단위: 명)

도시＼구분	환자 수	사망자 수
A	300	16
B	20	1
C	50	2
D	100	6
E	200	9

※ 치명률(%) = $\dfrac{\text{사망자 수}}{\text{환자 수}} \times 100$

	가장 높은 도시	가장 낮은 도시
①	A	C
②	A	E
③	D	B
④	D	C
⑤	D	E

15. 다음은 2016~2022년 '갑'국의 스마트농업 정부연구비에 관한 자료이다. 이에 대한 <보기>의 설명 중 옳은 것만을 모두 고르면?

NH농협은행, 하나은행

<그림> 연도별 스마트농업 정부연구비 및 연구과제 수

<표> 연도별·분야별 스마트농업 정부연구비

(단위: 백만 원)

연도 / 분야	2016	2017	2018	2019	2020	2021	2022	전체
데이터기반구축	3,520	4,583	8,021	10,603	11,677	16,581	18,226	73,211
자동화설비기기	27,082	19,975	23,046	25,377	22,949	24,330	31,383	( )
융합연구	3,861	9,540	15,154	27,513	26,829	31,227	40,723	( )

※ 스마트농업은 데이터기반구축, 자동화설비기기, 융합연구 분야로만 구분됨.

<보기>

ㄱ. 스마트농업의 연구과제당 정부연구비가 가장 많은 해는 2016년이다.

ㄴ. 전체 정부연구비가 가장 많은 스마트농업 분야는 '자동화설비기기'이다.

ㄷ. 스마트농업 정부연구비의 전년 대비 증가율이 가장 높은 해는 2022년이다.

ㄹ. 2019년 대비 2022년 정부연구비 증가율이 가장 높은 스마트농업 분야는 '데이터기반구축'이다.

① ㄱ, ㄴ

② ㄱ, ㄷ

③ ㄷ, ㄹ

④ ㄱ, ㄴ, ㄹ

⑤ ㄴ, ㄷ, ㄹ

---

16. 다음 <표>는 A지역 산불피해 복구에 대한 국비 및 지방비 지원금액에 관한 자료이다. 이에 대한 <보기>의 설명 중 옳은 것만을 모두 고르면?

NH농협은행, IBK기업은행, 국민은행

<표 1> A지역 산불피해 복구에 대한 지원항목별, 재원별 지원금액

(단위: 천만 원)

지원항목 \ 재원	국비	지방비	합
산림시설 복구	32,594	9,000	41,594
주택 복구	5,200	1,800	7,000
이재민 구호	2,954	532	3,486
상·하수도 복구	10,930	260	11,190
농경지 복구	1,540	340	1,880
생계안정 지원	1,320	660	1,980
기타	520	0	520
전체	55,058	( )	( )

<표 2> A지역 산불피해 복구에 대한 부처별 국비 지원금액

(단위: 천만 원)

부처	행정안전부	산림청	국토교통부	환경부	보건복지부	그 외	전체
지원금액	2,930	33,008	( )	9,520	350	240	55,058

<보기>

ㄱ. 기타를 제외하고, 국비 지원금액 대비 지방비 지원금액 비율이 가장 높은 지원항목은 '주택 복구'이다.

ㄴ. 산림청의 '산림시설 복구' 지원금액은 1,000억 원 이상이다.

ㄷ. 국토교통부의 지원금액은 전체 국비 지원금액의 20% 이상이다.

ㄹ. 전체 지방비 지원금액은 '상·하수도 복구' 국비 지원금액보다 크다.

① ㄱ, ㄴ

② ㄱ, ㄷ

③ ㄴ, ㄷ

④ ㄴ, ㄹ

⑤ ㄷ, ㄹ

17. 다음 <표>는 도지사 선거 후보자 A와 B의 TV 토론회 전후 '가'~'마'지역 유권자의 지지율에 대한 자료이고, <보고서>는 이 중 한 지역의 지지율 변화를 분석한 자료이다. <보고서>의 내용에 해당하는 지역을 '가'~'마' 중에서 고르면?

NH농협은행, IBK기업은행, 국민은행

<표> 도지사 선거 후보자 TV 토론회 전후 지지율

(단위: %)

지역＼시기＼후보자	TV 토론회 전		TV 토론회 후	
	A	B	A	B
가	38	52	50	46
나	28	40	39	41
다	31	59	37	36
라	35	49	31	57
마	29	36	43	41

※ 1) 도지사 선거 후보자는 A와 B뿐임.
2) 응답자는 '후보자 A 지지', '후보자 B 지지', '지지 후보자 없음' 중 하나만 응답하고, 무응답은 없음.

―〈보고서〉―

　도지사 선거 후보자 TV 토론회를 진행하기 전과 후에 실시한 이 지역의 여론조사 결과, 도지사 후보자 지지율 변화는 다음과 같다. TV 토론회 전에는 B후보자에 대한 지지율이 A후보자보다 10%p 이상 높게 집계되어 B후보자가 선거에 유리한 것으로 보였으나, TV 토론회 후에는 지지율 양상에 변화가 있는 것으로 분석된다.
　TV 토론회 후 '지지 후보자 없음'으로 응답한 비율이 줄어 TV 토론회가 그동안 어떤 후보자에 투표할지 고민하던 유권자의 선택에 영향을 미친 것으로 판단된다. 또한, A후보자에 대한 지지율 증가폭이 B후보자보다 큰 것으로 나타나 TV 토론회를 통해 A후보자의 강점이 더 잘 드러났던 것으로 분석된다. 그러나 TV 토론회 후 두 후보자 간 지지율 차이가 3%p 이내에 불과하여 이 지역에서 선거의 결과는 예측하기 어렵다.

① 가
② 나
③ 다
④ 라
⑤ 마

18. 다음 <표>는 2020년 '갑'국 관세청의 민원 상담 현황에 관한 자료이고, <그림>은 상담내용 A와 B의 민원인별 상담건수 구성비를 나타낸 자료이다. 이를 근거로 A와 B를 바르게 나열한 것은?

NH농협은행, IBK기업은행

<표> 2020년 민원 상담 현황

(단위: 건)

민원인＼상담내용	관세사	무역업체	개인	세관	선사/항공사	기타	합계
전산처리	24,496	63,475	48,658	1,603	4,851	4,308	147,391
수입	24,857	5,361	4,290	7,941	400	664	43,513
사전검증	22,228	5,179	1,692	241	2,247	3,586	35,173
징수	9,948	5,482	3,963	3,753	182	476	23,804
요건신청	4,944	12,072	380	37	131	251	17,815
수출	6,678	4,196	3,053	1,605	424	337	16,293
화물	3,846	896	36	3,835	2,619	3,107	14,339
환급	3,809	1,040	79	1,815	13	101	6,857

<그림> 상담내용 A와 B의 민원인별 상담건수 구성비(2020년)

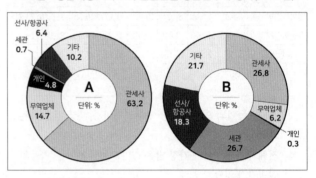

	A	B
①	수입	요건신청
②	사전검증	화물
③	사전검증	환급
④	환급	요건신청
⑤	환급	화물

19. 다음 <표>는 2016년과 2017년 A~F항공사의 공급석 및 탑승객 수를 나타낸 자료이다. <표>를 이용하여 작성한 그래프로 옳지 않은 것은?

하나은행

<표> 항공사별 공급석 및 탑승객 수

(단위: 만 개, 만 명)

항공사 \ 구분 \ 연도	공급석 수 2016	공급석 수 2017	탑승객 수 2016	탑승객 수 2017
A	260	360	220	300
B	20	110	10	70
C	240	300	210	250
D	490	660	410	580
E	450	570	380	480
F	250	390	200	320
전체	1,710	2,390	1,430	2,000

① 연도별 A~F항공사 전체의 공급석 및 탑승객 수

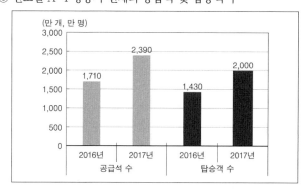

② 항공사별 탑승객 수

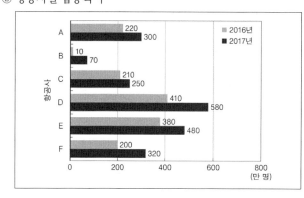

③ 2017년 탑승객 수의 항공사별 구성비

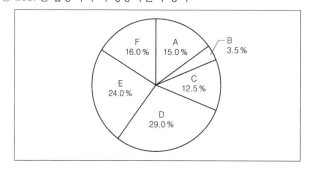

④ 2016년 대비 2017년 항공사별 공급석 수 증가량

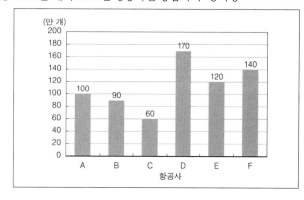

⑤ 2017년 항공사별 잔여석 수

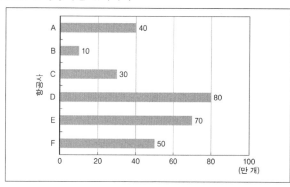

※ 잔여석 수 = 공급석 수 - 탑승객 수

20. 다음은 국내 광고산업에 관한 문화체육관광부의 보도 자료이다. 이에 부합하지 않는 자료는?

신한은행, KDB산업은행

보도일시	배포 즉시 보도해 주시기 바랍니다.		
배포일시	2020. 2. XX.	담당부서	□□□□국
담당과장	○○○ (044-203-○○○○)	담당자	사무관 △△△ (044-203-○○○○)

문화체육관광부 **보도자료** 사람이 있는 문화

2018년 국내 광고산업 성장세 지속

○ 문화체육관광부는 국내 광고사업체의 현황과 동향을 조사한 '2019년 광고산업조사(2018년 기준)' 결과를 발표했다.

○ 이번 조사 결과에 따르면 2018년 기준 광고산업 규모는 17조 2,119억 원(광고사업체 취급액* 기준)으로, 전년 대비 4.5% 이상 증가했고, 광고사업체당 취급액 역시 증가했다.

* 광고사업체 취급액은 광고주가 매체(방송국, 신문사 등)와 매체 외 서비스에 지불하는 비용 전체(수수료 포함)임.

  – 업종별로 살펴보면 광고대행업이 6조 6,239억 원으로 전체 취급액의 38% 이상을 차지했으나, 취급액의 전년 대비 증가율은 온라인광고대행업이 16% 이상으로 가장 높다.

○ 2018년 기준 광고사업체의 매체 광고비* 규모는 11조 362억 원(64.1%), 매체 외 서비스 취급액은 6조 1,757억 원(35.9%)으로 조사됐다.

* 매체 광고비는 방송매체, 인터넷매체, 옥외광고매체, 인쇄매체 취급액의 합임.

  – 매체 광고비 중 방송매체 취급액은 4조 266억 원으로 가장 큰 비중을 차지하고 있으며, 그 다음으로 인터넷매체, 옥외광고매체, 인쇄매체 순으로 나타났다.

  – 인터넷매체 취급액은 3조 8,804억 원으로 전년 대비 6% 이상 증가했다. 특히, 모바일 취급액은 전년 대비 20% 이상 증가하여 인터넷 광고시장의 성장세를 이끌었다.

  – 한편, 간접광고(PPL) 취급액은 전년 대비 14% 이상 증가하여 1,270억 원으로 나타났으며, 그 중 지상파 TV와 케이블TV 간 비중의 격차는 5%p 이하로 조사됐다.

① 광고사업체 취급액 현황(2018년 기준)

② 인터넷매체(PC, 모바일) 취급액 현황

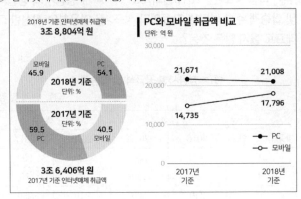

③ 간접광고(PPL) 취급액 현황

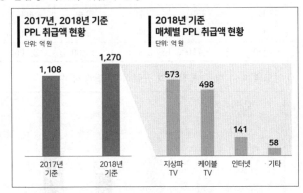

④ 업종별 광고사업체 취급액 현황

(단위: 개소, 억 원)

구분 업종	2018년 조사(2017년 기준)		2019년 조사(2018년 기준)	
	사업체 수	취급액	사업체 수	취급액
전체	7,234	164,133	7,256	172,119
광고대행업	1,910	64,050	1,887	66,239
광고제작업	1,374	20,102	1,388	20,434
광고전문서비스업	1,558	31,535	1,553	33,267
인쇄업	921	7,374	921	8,057
온라인광고대행업	780	27,335	900	31,953
옥외광고업	691	13,737	607	12,169

⑤ 매체별 광고사업체 취급액 현황(2018년 기준)

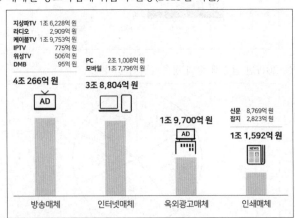

21. 다음 글을 근거로 판단할 때, 현재 시점에서 두 번째로 많은 양의 일을 한 사람은?

NH농협은행, 국민은행

A부서 주무관 5명(甲~戊)은 오늘 해야 하는 일의 양이 같다. 오늘 업무 개시 후 현재까지 한 일을 비교해 보면 다음과 같다.

甲은 丙이 아직 하지 못한 일의 절반에 해당하는 양의 일을 했다. 乙은 丁이 남겨 놓고 있는 일의 2배에 해당하는 양의 일을 했다. 丙은 자신이 현재까지 했던 일의 절반에 해당하는 일을 남겨 놓고 있다. 丁은 甲이 남겨 놓고 있는 일과 동일한 양의 일을 했다. 戊는 乙이 남겨 놓은 일의 절반에 해당하는 양의 일을 했다.

① 甲 ② 乙 ③ 丙
④ 丁 ⑤ 戊

22. 다음 글의 내용이 참일 때, 반드시 참인 것만을 <보기>에서 모두 고르면?

NH농협은행, 국민은행

국제해양환경회의에 5명의 대표자가 참석하여 A, B, C, D 4개 정책을 두고 토론회를 열었다. 대표자들은 모두 각 정책에 대해 찬반 중 하나의 입장을 분명하게 표명했으며, 각자 하나 이상의 정책에 찬성하고 하나 이상의 정책에 반대한 것으로 드러났다. 그들의 입장을 정리한 결과는 다음과 같다.

○ A에 찬성하는 대표자는 2명이다.
○ A에 찬성하는 대표자는 모두 B에 찬성한다.
○ B에 찬성하는 대표자 중에 C에 찬성하는 사람과 반대하는 사람은 동수이다.
○ B와 D에 모두 찬성하는 대표자는 아무도 없다.
○ D에 찬성하는 대표자는 2명이다.
○ D에 찬성하는 대표자는 모두 C에 찬성한다.

〈보기〉

ㄱ. 3개 정책에 반대하는 대표자가 있다.
ㄴ. B에 찬성하는 대표자는 2명이다.
ㄷ. C에 찬성하는 대표자가 가장 많다.

① ㄱ ② ㄴ ③ ㄱ, ㄷ
④ ㄴ, ㄷ ⑤ ㄱ, ㄴ, ㄷ

23. 다음 글과 <상황>을 근거로 판단할 때, 2023년 현재 甲~戊 중 청년자산형성적금에 가입할 수 있는 사람은?

IBK기업은행, 국민은행

A국은 청년의 자산형성을 돕기 위해 비과세 혜택을 부여하는 청년자산형성적금을 운영하고 있다.

청년자산형성적금은 가입일이 속한 연도를 기준으로 직전 과세년도의 근로소득과 사업소득의 합이 5,000만 원 이하인 청년이 가입할 수 있다. 단, 직전과세년도에 근로소득과 사업소득이 모두 없는 사람과 직전 2개년도 중 한 번이라도 금융소득 종합과세 대상자였던 사람은 가입할 수 없다.

청년은 19~34세인 사람을 의미한다. 단, 군복무기간은 나이를 계산할 때 포함하지 않는다. 예를 들어, 3년간 군복무를 한 36세인 사람은 군복무기간 3년을 제외하면 33세이므로 청년에 해당한다.

〈상황〉

이름	나이	직전과세년도 소득		최근 금융소득 종합과세 해당년도	군복무 기간
		근로소득	사업소득		
甲	20세	0원	0원	없음	없음
乙	36세	0원	5,000만 원	없음	없음
丙	29세	3,500만 원	1,000만 원	2022년	2년
丁	35세	4,500만 원	0원	2020년	2년
戊	27세	4,000만 원	1,500만 원	2021년	없음

① 甲
② 乙
③ 丙
④ 丁
⑤ 戊

24. 다음 글과 <상황>을 근거로 판단할 때, 甲에게 배정되는 금액은?

국민은행, 신한은행

A부서는 소속 직원에게 원격지 전보에 따른 이전여비를 지원한다. A부서는 다음과 같은 지침에 따라 지원액을 배정하고자 한다.

○ 지원액 배정 지침
 – 이전여비 지원 예산 총액: 160만 원
 – 심사를 통해 원격지 전보에 해당하는 신청자만 배정 대상자로 함
 – 예산 한도 내에서 지원 가능한 최대의 금액 배정
 – 배정대상자 신청액의 합이 지원 예산 총액을 초과할 경우에는 각 배정대상자의 '신청액 대비 배정액 비율'이 모두 같도록 삭감하여 배정

〈상황〉

다음은 이전여비 지원을 신청한 A부서 직원 甲~戊의 신청액과 원격지 전보 해당 여부이다.

구분	이전여비 신청액(원)	원격지 전보 해당 여부
甲	700,000	해당
乙	400,000	해당하지 않음
丙	500,000	해당
丁	300,000	해당
戊	500,000	해당

① 525,000원

② 560,000원

③ 600,000원

④ 620,000원

⑤ 630,000원

---

25. 다음 글을 근거로 판단할 때 옳은 것은?

KDB산업은행

제○○조(정의) 이 법에서 사용하는 용어의 뜻은 다음과 같다.
 1. "한부모가족"이란 모자가족 또는 부자가족을 말한다.
 2. "모(母)" 또는 "부(父)"란 다음 각 목의 어느 하나에 해당하는 자로서 아동인 자녀를 양육하는 자를 말한다.
  가. 배우자와 사별 또는 이혼하거나 배우자로부터 유기된 자
  나. 정신이나 신체의 장애로 장기간 노동능력을 상실한 배우자를 가진 자
  다. 교정시설·치료감호시설에 입소한 배우자 또는 병역복무 중인 배우자를 가진 자
  라. 미혼자
 3. "아동"이란 18세 미만(취학 중인 경우에는 22세 미만을 말하되, 병역의무를 이행하고 취학 중인 경우에는 병역의무를 이행한 기간을 가산한 연령 미만을 말한다)의 자를 말한다.
제□□조(지원대상자의 범위) ① 이 법에 따른 지원대상자는 제○○조 제1호부터 제3호까지의 규정에 해당하는 자로 한다.
② 제1항에도 불구하고 부모가 사망하거나 그 생사가 분명하지 아니한 아동을 양육하는 조부 또는 조모는 이 법에 따른 지원대상자가 된다.
제△△조(복지 급여 등) ① 국가나 지방자치단체는 지원대상자의 복지 급여 신청이 있으면 다음 각 호의 복지 급여를 실시하여야 한다.
 1. 생계비
 2. 아동교육지원비
 3. 아동양육비
② 이 법에 따른 지원대상자가 다른 법령에 따라 지원을 받고 있는 경우에는 그 범위에서 이 법에 따른 급여를 실시하지 아니한다. 다만, 제1항 제3호의 아동양육비는 지급할 수 있다.
③ 제1항 제3호의 아동양육비를 지급할 때에 다음 각 호의 어느 하나에 해당하는 경우에는 예산의 범위에서 추가적인 복지 급여를 실시하여야 한다.
 1. 미혼모나 미혼부가 5세 이하의 아동을 양육하는 경우
 2. 34세 이하의 모 또는 부가 아동을 양육하는 경우

① 5세인 자녀를 홀로 양육하는 자가 지원대상자가 되기 위해서는 미혼자여야 한다.

② 배우자와 사별한 자가 18개월간 병역의무를 이행한 22세의 대학생 자녀를 양육하는 경우, 지원대상자가 될 수 없다.

③ 부모의 생사가 불분명한 6세인 손자를 양육하는 조모에게는 복지 급여 신청이 없어도 생계비를 지급하여야 한다.

④ 30세인 미혼모가 5세인 자녀를 양육하는 경우, 아동양육비를 지급할 때 추가적인 복지 급여를 실시할 수 없다.

⑤ 지원대상자가 다른 법령에 따른 지원을 받고 있는 경우에도 국가나 지방자치단체는 아동양육비를 지급할 수 있다.

※ 다음 글을 읽고 물음에 답하시오. [26~27]

NH농협은행

○ 국가는 지방자치단체인 시·군·구의 인구, 지리적 여건, 생활권·경제권, 발전가능성 등을 고려하여 통합이 필요한 지역에 대하여는 지방자치단체 간 통합을 지원해야 한다.

○ △△위원회(이하 '위원회')는 통합대상 지방자치단체를 발굴하고 통합방안을 마련한다. 지방자치단체의 장, 지방의회 또는 주민은 인근 지방자치단체와의 통합을 위원회에 건의할 수 있다. 단, 주민이 건의하는 경우에는 해당 지방자치단체의 주민투표권자 총수의 50분의 1 이상의 연서(連書)가 있어야 한다. 지방자치단체의 장, 지방의회 또는 주민은 위원회에 통합을 건의할 때 통합대상 지방자치단체를 관할하는 특별시장·광역시장 또는 도지사(이하 '시·도지사')를 경유해야 한다. 이 경우 시·도지사는 접수받은 통합건의서에 의견을 첨부하여 지체 없이 위원회에 제출해야 한다. 위원회는 위의 건의를 참고하여 시·군·구 통합방안을 마련해야 한다.

○ □□부 장관은 위원회가 마련한 시·군·구 통합방안에 따라 지방자치단체 간 통합을 해당 지방자치단체의 장에게 권고할 수 있다. □□부 장관은 지방자치단체 간 통합권고안에 관하여 해당 지방의회의 의견을 들어야 한다. 그러나 □□부 장관이 필요하다고 인정하여 해당 지방자치단체의 장에게 주민투표를 요구하여 실시한 경우에는 그렇지 않다. 지방자치단체의 장은 시·군·구 통합과 관련하여 주민투표의 실시 요구를 받은 때에는 지체 없이 이를 공표하고 주민투표를 실시해야 한다.

○ 지방의회 의견청취 또는 주민투표를 통하여 지방자치단체의 통합의사가 확인되면 '관계지방자치단체(통합대상 지방자치단체 및 이를 관할하는 특별시·광역시 또는 도)'의 장은 명칭, 청사 소재지, 지방자치단체의 사무 등 통합에 관한 세부사항을 심의하기 위하여 공동으로 '통합추진공동위원회'를 설치해야 한다.

○ 통합추진공동위원회의 위원은 관계지방자치단체의 장 및 그 지방의회가 추천하는 자로 한다. 통합추진공동위원회를 구성하는 각각의 관계지방자치단체 위원 수는 다음에 따라 산정한다. 단, 그 결괏값이 자연수가 아닌 경우에는 소수점 이하의 수를 올림한 값을 관계지방자치단체 위원 수로 한다.

> 관계지방자치단체 위원 수 = [(통합대상 지방자치단체 수) × 6 + (통합대상 지방자치단체를 관할하는 특별시·광역시 또는 도의 수) × 2 + 1] ÷ (관계지방자치단체 수)

○ 통합추진공동위원회의 전체 위원 수는 위에 따라 산출된 관계지방자치단체 위원 수에 관계지방자치단체 수를 곱한 값이다.

26. 윗글을 근거로 판단할 때 옳은 것은?

① □□부 장관이 요구하여 지방자치단체의 통합과 관련한 주민투표가 실시된 경우에는 통합권고안에 대해 지방의회의 의견을 청취하지 않아도 된다.

② 지방의회가 의결을 통해 다른 지방자치단체와의 통합을 추진하고자 한다면 통합건의서는 시·도지사를 경유하지 않고 △△위원회에 직접 제출해야 한다.

③ 주민투표권자 총수가 10만 명인 지방자치단체의 주민들이 다른 인근 지방자치단체와의 통합을 △△위원회에 건의하고자 할 때, 주민 200명의 연서가 있으면 가능하다.

④ 통합추진공동위원회의 위원은 □□부 장관과 관계지방자치단체의 장이 추천하는 자로 한다.

⑤ 지방자치단체의 장은 해당 지방자치단체의 통합을 △△위원회에 건의할 때, 지방의회의 의결을 거쳐야 한다.

27. 윗글과 <상황>을 근거로 판단할 때, '통합추진공동위원회'의 전체 위원 수는?

──〈상황〉──
甲도가 관할하는 지방자치단체인 A군과 B군, 乙도가 관할하는 지방자치단체인 C군, 그리고 丙도가 관할하는 지방자치단체인 D군은 관련 절차를 거쳐 하나의 지방자치단체로 통합을 추진하고 있다. 현재 관계지방자치단체장은 공동으로 '통합추진공동위원회'를 설치하고자 한다.

① 42명
② 35명
③ 32명
④ 31명
⑤ 28명

28. 다음 글과 <상황>을 근거로 판단할 때, 甲~戊 중 사업자로 선정되는 업체는?

IBK기업은행

△△부처는 □□사업에 대하여 용역 입찰공고를 하고, 각 입찰업체의 제안서를 평가하여 사업자를 선정하려 한다.

○ 제안서 평가점수는 입찰가격 평가점수(20점 만점)와 기술능력 평가점수(80점 만점)로 이루어진다.

○ 입찰가격 평가점수는 각 입찰업체가 제시한 가격에 따라 산성한다.

○ 기술능력 평가점수는 다음과 같은 방식으로 산정한다.
  - 5명의 평가위원이 평가한다.
  - 각 평가위원의 평가결과에서 최고점수와 최저점수를 제외한 나머지 3명의 점수를 산술평균하여 산정한다. 이때 최고점수가 복수인 경우 하나를 제외하며, 최저점수가 복수인 경우도 마찬가지이다.

○ 기술능력 평가점수에서 만점의 85% 미만의 점수를 받은 업체는 선정에서 제외한다.

○ 입찰가격 평가점수와 기술능력 평가점수를 합산한 점수가 가장 높은 업체를 선정한다. 이때 동점이 발생할 경우, 기술능력 평가점수가 가장 높은 업체를 선정한다.

〈상황〉

○ □□사업의 입찰에 참여한 업체는 甲~戊이다.

○ 각 업체의 입찰가격 평가점수는 다음과 같다.

(단위: 점)

구분	甲	乙	丙	丁	戊
평가점수	13	20	15	14	17

○ 각 업체의 기술능력에 대한 평가위원 5명의 평가결과는 다음과 같다.

(단위: 점)

구분	甲	乙	丙	丁	戊
A위원	68	65	73	75	65
B위원	68	73	69	70	60
C위원	68	62	69	65	60
D위원	68	65	65	65	70
E위원	72	65	69	75	75

① 甲
② 乙
③ 丙
④ 丁
⑤ 戊

29. 다음 글을 근거로 판단할 때 옳은 것은?

NH농협은행

제○○조 ① 누구든지 법률에 의하지 아니하고는 우편물의 검열·전기통신의 감청 또는 통신사실확인자료의 제공을 하거나 공개되지 아니한 타인 상호 간의 대화를 녹음 또는 청취하지 못한다.

② 다음 각 호의 어느 하나에 해당하는 자는 1년 이상 10년 이하의 징역과 5년 이하의 자격정지에 처한다.

  1. 제1항에 위반하여 우편물의 검열 또는 전기통신의 감청을 하거나 공개되지 아니한 타인 상호 간의 대화를 녹음 또는 청취한 자
  2. 제1호에 따라 알게 된 통신 또는 대화의 내용을 공개하거나 누설한 자

③ 누구든지 단말기기 고유번호를 제공하거나 제공받아서는 안 된다. 다만 이동전화단말기 제조업체 또는 이동통신사업자가 단말기의 개통처리 및 수리 등 정당한 업무의 이행을 위하여 제공하거나 제공받는 경우에는 그러하지 아니하다.

④ 제3항을 위반하여 단말기기 고유번호를 제공하거나 제공받은 자는 3년 이하의 징역 또는 1천만 원 이하의 벌금에 처한다.

제□□조 제○○조의 규정에 위반하여, 불법검열에 의하여 취득한 우편물이나 그 내용, 불법감청에 의하여 지득(知得) 또는 채록(採錄)된 전기통신의 내용, 공개되지 아니한 타인 상호 간의 대화를 녹음 또는 청취한 내용은 재판 또는 징계절차에서 증거로 사용할 수 없다.

① 甲이 불법검열에 의하여 취득한 乙의 우편물은 징계절차에서 증거로 사용할 수 있다.

② 甲이 乙과 정책용역을 수행하면서 乙과의 대화를 녹음한 내용은 재판에서 증거로 사용할 수 없다.

③ 甲이 乙과 丙 사이의 공개되지 않은 대화를 녹음하여 공개한 경우, 1천만 원의 벌금에 처해질 수 있다.

④ 이동통신사업자 甲이 乙의 단말기를 개통하기 위하여 단말기기 고유번호를 제공받은 경우, 1년의 징역에 처해질 수 있다.

⑤ 甲이 乙과 丙 사이의 우편물을 불법으로 검열한 경우, 2년의 징역과 3년의 자격정지에 처해질 수 있다.

30. 다음 글을 근거로 판단할 때 옳지 않은 것은?

IBK기업은행

최근 공직자의 재산상태와 같은 세세한 사생활 정보까지 공개하라는 요구가 높아지고 있다. 공직자의 사생활은 일반시민의 사생활만큼 보호될 필요가 없다는 것이 그 이유다. 비슷한 맥락에서 일찍이 플라톤은 통치자는 가족과 사유재산을 갖지 말아야 한다고 주장했다.

공직자의 사생활 보호에 대한 논의는 '동등한 사생활 보호의 원칙'과 '축소된 사생활 보호의 원칙'으로 구분된다. 동등한 사생활 보호의 원칙은 공직자의 사생활도 일반시민과 동등한 정도로 보호되어야 한다고 본다. 이 원칙의 지지자들은 우선 공직자의 사생활 보호로 공적으로 활용 가능한 인재가 증가한다는 점을 강조한다. 사생활이 보장되지 않으면 공직 희망자가 적어져 인재 활용이 제한되고 다양성도 줄어들게 된다는 것이다. 또한 이들은 선정적인 사생활 폭로가 난무하여 공공정책에 대한 실질적 토론과 민주적 숙고가 사라져 버릴 위험성에 대해서도 경고한다.

반면, 공직자는 일반시민보다 우월한 권력을 가지고 있다는 것과 시민을 대표한다는 것 때문에 축소된 사생활 보호의 원칙이 적용되어야 한다는 주장도 있다. 공직자는 일반시민이 아니기 때문에 동등한 사생활 보호의 원칙을 적용할 수 없다는 것이다. 이 원칙의 지지자들은 공직자들이 시민 생활에 영향을 미치는 결정을 내리기 때문에, 사적 목적을 위해 권력을 남용하지 않고 부당한 압력에 굴복하지 않으며 시민이 기대하는 정책을 추구할 가능성이 높은 사람이어야 한다고 주장한다. 즉 이러한 공직자가 행사하는 권력에 대해 책임을 묻기 위해서는 사생활 중 관련된 내용은 공개되어야 한다는 것이다. 또한 공직자는 시민을 대표하기 때문에 훌륭한 인간상으로 시민의 모범이 되어야 한다는 이유도 들고 있다.

① 축소된 사생활 보호의 원칙은 공직자와 일반시민의 사생활 보장의 정도가 달라야 한다고 본다.

② 통치자의 사생활에 대한 플라톤의 생각은 동등한 사생활 보호의 원칙보다 축소된 사생활 보호의 원칙에 더 가깝다.

③ 동등한 사생활 보호의 원칙을 지지하는 이유 중 하나는 공직자가 시민을 대표하는 훌륭한 인간상이어야 하기 때문이다.

④ 동등한 사생활 보호의 원칙을 지지하는 이유 중 하나는 사생활이 보장되지 않으면 공직 희망자가 적어질 수 있다고 보기 때문이다.

⑤ 축소된 사생활 보호의 원칙을 지지하는 이유 중 하나는 공직자가 일반시민보다 우월한 권력을 가지고 있다고 보기 때문이다.

약점 보완 해설집 p.14

무료 바로 채점 및 성적 분석 서비스 바로 가기
QR코드를 이용해 모바일로 간편하게 채점하고 나의 실력이 어느 정도인지, 취약 부분이 어디인지 바로 파악해 보세요!

실전공략문제 2회

☑ 권장 문제 풀이 시간에 맞춰 실전처럼 문제를 푼 뒤, 실제로 문제 풀이에 소요된 시간과 맞힌 문항 수를 기록하여 시간 관리 연습을 하고, 약점 보완 해설집 p.24의 '취약 유형 분석표'로 자신의 취약한 유형을 파악해 보시기 바랍니다.

풀이 시간: _____ 분/60분
맞힌 문항 수: _____ 문항/30문항

☑ 해커스ONE 애플리케이션의 학습타이머를 이용하여 실전처럼 모의고사를 풀어본 후, p.107에 있는 '바로 채점 및 성적 분석 서비스' QR코드를 스캔하여 응시 인원 대비 본인의 성적 위치를 확인해보세요.

01. 다음 글의 핵심 논지로 가장 적절한 것은?

NH농협은행, IBK기업은행

지방분권화 시대를 맞아 지역의 균형 발전과 경제 활성화를 함께 도모할 수 있는 방안으로 지역문화콘텐츠의 역할이 강조되고 있다. 이와 관련하여 생태환경, 문화재, 유적지 등의 지역 자원을 이용해 지역에 생명을 불어넣고 지역의 특화된 가치를 창출하는 사례가 늘고 있다. 지역문화콘텐츠의 성공은 지역 산업의 동력이 될 뿐 아니라 지역민의 문화향유권 확장에 이바지한다는 점에서도 주목할 만하다.

그러나 지역문화콘텐츠의 전망이 밝기만 한 것은 아니다. 지역 내부의 문제로 우수한 문화자원이 빛을 보지 못하거나 특정 축제를 서로 자기 지역에 유치하기 위한 과잉 경쟁으로 지방자치단체가 몸살을 앓기도 한다. 또한, 불필요한 시설과 인프라 구축, 유사한 콘텐츠의 양산 및 미흡한 활용 등의 문제로 지역 예산을 헛되이 낭비한 사례도 적지 않다.

이러한 문제들이 많아지자, ○○부는 유사·중복 축제 행사를 통폐합하는 지방재정법 시행령과 심사 규칙 개정안을 내놓았다. 이 개정안은 특색 없는 콘텐츠를 정리하고 경쟁력 있는 콘텐츠 개발을 장려하는 것이 주목적이다. 하지만 이러한 방식만으로는 지역문화콘텐츠의 성공을 기대하기 어렵다.

그동안 지역문화 정책과 사업이 새로운 콘텐츠를 발굴·제작하는 데만 주력해 온 탓에 향유의 지속성 측면을 고려하지 못했다. 이로 인해, 관련 사업은 일부 향유자만을 대상으로 하거나 단발적인 제작 지원에 그쳐 지역민의 문화자원 향유가 지속되는 데 어려움이 있었다. 향유자에 초점을 둔 실효성 있는 정책을 실현하려면, 향유의 지속성까지 염두에 두어야 한다. 콘텐츠와 향유자를 잇고, 향유자의 향유 경험을 지속시킬 때 콘텐츠는 영속할 수 있다. 향유자에 의한 콘텐츠의 공유와 확산이 활발하게 이루어지는 향유, 아울러 향유자가 콘텐츠의 소비·매개·재생산의 주체가 되는 향유를 위한 방안이 개발되어야 한다. 이러한 방안을 통해 이미 만들어진 우수한 지역문화콘텐츠의 생명력을 연장하고 콘텐츠 향유의 활성화를 꾀할 수 있다.

① 중앙정부와 지방자치단체의 협력을 통해 지역문화콘텐츠의 경쟁력을 강화해야 한다.
② 새로운 콘텐츠의 발굴과 제작을 통해 지역문화콘텐츠의 생명력을 연장하고 활성화해야 한다.
③ 지역문화콘텐츠를 향유자와 연결하고 향유자의 향유 경험을 지속하게 할 방안을 마련해야 한다.
④ 지역문화콘텐츠 향유자 스스로 자신이 콘텐츠의 소비·매개·재생산의 주체임을 인식해야 한다.
⑤ 지역문화콘텐츠가 지역 산업의 발전과 지역민의 문화 향유 기회 확대에 기여할 수 있도록 중앙정부의 경제적 지원이 증대되어야 한다.

02. 다음 글에서 추론할 수 있는 것만을 <보기>에서 모두 고르면?

NH농협은행, IBK기업은행

갑: 조(粗)출생률은 인구 1천 명당 출생아 수를 의미합니다. 조출생률은 인구 규모가 상이한 지역이나 시점 간의 출산 수준을 간편하게 비교할 때 유용한 지표입니다. 예를 들어, 2016년에 세종시보다 인구 규모가 훨씬 큰 경기도의 출생아 수는 10만 5천 명으로 세종시의 3천 명보다 많지만, 조출생률은 경기도가 8.4명이고 세종시는 14.6명입니다. 출산 수준은 세종시가 더 높다는 의미입니다.

을: 그렇군요. 그럼 합계 출산율은 무엇인가요?

갑: 합계 출산율은 여성 한 명이 평생 동안 낳을 것으로 예상되는 출생아 수를 의미합니다. 여성이 실제 평생 동안 낳은 아이 수를 측정하는 것은 가임 기간 35년이 지나야 산출할 수 있다는 문제가 있습니다. 이에 비해 합계 출산율은 여성 1명이 출산 가능한 시기를 15세부터 49세까지로 가정하고 그 사이의 각 연령대 출산율을 모두 합해서 얻습니다. 15~19세 연령대 출산율은 한 해 동안 15~19세 여성에게서 태어난 출생아 수를 15~19세 여성의 수로 나눈 수치인데, 15~19세부터 45~49세까지 7개 구간 각각의 연령대 출산율을 모두 합한 것이 합계 출산율입니다. 합계 출산율은 한 여성이 가임 기간 내내 특정 시기의 연령대 출산율 패턴을 그대로 따른다는 가정을 전제로 산출하므로 실제 출산 현실과 차이가 있을 수 있습니다.

을: 그렇다면 조출생률과 합계 출산율을 구별하는 이유가 뭐죠?

갑: 조출생률과 달리 합계 출산율은 성비 및 연령 구조에 따른 출산 수준의 차이를 표준화할 수 있는 장점이 있습니다. 예를 들어, 이스라엘의 합계 출산율은 3.0인 반면 남아프리카공화국은 2.5가량입니다. 하지만 조출생률은 거의 비슷하지요. 이것은 남아프리카공화국의 경우 전체 인구 대비 젊은 여성의 비율이 이스라엘보다 높기 때문입니다.

―――― <보기> ――――

ㄱ. 조출생률을 계산할 때는 전체 인구 대비 여성의 비율은 고려하지 않는다.
ㄴ. 두 나라가 인구수와 조출생률에 차이가 없다면 각 나라의 합계 출산율에는 차이가 없다.
ㄷ. 합계 출산율은 한 명의 여성이 일생 동안 출산한 출생아의 수를 집계한 자료를 바탕으로 산출한다.

① ㄱ   ② ㄴ   ③ ㄱ, ㄷ
④ ㄴ, ㄷ   ⑤ ㄱ, ㄴ, ㄷ

03. 다음 글의 A~C에 대한 판단으로 가장 적절한 것은?

IBK기업은행, 국민은행

정책 네트워크는 다원주의 사회에서 정책 영역에 따라 실질적인 정책 결정권을 공유하고 있는 집합체이다. 정책 네트워크는 구성원 간의 상호 의존성, 외부로부터 다른 사회 구성원들의 참여 가능성, 의사결정의 합의 효율성, 지속성의 특징을 고려할 때 다음 세 가지 모형으로 분류될 수 있다.

특징 모형	상호 의존성	외부 참여 가능성	합의 효율성	지속성
A	높음	낮음	높음	높음
B	보통	보통	보통	보통
C	낮음	높음	낮음	낮음

A는 의회의 상임위원회, 행정 부처, 이익집단이 형성하는 정책 네트워크로서 안정성이 높아 마치 소정부와 같다. 행정부 수반의 영향력이 작은 정책 분야에서 집중적으로 나타나는 형태이다. A에서는 참여자 간의 결속과 폐쇄적 경계를 강조하며, 배타성이 매우 강해 다른 이익집단의 참여를 철저하게 배제하는 것이 특징이다.

B는 특정 정책과 관련해 이해관계를 같이하는 참여자들로 구성된다. B가 특정 이슈에 대해 유기적인 연계 속에서 기능하면, 전통적인 관료제나 A의 방식보다 더 효과적으로 정책 목표를 달성할 수 있다. B의 주요 참여자는 정치인, 관료, 조직화된 이익집단, 전문가 집단이며, 정책 결정은 주요 참여자 간의 합의와 협력에 의해 일어난다.

C는 특정 이슈를 중심으로 이해관계나 전문성을 가진 이익집단, 개인, 조직으로 구성되고, 참여자는 매우 자율적이고 주도적인 행위자이며 수시로 변경된다. 배타성이 강한 A만으로 정책을 모색하면 정책 결정에 영향을 미칠 수 있는 C와 같은 개방적 참여자들의 네트워크를 놓치기 쉽다. C는 관료제의 영향력이 작고 통제가 약한 분야에서 주로 작동하는데, 참여자가 많아 합의가 어려워 결국 정부가 위원회나 청문회를 활용하여 의견을 조정하려는 경우가 종종 발생한다.

① 외부 참여 가능성이 높은 모형은 관료제의 영향력이 작고 통제가 약한 분야에서 나타나기 쉽다.

② 상호 의존성이 보통인 모형에서는 배타성이 강해 다른 이익집단의 참여를 철저하게 배제한다.

③ 합의 효율성이 높은 모형이 가장 효과적으로 정책 목표를 달성할 수 있다.

④ A에 참여하는 이익집단의 정책 결정 영향력이 B에 참여하는 이익집단의 정책 결정 영향력보다 크다.

⑤ C에서는 참여자의 수가 많아질수록 네트워크의 지속성이 높아진다.

04. 다음 글의 (가)와 (나)에 들어갈 말을 적절하게 짝지은 것은?

하나은행, KDB산업은행

갑은 국민 개인의 삶의 질을 1부터 10까지의 수치로 평가하고 이 수치를 모두 더해 한 국가의 행복 정도를 정량화한다. 예를 들어, 삶의 질이 모두 5인 100명의 국민으로 구성된 국가의 행복 정도는 500이다.

갑은 이제 국가의 행복 정도가 클수록 더 행복한 국가라고 하면서 어느 국가가 더 행복한 국가인지까지도 서로 비교하고 평가할 수 있다고 주장한다. 하지만 갑의 주장은 받아들이기 어렵다. 행복한 국가라면 그 국가의 대다수 국민이 높은 삶의 질을 누리고 있다고 보는 것이 일반적인 직관인데, 이 직관과 충돌하는 결론이 나오기 때문이다. 예를 들어, A국과 B국의 행복 정도를 비교하는 다음의 경우를 생각해 보자. [(가)   ], B국에서 가장 높은 삶의 질을 지닌 국민이 A국에서 가장 낮은 삶의 질을 지닌 국민보다 삶의 질 수치가 낮다. 그러면 갑은 [(나)   ]. 그러나 이러한 결론에 동의할 사람은 거의 없을 것이다.

① (가): A국의 행복 정도가 B국의 행복 정도보다 더 크지만
　(나): B국이 A국보다 더 행복한 국가라고 말해야 할 것이다

② (가): A국의 행복 정도가 B국의 행복 정도보다 더 크지만
　(나): A국이 B국보다 더 행복한 국가라고 말해야 할 것이다

③ (가): A국의 행복 정도와 B국의 행복 정도가 같지만
　(나): B국이 A국보다 더 행복한 국가라고 말해야 할 것이다

④ (가): B국의 행복 정도가 A국의 행복 정도보다 더 크지만
　(나): B국이 A국보다 더 행복한 국가라고 말해야 할 것이다

⑤ (가): B국의 행복 정도가 A국의 행복 정도보다 더 크지만
　(나): A국이 B국보다 더 행복한 국가라고 말해야 할 것이다

05. 다음 글에서 추론할 수 없는 것은?

NH농협은행, 하나은행

물속에서 눈을 뜨면 물체를 뚜렷하게 볼 수 없다. 이는 공기에 대한 각막의 상대 굴절률이 물에 대한 각막의 상대 굴절률과 달라서 물속에서는 상이 망막에 선명하게 맺히기 힘들기 때문이다. 그런데 수경을 쓰면 빛이 공기에서 각막으로 굴절되어 망막에 들어오므로 상이 망막에 선명하게 맺혀서 물체를 뚜렷하게 볼 수 있다.

초기 형태의 수경은 덮개 형태의 두 부분으로 구성되어 있고 두 부분은 각각 오른쪽 눈과 왼쪽 눈을 덮고 있다. 한쪽 부분 안의 공기량이 약 7.5mL인 이 수경을 쓸 경우 3m 이상 잠수하면 결막 출혈이 생길 수 있다. 이런 현상은 다음과 같은 이유로 나타난다. 잠수를 하면 몸은 물의 압력인 수압을 받게 되는데, 수압은 잠수 깊이가 깊어질수록 커진다. 잠수 시 수압에 의해 신체가 압박되어 신체의 부피가 줄어들면서 체내 압력이 커져 수압과 같아지게 되는 반면, 수경 내부 공기의 부피는 변하지 않으므로 수경 내의 공기압인 수경 내압은 변하지 않는다. 이때 체내 압력이 수경 내압보다 일정 수준 이상 커지면 안구 안팎에 큰 압력 차이가 나타나 눈의 혈관이 압력차를 견디지 못하고 파열되어 결막 출혈이 일어난다. 초기 형태의 수경을 사용하던 해녀들은 깊이 잠수해 들어갈 때 흔히 이러한 결막 출혈을 경험하였다.

이러한 문제를 극복할 수 있도록 만들어진 수경 '부글래기'는 기존 수경에 공기가 담긴 고무주머니를 추가한 것인데 이 고무주머니는 수경 내부와 연결되어 있다. 이 수경은 잠수 시 수압에 의해 고무주머니가 압축되면, 고무주머니 내의 공기가 수압과 수경 내압이 같아질 때까지 수경 내로 이동하여 안구 안팎에 압력 차이가 나타나는 것을 막아 잠수 시 나타날 수 있는 결막 출혈을 방지한다. 우리나라에서는 모슬포 지역의 해녀들이 부글래기를 사용한 적이 있다.

오늘날 해녀들은 '큰눈' 또는 '왕눈'으로 불리는, 눈뿐만 아니라 코까지 덮는 수경을 사용한다. 이런 수경을 쓰면 잠수 시 수압에 의하여 폐가 압축되어 수압과 수경 내압이 같아질 때까지 폐의 공기가 기도와 비강을 거쳐 수경 내로 들어온다. 따라서 잠수 시 결막 출혈이 일어나지 않는다.

① 부글래기를 쓰고 잠수하면 빛이 공기에서 각막으로 굴절되어 망막에 들어와 물체를 뚜렷하게 볼 수 있다.

② 수경 내압은 큰눈을 쓰고 잠수했을 때보다 초기 형태의 수경을 쓰고 잠수했을 때가 더 크다.

③ 잠수 시 결막 출혈을 방지할 수 있는 수경이 모슬포 지역에서 사용된 적이 있다.

④ 왕눈을 쓰고 잠수하면 수경 내압과 체내 압력이 같아진다.

⑤ 체내 압력은 잠수하기 전보다 잠수했을 때가 더 크다.

06. 다음 글의 <표>에 대한 판단으로 적절한 것만을 <보기>에서 모두 고르면?

NH농협은행, 하나은행

주무관 갑은 국민이 '적극행정 국민신청'을 하는 경우, '적극행정 국민신청제'의 두 기준을 충족하는지 검토한다. 이때 두 기준을 모두 충족한 신청안에만 적극행정 담당자를 배정하고, 두 기준 중 하나라도 충족하지 못한 신청안은 반려한다.

우선 신청안에 대해 '신청인이 같은 내용으로 민원이나 국민제안을 제출한 적이 있는지 여부'를 기준으로 하여 '제출한 적 있음'과 '제출한 적 없음'을 판단한다. 그리고 '신청인이 이전에 제출한 민원의 거부 또는 국민제안의 불채택 사유가 근거 법령의 미비나 불명확에 해당하는지 여부'를 기준으로 '해당함'과 '해당하지 않음'을 판단한다. 각각의 기준에서 '제출한 적 있음'과 '해당함'을 충족하는 신청안에만 적극행정 담당자가 배정된다.

최근에 접수된 안건 (가)는 신청인이 같은 내용의 민원을 제출한 적이 있으나, 근거 법령의 미비나 불명확 때문이 아니라 민원의 내용이 사인(私人) 간의 권리관계에 관한 것이어서 거부되었다. (나)는 신청인이 같은 내용의 국민제안을 제출한 적이 있으나, 근거 법령이 불명확하다는 이유로 불채택되었다. (다)는 신청인이 같은 내용으로 민원을 제출한 적이 있으나 근거 법령의 미비를 이유로 거부되었다. (라)는 신청인이 같은 내용으로 민원이나 국민제안을 제출한 적이 없었다.

접수된 안건 (가)~(라)에 대해 두 기준 및 그것의 충족 여부를 위의 내용을 바탕으로 다음과 같은 형식의 <표>로 나타내었다.

〈표〉 적극행정 국민신청안 처리 현황

기준 \ 안건	(가)	(나)	(다)	(라)
A	㉠	㉡	㉢	㉣
B	㉤	㉥	㉦	㉧

─── 〈보기〉 ───

ㄱ. A에 '신청인이 같은 내용의 민원이나 국민제안을 제출한 적이 있는지 여부'가 들어가면 ㉠과 ㉡이 같다.

ㄴ. ㉠과 ㉢이 서로 다르다면, B에 '신청인이 이전에 제출한 민원의 거부 또는 국민제안의 불채택 사유가 근거 법령의 미비나 불명확에 해당하는지 여부'가 들어간다.

ㄷ. ㉤과 ㉥이 같다면 ㉦과 ㉧이 같다.

① ㄱ

② ㄴ

③ ㄱ, ㄷ

④ ㄴ, ㄷ

⑤ ㄱ, ㄴ, ㄷ

07. 다음 글에서 알 수 있는 것은?

IBK기업은행, 국민은행

비정규직 근로자들이 늘어나면서 '프레카리아트'라고 불리는 새로운 계급이 형성되고 있다. 프레카리아트란 '불안한(precarious)'이라는 단어와 '무산계급(proletariat)'이라는 단어를 합친 용어로 불안정한 고용 상태에 놓여 있는 사람들을 의미한다. 프레카리아트에 속한 사람들은 직장 생활을 하다가 쫓겨나 실업자가 되었다가 다시 직장에 복귀하기를 반복한다. 이들은 고용 보장, 직무 보장, 근로안전 보장 등 노동 보장을 받지 못하며, 직장 소속감도 없을 뿐만 아니라, 자신의 직업에 대한 전망이나 직업 정체성도 결여되어 있다. 프레카리아트는 분노, 무력감, 걱정, 소외를 경험할 수밖에 없는 '위험한 계급'으로 전락한다. 이는 의미 있는 삶의 길이 막혀 있다는 좌절감과 상대적 박탈감, 계속된 실패의 반복 때문이다. 이러한 사람들이 늘어나면 자연히 갈등, 폭력, 범죄와 같은 사회적 병폐들이 성행하여 우리 사회는 점점 더 불안해지게 된다.

프레카리아트와 비슷하지만 약간 다른 노동자 집단이 있다. 이른바 '긱 노동자'. '긱(gig)'이란 기업들이 필요에 따라 단기 계약 등을 통해 임시로 인력을 충원하고 그때그때 대가를 지불하는 것을 의미한다. 예를 들어 방송사에서는 드라마를 제작할 때마다 적합한 사람들을 섭외하여 팀을 꾸리고 작업에 착수한다. 긱 노동자들은 고용주가 누구든 간에 자신이 보유한 고유의 직업 역량을 고용주에게 판매하면서, 자신의 직업을 독립적인 '프리랜서' 또는 '개인 사업자' 형태로 인식한다. 정보통신 기술의 발달은 긱을 더욱더 활성화한다. 정보통신 기술을 이용하면 긱 노동자의 모집이 아주 쉬워진다. 기업은 사업 아이디어만 좋으면 인터넷을 이용하여 필요한 긱 노동자를 모집할 수 있다. 기업이 긱을 잘 활용하면 경쟁력을 높여 정규직 위주의 기존 기업들을 앞서나갈 수 있다.

① 긱 노동자가 자신의 직업 형태에 대해 갖는 인식은 자신을 고용한 기업에 따라 달라지지 않는다.

② 정보통신 기술의 발달은 프레카리아트 계급과 긱 노동자 집단을 확산시킨다.

③ 긱 노동자 집단이 확산하면 프레카리아트 계급은 축소된다.

④ '위험한 계급'이 겪는 부정적인 경험이 적은 프레카리아트일수록 정규직 근로자로 변모할 가능성이 크다.

⑤ 비정규직 근로자에 대한 노동 보장의 강화는 프레카리아트 계급을 축소시키고 긱 노동자 집단을 확산시킨다.

08. 다음 글의 흐름에 맞지 않는 곳을 ㉠~㉤에서 찾아 수정할 때 가장 적절한 것은?

신한은행, KDB산업은행

경제적 차원에서 가장 불리한 계층, 예컨대 노예와 날품팔이는 ㉠특정한 종교 세력에 편입되거나 포교의 대상이 된 적이 없었다. 기독교 등 고대 종교의 포교활동은 이들보다는 소시민층, 즉 야심을 가지고 열심히 노동하며 경제적으로 합리적인 생활을 하는 계층을 겨냥하였다. 고대사회의 대농장에서 일하던 노예들에게 관심을 갖는 종교는 없었다.

모든 시대의 하층 수공업자 대부분은 ㉡독특한 소시민적 종교 경향을 지니고 있었다. 이들은 특히 공인되지 않은 종파적 종교성에 기우는 경우가 매우 흔하였다. 곤궁한 일상과 불안정한 생계 활동에 시달리며 동료의 도움에 의존해야 하는 하층 수공업자층은 공인되지 않은 신흥 종교집단이나 비주류 종교집단의 주된 포교 대상이었다.

근대에 형성된 프롤레타리아트는 ㉢종교에 우호적이며 관심이 많았다. 이들은 자신의 처지가 자신의 능력과 업적에 의존한다는 의식이 약하고 그 대신 사회적 상황이나 경기 변동, 법적으로 보장된 권력관계에 종속되어 있다는 의식이 강하였다. 이에 반해 자신의 처지가 주술적 힘, 신이나 우주의 섭리와 같은 것에 종속되어 있다는 견해에는 부정적이었다.

프롤레타리아트가 스스로의 힘으로 ㉣특정 종교 이념을 창출하는 것은 쉽지 않았다. 이들에게는 비종교적인 이념들이 삶을 지배하는 경향이 훨씬 우세했기 때문이다. 물론 프롤레타리아트 가운데 경제적으로 불안정한 최하위 계층과 지속적인 곤궁으로 인해 프롤레타리아트화의 위험에 처한 몰락하는 소시민계층은 ㉤종교적 포교의 대상이 되기 쉬웠다. 특히 이들을 포섭한 많은 종교는 원초적 주술을 사용하거나, 아니면 주술적·광란적 은총 수여에 대한 대용물을 제공했다. 이 계층에서 종교 윤리의 합리적 요소보다 감정적 요소가 훨씬 더 쉽게 성장할 수 있었다.

① ㉠을 "고대 종교에서는 주요한 세력이자 포섭 대상이었다."로 수정한다.

② ㉡을 "종교나 정치와는 괴리된 삶을 살았다."로 수정한다.

③ ㉢을 "종교에 우호적이지도 관심이 많지도 않았다."로 수정한다.

④ ㉣을 "특정 종교 이념을 창출한 경우가 많았다."로 수정한다.

⑤ ㉤을 "종교보다는 정치집단의 포섭 대상이 되었다."로 수정한다.

09. 다음 글의 내용과 부합하지 않는 것은?

IBK기업은행

우리나라 헌법상 정부는 대통령과 행정부로 구성된다. 행정부에는 국무총리, 행정각부, 감사원 등이 있으며, 이들은 모두 대통령 소속 하에 있다. 이외에도 행정부에는 국무회의와 각종 대통령 자문기관들이 있다.

우리나라 국무회의는 정부의 중요 정책에 대한 최고 심의기관으로, 그 설치를 헌법에서 규정하고 있다. 미국 대통령제의 각료회의는 헌법에 규정이 없는 편의상의 기구라는 점에서, 영국 의원내각제의 내각은 의결기관이라는 점에서 우리나라의 국무회의는 이들과 법적 성격이 다르다.

대통령이 국무회의 심의 결과에 구속되지 않는다는 점에서 국무회의는 자문기관과 큰 차이가 없다. 그러나 일반 대통령 자문기관들은 대통령이 임의적으로 요청하는 사항에 응하여 자문을 개진하는 것과 달리 국무회의는 심의 사항이 헌법에 명시되어 있으며 해당 심의는 필수적이라는 점에서 단순한 자문기관도 아니다.

행정각부의 장은 대통령, 국무총리와 함께 국무회의를 구성하는 국무위원임과 동시에 대통령이 결정한 정책을 집행하는 행정관청이다. 그러나 행정각부의 장이 국무위원으로서 갖는 지위와 행정관청으로서 갖는 지위는 구별된다. 국무위원으로서 행정각부의 장은 대통령, 국무총리와 법적으로 동등한 지위를 갖지만, 행정관청으로서 행정각부의 장은 대통령은 물론 상급행정관청인 국무총리의 지휘와 감독에 따라야 한다.

① 감사원은 대통령 소속 하에 있는 기관이다.

② 국무회의는 의결기관도 단순 자문기관도 아닌 심의기관이다.

③ 국무회의 심의 결과는 대통령을 구속한다는 점에서 국가의사를 표시한다.

④ 우리나라 헌법은 국무회의에서 반드시 심의하여야 할 사항을 규정하고 있다.

⑤ 국무총리와 행정각부의 장은 국무회의 심의 석상에서는 국무위원으로서 법적으로 동등한 지위를 갖는다.

10. 다음 글의 빈칸에 들어갈 내용으로 가장 적절한 것은?

하나은행

텔레비전이라는 단어는 '멀리'라는 뜻의 그리스어 '텔레'와 '시야'를 뜻하는 라틴어 '비지오'에서 왔다. 원래 텔레비전은 우리가 멀리서도 볼 수 있도록 해주는 기기로 인식됐다. 하지만 조만간 텔레비전은 멀리에서 우리를 보이게 해 줄 것이다. 오웰의『1984』에서 상상한 것처럼, 우리가 텔레비전을 보는 동안 텔레비전이 우리를 감시할 것이다. 우리는 텔레비전에서 본 내용을 대부분 잊어버리겠지만, 텔레비전에 영상을 공급하는 기업은 우리가 만들어낸 데이터를 기반으로 하여 알고리즘을 통해 우리 입맛에 맞는 영화를 골라 줄 것이다. 나아가 인생에서 중요한 것들, 이를테면 어디서 일해야 하는지, 누구와 결혼해야 하는지도 대신 결정해 줄 것이다.

그들의 답이 늘 옳지는 않을 것이다. 그것은 불가능하다. 데이터 부족, 프로그램 오류, 삶의 근본적인 무질서 때문에 알고리즘은 실수를 범할 수밖에 없다. 하지만 완벽해야 할 필요는 없다. 평균적으로 우리 인간보다 낫기만 하면 된다. 그 정도는 그리 어려운 일이 아니다. 왜냐하면 대부분의 사람은 자신을 잘 모르기 때문이다. 사람들은 인생의 중요한 결정을 내리면서도 끔찍한 실수를 저지를 때가 많다. 데이터 부족, 프로그램 오류, 삶의 근본적인 무질서로 인한 고충도 인간이 알고리즘보다 훨씬 더 크게 겪는다.

우리는 알고리즘을 둘러싼 많은 문제들을 열거하고 나서, 그렇기 때문에 사람들은 결코 알고리즘을 신뢰하지 않을 거라고 결론 내릴 수도 있다. 하지만 그것은 민주주의의 모든 결점들을 나열한 후에 '제정신인 사람이라면 그런 체제는 지지하려 들지 않을 것'이라고 결론짓는 것과 비슷하다. 처칠의 유명한 말이 있지 않은가? "민주주의는 세상에서 가장 나쁜 정치 체제다. 다른 모든 체제를 제외하면." 알고리즘에 대해서도 마찬가지로 다음과 같은 결론을 내릴 수 있다.

① 알고리즘의 모든 결점을 제거하면 최선의 선택이 가능할 것이다.

② 우리는 자신이 무엇을 원하는지를 알기 위해서 점점 더 알고리즘에 의존한다.

③ 데이터를 가진 기업이 다수의 사람을 은밀히 감시하는 사례는 더 늘어날 것이다.

④ 실수를 범하기는 하지만 현실적으로 알고리즘보다 더 신뢰할 만한 대안을 찾기 어렵다.

⑤ 알고리즘이 갖는 결점이 지금은 보이지 않지만, 어느 순간 이 결점 때문에 우리의 질서가 무너질 것이다.

11. 다음 <표>는 2017~2022년 '갑'시의 택시 위법행위 유형별 단속건수에 관한 자료이다. 이에 대한 설명으로 옳은 것은?

NH농협은행

<표> 2017~2022년 '갑'시의 택시 위법행위 유형별 단속건수

(단위: 건)

유형 연도	승차 거부	정류소 정차 질서문란	부당 요금	방범등 소등위반	사업구역 외 영업	기타	전체
2017	( )	1,110	125	1,001	123	241	4,166
2018	1,694	701	301	( )	174	382	4,131
2019	1,991	1,194	441	825	554	349	5,354
2020	717	1,128	51	769	2,845	475	( )
2021	130	355	40	1,214	1,064	484	( )
2022	43	193	268	( )	114	187	2,067

① 위법행위 단속건수 상위 2개 유형은 2017년과 2018년이 같다.

② '부당요금' 단속건수 대비 '승차거부' 단속건수 비율이 가장 높은 연도는 2017년이다.

③ 전체 단속건수가 가장 많은 연도는 2020년이다.

④ 전체 단속건수 중 '방범등 소등위반' 단속건수가 차지하는 비중은 매년 감소한다.

⑤ 2017년 '승차거부' 단속건수는 2022년 '방범등 소등위반' 단속건수보다 적다.

12. 다음 <표>는 조선왕조실록에 수록된 1401~1418년의 이상 기상 및 자연재해 발생 건수에 관한 자료이다. 이에 대한 <보기>의 설명 중 옳은 것만을 모두 고르면?

IBK기업은행, 신한은행

<표> 1401~1418년 이상 기상 및 자연재해 발생 건수

(단위: 건)

유형 연도	천둥 번개	큰 비	벼락	폭설	큰 바람	우박	한파 및 이상 고온	서리	짙은 안개	황충 피해	가뭄 및 홍수	지진 및 해일	전체
1401	2	1	6	0	2	8	3	7	5	1	3	1	39
1402	3	0	5	3	1	3	5	0	( )	2	2	2	41
1403	7	13	12	3	1	3	2	3	9	0	4	0	57
1404	1	18	0	0	1	4	2	0	3	0	0	0	29
1405	8	27	0	6	7	9	5	4	0	5	1	2	74
1406	4	( )	11	3	1	3	3	10	1	0	2	0	59
1407	4	14	8	4	1	3	4	2	2	3	4	0	49
1408	0	4	3	1	1	3	1	0	( )	3	0	0	23
1409	4	7	6	5	0	3	2	4	0	2	4	0	43
1410	14	14	5	1	2	6	1	1	5	2	6	1	58
1411	3	11	6	1	2	6	1	3	1	0	9	1	44
1412	4	8	4	2	5	6	2	0	1	0	6	0	38
1413	5	20	4	3	6	1	0	2	1	5	5	0	52
1414	5	21	7	3	3	3	5	5	0	0	6	0	58
1415	9	18	9	1	3	2	3	2	3	2	2	0	57
1416	5	11	5	1	5	2	0	3	4	1	3	0	40
1417	0	9	5	1	7	4	3	6	1	7	3	0	46
1418	5	17	0	0	6	2	0	2	0	3	3	1	39
합	83	( )	96	38	56	76	43	52	64	37	57	10	846

─────────〈보기〉─────────

ㄱ. 연도별 전체 발생 건수 상위 2개 연도의 발생 건수 합은 하위 2개 연도의 발생 건수 합의 3배 이상이다.

ㄴ. '큰 비'가 가장 많이 발생한 해에는 '우박'도 가장 많이 발생했다.

ㄷ. 1401~1418년 동안의 발생 건수 합 상위 5개 유형은 '천둥번개', '큰 비', '벼락', '우박', '짙은 안개'이다.

ㄹ. 1402년에 가장 많이 발생한 유형은 1408년에도 가장 많이 발생했다.

① ㄱ, ㄴ

② ㄱ, ㄷ

③ ㄴ, ㄹ

④ ㄷ, ㄹ

⑤ ㄴ, ㄷ, ㄹ

13. 다음 <표>는 제품 A~E의 제조원가에 관한 자료이다. 제품 A~E 중 매출액이 가장 작은 제품은?

IBK기업은행, 국민은행

<표> 제품 A~E의 고정원가, 변동원가율, 제조원가율

(단위: 원, %)

구분 제품	고정원가	변동원가율	제조원가율
A	60,000	40	25
B	36,000	60	30
C	33,000	40	30
D	50,000	20	10
E	10,000	50	10

※ 1) 제조원가 = 고정원가 + 변동원가

2) 고정원가율(%) = $\dfrac{고정원가}{제조원가} \times 100$

3) 변동원가율(%) = $\dfrac{변동원가}{제조원가} \times 100$

4) 제조원가율(%) = $\dfrac{제조원가}{매출액} \times 100$

① A

② B

③ C

④ D

⑤ E

14. 다음 <표>는 2022학년도 '갑'대학교 졸업생의 취업 및 진학 현황에 관한 자료이다. 이에 대한 설명으로 옳지 않은 것은?

IBK기업은행, 국민은행

<표> 2022학년도 '갑'대학교 졸업생의 취업 및 진학 현황

(단위: 명, %)

구분 계열	졸업생 수	취업자 수	취업률	진학자 수	진학률
A	800	500	( )	60	7.5
B	700	400	57.1	50	7.1
C	500	200	40	40	( )
전체	2,000	1,100	55	150	7.5

※ 1) 취업률(%) = $\dfrac{취업자 수}{졸업생 수} \times 100$

2) 진학률(%) = $\dfrac{진학자 수}{졸업생 수} \times 100$

3) 진로 미결정 비율(%) = 100 − (취업률 + 진학률)

① 취업률은 A계열이 B계열보다 높다.

② 진로 미결정 비율은 B계열이 C계열보다 낮다.

③ 진학자 수만 계열별로 20%씩 증가한다면, 전체의 진학률은 10% 이상이 된다.

④ 취업자 수만 계열별로 10%씩 증가한다면, 전체의 취업률은 60% 이상이 된다.

⑤ 진학률은 A~C계열 중 C계열이 가장 높다.

15. 다음 <표>는 2013~2022년 '갑'국의 농업진흥지역 면적에 관한 자료이다. 이에 대한 <보고서>의 설명 중 옳은 것만을 모두 고르면?

하나은행, KDB산업은행

<표> 2013~2022년 '갑'국의 농업진흥지역 면적

(단위: 만ha)

구분 연도	전체 농지	농업진흥지역		
			논	밭
2013	180.1	91.5	76.9	14.6
2014	175.9	81.5	71.6	9.9
2015	171.5	80.7	71	9.7
2016	173	80.9	71.2	9.7
2017	169.1	81.1	71.4	9.7
2018	167.9	81	71.3	9.7
2019	164.4	78	67.9	10.1
2020	162.1	77.7	67.9	9.8
2021	159.6	77.8	68.2	9.6
2022	158.1	77.6	68.7	8.9

─────── <보고서> ───────

'갑'국은 우량농지를 보전하고 농지이용률을 높인다는 취지로 농업진흥지역을 지정하고 있다. 그러나, ㄱ. 2014년부터 2022년까지 매년 농업진흥지역 면적은 전체 농지 면적의 50% 이하에 그치고 있다. 또한, ㄴ. 같은 기간 농업진흥지역 면적은 매년 감소하여, 농업기반이 취약해지는 것으로 분석된다.

농업진흥지역 면적은 2013년 91.5만ha에서 2022년 77.6만ha로 15% 이상 감소했으며, 이는 같은 기간 전체 농지 면적의 감소율보다 크다. 한편, ㄷ. 농업진흥지역 면적에서 밭 면적이 차지하는 비중은 2013년 이후 매년 15% 이하이다.

① ㄱ

② ㄴ

③ ㄱ, ㄴ

④ ㄱ, ㄷ

⑤ ㄴ, ㄷ

16. 다음 <표>는 2021년 국가 A~D의 국내총생산, 1인당 국내총생산, 1인당 이산화탄소 배출량에 관한 자료이다. 이를 근거로 국가 A~D를 이산화탄소 총배출량이 가장 적은 국가부터 순서대로 바르게 나열한 것은?

NH농협은행

<표> 국가별 국내총생산, 1인당 국내총생산, 1인당 이산화탄소 배출량

(단위: 달러, 톤CO₂eq.)

구분 국가	국내총생산	1인당 국내총생산	1인당 이산화 탄소 배출량
A	20조 4,941억	62,795	16.6
B	4조 9,709억	39,290	9.1
C	1조 6,194억	31,363	12.4
D	13조 6,082억	9,771	7.0

※ 1) 1인당 국내총생산 = $\dfrac{\text{국내총생산}}{\text{총인구}}$

2) 1인당 이산화탄소 배출량 = $\dfrac{\text{이산화탄소 총배출량}}{\text{총인구}}$

① A, C, B, D

② A, D, C, B

③ C, A, D, B

④ C, B, A, D

⑤ D, B, C, A

17. 다음은 2023년 '갑'국 주요 10개 업종의 특허출원 현황에 관한 자료이다. 이를 근거로 A~C에 해당하는 업종을 바르게 연결한 것은?

NH농협은행, IBK기업은행

<표> 주요 10개 업종의 기업규모별 특허출원건수 및
특허출원기업 수

(단위: 건, 개)

구분 업종	기업규모별 특허출원건수			특허출원 기업 수
	대기업	중견기업	중소기업	
A	25,234	1,575	4,730	1,725
전기장비	6,611	501	3,265	1,282
기계	1,314	1,870	5,833	2,360
출판	204	345	8,041	2,550
자동차	5,460	1,606	1,116	617
화학제품	2,978	917	2,026	995
의료	52	533	2,855	1,019
B	18	115	3,223	1,154
건축	113	167	2,129	910
C	29	7	596	370

※ 기업규모는 '대기업', '중견기업', '중소기업'으로만 구분됨.

〈정보〉

○ '중소기업' 특허출원건수가 해당 업종 전체 기업 특허출원건수의 90% 이상인 업종은 '연구개발', '전문서비스', '출판'이다.
○ '대기업' 특허출원건수가 '중견기업'과 '중소기업' 특허출원건수 합의 2배 이상인 업종은 '전자부품', '자동차'이다.
○ 특허출원기업당 특허출원건수는 '연구개발'이 '전문서비스'보다 많다.

	A	B	C
①	연구개발	전자부품	전문서비스
②	전자부품	연구개발	전문서비스
③	전자부품	전문서비스	연구개발
④	전문서비스	연구개발	전자부품
⑤	전문서비스	전자부품	연구개발

18. 다음 <표>와 <조건>은 공유킥보드 운영사 A~D의 2022년 1월 기준 대여요금제와 대여방식이고 <보고서>는 공유킥보드 대여요금제 변경 이력에 관한 자료이다. <보고서>에서 (다)에 해당하는 값은?

NH농협은행, IBK기업은행

<표> 공유킥보드 운영사 A~D의 2022년 1월 기준 대여요금제

(단위: 원)

구분 \ 운영사	A	B	C	D
잠금해제료	0	250	750	1,600
분당대여료	200	150	120	60

〈조건〉

○ 대여요금=잠금해제료+분당대여료×대여시간
○ 공유킥보드 이용자는 공유킥보드 대여시간을 분단위로 미리 결정하고 운영사 A~D의 대여요금을 산정한다.
○ 공유킥보드 이용자는 산정된 대여요금이 가장 낮은 운영사의 공유킥보드를 대여한다.

〈보고서〉

2022년 1월 기준 대여요금제에 따르면 운영사 (가) 는 이용자의 대여시간이 몇 분이더라도 해당 대여시간에 대해 운영사 A~D 중 가장 낮은 대여요금을 제공하지 못하는 것으로 나타났다. 자사 공유킥보드가 1대도 대여되지 않고 있음을 확인한 운영사 (가) 는 2월부터 잠금해제 이후 처음 5분간 분당대여료를 면제하는 것으로 대여요금제를 변경하였다.

운영사 (나) 가 2월 기준 대여요금제로 운영사 A~D의 대여요금을 재산정한 결과, 이용자의 대여시간이 몇 분이더라도 해당 대여시간에 대해 운영사 A~D 중 가장 낮은 대여요금을 제공하지 못하는 것을 파악하였다. 이에 운영사 (나) 는 3월부터 분당대여료를 50원 인하하는 것으로 대여요금제를 변경하였다.

그 결과 대여시간이 20분일 때, 3월 기준 대여요금제로 산정된 운영사 (가) 와 (나) 의 공유킥보드 대여요금 차이는 (다) 원이다.

① 200

② 250

③ 300

④ 350

⑤ 400

19. 다음 <표>와 <보고서>는 A시 청년의 희망직업 취업 여부에 관한 조사 결과이다. 제시된 <표> 이외에 <보고서>를 작성하기 위해 추가로 이용한 자료만을 <보기>에서 모두 고르면?

NH농협은행, IBK기업은행

<표> 전공계열별 희망직업 취업 현황

(단위: 명, %)

구분＼전공계열	전체	인문 사회계열	이공계열	의약/교육/ 예체능계열
취업자 수	2,988	1,090	1,054	844
희망직업 취업률	52.3	52.4	43.0	63.7
희망직업 외 취업률	47.7	47.6	57.0	36.3

─〈보고서〉─

A시의 취업한 청년 2,988명을 대상으로 조사한 결과 52.3%가 희망직업에 취업했다고 응답하였다. 전공계열별로 살펴보면 의약/교육/예체능계열, 인문사회계열, 이공계열 순으로 희망직업 취업률이 높게 나타났다.

전공계열별로 희망직업을 선택한 동기를 살펴보면 이공계열과 의약/교육/예체능계열의 경우 '전공분야'라고 응답한 비율이 각각 50.3%와 49.9%였고, 인문사회계열은 그 비율이 33.3%였다. 전공계열별 희망직업의 선호도 분포를 분석한 결과, 인문사회계열은 '경영', 이공계열은 '연구직', 그리고 의약/교육/예체능계열은 '보건·의료·교육'에 대한 선호도가 가장 높았다.

한편, 전공계열별로 희망직업에 취업한 청년과 희망직업 외에 취업한 청년의 직장만족도를 살펴보면 차이가 가장 큰 계열은 이공계열로 0.41점이었다.

─〈보기〉─

ㄱ. 구인·구직 추이

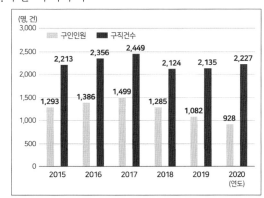

ㄴ. 전공계열별 희망직업 선호도 분포

(단위: %)

희망직업＼전공계열	전체	인문 사회계열	이공계열	의약/교육/ 예체능계열
경영	24.2	47.7	15.4	5.1
연구직	19.8	1.9	52.8	1.8
보건·의료·교육	33.2	28.6	14.6	62.2
예술·스포츠	10.7	8.9	4.2	21.2
여행·요식	8.7	12.2	5.5	8.0
생산·농림어업	3.4	0.7	7.5	1.7

ㄷ. 전공계열별 희망직업 선택 동기 구성비

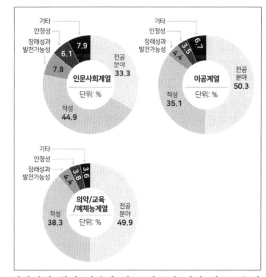

ㄹ. 희망직업 취업 여부에 따른 항목별 직장 만족도(5점 만점)

(단위: 점)

희망직업 취업여부＼항목	업무내용	소득	고용안정
전체	3.72	3.57	3.28
희망직업 취업	3.83	3.70	3.35
희망직업 외 취업	3.59	3.42	3.21

① ㄱ, ㄷ

② ㄱ, ㄹ

③ ㄴ, ㄷ

④ ㄱ, ㄴ, ㄹ

⑤ ㄴ, ㄷ, ㄹ

20. 다음 <보고서>는 2018~2021년 '갑'국의 생활밀접업종 현황에 대한 자료이다. <보고서>의 내용과 부합하지 않는 자료는?

국민은행, 신한은행

――――〈보고서〉――――

생활밀접업종은 소매, 음식, 숙박, 서비스 등과 같이 일상생활과 밀접하게 관련된 재화 또는 용역을 공급하는 업종이다. 생활밀접업종 사업자 수는 2021년 현재 2,215천 명으로 2018년 대비 10% 이상 증가하였다. 2018년 대비 2021년 생활밀접업종 중 73개 업종에서 사업자 수가 증가하였는데, 이 중 스포츠시설운영업이 가장 높은 증가율을 기록하였고 펜션·게스트하우스, 애완용품점이 그 뒤를 이었다.

그러나 혼인건수와 출생아 수가 줄어드는 사회적 현상은 관련 업종에도 직접 영향을 미친 것으로 나타났다. 산부인과 병·의원 사업자 수는 2018년 이후 매년 감소하였다. 또한, 2018년 이후 예식장과 결혼상담소의 사업자 수도 각각 매년 감소하는 것으로 나타났다.

한편 복잡한 현대사회에서 전문직에 대한 수요는 꾸준히 증가하고 있다. 생활밀접업종을 소매, 음식, 숙박, 병·의원, 전문직, 교육, 서비스의 7개 그룹으로 분류했을 때 전문직 그룹의 2018년 대비 2021년 사업자 수 증가율이 17.6%로 가장 높았다.

① 생활밀접업종 사업자 수

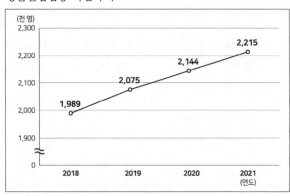

② 2018년 대비 2021년 생활밀접업종 사업자 수 증가율 상위 10개 업종

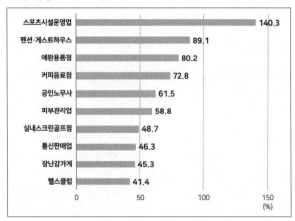

③ 주요 진료과목별 병·의원 사업자 수

(단위: 명)

연도 진료과목	2018	2019	2020	2021
신경정신과	1,270	1,317	1,392	1,488
가정의학과	2,699	2,812	2,952	3,057
피부과·비뇨의학과	3,267	3,393	3,521	3,639
이비인후과	2,259	2,305	2,380	2,461
안과	1,485	1,519	1,573	1,603
치과	16,424	16,879	17,217	17,621
일반외과	4,282	4,369	4,474	4,566
성형외과	1,332	1,349	1,372	1,414
내과·소아과	10,677	10,861	10,975	11,130
산부인과	1,726	1,713	1,686	1,663

④ 예식장 및 결혼상담소 사업자 수

⑤ 2018년 대비 2021년 생활밀접업종의 7개 그룹별 사업자 수 증가율

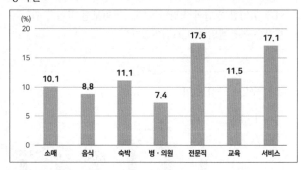

21. 다음 글의 내용이 참일 때, 반드시 참인 것만을 <보기>에서 모두 고르면?

하나은행

A, B, C, D, E는 스키, 봅슬레이, 컬링, 쇼트트랙, 아이스하키 등 총 다섯 종목 중 각자 한 종목을 관람하고자 한다. 스키와 봅슬레이는 산악지역에서 열리며, 나머지 종목은 해안지역에서 열린다. 다섯 명의 관람 종목에 대한 조건은 다음과 같다.
○ A, B, C, D, E는 서로 다른 종목을 관람한다.
○ A와 B는 서로 다른 지역에서 열리는 종목을 관람한다.
○ C는 스키를 관람한다.
○ B가 쇼트트랙을 관람하면, D가 봅슬레이를 관람한다.
○ E가 쇼트트랙이나 아이스하키를 관람하면, A는 봅슬레이를 관람한다.

─────〈보기〉─────
ㄱ. A가 봅슬레이를 관람하면, D는 아이스하키를 관람한다.
ㄴ. B는 쇼트트랙을 관람하지 않는다.
ㄷ. E가 쇼트트랙을 관람하면, B는 컬링이나 아이스하키를 관람한다.

① ㄱ
② ㄴ
③ ㄱ, ㄷ
④ ㄴ, ㄷ
⑤ ㄱ, ㄴ, ㄷ

22. 다음 글의 내용이 참일 때, 반드시 참인 것은?

KDB산업은행

도시발전계획의 하나로 관할 지역 안에 문화특화지역과 경제특화지역을 지정하여 활성화하는 정책을 추진하고 있는 A시와 관련하여 다음 사항이 알려졌다.
○ A시의 관할 지역은 동구와 서구로 나뉘어 있고 갑, 을, 병, 정, 무는 이 시에 거주하는 주민이다.
○ A시는 문화특화지역과 경제특화지역을 곳곳에 지정하였으나, 두 지역이 서로 겹치는 경우는 없다.
○ 문화특화지역으로 지정된 곳에서는 모두 유물이 발견되었다.
○ 동구에서 경제특화지역으로 지정된 곳의 주민은 모두 부유하다.
○ 서구에 거주하는 주민은 모두 아파트에 산다.

① 갑이 유물이 발견된 지역에 거주한다면, 그는 부유하지 않다.
② 을이 부유하다면, 그는 경제특화지역에 거주하고 있다.
③ 병이 아파트에 살지는 않지만 경제특화지역에 거주한다면, 그는 부유하다.
④ 정이 아파트에 살지 않는다면, 그는 유물이 발견되지 않은 지역에 거주한다.
⑤ 무가 문화특화지역에 거주한다면, 그는 아파트에 살지 않는다.

23. 다음 글을 근거로 판단할 때, 7월 1일부터 6일까지 지역 농산물 유통센터에서 판매된 甲의 수박 총 판매액은?

신한은행, 하나은행

○ A시는 농산물의 판매를 촉진하기 위하여 지역 농산물 유통 센터를 운영하고 있다. 해당 유통센터는 농산물을 수확 당일 모두 판매하는 것을 목표로 운영하며, 당일 판매 하지 못한 농산물은 판매가에서 20%를 할인하여 다음 날 판매한다.

○ 농부 甲은 7월 1일부터 5일까지 매일 수확한 수박 100개 씩을 수확 당일 A시 지역 농산물 유통센터에 공급하였다.

○ 甲으로부터 공급받은 수박의 당일 판매가는 개당 1만 원 이며, 매일 판매된 수박 개수는 아래와 같았다. 단, 수확 당일 판매되지 않은 수박은 다음 날 모두 판매되었다.

날짜(일)	1	2	3	4	5	6
판매된 수박(개)	80	100	110	100	100	10

① 482만 원
② 484만 원
③ 486만 원
④ 488만 원
⑤ 490만 원

24. 다음 글을 근거로 판단할 때, <보기>에서 옳은 것만을 모두 고르면?

국민은행

A부처는 CO_2 배출량 감소를 위해 전기와 도시가스 사용을 줄이는 가구를 대상으로 CO_2 배출 감소량에 비례하여 현금 처럼 사용할 수 있는 포인트를 지급하는 제도를 시행하고 있다. 전기는 5kWh, 도시가스는 1m³를 사용할 때 각각 2kg 의 CO_2가 배출되며, 전기 1kWh당 사용 요금은 20원, 도시 가스 1m³당 사용 요금은 60원이다.

〈보기〉

ㄱ. 매월 전기 요금과 도시가스 요금을 각각 1만 2천 원씩 부담 하는 가구는 전기 사용으로 인한 월 CO_2 배출량이 도시 가스 사용으로 인한 월 CO_2 배출량보다 적다.

ㄴ. 매월 전기 요금을 5만 원, 도시가스 요금을 3만 원 부담 하는 가구는 전기와 도시가스 사용에 따른 월 CO_2 배출 량이 동일하다.

ㄷ. 전기 1kWh를 절약한 가구는 도시가스 1m³를 절약한 가구 보다 많은 포인트를 지급받는다.

① ㄱ
② ㄷ
③ ㄱ, ㄴ
④ ㄴ, ㄷ
⑤ ㄱ, ㄴ, ㄷ

25. 다음 글을 근거로 판단할 때, 甲~戊 중 금요일과 토요일의 초과근무 인정시간의 합이 가장 많은 근무자는?

NH농협은행

○ A기업에서는 근무자가 출근시각과 퇴근시각을 입력하면 초과근무 '실적시간'과 '인정시간'이 분 단위로 자동 계산된다.
  - 실적시간은 근무자의 일과시간(월~금, 09:00~18:00)을 제외한 근무시간을 말한다.
  - 인정시간은 실적시간에서 개인용무시간을 제외한 근무시간을 말한다. 하루 최대 인정시간은 월~금요일은 4시간이며, 토요일은 2시간이다.
  - 재택근무를 하는 경우 실적시간을 인정하지 않는다.
○ A기업 근무자 甲~戊의 근무현황은 다음과 같다.

구분	금요일			토요일	
	출근시각	퇴근시각	비고	출근시각	퇴근시각
甲	8:55	20:00	–	10:30	13:30
乙	8:00	19:55	–	–	–
丙	9:00	21:30	개인용무시간 (19:00~19:30)	13:00	14:30
丁	8:30	23:30	재택근무	–	–
戊	7:00	21:30	–	–	–

① 甲
② 乙
③ 丙
④ 丁
⑤ 戊

26. 다음 글과 <상황>을 근거로 판단할 때 옳은 것은?

NH농협은행

제00조 ① 다음 각 호의 어느 하나에 해당하는 사람은 주민등록지의 시장(특별시장·광역시장은 제외하고 특별자치도지사는 포함한다. 이하 같다)·군수 또는 구청장에게 주민등록번호(이하 '번호'라 한다)의 변경을 신청할 수 있다.
  1. 유출된 번호로 인하여 생명·신체에 위해를 입거나 입을 우려가 있다고 인정되는 사람
  2. 유출된 번호로 인하여 재산에 피해를 입거나 입을 우려가 있다고 인정되는 사람
  3. 성폭력피해자, 성매매피해자, 가정폭력피해자로서 유출된 번호로 인하여 피해를 입거나 입을 우려가 있다고 인정되는 사람
② 제1항의 신청 또는 제5항의 이의신청을 받은 주민등록지의 시장·군수·구청장(이하 '시장 등'이라 한다)은 ○○부의 주민등록번호변경위원회(이하 '변경위원회'라 한다)에 번호변경 여부에 관한 결정을 청구해야 한다.
③ 주민등록지의 시장 등은 변경위원회로부터 번호변경 인용결정을 통보받은 경우에는 신청인의 번호를 다음 각 호의 기준에 따라 지체 없이 변경하고 이를 신청인에게 통지해야 한다.
  1. 번호의 앞 6자리(생년월일) 및 뒤 7자리 중 첫째 자리는 변경할 수 없음
  2. 제1호 이외의 나머지 6자리는 임의의 숫자로 변경함
④ 제3항의 번호변경 통지를 받은 신청인은 주민등록증, 운전면허증, 여권, 장애인등록증 등에 기재된 번호의 변경을 위해서는 그 번호의 변경을 신청해야 한다.
⑤ 주민등록지의 시장 등은 변경위원회로부터 번호변경 기각결정을 통보받은 경우에는 그 사실을 신청인에게 통지해야 하며, 신청인은 통지를 받은 날부터 30일 이내에 그 시장 등에게 이의신청을 할 수 있다.

〈상황〉

甲은 주민등록번호 유출로 인해 재산상 피해를 입게 되자 주민등록번호 변경신청을 하였다. 甲의 주민등록지는 A광역시 B구이고, 주민등록번호는 980101−23456□□이다.

① A광역시장이 주민등록번호변경위원회에 甲의 주민등록번호 변경 여부에 관한 결정을 청구해야 한다.
② 주민등록번호변경위원회는 번호변경 인용결정을 하면서 甲의 주민등록번호를 다른 번호로 변경할 수 있다.
③ 주민등록번호변경위원회의 번호변경 인용결정이 있는 경우, 甲의 주민등록번호는 980101−45678□□으로 변경될 수 있다.
④ 甲의 주민등록번호가 변경된 경우, 甲이 운전면허증에 기재된 주민등록번호를 변경하기 위해서는 변경신청을 해야 한다.
⑤ 甲은 번호변경 기각결정을 통지받은 날부터 30일 이내에 주민등록번호변경위원회에 이의신청을 할 수 있다.

27. 다음 글을 근거로 판단할 때 옳지 않은 것은?

NH농협은행, IBK기업은행

이해충돌은 공직자들에게 부여된 공적 의무와 사적 이익이 충돌하는 갈등상황을 지칭한다. 공적 의무와 사적 이익이 충돌한다는 점에서 이해충돌은 공직부패와 공통점이 있다. 하지만 공직부패가 사적 이익을 위해 공적 의무를 저버리고 권력을 남용하는 것이라면, 이해충돌은 공적 의무와 사적 이익이 대립하는 객관적 상황 자체를 의미한다. 이해충돌 하에서 공직자는 공적 의무가 아닌 사적 이익을 추구하는 결정을 내릴 위험성이 있지만 항상 그런 결정을 내리는 것은 아니다.

공직자의 이해충돌은 공직부패 발생의 상황요인이며 공직부패의 사전 단계가 될 수 있기 때문에 이에 대한 적절한 규제가 필요하다. 공직부패가 의도적 행위의 결과인 반면, 이해충돌은 의도하지 않은 상태에서 발생하는 상황이다. 또한 공직부패는 드문 현상이지만 이해충돌은 일상적으로 발생하기 때문에 직무수행 과정에서 빈번하게 나타날 수 있다. 그런 이유로 이해충돌에 대한 전통적인 규제는 공직부패의 사전예방에 초점이 맞추어져 있었다.

최근에는 이해충돌에 대한 규제의 초점이 정부의 의사결정 과정과 결과에 대한 신뢰성 확보로 변화되고 있다. 이는 정부의 의사결정 과정의 정당성과 공정성 자체에 대한 불신이 커지고, 그 결과가 시민의 요구와 선호를 충족하지 못하고 있다는 의구심이 제기되고 있는 상황을 반영하고 있다. 신뢰성 확보로 규제의 초점이 변화되면서 이해충돌의 개념이 확대되어, 외관상 발생 가능성이 있는 것만으로도 이해충돌에 대해 규제하는 것이 정당화되고 있다.

① 공직부패는 권력 남용과 관계없이 공적 의무와 사적 이익이 대립하는 객관적 상황 자체를 의미한다.

② 이해충돌 발생 가능성이 외관상으로만 존재해도 이해충돌에 대해 규제하는 것이 정당화되고 있다.

③ 공직자의 이해충돌과 공직부패는 공적 의무와 사적 이익의 충돌이라는 점에서 공통점이 있다.

④ 공직자의 이해충돌은 직무수행 과정에서 빈번하게 발생할 가능성이 있다.

⑤ 이해충돌에 대한 규제의 초점은 공직부패의 사전예방에서 정부의 의사결정 과정과 결과에 대한 신뢰성 확보로 변화되고 있다.

28. 다음 글을 근거로 판단할 때, <보기>에서 옳은 것만을 모두 고르면?

NH농협은행, IBK기업은행

일반적인 내연기관에서는 휘발유와 공기가 엔진 내부의 실린더 속에서 압축된 후 점화 장치에 의하여 점화되어 연소된다. 이때의 연소는 휘발유의 주성분인 탄화수소가 공기 중의 산소와 반응하여 이산화탄소와 물을 생성하는 것이다. 여러 개의 실린더에서 규칙적이고 연속적으로 일어나는 '공기 · 휘발유' 혼합물의 연소에서 발생하는 힘으로 자동차는 달리게 된다. 그런데 간혹 실린더 내의 과도한 열이나 압력, 혹은 질 낮은 연료의 사용 등으로 인해 '노킹(knocking)' 현상이 발생하기도 한다. 노킹 현상이란 공기 · 휘발유 혼합물의 조기 연소 현상을 지칭한다. 공기 · 휘발유 혼합물이 점화되기도 전에 연소되는 노킹 현상이 지속되면 엔진의 성능은 급격히 저하된다.

자동차 연료로 사용되는 휘발유에는 '옥탄가(octane number)'라는 값에 따른 등급이 부여된다. 옥탄가는 휘발유의 특성을 나타내는 수치 중 하나로, 이 값이 높을수록 노킹 현상이 발생할 가능성은 줄어든다. 甲국에서는 보통, 중급, 고급으로 분류되는 세 가지 등급의 휘발유가 판매되고 있는데, 이 등급을 구분하는 최소 옥탄가의 기준은 각각 87, 89, 93이다. 하지만 甲국의 고산지대에 위치한 A시에서 판매되는 휘발유는 다른 지역의 휘발유보다 등급을 구분하는 최소 옥탄가의 기준이 등급별로 2씩 낮다. 이는 산소의 밀도가 낮아 노킹 현상이 발생할 가능성이 더 낮은 고산지대의 특징을 반영한 것이다.

───────〈보기〉───────

ㄱ. A시에서 고급 휘발유로 판매되는 휘발유의 옥탄가는 91 이상이다.

ㄴ. 실린더 내에 과도한 열이 발생하면 노킹 현상이 발생할 수 있다.

ㄷ. 노킹 현상이 일어나지 않는다면, 일반적인 내연기관 내부의 실린더 속에서 공기 · 휘발유 혼합물은 점화가 된 후에 연소된다.

ㄹ. 내연기관 내에서의 연소는 이산화탄소와 산소가 반응하여 물을 생성하는 것이다.

① ㄱ, ㄴ

② ㄱ, ㄹ

③ ㄷ, ㄹ

④ ㄱ, ㄴ, ㄷ

⑤ ㄴ, ㄷ, ㄹ

29. 다음 글과 <국내이전비 신청현황>을 근거로 판단할 때, 국내이전비를 지급받는 공무원만을 모두 고르면?

NH농협은행, IBK기업은행

청사 소재지 이전에 따라 거주지를 이전하거나, 현 근무지 외의 지역으로 부임의 명을 받아 거주지를 이전하는 공무원은 다음 요건에 모두 부합하는 경우 국내이전비를 지급받는다.

첫째, 전임지에서 신임지로 거주지를 이전하고 이사화물도 옮겨야 한다. 다만 동일한 시(특별시, 광역시 및 특별자치시 포함)·군 및 섬(제주특별자치도 제외) 안에서 거주지를 이전하는 공무원에게는 국내이전비를 지급하지 않는다. 둘째, 거주지와 이사화물은 발령을 받은 후에 이전하여야 한다.

<국내이전비 신청현황>

공무원	전임지	신임지	발령 일자	이전 일자	이전 여부	
					거주지	이사화물
甲	울산광역시 중구	울산광역시 북구	'20.2.13.	'20.2.20.	O	O
乙	경기도 고양시	세종 특별자치시	'19.12.3.	'19.12.5.	O	X
丙	광주 광역시	대구광역시	'19.6.1.	'19.6.15.	X	O
丁	제주특별 자치도 서귀포시	제주특별 자치도 제주시	'20.1.2.	'20.1.13.	O	O
戊	서울특별시	충청북도 청주시	'19.9.3.	'19.9.8.	O	O
己	부산광역시	서울특별시	'20.4.25.	'20.4.1.	O	O

① 甲, 乙

② 乙, 丁

③ 丙, 己

④ 丁, 戊

⑤ 戊, 己

30. 다음 <상황>과 <기준>을 근거로 판단할 때, A기관이 원천징수 후 甲에게 지급하는 금액은?

NH농협은행, IBK기업은행

〈상황〉

○○국 A기관은 甲을 '지역경제 활성화 위원회'의 외부위원으로 위촉하였다. 甲은 2020년 2월 24일 오후 2시부터 5시까지 위원회에 참석해서 지역경제 활성화와 관련한 내용을 슬라이드 20면으로 발표하였다. A기관은 아래 〈기준〉에 따라 甲에게 해당 위원회 참석수당과 원고료를 지급한다.

〈기준〉

○ 참석수당 지급기준액

구분	단가
참석수당	• 기본료(2시간): 100,000원 • 2시간 초과 후 1시간마다 50,000원

○ 원고료 지급기준액

구분	단가
원고료	10,000원/A4 1면

※ 슬라이드 2면을 A4 1면으로 한다.

○ 위원회 참석수당 및 원고료는 기타소득이다.

○ 위원회 참석수당 및 원고료는 지급기준액에서 다음과 같은 기타소득세와 주민세를 원천징수하고 지급한다.
 – 기타소득세: (지급기준액 – 필요경비) × 소득세율(20%)
 – 주민세: 기타소득세 × 주민세율(10%)

 ※ 필요경비는 지급기준액의 60%로 한다.

① 220,000원

② 228,000원

③ 256,000원

④ 263,000원

⑤ 270,000원

약점 보완 해설집 p.24

무료 바로 채점 및 성적 분석 서비스 바로 가기
QR코드를 이용해 모바일로 간편하게 채점하고 나의 실력이 어느 정도인지, 취약 부분이 어디인지 바로 파악해 보세요!

실전공략문제 3회

01. 다음 글의 내용과 부합하는 것은?

NH농협은행, IBK기업은행

조선 시대에는 왕실과 관청이 필요로 하는 물품을 '공물'이라는 이름으로 백성들로부터 수취하는 제도가 있었다. 조선 왕조는 각 지역의 특산물이 무엇인지 조사한 후, 그 결과를 바탕으로 백성들이 내야 할 공물의 종류와 양을 지역마다 미리 규정해두었다. 그런데 시간이 지남에 따라 환경 변화 등으로 그 물품이 생산되지 않는 곳이 많아졌다. 이에 백성들은 부과된 공물을 상인으로 하여금 생산지에서 구매해 대납하게 했는데, 이를 '방납'이라고 부른다.

방납은 16세기 이후 크게 성행했다. 그런데 방납을 의뢰받은 상인들은 대개 시세보다 높은 값을 부르거나 품질이 떨어지는 물품을 대납해 부당 이익을 취했다. 이런 폐단이 날로 심해지자 "공물을 면포나 쌀로 거둔 후, 그것으로 필요한 물품을 관청이 직접 구매하자."라는 주장이 나타났다. 이런 주장은 임진왜란이 끝난 후 거세졌다. 한백겸과 이원익 등은 광해군 즉위 초에 경기도에 한해 '백성들이 소유한 토지의 다과에 따라 쌀을 공물로 거두고, 이렇게 수납한 쌀을 선혜청으로 운반해 국가가 필요로 하는 물품을 구매'하는 정책, 즉 '대동법'을 시행하자고 했다. 광해군이 이를 받아들이자 경기도민들은 크게 환영했다. 광해군은 이 정책에 대한 반응이 좋다는 것을 알고 경기도 외에 다른 곳으로 확대 시행할 것을 고려했으나 그렇게 하지는 못했다.

광해군을 몰아내고 왕이 된 인조는 김육의 주장을 받아들여 강원도, 충청도, 전라도까지 대동법을 확대 시행했다. 그런데 그 직후 전국에 흉년이 들어 농민들이 제대로 쌀을 구하지 못할 정도가 되었다. 이에 인조는 충청도와 전라도에 대동법을 시행한다는 결정을 철회했다. 인조의 뒤를 이은 효종은 전라도 일부 지역과 충청도가 흉년에서 벗어났다고 생각해 그 지역들에 대동법을 다시 시행했고, 효종을 이은 현종도 전라도 전역에 대동법을 확대 시행했다. 이처럼 대동법 시행 지역은 조금씩 늘어났다.

① 현종은 방납의 폐단을 없애기 위해 대동법을 전국 모든 지역에 시행하였다.
② 효종은 김육의 요청대로 충청도, 전라도, 경상도에 대동법을 적용하였다.
③ 광해군이 국왕으로 재위할 때 공물을 쌀로 내게 하는 조치가 경기도에 취해졌다.
④ 인조는 이원익 등의 제안대로 방납이라는 방식으로 공물을 납부하는 행위를 전면 금지하였다.
⑤ 한백겸은 상인이 관청의 의뢰를 받아 특산물을 생산지에서 구매해 대납하는 것은 부당하다고 하였다.

02. 다음 글을 가장 잘 요약한 것은?

NH농협은행, IBK기업은행

유럽연합(EU)의 기원은 1951년 독일, 프랑스, 이탈리아 및 베네룩스 3국이 창설한 유럽석탄철강공동체(ECSC)이다. ECSC는 당시 가장 중요한 자원의 하나였던 석탄과 철강이 국제 분쟁의 주요 요인이 되면서 자유로운 교류의 필요성이 대두됨에 따라 관련 국가들이 체결한 관세동맹이었다. 이 관세동맹을 통해 다른 산업분야에서도 상호의존이 심화되었으며, 그에 따라 1958년에 원자력 교류 동맹체인 유럽원자력공동체(EURATOM)와 여러 산업 부문들을 포괄하는 유럽경제공동체(EEC)가 설립되었다. 그 후 1967년에는 이 세 공동체가 통합하여 공동시장을 목표로 하는 유럽공동체(EC)로 발전하였다. 이어 1980년대에 경제위기로 인한 경색이 나타나기도 했으나, 1991년에는 거의 모든 산업 분야를 아울러 단일시장을 지향하는 유럽연합(EU) 조약이 체결되었다. 이러한 과정과 효과가 비경제적 부문으로 확산되어 1997년 암스테르담 조약과 2001년 니스 조약체결을 통해 유럽은 정치적 공동체를 지향하게 되었다. 비록 2004년 유럽헌법제정조약을 통하여 국가를 대체하게 될 새로운 단일정치체제를 수립하려던 시도는 일부 회원국 내에서의 비준반대로 실패로 돌아갔지만, 상당수의 전문가들은 장기적으로는 유럽지역이 하나의 연방체제를 구성하는 정치공동체가 될 것이라고 예측하고 있다.

① 국제관계에서 국가가 하나의 행위자로서 자신의 국익을 추구하듯이 유럽지역은 개별 국가의 이익보다 유럽 자체의 이익에 중점을 두었다.
② 유럽통합은 자본주의에서 나타나는 위기를 부분적으로 해결하려는 지배계급의 시도이며, 유럽연합은 이들의 이익을 대변하는 장치인 국가의 연합체이다.
③ 국제관계는 국가를 독점적으로 대표하는 정부들의 협상에 의해 결정되며, 유럽통합과 관련해 각국 정부는 유럽체제라는 구조에 의해 결정된 국익을 기능적으로 대변한다.
④ 처음부터 유럽의 지역 경제 통합의 배경에는 자유 무역을 저해하는 보호주의 발생 방지라는 정치적 성격이 있었다는 점에서 유럽의 정치공동체화는 충분히 예견될 수 있었다.
⑤ 유럽 지역통합 과정은 산업발전의 파급효과에 따른 국가 간 상호의존도 강화가 지역 경제 통합을 이끌어 내고 이를 바탕으로 해당 지역의 정치 통합으로 이어지는 모습을 보여주고 있다.

03. 다음 글에서 추론할 수 있는 것은?

국민은행, 신한은행

국제표준도서번호(ISBN)는 전 세계에서 출판되는 각종 도서에 부여하는 고유한 식별 번호이다. 2007년부터는 13자리의 숫자로 구성된 ISBN인 ISBN-13이 부여되고 있지만, 2006년까지 출판된 도서에는 10자리의 숫자로 구성된 ISBN인 ISBN-10이 부여되었다.

ISBN-10은 네 부분으로 되어 있다. 첫 번째 부분은 책이 출판된 국가 또는 언어 권역을 나타내며 1~5자리를 가질 수 있다. 예를 들면, 대한민국은 89, 영어권은 0, 프랑스어권은 2, 중국은 7 그리고 부탄은 99936을 쓴다. 두 번째 부분은 국가별 ISBN 기관에서 그 국가에 있는 각 출판사에 할당한 번호를 나타낸다. 세 번째 부분은 출판사에서 그 책에 임의로 붙인 번호를 나타낸다. 마지막 네 번째 부분은 확인 숫자이다. 이 숫자는 0에서 10까지의 숫자 중 하나가 되는데, 10을 써야 할 때는 로마 숫자인 X를 사용한다. 부여된 ISBN-10이 유효한 것이라면 이 ISBN-10의 열 개 숫자에 각각 순서대로 10, 9, ⋯, 2, 1의 가중치를 곱해서 각 곱셈의 값을 모두 더한 값이 반드시 11로 나누어 떨어져야 한다. 예를 들어, 어떤 책에 부여된 ISBN-10인 '89-89422-42-6'이 유효한 것인지 검사해 보자. $(8 \times 10) + (9 \times 9) + (8 \times 8) + (9 \times 7) + (4 \times 6) + (2 \times 5) + (2 \times 4) + (4 \times 3) + (2 \times 2) + (6 \times 1) = 352$이고, 이 값은 11로 나누어 떨어지기 때문에 이 ISBN-10은 유효한 번호이다. 만약 어떤 ISBN-10의 숫자 중 어느 하나를 잘못 입력했다면 서점에 있는 컴퓨터는 즉시 오류 메시지를 화면에 보여줄 것이다.

① ISBN-10의 첫 번째 부분에 있는 숫자가 같으면 같은 나라에서 출판된 책이다.

② 임의의 책의 ISBN-10에 숫자 3자리를 추가하면 그 책의 ISBN-13을 얻는다.

③ ISBN-10이 '0-285-00424-7'인 책은 해당 출판사에서 424번째로 출판한 책이다.

④ ISBN-10의 두 번째 부분에 있는 숫자가 같은 서로 다른 두 권의 책은 동일한 출판사에서 출판된 책이다.

⑤ 확인 숫자 앞의 아홉 개의 숫자에 정해진 가중치를 곱하여 합한 값이 11의 배수인 ISBN-10이 유효하다면 그 확인 숫자는 반드시 0이어야 한다.

---

04. 다음 논쟁에 대한 분석으로 적절한 것만을 <보기>에서 모두 고르면?

하나은행

갑: 입증은 증거와 가설 사이의 관계에 대한 것이다. 내가 받아들이는 입증에 대한 입장은 다음과 같다. 증거 발견 후 가설의 확률 증가분이 있다면, 증거가 가설을 입증한다. 즉 증거 발견 후 가설이 참일 확률에서 증거 발견 전 가설이 참일 확률을 뺀 값이 0보다 크다면, 증거가 가설을 입증한다. 예를 들어보자. 사건 현장에서 용의자 X의 것과 유사한 발자국이 발견되었다. 그럼 발자국이 발견되기 전보다 X가 해당 사건의 범인일 확률은 높아질 것이다. 그렇다면 발자국 증거는 X가 범인이라는 가설을 입증한다. 그리고 증거 발견 후 가설의 확률 증가분이 클수록, 증거가 가설을 입증하는 정도가 더 커진다.

을: 증거가 가설이 참일 확률을 높인다고 하더라도, 그 증거가 해당 가설을 입증하지 못할 수 있다. 가령, X에게 강력한 알리바이가 있다고 해보자. 사건이 일어난 시간에 사건 현장과 멀리 떨어져 있는 X의 모습이 CCTV에 포착된 것이다. 그러면 발자국 증거가 X가 범인일 확률을 높인다고 하더라도, 그가 범인일 확률은 여전히 높지 않을 것이다. 그럼에도 불구하고 갑의 입장은 이러한 상황에서 발자국 증거가 X가 범인이라는 가설을 입증한다고 보게 만드는 문제가 있다. 이 문제는 내가 받아들이는 입증에 대한 다음 입장을 통해 해결될 수 있다. 증거 발견 후 가설의 확률 증가분이 있고 증거 발견 후 가설이 참일 확률이 1/2보다 크다면, 그리고 그런 경우에만 증거가 가설을 입증한다. 가령, 발자국 증거가 X가 범인일 확률을 높이더라도 증거 획득 후 확률이 1/2보다 작다면 발자국 증거는 X가 범인이라는 가설을 입증하지 못한다.

〈보기〉

ㄱ. 갑의 입장에서, 증거 발견 후 가설의 확률 증가분이 없다면 그 증거가 해당 가설을 입증하지 못한다.

ㄴ. 을의 입장에서, 어떤 증거가 주어진 가설을 입증할 경우 그 증거 획득 이전 해당 가설이 참일 확률은 1/2보다 크다.

ㄷ. 갑의 입장에서 어떤 증거가 주어진 가설을 입증하는 정도가 작더라도, 을의 입장에서 그 증거가 해당 가설을 입증할 수 있다.

① ㄴ

② ㄷ

③ ㄱ, ㄴ

④ ㄱ, ㄷ

⑤ ㄱ, ㄴ, ㄷ

05. 다음 글의 ㉠~㉤에서 문맥에 맞지 않는 곳을 찾아 적절하게 수정한 것은?

국민은행, 신한은행

반세기 동안 지속되던 냉전 체제가 1991년을 기점으로 붕괴되면서 동유럽 체제가 재편되었다. 동유럽에서는 연방에서 벗어나 많은 국가들이 독립하였다. 이 국가들은 자연스럽게 자본주의 시장경제를 받아들였는데, 이후 몇 년 동안 공통적으로 극심한 경제 위기를 경험하게 되었다. 급기야 IMF(국제통화기금)의 자금 지원을 받게 되는데, 이는 ㉠ <u>갑작스럽게 외부로부터 도입한 자본주의 시스템에 적응하는 일</u>이 결코 쉽지 않다는 점을 보여준다.

이 과정에서 해당 국가 국민의 평균 수명이 급격하게 줄어들었는데, 이는 같은 시기 미국, 서유럽 국가들의 평균 수명이 꾸준히 늘었다는 것과 대조적이다. 이러한 현상에 대해 ㉡ <u>자본주의 시스템 도입을 적극적으로 지지했던</u> 일부 경제학자들은 오래전부터 이어진 ㉢ <u>동유럽 지역 남성들의 과도한 음주와 흡연, 폭력과 살인 같은 비경제적 요소</u>를 주된 원인으로 꼽았다. 즉 경제 체제의 변화와는 관련이 없다는 것이다.

이러한 주장에 의문을 품은 영국의 한 연구자는 해당 국가들의 건강 지표가 IMF의 자금 지원 전후로 어떻게 달라졌는지를 살펴보았다. 여러 사회적 상황을 고려하여 통계 모형을 만들고, ㉣ <u>IMF의 자금 지원을 받은 국가와 다른 기관에서 자금 지원을 받은 국가</u>를 비교하였다. 같은 시기 독립한 동유럽 국가 중 슬로베니아만 유일하게 IMF가 아닌 다른 기관에서 돈을 빌렸다. 이때 두 곳의 차이는, IMF는 자금을 지원받은 국가에게 경제와 관련된 구조조정 프로그램을 실시하게 한 반면, 슬로베니아를 지원한 곳은 그렇게 하지 않았다는 점이다. IMF 구조조정 프로그램을 실시한 국가들은 ㉤ <u>실시 이전부터 결핵 발생률이 크게 증가했던 것</u>으로 나타났다. 그러나 슬로베니아는 같은 기간에 오히려 결핵 사망률이 감소했다. IMF 구조조정 프로그램의 실시 여부는 국가별 결핵 사망률과 일정한 상관관계가 있었던 것이다.

① ㉠을 "자본주의 시스템을 갖추지 않고 지원을 받는 일"로 수정한다.

② ㉡을 "자본주의 시스템 도입을 적극적으로 반대했던"으로 수정한다.

③ ㉢을 "수출입과 같은 국제 경제적 요소"로 수정한다.

④ ㉣을 "IMF의 자금 지원 직후 경제 성장률이 상승한 국가와 하락한 국가"로 수정한다.

⑤ ㉤을 "실시 이후부터 결핵 사망률이 크게 증가했던 것"으로 수정한다.

06. 다음 글에서 추론할 수 없는 것은?

국민은행, 신한은행

감염병 우려로 인해 △△시험 관리본부가 마련한 대책은 다음과 같다. 먼저 모든 수험생을 확진, 자가격리, 일반 수험생의 세 유형으로 구분한다. 그리고 수험생 유형별로 시험 장소를 안내하고 마스크 착용 규정을 준수하도록 한다.

〈표〉 수험생 유형과 증상에 따른 시험장의 구분

수험생	시험장	증상	세부 시험장
확진 수험생	생활치료센터	유·무 모두	센터장이 지정한 센터 내 장소
자가격리 수험생	특별 방역 시험장	유	외부 차단 1인용 부스
		무	회의실
일반 수험생	최초 공지한 시험장	유	소형 강의실
		무	중대형 강의실

모든 시험장에 공통적으로 적용되는 마스크 착용 규정은 다음과 같다. 첫째, 모든 수험생은 입실부터 퇴실 시점까지 의무적으로 마스크를 착용해야 한다. 둘째, 마스크는 KF99, KF94, KF80의 3개 등급만 허용한다. 마스크 등급을 표시하는 숫자가 클수록 방역 효과가 크다. 셋째, 마스크 착용 규정에서 특정 등급의 마스크 의무 착용을 명시한 경우, 해당 등급보다 높은 등급의 마스크 착용은 가능하지만 낮은 등급의 마스크 착용은 허용되지 않는다.

시험장에 따라 달리 적용되는 마스크 착용 규정은 다음과 같다. 첫째, 생활치료센터에서는 각 센터장이 내린 지침을 의무적으로 따라야 한다. 둘째, 특별 방역 시험장에서는 KF99 마스크를 의무적으로 착용해야 한다. 셋째, 소형 강의실과 중대형 강의실에서는 각각 KF99와 KF94 마스크 착용을 권장하지만 의무 사항은 아니다.

① 일반 수험생 중 유증상자는 KF80 마스크를 착용하고 시험을 치를 수 없다.

② 일반 수험생 중 무증상자는 KF80 마스크를 착용하고 시험을 치를 수 있다.

③ 자가격리 수험생 중 유증상자는 KF99 마스크를 착용하고 시험을 치를 수 있다.

④ 자가격리 수험생 중 무증상자는 KF94 마스크를 착용하고 시험을 치를 수 없다.

⑤ 확진 수험생은 생활치료센터장이 허용하는 경우 KF80 마스크를 착용하고 시험을 치를 수 있다.

07. 다음 글에서 추론할 수 있는 것만을 <보기>에서 모두 고르면?

IBK기업은행

식물의 잎에 있는 기공은 대기로부터 광합성에 필요한 이산화탄소를 흡수하는 통로이다. 기공은 잎에 있는 세포 중 하나인 공변세포의 부피가 커지면 열리고 부피가 작아지면 닫힌다.

그렇다면 무엇이 공변세포의 부피에 변화를 일으킬까? 햇빛이 있는 낮에, 햇빛 속에 있는 청색광이 공변세포에 있는 양성자 펌프를 작동시킨다. 양성자 펌프의 작동은 공변세포 밖에 있는 칼륨이온과 염소이온이 공변세포 안으로 들어오게 한다. 공변세포 안에 이 이온들의 양이 많아짐에 따라 물이 공변세포 안으로 들어오고, 그 결과로 공변세포의 부피가 커져서 기공이 열린다. 햇빛이 없는 밤이 되면, 공변세포에 있는 양성자 펌프가 작동하지 않고 공변세포 안에 있던 칼륨이온과 염소이온은 밖으로 빠져나간다. 이에 따라 공변세포 안에 있던 물이 밖으로 나가면서 세포의 부피가 작아져서 기공이 닫힌다.

공변세포의 부피는 식물이 겪는 수분스트레스 반응에 의해 조절될 수도 있다. 식물 안의 수분량이 줄어듦으로써 식물이 수분스트레스를 받는다. 수분스트레스를 받은 식물은 호르몬 A를 분비한다. 호르몬 A는 공변세포에 있는 수용체에 결합하여 공변세포 안에 있던 칼륨이온과 염소이온이 밖으로 빠져나가게 한다. 이에 따라 공변세포 안에 있던 물이 밖으로 나가면서 세포의 부피가 작아진다. 결국 식물이 수분스트레스를 받으면 햇빛이 있더라도 기공이 열리지 않는다.

또한 기공의 여닫힘은 미생물에 의해 조절되기도 한다. 예를 들면, 식물을 감염시킨 병원균 α는 공변세포의 양성자 펌프를 작동시키는 독소 B를 만든다. 이 독소 B는 공변세포의 부피를 늘려 기공이 닫혀 있어야 하는 때에도 열리게 하고, 결국 식물은 물을 잃어 시들게 된다.

―〈보기〉―

ㄱ. 한 식물의 동일한 공변세포 안에 있는 칼륨이온의 양은, 햇빛이 있는 낮에 햇빛의 청색광만 차단하는 필름으로 식물을 덮은 경우가 덮지 않은 경우보다 적다.

ㄴ. 수분스트레스를 받은 식물에 양성자 펌프의 작동을 못하게 하면 햇빛이 있는 낮에 기공이 열린다.

ㄷ. 호르몬 A를 분비하는 식물이 햇빛이 있는 낮에 보이는 기공 개폐 상태와 병원균 α에 감염된 식물이 햇빛이 없는 밤에 보이는 기공 개폐 상태는 다르다.

① ㄱ

② ㄴ

③ ㄱ, ㄷ

④ ㄴ, ㄷ

⑤ ㄱ, ㄴ, ㄷ

---

08. 다음 글의 핵심 논지로 가장 적절한 것은?

IBK기업은행

인문학의 중요성을 강조하는 사람들은 흔히 인간이란 정신적 존재이기 때문에 참다운 인간적 삶을 위해서는 물질적 욕구의 충족을 넘어서서 정신적 풍요로움을 누려야 하며 이 때문에 인문학은 필수적이라고 주장한다. 뿐만 아니라 인문학은 인간의 삶에 필수적인 건전한 가치관의 형성에도 중요한 역할을 한다고 주장한다. 그러나 과연 현대 인문학은 이러한 상식적인 주장들을 감당할 수 있을까?

분명 인간은 의식주라는 생물학적 욕구와 물질적 가치의 추구 외에 정신적 가치들을 추구하며 사는 존재이다. 그렇다고 이것이 그대로 인문학의 가치를 증언하는 것은 아니다. 그 이유는 무엇보다 인문적 활동 자체와 그것에 대한 지식 혹은 인식을 추구하는 인문학은 구별되기 때문이다. 춤을 추고 노래를 부르거나 이야기를 하는 등의 제반 인간적 활동에 대한 연구와 논의를 하는 이차적 활동인 인문학, 특히 현대의 인문학처럼 고도로 추상화된 이론적 논의들이 과연 인간적 삶을 풍요롭게 해주느냐가 문제이다.

현대 인문학은 대부분 과거의 인문적 활동의 산물을 대상으로 한 역사적 연구에 치중하고 있다. 전통적인 인문학도 역시 과거의 전통과 유산, 특히 고전을 중시하여 그것을 가르치고 연구하는 데 역점을 두었으나 그 교육방법과 태도는 현대의 역사적 연구와는 근본적으로 달랐다. 현대의 역사적 연구는 무엇보다도 연구 대상과의 시간적, 문화적 거리감을 전제로 하여 그것을 명확하게 의식하는 가운데서 이루어진다. 현대의 역사주의는 종교나 철학사상 혹은 문학 등 동서고금의 모든 문화적 현상들을 현재 우리와는 전혀 다른 시대에 산출된 이질적인 것으로 의식하면서 그것들을 우리들의 주관적 편견을 제거한 객관적인 역사적 연구 대상으로 삼는다.

인문학이 자연과학처럼 객관적 지식을 추구하는 학문이 되면서, 인문학은 인격을 변화시키고 삶의 의미를 제공해 주던 전통적 기능이 상실되고 그 존재 가치를 의심받게 되었다. 학문과 개인적 삶이 확연히 구분되고 인문학자는 더 이상 인문주의자가 될 필요가 없어졌다. 그는 단지 하나의 전문 직업인이 되었다.

① 현대 인문학자는 인문주의자로서만 아니라 전문 직업인으로서의 위상 또한 가져야 한다.

② 현대 인문학은 자연과학의 접근방식을 수용함으로써 학문의 엄밀성을 확보해야 한다.

③ 현대 인문학은 인문적 삶과 활동에 대한 이차적 반성이라는 점에서 자연과학적 지식과 변별된다.

④ 현대 인문학의 위기는 생물학적 욕구와 물질적 가치가 정신적 가치보다 중시됨으로써 초래된 것이다.

⑤ 현대 인문학은 객관적 지식을 추구하는 학문이 되면서 인간의 삶을 풍요롭게 만드는 본연의 역할을 하지 못한다.

09. 다음 글의 빈칸에 들어갈 내용으로 가장 적절한 것은?

NH농협은행

대안적 분쟁해결절차(ADR)는 재판보다 분쟁을 신속하게 해결한다고 알려져 있다. 그러나 재판이 서면 심리를 중심으로 진행되는 반면, ADR은 당사자 의견도 충분히 청취하기 때문에 재판보다 더 많은 시간이 소요된다. 그럼에도 불구하고 ADR이 재판보다 신속하다고 알려진 이유는 법원에 지나치게 많은 사건이 밀려 있어 재판이 더디게 이루어지기 때문이다.

법원행정처는 재판이 너무 더디다는 비난에 대응하기 위해 일선 법원에서도 사법형 ADR인 조정제도를 적극적으로 활용할 것을 독려하고 있다. 그러나 이는 법관이 신속한 조정안 도출을 위해 사건 당사자에게 화해를 압박하는 부작용을 낳을 수 있다. 사법형 ADR 활성화 정책은 법관의 증원 없이 과도한 사건 부담 문제를 해결하려는 미봉책일 뿐이다. 결국, 사법형 ADR 활성화 정책은 사법 불신으로 이어져 재판 정당성에 대한 국민의 인식을 더욱 떨어뜨리게 한다.

또한 사법형 ADR 활성화 정책은 민간형 ADR이 활성화되는 것을 저해한다. 분쟁 당사자들이 민간형 ADR의 조정안을 따르도록 하려면, 재판에서도 거의 같은 결과가 나온다는 확신이 들게 해야 한다. 그러기 위해서는 법원이 확고한 판례를 제시하여야 한다. 그런데 사법형 ADR 활성화 정책은 새롭고 복잡한 사건을 재판보다는 ADR로 유도하게 된다. 이렇게 되면 새롭고 복잡한 사건에 대한 판례가 만들어지지 않고, 민간형 ADR에서 분쟁을 해결할 기준도 마련되지 않게 된다. 결국 판례가 없는 수많은 사건들이 끊임없이 법원으로 밀려들게 된다.

따라서 [   ] 먼저 법원은 본연의 임무인 재판을 통해 당사자의 응어리를 풀어주겠다는 의식으로 접근해야 할 것이다. 그것이 현재 법원의 실정으로 어렵다고 판단되면, 국민의 동의를 구해 예산과 인력을 확충하는 방향으로 나아가는 것이 옳은 방법이다. 법원의 인프라를 확충하고 판례를 충실히 쌓아가면, 민간형 ADR도 활성화될 것이다.

① 분쟁 해결에 대한 사회적 관심을 높이도록 유도해야 한다.

② 재판이 추구하는 목표와 ADR이 추구하는 목표는 서로 다르지 않다.

③ 법원으로 폭주하는 사건 수를 줄이기 위해 시민들의 준법의식을 강화하여야 한다.

④ 법원은 재판에 주력하여야 하며 그것이 결과적으로 민간형 ADR의 활성화에도 도움이 된다.

⑤ 민간형 ADR 기관의 전문성을 제고하여 분쟁 당사자들이 굳이 법원에 가지 않더라도 신속하게 분쟁을 해결할 수 있게 만들어야 한다.

10. 다음 글에서 알 수 있는 것은?

NH농협은행

불교가 이 땅에 전래된 후 불교신앙을 전파하고자 신앙결사를 만든 승려가 여러 명 나타났다. 통일신라 초기에 왕실은 화엄종을 후원했는데, 화엄종 계통의 승려들은 수도에 대규모 신앙결사를 만들어 놓고 불교신앙에 관심을 가진 귀족들을 대상으로 불교 수행법을 전파했다. 통일신라가 쇠퇴기에 접어든 신라 하대에는 지방에도 신앙결사가 만들어졌다. 신라 하대에 나타난 신앙결사는 대부분 미륵신앙을 지향하는 정토종 승려들이 만든 것이었다.

신앙결사 운동이 더욱 확장된 것은 고려 때의 일이다. 고려 시대 가장 유명한 신앙결사는 지눌의 정혜사다. 지눌은 명종 때 거조사라는 절에서 정혜사라는 이름의 신앙결사를 만들었다. 그는 돈오점수 사상을 내세우고, 조계선이라는 수행 방법을 강조했다. 지눌이 만든 신앙결사에 참여해 함께 수행하는 승려가 날로 늘었다. 그 가운데 가장 유명한 사람이 요세라는 승려다. 요세는 무신집권자 최충헌이 명종을 쫓아내고 신종을 국왕으로 옹립한 해에 지눌과 함께 순천으로 근거지를 옮기는 도중에 따로 독립했다. 순천으로 옮겨 간 지눌은 그곳에서 정혜사라는 명칭을 수선사로 바꾸어 활동했고, 요세는 강진에서 백련사라는 결사를 새로 만들어 활동했다.

지눌의 수선사는 불교에 대한 이해가 높은 사람들을 대상으로 다소 난해한 돈오점수 사상을 전파하는 데 주력했다. 그 때문에 대중적이지 않다는 평을 받았다. 요세는 지눌과 달리 불교 지식을 갖추지 못한 평민도 쉽게 수행할 수 있도록 간명하게 수행법을 제시한 천태종을 중시했다. 또 그는 평민들이 백련사에 참여하는 것을 당연하다고 여겼다. 백련사가 세워진 후 많은 사람들이 참여하자 권력층도 관심을 갖고 후원하기 시작했다. 명종 때부터 권력을 줄곧 독차지하고 있던 최충헌을 비롯해 여러 명의 고위 관료들이 백련사에 토지와 재물을 헌납해 그 활동을 도왔다.

① 화엄종은 돈오점수 사상을 전파하고자 신앙결사를 만들어 활동하였다.

② 백련사는 수선사와는 달리 조계선이라는 수행 방법을 고수해 주목받았다.

③ 요세는 무신이 권력을 잡고 있던 시기에 불교 신앙결사를 만들어 활동하였다.

④ 정혜사는 강진에서 조직되었던 반면 백련사는 순천에 근거지를 두고 활동하였다.

⑤ 지눌은 정토종 출신의 승려인 요세가 정혜사에 참여하자 그를 설득해 천태종으로 끌어들였다.

11. 다음 <표>는 2022년 A~E국의 국방비와 GDP, 군병력, 인구에 관한 자료이다. 이에 대한 <보기>의 설명 중 옳은 것만을 모두 고르면?

신한은행, 하나은행

<표> 2022년 A~E국의 국방비와 GDP, 군병력, 인구

(단위: 억 달러, 만 명)

구분 국가	국방비	GDP	군병력	인구
A	8,010	254,645	133	33,499
B	195	13,899	12	4,722
C	502	16,652	60	5,197
D	320	20,120	17	6,102
E	684	30,706	20	6,814

〈보기〉

ㄱ. 국방비가 가장 많은 국가의 국방비는 A~E국 국방비 합의 80% 이상이다.

ㄴ. 인구 1인당 GDP는 B국이 C국보다 크다.

ㄷ. 국방비가 많은 국가일수록 GDP 대비 국방비 비율이 높다.

ㄹ. 군병력 1인당 국방비는 A국이 D국의 3배 이상이다.

① ㄱ, ㄴ

② ㄱ, ㄹ

③ ㄴ, ㄷ

④ ㄱ, ㄷ, ㄹ

⑤ ㄴ, ㄷ, ㄹ

12. 다음 <표>는 2018~2023년 짜장면 가격 및 가격지수와 짜장면 주재료 품목의 판매단위당 가격에 관한 자료이다. 이에 대한 설명으로 옳은 것은?

KDB산업은행

<표 1> 2018~2023년 짜장면 가격 및 가격지수

(단위: 원)

연도 구분	2018	2019	2020	2021	2022	2023
가격	5,011	5,201	5,276	5,438	6,025	( )
가격지수	95	98.6	100	103.1	114.2	120.6

※ 가격지수는 2020년 짜장면 가격을 100으로 할 때, 해당 연도 짜장면 가격의 상대적인 값임.

<표 2> 2018~2023년 짜장면 주재료 품목의 판매단위당 가격

(단위: 원)

품목	판매단위	2018	2019	2020	2021	2022	2023
춘장	14kg	26,000	27,500	27,500	33,000	34,500	34,500
식용유	900mL	3,890	3,580	3,980	3,900	4,600	5,180
밀가루	1kg	1,280	1,280	1,280	1,190	1,590	1,880
설탕	1kg	1,630	1,680	1,350	1,790	1,790	1,980
양파	2kg	2,250	3,500	5,000	8,000	5,000	6,000
청오이	2kg	4,000	8,000	8,000	10,000	10,000	15,000
돼지고기	600g	10,000	10,000	10,000	13,000	15,000	13,000

※ 짜장면 주재료 품목은 제시된 7개뿐임.

① 짜장면 가격지수가 80.0이면 짜장면 가격은 4,000원 이하이다.

② 2023년 짜장면 가격은 2018년에 비해 20% 이상 상승하였다.

③ 2018년에 비해 2023년 판매단위당 가격이 2배 이상인 짜장면 주재료 품목은 1개이다.

④ 2020년에 식용유 1,800mL, 밀가루 2kg, 설탕 2kg의 가격 합계는 15,000원 이상이다.

⑤ 매년 판매단위당 가격이 상승한 짜장면 주재료 품목은 2개 이상이다.

13. 다음 <그림>은 A사 플라스틱 제품의 제조공정도이다. 1,000kg의 재료가 '혼합' 공정에 투입되는 경우, '폐기처리' 공정에 전달되어 투입되는 재료의 총량은 몇 kg인가?

NH농협은행

<그림> A사 플라스틱 제품의 제조공정도

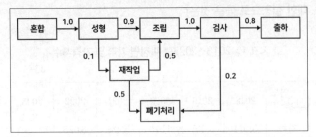

※ 제조공정도 내 수치는 직진율$\left(=\dfrac{\text{다음 공정에 전달되는 재료의 양}}{\text{해당 공정에 투입되는 재료의 양}}\right)$을 의미함.

예를 들어, 가 →0.2→ 나 는 해당 공정 '가'에 100kg의 재료가 투입되면 이 중 20kg(=100kg×0.2)의 재료가 다음 공정 '나'에 전달되어 투입됨을 의미함.

① 50

② 190

③ 230

④ 240

⑤ 280

14. 다음은 '갑'국이 구매를 고려 중인 A~E전투기의 제원과 평가방법에 관한 자료이다. 이를 근거로 A~E 중 '갑'국이 구매할 전투기를 고르면?

NH농협은행, IBK기업은행

<표> A~E전투기의 평가항목별 제원

(단위: 마하, 개, km, 억 달러)

전투기 평가항목	A	B	C	D	E
최고속력	3	1.5	2.5	2	2.7
미사일 탑재 수	12	14	9	10	8
항속거리	1,400	800	1,200	1,250	1,500
가격	1.4	0.8	0.9	0.7	1
공중급유	가능	가능	불가능	가능	불가능
자체수리	불가능	가능	불가능	가능	가능

〈평가방법〉

○ 평가항목 중 최고속력, 미사일 탑재 수, 항속거리, 가격은 평가항목별로 전투기 간 상대평가를 하여 가장 우수한 전투기부터 5점, 4점, 3점, 2점, 1점 순으로 부여한다.

○ 최고속력은 높을수록, 미사일 탑재 수는 많을수록, 항속거리는 길수록, 가격은 낮을수록 전투기가 우수하다고 평가한다.

○ 평가항목 중 공중급유와 자체수리는 평가항목별로 '가능'이면 1점, '불가능'이면 0점을 부여한다.

○ '갑'국은 평가항목 점수의 합이 가장 큰 전투기를 구매한다. 단, 동점일 경우 그중에서 가격이 가장 낮은 전투기를 구매한다.

① A

② B

③ C

④ D

⑤ E

15. 다음 <표>는 2017~2022년 '갑'국의 병해충 발생면적에 관한 자료이다. 이에 대한 <보기>의 설명 중 옳은 것만을 모두 고르면?

신한은행, 하나은행

<표> 2017~2022년 '갑'국의 병해충 발생면적

(단위: ha)

연도 병해충	2017	2018	2019	2020	2021	2022
흰불나방	35,964	32,235	29,325	29,332	28,522	32,627
솔잎혹파리	35,707	38,976	( )	27,530	27,638	20,840
솔껍질깍지벌레	4,043	7,718	6,380	5,024	3,566	3,497
참나무시들음병	1,733	1,636	1,576	1,560	1,240	( )
전체	77,447	( )	69,812	63,446	60,966	58,451

〈보기〉

ㄱ. 2019~2022년 발생면적이 매년 감소한 병해충은 '솔껍질깍지벌레'뿐이다.

ㄴ. 전체 병해충 발생면적이 전년 대비 증가한 해는 2018년뿐이다.

ㄷ. 2019년 '솔잎혹파리' 발생면적은 2022년 '참나무시들음병' 발생면적의 30배 이상이다.

ㄹ. 2022년 병해충 발생면적의 전년 대비 증가율은 '참나무시들음병'이 '흰불나방'보다 낮다.

① ㄱ

② ㄷ

③ ㄱ, ㄴ

④ ㄷ, ㄹ

⑤ ㄱ, ㄴ, ㄹ

16. 다음 <표>는 '갑'국의 원료곡종별 및 등급별 가공단가와 A~C지역의 가공량에 관한 자료이다. 이에 대한 <보기>의 설명 중 옳은 것만을 모두 고르면?

NH농협은행, IBK기업은행

<표 1> 원료곡종별 및 등급별 가공단가

(단위: 천 원/톤)

등급 원료곡종	1등급	2등급	3등급
쌀	118	109	100
현미	105	97	89
보리	65	60	55

<표 2> A~C지역의 원료곡종별 및 등급별 가공량

(단위: 톤)

지역	등급 원료곡종	1등급	2등급	3등급	합계
A	쌀	27	35	25	87
	현미	43	20	10	73
	보리	5	3	7	15
B	쌀	23	25	55	103
	현미	33	25	21	79
	보리	9	9	5	23
C	쌀	30	35	20	85
	현미	30	37	25	92
	보리	8	30	2	40
전체	쌀	80	95	100	275
	현미	106	82	56	244
	보리	22	42	14	78

※ 가공비용 = 가공단가×가공량

〈보기〉

ㄱ. A지역의 3등급 쌀 가공비용은 B지역의 2등급 현미 가공비용보다 크다.

ㄴ. 1등급 현미 전체의 가공비용은 2등급 현미 전체 가공비용의 2배 이상이다.

ㄷ. 3등급 쌀과 3등급 보리의 가공단가가 각각 90천 원/톤, 50천 원/톤으로 변경될 경우, 지역별 가공비용 총액 감소폭이 가장 작은 지역은 A이다.

① ㄱ

② ㄷ

③ ㄱ, ㄴ

④ ㄱ, ㄷ

⑤ ㄴ, ㄷ

17. 다음 <조건>과 <표>는 2018~2020년 '가'부서 전체 직원 성과급에 관한 자료이다. 이를 근거로 판단할 때, '가'부서 전체 직원의 2020년 기본 연봉의 합은?

국민은행

〈조건〉

○ 매년 각 직원의 기본 연봉은 변동 없음.
○ 성과급은 전체 직원에게 각 직원의 성과등급에 따라 매년 1회 지급함.
○ 성과급 = 기본 연봉 × 지급비율
○ 성과등급별 지급비율 및 인원 수

구분 \ 성과등급	S	A	B
지급비율	20%	10%	5%
인원 수	1명	2명	3명

<표> 2018~2020년 '가'부서 전체 직원 성과급

(단위: 백만 원)

직원 \ 연도	2018	2019	2020
갑	12.0	6.0	3.0
을	5.0	20.0	5.0
병	6.0	3.0	6.0
정	6.0	6.0	12.0
무	4.5	4.5	4.5
기	6.0	6.0	12.0

① 430백만 원
② 460백만 원
③ 490백만 원
④ 520백만 원
⑤ 550백만 원

18. 다음 <그림>은 2014~2020년 연말 기준 '갑'국의 국가채무 및 GDP에 관한 자료이다. 이에 대한 <보기>의 설명 중 옳은 것만을 모두 고르면?

신한은행, 하나은행

<그림 1> GDP 대비 국가채무 및 적자성채무 비율 추이

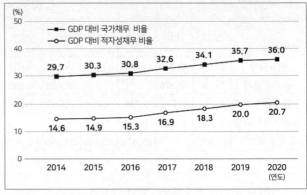

※ 국가채무 = 적자성채무 + 금융성채무

<그림 2> GDP 추이

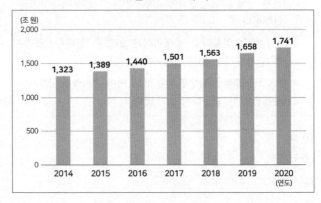

〈보기〉

ㄱ. 2020년 국가채무는 2014년의 1.5배 이상이다.
ㄴ. GDP 대비 금융성채무 비율은 매년 증가한다.
ㄷ. 적자성채무는 2019년부터 300조 원 이상이다.
ㄹ. 금융성채무는 매년 국가채무의 50% 이상이다.

① ㄱ, ㄴ
② ㄱ, ㄷ
③ ㄴ, ㄹ
④ ㄱ, ㄷ, ㄹ
⑤ ㄴ, ㄷ, ㄹ

19. 다음 <보고서>는 스마트폰을 이용한 동영상 및 방송 프로그램 시청 현황에 관한 자료이다. <보고서>의 내용과 부합하지 않는 자료는?

NH농협은행

─────── 〈보고서〉 ───────

　스마트폰 사용자 3,427만 명 중 월 1회 이상 동영상을 시청한 사용자는 3,246만 명이고, 동영상 시청자 중 월 1회 이상 방송프로그램을 시청한 사용자는 2,075만 명이었다. 월평균 동영상 시청시간은 월평균 스마트폰 이용시간의 10% 이상이었으나 월평균 방송프로그램 시청시간은 월평균 동영상 시청시간의 10% 미만이었다.

　스마트폰 사용자 중 동영상 시청자가 차지하는 비중은 모든 연령대에서 90% 이상인 반면, 스마트폰 사용자 중 방송프로그램 시청자의 비중은 '20대'~'40대'는 60%를 상회하지만 '60대 이상'은 50%에 미치지 못해 연령대별 편차가 큰 것으로 나타났다.

　월평균 동영상 시청시간은 남성이 여성보다 길고, 연령대별로는 '10대 이하'의 시청시간이 가장 길었다. 반면, 월평균 방송프로그램 시청시간은 여성이 남성보다 9분 이상 길고, 연령대별로는 '20대'의 시청시간이 가장 길었는데 이는 '60대 이상'의 월평균 방송프로그램 시청시간의 3배 이상이다.

　월평균 방송프로그램 시청시간을 장르별로 살펴보면, '오락'이 전체의 45% 이상으로 가장 길고, 그 뒤를 이어 '드라마', '스포츠', '보도' 순이었다.

① 스마트폰 사용자 중 월 1회 이상 동영상 및 방송프로그램 시청자 비율

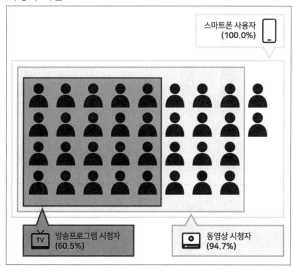

② 스마트폰 사용자의 월평균 스마트폰 이용시간, 동영상 및 방송프로그램 시청시간

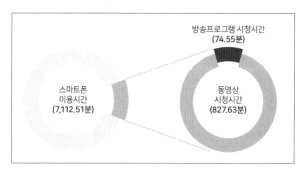

③ 성별, 연령대별 스마트폰 사용자 중 동영상 및 방송프로그램 시청자 비율

(단위: %)

구분	성별		연령대					
	남성	여성	10대 이하	20대	30대	40대	50대	60대 이상
동영상	94.7	94.7	97.0	95.3	95.6	95.4	93.1	92.0
방송 프로그램	59.1	62.1	52.3	68.0	67.2	65.6	56.0	44.5

④ 방송프로그램 장르별 월평균 시청시간

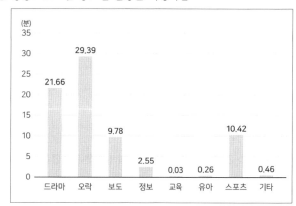

⑤ 성별, 연령대별 스마트폰 사용자의 동영상 및 방송프로그램 월평균 시청시간

(단위: 분)

구분	성별		연령대					
	남성	여성	10대 이하	20대	30대	40대	50대	60대 이상
동영상	901.0	746.4	1,917.5	1,371.2	671.0	589.0	496.4	438.0
방송 프로그램	70.0	79.6	50.7	120.5	75.5	82.9	60.1	38.6

20. 다음 <표>는 2017년과 2018년 '갑'국에 운항하는 항공사의 운송실적 및 피해구제 현황에 관한 자료이다. <표>를 이용하여 작성한 그래프로 옳지 않은 것은?

NH농협은행

<표 1> 2017년과 2018년 국적항공사의 노선별 운송실적
(단위: 천 명)

국적항공사	노선 연도	국내선 2017	국내선 2018	국제선 2017	국제선 2018
대형 항공사	태양항공	7,989	6,957	18,925	20,052
	무지개항공	5,991	6,129	13,344	13,727
저비용 항공사	알파항공	4,106	4,457	3,004	3,610
	에어세종	0	0	821	1,717
	청렴항공	3,006	3,033	2,515	2,871
	독도항공	4,642	4,676	5,825	7,266
	참에어	3,738	3,475	4,859	5,415
	동해항공	2,935	2,873	3,278	4,128
합계		32,407	31,600	52,571	58,786

<표 2> 2017년 피해유형별 항공사의 피해구제 접수 건수 비율
(단위: %)

항공사 \ 피해유형	취소 환불 위약금	지연 결항	정보 제공 미흡	수하물 지연 파손	초과 판매	기타	합계
국적항공사	57.14	22.76	5.32	6.81	0.33	7.64	100.00
외국적항공사	49.06	27.77	6.89	6.68	1.88	7.72	100.00

<표 3> 2018년 피해유형별 항공사의 피해구제 접수 건수
(단위: 건)

항공사 \ 피해유형		취소 환불 위약금	지연 결항	정보 제공 미흡	수하물 지연 파손	초과 판매	기타	합계	전년 대비 증가
대형 항공사	태양항공	31	96	0	7	0	19	153	13
	무지개항공	20	66	0	5	0	15	106	-2
저비용 항공사	알파항공	9	9	0	1	0	4	23	-6
	에어세종	19	10	2	1	0	12	44	7
	청렴항공	12	33	3	4	0	5	57	16
	독도항공	34	25	3	9	0	27	98	-35
	참에어	33	38	0	6	0	8	85	34
	동해항공	19	32	1	10	0	10	72	9
국적항공사		177	309	9	43	0	100	638	36
외국적항공사		161	201	11	35	0	78	486	7

① 2017년 피해유형별 외국적항공사의 피해구제 접수 건수 대비 국적항공사의 피해구제 접수 건수 비

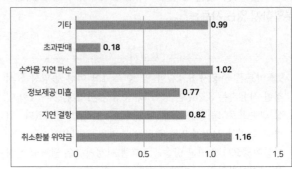

② 2017년 국적항공사별 피해구제 접수 건수 비중

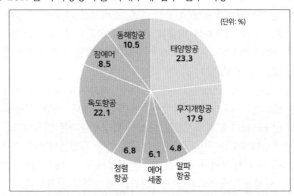

③ 2017년 피해유형별 국적항공사의 피해구제 접수 건수

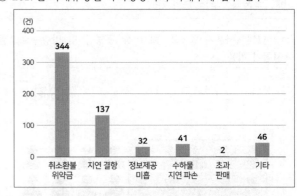

④ 2017년 대비 2018년 저비용 국적항공사의 전체 노선 운송실적 증가율

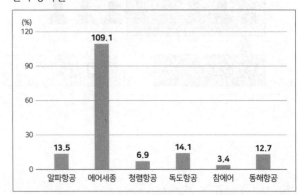

⑤ 대형 국적항공사의 전체 노선 운송실적 대비 피해구제 접수
   건수 비

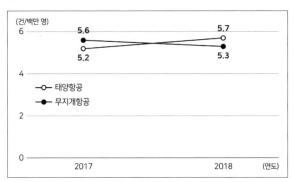

21. 다음 글을 근거로 판단할 때 옳은 것은?

KDB산업은행

> 네 사람(甲~丁)은 각각 주식, 채권, 선물, 옵션 중 서로 다른 하나의 금융상품에 투자하고 있으며, 투자액과 수익률도 각각 다르다.
> ○ 네 사람 중 투자액이 가장 큰 50대 주부는 주식에 투자하였다.
> ○ 30대 회사원 丙은 네 사람 중 가장 높은 수익률을 올려 아내와 여행을 다녀왔다.
> ○ 甲은 주식과 옵션에는 투자하지 않았다.
> ○ 40대 회사원 乙은 옵션에 투자하지 않았다.
> ○ 60대 사업가는 채권에 투자하지 않았다.

① 채권 투자자는 甲이다.

② 선물 투자자는 사업가이다.

③ 투자액이 가장 큰 사람은 乙이다.

④ 회사원은 옵션에 투자하지 않았다.

⑤ 가장 높은 수익률을 올린 사람은 선물 투자자이다.

22. 다음 글을 근거로 판단할 때, 2019년의 무역의존도가 높은 순서대로 세 국가(A~C)를 나열한 것은?

KDB산업은행

> A, B, C 세 국가는 서로 간에만 무역을 하고 있다. 2019년 세 국가의 수출액은 다음과 같다.
> ○ A의 B와 C에 대한 수출액은 각각 200억 달러와 100억 달러였다.
> ○ B의 A와 C에 대한 수출액은 각각 150억 달러와 100억 달러였다.
> ○ C의 A와 B에 대한 수출액은 각각 150억 달러와 50억 달러였다.
>
> A, B, C의 2019년 국내총생산은 각각 1,000억 달러, 3,000억 달러, 2,000억 달러였고, 각 국가의 무역의존도는 다음과 같이 계산한다.
>
> $$무역의존도 = \frac{총\ 수출액 + 총\ 수입액}{국내총생산}$$

① A, B, C

② A, C, B

③ B, A, C

④ B, C, A

⑤ C, A, B

23. 다음 글을 근거로 판단할 때, <보기>에서 옳은 것만을 모두 고르면?

신한은행, 하나은행

△△부처는 직원 교육에 사용할 교재를 외부 업체에 위탁하여 제작하려 한다. 업체가 제출한 시안을 5개의 항목으로 평가하고, 평가 점수의 총합이 가장 높은 시안을 채택한다. 평가 점수의 총합이 동점일 경우, 평가 항목 중 학습내용 점수가 가장 높은 시안을 채택한다. 5개의 업체가 제출한 시안(A~E)의 평가 결과는 다음과 같다.

(단위: 점)

시안 평가 항목(배점)	A	B	C	D	E
학습내용(30)	25	30	20	25	20
학습체계(30)	25	(㉠)	30	25	20
교수법(20)	20	17	(㉡)	20	15
학습평가(10)	10	10	10	5	10
학습매체(10)	10	10	10	10	10

〈보기〉

ㄱ. D와 E는 채택되지 않는다.

ㄴ. ㉡의 점수와 상관없이 C는 채택되지 않는다.

ㄷ. ㉠이 23점이라면 B가 채택된다.

① ㄱ

② ㄷ

③ ㄱ, ㄴ

④ ㄴ, ㄷ

⑤ ㄱ, ㄴ, ㄷ

24. 다음 글을 근거로 판단할 때, <보기>에서 옳은 것만을 모두 고르면?

신한은행, 하나은행

키가 서로 다른 6명의 어린이를 다음 그림과 같이 한 방향을 바라보도록 일렬로 세우려고 한다. 그림은 일렬로 세운 하나의 예이다. 한 어린이(이하 甲이라 한다)의 등 뒤에 甲보다 키가 큰 어린이가 1명이라도 있으면 A방향에서 甲의 뒤통수는 보이지 않고, 1명도 없으면 A방향에서 甲의 뒤통수는 보인다. 반대로 甲의 앞에 甲보다 키가 큰 어린이가 1명이라도 있으면 B방향에서 甲의 얼굴은 보이지 않고, 1명도 없으면 B방향에서 甲의 얼굴은 보인다.

자리번호 1번 2번 3번 4번 5번 6번

〈보기〉

ㄱ. A방향에서 보았을 때 모든 어린이의 뒤통수가 다 보이게 세우는 방법은 1가지뿐이다.

ㄴ. 키가 세 번째로 큰 어린이를 5번 자리에 세운다면, A방향에서 보았을 때 그 어린이의 뒤통수는 보이지 않는다.

ㄷ. B방향에서 2명의 얼굴만 보이도록 어린이들을 세웠을 때, A방향에서 6번 자리에 서 있는 어린이의 뒤통수는 보이지 않는다.

ㄹ. B방향에서 3명의 얼굴이 보인다면, A방향에서 4명의 뒤통수가 보일 수 없다.

① ㄱ, ㄴ

② ㄷ, ㄹ

③ ㄱ, ㄴ, ㄷ

④ ㄱ, ㄷ, ㄹ

⑤ ㄴ, ㄷ, ㄹ

실전공략 300제 1회 2회 3회 4회 5회 6회 7회 8회 9회 10회 해커스 PSAT 기출로 끝내는 금융 NCS 330제

25. 다음 글을 근거로 판단할 때, A서비스를 이용할 수 있는 경우는?

국민은행

A서비스는 공항에서 출국하는 승객이 공항 외의 지정된 곳에서 수하물을 보내고 목적지에 도착한 후 찾아가는 신개념 수하물 위탁서비스이다.

A서비스를 이용하고자 하는 승객은 ○○호텔에 마련된 체크인 카운터에서 본인 확인과 보안 절차를 거친 후 탑승권을 발급받고 수하물을 위탁하면 된다. ○○호텔 투숙객이 아니더라도 이 서비스를 이용할 수 있다.

○○호텔에 마련된 체크인 카운터는 매일 08:00~16:00에 운영된다. 인천공항에서 13:00~24:00에 출발하는 국제선 이용 승객을 대상으로 A서비스가 제공된다. 단, 미주노선(괌/사이판 포함)은 제외된다.

	숙박 호텔	항공기 출발 시각	출발지	목적지
①	○○호텔	15:30	김포공항	제주
②	◇◇호텔	14:00	김포공항	베이징
③	○○호텔	15:30	인천공항	사이판
④	◇◇호텔	21:00	인천공항	홍콩
⑤	○○호텔	10:00	인천공항	베이징

26. 다음 글을 근거로 판단할 때, 甲주무관이 이용할 주차장은?

하나은행

○ 甲주무관은 출장 중 총 11시간(09:00~20:00) 동안 요금이 가장 저렴한 주차장 한 곳을 이용하고자 한다.
○ 甲주무관의 자동차는 중형차이며, 3종 저공해차량이다.
○ 주차요금은 기본요금과 추가요금을 합산하여 산정하고, 할인대상인 경우 주차요금에 대하여 할인이 적용된다.
○ 일 주차권이 있는 주차장의 경우, 甲은 주차요금과 일 주차권 중 더 저렴한 것을 선택한다.
○ 주차장별 요금에 대한 정보는 아래와 같다.

구분	기본요금 (최초 1시간)	추가요금 (이후 30분 마다)	비고
A주차장	2,000원	1,000원	—
B주차장	3,000원	1,500원	– 경차 전용 주차장 – 저공해차량 30% 할인
C주차장	3,000원	1,750원	– 경차 50% 할인 – 일 주차권 20,000원 (당일 00:00~ 24:00 이용 가능)
D주차장	5,000원	700원	—
E주차장	5,000원	1,000원	– 경차, 저공해차량 (1, 2종) 50% 할인 – 저공해차량(3종) 20% 할인 – 18:00~익일 07:00 무료

① A주차장
② B주차장
③ C주차장
④ D주차장
⑤ E주차장

향수를 만드는 데 사용되는 향료는 천연향료와 합성향료로 나눌 수 있다. 천연향료에는 꽃, 잎, 열매 등의 원료에서 추출한 식물성 향료와 사향, 용연향 등의 동물성 향료가 있다. 합성향료는 채취하기 어렵거나 소량 생산되는 천연향료의 성분을 화학적으로 합성한 것이다. 오늘날 향수의 대부분은 천연향료와 합성향료를 배합하여 만들어진다.

천연향료는 다양한 방법을 통해 얻을 수 있는데, 다음 3가지 방법이 대표적이다. 첫째, 가장 널리 쓰이는 방법은 수증기 증류법이다. 이는 향수 원료에 수증기를 통과시켜서 농축된 향의 원액인 향유를 추출하는 방법이다. 이 방법은 원료를 고온으로 처리하기 때문에 열에 약한 성분이 파괴된다는 단점이 있으나, 한꺼번에 많은 양을 값싸게 얻을 수 있다는 장점이 있다. 둘째, 압착법은 과일 껍질 등과 같은 원료를 압착해서 향유를 얻는 방법이다. 열에 비교적 강하며 물에 잘 녹지 않는 향료에는 수증기 증류법이 이용되지만, 감귤류처럼 열에 약한 것에는 압착법이 이용된다. 셋째, 흡수법은 지방과 같은 비휘발성 용매를 사용하여 향유를 추출하는 방법이다. 원료가 고가이고 향유의 함유량이 적으며 열에 약하고 물에 잘 녹는 경우에는 흡수법이 이용된다.

한편, A국에서 판매되는 향수는 EDC, EDT, EDP, Parfum으로 나뉜다. 이는 부향률, 즉 향료의 함유량 정도에 따른 구분이다. 향수는 부향률이 높을수록 향이 강하고 지속시간이 길다. 먼저 EDC(Eau De Cologne)는 부향률이 2~5%로 지속시간이 1~2시간이다. 향의 지속시간이 가장 짧고 잔향이 거의 없으며, 향이 가볍고 산뜻하다. EDT(Eau De Toilette)는 부향률이 5~15%로 3~5시간 지속되며 일반적으로 가장 많이 사용된다. EDP(Eau De Parfum)는 부향률이 15~20%로 5~8시간 지속된다. 풍부한 향을 가지고 있으며, 오랜 시간 향이 유지되는 것을 선호하는 사람들에게 알맞다. Parfum은 부향률이 20~30%로 8~10시간 지속되며, 가장 향이 강하고 오래간다.

27. 윗글을 근거로 판단할 때 옳은 것은?

① EDP의 부향률이 EDC의 부향률보다 높다.

② 흡수법은 많은 양의 향유를 값싸게 얻을 수 있는 방법이다.

③ 오늘날 많이 사용되는 향수의 대부분은 식물성 천연향료로 만들어진다.

④ 고가이고 향유의 함유량이 적은 원료에서 향유를 추출하고자 할 때는 흡수법보다는 압착법이 이용된다.

⑤ 부향률이 높은 향수일수록 향이 오래 지속되므로, 부향률이 가장 높은 향수가 일반적으로 가장 많이 사용된다.

28. 윗글과 <대화>를 근거로 판단할 때, 甲~戊 중 가장 늦은 시각까지 향수의 향이 남아 있는 사람은?

─〈대화〉─

甲: 나는 오늘 오후 4시에 향수를 뿌렸어. 내 향수에는 EDC라고 적혀 있었어.

乙: 난 오늘 오전 9시 30분에 향수를 뿌렸는데, 우리 중 내가 뿌린 향수의 향이 가장 강해.

丙: 내 향수의 부향률은 18%라고 적혀 있네. 나는 甲보다 5시간 전에 향수를 뿌렸어.

丁: 난 오늘 오후 2시에 戊와 함께 향수 가게에 들렀어. 난 가자마자 EDT라고 적힌 향수를 뿌렸고, 戊는 나보다 1시간 뒤에 EDP라고 적힌 걸 뿌렸어.

① 甲

② 乙

③ 丙

④ 丁

⑤ 戊

29. 다음 글을 근거로 판단할 때 옳은 것은?

NH농협은행, IBK기업은행

두부의 주재료는 대두(大豆)라는 콩이다. 50여 년 전만 해도, 모내기가 끝나는 5월쯤 대두의 씨앗을 심어 벼 베기가 끝나는 10월쯤 수확했다. 두부를 만들기 위해서 먼저 콩을 물에 불리는데, 겨울이면 하루 종일, 여름이면 반나절 정도 물에 담가둬야 한다. 콩을 적당히 불린 후 맷돌로 콩을 간다. 물을 조금씩 부어가며 콩을 갈면 맷돌 가운데에서 하얀색의 콩비지가 거품처럼 새어 나온다. 이 콩비지를 솥에 넣고 약한 불로 끓인다. 맷돌에서 막 갈려 나온 콩비지에서는 식물성 단백질에서 나는 묘한 비린내가 나는데, 익히면 이 비린내는 없어진다. 함지박 안에 삼베나 무명으로 만든 주머니를 펼쳐 놓고, 끓인 콩비지를 주머니에 담는다. 콩비지가 다 식기 전에 주머니의 입을 양쪽으로 묶고 그 사이에 나무 막대를 꽂아 돌리면서 마치 탕약 짜듯이 콩물을 빼낸다. 이 콩물을 두유라고 한다. 콩에 함유된 단백질은 두유에 녹아 있다.

두부는 두유를 응고시킨 음식이다. 두유의 응고를 위해 응고제가 필요한데, 예전에는 응고제로 간수를 사용했다. 간수의 주성분은 염화마그네슘이다. 두유에 함유된 식물성 단백질은 염화마그네슘을 만나면 응고된다. 두유에 간수를 넣고 잠시 기다리면 응고된 하얀 덩어리와 물로 분리된다. 하얀 덩어리는 주머니에 옮겨 담는다. 응고가 아직 다 되지 않았기 때문에 덩어리를 싼 주머니에서는 물이 흘러나온다. 함지박 위에 널빤지를 올리고 그 위에 입을 단단히 묶은 주머니를 올려놓는다. 또 다른 널빤지를 주머니 위에 얹고 무거운 돌을 올려놓는다. 이렇게 한참을 누르고 있으면 주머니에서 물이 빠져나오고 덩어리는 굳어져 두부의 모양을 갖추게 된다.

① 50여 년 전에는 5월쯤 그해 수확한 대두로 두부를 만들 수 있었다.

② 콩비지를 염화마그네슘으로 응고시키면 두부와 두유가 나온다.

③ 익힌 콩비지에서는 식물성 단백질로 인해서 비린내가 난다.

④ 간수는 두유에 함유된 식물성 단백질을 응고시키는 성질이 있다.

⑤ 여름에 두부를 만들기 위해서는 콩을 하루 종일 물에 담가둬야 한다.

30. 다음 글을 근거로 판단할 때 옳은 것은?

NH농협은행, IBK기업은행

제00조(조직 등) ① 자율방범대에는 대장, 부대장, 총무 및 대원을 둔다.

② 경찰서장은 자율방범대장이 추천한 사람을 자율방범대원으로 위촉할 수 있다.

③ 경찰서장은 자율방범대원이 이 법을 위반하여 파출소장이 해촉을 요청한 경우에는 해당 자율방범대원을 해촉해야 한다.

제00조(자율방범활동 등) ① 자율방범대는 다음 각 호의 활동(이하 '자율방범활동'이라 한다)을 한다.

　1. 범죄예방을 위한 순찰 및 범죄의 신고, 청소년 선도 및 보호

　2. 시·도경찰청장, 경찰서장, 파출소장이 지역사회의 안전을 위해 요청하는 활동

② 자율방범대원은 자율방범활동을 하는 때에는 자율방범활동 중임을 표시하는 복장을 착용하고 자율방범대원의 신분을 증명하는 신분증을 소지해야 한다.

③ 자율방범대원은 경찰과 유사한 복장을 착용해서는 안 되며, 경찰과 유사한 도장이나 표지 등을 한 차량을 운전해서는 안 된다.

제00조(금지의무) ① 자율방범대원은 자율방범대의 명칭을 사용하여 다음 각 호의 어느 하나에 해당하는 행위를 해서는 안 된다.

　1. 기부금품을 모집하는 행위

　2. 영리목적으로 자율방범대의 명의를 사용하는 행위

　3. 특정 정당 또는 특정인의 선거운동을 하는 행위

② 제1항 제3호를 위반한 자에 대해서는 3년 이하의 징역 또는 600만 원 이하의 벌금에 처한다.

① 파출소장은 자율방범대장이 추천한 사람을 자율방범대원으로 위촉할 수 있다.

② 자율방범대원이 범죄예방을 위한 순찰을 하는 경우, 경찰과 유사한 복장을 착용할 수 있다.

③ 자율방범대원이 영리목적으로 자율방범대의 명의를 사용한 경우, 3년 이하의 징역에 처한다.

④ 자율방범대원이 청소년 선도활동을 하는 경우, 자율방범활동 중임을 표시하는 복장을 착용하면 자율방범대원의 신분을 증명하는 신분증을 소지하지 않아도 된다.

⑤ 자율방범대원이 자율방범대의 명칭을 사용하여 기부금품을 모집했고 이를 이유로 파출소장이 그의 해촉을 요청한 경우, 경찰서장은 해당 자율방범대원을 해촉해야 한다.

약점 보완 해설집 p.34

무료 바로 채점 및 성적 분석 서비스 바로 가기
QR코드를 이용해 모바일로 간편하게 채점하고 나의 실력이 어느 정도인지, 취약 부분이 어디인지 바로 파악해 보세요!

실전공략문제 4회

01. 다음 글에서 알 수 있는 것은?

NH농협은행

경제학자들은 환경자원을 보존하고 환경오염을 억제하는 방편으로 환경세 도입을 제안했다. 환경자원을 이용하거나 오염물질을 배출하는 제품에 환경세를 부과하면 제품 가격 상승으로 인해 그 제품의 소비가 감소함에 따라 환경자원을 아낄 수 있고 환경오염을 줄일 수 있다.

일부에서는 환경세가 소비자의 경제적 부담을 늘리고 소비와 생산의 위축을 가져올 수 있다고 우려한다. 그러나 많은 경제학자들은 환경세 세수만큼 근로소득세를 경감하는 경우 환경보존과 경제성장이 조화를 이룰 수 있다고 본다.

환경세는 환경오염을 유발하는 상품의 가격을 인상시킴으로써 가계의 경제적 부담을 늘려 실질소득을 떨어뜨리는 측면이 있다. 하지만 환경세 세수만큼 근로소득세를 경감하게 되면 근로자의 실질소득이 증대되고, 그 증대효과는 환경세 부과로 인한 상품가격 상승효과를 넘어설 정도로 크다. 왜냐하면 상품가격 상승으로 인한 경제적 부담은 연금생활자나 실업자처럼 고용된 근로자가 아닌 사람들 사이에도 분산되는 반면, 근로소득세 경감의 효과는 근로자에게 집중되기 때문이다. 근로자의 실질소득 증대는 사실상 근로자의 실질임금을 높이고, 이것은 대체로 노동공급을 증가시키는 경향이 있다.

또한, 환경세가 부과되더라도 노동수요가 늘어날 수 있다. 근로소득세 경감은 기업의 입장에서 노동이 그만큼 저렴해지는 효과가 있다. 더욱이 환경세는 노동자원보다는 환경자원의 가격을 인상시켜 상대적으로 노동을 저렴하게 하는 효과가 있다. 이렇게 되면 기업의 노동수요가 늘어난다.

결국 환경세 세수를 근로소득세 경감으로 재순환시키는 조세구조 개편은 한편으로는 노동의 공급을 늘리고, 다른 한편으로는 노동에 대한 수요를 늘린다. 이것은 고용의 증대를 낳고, 결국 경제 활성화를 가져온다.

① 환경세의 환경오염 억제 효과는 근로소득세 경감에 의해 상쇄된다.
② 환경세를 부과하더라도 그만큼 근로소득세를 경감할 경우, 근로자의 실질소득은 늘어난다.
③ 환경세를 부과할 경우 근로소득세 경감이 기업의 고용 증대에 미치는 효과가 나타나지 않는다.
④ 환경세를 부과하더라도 노동집약적 상품의 상대가격이 낮아진다면 기업의 고용은 늘어나지 않는다.
⑤ 환경세 부과로 인한 상품가격 상승효과는 근로소득세 경감으로 인한 근로자의 실질소득 상승효과보다 크다.

02. 다음 글의 ㉠에 대한 판단으로 적절한 것만을 <보기>에서 모두 고르면?

IBK기업은행

어떤 회사가 소비자들을 A부터 H까지 8개의 동질적인 집단으로 나누어, 이들을 대상으로 마케팅 활동의 효과를 살펴보는 실험을 하였다. 마케팅 활동은 구매 전 활동과 구매 후 활동으로 구성되는데, 구매 전 활동에는 광고와 할인 두 가지가 있고 구매 후 활동은 사후 서비스 한 가지뿐이다. 구매 전 활동이 끝난 뒤 구매율을 평가하고, 구매 후 활동까지 모두 마친 뒤 구매 전과 구매 후의 마케팅 활동을 종합하여 마케팅 만족도를 평가하였다. 구매율과 마케팅 만족도는 모두 a, b, c, d로 평가하였는데, a가 가장 높고 d로 갈수록 낮다. 이 회사가 수행한 ㉠실험의 결과는 다음과 같다.

○ A와 B를 대상으로는 구매 전 활동을 실시하지 않았는데 구매율은 d였다. 이 중 A에 대해서는 사후 서비스를 하였고 B에 대해서는 하지 않았는데, 마케팅 만족도는 각각 c와 d였다.

○ C와 D를 대상으로 구매 전 활동 중 광고만 하였더니 구매율은 c였다. 이 중 C에 대해서는 사후 서비스를 하였고 D에 대해서는 하지 않았는데, 마케팅 만족도는 각각 b와 c였다.

○ E와 F를 대상으로 구매 전 활동 중 할인 기회만 제공하였더니 구매율은 b였다. 이 중 E에 대해서는 사후 서비스를 하였고 F에 대해서는 하지 않았는데, 마케팅 만족도는 모두 b였다.

○ G와 H를 대상으로 구매 전 활동으로 광고와 함께 할인 기회를 제공하였더니 구매율은 b였다. 이 중 G에 대해서는 사후 서비스를 하였고 H에 대해서는 하지 않았는데, 마케팅 만족도는 각각 a와 b였다.

───────〈보기〉───────

ㄱ. 할인 기회를 제공한 경우가 제공하지 않은 경우보다 구매율이 높다.
ㄴ. 광고를 할 때, 사후 서비스를 한 경우가 하지 않은 경우보다 마케팅 만족도가 낮지 않다.
ㄷ. 사후 서비스를 하지 않을 때, 광고를 한 경우가 하지 않은 경우보다 마케팅 만족도가 높다.

① ㄱ
② ㄷ
③ ㄱ, ㄴ
④ ㄴ, ㄷ
⑤ ㄱ, ㄴ, ㄷ

NH농협은행, IBK기업은행

개정 근로기준법이 적용되면서 일명 '52시간 근무제'에 사람들이 큰 관심을 보였다. 하지만 개정 근로기준법에는 1주 최대 근로시간을 52시간으로 규정하는 조문이 명시적으로 추가된 것이 아니다. 다만, 기존 근로기준법에 "1주'란 휴일을 포함한 7일을 말한다'는 문장 하나가 추가되었을 뿐이다. 이 문장이 말하는 바는 상식처럼 보이는데, 이를 추가해서 어떻게 52시간 근무제를 확보할 수 있었을까?

월요일에서 금요일까지 1일 8시간씩 소정근로시간 동안 일하는 근로자를 생각해보자. 여기서 '소정근로시간'이란 근로자가 사용자와 합의하여 정한 근로시간을 말한다. 사실 기존 근로기준법에서도 최대 근로시간은 52시간으로 규정되어 있는 것처럼 보인다. 1일의 최대 소정근로시간이 8시간, 1주의 최대 소정근로시간이 40시간이고, 연장근로는 1주에 12시간까지만 허용되어 있으므로, 이를 단순 합산하면 총 52시간이 되기 때문이다. 그러나 기존 근로기준법에서는 최대 근로시간이 68시간이었다. 이는 휴일근로의 성격을 무엇으로 보느냐에 달려 있다. 기존 근로기준법에서 휴일근로는 소정근로도 아니고 연장근로도 아닌 것으로 간주되었다. 그래서 소정근로 40시간과 연장근로 12시간을 시키고 나서 추가로 휴일근로를 시키더라도 법 위반이 아니었다.

그런데 일요일은 휴일이지만, 토요일은 휴일이 아니라 근로의무가 없는 휴무일이기에 특별한 규정이 없는 한 근로를 시킬 수가 없다. 따라서 기존 근로기준법하에서 더 근로를 시키고 싶던 기업들은 단체협약 등으로 '토요일을 휴일로 한다'는 특별규정을 두는 일종의 꼼수를 쓰는 경우가 많았다. 이렇게 되면 토요일과 일요일, 2일간 휴일근로를 추가로 시킬 수 있기에 최대 근로시간이 늘어나게 된다. 이것이 기존 판례의 입장이었다.

개정 근로기준법과 달리 왜 기존 판례는 _____ 그 이유는 연장근로를 소정근로의 연장으로 보았고, 1주의 최대 소정근로시간을 정할 때 기준이 되는 1주를 5일에 입각하여 보았기 때문이다. 즉, 1주 중 소정근로일을 월요일부터 금요일까지의 5일로 보았기에 이 기간에 하는 근로만이 근로기준법상 소정근로시간의 한도에 포함된다고 본 것이다. 다만 이 입장에 따르더라도, 연장근로가 아닌 한 1일의 근로시간은 8시간을 초과할 수 없다고 기존 근로기준법에 규정되어 있기 때문에, 이미 52시간을 근로한 근로자에게 휴일에 1일 8시간을 넘는 근로를 시킬 수 없다. 그 결과 휴일근로로 가능한 시간은 16시간이 되어, 1주 68시간이 최대 근로시간이 된 것이다.

03. 위 글의 빈칸에 들어갈 내용으로 가장 적절한 것은?

① 휴일근로가 연장근로가 아니라고 보았을까?

② 토요일에 연장근로를 할 수 있다고 보았을까?

③ 1주의 최대 소정근로시간을 40시간으로 인정하였을까?

④ 1일의 최대 소정근로시간은 8시간을 초과할 수 없다고 보았을까?

⑤ 휴일에는 근로자의 합의가 없는 한 연장근로를 할 수 없다고 보았을까?

04. 위 글의 내용을 바르게 적용한 사람만을 <보기>에서 모두 고르면?

〈보기〉

갑: 개정 근로기준법에 의하면, 1주 중 3일 동안 하루 15시간씩 일한 사람의 경우, 총 근로시간이 45시간으로 52시간보다 적으니 법에 어긋나지 않아.

을: 개정 근로기준법에 의하면, 월요일부터 목요일까지 매일 10시간씩 일한 사람의 경우, 금요일에 허용되는 최대 근로시간은 12시간이야.

병: 기존 근로기준법에 의하면, 일요일 12시간을 일했으면 12시간 전부가 휴일근로시간이지, 연장근로시간이 아니야.

① 갑

② 을

③ 갑, 병

④ 을, 병

⑤ 갑, 을, 병

05. 다음 글의 논지로 가장 적절한 것은?

NH농협은행

베블런에 의하면 사치품 사용 금기는 전근대적 계급에 기원을 두고 있다. 즉, 사치품 소비는 상류층의 지위를 드러내는 과시소비이기 때문에 피지배계층이 사치품을 소비하는 것은 상류층의 안락감이나 쾌감을 손상한다는 것이다. 따라서 상류층은 사치품을 사회적 지위 및 위계질서를 나타내는 기호(記號)로 간주하여 피지배계층의 사치품 소비를 금지했다. 또한 베블런은 사치품의 가격 상승에도 그 수요가 줄지 않고 오히려 증가하는 이유가 사치품의 소비를 통하여 사회적 지위를 과시하려는 상류층의 소비행태 때문이라고 보았다.

그러나 소득 수준이 높아지고 대량 생산에 의해 물자가 넘쳐흐르는 풍요로운 현대 대중사회에서 서민들은 과거 왕족들이 쓰던 물건들을 일상생활 속에서 쓰고 있고 유명한 배우가 쓰는 사치품도 쓸 수 있다. 모든 사람들이 명품을 살 수 있는 돈을 갖고 있을 때 명품의 사용은 더 이상 상류층을 표시하는 기호가 될 수 없다. 따라서 새로운 사회의 도래는 베블런의 과시소비이론으로 설명하기 어려운 소비행태를 가져왔다. 이때 상류층이 서민들과 구별될 수 있는 방법은 오히려 아래로 내려가는 것이다. 현대의 상류층에게는 차이가 중요한 것이지 사물 그 자체가 중요한 것이 아니기 때문이다. 월급쟁이 직원이 고급 외제차를 타면 사장은 소형 국산차를 타는 것이 그 예이다.

이와 같이 현대의 상류층은 고급, 화려함, 낭비를 과시하기보다 서민들처럼 소박한 생활을 한다는 것을 과시한다. 이것은 두 가지 효과가 있다. 사치품을 소비하는 서민들과 구별된다는 점이 하나이고, 돈 많은 사람이 소박하고 겸손하기까지 하여 서민들에게 친근감을 준다는 점이 다른 하나이다.

그러나 그것은 극단적인 위세의 형태일 뿐이다. 뽐냄이 아니라 남의 눈에 띄지 않는 겸손한 태도와 검소함으로 자신을 한층 더 드러내는 것이다. 이런 행동들은 결국 한층 더 심한 과시이다. 소비하기를 거부하는 것이 소비 중에서도 최고의 소비가 된다. 다만 그들이 언제나 소형차를 타는 것은 아니다. 차별화해야 할 아래 계층이 없거나 경쟁상대인 다른 상류층 사이에 있을 때 그들은 마음 놓고 경쟁적으로 고가품을 소비하며 자신을 마음껏 과시한다. 현대사회에서 소비하지 않기는 고도의 교묘한 소비이며, 그것은 상류층의 표시가 되었다. 그런 점에서 상류층을 따라 사치품을 소비하는 서민층은 순진하다고 하지 않을 수 없다.

① 현대의 상류층은 낭비를 지양하고 소박한 생활을 지향함으로써 서민들에게 친근감을 준다.

② 현대의 서민들은 상류층을 따라 겸손한 태도로 자신을 한층 더 드러내는 소비행태를 보인다.

③ 현대의 상류층은 그들이 접하는 계층과는 무관하게 절제를 통해 자신의 사회적 지위를 과시한다.

④ 현대에 들어와 위계질서를 드러내는 명품을 소비하면서 과시적으로 소비하는 새로운 행태가 나타났다.

⑤ 현대의 상류층은 사치품을 소비하는 것뿐만 아니라 소비하지 않기를 통해서도 자신의 사회적 지위를 과시한다.

06. 다음 글의 내용과 부합하는 것은?

NH농협은행, 국민은행

고려 초기에는 지방 여러 곳에 불교 신자들이 모여 활동하는 '향도(香徒)'라는 이름의 단체가 있었다. 당시에 향도는 석탑을 만들어 사찰에 기부하는 활동과 '매향(埋香)'이라고 불리는 일을 했다. 매향이란 향나무를 갯벌에 묻어두는 행위를 뜻한다. 오랫동안 묻어둔 향나무를 침향이라고 하는데, 그 향이 특히 좋았다. 불교 신자들은 매향한 자리에서 나는 침향의 향기를 미륵불에게 바치는 제물이라고 여겼다. 매향과 석탑 조성에는 상당한 비용이 들어갔는데, 향도는 그 비용을 구성원으로부터 거두어들여 마련했다. 고려 초기에는 향도가 주도하는 매향과 석탑 조성 공사가 많았으며, 지방 향리들이 향도를 만들어 운영하는 것이 일반적이었다. 향리가 지방에 거주하는 사람들 가운데 비교적 재산이 많았기 때문이다. 고려 왕조는 건국 초에 불교를 진흥했는데, 당시 지방 향리들도 불교 신앙을 갖고 자기 지역의 불교 진흥을 위해 향도 활동에 참여했다.

향리들이 향도의 운영을 주도하던 때에는 같은 군현에 속한 향리들이 모두 힘을 합쳐 그 군현 안에 하나의 향도만 만드는 경우가 대다수였다. 그러한 곳에서는 향리들이 자신이 속한 향도가 매향과 석탑 조성 공사를 할 때마다 군현 내 주민들을 마음대로 동원해 필요한 노동을 시키는 일이 자주 벌어졌다. 그런데 12세기에 접어들어 향도가 주도하는 공사의 규모가 이전에 비해 작아지고 매향과 석탑 조성 공사의 횟수도 줄었다. 이러한 분위기 속에서도 하나의 군현 안에 여러 개의 향도가 만들어져 그 숫자가 늘었는데, 그 중에는 같은 마을 주민들만을 구성원으로 한 것도 있었다. 13세기 이후를 고려 후기라고 하는데, 그 시기에는 마을마다 향도가 만들어졌다. 마을 단위로 만들어진 향도는 주민들이 자발적으로 만든 것으로서 그 대부분은 해당 마을의 모든 주민을 구성원으로 한 것이었다. 이런 향도들은 마을 사람들이 관혼상제를 치를 때 그것을 지원했으며 자기 마을 사람들을 위해 하천을 정비하거나 다리를 놓는 등의 일까지 했다.

① 고려 왕조는 불교 진흥을 위해 지방 각 군현에 향도를 조직하였다.

② 향도는 매향으로 얻은 침향을 이용해 향을 만들어 판매하는 일을 하였다.

③ 고려 후기에는 구성원이 장례식을 치를 때 그것을 돕는 일을 하는 향도가 있었다.

④ 고려 초기에는 지방 향리들이 자신이 관할하는 군현의 하천 정비를 위해 향도를 조직하였다.

⑤ 고려 후기로 갈수록 석탑 조성 공사의 횟수가 늘었으며 그로 인해 같은 마을 주민을 구성원으로 하는 향도가 나타났다.

07. 다음 글에서 추론할 수 있는 것만을 <보기>에서 모두 고르면?

두 입자만으로 이루어지고 이들이 세 가지 양자 상태 1, 2, 3 중 하나에만 있을 수 있는 계(system)가 있다고 하자. 여기서 양자 상태란 입자가 있을 수 있는 구별 가능한 어떤 상태를 지시하며, 입자는 세 가지 양자 상태 중 하나에 반드시 있어야 한다. 이때 그 계에서 입자들이 어떻게 분포할 수 있는지 경우의 수를 세는 문제는, 각 양자 상태에 대응하는 세 개의 상자 ①②③ 에 두 입자가 있는 경우의 수를 세는 것과 같다. 경우의 수는 입자들끼리 서로 구별 가능한지와 여러 개의 입자가 하나의 양자 상태에 동시에 있을 수 있는지에 따라 달라진다.

두 입자가 구별 가능하고, 하나의 양자 상태에 여러 개의 입자가 있을 수 있다고 가정하자. 이것을 'MB 방식'이라고 부르며, 두 입자는 각각 a, b로 표시할 수 있다. a가 1의 양자 상태에 있는 경우는 |ab| | |, | a | b | |, | a | | b |의 세 가지이고, a가 2의 양자 상태에 있는 경우와 a가 3의 양자 상태에 있는 경우도 각각 세 가지이다. 그러므로 MB 방식에서 경우의 수는 9이다.

두 입자가 구별되지 않고, 하나의 양자 상태에 여러 개의 입자가 있을 수 있다고 가정하자. 이것을 'BE 방식'이라고 부른다. 이때에는 두 입자 모두 a로 표시하게 되므로 |aa| | |, | |aa| |, | | |aa|, | a | a | |, | a | | a |, | | a | a |가 가능하다. 그러므로 BE 방식에서 경우의 수는 6이다.

두 입자가 구별되지 않고, 하나의 양자 상태에 하나의 입자만 있을 수 있다고 가정하자. 이것을 'FD 방식'이라고 부른다. 여기에서는 BE 방식과 달리 하나의 양자 상태에 두 개의 입자가 동시에 있는 경우는 허용되지 않으므로 | a | a | |, | a | | a |, | | a | a |만 가능하다. 그러므로 FD 방식에서 경우의 수는 3이다.

양자 상태의 가짓수가 다를 때에도 MB, BE, FD 방식 모두 위에서 설명한 대로 입자들이 놓이게 되고, 이때 경우의 수는 달라질 수 있다.

───〈보기〉───

ㄱ. 두 개의 입자에 대해, 양자 상태가 두 가지이면 BE 방식에서 경우의 수는 2이다.

ㄴ. 두 개의 입자에 대해, 양자 상태의 가짓수가 많아지면 FD 방식에서 두 입자가 서로 다른 양자 상태에 각각 있는 경우의 수는 커진다.

ㄷ. 두 개의 입자에 대해, 양자 상태가 두 가지 이상이면 경우의 수는 BE 방식에서보다 MB 방식에서 언제나 크다.

① ㄱ
② ㄷ
③ ㄱ, ㄴ
④ ㄴ, ㄷ
⑤ ㄱ, ㄴ, ㄷ

08. 다음 글의 문맥에 맞지 않는 곳을 ㉠~㉤에서 찾아 수정하려고 할 때, 가장 적절한 것은?

'단일환자방식'은 숫자가 아닌 문자를 암호화하는 가장 기본적인 방법이다. 이는 문장에 사용된 문자를 일정한 규칙에 따라 일대일 대응으로 재배열하여 문장을 암호화하는 방법이다. 예를 들어, 철수가 이 방법에 따라 영어 문장 'I LOVE YOU'를 암호화하여 암호문으로 만든다고 해보자. 철수는 먼저 알파벳을 일대일 대응으로 재배열하는 규칙을 정하고, 그 규칙에 따라 'I LOVE YOU'를 'Q RPDA LPX'와 같이 암호화하게 될 것이다. 이때 철수가 사용한 규칙에는 ㉠ 'I를 Q로 변경한다', 'L을 R로 변경한다' 등이 포함되어 있는 셈이다.

우리가 단일환자방식에 따라 암호화한 영어 문장을 접한다고 해보자. 그 암호문을 어떻게 해독할 수 있을까? ㉡ 우리가 그 암호문에 단일환자방식의 암호화 규칙이 적용되어 있다는 것을 알고 있다면 문제가 쉽게 해결될 수도 있다. 알파벳의 사용 빈도를 파악하여 일대일 대응의 암호화 규칙을 추론해낼 수 있기 때문이다. 이제 통계 자료를 통해 영어에서 사용되는 알파벳의 사용 빈도를 조사해 보니 E가 12.51%로 가장 많이 사용되었고 그다음 빈도는 T, A, O, I, N, S, R, H의 순서라는 것이 밝혀졌다고 하자. ㉢ 물론 이러한 통계 자료를 확보했다고 해도 암호문이 한두 개밖에 없다면 암호화 규칙을 추론하기는 힘들 것이다. 그러나 암호문을 많이 확보하면 할수록 암호문을 해독할 수 있는 가능성이 높아질 것이다.

이제 누군가가 어떤 영자 신문에 포함되어 있는 모든 문장을 단일환자방식의 암호화 규칙 α에 따라 암호문들로 만들었다고 해보자. 그 신문 전체에 사용된 알파벳 수는 충분히 많기 때문에 우리는 암호문들에 나타난 알파벳 빈도의 순서에 근거하여 규칙 α가 무엇인지 추론할 수 있다. ㉣ 만일 규칙 α가 앞서 예로 든 철수가 사용한 규칙과 동일하다면, 암호문들에 가장 많이 사용된 알파벳은 E일 가능성이 높을 것이다. 그런데 조사 결과 암호문들에는 영어 알파벳 26자가 모두 사용되었는데 그중 W가 25,021자로 가장 많이 사용되었고, 이후의 빈도는 P, F, C, H, Q, T, N의 순서라는 것이 밝혀졌다. 따라서 우리는 철수가 정한 규칙은 규칙 α가 아니라고 추론할 수 있다. 또한 규칙 α에 대해 추론하면서 암호문들을 해독할 수 있다. 예를 들어, ㉤ 암호문 'H FPW HP'는 'I ATE IT'를 암호화한 것이라는 사실을 알 수 있게 될 것이다.

① ㉠을 "Q를 I로 변경한다', 'R을 L로 변경한다"로 수정한다.

② ㉡을 '우리가 그 암호문에 단일환자방식의 암호화 규칙이 적용되어 있지 않다고 생각한다 해도 문제는 쉽게 해결될 수 있다'로 수정한다.

③ ㉢을 '이러한 통계 자료를 확보하게 되면 자동적으로 암호화 규칙을 추론할 수 있게 될 것이다'로 수정한다.

④ ㉣을 '만일 규칙 α가 앞서 철수가 사용한 규칙과 동일하다면, 암호문들에 가장 많이 사용된 알파벳은 A일 가능성이 높을 것이다'로 수정한다.

⑤ ㉤을 '암호문 'I ATE IT'는 'H FPW HP'를 암호화한 것이라는 사실을 알 수 있게 될 것이다'로 수정한다.

실전공략 300제

1회
2회
3회
4회
5회
6회
7회
8회
9회
10회

해커스 PSAT 기출로 끝내는 금융 NCS 330제

09. 다음 글의 (가)~(다)에 대한 분석으로 옳은 것만을 <보기>에서 모두 고르면?

신한은행

바람직한 목적을 지닌 정책을 달성하기 위해 옳지 않은 수단을 사용하는 것이 정당화될 수 있는가? 공동선의 증진을 위해 일반적인 도덕률을 벗어난 행동을 할 수밖에 없을 때, 공직자들은 이러한 문제에 직면한다. 이에 대해서 다음과 같은 세 가지 주장이 제기되었다.

(가) 공직자가 공동선을 증진하기 위해 전문적 역할을 수행할 때는 일반적인 도덕률이 적용되어서는 안 된다. 공직자의 비난받을 만한 행동은 그 행동의 결과에 의해서 정당화될 수 있다. 즉 공동선을 증진하는 결과를 가져온다면 일반적인 도덕률을 벗어난 공직자의 행위도 정당화될 수 있다.

(나) 공직자의 행위를 평가함에 있어 결과의 중요성을 과장해서는 안 된다. 일반적인 도덕률을 어긴 공직자의 행위가 특정 상황에서 최선의 것이었다고 하더라도, 그가 잘못된 행위를 했다는 것은 부정할 수 없다. 공직자 역시 일반적인 도덕률을 공유하는 일반 시민 중 한 사람이며, 이에 따라 일반 시민이 가지는 도덕률에서 자유로울 수 없다.

(다) 민주사회에서 권력은 선거를 통해 일반 시민들로부터 위임 받은 것이고, 이에 의해 공직자들이 시민들을 대리한다. 따라서 공직자들의 공적 업무 방식은 일반 시민들의 의지를 반영한 것일 뿐만 아니라 동의를 얻은 것이다. 그러므로 민주사회에서 공직자의 모든 공적 행위는 정당화될 수 있다.

─〈보기〉─

ㄱ. (가)와 (나) 모두 공직자가 공동선의 증진을 위해 일반적인 도덕률을 벗어난 행위를 하는 경우는 사실상 일어날 수 없다는 것을 전제하고 있다.

ㄴ. 어떤 공직자가 일반적인 도덕률을 어기면서 공적 업무를 수행하여 공동선을 증진했을 경우, (가)와 (다) 모두 그 행위는 정당화될 수 있다고 주장할 것이다.

ㄷ. (나)와 (다) 모두 공직자도 일반 시민이라는 것을 주요 근거로 삼고 있다.

① ㄱ

② ㄴ

③ ㄱ, ㄷ

④ ㄴ, ㄷ

⑤ ㄱ, ㄴ, ㄷ

10. 다음 글의 ㉠을 강화하는 것만을 <보기>에서 모두 고르면?

IBK기업은행

동물의 감각이나 반응을 일으키는 최소한의 자극을 '식역'이라고 한다. 인간의 경우 일반적으로 40밀리 초 이하의 시각적 자극은 '보았다'고 답하는 경우가 거의 없다. 그렇다면 식역 이하의 시각적 자극은 우리에게 아무런 영향도 주지 않는 것일까?

연구자들은 사람들에게 식역 이하의 짧은 시간 동안 문자열을 먼저 제시한 후 뒤이어 의식적으로 지각할 수 있을 만큼 문자열을 제시하는 실험을 진행했다. 이 실험에서 연구자들은 먼저 제시된 문자열을 '프라임'으로, 뒤이어 제시된 문자열을 '타깃'으로 불렀다. 프라임을 식역 이하로 제시한 후 뒤이어 타깃을 의식적으로 볼 수 있을 만큼 제시했을 때 피험자들은 타깃 앞에 프라임이 있었다는 사실조차 알아차리지 못했다.

거듭된 실험을 통해 밝혀진 사실 가운데 하나는 피험자가 비록 보았다고 의식하지 못한 낱말일지라도 제시된 프라임이 타깃과 동일한 낱말인 경우 처리속도가 빨라진다는 것이었다. 예컨대 'radio' 앞에 'house'가 제시되었을 때보다 'radio'가 제시되었을 때 반응이 빨라졌다. 동일한 낱말의 반복이 인지 반응을 촉진한 것이었다. 식역 이하로 제시된 낱말임에도 불구하고 뒤이어 나온 낱말의 처리속도에 영향을 미친 이런 효과를 가리켜 '식역 이하의 반복 점화'라고 부른다.

흥미로운 점은, 프라임이 소문자로 된 낱말 'radio'이고 타깃이 대문자로 된 낱말 'RADIO'일 때 점화 효과가 나타났다는 것이다. 시각적으로 그 둘의 외양은 다르다. 그렇다면 두 종류의 표기에 익숙한 언어적, 문화적 관습에 따라 'radio'와 'RADIO'를 같은 낱말로 인지한 것으로 볼 수 있다. 이에 비추어 볼 때, ㉠ 식역 이하의 반복 점화는 추상적인 수준에서 나타나는 것으로 보인다.

─〈보기〉─

ㄱ. 같은 낱말을 식역 이하로 반복하여 여러 번 눈앞에 제시해도 피험자들은 그 낱말을 인지하지 못하였다.

ㄴ. 샛별이 금성이라는 것을 아는 사람에게 프라임으로 '금성'을 식역 이하로 제시한 후 타깃으로 '샛별'을 의식적으로 볼 수 있을 만큼 제시했을 때, 점화 효과가 나타나지 않았다.

ㄷ. 한국어와 영어에 능숙한 사람에게 'five'만을 의식적으로 볼 수 있을 만큼 제시한 경우보다 프라임으로 '다섯'을 식역 이하로 제시한 후 타깃으로 'five'를 의식적으로 볼 수 있을 만큼 제시했을 때, 'five'에 대한 반응이 더 빨랐다.

① ㄱ

② ㄷ

③ ㄱ, ㄴ

④ ㄴ, ㄷ

⑤ ㄱ, ㄴ, ㄷ

11. 다음 <표>는 2019~2023년 '갑'국의 항공편 지연 및 결항에 관한 자료이다. 이에 대한 <보기>의 설명 중 옳은 것만을 모두 고르면?

NH농협은행

<표 1> 2019~2023년 항공편 지연 현황

(단위: 편)

구분		국내선					국제선				
분기	연도 월	2019	2020	2021	2022	2023	2019	2020	2021	2022	2023
1	1	0	0	0	0	0	1	0	0	1	0
	2	0	0	0	0	0	0	0	0	0	2
	3	0	0	0	0	0	6	0	0	0	0
2	4	0	0	0	0	0	0	0	2	0	1
	5	1	0	0	0	0	5	0	0	1	0
	6	0	0	0	0	0	0	0	10	11	1
3	7	40	0	0	3	68	53	23	11	83	55
	8	3	0	0	3	1	27	58	61	111	50
	9	0	0	0	0	161	7	48	46	19	368
4	10	0	93	0	23	32	21	45	44	98	72
	11	0	0	0	1	0	0	0	0	5	11
	12	0	0	0	0	0	2	1	6	0	17
전체		44	93	0	30	262	122	175	180	329	577

<표 2> 2019~2023년 항공편 결항 현황

(단위: 편)

구분		국내선					국제선				
분기	연도 월	2019	2020	2021	2022	2023	2019	2020	2021	2022	2023
1	1	0	0	0	0	0	0	0	0	0	0
	2	0	0	0	0	0	0	0	0	0	14
	3	0	0	0	0	0	0	0	0	0	0
2	4	1	0	0	0	0	0	0	0	0	0
	5	6	0	0	0	0	10	0	0	0	0
	6	0	0	0	0	0	0	0	0	1	0
3	7	311	0	0	187	507	93	11	5	162	143
	8	62	0	0	1,008	115	39	11	71	127	232
	9	0	0	4	0	1,351	16	30	42	203	437
4	10	0	85	0	589	536	4	48	49	112	176
	11	0	0	0	0	0	0	0	0	0	4
	12	0	0	0	0	0	0	4	4	0	22
전체		380	85	4	1,784	2,509	162	104	171	605	1,028

─────── <보기> ───────

ㄱ. 2022년 3분기 국제선 지연편수는 전년 동기 대비 100편 이상 증가하였다.

ㄴ. 2023년 9월의 결항편수는 국내선이 국제선의 3배 이상이다.

ㄷ. 매년 1월과 3월에는 항공편 결항이 없었다.

① ㄱ

② ㄷ

③ ㄱ, ㄴ

④ ㄴ, ㄷ

⑤ ㄱ, ㄴ, ㄷ

12. 다음 <표>는 '갑'국 A~E대학의 재학생수 및 재직 교원수와 법정 필요 교원수 산정기준에 관한 자료이다. 이에 근거하여 법정 필요 교원수를 충족시키기 위해 충원해야 할 교원수가 많은 대학부터 순서대로 나열하면?

IBK기업은행, 하나은행

<표 1> 재학생수 및 재직 교원수

(단위: 명)

구분＼대학	A	B	C	D	E
재학생수	900	30,000	13,300	4,200	18,000
재직 교원수	44	1,260	450	130	860

<표 2> 법정 필요 교원수 산정기준

재학생수	법정 필요 교원수
1,000명 미만	재학생 22명당 교원 1명
1,000명 이상 10,000명 미만	재학생 21명당 교원 1명
10,000명 이상 20,000명 미만	재학생 20명당 교원 1명
20,000명 이상	재학생 19명당 교원 1명

※ 법정 필요 교원수 계산 시 소수점 아래 첫째 자리에서 올림.

① B, C, D, A, E
② B, C, D, E, A
③ B, D, C, E, A
④ C, B, D, A, E
⑤ C, B, D, E, A

13. 다음 <표>는 A프로세서 성능 평가를 위한 8개 프로그램 수행 결과에 관한 자료이다. 이에 대한 설명으로 옳은 것은?

IBK기업은행, 하나은행

<표> A프로세서 성능 평가를 위한 8개 프로그램 수행 결과

(단위: 십억 개, 초)

프로그램＼항목	명령어 수	CPI	수행시간	기준시간	성능지표
숫자 정렬	2,390	0.70	669	9,634	14.4
문서 편집	221	2.66	235	9,120	38.8
인공지능 바둑	1,274	1.10	( )	10,490	18.7
유전체 분석	2,616	0.60	628	9,357	14.9
인공지능 체스	1,948	0.80	623	12,100	19.4
양자 컴퓨팅	659	0.44	116	20,720	178.6
영상 압축	3,793	0.50	759	22,163	29.2
내비게이션	1,250	1.00	500	7,020	( )

※ 1) CPI (clock cycles per instruction) $= \dfrac{\text{클럭 사이클 수}}{\text{명령어 수}}$

   2) 성능지표 $= \dfrac{\text{기준시간}}{\text{수행시간}}$

① 명령어 수가 많은 프로그램일수록 수행시간이 길다.
② CPI가 가장 낮은 프로그램은 기준시간이 가장 길다.
③ 수행시간은 인공지능 바둑이 내비게이션보다 짧다.
④ 기준시간이 짧은 프로그램일수록 클럭 사이클 수가 적다.
⑤ 성능지표가 가장 낮은 프로그램은 내비게이션이다.

14. 다음 <표>는 2017~2022년 '갑'시 공공한옥시설의 유형별 현황에 관한 자료이다. 이에 대한 <보기>의 설명 중 옳은 것만을 모두 고르면?

신한은행

<표> 2017~2022년 '갑'시 공공한옥시설의 유형별 현황

(단위: 개소)

연도 유형	2017	2018	2019	2020	2021	2022
문화전시시설	8	8	10	11	12	12
전통공예시설	14	14	11	10	( )	9
주민이용시설	3	3	5	6	8	8
주거체험시설	0	0	1	3	4	( )
한옥숙박시설	2	2	( )	0	0	0
전체	27	27	28	30	34	34

※ 공공한옥시설의 유형은 '문화전시시설', '전통공예시설', '주민이용시설', '주거체험시설', '한옥숙박시설'로만 구분됨.

<보기>

ㄱ. '전통공예시설'과 '한옥숙박시설'의 전년 대비 증감 방향은 매년 같다.

ㄴ. 전체 공공한옥시설 중 '문화전시시설'의 비율은 매년 20% 이상이다.

ㄷ. 2020년 대비 2022년 공공한옥시설의 유형별 증가율은 '주거체험시설'이 '주민이용시설'의 2배이다.

ㄹ. '한옥숙박시설'이 '주거체험시설'보다 많은 해는 2017년과 2018년뿐이다.

① ㄱ, ㄴ

② ㄴ, ㄷ

③ ㄴ, ㄹ

④ ㄱ, ㄷ, ㄹ

⑤ ㄴ, ㄷ, ㄹ

15. 다음 <표>는 1990년대 이후 A~E도시의 시기별 및 자본금액별 창업 건수에 관한 자료이고, <보고서>는 A~E 중 한 도시의 창업 건수에 관한 설명이다. 이를 근거로 판단할 때, <보고서>의 내용에 부합하는 도시는?

국민은행

<표> A~E도시의 시기별 및 자본금액별 창업 건수

(단위: 건)

시기 도시	1990년대		2000년대		2010년대		2020년 이후	
자본 금액	1천만 원 미만	1천만 원 이상	1천만 원 미만	1천만 원 이상	1천만 원 미만	1천만 원 이상	1천만 원 미만	1천만 원 이상
A	198	11	206	32	461	26	788	101
B	46	0	101	5	233	4	458	16
C	12	2	19	17	16	17	76	14
D	27	3	73	34	101	24	225	27
E	4	0	25	0	53	3	246	7

<보고서>

이 도시의 시기별 및 자본금액별 창업 건수는 다음과 같은 특징이 있다. 첫째, 1990년대 이후 모든 시기에서 자본금액 1천만 원 미만 창업 건수가 자본금액 1천만 원 이상 창업 건수보다 많다. 둘째, 자본금액 1천만 원 미만 창업 건수와 1천만 원 이상 창업 건수의 차이는 2010년대가 2000년대의 2배 이상이다. 셋째, 2020년 이후 전체 창업 건수는 1990년대 전체 창업 건수의 10배 이상이다. 넷째, 2020년 이후 전체 창업 건수 중 자본금액 1천만 원 이상 창업 건수의 비중은 3% 이상이다.

① A

② B

③ C

④ D

⑤ E

16. 다음 <표>는 2017~2021년 '갑'국의 해양사고 유형별 발생 건수와 인명피해 인원 현황이다. <표>와 <조건>을 근거로 A~E에 해당하는 유형을 바르게 연결한 것은?

NH농협은행

<표 1> 2017~2021년 해양사고 유형별 발생 건수

(단위: 건)

연도 \ 유형	A	B	C	D	E
2017	258	65	29	96	160
2018	250	46	38	119	162
2019	244	110	61	132	228
2020	277	108	69	128	203
2021	246	96	54	149	174

<표 2> 2017~2021년 해양사고 유형별 인명피해 인원

(단위: 명)

연도 \ 유형	A	B	C	D	E
2017	35	20	25	3	60
2018	19	25	1	0	52
2019	10	19	0	16	52
2020	8	25	2	8	79
2021	9	27	3	3	76

※ 해양사고 유형은 '안전사고', '전복', '충돌', '침몰', '화재폭발' 중 하나로만 구분됨.

─────〈조건〉─────

○ 2017~2019년 동안 '안전사고' 발생 건수는 매년 증가한다.

○ 2020년 해양사고 발생 건수 대비 인명피해 인원의 비율이 두 번째로 높은 유형은 '전복'이다.

○ 해양사고 발생 건수는 매년 '충돌'이 '전복'의 2배 이상이다.

○ 2017~2021년 동안의 해양사고 인명피해 인원 합은 '침몰'이 '안전사고'의 50% 이하이다.

○ 2020년과 2021년의 해양사고 인명피해 인원 차이가 가장 큰 유형은 '화재폭발'이다.

	A	B	C	D	E
①	충돌	전복	침몰	화재폭발	안전사고
②	충돌	전복	화재폭발	안전사고	침몰
③	충돌	침몰	전복	화재폭발	안전사고
④	침몰	전복	안전사고	화재폭발	충돌
⑤	침몰	충돌	전복	안전사고	화재폭발

17. 다음 <표>는 2020년 '갑'국 A~E지역의 월별 최대 순간 풍속과 타워크레인 작업 유형별 작업제한 기준 순간 풍속에 관한 자료이다. <표>와 <정보>에 근거하여 '가'~'다'를 큰 것부터 순서대로 나열한 것은?

NH농협은행

<표 1> A~E지역의 월별 최대 순간 풍속

(단위: m/s)

월 \ 지역	A	B	C	D	E
1	15.7	12.8	18.4	26.9	23.4
2	14.5	13.5	19.0	25.7	(다)
3	19.5	17.5	21.5	23.5	24.5
4	18.9	16.7	19.8	24.7	26.0
5	13.7	21.0	14.1	22.8	21.5
6	16.5	18.8	17.0	29.0	24.0
7	16.8	22.0	25.0	32.3	31.5
8	15.8	29.6	25.2	33.0	31.6
9	21.5	19.9	(나)	32.7	34.2
10	18.2	16.3	19.5	21.4	28.8
11	12.0	17.3	20.1	22.2	19.2
12	19.4	(가)	20.3	26.0	23.9

<표 2> 타워크레인 작업 유형별 작업제한 기준 순간 풍속

(단위: m/s)

타워크레인 작업 유형	설치	운전
작업제한 기준 순간 풍속	15	20

※ 순간 풍속이 타워크레인 작업 유형별 작업제한 기준 이상인 경우, 해당 작업 유형에 대한 작업제한 조치가 시행됨.

─────〈정보〉─────

○ B지역에서 타워크레인 작업제한 조치가 한 번도 시행되지 않은 '월'은 3개이다.

○ 매월 C지역의 최대 순간 풍속은 A지역보다 높고 D지역보다 낮다.

○ E지역에서 '설치' 작업제한 조치는 매월 시행되었고 '운전' 작업제한 조치는 2개 '월'을 제외한 모든 '월'에 시행되었다.

① 가, 나, 다
② 가, 다, 나
③ 나, 가, 다
④ 나, 다, 가
⑤ 다, 가, 나

18. 다음 <표>는 2012~2017년 '갑'국의 화재발생 현황에 대한 자료이다. 이를 이용하여 작성한 그래프로 옳지 않은 것은?

IBK기업은행

<표> '갑'국의 화재발생 현황

(단위: 건, 명)

연도 \ 구분	화재발생건수	인명피해자수	구조활동건수
2012	43,249	2,222	427,735
2013	40,932	2,184	400,089
2014	42,135	2,180	451,050
2015	44,435	2,093	479,786
2016	43,413	2,024	609,211
2017	44,178	2,197	655,485
평균	43,057	2,150	503,893

① 화재발생건수

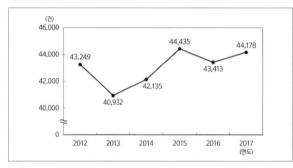

② 인명피해자수 편차의 절대값

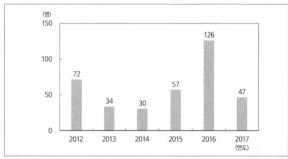

※ 인명피해자수 편차는 해당년도 인명피해자수에서 평균 인명피해자수를 뺀 값임.

③ 구조활동건수의 전년대비 증가량

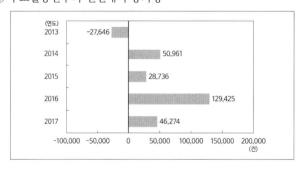

④ 화재발생건수 대비 인명피해자수 비율

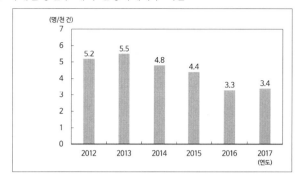

⑤ 화재발생건수의 전년 대비 증가율

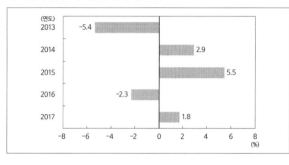

※ 다음 <표>는 2019~2023년 '갑'국 및 A지역의 식량작물 생산 현황에 관한 자료이다. 다음 물음에 답하시오. [19~20]

국민은행, 하나은행

<표 1> 2019~2023년 식량작물 생산량

(단위: 톤)

연도 구분	2019	2020	2021	2022	2023
'갑'국 전체	4,397,532	4,374,899	4,046,574	4,456,952	4,331,597
A지역 전체	223,472	228,111	203,893	237,439	221,271
미곡	153,944	150,901	127,387	155,501	143,938
맥류	270	369	398	392	201
잡곡	29,942	23,823	30,972	33,535	30,740
두류	9,048	10,952	9,560	10,899	10,054
서류	30,268	42,066	35,576	37,112	36,338

<표 2> 2019~2023년 식량작물 생산 면적

(단위: ha)

연도 구분	2019	2020	2021	2022	2023
'갑'국 전체	924,470	924,291	906,106	905,034	903,885
A지역 전체	46,724	47,446	46,615	47,487	46,542
미곡	29,006	28,640	28,405	28,903	28,708
맥류	128	166	177	180	98
잡곡	6,804	6,239	6,289	6,883	6,317
두류	5,172	5,925	5,940	5,275	5,741
서류	5,614	6,476	5,804	6,246	5,678

※ A지역 식량작물은 미곡, 맥류, 잡곡, 두류, 서류뿐임.

19. 위 <표>에 대한 설명으로 옳지 않은 것은?

① 2023년 식량작물 생산량의 전년 대비 감소율은 A지역 전체가 '갑'국 전체보다 낮다.

② 2019년 대비 2023년 생산량 증감률이 가장 큰 A지역 식량작물은 맥류이다.

③ 미곡은 매년 A지역 전체 식량작물 생산 면적의 절반 이상을 차지한다.

④ 2023년 생산 면적당 생산량이 가장 많은 A지역 식량작물은 서류이다.

⑤ A지역 전체 식량작물 생산량과 A지역 전체 식량작물 생산 면적의 전년 대비 증감 방향은 매년 같다.

20. 위 <표>를 이용하여 작성한 <보기>의 자료 중 옳은 것만을 모두 고르면?

<보기>

ㄱ. 2020~2023년 '갑'국 전체 식량작물 생산 면적의 전년 대비 감소량

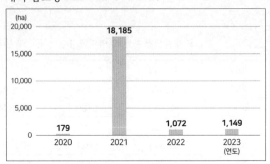

ㄴ. 연도별 A지역 잡곡, 두류, 서류 생산량

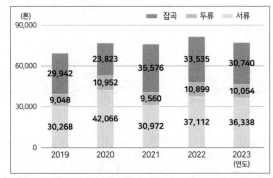

ㄷ. 2019년 대비 연도별 A지역 맥류 생산 면적 증가율

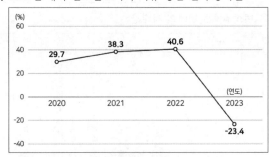

ㄹ. 2023년 A지역 식량작물 생산량 구성비

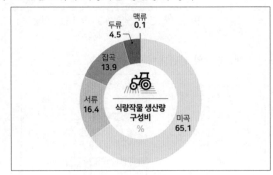

① ㄱ, ㄴ

② ㄱ, ㄷ

③ ㄴ, ㄹ

④ ㄱ, ㄷ, ㄹ

⑤ ㄴ, ㄷ, ㄹ

21. 다음 글을 근거로 판단할 때, 甲의 승패 결과는?

신한은행, 하나은행

> 甲과 乙이 10회 실시한 가위바위보에 대해 다음과 같은 사실이 알려져 있다.
> ○ 甲은 가위 6회, 바위 1회, 보 3회를 냈다.
> ○ 乙은 가위 4회, 바위 3회, 보 3회를 냈다.
> ○ 甲과 乙이 서로 같은 것을 낸 적은 10회 동안 한 번도 없었다.

① 7승 3패

② 6승 4패

③ 5승 5패

④ 4승 6패

⑤ 3승 7패

22. 다음 글을 근거로 판단할 때 옳지 않은 것은?

신한은행, 하나은행

> 1에서부터 5까지 적힌 카드가 각 2장씩 10장이 있다. 5가 적힌 카드 중 하나를 맨 왼쪽에 놓고, 나머지 9장의 카드를 일렬로 배열하려고 한다. 카드는 왼쪽부터 1장씩 놓는데, 각 카드에 적혀 있는 수는 바로 왼쪽 카드에 적혀 있는 수보다 작거나, 같거나, 1만큼 커야 한다.
> 이 규칙에 따라 카드를 다음과 같이 배열하였다.

5	1	2	3	A	3	B	C	D	E

① A로 가능한 수는 2가지이다.

② B는 4이다.

③ C는 5가 아니다.

④ D가 2라면 A, B, C, E를 모두 알 수 있다.

⑤ E는 1이나 2이다.

23. 다음 글을 근거로 판단할 때, 甲과 인사교류를 할 수 있는 사람만을 모두 고르면?

IBK기업은행

○ 甲은 인사교류를 통해 ○○기관에서 타 기관으로 전출하고자 한다. 인사교류란 동일 직급 간 신청자끼리 1 : 1로 교류하는 제도로서, 각 신청자가 속한 두 기관의 교류 승인 조건을 모두 충족해야 한다.
○ 기관별로 교류를 승인하는 조건은 다음과 같다.
　○○기관: 신청자 간 현직급임용년월은 3년 이상 차이 나지 않고, 연령은 7세 이상 차이 나지 않는 경우
　□□기관: 신청자 간 최초임용년월은 5년 이상 차이 나지 않고, 연령은 3세 이상 차이 나지 않는 경우
　△△기관: 신청자 간 최초임용년월은 2년 이상 차이 나지 않고, 연령은 5세 이상 차이 나지 않는 경우
○ 甲(32세)의 최초임용년월과 현직급임용년월은 2015년 9월로 동일하다.
○ 甲과 동일 직급인 인사교류 신청자(A~E)의 인사정보는 다음과 같다.

신청자	연령(세)	현 소속기관	최초 임용년월	현직급 임용년월
A	30	□□	2016년 5월	2019년 5월
B	37	□□	2009년 12월	2017년 3월
C	32	□□	2015년 12월	2015년 12월
D	31	△△	2014년 1월	2014년 1월
E	35	△△	2017년 10월	2017년 10월

① A, B
② B, E
③ C, D
④ A, B, D
⑤ C, D, E

24. 다음 글을 근거로 판단할 때, <보기>에서 옳은 것만을 모두 고르면?

IBK기업은행

○ 甲국은 매년 X를 100톤 수입한다. 甲국이 X를 수입할 수 있는 국가는 A국, B국, C국 3개국이며, 甲국은 이 중 한 국가로부터 X를 전량 수입한다.
○ X의 거래조건은 다음과 같다.

국가	1톤당 단가	관세율	1톤당 물류비
A국	12달러	0%	3달러
B국	10달러	50%	5달러
C국	20달러	20%	1달러

○ 1톤당 수입비용은 다음과 같다.
　　1톤당 수입비용 = 1톤당단가 + (1톤당단가 × 관세율) + 1톤당 물류비
○ 특정 국가와 FTA를 체결하면 그 국가에서 수입하는 X에 대한 관세율이 0%가 된다.
○ 甲국은 지금까지 FTA를 체결한 A국으로부터만 X를 수입했다. 그러나 최근 A국으로부터 X의 수입이 일시 중단되었다.

〈보기〉

ㄱ. 甲국이 B국과도 FTA를 체결한다면, 기존에 A국에서 수입하던 것과 동일한 비용으로 X를 수입할 수 있다.
ㄴ. C국이 A국과 동일한 1톤당 단가를 제시하였다면, 甲국은 기존에 A국에서 수입하던 것보다 저렴한 비용으로 C국으로부터 X를 수입할 수 있다.
ㄷ. A국으로부터 X의 수입이 다시 가능해졌으나 1톤당 6달러의 보험료가 A국으로부터의 수입비용에 추가된다면, 甲국은 A국보다 B국에서 X를 수입하는 것이 수입비용 측면에서 더 유리하다.

① ㄱ
② ㄴ
③ ㄷ
④ ㄱ, ㄴ
⑤ ㄱ, ㄷ

독립운동가 김우전 선생은 일제강점기 광복군으로 활약한 인물로, 광복군의 무전통신을 위한 한글 암호를 만든 것으로 유명하다. 1922년 평안북도 정주 태생인 선생은 일본에서 대학에 다니던 중 재일학생 민족운동 비밀결사단체인 '조선민족고유문화유지계몽단'에 가입했다. 1944년 1월 일본군에 징병돼 중국으로 파병됐지만 같은 해 5월 말 부대를 탈출해 광복군에 들어갔다.

1945년 3월 미 육군 전략정보처는 일본이 머지않아 패망할 것으로 보아 한반도 진공작전을 계획하고 중국에서 광복군과 함께 특수훈련을 하고 있었다. 이 시기에 선생은 한글 암호인 W-K(우전킴) 암호를 만들었다. W-K 암호는 한글의 자음과 모음, 받침을 구분하여 만들어진 암호체계이다. 자음과 모음을 각각 두 자리 숫자로, 받침은 자음을 나타내는 두 자리 숫자의 앞에 '00'을 붙여 네 자리로 표시한다.

W-K 암호체계에서 자음은 '11~29'에, 모음은 '30~50'에 순서대로 대응된다. 받침은 자음 중 ㄱ~ㅎ을 이용하여 '0011'부터 '0024'에 순서대로 대응된다. 예를 들어 '김'은 W-K 암호로 변환하면 'ㄱ'은 11, 'ㅣ'는 39, 받침 'ㅁ'은 0015이므로 '11390015'가 된다. 같은 방식으로 '1334001114390016'은 '독립'으로, '13402430001213340011143900161530001 21742'는 '대한독립만세'로 해독된다. 모든 숫자를 붙여 쓰기 때문에 상당히 길지만 네 자리씩 끊어 읽으면 된다.

하지만 어렵사리 만든 W-K 암호는 결국 쓰이지 못했다. 작전 준비가 한창이던 1945년 8월 일본이 갑자기 항복했기 때문이다. 이 암호에 대한 기록은 비밀에 부쳐져 미국 국가기록원에 소장되었다가 1988년 비밀이 해제되어 세상에 알려졌다.

※ W-K 암호체계에서 자음의 순서는 ㄱ, ㄴ, ㄷ, ㄹ, ㅁ, ㅂ, ㅅ, ㅇ, ㅈ, ㅊ, ㅋ, ㅌ, ㅍ, ㅎ, ㄲ, ㄸ, ㅃ, ㅆ, ㅉ이고, 모음의 순서는 ㅏ, ㅑ, ㅓ, ㅕ, ㅗ, ㅛ, ㅜ, ㅠ, ㅡ, ㅣ, ㅐ, ㅒ, ㅔ, ㅖ, ㅘ, ㅙ, ㅚ, ㅝ, ㅞ, ㅟ, ㅢ이다.

25. 윗글을 근거로 판단할 때, <보기>에서 옳은 것만을 모두 고르면?

〈보기〉

ㄱ. 김우전 선생은 일본군에 징병되었을 때 무전통신을 위해 W-K 암호를 만들었다.

ㄴ. W-K 암호체계에서 한글 단어를 변환한 암호문의 자릿수는 4의 배수이다.

ㄷ. W-K 암호체계에서 '183000152400'은 한글 단어로 해독될 수 없다.

ㄹ. W-K 암호체계에서 한글 '궤'는 '11363239'로 변환된다.

① ㄱ, ㄴ

② ㄴ, ㄷ

③ ㄷ, ㄹ

④ ㄱ, ㄴ, ㄹ

⑤ ㄱ, ㄷ, ㄹ

26. 윗글과 다음 <조건>을 근거로 판단할 때, '3·1운동!'을 옳게 변환한 것은?

〈조건〉

숫자와 기호를 표현하기 위하여 W-K 암호체계에 다음의 규칙이 추가되었다.

○ 1~9의 숫자는 차례대로 '51~59', 0은 '60'으로 변환하고, 끝에 '00'을 붙여 네 자리로 표시한다.

○ 온점(.)은 '70', 가운뎃점(·)은 '80', 느낌표(!)는 '66', 물음표(?)는 '77'로 변환하고, 끝에 '00'을 붙여 네 자리로 표시한다.

① 530080005100183600121334001866 00

② 530080005100183600121335001866 00

③ 530070005100183600121334001877 00

④ 53700051183600121334001766 00

⑤ 53800051183600121335001777 00

27. 다음 글을 근거로 판단할 때, 예약할 펜션과 워크숍 비용을 옳게 짝지은 것은?

NH농협은행

甲은 팀 워크숍을 추진하기 위해 펜션을 예약하려 한다. 팀원은 총 8명으로 한 대의 렌터카로 모두 같이 이동하여 워크숍에 참석한다. 워크숍 기간은 1박 2일이며, 甲은 워크숍 비용을 최소화하고자 한다.

○ 워크숍 비용은 아래와 같다.

워크숍 비용 = 왕복 교통비 + 숙박요금

○ 교통비는 렌터카 비용을 의미하며, 렌터카 비용은 거리 10km당 1,500원이다.

○ 甲은 다음 펜션 중 한 곳을 1박 예약한다.

구분	A펜션	B펜션	C펜션
펜션까지 거리 (km)	100	150	200
1박당 숙박요금 (원)	100,000	150,000	120,000
숙박기준인원 (인)	4	6	8

○ 숙박인원이 숙박기준인원을 초과할 경우, A~C펜션 모두 초과 인원 1인당 1박 기준 10,000원씩 요금이 추가된다.

	예약할 펜션	워크숍 비용
①	A	155,000원
②	A	170,000원
③	B	215,000원
④	C	150,000원
⑤	C	180,000원

28. 다음 글을 근거로 판단할 때 옳은 것은?

NH농협은행

제○○조(진흥기금의 징수) ① 영화위원회(이하 "위원회"라 한다)는 영화의 발전 및 영화·비디오물산업의 진흥을 위하여 영화상영관에 입장하는 관람객에 대하여 입장권 가액의 100분의 5의 진흥기금을 징수한다. 다만, 직전 연도에 제△△조 제1호에 해당하는 영화를 연간 상영일수의 100분의 60 이상 상영한 영화상영관에 입장하는 관람객에 대해서는 그러하지 아니하다.

② 영화상영관 경영자는 관람객으로부터 제1항의 규정에 따른 진흥기금을 매월 말일까지 징수하여 해당 금액을 다음 달 20일까지 위원회에 납부하여야 한다.

③ 위원회는 영화상영관 경영자가 제2항에 따라 관람객으로부터 수납한 진흥기금을 납부기한까지 납부하지 아니하였을 때에는 체납된 금액의 100분의 3에 해당하는 금액을 가산금으로 부과한다.

④ 위원회는 제2항에 따른 진흥기금 수납에 대한 위탁 수수료를 영화상영관 경영자에게 지급한다. 이 경우 수수료는 제1항에 따른 진흥기금 징수액의 100분의 3을 초과할 수 없다.

제△△조(전용상영관에 대한 지원) 위원회는 청소년 관객의 보호와 영화예술의 확산 등을 위하여 다음 각 호의 어느 하나에 해당하는 영화를 연간 상영일수의 100분의 60 이상 상영하는 영화상영관을 지원할 수 있다.

1. 애니메이션영화·단편영화·예술영화·독립영화
2. 제1호에 해당하지 않는 청소년관람가영화
3. 제1호 및 제2호에 해당하지 않는 국내영화

① 영화상영관 A에서 직전 연도에 연간 상영일수의 100분의 60 이상 청소년관람가 애니메이션영화를 상영한 경우 진흥기금을 징수한다.

② 영화상영관 경영자 B가 8월분 진흥기금 60만 원을 같은 해 9월 18일에 납부하는 경우, 가산금을 포함하여 총 61만 8천 원을 납부하여야 한다.

③ 관람객 C가 입장권 가액과 그 진흥기금을 합하여 영화상영관에 지불하는 금액이 12,000원이라고 할 때, 지불 금액 중 진흥기금은 600원이다.

④ 연간 상영일수가 매년 200일인 영화상영관 D에서 직전 연도에 단편영화를 40일, 독립영화를 60일 상영했다면 진흥기금을 징수하지 않는다.

⑤ 영화상영관 경영자 E가 7월분 진흥기금과 그 가산금을 합한 금액인 103만 원을 같은 해 8월 30일에 납부한 경우, 위원회는 E에게 최대 3만 원의 수수료를 지급할 수 있다.

29. 다음 글과 <상황>을 근거로 판단할 때 옳은 것은?

IBK기업은행

제00조(적용범위) 이 규정은 중앙행정기관, 광역자치단체(광역자치단체와 기초자치단체 공동주관 포함)가 국제행사를 개최하기 위하여 10억 원 이상의 국고지원을 요청하는 경우에 적용한다.

제00조(정의) "국제행사"라 함은 5개국 이상의 국가에서 외국인이 참여하고, 총 참여자 중 외국인 비율이 5% 이상(총 참여자 200만 명 이상은 3% 이상)인 국제회의 · 체육행사 · 박람회 · 전시회 · 문화행사 · 관광행사 등을 말한다.

제00조(국고지원의 제외) 국제행사 중 다음 각 호에 해당하는 행사는 국고지원의 대상에서 제외된다. 이 경우 제외되는 시기는 다음 각 호 이후 최초 개최되는 행사의 해당 연도부터로 한다.

　1. 매년 1회 정기적으로 개최하는 국제행사로서 국고지원을 7회 받은 경우
　2. 그 밖의 주기로 개최하는 국제행사로서 국고지원을 3회 받은 경우

제00조(타당성조사, 전문위원회 검토의 대상 등) ① 국고지원의 타당성조사 대상은 국제행사의 개최에 소요되는 총 사업비가 50억 원 이상인 국제행사로 한다.

② 국고지원의 전문위원회 검토 대상은 국제행사의 개최에 소요되는 총 사업비가 50억 원 미만인 국제행사로 한다.

③ 제1항에도 불구하고 국고지원 비율이 총 사업비의 20% 이내인 경우 타당성조사를 전문위원회 검토로 대체할 수 있다.

―――――〈상황〉―――――

甲광역자치단체는 2021년에 제6회 A박람회를 국고지원을 받아 개최할 예정이다. A박람회는 매년 1회 총 250만 명이 참여하는 행사로서 20여 개국에서 8만 명 이상의 외국인들이 참여해 왔다. 2021년에도 동일한 규모의 행사가 예정되어 있다. 한편 2020년에 5번째로 국고지원을 받은 A박람회의 총 사업비는 40억 원이었으며, 이 중 국고지원 비율은 25%였다.

① 2021년에 총 250만 명의 참여자 중 외국인 참여자가 감소하여 6만 명이 되더라도 A박람회는 국제행사에 해당된다.

② 2021년에 A박람회가 예정대로 개최된다면, A박람회는 2022년에 국고지원의 대상에서 제외된다.

③ 2021년 총 사업비가 52억 원으로 증가하고 국고지원은 8억 원을 요청한다면, A박람회는 타당성조사 대상이다.

④ 2021년 총 사업비가 60억 원으로 증가하고 국고지원은 전년과 동일한 금액을 요청한다면, A박람회는 전문위원회 검토를 받을 수 있다.

⑤ 2021년 甲광역자치단체와 乙기초자치단체가 공동주관하여 전년과 동일한 총 사업비로 A박람회를 개최한다면, A박람회는 타당성조사 대상이다.

30. 다음 글을 근거로 판단할 때, <보기>에서 옳은 것만을 모두 고르면?

하나은행

기상예보는 일기예보와 기상특보로 구분할 수 있다. 일기예보는 단기예보, 중기예보, 장기예보 등 시간에 따른 것이고, 기상특보는 주의보, 경보 등 기상현상의 정도에 따른 것이다.

일기예보 중 가장 짧은 기간을 예보하는 단기예보는 3시간 예보와 일일예보로 나뉜다. 3시간 예보는 오늘과 내일의 날씨를 예보하며, 매일 0시 발표부터 시작하여 3시간 간격으로 1일 8회 발표한다. 일일예보는 오늘과 내일, 모레의 날씨를 1일 단위(0시~24시)로 예보하며 매일 5시, 11시, 17시, 23시에 발표한다. 다음으로 중기예보에는 주간예보와 1개월 예보가 있다. 주간예보는 일일예보를 포함하여 일일예보가 예보한 기간의 다음날부터 5일간의 날씨를 추가로 예보하며 매일 발표한다. 1개월 예보는 앞으로 한 달간의 기상전망을 발표한다. 마지막으로 장기예보는 계절예보로서 봄, 여름, 가을, 겨울의 각 계절별 기상전망을 발표한다.

기상특보는 주의보와 경보로 나뉜다. 주의보는 재해가 일어날 가능성이 있는 경우에, 경보는 중대한 재해가 예상될 때 발표하는 것이다. 주의보가 발표된 후 기상현상의 경과가 악화된다면 경보로 승격 발표되기도 한다. 또한 기상특보의 기준은 지역마다 다를 수도 있다. 대설주의보의 예보 기준은 24시간 신(新)적설량이 대도시일 때 5cm 이상, 일반지역일 때 10cm 이상, 울릉도일 때 20cm 이상이다. 대설경보의 예보 기준은 24시간 신적설량이 대도시일 때 20cm 이상, 일반지역일 때 30cm 이상, 울릉도일 때 50cm 이상이다.

―――――〈보기〉―――――

ㄱ. 월요일에 발표되는 주간예보에는 그 다음 주 월요일의 날씨가 포함된다.

ㄴ. 일일예보의 발표 시각과 3시간 예보의 발표 시각은 겹치지 않는다.

ㄷ. 오늘 23시에 발표된 일일예보는 오늘 5시에 발표된 일일예보보다 18시간 더 먼 미래의 날씨까지 예보한다.

ㄹ. 대도시 A의 대설경보 예보 기준은 울릉도의 대설주의보 예보 기준과 같다.

① ㄱ, ㄴ
② ㄱ, ㄷ
③ ㄷ, ㄹ
④ ㄱ, ㄴ, ㄹ
⑤ ㄴ, ㄷ, ㄹ

약점 보완 해설집 p.44

무료 바로 채점 및 성적 분석 서비스 바로 가기
QR코드를 이용해 모바일로 간편하게 채점하고 나의 실력이 어느 정도인지, 취약 부분이 어디인지 바로 파악해 보세요!

실전공략문제 5회

01. 다음 글의 중심 내용으로 가장 적절한 것은?

KDB산업은행

2015년 한국직업능력개발원 보고서에 따르면 전체 대졸 취업자의 전공 불일치 비율이 6년간 3.6%p 상승했다. 이는 우리 대학교육이 취업 환경의 급속한 변화를 따라가지 못하고 있음을 보여준다. 기존의 교육 패러다임으로는 오늘 같은 직업생태계의 빠른 변화에 대응하기 어려워 보인다. 중고등학교 때부터 직업을 염두에 둔 맞춤 교육을 하는 것이 어떨까? 그것은 두 가지 점에서 어리석은 방안이다. 한 사람의 타고난 재능과 역량이 가시화되는 데 훨씬 더 오랜 시간과 경험이 필요하다는 것이 첫 번째 이유이고, 사회가 필요로 하는 직업 자체가 빠르게 변하고 있다는 것이 두 번째 이유이다.

그렇다면 학교는 우리 아이들에게 무엇을 가르쳐야 할까? 교육이 아이들의 삶뿐만 아니라 한 나라의 미래를 결정한다는 사실을 고려하면 이것은 우리 모두의 운명을 좌우할 물음이다. 문제는 세계의 환경이 급속히 변하고 있다는 것이다. 2030년이면 현존하는 직종 가운데 80%가 사라질 것이고, 2011년에 초등학교에 입학한 어린이 중 65%는 아직 존재하지도 않는 직업에 종사하게 되리라는 예측이 있다. 이런 상황에서 교육이 가장 먼저 고려해야 할 것은 변화하는 직업 환경에 성공적으로 대응하는 능력에 초점을 맞추는 일이다.

이미 세계 여러 나라가 이런 관점에서 교육을 개혁하고 있다. 핀란드는 2020년까지 학교 수업을 소통, 창의성, 비판적 사고, 협동을 강조하는 내용으로 개편한다는 계획을 발표했다. 이와 같은 능력들은 빠르게 현실화되고 있는 '초연결 사회'에서의 삶에 필수적이기 때문이다. 말레이시아의 학교들은 문제해결 능력, 네트워크형 팀워크 등을 교과과정에 포함시키고 있고, 아르헨티나는 초등학교와 중학교에서 코딩을 가르치고 있다. 우리 교육도 개혁을 생각하지 않으면 안 된다.

① 한 국가의 교육은 당대의 직업구조의 영향을 받는다.

② 미래에는 현존하는 직업 중 대부분이 사라지는 큰 변화가 있을 것이다.

③ 세계 여러 국가는 변화하는 세상에 대응하여 전통적인 교육을 개편하고 있다.

④ 빠르게 변하는 불확실성의 세계에서는 미래의 유망 직업을 예측하는 일이 중요하다.

⑤ 교육은 다음 세대가 사회 환경의 변화에 대응하는 데 필요한 역량을 함양하는 방향으로 변해야 한다.

02. 다음 글에서 알 수 있는 것은?

NH농협은행

1996년 미국, EU 및 캐나다는 일본에서 위스키의 주세율이 소주에 비해 지나치게 높다는 이유로 일본을 WTO에 제소했다. WTO 패널은 제소국인 미국, EU 및 캐나다의 손을 들어주었다. 이 판정을 근거로 미국과 EU는 한국에 대해서도 소주와 위스키의 주세율을 조정해줄 것을 요구했는데, 받아들여지지 않자 한국을 WTO에 제소했다. 당시 소주의 주세율은 증류식이 50%, 희석식이 35%였는데, 위스키의 주세율은 100%로 소주에 비해 크게 높았다. 한국에 위스키 원액을 수출하던 EU는 1997년 4월에 한국을 제소했고, 5월에는 미국도 한국을 제소했다. 패널은 1998년 7월에 한국의 패소를 결정했다.

패널의 판정은, 소주와 위스키가 직접적인 경쟁 관계에 있고 동시에 대체 관계가 존재하므로 국산품인 소주에 비해 수입품인 위스키에 높은 주세율을 적용하고 있는 한국의 주세 제도가 WTO 협정의 내국민대우 조항에 위배된다는 것이었다. 그리고 3개월 후 한국이 패널의 판정에 대해 상소했으나 상소 기구에서 패널의 판정이 그대로 인정되었다. 따라서 한국은 소주와 위스키 간 주세율의 차이를 해소해야 했는데, 그 방안은 위스키의 주세를 낮추거나 소주의 주세를 올리는 것이었다. 당시 어느 것이 옳은가에 대한 논쟁이 적지 않았다. 결국 소주의 주세율은 올리고 위스키의 주세율은 내려서, 똑같이 72%로 맞추는 방식으로 2000년 1월 주세법을 개정하여 차이를 해소했다.

① WTO 협정에 따르면, 제품 간 대체 관계가 존재하면 세율이 같아야 한다.

② 2000년 주세법 개정 결과 희석식 소주가 증류식 소주보다 주세율 상승폭이 컸다.

③ 2000년 주세법 개정 이후 소주와 위스키의 세금 총액은 개정 전에 비해 증가하였다.

④ 미국, EU 및 캐나다는 일본과의 WTO 분쟁 판정 결과를 근거로 한국에서도 주세율을 조정하고자 했다.

⑤ 한국의 소주와 위스키의 주세율을 일본과 동일하게 하라는 권고가 WTO 패널의 판정에 포함되어 있다.

03. 다음 글에서 추론할 수 있는 것은?

국민은행, 신한은행

종자와 농약을 생산하는 대기업들은 자신들이 유전자 기술로 조작한 종자가 농약을 현저히 적게 사용해도 되기 때문에 농부들이 더 많은 이윤을 낼 수 있다고 주장하였다. 그러나 미국에서 유전자 변형 작물을 재배한 16년(1996년~2011년) 동안의 농약 사용량을 살펴보면, 이 주장은 사실이 아님을 알 수 있다.

유전자 변형 작물은 해충에 훨씬 더 잘 견디는 장점이 있다. 유전자 변형 작물이 해충을 막기 위해 자체적으로 독소를 만들어내기 때문이다. 독소를 함유한 유전자 변형 작물을 재배함으로써 일반 작물 재배와 비교하여 16년 동안 살충제 소비를 약 56,000톤 줄일 수 있었다. 그런데 제초제의 경우는 달랐다. 처음 4~5년 동안에는 제초제의 사용이 감소하였다. 그렇지만 전체 재배 기간을 고려하면 일반 작물 재배와 비교할 때 약 239,000톤이 더 소비되었다. 늘어난 제초제의 양에서 줄어든 살충제의 양을 빼면 일반 작물 재배와 비교하여 농약 사용이 재배 기간 16년 동안 183,000톤 증가했다.

M사의 제초제인 글리포세이트에 내성을 가진 유전자 변형 작물을 재배하기 시작한 농부들은 그 제초제를 매년 반복해서 사용했다. 이로 인해 그 지역에서는 글리포세이트에 대해 내성을 가진 잡초가 생겨났다. 이와 같이 제초제에 내성을 가진 잡초를 슈퍼잡초라고 부른다. 유전자 변형 작물을 재배하는 농지는 대부분 이러한 슈퍼잡초로 인해 어려움을 겪게 되었다. 슈퍼잡초를 제거하기 위해서는 제초제를 더 자주 사용하거나 여러 제초제를 섞어서 사용하거나 아니면 새로 개발된 제초제를 사용해야 한다. 이로 인해 농부들은 더 많은 비용을 지불할 수밖에 없었다.

① 유전자 변형 작물을 재배하는 지역에서는 모든 종류의 농약 사용이 증가했다.

② 유전자 변형 작물을 도입한 해부터 그 작물을 재배하는 지역에 슈퍼잡초가 나타났다.

③ 유전자 변형 작물을 도입한 후 일반 작물 재배의 경우에도 살충제의 사용이 증가했다.

④ 유전자 변형 작물 재배로 슈퍼잡초가 발생한 지역에서는 작물 생산 비용이 증가했다.

⑤ 유전자 변형 작물을 재배하는 지역과 일반 작물을 재배하는 지역에서 슈퍼잡초의 발생 정도가 비슷했다.

04. 다음 글의 빈칸에 들어갈 내용으로 가장 적절한 것은?

국민은행, 신한은행

A는 말벌이 어떻게 둥지를 찾아가는지 알아내고자 했다. 이에 A는 말벌이 둥지에 있을 때, 둥지를 중심으로 솔방울들을 원형으로 배치했는데, 그 말벌은 먹이를 찾아 둥지를 떠났다가 다시 둥지로 잘 돌아왔다. 이번에는 말벌이 먹이를 찾아 둥지를 떠난 사이, A가 그 솔방울들을 수거하여 둥지 부근 다른 곳으로 옮겨 똑같이 원형으로 배치했다. 그랬더니 돌아온 말벌은 솔방울들이 치워진 그 둥지로 가지 않고 원형으로 배치된 솔방울들의 중심으로 날아갔다.

이러한 결과를 관찰한 A는 말벌이 방향을 찾을 때 솔방울이라는 물체의 재질에 의존한 것인지 혹은 솔방울들로 만든 모양에 의존한 것인지를 알아내고자 하였다. 그래서 이번에는 말벌이 다시 먹이를 찾아 둥지를 떠난 사이, 앞서 원형으로 배치했던 솔방울들을 치우고 그 자리에 돌멩이들을 원형으로 배치했다. 그리고 거기 있던 솔방울들을 다시 가져와 둥지를 중심으로 삼각형으로 배치했다. 그러자 A는 돌아온 말벌이 원형으로 배치된 돌멩이들의 중심으로 날아가는 것을 관찰할 수 있었다.

이 실험을 통해 A는 먹이를 찾으러 간 말벌이 둥지로 돌아올 때, [   ]는 결론에 이르렀다.

① 물체의 재질보다 물체로 만든 모양에 의존하여 방향을 찾는다

② 물체로 만든 모양보다 물체의 재질에 의존하여 방향을 찾는다

③ 물체의 재질과 물체로 만든 모양 모두에 의존하여 방향을 찾는다

④ 물체의 재질이나 물체로 만든 모양에 의존하지 않고 방향을 찾는다

⑤ 경우에 따라 물체의 재질에 의존하기도 하고 물체로 만든 모양에 의존하기도 하면서 방향을 찾는다

05. 다음 글에 대한 평가로 적절하지 않은 것은?

KDB산업은행

당신은 '행복 기계'에 들어갈 것인지 망설이고 있다. 만일 들어간다면 그 순간 당신은 기계에 들어왔다는 것을 완전히 잊게 되고, 이 기계를 만나기 전에는 맛보기 힘든 멋진 시간을 가상현실 기술을 통해 경험하게 된다. 단, 누구든 한 번 그 기계에 들어가면 삶을 마칠 때까지 거기서 나올 수 없다. 이 기계에는 고장도 오작동도 없다. 당신은 이 기계에 들어가겠는가? 우리의 삶은 고난과 좌절로 가득 차 있지만, 우리는 그것들이 실제로 사라지기를 원하지 그저 사라졌다고 믿기를 원하지 않는다. 이러한 사실은, 참인 믿음이 우리에게 아무런 이익이 되지 않거나 심지어 손해를 가져오는 경우에도 우리가 거짓인 믿음보다 참인 믿음을 가지기를 선호한다는 견해를 뒷받침한다.

돈의 가치는 숫자가 적힌 종이 자체에 있지 않다. 돈이 가치를 지니는 것은 그것이 좋은 것들을 얻는 도구로 기능하기 때문이다. 참인 믿음을 가지는 것이 유용한 경우가 많은 것은 사실이지만, 다른 것들을 얻기 위한 수단인 돈과 달리 참인 믿음은 그 자체로 가치가 있다. 그리고 행복 기계에 관한 우리의 태도는 이를 분명하게 보여준다.

다른 것에 대한 선호로는 설명될 수 없는 원초적인 선호를 '기초 선호'라고 부른다. 가령 신체의 고통을 피하려는 것은 기초 선호로 보인다. 참인 믿음은 어떤가? 만약 참인 믿음이 기초 선호의 대상이 아니라면, 참인 믿음과 거짓인 믿음이 실용적 손익에서 동등할 경우 전자를 후자보다 더 선호해야 할 이유는 없다. 여기서 확인하게 되는 결론은, 참인 믿음이 기초 선호의 대상이라는 것이다. 그렇지 않다면, 사람들이 행복 기계에 들어가 행복한 거짓 믿음 속에 사는 편을 택하지 않을 이유가 없을 것이다.

① 대부분의 사람이 행복 기계에 들어가는 편을 택할 경우, 논지는 강화된다.
② 행복 기계가 현실에 존재하지 않는다는 사실이 논지를 약화하지는 않는다.
③ 치료를 위해 신체의 고통을 기꺼이 견디는 사람들이 있다고 해도 논지는 약화되지 않는다.
④ 행복 기계에 들어가지 않는 유일한 이유가 참과 무관한 실용적 이익임이 확인될 경우, 논지는 약화된다.
⑤ 실용적 이익이 없음에도 불구하고 우리가 수학적 참인 정리를 믿는 것을 선호한다는 사실은 논지를 강화한다.

06. 다음 글의 ㉠에 대한 비판으로 가장 적절한 것은?

IBK기업은행

"프랑스 수도가 어디지?"라는 가영의 물음에 나정이 "프랑스 수도는 로마지."라고 대답했다고 하자. 나정이 가영에게 제공한 것을 정보라고 할 수 있을까? 정보의 일반적 정의는 '올바른 문법 형식을 갖추어 의미를 갖는 자료'다. 이 정의에 따르면 나정의 대답은 정보를 담고 있다. 다음 진술은 이런 관점을 대변하는 진리 중립성 논제를 표현한다. "정보를 준다는 것이 반드시 그 내용이 참이라는 것을 의미하지는 않는다." 이 논제의 관점에서 보자면, 올바른 문법 형식을 갖추어 의미를 해석할 수 있는 자료는 모두 정보의 자격을 갖는다. 그 내용이 어떤 사태를 표상하든, 참을 말하든, 거짓을 말하든 상관없다.

그러나 이 조건만으로는 불충분하다는 지적이 있다. 철학자 플로리디는 전달된 자료를 정보라고 하려면 그 내용이 참이어야 한다고 주장한다. 즉, 정보란 올바른 문법 형식을 갖춘, 의미 있고 참인 자료라는 것이다. 이를 ㉠진리성 논제라고 한다. 그라이스는 이렇게 말한다. "거짓 '정보'는 저급한 종류의 정보가 아니다. 그것은 아예 정보가 아니기 때문이다." 이 점에서 그 역시 이 논제를 받아들이고 있다.

이런 논쟁은 용어법에 관한 시시한 언쟁처럼 보일 수도 있지만, 두 진영 간에는 정보 개념이 어떤 역할을 해야 하는가에 대한 근본적인 견해 차이가 있다. 진리성 논제를 비판하는 사람들은 틀린 '정보'도 정보로 인정되어야 한다고 말한다. 자료의 내용이 그것을 이해하는 주체의 인지 행위에서 분명한 역할을 수행한다는 이유에서다. '프랑스 수도가 로마'라는 말을 토대로 가영은 이런저런 행동을 할 수 있다. 가령, 프랑스어를 배우기 위해 로마로 떠날 수도 있고, 프랑스 수도를 묻는 퀴즈에서 오답을 낼 수도 있다. 거짓인 자료는 정보가 아니라고 볼 경우, '정보'라는 말이 적절하게 사용되는 사례들의 범위를 부당하게 제한하는 꼴이 된다.

① '정보'라는 표현이 일상적으로 사용되는 사례가 모두 적절한 것은 아니다.
② 올바른 문법 형식을 갖추지 못한 자료는 정보라는 지위에 도달할 수 없다.
③ 사실과 다른 내용의 자료를 숙지하고 있는 사람은 정보를 안다고 볼 수 없다.
④ 내용이 거짓인 자료를 토대로 행동을 하는 사람은 자신이 의도한 결과에 도달할 수 없다.
⑤ 거짓으로 밝혀질 자료도 그것을 믿는 사람의 인지 행위에서 분명한 역할을 한다면 정보라고 볼 수 있다.

07. 다음 글의 ㉠과 ㉡에 대한 평가로 적절하지 않은 것은?
IBK기업은행

미국 수정헌법 제1조는 국가가 시민들에게 진리에 대한 권위주의적 시각을 강제하는 일을 금지함으로써 정부가 다양한 견해들에 중립적이어야 한다는 중립성 원칙을 명시하였다. 특히 표현에 관한 중립성 원칙은 지난 수십 년에 걸쳐 발전해 왔다. 이 발전 과정의 초기에 미국 연방대법원은 표현의 자유를 부르짖는 급진주의자들의 요구에 선동적 표현의 위험성을 근거로 내세우며 맞섰다. 1940~50년대에 연방대법원은 수정헌법 제1조가 보호하는 표현과 그렇지 않은 표현을 구분하는 ㉠이중기준론을 표방하면서, 수정헌법 제1조의 보호 대상이 아닌 표현들이 있다고 판결했다. 추잡하고 음란한 말, 신성 모독적인 말, 인신공격이나 타인을 모욕하는 말, 즉 발언만으로도 누군가에게 해를 입히거나 사회의 양속을 해칠 말이 이에 포함되었다.

이중기준론의 비판자들은 연방대법원이 표현의 범주를 구분하는 과정에서 표현의 내용에 관한 가치 판단을 내림으로써 실제로 표현의 자유를 침해했다고 공격하였다. 1960~70년대를 거치며 연방대법원은 점차 비판자들의 견해를 수용했다. 1976년 연방대법원이 상업적 표현도 수정헌법 제1조의 보호 범위에 포함된다고 판결한 데 이어, 인신 비방 발언과 음란성 표현 등도 표현의 자유에 포함되기에 이르렀다.

정부가 모든 표현에 대해 중립적이어야 한다는 원칙은 1970~80년대에 ㉡내용중립성 원칙을 통해 한층 더 또렷이 표명되었다. 내용중립성 원칙이란, 정부가 어떤 경우에도 표현되는 내용에 대한 평가에 근거하여 표현을 제한해서는 안 된다는 것이다. 다시 말해 정부는 표현되는 사상이나 주제나 내용을 이유로 표현을 제한할 수 없다. 이렇게 해석된 수정헌법 제1조에 따르면, 미국 정부는 특정 견해를 편들 수 없을 뿐만 아니라 어떤 문제가 공공의 영역에서 토론하거나 논쟁할 가치가 있는지 없는지 미리 판단하여 선택해서도 안 된다.

① 시민을 보호하기 위해 제한해야 할 만큼 저속한 표현의 기준을 정부가 정하는 것은 ㉠과 상충하지 않는다.

② 음란물이 저속하고 부도덕하다는 이유에서 음란물 유포를 금하는 법령은 ㉠과 상충한다.

③ 어떤 영화의 주제가 나치즘 찬미라는 이유에서 상영을 금하는 법령은 ㉡에 저촉된다.

④ 경쟁 기업을 비방하는 내용의 광고라는 이유로 광고의 방영을 금지하는 법령은 ㉡에 저촉된다.

⑤ 인신공격하는 표현으로 특정 정치인을 힐난하는 내용의 기획물이라는 이유로 TV 방송을 제재할 것인지에 관해 ㉠과 ㉡은 상반되게 답할 것이다.

08. 다음 글에서 알 수 없는 것은?
하나은행

1859년에 프랑스의 수학자인 르베리에는 태양과 수성 사이에 미지의 행성이 존재한다는 가설을 세웠고, 그 미지의 행성을 '불칸'이라고 이름 붙였다. 당시의 천문학자들은 르베리에를 따라 불칸의 존재를 확신하고 그 첫 번째 관찰자가 되기 위해서 노력했다. 이렇게 확신한 이유는 르베리에가 불칸을 예측하는 데 사용한 방식이 해왕성을 성공적으로 예측하는 데 사용한 방식과 동일했기 때문이다. 해왕성 예측의 성공으로 인해 르베리에에 대한, 그리고 불칸의 예측 방법에 대한 신뢰가 높았던 것이다.

르베리에 또한 죽을 때까지 불칸의 존재를 확신했는데, 그가 그렇게 확신할 수 있었던 것 역시 해왕성 예측의 성공 덕분이었다. 1781년에 천왕성이 처음 발견된 뒤, 천문학자들은 천왕성보다 더 먼 위치에 다른 행성이 존재할 경우에만 천왕성의 궤도에 대한 관찰 결과가 뉴턴의 중력 법칙에 따라 설명될 수 있다고 생각했다. 이에 르베리에는 관찰을 통해 얻은 천왕성의 궤도와 뉴턴의 중력 법칙에 따라 산출한 궤도 사이의 차이를 수학적으로 계산하여 해왕성의 위치를 예측했다. 천문학자인 갈레는 베를린 천문대에서 르베리에의 편지를 받은 그날 밤, 르베리에가 예측한 바로 그 위치에 해왕성이 존재한다는 사실을 확인하였다.

르베리에는 수성의 운동에 대해서도 일찍부터 관심을 가지고 있었다. 르베리에는 수성의 궤도에 대한 관찰 결과 역시 뉴턴의 중력 법칙으로 예측한 궤도와 차이가 있음을 제일 먼저 밝힌 뒤, 1859년에 그 이유를 천왕성-해왕성의 경우와 마찬가지로 수성의 궤도에 미지의 행성이 영향을 끼치기 때문이라는 가설을 세운다. 르베리에는 이 미지의 행성에 '불칸'이라는 이름까지 미리 붙였던 것이며, 마침 르베리에의 가설에 따라 이 행성을 발견했다고 주장하는 천문학자까지 나타났던 것이다. 하지만 불칸의 존재에 대해 의심하는 천문학자들 또한 있었고, 이후 아인슈타인의 상대성이론을 이용해 수성의 궤도를 정확하게 설명하는 데 성공함으로써 가상의 행성인 불칸을 상정해야 할 이유는 사라졌다.

① 르베리에에 의하면 수성의 궤도를 정확하게 설명하기 위해서는 뉴턴의 중력 법칙을 대신할 다른 법칙이 필요하지 않다.

② 르베리에에 의하면 천왕성의 궤도를 정확하게 설명하기 위해서는 뉴턴의 중력 법칙을 대신할 다른 법칙이 필요하다.

③ 수성의 궤도에 대한 르베리에의 가설에 기반하여 연구한 천문학자가 있었다.

④ 르베리에는 해왕성의 위치를 수학적으로 계산하여 추정하였다.

⑤ 르베리에는 불칸의 존재를 수학적으로 계산하여 추정하였다.

09. 다음 대화의 ⊙에 따라 <계획안>을 수정한 것으로 적절하지 않은 것은?

IBK기업은행, 하나은행

갑: 지금부터 회의를 시작하겠습니다. 이 자리는 '보고서 작성법 특강'의 개최계획 검토를 위한 자리입니다. 특강을 성공적으로 개최하기 위해서 어떻게 해야 하는지 각자의 의견을 자유롭게 말씀해주시기 바랍니다.

을: 특강 참석 대상을 명확하게 정하고 그에 따라 개최 일시가 조정되었으면 좋겠습니다. 주중에 계속 근무하는 현직 공무원인 경우, 아무래도 주말에는 특강 참석률이 저조합니다. 특강을 평일에 개최하되 참석 시간을 근무 시간으로 인정해 준다면 참석률이 높아질 것 같습니다.

병: 공무원이 되기 위해 준비하고 있는 예비공무원들에게는 서울이 더 낫겠지만, 중앙부처 소속 공무원에게는 세종시가 접근성이 더 좋습니다. 특강 참석 대상이 누구인가에 따라 장소를 조정할 필요가 있습니다.

정: 주제가 너무 막연하게 표현되어 있습니다. 보고서의 형식이나 내용은 누구에게 보고하느냐에 따라 크게 달라집니다. 보고 대상이 명시적으로 드러날 수 있도록 주제를 더 구체적으로 표현하면 좋겠습니다.

무: 특강과 관련된 정보가 부족합니다. 강의에 관심이 있는 사람이라면 별도 비용이 있는지, 있다면 구체적으로 금액은 어떠한지 등이 궁금할 겁니다.

갑: 얼마 전에 비슷한 특강이 서울에서 개최되었으니 이번 특강은 현직 중앙부처 소속 공무원을 대상으로 진행하도록 하겠습니다. 참고로 특강 수강 비용은 무료입니다. ⊙오늘 회의에서 논의된 내용을 반영하여 특강 계획을 수정하도록 하겠습니다. 감사합니다.

───────── 〈계획안〉 ─────────

보고서 작성법 특강

○ 주제: 보고서 작성 기법
○ 일시: 2021. 11. 6.(토) 10:00~12:00
○ 장소: 정부서울청사 본관 5층 대회의실
○ 대상: 현직 공무원 및 공무원을 꿈꾸는 누구나

① 주제를 '효율적 정보 제시를 위한 보고서 작성 기법'으로 변경한다.
② 일시를 '2021. 11. 10.(수) 10:00~12:00(특강 참여 시 근무 시간으로 인정)'으로 변경한다.
③ 장소를 '정부세종청사 6동 대회의실'로 변경한다.
④ 대상을 '보고서 작성 능력을 키우고 싶은 현직 중앙부처 공무원'으로 변경한다.
⑤ 특강을 듣기 위한 별도 부담 비용이 없다고 안내하는 항목을 추가한다.

10. 다음 글에서 알 수 있는 것은?

신한은행

대부분의 미국 경찰관은 총격 사건을 경험하지 않고 은퇴하지만, 그럼에도 매년 약 600명이 총에 맞아 사망하고, 약 200명은 부상당한다. 미국에서 총격 사건 중 총기 발사 경험이 있는 경찰관 대부분이 심리적 문제를 보인다.

총격 사건을 겪은 경찰관을 조사한 결과, 총격 사건이 일어나는 동안 발생하는 중요한 심리현상 중의 하나가 시간·시각·청각왜곡을 포함하는 지각왜곡이었다. 83%의 경찰관이 총격이 오가는 동안 시간왜곡을 경험했는데, 그들 대부분은 한 시점에서 시간이 감속하여 모든 것이 느려진다고 느꼈다. 또한 56%가 시각왜곡을, 63%가 청각왜곡을 겪었다. 시각왜곡 중에서 가장 빈번한 증상은 한 가지 물체에만 주의가 집중되고 그 밖의 장면은 무시되는 것이다. 청각왜곡은 권총 소리, 고함 소리, 지시 사항 등의 소리를 제대로 듣지 못하는 것이다.

총격 사건에서 총기를 발사한 경찰관은 사건 후 수많은 심리증상을 경험한다. 가장 일반적인 심리증상은 높은 위험 지각, 분노, 불면, 고립감 등인데, 이러한 반응은 특히 총격 피해자 사망 시에 잘 나타난다. 총격 사건을 겪은 경찰관은 이전에 생각했던 것보다 자신의 직업이 더욱 위험하다고 지각하게 된다. 그들은 총격 피해자, 부서, 동료, 또는 사회에 분노를 느끼기도 하는데, 이는 자신을 누군가에게 총을 쏴야만 하는 상황으로 몰아넣었다는 생각 때문에 발생한다. 이러한 심리증상은 그 정도에서 큰 차이를 보였다. 37%의 경찰관은 심리증상이 경미했고, 35%는 중간 정도이며, 28%는 심각했다. 이러한 심리증상의 정도는 총격 사건이 발생한 상황에서 경찰관 자신의 총기 사용이 얼마나 정당했는가와 반비례하는 것으로 보인다. 수적으로 열세인 것, 권총으로 강력한 자동화기를 상대해야 하는 것 등의 요소가 총기 사용의 정당성을 높여준다.

① 총격 사건 중에 경험하는 지각왜곡 중에서 청각왜곡이 가장 빈번하게 나타난다.
② 전체 미국 경찰관 중 총격 사건을 경험하는 사람이 경험하지 않는 사람보다 많다.
③ 총격 피해자가 사망했을 경우 경찰관이 경험하는 청각왜곡은 그렇지 않은 경우보다 심각할 것이다.
④ 총격 사건 후 경찰관이 느끼는 높은 위험 지각, 분노 등의 심리증상은 지각왜곡의 정도에 의해 영향을 받는다.
⑤ 범죄자가 경찰관보다 강력한 무기로 무장했을 경우 경찰관이 총격 사건 후 경험하는 심리증상은 반대의 경우보다 약할 것이다.

11. 다음 <표>는 2023년 '갑'시 소각시설 현황에 관한 자료이다. 이에 대한 설명으로 옳은 것은?

KDB산업은행

<표> 2023년 '갑'시 소각시설 현황

(단위: 톤/일, 톤, 명)

소각시설	시설용량	연간소각실적	관리인원
전체	2,898	689,052	314
A	800	163,785	66
B	48	12,540	34
C	750	169,781	75
D	400	104,176	65
E	900	238,770	74

※ 시설용량은 1일 가동 시 소각할 수 있는 최대량임.

① '연간소각실적'이 많은 소각시설일수록 '관리인원'이 많다.

② '시설용량' 대비 '연간소각실적' 비율이 가장 높은 소각시설은 E이다.

③ '연간소각실적'은 A가 D의 1.5배 이하이다.

④ C의 '시설용량'은 전체 '시설용량'의 30% 이상이다.

⑤ B의 2023년 가동 일수는 250일 미만이다.

12. 다음 <표>는 재해위험지구 '갑', '을', '병'지역을 대상으로 정비사업 투자의 우선순위를 결정하기 위한 자료이다. '편익', '피해액', '재해발생위험도' 3개 평가 항목 점수의 합이 큰 지역일수록 우선순위가 높다. 이에 대한 <보기>의 설명 중 옳은 것만을 모두 고르면?

국민은행

<표 1> '갑'~'병'지역의 평가 항목별 등급

평가 항목 지역	편익	피해액	재해발생위험도
갑	C	A	B
을	B	D	A
병	A	B	C

<표 2> 평가 항목의 등급별 배점

(단위: 점)

평가 항목 등급	편익	피해액	재해발생위험도
A	10	15	25
B	8	12	17
C	6	9	10
D	4	6	0

〈보기〉

ㄱ. '재해발생위험도' 점수가 높은 지역일수록 우선순위가 높다.

ㄴ. 우선순위가 가장 높은 지역과 가장 낮은 지역의 '피해액' 점수 차이는 '재해발생위험도' 점수 차이보다 크다.

ㄷ. '피해액' 점수와 '재해발생위험도' 점수의 합이 가장 큰 지역은 '갑'이다.

ㄹ. '갑'지역의 '편익' 등급이 B로 변경되면, 우선순위가 가장 높은 지역은 '갑'이다.

① ㄱ, ㄴ

② ㄱ, ㄷ

③ ㄴ, ㄹ

④ ㄱ, ㄷ, ㄹ

⑤ ㄴ, ㄷ, ㄹ

13. 다음 <그림>은 2023년 A~C구 공사 건수 및 평균 공사비를 나타낸 자료이다. 이를 근거로 계산한 2023년 A~C구 전체 공사의 평균 공사비는?

NH농협은행

<그림> 2023년 A~C구 공사 건수 및 평균 공사비

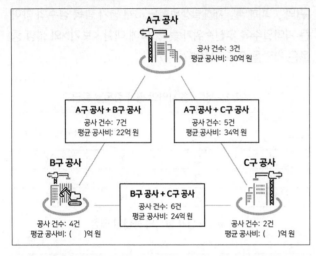

① 26억 원

② 27억 원

③ 28억 원

④ 29억 원

⑤ 30억 원

※ 다음 <표>는 '갑'국의 2022년 4~6월 A~D 정유사의 휘발유와 경유 가격에 관한 자료이다. 다음 물음에 답하시오. [14~15]

국민은행

<표> 정유사별 휘발유와 경유 가격

(단위: 원/L)

유종 정유사 월	휘발유			경유		
	4	5	6	4	5	6
A	1,840	1,825	1,979	1,843	1,852	2,014
B	1,795	1,849	1,982	1,806	1,894	2,029
C	1,801	1,867	2,006	1,806	1,885	2,013
D	1,807	1,852	1,979	1,827	1,895	2,024

※ 가격은 해당 월의 정유사별 공시가임.

14. 위 <표>에 대한 설명으로 옳은 것은?

① 휘발유와 경유의 가격 차이가 가장 큰 정유사는 매월 같다.

② 4월에 휘발유 가격보다 경유 가격이 낮은 정유사는 1개이다.

③ 5월 휘발유 가격이 가장 높은 정유사는 5월 경유 가격도 가장 높다.

④ 각 정유사의 경유 가격은 매월 높아졌다.

⑤ 각 정유사의 5월과 6월 가격 차이는 경유가 휘발유보다 크다.

15. 위 <표>와 다음 <정보>를 근거로 <보기>의 설명 중 옳은 것만을 모두 고르면?

─〈정보〉─
○ 가격 = 원가 + 유류세 + 부가가치세
○ 4월 유류세는 원가의 50%임.
○ 부가가치세는 원가와 유류세를 합한 금액의 10%임.

─〈보기〉─
ㄱ. 5월 B의 휘발유 유류세가 원가의 40%라면, 5월 B의 휘발유 원가는 1,300원/L 이상이다.
ㄴ. 5월 C의 경유 원가가 전월과 같다면, 5월 C의 경유 유류세는 600원/L 이상이다.
ㄷ. 6월 D의 경유 유류세가 4월과 같은 금액이라면, 6월 D의 경유 유류세는 원가의 50% 이상이다.

① ㄱ

② ㄴ

③ ㄷ

④ ㄱ, ㄴ

⑤ ㄴ, ㄷ

16. 다음 <그림>은 2017~2021년 '갑'국의 반려동물 사료 유형별 특허 출원건수에 관한 자료이다. 이에 대한 <보기>의 설명 중 옳은 것만을 모두 고르면?

<그림> 반려동물 사료 유형별 특허 출원건수

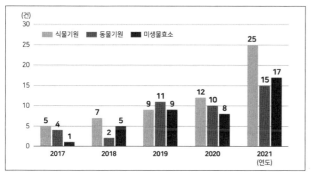

※ 반려동물 사료 유형은 식물기원, 동물기원, 미생물효소로만 구분함.

─────────〈보기〉─────────

ㄱ. 2017~2021년 동안의 특허 출원건수 합이 가장 작은 사료 유형은 '미생물효소'이다.

ㄴ. 연도별 전체 특허 출원건수 대비 각 사료 유형의 특허 출원건수 비율은 '식물기원'이 매년 가장 높다.

ㄷ. 2021년 특허 출원건수의 전년 대비 증가율이 가장 높은 사료 유형은 '식물기원'이다.

① ㄱ

② ㄷ

③ ㄱ, ㄴ

④ ㄱ, ㄷ

⑤ ㄴ, ㄷ

17. 다음 <표>는 위원회 회의참석수당 지급규정에 대한 자료이다. 이를 근거로 <회의>의 (가)~(라) 중 총지급액이 가장 큰 회의와 세 번째로 큰 회의를 바르게 연결한 것은?

<표 1> 위원회 회의참석수당 지급규정

(단위: 천 원/인)

구분		전체위원회		조정위원회		전문위원회	기타위원회
		전체회의	소위	전체회의	소위		
안건검토비	위원장	300	250	200	150	200	150
	위원	250	200	150	100	150	100
회의참석비		회의시간이 2시간 미만인 경우 150					
		회의시간이 2시간 이상인 경우 200					
교통비		교통비 지급규정에 따라 정액 지급					

※ 1) 총지급액은 위원장과 위원의 회의참석수당 합임.

　 2) 위원(장) 회의참석수당 = 위원(장) 안건검토비 + 회의참석비 + 교통비

<표 2> 교통비 지급규정

(단위: 천 원/인)

회의개최장소	1급지	2급지	3급지	4급지
교통비	12	16	25	30

※ 교통비는 회의개최장소의 등급에 따라 지급하고, 회의개최장소는 1~4급지로 구분됨.

─────────〈회의〉─────────

(가) 1급지에서 개최되고 위원장 1인과 위원 2인이 참석하며, 회의시간이 1시간인 전체위원회 소위

(나) 2급지에서 개최되고 위원장 1인과 위원 2인이 참석하며, 회의시간이 3시간인 조정위원회 전체회의

(다) 3급지에서 개최되고 위원장 1인과 위원 2인이 참석하며, 회의시간이 1시간인 전문위원회

(라) 4급지에서 개최되고 위원장 1인과 위원 2인이 참석하며, 회의시간이 4시간인 기타 위원회

	총지급액이 가장 큰 회의	총지급액이 세 번째로 큰 회의
①	(나)	(가)
②	(나)	(다)
③	(나)	(라)
④	(라)	(나)
⑤	(라)	(다)

18. 다음은 '갑'국의 일·가정 양립제도에 관한 <보고서>이다. 이를 작성하기 위해 사용하지 않은 자료는?

NH농협은행

───── <보고서> ─────

　2018년 기준 가족친화 인증을 받은 기업 및 기관수는 1,828개로 2017년보다 30% 이상 증가하였고, 전년 대비 증가율은 중소기업 및 공공기관이 각각 대기업보다 높게 나타났다. 이와 함께 일·가정 양립제도 중 하나인 유연근로제도를 도입하고 있는 사업체의 비율은 2018년이 2017년보다 37.1%p 증가하였다.

　2018년 유배우자 가구 중 맞벌이 가구의 비율은 2017년보다 1.0%p 증가하였으며, 6세 이하 자녀를 둔 맞벌이 가구 비율이 초·중학생 자녀를 둔 맞벌이 가구 비율보다 낮았다. 한편, 남녀간 고용률 차이는 여전히 존재하여 2018년 기혼 남성과 기혼여성의 고용률 차이는 29.2%p로 격차가 큰 것으로 나타났다.

　2018년 육아휴직자 수는 89,795명으로 2013년부터 매년 증가하였는데, 남성 육아휴직자 수는 2017년보다 증가한 반면, 여성 육아휴직자 수는 2017년에 비해 감소하였다. 또한, 2018년 육아기 근로시간 단축제도 이용자 수는 2017년보다 30% 이상 증가한 2,761명으로 남녀 모두 증가하였다.

① 육아지원제도 이용자 현황

(단위: 명)

구분 \ 연도		2013	2014	2015	2016	2017	2018
육아휴직자 수	여성	56,735	62,279	67,323	73,412	82,467	82,179
	남성	1,402	1,790	2,293	3,421	4,872	7,616
육아기 근로시간 단축제도 이용자 수	여성	37	415	692	1,032	1,891	2,383
	남성	2	22	44	84	170	378

② 2018년 혼인상태별 고용률

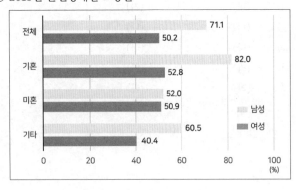

③ 가족친화 인증 기업 및 기관 현황

(단위: 개, %)

구분 \ 연도	2016	2017	2018	비율	전년 대비 증가율
대기업	223	258	285	15.6	10.5
중소기업	428	702	983	53.8	40.0
공공기관	305	403	560	30.6	39.0
전체	956	1,363	1,828	100.0	34.1

④ 기혼여성의 취업 여부별 경력단절 경험 비율

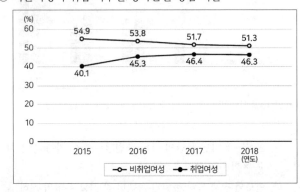

⑤ 유배우자 가구 중 맞벌이 가구 현황

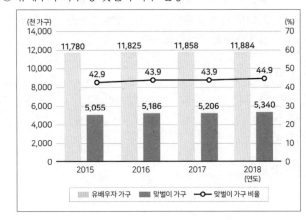

19. 다음 <표>는 농산물 도매시장의 품목별 조사단위당 가격에 대한 자료이다. 이를 이용해 작성한 그래프로 옳지 않은 것은?

IBK기업은행

<표> 품목별 조사단위당 가격

(단위: kg, 원)

구분	품목	조사 단위	조사단위당 가격		
			금일	전일	전년 평균
곡물	쌀	20	52,500	52,500	47,500
	찹쌀	60	180,000	180,000	250,000
	검정쌀	30	120,000	120,000	106,500
	콩	60	624,000	624,000	660,000
	참깨	30	129,000	129,000	127,500
채소	오이	10	23,600	24,400	20,800
	부추	10	68,100	65,500	41,900
	토마토	10	34,100	33,100	20,800
	배추	10	9,500	9,200	6,200
	무	15	8,500	8,500	6,500
	고추	10	43,300	44,800	31,300

① 쌀, 찹쌀, 검정쌀의 조사단위당 가격

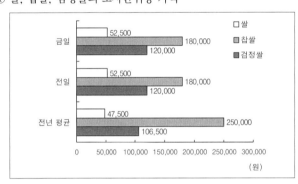

② 채소의 조사단위당 전일가격 대비 금일가격 등락액

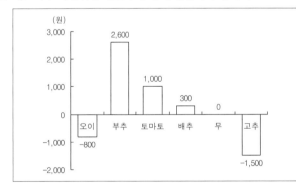

③ 채소 1kg당 금일가격

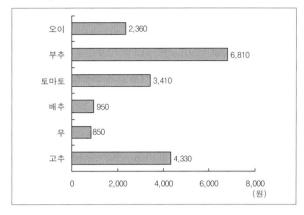

④ 곡물 1kg당 금일가격

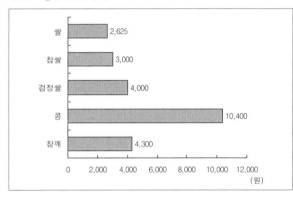

⑤ 채소의 조사단위당 전년 평균가격 대비 금일가격 비율

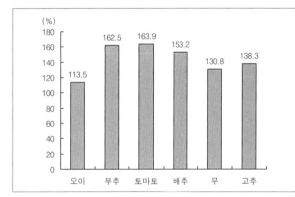

20. 다음 <표>는 '갑'잡지가 발표한 세계 스포츠 구단 중 2020년 가치액 기준 상위 10개 구단에 관한 자료이다. 이에 대한 <보기>의 설명 중 옳은 것만을 모두 고르면?

KDB산업은행

<표> 2020년 가치액 상위 10개 스포츠 구단

(단위: 억 달러)

순위	구단	종목	가치액
1(1)	A	미식축구	58(58)
2(2)	B	야구	50(50)
3(5)	C	농구	45(39)
4(8)	D	농구	44(36)
5(9)	E	농구	42(33)
6(3)	F	축구	41(42)
7(7)	G	미식축구	40(37)
8(4)	H	축구	39(41)
9(11)	I	미식축구	37(31)
10(6)	J	축구	36(38)

※ ( ) 안은 2019년도 값임.

───────〈보기〉───────

ㄱ. 2020년 상위 10개 스포츠 구단 중 전년보다 순위가 상승한 구단이 순위가 하락한 구단보다 많다.

ㄴ. 2020년 상위 10개 스포츠 구단 중 미식축구 구단 가치액 합은 농구 구단 가치액 합보다 크다.

ㄷ. 2020년 상위 10개 스포츠 구단 중 전년 대비 가치액 상승률이 가장 큰 구단의 종목은 미식축구이다.

ㄹ. 연도별 상위 10개 스포츠 구단의 가치액 합은 2019년이 2020년보다 크다.

① ㄱ, ㄴ

② ㄱ, ㄹ

③ ㄷ, ㄹ

④ ㄱ, ㄴ, ㄷ

⑤ ㄴ, ㄷ, ㄹ

21. 다음 글과 <상황>을 근거로 판단할 때, <보기>에서 옳은 것만을 모두 고르면?

NH농협은행

甲국에서는 4개 기관(A~D)에 대해 전기, 후기 두 번의 평가를 실시하고 있다. 전기평가에서 낮은 점수를 받은 기관이 후기평가를 포기하는 것을 막기 위해 다음과 같은 최종평가점수 산정 방식을 사용하고 있다.

최종평가점수＝Max[0.5×전기평가점수＋0.5×후기평가점수,
0.2×전기평가점수＋0.8×후기평가점수]

여기서 사용한 Max[X, Y]는 X와 Y 중 큰 값을 의미한다. 즉, 전기평가점수와 후기평가점수의 가중치를 50 : 50으로 하여 산정한 점수와 20 : 80으로 하여 산정한 점수 중 더 높은 것이 해당 기관의 최종평가점수이다.

─────〈상황〉─────

4개 기관의 전기평가점수(100점 만점)는 다음과 같다.

기관	A	B	C	D
전기평가점수	60	70	90	80

4개 기관의 후기평가점수(100점 만점)는 모두 자연수이고, C기관의 후기평가점수는 70점이다. 최종평가점수를 통해 확인된 기관 순위는 1등부터 4등까지 A-B-D-C 순이며 동점인 기관은 없다.

─────〈보기〉─────

ㄱ. A기관의 후기평가점수는 B기관의 후기평가점수보다 최소 3점 높다.

ㄴ. B기관의 후기평가점수는 83점일 수 있다.

ㄷ. A기관과 D기관의 후기평가점수 차이는 5점일 수 있다.

① ㄱ

② ㄴ

③ ㄱ, ㄴ

④ ㄱ, ㄷ

⑤ ㄴ, ㄷ

22. 다음 글을 근거로 판단할 때, <보기>에서 옳은 것만을 모두 고르면?

NH농협은행

○ △△부는 적극행정 UCC 공모전에 참가한 甲~戊의 영상을 심사한다.

○ 총 점수는 UCC 조회수 등급에 따른 점수와 심사위원 평가점수의 합이고, 총 점수가 높은 순위에 따라 3위까지 수상한다.

○ UCC 조회수 등급에 따른 점수는 조회수에 따라 5등급(A, B, C, D, E)으로 나누어 부여된다. 최상위 A를 10점으로 하며 인접 등급 간의 점수 차이는 0.3점이다.

○ 심사위원 평가점수는 심사위원 (가)~(마)가 각각 부여한 점수(1~10의 자연수)에서 최고점 및 최저점을 제외한 3개 점수의 평균으로 계산한다. 이때 최고점이 복수인 경우에는 그중 한 점수만 제외하여 계산한다. 최저점이 복수인 경우에도 이와 동일하다.

○ 심사 결과는 다음과 같다.

참가자	조회수 등급	심사위원별 평가점수				
		(가)	(나)	(다)	(라)	(마)
甲	B	9	(㉠)	7	8	7
乙	B	9	8	7	7	7
丙	A	8	7	(㉡)	10	5
丁	B	5	6	7	7	7
戊	C	6	10	10	7	7

─────〈보기〉─────

ㄱ. ㉠이 5점이라면 乙의 총 점수가 甲의 총 점수보다 높다.

ㄴ. 丁은 ㉠과 ㉡에 상관없이 수상하지 못한다.

ㄷ. 戊는 조회수 등급을 D로 받았더라도 수상한다.

ㄹ. ㉠>㉡이면 甲의 총 점수가 丙의 총 점수보다 높다.

① ㄱ, ㄴ

② ㄱ, ㄷ

③ ㄴ, ㄷ

④ ㄴ, ㄹ

⑤ ㄷ, ㄹ

23. 다음 글을 근거로 판단할 때, 甲이 작성한 보고서 한 건의 쪽수의 최댓값은?

KDB산업은행

A회사 직원인 甲은 근무일마다 동일한 쪽수의 보고서를 한 건씩 작성한다. 甲은 작성한 보고서를 회사의 임원들 각각에게 당일 출력하여 전달한다. 甲은 A회사에 1개월 전 입사하였으며 총 근무일은 20일을 초과하였다. 甲이 현재까지 출력한 총량은 1,000쪽이며, 임원은 2명 이상이다.

① 5
② 8
③ 10
④ 20
⑤ 40

24. 다음 글을 근거로 판단할 때, A~E 중 한 명만 화상강의 시스템에 접속해 있던 시각으로 가능한 것은?

하나은행

○ 어제 9:00부터 9:30까지 진행된 수업시간 중 학생 A~E가 화상강의 시스템에 접속해 있던 시간은 아래와 같다.

학생	A	B	C	D	E
시간(분)	13	15	17	21	25

○ 학생들의 접속 횟수는 각 1회였다.
○ A와 C가 접속해 있던 시간은 서로 겹치지 않았다.

① 9:04
② 9:10
③ 9:15
④ 9:21
⑤ 9:24

25. 다음 글과 <상황>을 근거로 판단할 때, <사업 공모 지침 수정안>의 밑줄 친 ⑦~⑩ 중 '관계부처 협의 결과'에 부합한 것만을 모두 고르면?

NH농협은행

○ '대학 캠퍼스 혁신파크 사업'을 담당하는 A주무관은 신청 조건과 평가지표 및 배점을 포함한 <사업 공모 지침 수정안>을 작성하였다. 평가지표는 I~IV의 지표와 그 하위 지표로 구성되어 있다.

―――――――〈사업 공모 지침 수정안〉―――――――

⑦ □ 신청 조건

　최소 1만m² 이상의 사업부지 확보. 단, 사업부지에는 건축물이 없어야 함

　□ 평가지표 및 배점

평가지표	배점	
	현행	수정
⑭ I. 개발 타당성	20	25
－ 개발계획의 합리성	10	10
－ 관련 정부사업과의 연계가능성	5	10
－ 학습여건 보호 가능성	5	5
⑭ II. 대학의 사업 추진 역량과 의지	10	15
－ 혁신파크 입주기업 지원 방안	5	5
－ 사업 전담조직 및 지원체계	5	5
－ 대학 내 주체 간 합의 정도	－	5
㉣ III. 기업 유치 가능성	10	10
－ 기업의 참여 가능성	7	3
－ 참여 기업의 재무건전성	3	7
㉤ IV. 시범사업 조기 활성화 가능성	10	삭제
－ 대학 내 주체 간 합의 정도	5	이동
－ 부지 조기 확보 가능성	5	삭제
합계	50	50

―――――――〈상황〉―――――――

A주무관은 <사업 공모 지침 수정안>을 작성한 후 뒤늦게 '관계부처 협의 결과'를 전달받았다. 그 내용은 다음과 같다.
○ 대학이 부지를 확보하는 것이 쉽지 않으므로 신청 사업부지 안에 건축물이 포함되어 있어도 신청 허용
○ 도시재생뉴딜사업, 창업선도대학 등 '관련 정부사업과의 연계가능성' 평가비중 확대
○ 시범사업 기간이 종료되었으므로 시범사업 조기 활성화와 관련된 평가지표를 삭제하되 '대학 내 주체 간 합의 정도'는 타 지표로 이동하여 계속 평가
○ 논의된 내용 이외의 하위 지표의 항목과 배점은 사업의 안정성을 위해 현행 유지

① ⑦, ⑭ ② ⑦, ㉣ ③ ⑭, ㉣
④ ⑭, ㉤ ⑤ ⑭, ㉣, ㉤

26. 다음 글과 <상황>을 근거로 판단할 때, <보기>에서 옳은 것만을 모두 고르면?

NH농협은행

제00조 ① "주택담보노후연금보증"이란 주택소유자가 주택에 저당권을 설정하고 금융기관으로부터 제2항에서 정하는 연금 방식으로 노후생활자금을 대출(이하 "주택담보노후연금대출"이라 한다)받음으로써 부담하는 금전채무를 주택금융공사가 보증하는 행위를 말한다. 이 경우 주택소유자 또는 주택소유자의 배우자는 60세 이상이어야 한다.

② 제1항의 연금 방식이란 다음 각 호의 어느 하나에 해당하는 방식을 말한다.
1. 주택소유자가 생존해 있는 동안 노후생활자금을 매월 지급받는 방식
2. 주택소유자가 선택하는 일정한 기간 동안 노후생활자금을 매월 지급받는 방식
3. 제1호 또는 제2호의 어느 하나의 방식과, 주택소유자가 다음 각 목의 어느 하나의 용도로 사용하기 위하여 일정한 금액(단, 주택담보노후연금대출 한도의 100분의 50 이내의 금액으로 한다)을 지급받는 방식을 결합한 방식
　가. 해당 주택을 담보로 대출받은 금액 중 잔액을 상환하는 용도
　나. 해당 주택의 임차인에게 임대차보증금을 반환하는 용도

―――――――〈상황〉―――――――

A주택의 소유자 甲(61세)은 A주택에 저당권을 설정하여 주택담보노후연금보증을 통해 노후생활자금을 대출받고자 한다. 甲의 A주택에 대한 주택담보노후연금대출 한도액은 3억 원이다.

―――――――〈보기〉―――――――

ㄱ. 甲은 A주택의 임차인에게 임대차보증금을 반환하는 용도로 1억 원을 지급받고, 생존해 있는 동안 노후생활자금을 매월 지급받을 수 있다.
ㄴ. 甲의 배우자의 연령이 60세 이상이어야 주택담보노후연금보증을 통해 노후생활자금을 대출받을 수 있다.
ㄷ. 甲은 A주택을 담보로 대출받은 금액 중 잔액을 상환하는 용도로 1억 5천만 원을 지급받고, 향후 10년간 노후생활자금을 매월 지급받을 수 있다.

① ㄱ ② ㄴ ③ ㄱ, ㄷ
④ ㄴ, ㄷ ⑤ ㄱ, ㄴ, ㄷ

※ 다음 글을 읽고 물음에 답하시오. [27~28]

NH농협은행

'국민참여예산제도'는 국가 예산사업의 제안, 심사, 우선순위 결정과정에 국민을 참여케 함으로써 예산에 대한 국민의 관심도를 높이고 정부 재정운영의 투명성을 제고하기 위한 제도이다. 이 제도는 정부의 예산편성권과 국회의 예산심의·의결권 틀 내에서 운영된다.

국민참여예산제도는 기존 제도인 국민제안제도나 주민참여예산제도와 차이점을 지닌다. 먼저 '국민제안제도'가 국민들이 제안한 사항에 대해 관계부처가 채택 여부를 결정하는 방식이라면, 국민참여예산제도는 국민의 제안 이후 사업심사와 우선순위 결정과정에도 국민의 참여를 가능하게 함으로써 국민의 역할을 확대하는 방식이다. 또한 '주민참여예산제도'가 지방자치단체의 사무를 대상으로 하는 반면, 국민참여예산제도는 중앙정부가 재정을 지원하는 예산사업을 대상으로 한다.

국민참여예산제도에서는 3~4월에 국민사업제안과 제안사업 적격성 검사를 실시하고, 이후 5월까지 각 부처에 예산안을 요구한다. 6월에는 예산국민참여단을 발족하여 참여예산 후보사업을 압축한다. 7월에는 일반국민 설문조사와 더불어 예산국민참여단 투표를 통해 사업선호도 조사를 한다. 이러한 과정을 통해 선호순위가 높은 후보사업은 국민참여예산사업으로 결정되며, 8월에 재정정책자문회의의 논의를 거쳐 국무회의에서 정부예산안에 반영된다. 정부예산안은 국회에 제출되며, 국회는 심의·의결을 거쳐 12월까지 예산안을 확정한다.

예산국민참여단은 일반국민을 대상으로 전화를 통해 참여의사를 타진하여 구성한다. 무작위로 표본을 추출하되 성·연령·지역별 대표성을 확보하는 통계적 구성방법이 사용된다. 예산국민참여단원은 예산학교를 통해 국가재정에 대한 교육을 이수한 후, 참여예산 후보사업을 압축하는 역할을 맡는다. 예산국민참여단이 압축한 후보사업에 대한 일반국민의 선호도는 통계적 대표성이 확보된 표본을 대상으로 한 설문을 통해, 예산국민참여단의 사업선호도는 오프라인 투표를 통해 조사한다.

정부는 2017년에 2018년도 예산을 편성하면서 국민참여예산제도를 시범 도입하였는데, 그 결과 6개의 국민참여예산사업이 선정되었다. 2019년도 예산에는 총 39개 국민참여예산사업에 대해 800억 원이 반영되었다.

27. 윗글을 근거로 판단할 때 옳은 것은?

① 국민제안제도에서는 중앙정부가 재정을 지원하는 예산사업의 우선순위를 국민이 정할 수 있다.
② 국민참여예산사업은 국회 심의·의결 전에 국무회의에서 정부예산안에 반영된다.
③ 국민참여예산제도는 정부의 예산편성권 범위 밖에서 운영된다.
④ 참여예산 후보사업은 재정정책자문회의의 논의를 거쳐 제안된다.
⑤ 예산국민참여단의 사업선호도 조사는 전화설문을 통해 이루어진다.

28. 윗글과 <상황>을 근거로 판단할 때, 甲이 보고할 수치를 옳게 짝지은 것은?

───〈상황〉───
2019년도 국민참여예산사업 예산 가운데 688억 원이 생활밀착형사업 예산이고 나머지는 취약계층지원사업 예산이었다. 2020년도 국민참여예산사업 예산 규모는 2019년도에 비해 25% 증가했는데, 이 중 870억 원이 생활밀착형사업 예산이고 나머지는 취약계층지원사업 예산이었다. 국민참여예산제도에 관한 정부부처 담당자 甲은 2019년도와 2020년도 각각에 대해 국민참여예산사업 예산에서 취약계층지원사업 예산이 차지한 비율을 보고하려고 한다.

	2019년도	2020년도
①	13%	12%
②	13%	13%
③	14%	13%
④	14%	14%
⑤	15%	14%

29. 다음 글을 근거로 판단할 때 옳은 것은?

IBK기업은행

제00조 ① 각 중앙관서의 장은 그 소관 물품관리에 관한 사무를 소속 공무원에게 위임할 수 있고, 필요하면 다른 중앙관서의 소속 공무원에게 위임할 수 있다.
② 제1항에 따라 각 중앙관서의 장으로부터 물품관리에 관한 사무를 위임받은 공무원을 물품관리관이라 한다.

제00조 ① 물품관리관은 물품수급관리계획에 정하여진 물품에 대하여는 그 계획의 범위에서, 그 밖의 물품에 대하여는 필요할 때마다 계약담당공무원에게 물품의 취득에 관한 필요한 조치를 할 것을 청구하여야 한다.
② 계약담당공무원은 제1항에 따른 청구가 있으면 예산의 범위에서 해당 물품을 취득하기 위한 필요한 조치를 하여야 한다.

제00조 물품은 국가의 시설에 보관하여야 한다. 다만 물품관리관이 국가의 시설에 보관하는 것이 물품의 사용이나 처분에 부적당하다고 인정하거나 그 밖에 특별한 사유가 있으면 국가 외의 자의 시설에 보관할 수 있다.

제00조 ① 물품관리관은 물품을 출납하게 하려면 물품출납공무원에게 출납하여야 할 물품의 분류를 명백히 하여 그 출납을 명하여야 한다.
② 물품출납공무원은 제1항에 따른 명령이 없으면 물품을 출납할 수 없다.

제00조 ① 물품출납공무원은 보관 중인 물품 중 사용할 수 없거나 수선 또는 개조가 필요한 물품이 있다고 인정하면 그 사실을 물품관리관에게 보고하여야 한다.
② 물품관리관은 제1항에 따른 보고에 의하여 수선이나 개조가 필요한 물품이 있다고 인정하면 계약담당공무원이나 그 밖의 관계 공무원에게 그 수선이나 개조를 위한 필요한 조치를 할 것을 청구하여야 한다.

① 물품출납공무원은 물품관리관의 명령이 없으면 자신의 재량으로 물품을 출납할 수 없다.

② A중앙관서의 장이 그 소관 물품관리에 관한 사무를 위임하고자 할 경우, B중앙관서의 소속 공무원에게는 위임할 수 없다.

③ 계약담당공무원은 물품을 국가의 시설에 보관하는 것이 그 사용이나 처분에 부적당하다고 인정하는 경우, 그 물품을 국가 외의 자의 시설에 보관할 수 있다.

④ 물품수급관리계획에 정해진 물품 이외의 물품이 필요한 경우, 물품관리관은 필요할 때마다 물품출납공무원에게 물품의 취득에 관한 필요한 조치를 할 것을 청구해야 한다.

⑤ 물품출납공무원은 보관 중인 물품 중 수선이 필요한 물품이 있다고 인정하는 경우, 계약담당공무원에게 수선에 필요한 조치를 할 것을 청구해야 한다.

30. 다음 글을 근거로 판단할 때, ㉠과 ㉡에 들어갈 수를 옳게 짝지은 것은?

국민은행

올림픽은 원칙적으로 4년에 한 번씩 개최되는 세계 최대 규모의 스포츠 대회이다. 제1회 하계 올림픽은 1896년 그리스 아테네에서, 제1회 동계 올림픽은 1924년 프랑스 샤모니에서 개최되었다. 그런데 두 대회의 차수(次數)를 계산하는 방식은 서로 다르다.

올림픽 사이의 기간인 4년을 올림피아드(Olympiad)라 부르는데, 하계 올림픽의 차수는 올림피아드를 기준으로 계산한다. 이전 대회부터 하나의 올림피아드만큼 시간이 흐르면 올림픽 대회 차수가 하나씩 올라가게 된다. 대회가 개최되지 못해도 올림피아드가 사라지는 것은 아니기 때문에 대회 차수에는 영향을 미치지 않는다. 실제로 하계 올림픽은 제1·2차 세계대전으로 세 차례(1916년, 1940년, 1944년) 개최되지 못하였는데, 1912년 제5회 스톡홀름 올림픽 다음으로 1920년에 벨기에 안트베르펜에서 개최된 올림픽은 제7회 대회였다. 마찬가지로 1936년 제11회 베를린 올림픽 다음으로 개최된 1948년 런던 올림픽은 제(㉠)회 대회였다. 반면에 동계 올림픽의 차수는 실제로 열린 대회만으로 정해진다. 동계 올림픽은 제2차 세계대전으로 두 차례(1940년, 1944년) 열리지 못하였는데, 1936년 제4회 동계 올림픽 다음 대회인 1948년 동계 올림픽은 제5회 대회였다. 이후 2020년 전까지 올림픽이 개최되지 않은 적은 없다.

1992년까지 동계·하계 올림픽은 같은 해 치러졌으나 그 이후로는 IOC 결정에 따라 분리되어 2년 격차로 개최되었다. 1994년 노르웨이 릴레함메르에서 열린 동계 올림픽 대회는 이 결정에 따라 처음으로 하계 올림픽에 2년 앞서 치러진 대회였다. 이를 기점으로 동계 올림픽은 지금까지 4년 주기로 빠짐없이 개최되고 있다.

대한민국은 1948년 런던 하계 올림픽에 처음 출전하여, 1976년 제21회 몬트리올 하계 올림픽과 1992년 제(㉡)회 알베르빌 동계 올림픽에서 각각 최초로 금메달을 획득하였다.

	㉠	㉡
①	12	16
②	12	21
③	14	16
④	14	19
⑤	14	21

약점 보완 해설집 p.54

무료 바로 채점 및 성적 분석 서비스 바로 가기
QR코드를 이용해 모바일로 간편하게 채점하고 나의 실력이 어느 정도인지, 취약 부분이 어디인지 바로 파악해 보세요!

실전공략문제 6회

01. 다음 글의 내용과 부합하지 않는 것은?

NH농협은행

기원전 3천 년쯤 처음 나타난 원시 수메르어 문자 체계는 두 종류의 기호를 사용했다. 한 종류는 숫자를 나타냈고, 1, 10, 60 등에 해당하는 기호가 있었다. 다른 종류의 기호는 사람, 동물, 사물, 토지 등을 나타냈다. 두 종류의 기호를 사용하여 수메르인들은 많은 정보를 보존할 수 있었다.

이 시기의 수메르어 기록은 사물과 숫자에 한정되었다. 쓰기는 시간과 노고를 요구하는 일이었고, 기호를 읽고 쓸 줄 아는 사람은 얼마 되지 않았다. 이런 고비용의 기호를 장부 기록 이외의 일에 활용할 이유가 없었다. 현존하는 원시 수메르어 문서 가운데 예외는 하나뿐이고, 그 내용은 기록하는 일을 맡게 된 견습생이 교육을 받으면서 반복해서 썼던 단어들이다. 지루해진 견습생이 자기 마음을 표현하는 시를 적고 싶었더라도 그는 그렇게 할 수 없었다. 원시 수메르어 문자 체계는 완전한 문자 체계가 아니었기 때문이다. 완전한 문자 체계란 구어의 범위를 포괄하는 기호 체계, 즉 시를 포함하여 사람들이 말하는 것은 무엇이든 표현할 수 있는 체계이다. 반면에 불완전한 문자 체계는 인간 행동의 제한된 영역에 속하는 특정한 종류의 정보만 표현할 수 있는 기호 체계다. 라틴어, 고대 이집트 상형문자, 브라유 점자는 완전한 문자 체계이다. 이것들로는 상거래를 기록하고, 상법을 명문화하고, 역사책을 쓰고, 연애시를 쓸 수 있다. 이와 달리 원시 수메르어 문자 체계는 수학의 언어나 음악 기호처럼 불완전했다. 그러나 수메르인들은 불편함을 느끼지 않았다. 그들이 문자를 만들어 쓴 이유는 구어를 고스란히 베끼기 위해서가 아니라 거래 기록의 보존처럼 구어로는 하지 못할 일을 하기 위해서였기 때문이다.

① 원시 수메르어 문자 체계는 구어를 보완하는 도구였다.
② 원시 수메르어 문자 체계는 감정을 표현하는 일에 적합하지 않았다.
③ 원시 수메르어 문자를 당시 모든 구성원이 사용할 줄 아는 것은 아니었다.
④ 원시 수메르어 문자는 사물과 숫자를 나타내는 데 상이한 종류의 기호를 사용하였다.
⑤ 원시 수메르어 문자와 마찬가지로 고대 이집트 상형문자는 구어의 범위를 포괄하지 못했다.

02. 다음 글에서 알 수 있는 것은?

국민은행

많은 국가들의 소년사법 제도는 영국의 관습법에서 유래한다. 영국 관습법에 따르면 7세 이하 소년은 범죄 의도를 소유할 능력이 없는 것으로 간주되고, 8세 이상 14세 미만의 소년은 형사책임을 물을 수 없고, 14세 이상의 소년에 대해서는 형사책임을 물을 수 있다.

우리나라의 소년사법 역시 소년의 나이에 따라 세 그룹으로 구분하여 범죄 의도 소유 능력 여부와 형사책임 여부를 결정한다. 다만 그 나이의 기준을 9세 이하, 10세 이상 14세 미만, 그리고 14세 이상 19세 미만으로 구분할 뿐이다. 우리나라 「소년법」은 10세 이상 14세 미만의 소년 중 형벌 법령에 저촉되는 행위를 한 자를 촉법소년으로 규정하여 소년사법의 대상으로 하고 있다. 또한, 10세 이상 19세 미만의 소년 중 이유 없는 가출을 하거나 술을 마시는 행동을 하는 등 그대로 두면 장래에 범법행위를 할 우려가 있는 소년을 우범소년으로 규정하여 소년사법의 대상으로 하고 있다. 일부에서는 단순히 불량성이 있을 뿐 범죄를 저지르지 않았음에도 소년사법의 대상이 되는 우범소년 제도에 의문을 품기도 한다.

소년사법은 범죄를 저지르지 않은 소년까지도 사법의 대상으로 한다는 점에서 자기책임주의를 엄격히 적용하는 성인사법과 구별된다. 소년사법의 이러한 특징은 국가가 궁극적 보호자로서 아동을 양육하고 보호해야 한다는 국친 사상에 근거를 둔다. 과거 봉건 국가 시대에는 친부모가 자녀에 대한 양육·보호를 제대로 하지 못하는 경우 왕이 양육·보호책임을 진다고 믿었다. 이런 취지에서 오늘날에도 비록 죄를 범하지는 않았지만 그대로 둔다면 범행을 할 가능성이 있는 소년까지 소년사법의 대상으로 보는 것이다. 이처럼 소년사법의 철학적 기초에는 국친 사상이 있다.

① 국친 사상은 소년사법의 대상 범위를 축소하는 철학적 기초이다.
② 성인범도 국친 사상의 대상이 되어 범행할 가능성이 있으면 처벌을 받는다.
③ 우리나라 소년법상 촉법소년은 범죄 의도를 소유할 수 없는 것으로 간주된다.
④ 영국의 관습법상 7세의 소년은 범죄 의도는 소유할 수 있지만, 형사책임이 없는 것으로 간주된다.
⑤ 우리나라 소년법상 10세 이상 19세 미만의 소년은 범죄를 저지를 우려가 있으면 범죄를 저지르지 않아도 소년사법의 적용을 받을 수 있다.

03. 다음 글에서 알 수 있는 것은?

신한은행

도덕에 관한 이론인 정서주의는 언어 사용의 세 가지 목적에 주목한다. 첫째, 화자가 청자에게 정보를 전달하는 목적이다. 예를 들어, "세종대왕은 조선의 왕이다."라는 문장은 참 혹은 거짓을 판단할 수 있는 정보를 전달하고 있다. 둘째, 화자가 청자에게 행위를 하도록 요구하는 목적이다. "백성을 사랑하라."라는 명령문 형식의 문장은 청자에게 특정한 행위를 요구한다. 셋째, 화자의 태도를 청자에게 표현하는 목적이다. "세종대왕은 정말 멋져!"라는 감탄문 형식의 문장은 세종대왕에 대한 화자의 태도를 표현하고 있다.

정서주의자들은 도덕적 언어를 정보 전달의 목적으로 사용하는 것이 아니라, 사람의 행위에 영향을 주거나 자신의 태도를 표현하는 목적으로 사용한다고 말한다. "너는 거짓말을 해서는 안 된다."라고 말한다면, 화자는 청자가 그러한 행위를 하지 못하게 하려는 것이다. 따라서 이러한 진술은 정보를 전달하는 것이 아니라, "거짓말을 하지 마라."라고 명령하는 것이다.

정서주의자들에 따르면 태도를 표현하는 목적으로 도덕적 언어를 사용하는 것은 태도를 보고하는 것이 아니다. 만약 "나는 세종대왕을 존경한다."라고 말한다면 이 말은 화자가 세종대왕에 대해 긍정적인 태도를 지니고 있다는 사실을 보고하는 것이다. 즉, 이는 참 혹은 거짓을 판단할 수 있는 정보를 전달하는 문장이다. 반면, "세종대왕은 정말 멋져!"라고 외친다면 화자는 결코 어떤 종류에 관한 사실을 전달하거나, 태도를 갖고 있다고 보고하는 것이 아니다. 이는 화자의 세종대왕에 대한 태도를 표현하고 있는 것이다.

① 정서주의에 따르면 화자의 태도를 표현하는 문장은 참이거나 거짓이다.

② 정서주의에 따르면 도덕적 언어는 화자의 태도를 보고하는 데 사용된다.

③ 정서주의에 따르면 "세종대왕은 한글을 창제하였다."는 참도 거짓도 아니다.

④ 정서주의에 따르면 언어 사용의 가장 중요한 목적은 정보를 전달하는 것이다.

⑤ 정서주의에 따르면 도덕적 언어의 사용은 명령을 하거나 화자의 태도를 표현하기 위한 것이다.

04. 다음 글에서 추론할 수 없는 것은?

KDB산업은행

아이를 엄격하게 키우는 것은 부모와 다른 사람들에 대해 반감과 공격성을 일으킬 수 있고, 그 결과 죄책감과 불안감을 낳으며, 결국에는 아이의 창조적인 잠재성을 해치게 된다. 반면에 아이를 너그럽게 키우는 것은 그와 같은 결과를 피하고, 더 행복한 인간관계를 만들며, 풍요로운 마음과 자기신뢰를 고취하고, 자신의 잠재력을 발전시킬 수 있도록 한다. 이와 같은 진술은 과학적 탐구의 범위에 속하는 진술이다. 논의의 편의상 이 두 주장이 실제로 강력하게 입증되었다고 가정해보자. 그렇다면 우리는 이로부터 엄격한 방식보다는 너그러운 방식으로 아이를 키우는 것이 더 좋다는 점이 과학적 연구에 의해 객관적으로 확립되었다고 말할 수 있을까?

위의 연구를 통해 확립된 것은 다음과 같은 조건부 진술일 뿐이다. 만약 우리의 아이를 죄책감을 지닌 혼란스러운 영혼이 아니라 행복하고 정서적으로 안정된 창조적인 개인으로 키우고자 한다면, 아이를 엄격한 방식보다는 너그러운 방식으로 키우는 것이 더 좋다. 이와 같은 진술은 상대적인 가치판단을 나타낸다. 상대적인 가치판단은 특정한 목표를 달성하려면 어떤 행위가 좋다는 것을 진술하는데, 이런 종류의 진술은 경험적 진술이고, 경험적 진술은 모두 관찰을 통해 객관적인 과학적 테스트가 가능하다. 반면 "아이를 엄격한 방식보다는 너그러운 방식으로 키우는 것이 더 좋다."라는 문장은 가령 "살인은 악이다."와 같은 문장처럼 절대적인 가치판단을 표현한다. 그런 문장은 관찰에 의해 테스트할 수 있는 주장을 표현하지 않는다. 오히려 그런 문장은 행위의 도덕적 평가기준 또는 행위의 규범을 표현한다. 절대적인 가치판단은 과학적 테스트를 통한 입증의 대상이 될 수 없다. 왜냐하면 그와 같은 판단은 주장을 표현하는 것이 아니라 행위의 기준이나 규범을 나타내기 때문이다.

① 아이를 엄격한 방식보다는 너그러운 방식으로 키우는 것이 더 좋다는 것은 경험적 진술이 아니다.

② 아이를 엄격한 방식보다는 너그러운 방식으로 키우는 것이 더 좋다는 것은 상대적인 가치판단이다.

③ 아이를 엄격한 방식보다는 너그러운 방식으로 키우는 것이 더 좋다는 것은 과학적 연구에 의해 객관적으로 입증될 수 있는 주장이 아니다.

④ 정서적으로 안정된 창조적 개인으로 키우려면, 아이를 엄격한 방식보다는 너그러운 방식으로 키우는 것이 더 좋다는 것은 상대적인 가치판단이다.

⑤ 정서적으로 안정된 창조적 개인으로 키우려면, 아이를 엄격한 방식보다는 너그러운 방식으로 키우는 것이 더 좋다는 것은 과학적으로 테스트할 수 있다.

05. 다음 글의 논지로 가장 적절한 것은?

NH농협은행, IBK기업은행

사람들은 보통 질병이라고 하면 병균이나 바이러스를 떠올리고, 병에 걸리는 것은 개인적 요인 때문이라고 생각하곤 한다. 어떤 사람이 바이러스에 노출되었다면 그 사람이 평소에 위생 관리를 철저히 하지 않았기 때문이라고 여기는 것이다. 이는 발병 책임을 전적으로 질병에 걸린 사람에게 묻는 생각이다. 꾸준히 건강을 관리하지 않은 사람이나 비만, 허약 체질인 사람이 더 쉽게 병균에 노출된다고 생각하는 경향도 강하다. 그러나 발병한 사람들 전체를 고려하면, 성별, 계층, 직업 등의 사회적 요인에 따라 건강 상태나 질병 종류 및 그 심각성 등이 다르게 나타난다. 따라서 어떤 질병의 성격을 파악할 때 질병의 발생이 개인적 요인뿐만 아니라 계층이나 직업 등의 요인과도 관련될 수 있음을 고려해야 한다.

질병에 대처할 때도 사회적 요인을 고려해야 한다. 물론 어떤 사람들에게는 질병으로 인한 고통과 치료에 대한 부담이 가장 심각한 문제일 수 있다. 그러나 또 다른 사람들에게는 질병에 대한 사회적 편견과 낙인이 오히려 더 심각한 문제일 수 있다. 그들에게는 그러한 편견과 낙인이 더 큰 고통을 안겨 주기 때문이다. 질병이 나타나는 몸은 개인적 영역이면서 동시에 가족이나 직장과도 연결된 사회적인 것이다. 질병의 치료 역시 개인의 문제만으로 그치지 않고 가족과 사회의 문제로 확대되곤 한다. 나의 질병은 내 삶의 위기이자 가족의 근심거리가 되며 나아가 회사와 지역사회에도 긴장을 조성하기 때문이다. 요컨대 질병의 치료가 개인적 영역을 넘어서서 사회적 영역과 관련될 수밖에 없다는 것은 질병의 대처 과정에서 사회적 요인을 반드시 고려해야 한다는 점을 잘 보여준다.

① 병균이나 바이러스로 인한 신체적 이상 증상은 가정이나 지역사회에 위기를 야기할 수 있기에 중요한 사회적 문제이다.

② 한 사람의 몸은 개인적 영역인 동시에 사회적 영역이기에 발병의 책임을 질병에 걸린 사람에게만 묻는 것은 옳지 않다.

③ 질병으로 인한 신체적 고통보다 질병에 대한 사회적 편견으로 인한 고통이 더 크므로 이에 대한 사회적 대책이 필요하다.

④ 질병의 성격을 파악하고 질병에 대처하기 위해서는 사회적인 측면을 고려해야 한다.

⑤ 질병의 치료를 위해서는 개인적 차원보다 사회적 차원의 노력이 더 중요하다.

06. 다음 글의 문맥상 (가)~(마)에 들어갈 내용으로 적절하지 않은 것은?

NH농협은행, IBK기업은행

'방언(方言)'이라는 용어는 표준어와 대립되는 개념으로 사용될 수 있다. 이때 방언이란 '교양 있는 사람들이 두루 쓰는 현대 서울말'로서의 표준어가 아닌 말, 즉 비표준어라는 뜻을 갖는다. 가령　(가)　는 생각에는 방언을 비표준어로서 낮잡아 보는 인식이 담겨 있다. 이러한 개념으로서의 방언은 '사투리'라는 용어로 바뀌어 쓰이는 수가 많다. '충청도 사투리', '평안도 사투리'라고 할 때의 사투리는 대개 이러한 개념으로 쓰이는 경우이다. 이때의 방언이나 사투리는, 말하자면 표준어인 서울말이 아닌 어느 지역의 말을 가리키거나, 더 나아가　(나)　을 일컫는다. 이러한 용법에는 방언이 표준보다 열등하다는 오해와 편견이 포함되어 있다. 여기에는 표준어보다 못하다거나 세련되지 못하고 규칙에 엄격하지 않다와 같은 부정적 평가가 담겨 있는 것이다. 그런가 하면 사투리는 한 지역의 언어 체계 전반을 뜻하기보다 그 지역의 말 가운데 표준어에는 없는, 그 지역 특유의 언어 요소만을 일컫기도 한다.　(다)　고 할 때의 사투리가 그러한 경우에 해당된다.

언어학에서의 방언은 한 언어를 형성하고 있는 하위 단위로서의 언어 체계 전부를 일컫는 말로 사용된다. 가령 한국어를 예로 들면 한국어를 이루고 있는 각 지역의 말 하나하나, 즉 그 지역의 언어 체계 전부를 방언이라 한다. 서울말은 이 경우 표준어이면서 한국어의 한 방언이다. 그리고 나머지 지역의 방언들은　(라)　. 이러한 의미에서의 '충청도 방언'은, 충청도에서만 쓰이는, 표준어에도 없고 다른 도의 말에도 없는 충청도 특유의 언어 요소만을 가리키는 것이 아니다. '충청도 방언'은 충청도의 토박이들이 전래적으로 써 온 한국어 전부를 가리킨다. 이 점에서 한국어는　(마)　.

① (가): 바른말을 써야 하는 아나운서가 방언을 써서는 안 된다

② (나): 표준어가 아닌, 세련되지 못하고 격을 갖추지 못한 말

③ (다): 사투리를 많이 쓰는 사람과는 의사소통이 어렵다

④ (라): 한국어라는 한 언어의 하위 단위이기 때문에 방언이다

⑤ (마): 표준어와 지역 방언의 공통부분을 지칭하는 개념이다

07. 다음 대화의 ⊙에 따라 <계획안>을 수정한 것으로 적절하지 않은 것은?

국민은행

갑: 나눠드린 'A시 공공 건축 교육 과정' 계획안을 다 보셨죠? 이제 계획안을 어떻게 수정하면 좋을지 각자의 의견을 자유롭게 말씀해 주십시오.

을: 코로나19 상황을 고려해 대면 교육보다 온라인 교육이 좋겠습니다. 그리고 방역 활동에 모범을 보이는 차원에서 온라인 강의로 진행한다는 점을 강조하는 것이 좋겠습니다. 온라인 강의는 편안한 시간에 접속하여 수강하게 하고, 수강 가능한 기간을 명시해야 합니다. 게다가 온라인으로 진행하면 교육 대상을 A시 시민만이 아닌 모든 희망자로 확대하는 장점이 있습니다.

병: 좋은 의견입니다. 여기에 덧붙여 교육 대상을 공공 건축 업무 관련 공무원과 일반 시민으로 구분하는 것이 좋겠습니다. 관련 공무원과 일반 시민은 기반 지식에서 차이가 커 같은 내용으로 교육하기에 적합하지 않습니다. 업무와 관련된 직무 교육 과정과 일반 시민 수준의 교양 교육 과정으로 따로 운영하는 것이 좋겠습니다.

을: 교육 과정 분리는 좋습니다만, 공무원의 직무 교육은 참고할 자료가 많아 온라인 교육이 비효율적입니다. 직무 교육 과정은 다음에 논의하고, 이번에는 시민 대상 교양 과정으로만 진행하는 것이 좋겠습니다. 그리고 A시의 유명 공공 건축물을 활용해서 A시를 홍보하고 관심을 끌 수 있는 주제의 강의가 있으면 좋겠습니다.

병: 그게 좋겠네요. 다만, 신청 방법이 너무 예전 방식입니다. 시 홈페이지에서 신청 게시판을 찾아가는 방법을 안내할 필요는 있지만, 요즘 같은 모바일 시대에 이것만으로는 부족합니다. A시 공식 어플리케이션에서 바로 신청서를 작성하고 제출할 수 있도록 하면 좋겠습니다.

갑: ⊙ 오늘 회의에서 나온 의견을 반영하여 계획안을 수정하도록 하겠습니다. 감사합니다.

─────────〈계획안〉─────────

A시 공공 건축 교육 과정

○ 강의 주제: 공공 건축의 미래/ A시의 조경

○ 일시: 7. 12.(월) 19:00~21:00 / 7. 14.(수) 19:00~21:00

○ 장소: A시 청사 본관 5층 대회의실

○ 대상: A시 공공 건축에 관심 있는 A시 시민 누구나

○ 신청 방법: A시 홈페이지 → '시민참여' → '교육' → '공공 건축 교육 신청 게시판'에서 신청서 작성

① 강의 주제에 "건축가협회 선정 A시의 유명 공공 건축물 TOP3"를 추가한다.

② 일시 항목을 "○ 기간: 7. 12.(월) 06:00~7. 16.(금) 24:00"으로 바꾼다.

③ 장소 항목을 "○ 교육방식: 코로나19 확산 방지를 위해 온라인 교육으로 진행"으로 바꾼다.

④ 대상을 "A시 공공 건축에 관심 있는 사람 누구나"로 바꾼다.

⑤ 신청 방법을 "A시 공식 어플리케이션을 통한 A시 공공 건축 교육 과정 간편 신청"으로 바꾼다.

08. 다음 글의 주장을 강화하는 것만을 <보기>에서 모두 고르면?

하나은행

우리는 물체까지의 거리 자체를 직접 볼 수는 없다. 거리는 눈과 그 물체를 이은 직선의 길이인데, 우리의 망막에는 직선의 한쪽 끝 점이 투영될 뿐이기 때문이다. 그러므로 물체까지의 거리 판단은 경험을 통한 추론에 의해서 이루어진다고 보아야 한다. 예컨대 우리는 건물, 나무 같은 친숙한 대상들의 크기가 얼마나 되는지, 이들이 주변 배경에서 얼마나 공간을 차지하는지 등을 경험을 통해 이미 알고 있다. 우리는 물체와 우리 사이에 혹은 물체 주위에 이런 친숙한 대상들이 어느 정도 거리에 위치해 있는지를 우선 지각한다. 이로부터 우리는 그 물체가 얼마나 멀리 떨어져 있는지를 추론하게 된다. 또한 그 정도 떨어진 다른 사물들이 보이는 방식에 대한 경험을 토대로, 그보다 작고 희미하게 보이는 대상들은 더 멀리 떨어져 있다고 판단한다. 거리에 대한 이런 추론은 과거의 경험에 기초하는 것이다.

반면에 물체가 손이 닿을 정도로 아주 가까이 있는 경우, 물체까지의 거리를 지각하는 방식은 이와 다르다. 우리의 두 눈은 약간의 간격을 두고 서로 떨어져 있다. 이에 우리는 두 눈과 대상이 위치한 한 점을 연결하는 두 직선이 이루는 각의 크기를 감지함으로써 물체까지의 거리를 알게 된다. 물체를 바라보는 두 눈의 시선에 해당하는 두 직선이 이루는 각은 물체까지의 거리가 멀어질수록 필연적으로 더 작아진다. 대상까지의 거리가 몇 미터만 넘어도 그 각의 차이는 너무 미세해서 우리가 감지할 수 없다. 하지만 팔 뻗는 거리 안의 가까운 물체에 대해서는 그 각도를 감지하는 것이 가능하다.

─────────〈보기〉─────────

ㄱ. 100미터 떨어진 지점에 민수가 한 번도 본 적이 없는 대상만 보이도록 두고 다른 사물들은 보이지 않도록 민수의 시야 나머지 부분을 가리는 경우, 민수는 그 대상을 보고도 얼마나 떨어져 있는지 판단하지 못한다.

ㄴ. 아무것도 보이지 않는 캄캄한 밤에 안개 속의 숲길을 걷다가 앞쪽 멀리서 반짝이는 불빛을 발견한 태훈이가 불빛이 있는 곳까지의 거리를 어렵잖게 짐작한다.

ㄷ. 태어날 때부터 한쪽 눈이 실명인 영호가 30센티미터 거리에 있는 낯선 물체 외엔 어떤 것도 보이지 않는 상황에서 그 물체까지의 거리를 옳게 판단한다.

① ㄱ

② ㄷ

③ ㄱ, ㄴ

④ ㄴ, ㄷ

⑤ ㄱ, ㄴ, ㄷ

09. 다음 글의 논증을 약화하는 것만을 <보기>에서 모두 고르면?

국민은행, KDB산업은행

인간 본성은 기나긴 진화 과정의 결과로 생긴 복잡한 전체다. 여기서 '복잡한 전체'란 그 전체가 단순한 부분들의 합보다 더 크다는 의미이다. 인간을 인간답게 만드는 것, 즉 인간에게 존엄성을 부여하는 것은 인간이 갖고 있는 개별적인 요소들이 아니라 이것들이 모여 만들어내는 복잡한 전체이다. 또한 인간 본성이라는 복잡한 전체를 구성하고 있는 하부 체계들은 상호 간에 극단적으로 밀접하게 연관되어 있다. 따라서 그중 일부라도 인위적으로 변경하면, 이는 불가피하게 전체의 통일성을 무너지게 한다. 이 때문에 과학기술을 이용해 인간 본성을 인위적으로 변경하여 지금의 인간을 보다 향상된 인간으로 만들려는 시도는 금지되어야 한다. 이런 시도를 하는 사람들은 인간이 가져야 할 훌륭함이 무엇인지 스스로 잘 안다고 생각하며, 거기에 부합하지 않는 특성들을 선택해 이를 개선하고자 한다. 그러나 인간 본성의 '좋은' 특성은 '나쁜' 특성과 밀접하게 연결되어 있기 때문에, 후자를 개선하려는 시도는 전자에 대해서도 영향을 미칠 수밖에 없다. 예를 들어, 우리가 질투심을 느끼지 못한다면 사랑 또한 느끼지 못하게 된다는 것이다. 사랑을 느끼지 못하는 인간들이 살아가는 사회에서 어떤 불행이 펼쳐질지 우리는 가늠조차 할 수 없다. 즉 인간 본성을 선별적으로 개선하려 들면, 복잡한 전체를 무너뜨리는 위험성이 불가피하게 발생하게 된다. 따라서 우리는 인간 본성을 구성하는 어떠한 특성에 대해서도 그것을 인위적으로 개선하려는 시도에 반대해야 한다.

〈보기〉

ㄱ. 인간 본성은 인간이 갖는 도덕적 지위와 존엄성의 궁극적 근거이다.

ㄴ. 모든 인간은 자신을 포함하여 인간 본성을 지닌 모든 존재가 지금의 상태보다 더 훌륭하게 되길 희망한다.

ㄷ. 인간 본성의 하부 체계는 상호 분리된 모듈들로 구성되어 있기 때문에 인간 본성의 특정 부분을 인위적으로 변경하더라도 그 변화는 모듈 내로 제한된다.

① ㄱ
② ㄷ
③ ㄱ, ㄴ
④ ㄴ, ㄷ
⑤ ㄱ, ㄴ, ㄷ

10. 다음 글의 ㉠과 ㉡에 들어갈 말을 가장 적절하게 짝지은 것은?

국민은행

칼로리 섭취를 줄이는 소식이 장수의 비결이라는 것을 입증하기 위해 A연구팀은 붉은털원숭이를 대상으로 20년에 걸친 칼로리 섭취를 제한한 연구결과를 발표하였으며, 그 결과는 예상대로 칼로리 제한군이 대조군에 비해 수명이 긴 것으로 나타났다.

그런데 A연구팀의 발표 이후, 곧이어 B연구팀은 붉은털원숭이를 대상으로 25년 동안 비교 연구한 결과를 발표하였으며, 그들의 연구결과는 칼로리 제한군과 대조군의 수명에 별 차이가 없다는 것을 보여주었다. A연구팀과 다른 결과가 도출된 것에 대해 B연구팀은 A연구팀의 실험 설계가 잘못되었기 때문이라고 주장했다. 즉 영양분을 정확하게 맞추기 위해 칼로리가 높은 사료를 먹인데다가 대조군은 식사 제한이 없어 사실상 칼로리 섭취량이 높아 건강한 상태가 아니기 때문에 칼로리 제한군이 건강하게 오래 사는 건 당연하다는 것이다.

B연구팀의 연구결과 발표 이후, A연구팀은 처음 발표한 연구결과에 대한 후속 연구의 결과를 발표하였다. 처음 연구결과를 발표한 지 5년이 경과하였기 때문에 25년에 걸친 연구결과를 정리한 것이다. 이번 연구결과도 5년 전과 마찬가지로 역시 칼로리 제한군이 더 오래 사는 것으로 나타났다.

이 연구결과를 바탕으로 A연구팀은 자신들의 결론과 다른 B연구팀의 연구결과는 B연구팀이 실험설계를 잘못했기 때문이라고 주장하면서 역공을 펼쳤다. B연구팀은 대조군에게 마음대로 먹게 하는 대신 정량을 줬는데, 그 양이 보통 원숭이가 섭취하는 칼로리보다 낮기 때문에 사실상 대조군도 칼로리 제한을 약하게라도 한 셈이라는 것이다. 즉 B연구팀은 칼로리 제한을 심하게 한 집단과 약하게 한 집단을 비교한 셈이었고, 그 결과로 인해 유의미한 차이가 없는 것으로 나타났다는 것이다.

A연구팀은 자신들의 주장을 입증하기 위해 각지의 연구소에 있는 붉은털원숭이 총 878마리의 체중 데이터를 입수해 자신들의 대조군 원숭이 체중과 B연구팀의 대조군 원숭이 체중을 비교하였다. 그 결과 총 878마리 붉은털원숭이의 평균 체중은 A연구팀의 대조군 원숭이의 평균 체중 ㉠ , B연구팀의 대조군 원숭이의 평균 체중 ㉡ . 따라서 체중과 칼로리 섭취량이 비례한다는 사실에 입각했을 때, 서로의 대조군 설계에 대한 A연구팀과 B연구팀의 비판이 모두 설득력이 있는 것으로 밝혀진 셈이다.

	㉠	㉡
①	보다 더 나갔고	보다 덜 나갔다
②	보다 덜 나갔고	보다 더 나갔다
③	과 차이가 없었고	과 차이가 없었다
④	보다 더 나갔고	보다 더 나갔다
⑤	보다 덜 나갔고	보다 덜 나갔다

11. 다음 <표>는 2023년 '갑'국의 생활계 폐기물 처리실적에 관한 자료이다. 이에 대한 설명으로 옳은 것은?

KDB산업은행

<표> 2023년 처리방법별, 처리주체별 생활계 폐기물 처리실적

(단위: 만 톤)

처리방법 처리주체	재활용	소각	매립	기타	합
공공	403	447	286	7	1,143
자가	14	5	1	1	21
위탁	870	113	4	119	1,106
계	1,287	565	291	127	2,270

① 전체 처리실적 중 '매립'의 비율은 15% 이상이다.

② 기타를 제외하고, 각 처리방법에서 처리실적은 '공공'이 '위탁'보다 많다.

③ 각 처리주체에서 '매립'의 비율은 '공공'이 '자가'보다 높다.

④ 처리주체가 '위탁'인 생활계 폐기물 중 '재활용'의 비율은 75% 이하이다.

⑤ '소각' 처리 생활계 폐기물 중 '공공'의 비율은 90% 이상이다.

12. 다음 <그림>은 '갑'공업단지 내 8개 업종 업체 수와 업종별 스마트시스템 도입률 및 고도화율에 관한 자료이다. 이에 대한 <보기>의 설명 중 옳은 것만을 모두 고르면?

NH농협은행

<그림 1> 업종별 업체 수

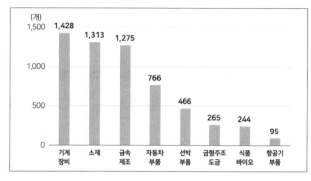

<그림 2> 업종별 스마트시스템 도입률 및 고도화율

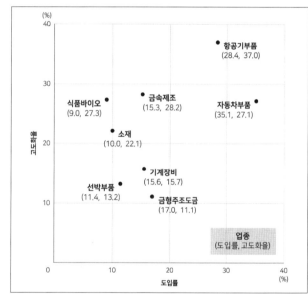

※ 1) 도입률(%) = $\dfrac{업종별 \ 스마트시스템 \ 도입 \ 업체 \ 수}{업종별 \ 업체 \ 수} \times 100$

2) 고도화율(%) = $\dfrac{업종별 \ 스마트시스템 \ 고도화 \ 업체 \ 수}{업종별 \ 스마트시스템 \ 도입 \ 업체 \ 수} \times 100$

─────〈보기〉─────

ㄱ. 스마트시스템 도입 업체 수가 가장 많은 업종은 '자동차부품'이다.

ㄴ. 고도화율이 가장 높은 업종은 스마트시스템 고도화 업체 수도 가장 많다.

ㄷ. 업체 수 대비 스마트시스템 고도화 업체 수가 가장 높은 업종은 '항공기부품'이다.

ㄹ. 도입률이 가장 낮은 업종은 고도화율도 가장 낮다.

① ㄱ, ㄴ   ② ㄱ, ㄷ

③ ㄱ, ㄹ   ④ ㄴ, ㄷ

⑤ ㄴ, ㄹ

IBK기업은행

13. 다음 <표>는 탄소포인트제 가입자 A ~ D의 에너지 사용량 감축률 현황을 나타낸 자료이다. 아래의 <지급 방식>에 따라 가입자 A ~ D가 탄소포인트를 지급받을 때, 탄소포인트를 가장 많이 지급받는 가입자와 가장 적게 지급받는 가입자를 바르게 나열한 것은?

<표> 가입자 A ~ D의 에너지 사용량 감축률 현황

(단위: %)

에너지 사용유형 \ 가입자	A	B	C	D
전기	2.9	15.0	14.3	6.3
수도	16.0	15.0	5.7	21.1
가스	28.6	26.1	11.1	5.9

―――――― 〈지급 방식〉――――――

○ 탄소포인트 지급 기준

(단위: 포인트)

에너지 사용유형 \ 에너지 사용량 감축률	5% 미만	5% 이상 10% 미만	10% 이상
전기	0	5,000	10,000
수도	0	1,250	2,500
가스	0	2,500	5,000

○ 가입자가 지급받는 탄소포인트
= 전기 탄소포인트 + 수도 탄소포인트 + 가스 탄소포인트
예) 가입자 D가 지급받는 탄소포인트
= 5,000 + 2,500 + 2,500 = 10,000

	가장 많이 지급받는 가입자	가장 적게 지급받는 가입자
①	B	A
②	B	C
③	B	D
④	C	A
⑤	C	D

14. 다음 <표>는 2016~2020년 '갑'국의 해양사고 심판현황이다. 이에 대한 <보기>의 설명 중 옳은 것만을 모두 고르면?

국민은행, 하나은행

<표> 2016~2020년 해양사고 심판현황

(단위: 건)

구분 \ 연도	2016	2017	2018	2019	2020
전년 이월	96	100	( )	71	89
해당 연도 접수	226	223	168	204	252
심판대상	322	( )	258	275	341
재결	222	233	187	186	210

※ '심판대상' 중 '재결'되지 않은 건은 다음 연도로 이월함.

――――――〈보기〉――――――

ㄱ. '심판대상' 중 '전년 이월'의 비중은 2018년이 2016년보다 높다.

ㄴ. 다음 연도로 이월되는 건수가 가장 많은 연도는 2016년이다.

ㄷ. 2017년 이후 '해당 연도 접수' 건수의 전년 대비 증가율이 가장 높은 연도는 2020년이다.

ㄹ. '재결' 건수가 가장 적은 연도에는 '해당 연도 접수' 건수도 가장 적다.

① ㄱ, ㄴ
② ㄱ, ㄷ
③ ㄴ, ㄷ
④ ㄴ, ㄹ
⑤ ㄷ, ㄹ

15. 다음 <표>는 2013~2016년 기관별 R&D 과제 건수와 비율에 관한 자료이다. <표>를 이용하여 작성한 그래프로 옳지 않은 것은?

국민은행, 하나은행

<표> 2013~2016년 기관별 R&D 과제 건수와 비율

(단위: 건, %)

연도 구분 기관	2013		2014		2015		2016	
	과제 건수	비율	과제 건수	비율	과제 건수	비율	과제 건수	비율
기업	31	13.5	80	9.4	93	7.6	91	8.5
대학	47	20.4	423	49.7	626	51.4	526	49.3
정부	141	61.3	330	38.8	486	39.9	419	39.2
기타	11	4.8	18	2.1	13	1.1	32	3.0
전체	230	100.0	851	100.0	1,218	100.0	1,068	100.0

① 연도별 기업 및 대학 R&D 과제 건수

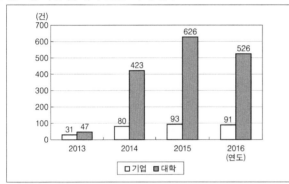

② 연도별 정부 및 전체 R&D 과제 건수

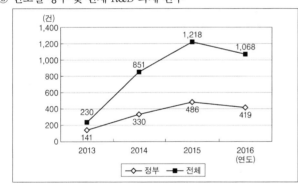

③ 2016년 기관별 R&D 과제 건수 구성비

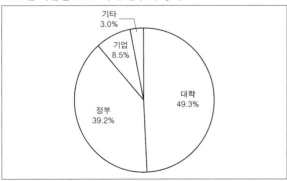

④ 전체 R&D 과제 건수의 전년 대비 증가율(2014~2016년)

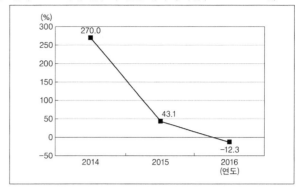

⑤ 연도별 기업 및 정부 R&D 과제 건수의 전년 대비 증가율 (2014~2016년)

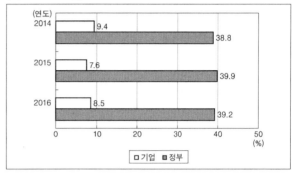

16. 다음 <그림>은 2021년 7월 '갑'지역의 15세 이상 인구를 대상으로 한 경제활동인구조사 결과를 정리한 자료이다. <그림>의 A, B에 해당하는 값을 바르게 나열한 것은?

하나은행

<그림> 2021년 7월 경제활동인구조사 결과

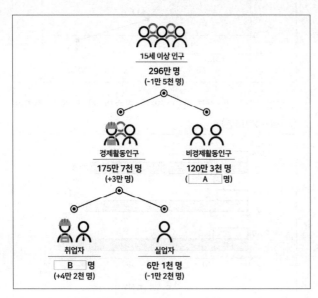

※ ( )는 2020년 7월 대비 증감 인구수임.

	A	B
①	−4만 5천	169만 6천
②	−4만 5천	165만 4천
③	−1만 2천	172만 7천
④	−1만 2천	169만 6천
⑤	+4만 2천	172만 7천

17. 다음 <표>는 5개국의 발전원별 발전량 및 비중에 관한 자료이다. 이에 대한 설명으로 옳지 않은 것은?

국민은행

<표> 5개국의 발전원별 발전량 및 비중

(단위: TWh, %)

국가	연도	원자력	화력			수력	신재생 에너지	전체
			석탄	LNG	유류			
독일	2010	140.6 (22.2)	237.5 (43.2)	90.4 (14.3)	8.7 (1.4)	27.4 (4.3)	92.5 (14.6)	633.1 (100.0)
	2015	91.8 (14.2)	283.7 (43.9)	63.0 (9.7)	6.2 (1.0)	24.9 (3.8)	177.3 (27.4)	646.9 (100.0)
미국	2010	838.9 (19.2)	1,994.2 (45.5)	1,017.9 (23.2)	48.1 (1.1)	286.3 (6.5)	193.0 (4.4)	4,378.4 (100.0)
	2015	830.3 (19.2)	1,471.0 (34.1)	1,372.6 (31.8)	38.8 (0.9)	271.1 (6.3)	333.3 ( )	4,317.1 (100.0)
프랑스	2010	428.5 (75.3)	26.3 (4.6)	23.8 (4.2)	5.5 (1.0)	67.5 (11.9)	17.5 (3.1)	569.1 (100.0)
	2015	437.4 ( )	12.2 (2.1)	19.8 (3.5)	2.2 (0.4)	59.4 (10.4)	37.5 (6.6)	568.5 (100.0)
영국	2010	62.1 (16.3)	108.8 (28.5)	175.3 (45.9)	5.0 (1.3)	6.7 (1.8)	23.7 (6.2)	381.6 (100.0)
	2015	70.4 (20.8)	76.7 (22.6)	100.0 (29.5)	2.1 (0.6)	9.0 (2.7)	80.9 ( )	339.1 (100.0)
일본	2010	288.2 (25.1)	309.5 (26.9)	318.6 (27.7)	100.2 (8.7)	90.7 (7.9)	41.3 (3.6)	1,148.5 (100.0)
	2015	9.4 (0.9)	343.2 (33.0)	409.8 (39.4)	102.5 (9.8)	91.3 (8.8)	85.1 (8.2)	1,041.3 (100.0)

※ 발전원은 원자력, 화력, 수력, 신재생 에너지로만 구성됨.

① 2015년 프랑스의 전체 발전량 중 원자력 발전량의 비중은 75% 이하이다.

② 영국의 전체 발전량 중 신재생 에너지 발전량의 비중은 2010년 대비 2015년에 15%p 이상 증가하였다.

③ 2010년 석탄 발전량은 미국이 일본의 6배 이상이다.

④ 2010년 대비 2015년 전체 발전량이 증가한 국가는 독일뿐이다.

⑤ 2010년 대비 2015년 각 국가에서 신재생 에너지의 발전량과 비중은 모두 증가하였다.

18. 다음 <그림>은 2020년 '갑'시의 교통사고에 관한 자료이다. 이에 대한 <보기>의 설명 중 옳은 것만을 모두 고르면?

하나은행

<그림 1> 2020년 월별 교통사고 사상자

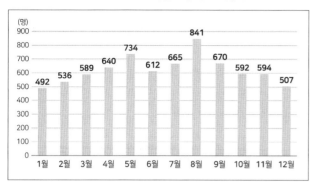

<그림 2> 2020년 월별 교통사고 건수

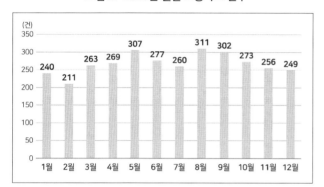

<그림 3> 2020년 교통사고 건수의 사고원인별 구성비

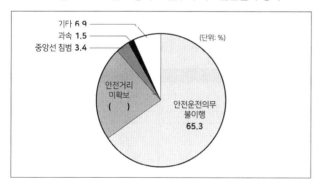

─────〈보기〉─────

ㄱ. 월별 교통사고 사상자는 가장 적은 달이 가장 많은 달의 60% 이하이다.

ㄴ. 2020년 교통사고 건당 사상자는 1.9명 이상이다.

ㄷ. '안전거리 미확보'가 사고원인인 교통사고 건수는 '중앙선 침범'이 사고원인인 교통사고 건수의 7배 이상이다.

ㄹ. 사고원인이 '안전운전의무 불이행'인 교통사고 건수는 2,000건 이하이다.

① ㄱ, ㄴ

② ㄱ, ㄷ

③ ㄴ, ㄷ

④ ㄷ, ㄹ

⑤ ㄱ, ㄴ, ㄹ

19. 다음 <그림>과 <표>는 '갑'국을 포함한 주요 10개국의 학업성취도 평가 자료이다. 이에 대한 설명으로 옳은 것은?

NH농협은행

<그림> 1998~2018년 '갑'국의 성별 학업성취도 평균점수

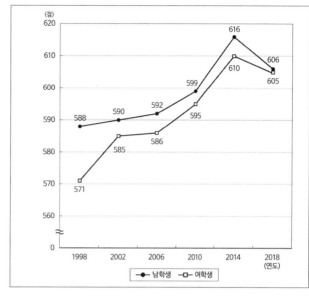

※ 학업성취도 평균점수는 소수점 아래 첫째 자리에서 반올림한 값임.

<표> 2018년 주요 10개국의 학업성취도 평균점수 및 점수대별 누적 학생비율

(단위: 점, %)

구분 국가	평균 점수	학업성취도 점수대별 누적 학생비율			
		625점 이상	550점 이상	475점 이상	400점 이상
A	621	54	81	94	99
갑	606	43	75	93	99
B	599	42	72	88	97
C	594	37	75	92	98
D	586	34	67	89	98
E	538	14	46	78	95
F	528	12	41	71	91
G	527	7	39	78	96
H	523	7	38	76	94
I	518	10	36	69	93

※ 학업성취수준은 수월수준(625점 이상), 우수수준(550점 이상 625점 미만), 보통수준(475점 이상 550점 미만), 기초수준(400점 이상 475점 미만), 기초수준 미달(400점 미만)로 구분됨.

① '갑'국 남학생과 여학생의 평균점수 차이는 2018년이 1998년보다 크다.

② '갑'국의 평균점수는 2018년이 2014년보다 크다.

③ 2018년 주요 10개 국가는 '수월수준'의 학생비율이 높을수록 평균점수가 높다.

④ 2018년 주요 10개 국가 중 '기초수준 미달'의 학생비율이 가장 높은 국가는 I국이다.

⑤ 2018년 '우수수준'의 학생비율은 D국이 B국보다 높다.

20. 다음 <표>는 2023년 '갑'국에서 배달대행과 퀵서비스 업종에 종사하는 운전자 실태에 관한 자료이다. 제시된 <표> 이외에 <보고서>를 작성하기 위해 추가로 필요한 자료만을 <보기>에서 모두 고르면?

<표 1> 운전자 연령대 구성비 및 평균 연령

(단위: %, 세)

구분\업종	연령대					평균 연령
	20대 이하	30대	40대	50대	60대 이상	
배달대행	40	36.1	17.8	5.4	0.7	33.2
퀵서비스	0	3.1	14.1	36.4	46.4	57.8

<표 2> 이륜자동차 운전 경력 및 서비스 제공 경력의 평균

(단위: 년)

구분\업종	배달대행	퀵서비스
이륜자동차 운전 경력	7.4	19.8
서비스 제공 경력	2.8	13.7

<표 3> 일평균 근로시간 및 배달건수

(단위: 년)

구분\업종	배달대행	퀵서비스
근로시간	10.8	9.8
운행시간	8.5	6.1
운행 외 시간	2.3	3.7
배달건수	41.5	15.1

<보고서>

　'갑'국에서 배달대행과 퀵서비스 업종에 종사하는 운전자 실태를 조사한 결과는 다음과 같다. 두 업종 모두 이륜자동차를 이용하여 유사한 형태의 서비스를 제공하지만, 운전자 특성에는 큰 차이가 있었다. 우선, 운전자 평균 연령은 퀵서비스가 57.8세로 배달대행 33.2세보다 높았다. 이는 배달대행은 30대 이하 운전자 비중이 전체의 70% 이상이지만 퀵서비스는 50대 이상 운전자가 전체의 80% 이상을 차지하기 때문이다. 운전자의 이륜자동차 운전 경력의 평균과 서비스 제공 경력의 평균도 각각 퀵서비스가 배달대행에 비해 10년 이상 길었다. 한편, 운전자가 배달대행이나 퀵서비스 시장에 진입하기 위해서는 이륜자동차 구입 비용이 소요되는데, 신차와 중고차 구입 각각에서 배달대행이 퀵서비스보다 평균 구입 비용이 높았다. 또한, 운행시간과 운행 외 시간을 합한 일평균 근로시간은 배달대행이 퀵서비스보다 1.0시간 길었고, 월평균 근로일수도 배달대행이 퀵서비스보다 3일 이상 많은 것으로 나타났다.

<보기>

ㄱ. 이륜자동차 운전 경력 구성비

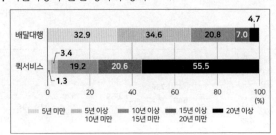

ㄴ. 서비스 제공 경력 구성비

(단위: %)

경력\업종	5년 미만	5년 이상 10년 미만	10년 이상 15년 미만	15년 이상 20년 미만	20년 이상	전체
배달대행	81.9	15.8	2.3	0	0	100
퀵서비스	14.8	11.3	26.8	14.1	33	100

ㄷ. 배달대행 및 퀵서비스 시장 진입을 위한 이륜자동차 평균 구입 비용

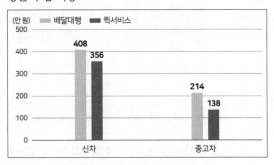

ㄹ. 월평균 근로일수

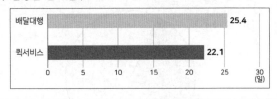

① ㄱ, ㄴ
② ㄴ, ㄷ
③ ㄷ, ㄹ
④ ㄱ, ㄴ, ㄹ
⑤ ㄱ, ㄷ, ㄹ

21. 다음 글과 <상황>을 근거로 판단할 때 옳은 것은?

NH농협은행, IBK기업은행

제00조 ① 집합건물을 건축하여 분양한 분양자와 분양자와의 계약에 따라 건물을 건축한 시공자는 구분소유자에게 제2항 각 호의 하자에 대하여 과실이 없더라도 담보책임을 진다.
② 제1항의 담보책임 존속기간은 다음 각 호와 같다.
  1. 내력벽, 주기둥, 바닥, 보, 지붕틀 및 지반공사의 하자: 10년
  2. 대지조성공사, 철근콘크리트공사, 철골공사, 조적(組積)공사, 지붕 및 방수공사의 하자: 5년
  3. 목공사, 창호공사 및 조경공사의 하자: 3년
③ 제2항의 기간은 다음 각 호의 날부터 기산한다.
  1. 전유부분: 구분소유자에게 인도한 날
  2. 공용부분: 사용승인일
④ 제2항 및 제3항에도 불구하고 제2항 각 호의 하자로 인하여 건물이 멸실(滅失)된 경우에는 담보책임 존속기간은 멸실된 날로부터 1년으로 한다.
⑤ 분양자와 시공자의 담보책임에 관하여 이 법에 규정된 것보다 매수인에게 불리한 특약은 효력이 없다.

※ 1) 구분소유자: 집합건물(예: 아파트, 공동주택 등) 각 호실의 소유자
  2) 담보책임: 집합건물의 하자로 인해 분양자, 시공자가 구분소유자에 대하여 지는 손해배상, 하자보수 등의 책임

─── 〈상황〉 ───

甲은 乙이 분양하는 아파트를 매수하려고 乙과 아파트 분양계약을 체결하였다. 丙건설사는 乙과의 계약에 따라 아파트를 시공하였고, 준공검사 후 아파트는 2020. 5. 1. 사용승인을 받았다. 甲은 아파트를 2020. 7. 1. 인도받고 등기를 완료하였다.

① 丙은 창호공사의 하자에 대해 2025. 7. 1.까지 담보책임을 진다.
② 丙은 철골공사의 하자에 과실이 없으면 담보책임을 지지 않는다.
③ 乙은 甲의 전유부분인 거실에 물이 새는 방수공사의 하자에 대해 2025. 5. 1.까지 담보책임을 진다.
④ 대지조성공사의 하자로 인하여 2023. 10. 1. 공용부분인 주차장 건물이 멸실된다면 丙은 2024. 7. 1. 이후에는 담보책임을 지지 않는다.
⑤ 乙이 甲과의 분양계약에서 지반공사의 하자에 대한 담보책임 존속기간을 5년으로 정한 경우라도, 2027. 10. 1. 그 하자가 발생한다면 담보책임을 진다.

22. 다음 글을 근거로 판단할 때 옳은 것은?

NH농협은행, IBK기업은행

제00조 ① 사업주는 근로자가 조부모, 부모, 배우자, 배우자의 부모, 자녀 또는 손자녀(이하 '가족'이라 한다)의 질병, 사고, 노령으로 인하여 그 가족을 돌보기 위한 휴직(이하 '가족돌봄휴직'이라 한다)을 신청하는 경우 이를 허용하여야 한다. 다만 대체인력 채용이 불가능한 경우, 정상적인 사업 운영에 중대한 지장을 초래하는 경우, 근로자 본인 외에도 조부모의 직계비속 또는 손자녀의 직계존속이 있는 경우에는 그러하지 아니하다.
② 사업주는 근로자가 가족(조부모 또는 손자녀의 경우 근로자 본인 외에도 직계비속 또는 직계존속이 있는 경우는 제외한다)의 질병, 사고, 노령 또는 자녀의 양육으로 인하여 긴급하게 그 가족을 돌보기 위한 휴가(이하 '가족돌봄휴가'라 한다)를 신청하는 경우 이를 허용하여야 한다. 다만 근로자가 청구한 시기에 가족돌봄휴가를 주는 것이 정상적인 사업 운영에 중대한 지장을 초래하는 경우에는 근로자와 협의하여 그 시기를 변경할 수 있다.
③ 제1항 단서에 따라 사업주가 가족돌봄휴직을 허용하지 아니하는 경우에는 해당 근로자에게 그 사유를 서면으로 통보하여야 한다.
④ 가족돌봄휴직 및 가족돌봄휴가의 사용기간은 다음 각 호에 따른다.
  1. 가족돌봄휴직 기간은 연간 최장 90일로 하며, 이를 나누어 사용할 수 있을 것
  2. 가족돌봄휴가 기간은 연간 최장 10일로 하며, 일 단위로 사용할 수 있을 것. 다만 가족돌봄휴가 기간은 가족돌봄휴직 기간에 포함된다.
  3. ○○부 장관은 감염병의 확산 등을 원인으로 심각단계의 위기경보가 발령되는 경우, 가족돌봄휴가 기간을 연간 10일의 범위에서 연장할 수 있다.

① 조부모와 부모를 함께 모시고 사는 근로자가 조부모의 질병을 이유로 가족돌봄휴직을 신청한 경우, 사업주는 가족돌봄휴직을 허용하지 않을 수 있다.
② 사업주는 근로자가 신청한 가족돌봄휴직을 허용하지 않는 경우, 해당 근로자에게 그 사유를 구술 또는 서면으로 통보해야 한다.
③ 정상적인 사업 운영에 중대한 지장을 초래하는 경우, 사업주는 근로자의 가족돌봄휴가 시기를 근로자와 협의 없이 변경할 수 있다.
④ 근로자가 가족돌봄휴가를 8일 사용한 경우, 사업주는 이와 별도로 그에게 가족돌봄휴직을 연간 90일까지 허용해야 한다.
⑤ 감염병의 확산으로 심각단계의 위기경보가 발령되고 가족돌봄휴가 기간이 5일 연장된 경우, 사업주는 근로자에게 연간 20일의 가족돌봄휴가를 허용해야 한다.

23. 다음 <지정 기준>과 <신청 현황>을 근거로 판단할 때, 신청병원(甲~戊) 중 산재보험 의료기관으로 지정되는 것은?

국민은행

┌─────────────〈지정 기준〉─────────────┐

○ 신청병원 중 인력 점수, 경력 점수, 행정처분 점수, 지역별 분포 점수의 총합이 가장 높은 병원을 산재보험 의료기관으로 지정한다.
○ 전문의 수가 2명 이하이거나, 가장 가까이 있는 기존 산재보험 의료기관까지의 거리가 1km 미만인 병원은 지정 대상에서 제외한다.
○ 각각의 점수는 아래의 항목별 배점 기준에 따라 부여한다.

항목	배점 기준
인력 점수	전문의 수 7명 이상은 10점
	전문의 수 4명 이상 6명 이하는 8점
	전문의 수 3명 이하는 3점
경력 점수	전문의 평균 임상경력 1년당 2점(단, 평균 임상경력이 10년 이상이면 20점)
행정처분 점수	2명 이하의 의사가 행정처분을 받은 적이 있는 경우 10점
	3명 이상의 의사가 행정처분을 받은 적이 있는 경우 2점
지역별 분포 점수	가장 가까이 있는 기존 산재보험 의료기관이 8km 이상 떨어져 있을 경우, 인력 점수와 경력 점수 합의 20%에 해당하는 점수
	가장 가까이 있는 기존 산재보험 의료기관이 3km 이상 8km 미만 떨어져 있을 경우, 인력 점수와 경력 점수 합의 10%에 해당하는 점수
	가장 가까이 있는 기존 산재보험 의료기관이 3km 미만 떨어져 있을 경우, 인력 점수와 경력 점수 합의 20%에 해당하는 점수 감점

<신청 현황>

신청 병원	전문의 수	전문의 평균 임상경력	행정처분을 받은 적이 있는 의사 수	가장 가까이 있는 기존 산재보험 의료기관까지의 거리
甲	6명	7년	4명	10km
乙	2명	17년	1명	8km
丙	8명	5년	0명	1km
丁	4명	11년	3명	2km
戊	3명	12년	2명	500m

① 甲　　　　② 乙　　　　③ 丙
④ 丁　　　　⑤ 戊

24. 다음 글과 <상황>을 근거로 판단할 때, 공기청정기가 자동으로 꺼지는 시각은?

신한은행

○ A학교 학생들은 방과 후에 자기주도학습을 위해 교실을 이용한다.
○ 교실 안에 있는 학생 각각은 매 순간 일정한 양의 미세먼지를 발생시켜, 10분마다 5를 증가시킨다.
○ 교실에 설치된 공기청정기는 매 순간 일정한 양의 미세먼지를 제거하여, 10분마다 15를 감소시킨다.
○ 미세먼지는 사람에 의해서만 발생하고, 공기청정기에 의해서만 제거된다.
○ 공기청정기는 매 순간 미세먼지 양을 표시하며 교실 내 미세먼지 양이 30이 되는 순간 자동으로 꺼진다.

┌─────────────〈상황〉─────────────┐

15시 50분 현재, A학교의 교실에는 아무도 없었고 켜져 있는 공기청정기가 나타내는 교실 내 미세먼지 양은 90이었다. 16시 정각에 학생 두 명이 교실에 들어와 공부를 시작하였고, 40분 후 학생 세 명이 더 들어와 공부를 시작하였다. 학생들은 모두 18시 정각에 교실에서 나왔다.

① 18시 50분　　② 19시 00분　　③ 19시 10분
④ 19시 20분　　⑤ 19시 30분

25. 다음 글을 근거로 판단할 때, ㉠에 해당하는 수는?

KDB산업은행

○ 산타클로스는 연간 '착한 일 횟수'와 '울음 횟수'에 따라 어린이 甲~戊에게 선물 A, B 중 하나를 주거나 아무것도 주지 않는다.
○ 산타클로스가 선물을 나눠주는 방식은 다음과 같다. 어린이별로 ('착한 일 횟수'×5)−('울음 횟수'× ㉠)의 값을 계산한다. 그 값이 10 이상이면 선물 A를 주고, 0 이상 10 미만이면 선물 B를 주며, 그 값이 음수면 선물을 주지 않는다. 이때, ㉠은 자연수이다.
○ 이 방식을 적용한 결과, 甲~戊 중 1명이 선물 A를 받았고, 3명이 선물 B를 받았으며, 1명은 선물을 받지 못했다.
○ 甲~戊의 연간 '착한 일 횟수'와 '울음 횟수'는 아래와 같다.

구분	착한 일 횟수	울음 횟수
甲	3	3
乙	3	2
丙	2	3
丁	1	0
戊	1	3

① 1　　　　② 2　　　　③ 3
④ 4　　　　⑤ 5

26. 다음 글과 <상황>을 근거로 판단할 때, 갑돌이가 할 수 없는 행위는?

하나은행

'AD카드'란 올림픽 및 패럴림픽에서 정해진 구역을 출입하거나 차량을 탑승하기 위한 권한을 증명하는 일종의 신분증이다. 모든 관계자들은 반드시 AD카드를 패용해야 해당 구역에 출입하거나 차량을 탑승할 수 있다. 아래는 AD카드에 담긴 정보에 대한 설명이다.

〈 AD카드 예시 〉

대회구분	○ 올림픽 AD카드에는 다섯 개의 원이 겹쳐진 '오륜기'가, 패럴림픽 AD카드에는 세 개의 반달이 나열된 '아지토스'가 부착된다. ○ 올림픽 기간 동안에는 올림픽 AD카드만이, 패럴림픽 기간 동안에는 패럴림픽 AD카드만이 유효하다. ○ 두 대회의 기간은 겹치지 않는다.
탑승권한	○ AD카드 소지자가 탑승 가능한 교통서비스를 나타낸다. 탑승권한 코드는 복수로 부여될 수 있다.

코드	탑승 가능 교통서비스
T1	VIP용 지정차량
TA	선수단 셔틀버스
TM	미디어 셔틀버스

시설입장 권한	○ AD카드 소지자가 입장 가능한 시설을 나타낸다. 시설입장권한 코드는 복수로 부여될 수 있다.

코드	입장 가능 시설
IBC	국제 방송센터
HAL	알파인 경기장
HCC	컬링센터
OFH	올림픽 패밀리 호텔
ALL	모든 시설

특수구역 접근권한	○ AD카드 소지자가 시설 내부에서 접근 가능한 특수구역을 나타낸다. 특수구역 접근권한 코드는 복수로 부여될 수 있다.

코드	접근 가능 구역
2	선수준비 구역
4	프레스 구역
6	VIP 구역

〈상황〉

갑돌이는 올림픽 및 패럴림픽 관계자이다. 다음은 갑돌이가 패용한 AD카드이다.

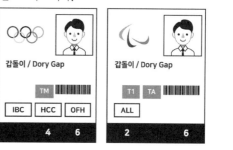

① 패럴림픽 기간 동안 알파인 경기장에 들어간다.

② 패럴림픽 기간 동안 VIP용 지정차량에 탑승한다.

③ 올림픽 기간 동안 올림픽 패밀리 호텔에 들어간다.

④ 올림픽 기간 동안 컬링센터 내부에 있는 선수준비 구역에 들어간다.

⑤ 올림픽 기간 동안 미디어 셔틀버스를 타고 이동한 후 국제 방송센터에 들어간다.

27. 다음 글과 <상황>을 근거로 판단할 때, 과거에 급제한 아들이 분재 받은 밭의 총 마지기 수는?

KDB산업은행

조선시대의 분재(分財)는 시기가 재주(財主) 생전인지 사후인지에 따라 구분할 수 있다. 별급(別給)은 재주 생전에 과거 급제, 생일, 혼인, 출산, 감사표시 등 특별한 사유로 인해 이루어지는 분재였으며, 깃급[衿給]은 특별한 사유 없이 재주가 임종이 가까울 무렵에 하는 일반적인 분재였다.

재주가 재산을 분배하지 못하고 죽는 경우 재주 사후에 그 자녀들이 모여 재산을 분배하게 되는데, 이를 화회(和會)라고 했다. 화회는 재주의 3년 상(喪)을 마친 후에 이루어졌다. 자녀들이 재산을 나눌 때 재주의 유서나 유언이 남아 있으면 이에 근거하여 분재가 되었으나, 그렇지 못한 경우에는 합의하여 재산을 나누어 가졌다. 조선 전기에는 『경국대전』의 규정에 따랐는데, 친자녀 간 균분 분재를 원칙으로 하나 제사를 모실 자녀에게는 다른 친자녀 한 사람 몫의 5분의 1이 더 분재되었다. 그러나 이때에도 양자녀에게는 차별을 두도록 되어 있었다. 조선 중기 이후에는 『경국대전』의 규정이 그대로 지켜지지 못하고 장남에게 많은 재산이 우선적으로 분재되었다. 깃급과 화회 대상 재산에는 별급으로 받은 재산이 포함되지 않았다.

※ 분재: 재산을 나누어 줌

※ 재주: 분재되는 재산의 주인

〈상황〉

○ 유서와 유언 없이 사망한 재주 甲의 분재 대상자는 아들 2명과 딸 2명이며, 이 중 딸 1명은 양녀이고 나머지 3명은 친자녀이다.

○ 甲이 별급한 재산은 과거에 급제한 아들 1명에게 밭 20마지기를 준 것과 두 딸이 시집갈 때 각각 밭 10마지기씩을 준 것이 전부였다.

○ 화회 대상 재산은 밭 100마지기이며 화회는 『경국대전』의 규정에 따라 이루어졌다.

○ 과거에 급제한 아들이 제사를 모시기로 하였으며, 양녀는 제사를 모시지 않는 친자녀 한 사람이 화회로 받은 몫의 5분의 4를 받았다.

① 30

② 35

③ 40

④ 45

⑤ 50

---

28. 다음 글을 근거로 판단할 때 옳은 것은?

NH농협은행

제○○조(해수욕장의 구역) 관리청은 해수욕장을 이용하는 용도에 따라 물놀이구역과 수상레저구역으로 구분하여 관리·운영하여야 한다. 다만, 해수욕장 이용이나 운영에 상당한 불편을 초래하거나 효율성을 떨어뜨린다고 판단되는 경우에는 그러하지 아니하다.

제□□조(해수욕장의 개장기간 등) ① 관리청은 해수욕장의 특성이나 여건 등을 고려하여 해수욕장의 개장기간 및 개장시간을 정할 수 있다. 이 경우 관리청은 해수욕장협의회의 의견을 듣고, 미리 관계 행정기관의 장과 협의하여야 한다.

② 관리청은 해수욕장 이용자의 안전 확보나 해수욕장의 환경보전 등을 위하여 필요한 경우에는 해수욕장의 개장기간 또는 개장시간을 제한할 수 있다. 이 경우 제1항 후단을 준용한다.

제△△조(해수욕장의 관리·운영 등) ① 해수욕장은 관리청이 직접 관리·운영하여야 한다.

② 관리청은 제1항에도 불구하고 해수욕장의 효율적인 관리·운영을 위하여 필요한 경우 관할 해수욕장 관리·운영업무의 일부를 위탁할 수 있다.

③ 관리청은 제2항에 따라 해수욕장 관리·운영업무를 위탁하려는 경우 지역번영회·어촌계 등 지역공동체 및 공익법인 등을 수탁자로 우선 지정할 수 있다.

④ 제2항 및 제3항에 따라 수탁자로 지정받은 자는 위탁받은 관리·운영업무의 전부 또는 일부를 재위탁하여서는 아니 된다.

제◇◇조(과태료) ① 다음 각 호의 어느 하나에 해당하는 자에게는 500만 원 이하의 과태료를 부과한다.

1. 거짓이나 부정한 방법으로 제△△조에 따른 수탁자로 지정받은 자

2. 제△△조 제4항을 위반하여 위탁받은 관리·운영업무의 전부 또는 일부를 재위탁한 자

② 제1항에 따른 과태료는 관리청이 부과·징수한다.

① 관리청은 해수욕장의 효율적인 관리·운영을 위하여 필요한 경우, 관할 해수욕장 관리·운영업무의 전부를 위탁할 수 있다.

② 관리청은 해수욕장을 운영함에 있어 그 효율성이 떨어진다고 판단하더라도 물놀이구역과 수상레저구역을 구분하여 관리·운영하여야 한다.

③ 관리청이 해수욕장 관리·운영업무를 위탁하려는 경우, 공익법인을 수탁자로 우선 지정할 수 있으나 지역공동체를 수탁자로 우선 지정할 수는 없다.

④ 관리청으로부터 해수욕장 관리·운영업무를 위탁받은 공익법인이 이를 타 기관에 재위탁한 경우, 관리청은 그 공익법인에 대해 300만 원의 과태료를 부과할 수 있다.

⑤ 관리청은 해수욕장의 개장기간 및 개장시간을 정함에 있어 해수욕장의 특성이나 여건 등을 고려해야 하나, 관계 행정기관의 장과 협의할 필요는 없다.

29. 다음 글을 근거로 판단할 때 옳은 것은?

NH농협은행

제○○조(119구조견교육대의 설치·운영 등) ① 소방청장은 체계적인 구조견 양성·교육훈련 및 보급 등을 위하여 119구조견교육대를 설치·운영하여야 한다.

② 119구조견교육대는 중앙119구조본부의 단위조직으로 한다.

③ 119구조견교육대가 관리하는 견(犬)은 다음 각 호와 같다.

　1. 훈련견: 구조견 양성을 목적으로 도입되어 훈련 중인 개

　2. 종모견: 훈련견 번식을 목적으로 보유 중인 개

제□□조(훈련견 교육 및 평가 등) ① 119구조견교육대는 관리하는 견에 대하여 입문 교육, 정기 교육, 훈련견 교육 등을 실시한다.

② 훈련견 평가는 다음 각 호의 평가로 구분하여 실시하고 각 평가에서 정한 요건을 모두 충족한 경우 합격한 것으로 본다.

　1. 기초평가: 훈련견에 대한 기본평가

　　가. 생후 12개월 이상 24개월 이하일 것

　　나. 기초평가 기준에 따라 총점 70점 이상을 득점하고, 수의검진 결과 적합판정을 받을 것

　2. 중간평가: 양성 중인 훈련견의 건강, 성품 변화, 발전 가능성 및 임무 분석 등의 판정을 위해 실시하는 평가

　　가. 훈련 시작 12개월 이상일 것

　　나. 중간평가 기준에 따라 총점 70점 이상을 득점하고, 수의진료소견 결과 적합판정을 받을 것

　　다. 공격성 보유, 능력 상실 등의 결격사유가 없을 것

③ 훈련견 평가 중 어느 하나라도 불합격한 훈련견은 유관기관 등 외부기관으로 관리전환할 수 있다.

제△△조(종모견 도입) 훈련견이 종모견으로 도입되기 위해서는 제□□조 제2항에 따른 훈련견 평가에 모두 합격하여야 하며, 다음 각 호의 요건을 갖추어야 한다.

　1. 순수한 혈통일 것

　2. 생후 20개월 이상일 것

　3. 원친(遠親) 번식에 의한 견일 것

① 중앙119구조본부의 장은 구조견 양성 및 교육훈련 등을 위하여 119구조견교육대를 설치하여야 한다.

② 원친 번식에 의한 생후 20개월인 순수한 혈통의 훈련견은 훈련견 평가결과에 관계없이 종모견으로 도입될 수 있다.

③ 기초평가 기준에 따라 총점 80점을 득점하고, 수의검진 결과 적합판정을 받은 훈련견은 생후 15개월에 종모견으로 도입될 수 있다.

④ 생후 12개월에 훈련을 시작해 반년이 지난 훈련견이 결격사유 없이 중간평가 기준에 따라 총점 75점을 득점하고, 수의진료소견 결과 적합판정을 받는다면 중간평가에 합격한 것으로 본다.

⑤ 기초평가에서 합격했더라도 결격사유가 있어 중간평가에 불합격한 훈련견은 유관기관으로 관리전환할 수 있다.

30. 다음 〈A기관 특허대리인 보수 지급 기준〉과 〈상황〉을 근거로 판단할 때, 甲과 乙이 지급받는 보수의 차이는?

하나은행

───── 〈A기관 특허대리인 보수 지급 기준〉 ─────

○ A기관은 특허출원을 특허대리인(이하 '대리인')에게 의뢰하고, 이에 따라 특허출원 건을 수임한 대리인에게 보수를 지급한다.

○ 보수는 착수금과 사례금의 합이다.

○ 착수금은 대리인이 작성한 출원서의 내용에 따라 〈착수금 산정 기준〉의 세부항목을 합산하여 산정한다. 단, 세부항목을 합산한 금액이 140만 원을 초과할 경우 착수금은 140만 원으로 한다.

〈착수금 산정 기준〉

세부항목	금액(원)
기본료	1,200,000
독립항 1개 초과분(1개당)	100,000
종속항(1개당)	35,000
명세서 20면 초과분(1면당)	9,000
도면(1도당)	15,000

※ 독립항 1개 또는 명세서 20면 이하는 해당 항목에 대한 착수금을 산정하지 않는다.

○ 사례금은 출원한 특허가 '등록결정'된 경우 착수금과 동일한 금액으로 지급하고, '거절결정'된 경우 0원으로 한다.

───── 〈상황〉 ─────

○ 특허대리인 甲과 乙은 A기관이 의뢰한 특허출원을 각각 1건씩 수임하였다.

○ 甲은 독립항 1개, 종속항 2개, 명세서 14면, 도면 3도로 출원서를 작성하여 특허를 출원하였고, '등록결정'되었다.

○ 乙은 독립항 5개, 종속항 16개, 명세서 50면, 도면 12도로 출원서를 작성하여 특허를 출원하였고, '거절결정'되었다.

① 2만 원

② 8만 5천 원

③ 123만 원

④ 129만 5천 원

⑤ 259만 원

약점 보완 해설집 p.64

무료 바로 채점 및 성적 분석 서비스 바로 가기
QR코드를 이용해 모바일로 간편하게 채점하고 나의 실력이 어느 정도인지, 취약 부분이 어디인지 바로 파악해 보세요!

실전공략문제 7회

01. 다음 글의 중심 내용으로 적절한 것은?

하나은행

브라질은 교역품에서 나라 이름을 따온 유일한 나라다. 염색에 사용되었던 브라질우드라는 나무가 이 광활한 땅에 이름을 붙여 주었다. 그러나 브라질우드가 상품으로서의 명성을 날리는 기간은 아주 짧았고, 벌목 또한 어려웠다. 문제는 찌는 듯한 열대의 밀림에서 염료를 얻기 위해서 거대한 나무들을 베어내야 하고 이것을 다시 해안까지 수송해야 한다는 것이었다. 이를 위해 상당한 노동력이 필요했지만, 이 일을 하려고 열대지방까지 오려는 유럽인은 없었다. 그리고 현지 주민들에게 일을 시키는 것 역시 쉽지 않았다.

포르투갈들이 브라질에서 만난 원주민 투피족은 반유목민으로 주로 사냥과 낚시, 채집 등으로 살아가고 있었다. 투피족 여자들은 아주 원시적인 방법으로 농사를 짓고 있었다. 노동은 거의 분화되지 않았고, 자본 축적 또한 없었다. 무계급 사회를 이루고 있던 투피족은 좀처럼 교역을 하지 않았고, 스스로를 위해 만드는 것이라고는 간단한 공예품 정도였다. 사유재산이나 상품과 같은 개념도 없었다. 대부분의 투피족이 흔쾌히 포르투갈인들과 얼마간의 물건을 거래하긴 했지만, 그들에게는 많은 물건이 필요 없었다.

투피족은 브라질우드가 나무로서 그대로 서 있는 편이 훨씬 낫다고 믿었다. 이런 투피족 사람들이 비지땀을 흘리며 힘들게 통나무를 옮기게 하려고 포르투갈과 프랑스 사람들은 원주민의 전통을 교묘히 이용하는 한편 적극적으로 수요를 창출해 내는 방법도 동원했다. 우선 유럽인들 일부가 원주민화되었다. 포르투갈과 프랑스 사람들은 원주민 복장을 하고, 그들의 말을 배웠으며, 원주민 여인과 결혼해 원주민 사회 속으로 파고들었다. 이후 그들은 브라질우드를 유럽으로 실어 보내기 위해 원주민들의 품앗이 노동을 활용했다.

한편, 유럽의 상인들은 호전적인 투피족 사람들이 육박전을 벌일 때 유용하게 사용할 만한 강철 칼과 도끼 따위를 선물로 주었다. 포르투갈인들은 몇몇 마을을 골라 동맹을 맺고 무기를 제공함으로써 원주민들에게 무기가 필요하도록 만들고자 했다. 그러자 프랑스인들은 포르투갈 무기로 무장한 마을의 위협을 내세워 상대편 마을과 동맹을 맺는 것으로 대응했다. 유럽과는 멀리 떨어진 남반구의 열대 밀림에서 염료의 재료를 둘러싼 다툼이 유럽의 전쟁을 그대로 흉내 내고 있었던 것이다. 그러나 유럽인들은 브라질 원주민들의 머릿속에 축적과 부라는 '미덕'을 심어놓지는 못했다.

기록에 따르면 당시 한 예수회 사제는 다음과 같이 불평했다. "투피족의 집에는 금속 연장이 가득하다. … 주변의 들판을 개간할 도끼가 없어서 항상 굶어 죽어가던 원주민들이 원하는 만큼 연장과 농지를 갖게 되었고, 게다가 쉬지 않고 먹고 마실 수도 있게 되었다. 이 사람들은 마을에서 항상 술을 마시고 있으며, 툭하면 전쟁을 하고 엄청난 말썽을 일으키곤 한다." 강철 도끼를 갖게 되면서 원주민 모두가 마치 유럽의 귀족처럼 살 수 있게 되었다. 하지만 투피족의 기본적인 욕구가

충족되고 나자 포르투갈인들이 그들을 착취하기가 어려워져 버렸다. 이제 포르투갈인들이 건강한 생계유지 이상의 것, 그러니까 증식하는 자본을 원한다면 다른 형태의 노동에 의존해야만 한다는 점이 분명해졌다.

투피족 노동시장의 법칙은 원주민들에게 지나치게 유리하게 정해져 있었다. 그렇다고 얼마 되지도 않는 포르투갈 인구 중에서 대서양을 건너와 열대지방에서 농사를 짓고 싶어 하던 사람들도 별로 없었다. 결국 포르투갈인들은 원주민을 노예로 만드는 수밖에 없었다. 그러나 이 방법 역시 만족스럽지 않기는 마찬가지였다. 대부분의 투피족 남자들은 여자의 일인 농사를 경멸했다. 따라서 이들은 땅을 파느니 차라리 죽는 쪽을 택했다. 그렇지 않은 경우라도 지리를 잘 알고 있었기 때문에 도망을 가 버리곤 했다. 마침내 포르투갈 상인들은 열대의 기후에 잘 적응할 수 있고, 농사에 대해서도 잘 알고 있는 사람들, 아프리카 노예들을 원하게 되었다. 그러나 노예를 구입하려면 브라질우드를 팔아서 버는 것보다 훨씬 더 많은 돈이 필요했다. 그 결과 포르투갈인들은 설탕 플랜테이션으로 눈을 돌렸다. 브라질우드의 시대가 끝나면서 브라질의 '황금시대'가 시작된 것이다. 브라질우드는 하찮은 교역품이 되었고 원주민들은 훨씬 더 깊은 내륙 지대로 밀려났다.

① 투피족의 노동 형태가 바뀌게 된 이유
② 브라질 원주민들이 유럽인의 노예로 전락하게 된 경위
③ 브라질 원주민들이 유럽인의 생활 습관을 따라가게 된 계기
④ 브라질우드가 브라질의 주요 교역품 지위에서 사라지게 된 내막
⑤ '브라질'이라는 나라 이름이 '브라질우드'라는 나무 이름에서 비롯된 이유

02. 다음 글에서 알 수 있는 것은?

신한은행

바르트는 언어를 '랑그', '스틸', '에크리튀르'로 구분해서 파악했다. 랑그는 영어의 'language'에 해당한다. 인간은 한국어, 중국어, 영어 등 어떤 언어를 공유하는 집단에서 태어난다. 그때 부모나 주변 사람들이 이야기하는 언어가 '모어(母語)'이고 그것이 랑그이다.

랑그에 대해 유일하게 말할 수 있는 사실은, 태어날 때부터 부모가 쓰는 언어여서 우리에게 선택권이 없다는 것이다. 인간은 '모어 속에 던져지는' 방식으로 태어나기 때문에 랑그에는 관여할 수 없다. 태어나면서 쉼 없이 랑그를 듣고 자라기 때문에 어느새 그 언어로 사고하고, 그 언어로 숫자를 세고, 그 언어로 말장난을 하고, 그 언어로 신어(新語)를 창조한다.

스틸의 사전적인 번역어는 '문체'이지만 실제 의미는 '어감'에 가깝다. 이는 언어에 대한 개인적인 호오(好惡)의 감각을 말한다. 누구나 언어의 소리나 리듬에 대한 호오가 있다. 글자 모양에 대해서도 사람마다 취향이 다르다. 이는 좋고 싫음의 문제이기 때문에 어쩔 도리가 없다. 따라서 스틸은 기호에 대한 개인적 호오라고 해도 좋다. 다시 말해 스틸은 몸에 각인된 것이어서 주체가 자유롭게 선택할 수 없다.

인간이 언어기호를 조작할 때에는 두 가지 규제가 있다. 랑그는 외적인 규제, 스틸은 내적인 규제이다. 에크리튀르는 이 두 가지 규제의 중간에 위치한다. 에크리튀르는 한국어로 옮기기 어려운데, 굳이 말하자면 '사회방언'이라고 할 수 있다. 방언은 한 언어의 큰 틀 속에 산재하고 있으며, 국소적으로 형성된 것이다. 흔히 방언이라고 하면 '지역방언'을 떠올리는데, 이는 태어나 자란 지역의 언어이므로 랑그로 분류된다. 하지만 사회적으로 형성된 방언은 직업이나 생활양식을 선택할 때 동시에 따라온다. 불량청소년의 말, 영업사원의 말 등은 우리가 선택할 수 있다.

① 랑그는 선택의 여지가 없지만, 스틸과 에크리튀르는 자유로운 선택이 가능하다.

② 방언에 대한 선택은 언어에 대한 개인의 호오 감각에 기인한다.

③ 동일한 에크리튀르를 사용하는 사람들은 같은 지역 출신이다.

④ 같은 모어를 사용하는 형제라도 스틸은 다를 수 있다.

⑤ 스틸과 에크리튀르는 언어 규제상 성격이 같다.

03. 다음 대화의 ㉠으로 적절한 것만을 <보기>에서 모두 고르면?

국민은행

갑: 최근 전동킥보드, 전동휠 등 개인형 이동장치 사고가 급증하고 있습니다. 도대체 무엇 때문에 이러한 현상이 나타나는 것일까요? 이에 대해 여러분은 어떤 의견을 가지고 있나요?

을: 원동기 면허만 있으면 19세 미만 미성년자도 개인형 이동장치를 이용할 수 있습니다. 하지만 원동기 면허가 없는 사람들도 많이 이용하고 있습니다. 안전 의식이 부족한 이용자가 증가해 사고가 더 많이 발생하는 것이지요.

병: 저는 개인형 이동장치의 경음기 부착 여부가 사고 발생 확률에 유의미한 영향을 미친다고 생각합니다. 현재 상당수의 개인형 이동장치는 경고음을 낼 수 있는 경음기가 부착되어 있지 않기 때문에 개인형 이동장치가 빠른 속도로 달려와도 주변에서 이를 인지하지 못하는 경우가 많습니다. 이것이 사고가 발생하는 주요한 원인이라고 생각합니다.

정: 저는 개인형 이동장치를 이용할 수 있는 인프라가 부족하다는 점이 가장 큰 원인이라고 생각합니다. 개인형 이동장치 이용자들은 안전한 운행이 가능한 도로를 원하고 있으나, 그러한 개인형 이동장치 전용도로를 갖춘 지역은 드뭅니다. 이처럼 인프라 수요를 공급이 따라가지 못해 사고가 발생하는 것입니다.

갑: 여러분 좋은 의견 제시해주셔서 감사합니다. 그렇다면 말씀하신 의견을 검증하기 위해 ㉠ 필요한 자료를 조사해 주세요.

─〈보기〉─

ㄱ. 미성년자 중 원동기 면허 취득 비율과 19세 이상 성인 중 원동기 면허 취득 비율

ㄴ. 경음기가 부착된 개인형 이동장치 1대당 평균 사고 발생 건수와 경음기가 부착되지 않은 개인형 이동장치 1대당 평균 사고 발생 건수

ㄷ. 개인형 이동장치 등록 대수가 가장 많은 지역의 개인형 이동장치 사고 발생 건수와 개인형 이동장치 등록 대수가 가장 적은 지역의 개인형 이동장치 사고 발생 건수

① ㄱ

② ㄴ

③ ㄱ, ㄷ

④ ㄴ, ㄷ

⑤ ㄱ, ㄴ, ㄷ

진수는 병원에서 급성 중이염을 진단 받고, 항생제 투여 결과 이틀 만에 크게 호전되었다. 진수의 중이염 증상이 빠르게 호전된 것을 '항생제 투여 때문'이라고 답하는 것은 자연스러운 설명이다. 그런데 이것이 좋은 설명이 되려면, 그러한 증상의 치유에 항생제의 투여가 관련되어 있음을 보여 줄 필요가 있다.

확률의 차이는 이러한 관련성을 보여 주는 한 가지 방식이다. 예컨대 급성 중이염 증상에 대해 항생제 투여 없이 그대로 자연 치유에 맡기는 경우, 그 증상이 치유될 확률이 20%라고 하자. 이를 기준으로 삼아서 항생제 투여가 급성 중이염의 치유에 대해 갖는 긍정적 효과와 부정적 효과를 구분할 수 있다. 가령 항생제 투여를 할 경우에 그 확률이 80%라면, 이는 항생제 투여가 급성 중이염의 치유에 긍정적 효과가 있음을 보여 주는 것이다. 거꾸로, 급성 중이염의 치유를 위해 개발 과정에 있는 신약을 투여했더니 그 확률이 10%라는 조사 결과가 있다면, 이는 신약 투여가 급성 중이염의 치유에 부정적 효과가 있음을 보여 주는 것이다. 물론 두 경우 모두, 급성 중이염의 치유에 투여된 약 이외의 다른 요인이 개입하지 않았다는 점이 보장되어야 한다.

〈보기〉

ㄱ. 투여된 약이 증상의 치유에 어떠한 효과도 없다는 것을 보이기 위해서는, 약을 투여하더라도 증상이 치유될 확률에 변화가 없을 뿐 아니라 약의 투여 이외의 다른 요인이 개입되지 않았다는 것이 밝혀져야 한다.

ㄴ. 투여된 약이 증상의 치유에 긍정적인 효과가 있다는 것을 보이기 위해서는 증상이 치유될 확률이 약의 투여 이전보다 이후에 더 높아지는 것을 보이는 것으로 충분하다.

ㄷ. 약 투여 이외의 다른 요인이 개입되지 않았다고 전제할 경우에, 투여된 약이 증상의 치유에 긍정적인 효과가 없다는 것을 보이기 위해서는 증상이 치유될 확률이 약의 투여 이전보다 이후에 더 낮아지는 것을 보이는 것이 필요하다.

① ㄱ
② ㄴ
③ ㄱ, ㄷ
④ ㄴ, ㄷ
⑤ ㄱ, ㄴ, ㄷ

포유동물의 발생 과정에서 폐는 가장 늦게 그 기능을 발휘하는 기관 중 하나이다. 폐 내부의 폐포는 숨을 들이마시면 부풀어 오르는데 이때 폐포로 들어온 공기와 폐포를 둘러싸고 있는 모세혈관의 혈액 사이에 기체교환이 일어난다. 즉 공기 중의 산소를 혈액으로 전달하고 혈액에 있는 이산화탄소가 폐포 내에 있는 공기로 배출된다. 폐포가 정상적으로 기능을 발휘하려면 폐포가 접촉해도 서로 들러붙지 않도록 하는 충분한 양의 계면 활성제가 필요하다. 폐포 세포가 분비하는 이 계면 활성제는 임신 기간이 거의 끝날 때쯤, 즉 사람의 경우 임신 약 34주째쯤, 충분히 폐포에 분비되어 비로소 호흡할 수 있는 폐가 형성된다.

태아의 폐가 정상 기능을 하게 되면 곧이어 출산이 일어난다. 쥐 실험을 통해 호흡이 가능한 폐의 형성과 출산이 어떻게 연동되는지 확인되었다. 임신한 실험 쥐의 출산일이 다가오면, 쥐의 태아 폐포에서는 충분한 양의 계면 활성제가 분비되고 그중 일부가 양수액으로 이동하여 양수액에 있는 휴면 상태의 대식세포를 활성화시킨다. 활성화된 대식세포는 양수액에서 모태 쥐의 자궁 근육 안으로 이동하여, 자궁 근육 안에서 물질 A를 분비하게 한다. 물질 A는 비활성 상태의 효소 B에 작용하여 그것을 활성 상태로 바꾸고 활성화된 효소 B는 자궁 근육 안에서 물질 C가 만들어지게 하는데, 물질 C는 효소 B가 없으면 만들어지지 않는다. 이렇게 만들어진 물질 C가 일정 수준의 농도가 되면 자궁 근육을 수축하게 하여 쥐의 출산이 일어나게 하는데, 물질 C가 일정 수준의 농도에 이르지 않으면 자궁 근육의 수축이 일어나지 않는다.

〈보기〉

ㄱ. 태아 시기 쥐의 폐포에서 물질 A가 충분히 발견되지 않는다면, 그 쥐의 폐는 정상적으로 기능을 발휘할 수 없다.

ㄴ. 임신 초기부터 효소 B가 모두 제거된 상태로 유지된 암쥐는 출산 시기가 되어도 자궁 근육의 수축이 일어나지 않는다.

ㄷ. 출산을 며칠 앞둔 암쥐의 자궁 근육에 물질 C를 주입하여 물질 C가 일정 수준의 농도에 이르게 되면 출산이 유도된다.

① ㄱ
② ㄴ
③ ㄱ, ㄷ
④ ㄴ, ㄷ
⑤ ㄱ, ㄴ, ㄷ

NH농협은행

공리주의에 따르면, 행복은 쾌락의 총량에서 고통의 총량을 뺀 값으로 수치화하여 나타낼 수 있고, 어떤 행위에 대한 도덕적 판단은 그 행위가 산출하는 행복의 증감에 의존하고, 더 큰 행복을 낳는 선택을 하는 것이 옳은 행위이다.

공리주의자 A는 한 개체로 인한 행복의 증감을 다른 개체로 인한 행복의 증감으로 대체할 수 있다는 대체가능성 논제를 받아들여, 육식이 도덕적으로 옳은 행위가 될 수 있다고 주장한다. 예를 들어, 닭고기를 먹는 일은 닭에게 죽음을 발생시키지만, 더 많은 닭의 탄생에도 기여한다. 태어나는 닭의 수를 고려하면 육식을 위한 도축은 거기 연루된 고통까지 고려하더라도 닭 전체의 행복의 총량을 증진한다. 왜냐하면 한 동물이 일생 동안 누릴 쾌락의 총량은 고통의 총량보다 크기 때문이다.

공리주의자 B는 A의 주장이 틀렸다고 비판한다. A가 받아들이는 대체가능성 논제가 존재하지 않는 대상의 고통과 쾌락을 도덕적 판단의 근거로 삼기 때문이다.

이에 A는 두 여인의 임신에 관한 다음의 사고실험을 토대로 B의 주장을 반박한다. 갑은 임신 3개월 때 의사로부터 태아에게 심각하지만 쉽게 치유 가능한 건강 문제가 있다는 진단을 받았다. 갑이 부작용 없는 약 하나만 먹으면 아이의 건강 문제는 사라진다. 을은 의사로부터 만일 지금 임신하면 아이가 심각한 건강 문제를 갖게 되지만, 3개월 후에 임신하면 아무런 문제가 없을 것이라는 진단을 받았다. 이 상황에서 갑은 약을 먹지 않아서, 을은 기다리지 않고 임신해서 둘 다 심각한 건강 문제를 가진 아이를 낳았다고 하자. B의 주장에 따르면 둘 사이에는 중요한 차이가 있다. 갑의 경우에는 태어난 아이에게 해악을 끼쳤다고 할 수 있는 반면, 을의 경우는 그렇지 않다. 을이 태어난 아이에게 해악을 끼쳤다고 평가하려면 그 아이가 건강하게 태어날 수도 있었다는 전제가 필요한데, 만일 을이 3개월 기다려 임신했다면 그 아이가 아닌 다른 아이가 잉태되었을 것이기 때문이다. 그러나 A에 따르면, 갑과 마찬가지로 을도 도덕적 잘못을 저질렀다는 것이 일반적인 직관이므로 이에 반하는 B의 주장은 수용하기 어렵다.

A는 B의 주장을 수용하기 어려운 이유를 미래세대에 대한 도덕적 책임 문제에서도 찾을 수 있다고 말한다. 만일 현세대가 지금과 같은 삶의 방식을 고수한다면, 온난화가 가속되어 지구 환경은 나빠질 것이다. 그 결과 미래세대의 고통이 증가되었다면 현세대는 이에 대한 도덕적 책임이 있다는 것이 일반적인 직관이다. 그러나 B의 주장에 따르면 그렇게 평가할 수 없다. 왜냐하면 현세대가 미래세대를 고려하여 기존과 다른 삶의 방식을 취하게 되면, 현세대가 기존 방식을 고수했을 때와는 다른 구성원으로 이루어진 미래세대가 생겨나기 때문이다. 그래서 을이 태어난 아이에게 잘못을 저질렀다고 말할 수 없는 것과 마찬가지로, 현세대도 미래세대가 겪는 고통에 대해 도덕적 책임이 없다고 말해야 한다. 그러나 A가 보기에 ⊙이는 수용하기 어렵다.

06. 위 글에 대한 분석으로 적절한 것만을 <보기>에서 모두 고르면?

<보기>

ㄱ. A의 주장에 따르면, 을의 행위는 도덕적으로 옳은 행위가 아니다.
ㄴ. 갑의 행위에 대한 B의 도덕적 평가는 대체가능성 논제의 수용 여부에 따라 달라지지 않는다.
ㄷ. B의 주장에 따르면, 을의 행위에 대한 도덕적 평가를 할 때 잉태되지 않은 존재의 쾌락이나 고통을 고려해서는 안 된다.

① ㄱ
② ㄷ
③ ㄱ, ㄴ
④ ㄴ, ㄷ
⑤ ㄱ, ㄴ, ㄷ

07. 위 글의 ⊙에 대한 평가로 적절한 것만을 <보기>에서 모두 고르면?

<보기>

ㄱ. 미래세대 구성원이 달라질 경우 미래세대가 누릴 행복의 총량이 변한다면, ⊙은 약화되지 않는다.
ㄴ. 아직 현실에 존재하지 않는다는 이유로 미래세대를 도덕적 고려에서 배제하는 것이 불합리하다면, ⊙은 약화된다.
ㄷ. 일반적인 직관에 반하는 결론이 도출된다고 해도 그러한 직관이 옳은지의 여부가 별도로 평가되어야 한다면, ⊙은 약화된다.

① ㄱ
② ㄴ
③ ㄱ, ㄷ
④ ㄴ, ㄷ
⑤ ㄱ, ㄴ, ㄷ

08. 다음 대화의 빈칸에 들어갈 말로 가장 적절한 것은?

신한은행, KDB산업은행

갑: 안녕하세요. 저는 A도의회 사무처에 근무하는 ○○○입니다. 「재난안전법」 제25조의2제5항에 따라, 재난 상황에 대비하여 기능연속성계획을 수립해야 한다는 말씀을 듣고 문의드립니다. A도의회도 기능연속성계획을 수립해야 하는지, 만일 수립해야 한다면 그 업무는 A도의회 의장의 업무인지 궁금합니다.

을: 「재난안전법」상 기능연속성계획을 수립하도록 규정된 기관에는 재난관리책임기관인 중앙행정기관 · 지방자치단체, 그리고 국회 · 법원 · 헌법재판소 · 중앙선거관리위원회가 있습니다. 재난관리책임기관에서는 해당 기관의 장인 장관이나 시 · 도지사가, 국회 · 법원 · 헌법재판소 · 중앙선거관리위원회에서는 해당 기관의 행정사무를 처리하는 조직의 장이 기능연속성계획을 수립해야 합니다.

갑: 그러면 도의회는 성격상 유사한 의결기관인 국회의 경우에 준하여 도의회 사무처장이 기능연속성계획을 수립하면 될까요?

을: 도의회가 국회와 같은 의결기관이기는 하지만 국회에 준하여 판단해서는 안 됩니다. 「재난안전법」은 재난관리책임기관을 제3조제5호의 각 목에서 규정하고 있습니다. 가목에서는 중앙행정기관 및 지방자치단체를, 그리고 나목에서는 지방행정기관 · 공공기관 · 공공단체 및 재난관리의 대상이 되는 중요 시설의 관리기관 등으로서 대통령령으로 정하는 기관을 규정하고 있습니다. 그리고 「지방자치법」 제37조에 따르면 "지방자치단체에 주민의 대의기관인 의회를 둔다."라고 규정하여 도의회는 지방자치단체의 기관이기 때문에 도의회는 그 자체로 「재난안전법」에 명시된 재난관리책임기관이 아닙니다.

갑: 그렇다면 도의회에 관한 기능연속성계획은 수립되지 않아도 되는 것인가요?

을: 재난 발생 상황에서도 도의회가 연속성 있게 수행할 필요가 있는 핵심 기능이 있다고 판단되는지가 관건이겠습니다. 「재난안전법」상 그것을 판단할 권한은 해당 지방자치단체의 장에게 있습니다.

갑: 예, 그러면 [   ].

① 재난 상황이 발생하면 A도의회의 핵심 기능 유지를 위해 A도지사의 판단을 거쳐 신속하게 기능연속성계획을 수립해야 하겠군요

② A도의회는 재난 발생 시에도 수행해야 할 핵심 기능이 있기에 자체적으로 기능연속성계획을 수립해야 하겠군요

③ A도의회는 재난관리책임기관이므로 A도의회 의장이 재난에 대비한 기능연속성계획을 수립해야 하겠군요

④ A도의회는 국회 같은 차원의 의결기능을 갖고 있지 않으므로 기능연속성계획을 수립할 일이 없겠군요

⑤ A도의회에 관한 기능연속성계획이 수립되어야 하는지 여부는 A도지사의 판단에 따라 결정되겠군요

09. 다음 글의 ㉠~㉧에 들어갈 내용에 대한 설명으로 가장 적절한 것은?

국민은행

○○도는 2022년부터 '공공 기관 통합 채용' 시스템을 운영하여 공공 기관의 채용에 대한 체계적 관리와 비리 발생 예방을 도모할 계획이다. 기존에는 ○○도 산하 공공 기관들이 채용 전(全) 과정을 각기 주관하여 시행하였으나, 2022년부터는 ○○도가 채용 과정에 참여하기로 하였다. ○○도와 산하 공공 기관들이 '따로, 또 같이'하는 통합 채용을 통해 채용 과정의 투명성을 확보하고 기관별 특성에 맞는 인재 선발을 용이하게 하려는 것이다.

○○도는 채용 공고와 원서 접수를 하고 필기시험을 주관한다. 나머지 절차는 ○○도 산하 공공 기관이 주관하여 서류 심사 후 면접시험을 거쳐 합격자를 발표한다. 기존 채용 절차에서 서류 심사에 이어 필기시험을 치던 순서를 맞바꾸었는데, 이는 지원자에게 응시 기회를 확대 제공하기 위해서이다. 절차 변화에 대한 지원자의 혼란을 줄이기 위해 기존의 나머지 채용 절차는 그대로 유지하였다. 또 ○○도는 기존의 필기시험 과목인 영어 · 한국사 · 일반상식을 국가직무능력표준 기반 평가로 바꾸어 기존과 달리 실무 능력을 평가해서 인재를 선발할 수 있도록 제도를 보완하였다. ○○도는 이런 통합 채용 절차를 알기 쉽게 기존 채용 절차와 개선 채용 절차를 비교해서 도표로 나타내었다.

〈기존〉

주관 기관	㉠				
채용 절차	채용 공고 →	원서 접수 →	㉡ →	㉢ →	㉣ →	합격자 발표

〈개선〉

주관 기관	㉤			㉥	
채용 절차	채용 공고 →	원서 접수 →	㉦ →	㉧ →	㉨ →	합격자 발표

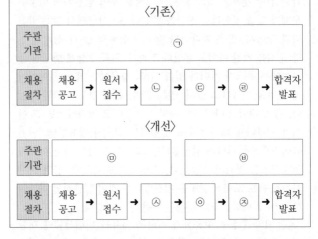

① 개선 이후 ㉠에 해당하는 기관이 주관하는 채용 업무의 양은 이전과 동일할 것이다.

② ㉠과 같은 주관 기관이 들어가는 것은 ㉥이 아니라 ㉤이다.

③ ㉡과 ㉧에는 같은 채용 절차가 들어간다.

④ ㉢과 ㉦에서 지원자들이 평가받는 능력은 같다.

⑤ ㉣을 주관하는 기관과 ㉨을 주관하는 기관은 다르다.

10. 다음 글의 ㉠에 해당하는 내용으로 가장 적절한 것은?

하나은행

A시에 거주하면서 1세, 2세, 4세의 세 자녀를 기르는 갑은 육아를 위해 집에서 15km 떨어진 키즈 카페인 B카페에 자주 방문한다. B카페는 지역 유일의 키즈 카페라서 언제나 50여 구획의 주차장이 꽉 찰 정도로 성업 중이다. 최근 자동차를 교체하게 된 갑은 친환경 추세에 부응하여 전기차로 구매하였는데, B카페는 전기차 충전시설이 없었다. 세 자녀를 돌보느라 거주지에서의 자동차 충전 시기를 놓치는 때가 많은 갑은 이러한 불편함을 호소하며 B카페에 전기차 충전시설 설치를 요청하였다. 하지만 B카페는, 충전시설을 설치하고 싶지만 비용이 문제라서 A시의「환경 친화적 자동차의 보급 및 이용 활성화를 위한 조례」(이하 '조례')에 따른 지원금이라도 받아야 간신히 설치할 수 있는 상황인데, 아래의 조문에서 보듯이 B카페는 그에 해당하지 않는다고 설명하였다.

「환경 친화적 자동차의 보급 및 이용 활성화를 위한 조례」
제9조(충전시설 설치대상) ① 주차단위구획 100개 이상을 갖춘 다음 각호의 시설은 전기자동차 충전시설을 설치하여야 한다.
　1. 판매 · 운수 · 숙박 · 운동 · 위락 · 관광 · 휴게 · 문화 시설
　2. 500세대 이상의 아파트, 근린생활시설, 기숙사
② 시장은 제1항의 설치대상에 대하여는 설치비용의 반액을 지원하여야 한다.
③ 시장은 제1항의 설치대상에 해당하지 않는 사업장에 대하여도 전기자동차 충전시설의 설치를 권고할 수 있다.

갑은 영유아와 같이 보호가 필요한 이들이 많이 이용하는 키즈 카페 등과 같은 사업장에도 전기차 충전시설의 설치를 지원해 줄 수 있는 근거를 조례에 마련해 달라는 민원을 제기하였다. 갑의 민원을 검토한 A시 의회는 관련 규정의 보완이 필요하다고 인정하여, ㉠ 조례 제9조를 개정하였고, B카페는 이에 근거한 지원금을 받아 전기차 충전시설을 설치하게 되었다.

① 제1항 제3호로 "다중이용시설(극장, 음식점, 카페, 주점 등 불특정다수인이 이용하는 시설을 말한다)"을 신설

② 제1항 제3호로 "교통약자(장애인·고령자·임산부·영유아를 동반한 사람, 어린이 등 일상생활에서 이동에 불편을 느끼는 사람을 말한다)를 위한 시설"을 신설

③ 제4항으로 "시장은 제2항에 따른 지원을 할 때 교통약자(장애인·고령자·임산부·영유아를 동반한 사람, 어린이 등 일상생활에서 이동에 불편을 느끼는 사람을 말한다)를 위한 시설을 우선적으로 지원하여야 한다."를 신설

④ 제4항으로 "시장은 제3항의 권고를 받아들이는 사업장에 대하여는 설치비용의 60퍼센트를 지원하여야 한다."를 신설

⑤ 제4항으로 "시장은 전기자동차 충전시설의 의무 설치대상으로서 조기 설치를 희망하는 사업장에는 설치 비용의 전액을 지원할 수 있다."를 신설

11. 다음 <표>는 '갑'국의 학교급별 여성 교장 수와 비율을 1980년부터 5년마다 조사한 자료이다. 이에 대한 설명으로 옳은 것은?

NH농협은행

<표> 학교급별 여성 교장 수와 비율

(단위: 명, %)

학교급 구분 조사연도	초등학교		중학교		고등학교	
	여성 교장 수	비율	여성 교장 수	비율	여성 교장 수	비율
1980	117	1.8	66	3.6	47	3.4
1985	122	1.9	98	4.9	60	4.0
1990	159	2.5	136	6.3	64	4.0
1995	222	3.8	181	7.6	66	3.8
2000	490	8.7	255	9.9	132	6.5
2005	832	14.3	330	12.0	139	6.4
2010	1,701	28.7	680	23.2	218	9.5
2015	2,058	34.5	713	24.3	229	9.9
2020	2,418	40.3	747	25.4	242	10.4

※ 1) 학교급별 여성 교장 비율(%) = $\dfrac{\text{학교급별 여성 교장 수}}{\text{학교급별 전체 교장 수}} \times 100$

2) 교장이 없는 학교는 없으며, 각 학교의 교장은 1명임.

① 2000년 이후 중학교 여성 교장 비율은 매년 증가한다.

② 초등학교 수는 2020년이 1980년보다 많다.

③ 고등학교 남성 교장 수는 1985년이 1990년보다 많다.

④ 1995년 초등학교 수는 같은 해 중학교 수와 고등학교 수의 합보다 많다.

⑤ 초등학교 여성 교장 수는 2020년이 2000년의 5배 이상이다.

12. 다음 <표>는 2014~2018년 독립유공자 포상 인원에 관한 자료이다. 이에 대한 <보기>의 설명 중 옳은 것만을 모두 고르면?

NH농협은행

<표> 연도별 독립유공자 포상 인원

(단위: 명)

훈격 연도	전체	건국 훈장	독립장	애국장	애족장	건국 포장	대통령 표창
2014	341(10)	266(2)	4(0)	111(1)	151(1)	30(2)	45(6)
2015	510(21)	326(3)	2(0)	130(0)	194(3)	74(5)	110(13)
2016	312(14)	204(4)	0(0)	87(0)	117(4)	36(2)	72(8)
2017	269(11)	152(8)	1(0)	43(0)	108(8)	43(1)	74(2)
2018	355(60)	150(11)	0(0)	51(2)	99(9)	51(9)	154(40)

※ (　) 안은 포상 인원 중 여성 포상 인원임.

<보기>
ㄱ. 여성 건국훈장 포상 인원은 매년 증가한다.

ㄴ. 매년 건국훈장 포상 인원은 전체 포상 인원의 절반 이상이다.

ㄷ. 남성 애국장 포상 인원과 남성 애족장 포상 인원의 차이가 가장 큰 해는 2015년이다.

ㄹ. 건국포장 포상 인원 중 여성 비율이 가장 낮은 해에는 대통령표창 포상 인원 중 여성 비율도 가장 낮다.

① ㄱ, ㄴ

② ㄱ, ㄹ

③ ㄴ, ㄷ

④ ㄱ, ㄷ, ㄹ

⑤ ㄴ, ㄷ, ㄹ

13. 다음 <표>는 '갑'국 대학 기숙사 수용 및 기숙사비 납부 방식에 관한 자료이다. 이에 대한 <보고서>의 설명 중 옳은 것만을 모두 고르면?

신한은행

<표 1> 2019년과 2020년 대학 기숙사 수용 현황
(단위: 명, %)

연도 / 대학유형 · 구분	2020 수용가능인원	2020 재학생수	2020 수용률	2019 수용가능인원	2019 재학생수	2019 수용률
전체(196개교)	354,749	1,583,677	22.4	354,167	1,595,436	22.2
설립주체 국공립(40개교)	102,025	381,309	26.8	102,906	385,245	26.7
설립주체 사립(156개교)	( )	1,202,368	21.0	251,261	1,210,191	20.8
소재지 수도권(73개교)	122,099	672,055	18.2	119,940	676,479	( )
소재지 비수도권(123개교)	232,650	911,622	25.5	234,227	918,957	25.5

※ 수용률(%) = $\dfrac{\text{수용가능 인원}}{\text{재학생 수}} \times 100$

<표 2> 2020년 대학 기숙사비 납부 방식 현황
(단위: 개교)

납부 방식 / 대학유형 · 기숙사유형	카드납부 가능 직영	카드납부 가능 민자	카드납부 가능 공공	카드납부 가능 합계	현금분할납부 가능 직영	현금분할납부 가능 민자	현금분할납부 가능 공공	현금분할납부 가능 합계
전체(196개교)	27	20	0	47	43	25	9	77
설립주체 국공립(40개교)	20	17	0	37	18	16	0	34
설립주체 사립(156개교)	7	3	0	10	25	9	9	43
소재지 수도권(73개교)	3	2	0	5	16	8	4	28
소재지 비수도권(123개교)	24	18	0	42	27	17	5	49

※ 각 대학은 한 가지 유형의 기숙사만 운영함.

─── <보고서> ───

2020년 대학 기숙사 수용률은 22.4%로, 2019년의 22.2%에 비해 증가하였지만 여전히 20%대 초반에 그쳤다. 대학유형별 기숙사 수용률은 사립대학보다는 국공립대학이 높고, 수도권 대학보다는 비수도권 대학이 높았다. 한편, ㉠ 2019년 대비 2020년 대학유형별 기숙사 수용률은 국공립대학보다 사립대학이, 비수도권대학보다 수도권대학이 더 큰 폭으로 증가하였다.

2020년 대학 기숙사 수용가능 인원의 변화를 설립주체별로 살펴보면, ㉡ 국공립대학은 전년 대비 800명 이상 증가하였으나, 사립대학은 전년 대비 1,400명 이상 감소하였다. 소재지별로 살펴보면 수도권 대학의 기숙사 수용가능 인원은 2019년 119,940명에서 2020년 122,099명으로 2,100명 이상 증가하였으나, 비수도권 대학은 2019년 234,227명에서 2020년 232,650명으로 1,500명 이상 감소하였다.

2020년 대학 기숙사비 납부 방식을 살펴보면, ㉢ 전체 대학 중 기숙사비 카드납부가 가능한 대학은 37.9%에 불과하였다. 이를 기숙사 유형별로 자세히 보면, ㉣ 카드납부가 가능한 공공기숙사는 없었고, 현금분할납부가 가능한 공공기숙사도 사립대학 9개교뿐이었다.

① ㄱ
② ㄱ, ㄴ
③ ㄱ, ㄹ
④ ㄷ, ㄹ
⑤ ㄴ, ㄷ, ㄹ

14. 다음은 '갑'국의 특허 출원인 A~E의 IT 분야 등록특허별 피인용 횟수에 관한 자료이다. 이를 근거로 영향력 지수가 가장 큰 출원인과 기술력 지수가 가장 작은 출원인을 바르게 연결한 것은?

NH농협은행

<표> '갑'국의 특허 출원인 A~E의 IT 분야 등록특허별 피인용 횟수

(단위: 회)

특허 출원인	등록특허	피인용 횟수
A	A1	3
	A2	25
B	B1	1
	B2	3
	B3	20
C	C1	3
	C2	2
	C3	10
	C4	5
	C5	6
D	D1	12
	D2	21
	D3	15
E	E1	6
	E2	56
	E3	4
	E4	12

※ A~E는 IT 분야 외 등록특허가 없음.

─〈정보〉─

○ 해당 출원인의 영향력 지수=
$$\frac{\text{해당 출원인의 피인용도 지수}}{\text{IT 분야 전체 등록특허의 피인용도 지수}}$$

○ 해당 출원인의 기술력 지수=
해당 출원인의 영향력 지수×해당 출원인의 등록특허 수

○ 해당 출원인의 피인용도 지수=
$$\frac{\text{해당 출원인의 등록특허 피인용 횟수의 합}}{\text{해당 출원인의 등록특허 수}}$$

○ IT 분야 전체 등록특허의 피인용도 지수=
$$\frac{\text{IT 분야 전체의 등록특허 피인용 횟수의 합}}{\text{IT 분야 전체의 등록특허 수}}$$

	영향력 지수가 가장 큰 출원인	기술력 지수가 가장 작은 출원인
①	A	B
②	D	A
③	D	C
④	E	B
⑤	E	C

15. 다음 <표>는 2021년 A시에서 개최된 철인3종경기 기록이다. 이에 대한 <보기>의 설명 중 옳은 것만을 모두 고르면?

하나은행

<표> A시 개최 철인3종경기 기록

(단위: 시간)

종합 기록 순위	국적	종합	수영	T1	자전거	T2	달리기
1	러시아	9:22:28	0:48:18	0:02:43	5:04:50	0:02:47	3:23:50
2	브라질	9:34:36	0:57:44	0:02:27	5:02:30	0:01:48	3:30:07
3	대한민국	9:37:41	1:04:14	0:04:08	5:04:21	0:03:05	3:21:53
4	대한민국	9:42:03	1:06:34	0:03:33	5:11:01	0:03:33	3:17:22
5	대한민국	9:43:50	( )	0:03:20	5:00:33	0:02:14	3:17:24
6	일본	9:44:34	0:52:01	0:03:28	5:25:59	0:02:56	3:20:10
7	러시아	9:45:06	1:08:32	0:03:55	5:07:46	0:03:02	3:21:51
8	독일	9:46:48	1:03:49	0:03:53	4:59:20	0:03:00	( )
9	영국	( )	1:07:01	0:03:37	5:07:07	0:03:55	3:26:27
10	중국	9:48:18	1:02:28	0:03:29	5:16:09	0:03:47	3:22:25

※ 1) 기록 '1:01:01'은 1시간 1분 1초를 의미함.
2) 'T1', 'T2'는 각각 '수영'에서 '자전거', '자전거'에서 '달리기'로 전환하는 데 걸리는 시간임.
3) 경기 참가 선수는 10명뿐이고, 기록이 짧을수록 순위가 높음.

─〈보기〉─

ㄱ. '수영'기록이 한 시간 이하인 선수는 'T2'기록이 모두 3분 미만이다.
ㄴ. 종합기록 순위 2~10위인 선수 중, 종합기록 순위가 한 단계 더 높은 선수와의 '종합'기록 차이가 1분 미만인 선수는 3명뿐이다.
ㄷ. '달리기'기록 상위 3명의 국적은 모두 대한민국이다.
ㄹ. 종합기록 순위 10위인 선수의 '수영'기록 순위는 '수영'기록과 'T1'기록의 합산 기록 순위와 다르다.

① ㄱ, ㄴ
② ㄱ, ㄷ
③ ㄷ, ㄹ
④ ㄱ, ㄴ, ㄹ
⑤ ㄴ, ㄷ, ㄹ

16. 다음 <표>는 2013년 수도권 3개 지역의 지역 간 화물 유동량에 대한 자료이다. 이를 이용하여 작성한 그림으로 옳지 않은 것은?

IBK기업은행

<표> 2013년 수도권 3개 지역 간 화물 유동량

(단위: 백만 톤)

도착 지역 출발 지역	서울	인천	경기	합
서울	59.6	8.5	0.6	68.7
인천	30.3	55.3	0.7	86.3
경기	78.4	23.0	3.2	104.6
계	168.3	86.8	4.5	−

※ 수도권 외부와의 화물 이동은 고려하지 않음.

① 수도권 출발 지역별 경기 도착 화물 유동량

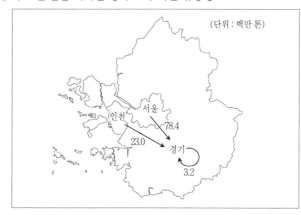

② 수도권 3개 지역별 도착 화물 유동량

③ 수도권 3개 지역의 상호 간 화물 유동량

※ '상호 간 화물 유동량'은 두 지역 간 출발 화물 유동량과 도착 화물 유동량의 합임.

④ 수도권 3개 지역별 출발 화물 유동량

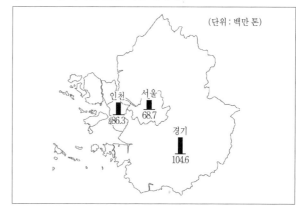

⑤ 인천 도착 화물 유동량의 수도권 출발 지역별 비중

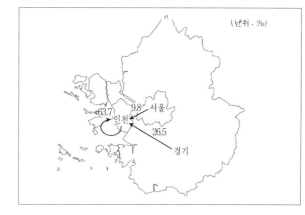

17. 다음 자료는 2020~2023년 우리나라 시도 행정심판위원회 사건 처리 현황이다. 이에 대한 <보고서>의 설명 중 옳은 것만을 모두 고르면?

국민은행

<표> 2020~2022년 시도 행정심판위원회 인용률

(단위: %)

시도＼연도	2020	2021	2022
서울	18.4	15.9	16.3
부산	22.6	15.9	12.8
대구	35.9	39.9	38.4
인천	33.3	36	38.1
광주	22.2	30.6	36
대전	28.1	47.7	35.8
울산	33	38.1	50.9
세종	7.7	16.7	0
경기	23.3	19.6	22.3
강원	21.4	14.1	18.2
충북	23.6	28.5	24.3
충남	26.7	19.9	23.1
전북	31.7	34	22.1
전남	36.2	34.5	23.8
경북	10.6	23.3	22.9
경남	18.5	25.7	12.4
제주	31.6	25.3	26.2

※ 인용률(%) = $\dfrac{\text{인용 건수}}{\text{처리 건수}} \times 100$

<그림> 2022년과 2023년 시도 행정심판위원회 처리 건수 상위 5개 시도 현황

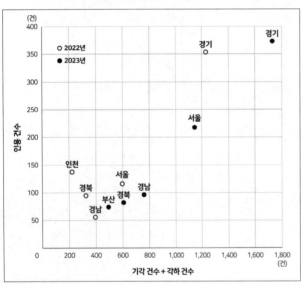

※ 처리 건수 = 인용 건수 + 기각 건수 + 각하 건수

<보고서>

2023년 우리나라 시도 행정심판위원회 처리 건수 상위 5개 시도는 경기, 서울, 경남, 경북, 부산이었다. 2022년에는 인천이 처리 건수 362건으로 상위 5개 시도에 속했으나, 2023년 부산에 자리를 넘겨주었다. 또한, ㉠ 2023년 처리 건수 상위 5개 시도의 처리 건수는 각각 전년 대비 증가하였다. 인용 건수를 살펴보면, ㉡ 2023년 처리 건수가 가장 많은 시도의 2023년 인용 건수는 2022년 인용률이 가장 높은 시도의 2022년 인용 건수의 1.5배 이상이다. 인용률을 살펴보면, ㉢ 2020년부터 2023년까지 인용률이 매년 감소한 시도는 3개이다.

① ㄱ
② ㄴ
③ ㄷ
④ ㄱ, ㄴ
⑤ ㄱ, ㄴ, ㄷ

18. 다음 <그림>은 12개 국가의 수자원 현황에 관한 자료이며, A~H는 각각 특정 국가를 나타낸다. <그림>과 <조건>을 근거로 판단할 때, 국가명을 알 수 없는 것은?

<그림> 12개 국가의 수자원 현황

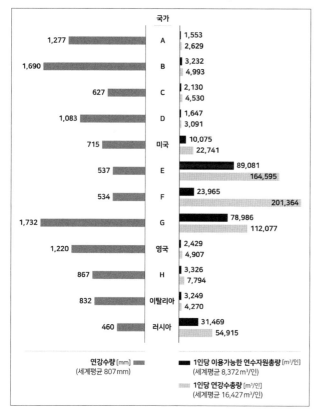

<조건>

○ '연강수량'이 세계평균의 2배 이상인 국가는 일본과 뉴질랜드이다.

○ '연강수량'이 세계평균보다 많은 국가 중 '1인당 이용 가능한 연수자원총량'이 가장 적은 국가는 대한민국이다.

○ '1인당 연강수총량'이 세계평균의 5배 이상인 국가를 '연강수량'이 많은 국가부터 나열하면 뉴질랜드, 캐나다, 호주이다.

○ '1인당 이용가능한 연수자원총량'이 영국보다 적은 국가 중 '1인당 연강수총량'이 세계평균의 25% 이상인 국가는 중국이다.

○ '1인당 이용가능한 연수자원총량'이 6번째로 많은 국가는 프랑스이다.

① B

② C

③ D

④ E

⑤ F

---

19. 다음 <표>는 콘크리트 유형별 기준강도 및 시험체 강도 판정결과에 관한 자료이다. <표>와 <판정기준>에 근거하여 (가), (나), (다)에 해당하는 강도판정결과를 바르게 나열한 것은?

<표> 콘크리트 유형별 기준강도 및 시험체 강도판정결과

(단위: MPa)

구분 콘크리트 유형	기준 강도	시험체 강도				강도 판정 결과
		시험체 1	시험체 2	시험체 3	평균	
A	24	22.8	29.0	20.8	( )	(가)
B	27	26.1	25.0	28.1	( )	불합격
C	35	36.9	36.8	31.6	( )	(나)
D	40	36.4	36.3	47.6	40.1	합격
E	45	40.3	49.4	46.8	( )	(다)

※ 강도판정결과는 '합격'과 '불합격'으로 구분됨.

<판정기준>

○ 아래 조건을 모두 만족하는 경우에만 강도판정결과가 '합격'이다.
  – 시험체 강도의 평균은 기준강도 이상이어야 한다.
  – 기준강도가 35MPa 초과인 경우에는 각 시험체 강도가 모두 기준강도의 90% 이상이어야 한다.
  – 기준강도가 35MPa 이하인 경우에는 각 시험체 강도가 모두 기준강도에서 3.5MPa을 뺀 값 이상이어야 한다.

	(가)	(나)	(다)
①	합격	합격	합격
②	합격	합격	불합격
③	합격	불합격	불합격
④	불합격	합격	합격
⑤	불합격	합격	불합격

해커스 PSAT 기출로 끝내는 금융 NCS 330제

20. 다음 <표>는 25~54세 기혼 비취업여성 현황과 기혼여성의 경력단절 사유에 관한 자료이다. 이를 이용하여 작성한 그래프로 옳지 않은 것은?

IBK기업은행, 국민은행

〈표 1〉 연령대별 기혼 비취업여성 현황

(단위: 천 명)

연령대	기혼여성	기혼비취업여성	실업자	비경제활동인구
25~29세	570	306	11	295
30~34세	1,403	763	20	743
35~39세	1,818	862	23	839
40~44세	1,989	687	28	659
45~49세	2,010	673	25	648
50~54세	1,983	727	20	707
계	9,773	4,018	127	3,891

※ 기혼여성은 취업여성과 비취업여성으로 분류됨.

〈표 2〉 기혼 경력단절여성의 경력단절 사유 분포

(단위: 천 명)

연령대	개인·가족 관련 이유				육아	가사	합
	결혼	임신·출산	자녀교육	기타			
25~29세	179	85	68	1	25	58	9	246
30~34세	430	220	137	10	63	189	21	640
35~39세	457	224	107	29	97	168	55	680
40~44세	339	149	38	24	128	71	74	484
45~49세	322	113	14	12	183	32	80	434
50~54세	323	88	10	7	218	20	78	421
계	2,050	879	374	83	714	538	317	2,905

※ 1) 기혼 경력단절여성은 기혼 비취업여성 중에서 개인·가족 관련 이유, 육아, 가사 등의 이유로 인해 직장을 그만둔 상태에 있는 여성임.
　2) 경력단절 사유에 복수로 응답한 경우는 없음.

① 연령대별 기혼여성 중 경제활동인구

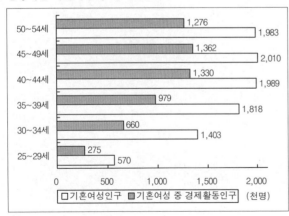

※ 경제활동인구 = 취업자 + 실업자

② 연령대별 기혼여성 중 비취업여성과 경력단절여성

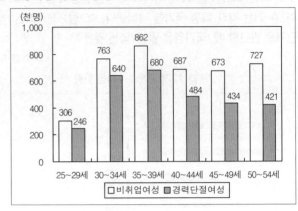

③ 25~54세 기혼 취업여성의 연령대 구성비

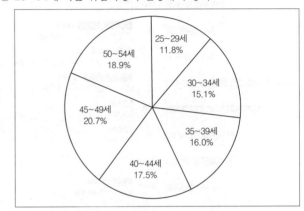

④ 30~39세 기혼 경력단절여성의 경력단절 사유 분포

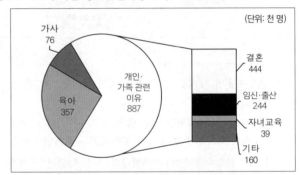

⑤ 25~54세 기혼 경력단절여성의 연령대 구성비

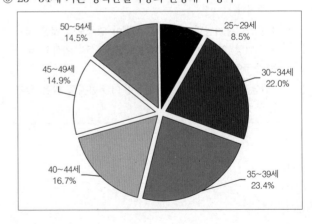

21. 다음 글을 근거로 판단할 때, <보기>에서 옳은 것만을 모두 고르면?

NH농협은행, IBK기업은행

○ 엘리베이터 안에는 각 층을 나타내는 버튼만 하나씩 있다.
○ 버튼을 한 번 누르면 해당 층에 가게 되고, 다시 누르면 취소된다. 취소된 버튼을 다시 누를 수 있다.
○ 1층에 계속해서 정지해 있던 빈 엘리베이터에 처음으로 승객 7명이 탔다.
○ 승객들이 버튼을 누른 횟수의 합은 10이며, 1층에서만 눌렀다.
○ 승객 3명은 4층에서, 2명은 5층에서 내렸다. 나머지 2명은 6층 이상의 서로 다른 층에서 내렸다.
○ 1층 외의 층에서 엘리베이터를 탄 승객은 없으며, 엘리베이터는 승객이 타거나 내린 층에서만 정지했다.

─〈보기〉─
ㄱ. 각 승객은 1개 이상의 버튼을 눌렀다.
ㄴ. 5번 누른 버튼이 있다면, 2번 이상 누른 다른 버튼이 있다.
ㄷ. 4층 버튼을 가장 많이 눌렀다.
ㄹ. 승객이 내리지 않은 층의 버튼을 누른 사람은 없다.

① ㄱ
② ㄴ
③ ㄱ, ㄷ
④ ㄴ, ㄹ
⑤ ㄷ, ㄹ

22. 다음 글과 <상황>을 근거로 판단할 때, 날씨 예보 앱을 설치한 잠재 사용자의 총수는?

NH농협은행, IBK기업은행

내일 비가 오는지를 예측하는 날씨 예보시스템을 개발한 A청은 다음과 같은 날씨 예보 앱의 '사전테스트전략'을 수립하였다.
○ 같은 날씨 변화를 경험하는 잠재 사용자의 전화번호를 개인의 동의를 얻어 확보한다.
○ 첫째 날에는 잠재 사용자를 같은 수의 두 그룹으로 나누어, 한쪽은 "비가 온다"로 다른 한쪽에는 "비가 오지 않는다"로 메시지를 보낸다.
○ 둘째 날에는 직전일에 보낸 메시지와 날씨가 일치한 그룹을 다시 같은 수의 두 그룹으로 나누어, 한쪽은 "비가 온다"로 다른 한쪽에는 "비가 오지 않는다"로 메시지를 보낸다.
○ 이후 날에도 같은 작업을 계속 반복한다.
○ 보낸 메시지와 날씨가 일치하지 않은 잠재 사용자를 대상으로도 같은 작업을 반복한다. 즉, 직전일에 보낸 메시지와 날씨가 일치하지 않은 잠재 사용자를 같은 수의 두 그룹으로 나누어, 한쪽은 "비가 온다"로 다른 한쪽에는 "비가 오지 않는다"로 메시지를 보낸다.

─〈상황〉─
A청은 사전테스트전략대로 200,000명의 잠재 사용자에게 월요일부터 금요일까지 5일간 메시지를 보냈다. 받은 메시지와 날씨가 3일 연속 일치한 경우, 해당 잠재 사용자는 날씨 예보 앱을 그날 설치한 후 제거하지 않았다.

① 12,500명
② 25,000명
③ 37,500명
④ 43,750명
⑤ 50,000명

23. 다음 글을 근거로 판단할 때, <보기>에서 甲의 시험과목별 점수로 옳은 것만을 모두 고르면?

신한은행

○○국제교육과정 중에 있는 사람은 수료시험에서 5개 과목(A~E) 평균 60점 이상을 받고 한 과목도 과락(50점 미만)이 아니어야 수료할 수 있다.

甲은 수료시험에서 5개 과목 평균 60점을 받았으나 2개 과목이 과락이어서 ○○국제교육과정을 수료하지 못했다. 甲이 돌려받은 답안지에 점수는 기재되어 있지 않았고, 각 문항에 아래와 같은 표시만 되어 있었다. 이는 국적이 서로 다른 각 과목 강사가 자신의 국가에서 사용하는 방식으로 정답·오답 표시만 해놓은 결과였다.

과목	문항									
	1	2	3	4	5	6	7	8	9	10
A	○	○	×	○	×	○	×	○	○	○
B	V	×	V	V	V	×	V	×	V	V
C	/	○	○	○	○	/	/	○	/	○
D	○	○	V	V	V	○	○	V	V	V
E	/	/	/	/	×	×	/	/	/	/

※ 모든 과목은 각 10문항이며, 각 문항별 배점은 10점이다.

〈보기〉

	시험과목	점수
ㄱ.	A	70
ㄴ.	B	30
ㄷ.	C	60
ㄹ.	D	40
ㅁ.	E	80

① ㄱ, ㄴ
② ㄱ, ㄷ
③ ㄱ, ㄹ, ㅁ
④ ㄴ, ㄷ, ㄹ
⑤ ㄴ, ㄷ, ㅁ

24. 다음 글을 근거로 판단할 때, <보기>에서 옳은 것만을 모두 고르면?

하나은행

2021년에 적용되는 ○○인재개발원의 분반 허용 기준은 아래와 같다.

○ 분반 허용 기준
 - 일반강의: 직전 2년 수강인원의 평균이 100명 이상이거나, 그 2년 중 1년의 수강인원이 120명 이상
 - 토론강의: 직전 2년 수강인원의 평균이 60명 이상이거나, 그 2년 중 1년의 수강인원이 80명 이상
 - 영어강의: 직전 2년 수강인원의 평균이 30명 이상이거나, 그 2년 중 1년의 수강인원이 50명 이상
 - 실습강의: 직전 2년 수강인원의 평균이 20명 이상

○ 이상의 기준에도 불구하고 직전년도 강의만족도 평가점수가 90점 이상이었던 강의는 위에서 기준으로 제시한 수강인원의 90% 이상이면 분반을 허용한다.

〈보기〉

ㄱ. 2019년과 2020년의 수강인원이 각각 100명과 80명이고 2020년 강의만족도 평가점수가 85점인 일반강의 A는 분반이 허용된다.

ㄴ. 2019년과 2020년의 수강인원이 각각 10명과 45명인 영어강의 B의 분반이 허용되지 않는다면, 2020년 강의만족도 평가점수는 90점 미만이었을 것이다.

ㄷ. 2019년 수강인원이 20명이고 2020년 강의만족도 평가점수가 92점인 실습강의 C의 분반이 허용되지 않는다면, 2020년 강의의 수강인원은 15명을 넘지 않았을 것이다.

① ㄴ
② ㄷ
③ ㄱ, ㄴ
④ ㄱ, ㄷ
⑤ ㄴ, ㄷ

25. 다음 글을 근거로 판단할 때, 국제행사의 개최도시로 선정될 곳은?

NH농협은행, 국민은행

甲사무관은 대한민국에서 열리는 국제행사의 개최도시를 선정하기 위해 다음과 같은 〈후보도시 평가표〉를 만들었다. 〈후보도시 평가표〉에 따른 점수와 〈국제해양기구의 의견〉을 모두 반영하여, 합산점수가 가장 높은 도시를 개최도시로 선정하고자 한다.

〈후보도시 평가표〉

구분	서울	인천	대전	부산	제주
1) 회의 시설 1,500명 이상 수용가능한 대회의장 보유 등	A	A	C	B	C
2) 숙박 시설 도보거리에 특급 호텔 보유 등	A	B	A	A	C
3) 교통 공항접근성 등	B	A	C	B	B
4) 개최 역량 대규모 국제행사 개최 경험 등	A	C	C	A	B

※ A: 10점, B: 7점, C: 3점

〈국제해양기구의 의견〉

○ 외국인 참석자의 편의를 위해 '교통'에서 A를 받은 도시의 경우 추가로 5점을 부여해 줄 것
○ 바다를 끼고 있는 도시의 경우 추가로 5점을 부여해 줄 것
○ 예상 참석자가 2,000명 이상이므로 '회의 시설'에서 C를 받은 도시는 제외할 것

① 서울
② 인천
③ 대전
④ 부산
⑤ 제주

---

26. 다음 글을 근거로 판단할 때, 甲~戊 중 가장 많은 지원금을 받는 신청자는?

NH농협은행

A국은 신재생에너지 보급 사업 활성화를 위하여 신재생 에너지 설비에 대한 지원 내용을 공고하였다. 〈지원 기준〉과 〈지원 신청 현황〉은 아래와 같다.

〈지원 기준〉

구분		용량(성능)	지원금 단가
태양광	단독주택	2kW 이하	kW당 80만 원
		2kW 초과 3kW 이하	kW당 60만 원
	공동주택	30kW 이하	kW당 80만 원
태양열	평판형· 진공관형	10m² 이하	m²당 50만 원
		10m² 초과 20m² 이하	m²당 30만 원
지열	수직밀폐형	10kW 이하	kW당 60만 원
		10kW 초과	kW당 50만 원
연료전지	인산형 등	1kW 이하	kW당 2,100만 원

○ 지원금은 '용량(성능)×지원금 단가'로 산정
○ 국가 및 지방자치단체 소유 건물은 지원 대상에서 제외
○ 전월 전력사용량이 450kWh 이상인 건물은 태양열 설비 지원 대상에서 제외
○ 용량(성능)이 〈지원 기준〉의 범위를 벗어나는 신청은 지원 대상에서 제외

〈지원 신청 현황〉

신청자	설비 종류	용량 (성능)	건물 소유자	전월 전력사용량	비고
甲	태양광	8kW	개인	350kWh	공동주택
乙	태양열	15m²	개인	550kWh	진공관형
丙	태양열	5m²	국가	400kWh	평판형
丁	지열	15kW	개인	200kWh	수직밀폐형
戊	연료전지	3kW	개인	500kWh	인산형

① 甲
② 乙
③ 丙
④ 丁
⑤ 戊

27. 다음 글을 근거로 판단할 때 옳은 것은?

IBK기업은행

제00조(정의) 이 법에서 사용하는 용어의 정의는 다음과 같다.
 1. "천문업무"란 우주에 대한 관측업무와 그에 따른 부대업무를 말한다.
 2. "천문역법"이란 천체운행의 계산을 통하여 산출되는 날짜와 천체의 출몰시각 등을 정하는 방법을 말한다.
 3. "윤초"란 지구자전속도의 불규칙성으로 인하여 발생하는 세계시와 세계협정시의 차이가 1초 이내로 되도록 보정하여주는 것을 말한다.
 4. "그레고리력"이란 1년의 길이를 365.2425일로 정하는 역법체계로서 윤년을 포함하는 양력을 말한다.
 5. "윤년"이란 그레고리력에서 여분의 하루인 2월 29일을 추가하여 1년 동안 날짜의 수가 366일이 되는 해를 말한다.
 6. "월력요항"이란 관공서의 공휴일, 기념일, 24절기 등의 자료를 표기한 것으로 달력 제작의 기준이 되는 자료를 말한다.

제00조(천문역법) ① 천문역법을 통하여 계산되는 날짜는 양력인 그레고리력을 기준으로 하되, 음력을 병행하여 사용할 수 있다.
② 과학기술정보통신부장관은 천문역법의 원활한 관리를 위하여 윤초의 결정을 관장하는 국제기구가 결정·통보한 윤초를 언론매체나 과학기술정보통신부 인터넷 홈페이지 등을 통하여 지체 없이 발표하여야 한다.
③ 과학기술정보통신부장관은 한국천문연구원으로부터 필요한 자료를 제출받아 매년 6월 말까지 다음 연도의 월력요항을 작성하여 관보에 게재하여야 한다.

① 그레고리력은 윤년을 제외하는 양력을 말한다.
② 달력 제작의 기준이 되는 자료인 월력요항에는 24절기가 표기된다.
③ 과학기술정보통신부장관은 세계시와 세계협정시를 고려하여 윤초를 결정한다.
④ 천문역법을 통해 계산되는 날짜는 음력을 사용할 수 없고, 양력인 그레고리력을 기준으로 한다.
⑤ 과학기술정보통신부장관은 한국천문연구원으로부터 자료를 제출받아 매년 6월 말까지 그해의 월력요항을 작성하여 관보에 게재하여야 한다.

28. 다음 글을 근거로 판단할 때 옳지 않은 것은?

NH농협은행

제00조 ① 정보공개심의회(이하 '심의회'라 한다)는 다음 각 호의 구분에 따라 10인 이내의 위원으로 구성한다.
 1. 내부 위원: 위원장 1인(○○실장)과 각 부서의 정보공개 담당관 중 지명된 3인
 2. 외부 위원: 관련분야 전문가 중에서 총 위원수의 3분의 1 이상 위촉
② 위원은 특정 성별이 다른 성별의 2분의 1 이하가 되지 않도록 한다.
③ 위원장을 비롯한 내부 위원의 임기는 그 직위에 재직하는 기간으로 하며, 외부 위원의 임기는 2년으로 하되 2회에 한하여 연임할 수 있다.
④ 심의회는 위원장이 소집하고, 회의는 위원장을 포함한 재적위원 3분의 2 이상의 출석으로 개의하고 출석위원 3분의 2 이상의 찬성으로 의결한다.
⑤ 위원은 부득이한 이유로 참석할 수 없는 경우에는 서면으로 의견을 제출할 수 있다. 이 경우 해당 위원은 심의회에 출석한 것으로 본다.

① 외부 위원의 최대 임기는 6년이다.
② 정보공개심의회는 최소 6명의 위원으로 구성된다.
③ 정보공개심의회 내부 위원이 모두 여성일 경우, 정보공개심의회는 7명의 위원으로 구성될 수 있다.
④ 정보공개심의회가 8명의 위원으로 구성되면, 위원 3명의 찬성으로 의결되는 경우가 있다.
⑤ 위원장을 포함한 위원 5명이 직접 출석하여 이들 모두 안건에 찬성하고, 위원 2명이 부득이한 이유로 서면으로 의견을 제출한 경우, 제출된 서면 의견에 상관없이 해당 안건은 찬성으로 의결된다.

29. 다음 글을 근거로 판단할 때 옳지 않은 것은?

KDB산업은행

조선시대 임금에게 올리는 진지상을 수라상이라 하였다. 수라는 올리는 시간 순서에 따라 각각 조(朝)수라, 주(晝)수라, 석(夕)수라로 구분되고, 조수라 전에 밥 대신 죽을 주식으로 올리는 죽(粥)수라도 있었다. 수라상은 두 개의 상, 즉 원(元)반과 협(狹)반에 차려졌다.

수라 전후에 반과(盤果)상이나 미음(米飮)상이 차려지기도 했는데, 반과상은 올리는 시간 순서에 따라 조다(早茶), 주다(晝茶), 만다(晩茶), 야다(夜茶) 등을 앞에 붙여서 달리 불렀다. 반과상은 국수를 주식으로 하고, 찬과 후식류를 자기(磁器)에 담아 한 상에 차렸다. 미음상은 미음을 주식으로 하고, 육류 음식인 고음(膏飮)과 후식류를 한 상에 차렸다.

다음은 경복궁을 출발한 행차 첫째 날과 둘째 날에 임금에게 올리기 위해 차린 전체 상차림이다.

첫째 날		둘째 날	
장소	상차림	장소	상차림
노량참	조다반과	화성참	죽수라
노량참	조수라	화성참	조수라
시흥참	주다반과	화성참	주다반과
시흥참	석수라	화성참	석수라
시흥참	야다반과	화성참	야다반과
중로	미음		

① 행차 둘째 날에 협반은 총 1회 사용되었다.

② 화성참에서는 미음이 주식인 상이 차려지지 않았다.

③ 행차 첫째 날 낮과 둘째 날 낮에는 주수라가 차려지지 않았다.

④ 행차 첫째 날 밤과 둘째 날 밤에는 후식류를 자기에 담은 상차림이 있었다.

⑤ 국수를 주식으로 한 상은 행차 첫째 날과 둘째 날을 통틀어 총 5회 차려졌다.

30. 다음 글을 근거로 판단할 때 옳은 것은?

국민은행

정책의 쟁점 관리는 정책 쟁점에 대한 부정적 인식을 최소화하여 정책의 결정 및 집행에 우호적인 환경을 조성하기 위한 행위를 말한다. 이는 정책 쟁점이 미디어 의제로 전환된 후부터 진행된다.

정책의 쟁점 관리에서는 쟁점에 대한 지식수준과 관여도에 따라 공중(公衆)의 유형을 구분하여 공중의 특성에 맞는 전략적 대응방안을 제시한다. 어떤 쟁점에 대해 지식수준과 관여도가 모두 낮은 공중은 '비활동 공중'이라고 한다. 그러나 쟁점에 대한 지식수준이 낮더라도 쟁점에 노출되어 쟁점에 대한 관여도가 높아지게 되면 이들은 '환기 공중'으로 변화한다. 이러한 환기 공중이 쟁점에 대한 지식수준까지 높아지면 지식수준과 관여도가 모두 높은 '활동 공중'으로 변하게 된다. 쟁점에 대한 지식수준이 높지만 관여도가 높지 않은 공중은 '인지 공중'이라고 한다.

인지 공중은 사회의 다양한 쟁점에 관한 지식을 가지고 있지만 적극적으로 활동하지 않아 이른바 행동하지 않는 지식인이라고도 불리는데, 이들의 관여도를 높여 활동 공중으로 이끄는 것은 매우 어렵다. 이 때문에 이들이 정책 쟁점에 긍정적 태도를 가지게 하는 것만으로도 전략적 성공이라고 볼 수 있다. 반면 환기 공중은 지식수준은 낮지만 쟁점 관여도가 높은 편이어서 문제해결에 필요한 지식을 얻게 된다면 활동 공중으로 변화한다. 따라서 이들에게는 쟁점에 대한 미디어 노출을 증가시키거나 다른 사람과 쟁점에 대해 토론하게 함으로써 지식수준을 높이는 전략을 취할 필요가 있다. 한편 활동 공중은 쟁점에 대한 지식수준과 관여도가 모두 높기 때문에 조직화될 개연성이 크고, 자신의 목석을 이루기 위해 시간과 노력을 아낌없이 투자할 자세가 되어 있다. 정책의 쟁점 관리를 제대로 하려면 이들이 정책을 우호적으로 판단할 수 있도록 하는 다양한 전략을 마련하여야 한다.

① 정책의 쟁점 관리는 정책 쟁점이 미디어 의제로 전환되기 전에 이루어진다.

② 어떤 쟁점에 대한 지식수준이 높지만 관여도가 낮은 공중을 비활동 공중이라고 한다.

③ 비활동 공중이 어떤 쟁점에 노출되면서 관여도가 높아지면 환기 공중으로 변한다.

④ 공중은 한 유형에서 다른 유형으로 변화할 수 없기 때문에 정책의 쟁점 관리를 할 필요가 없다.

⑤ 인지 공중의 경우, 쟁점에 대한 미디어 노출을 증가시키고 다른 사람과 쟁점에 대해 토론하게 만든다면 활동 공중으로 쉽게 변한다.

약점 보완 해설집 p.74

무료 바로 채점 및 성적 분석 서비스 바로 가기
QR코드를 이용해 모바일로 간편하게 채점하고 나의 실력이 어느 정도인지, 취약 부분이 어디인지 바로 파악해 보세요!

실전공략문제 8회

01. 다음 글의 중심 내용으로 가장 적절한 것은?

NH농협은행

우리는 일상적으로 몸에 익히게 된 행위의 대부분이 뇌의 구조나 생리학적인 상태에 의해 이미 정해진 방향으로 연결되어 있다는 사실을 알고 있다. 우리는 걷고, 헤엄치고, 구두끈을 매고, 단어를 쓰고, 익숙해진 도로로 차를 모는 일 등을 수행하는 동안에 거의 대부분 그런 과정을 똑똑히 의식하지 않는다.

언어 사용 행위에 대해서도 비슷한 이야기를 할 수 있다. 마이클 가자니가는 언어 활동의 핵심이 되는 왼쪽 뇌의 언어 중추에 심한 손상을 입은 의사의 예를 들고 있다. 사고 후 그 의사는 세 단어로 된 문장도 만들 수 없게 되었다. 그런데 그 의사는 실제로 아무 효과가 없는데도 매우 비싼 값이 매겨진 특허 약에 대한 이야기를 듣자, 문제의 약에 대해 무려 5분 동안이나 욕을 퍼부어 댔다. 그의 욕설은 매우 조리 있고 문법적으로 완벽했다. 이로부터 그가 퍼부은 욕설은 손상을 입지 않은 오른쪽 뇌에 저장되어 있었다는 사실을 알게 되었다. 여러 차례 반복된 욕설은 더 이상 의식적인 언어 조작을 필요로 하지 않게 되었고, 따라서 오른쪽 뇌는 마치 녹음기처럼 그 욕설을 틀어 놓은 것이다.

사람의 사유 행위도 마찬가지이다. 우리는 일상적으로 어떻게 새로운 아이디어를 얻게 되는가? 우리는 엉뚱한 생각에 골몰하거나 다른 일을 하고 있는 동안 무의식중에 멋진 아이디어가 떠오르곤 하는 경우를 종종 경험한다. '영감'의 능력으로 간주할 만한 이런 일들은 시간을 보내기 위해 언어로 하는 일종의 그림 맞추기 놀이와 비슷한 것이다. 그런 놀이를 즐길 때면 우리는 의식하지 못하는 사이에 가장 적합한 조합을 찾기도 한다. 이처럼 영감이라는 것도 의식적으로 발생하는 것이 아니라 자동화된 프로그램에 의해 나타나는 것이다.

① 인간의 사고 능력은 일종의 언어 능력이다.
② 인간은 좌뇌가 손상되어도 조리 있게 말할 수 있다.
③ 인간의 우뇌에 저장된 정보와 좌뇌에 저장된 정보는 독립적이다.
④ 인간의 언어 사용에서 의식이 차지하는 비중이 크지만 영감에서는 그렇지 않다.
⑤ 일상적인 인간 행위는 대부분 의식하지 않고도 자동적으로 이루어진다.

02. 다음 글에서 알 수 있는 것은?

IBK기업은행

구글의 디지털도서관은 출판된 모든 책을 디지털화하여 온라인을 통해 제공하는 프로젝트이다. 이는 전 세계 모든 정보를 취합하여 정리한다는 목표에 따라 진행되며, 이미 1,500만 권의 도서를 스캔하였다. 덕분에 셰익스피어 저작집 등 저작권 보호 기간이 지난 책들이 무료로 서비스되고 있다.

이에 대해 미국 출판업계가 소송을 제기하였고, 2008년에 구글이 1억 2,500만 달러를 출판업계에 지급하는 것으로 양자 간 합의안이 도출되었다. 그러나 연방법원은 이 합의안을 거부하였다. 디지털도서관은 많은 사람들에게 혜택을 줄 수 있지만, 이는 구글의 시장독점을 초래할 우려가 있으며, 저작권 침해의 소지도 있기에 저작권자도 소송에 참여하라고 주문하였다.

구글의 지식 통합 작업은 많은 이점을 가져오겠지만, 모든 지식을 한곳에 집중시키는 것이 옳은 방향인가에 대해서는 숙고가 필요하다. 문명사회를 지탱하고 있는 사회계약이란 시민과 국가 간의 책임과 권리에 관한 암묵적 동의이며, 집단과 구성원 간, 또는 개인 간의 계약을 의미한다. 이러한 계약을 위해서는 쌍방이 서로에 대해 비슷한 정도의 지식을 가지고 있어야 한다는 전제조건이 충족되어야 한다. 그런데 지식 통합 작업을 통한 지식의 독점은 한쪽 편이 상대방보다 훨씬 많은 지식을 가지는 지식의 비대칭성을 강화한다. 따라서 사회계약의 토대 자체가 무너질 수 있다. 또한 지식 통합 작업은 지식을 수집하여 독자들에게 제공하고자 하는 것이지만, 더 나아가면 지식의 수집뿐만 아니라 선별하고 배치하는 편집권한까지 포함하게 된다. 이에 따라 사람들이 알아도 될 것과 그렇지 않은 것을 결정하는 막강한 권력을 구글이 갖게 되는 상황이 초래될 수 있다.

① 구글과 저작권자의 갈등은 소송을 통해 해결되었다.
② 구글의 지식 통합 작업은 사회계약의 전제조건을 더 공고하게 할 것이다.
③ 구글의 지식 통합 작업은 독자들과 구글 사이에 평등한 권력 관계를 확대할 것이다.
④ 구글의 디지털도서관은 지금까지 스캔한 1,500만 권의 책을 무료로 서비스하고 있다.
⑤ 구글의 지식 통합 작업은 지식의 수집에서 편집권을 포함하는 것까지 확대될 수 있다.

03. 다음 글에서 추론할 수 없는 것은?

국민은행

동물의 행동을 선하다거나 악하다고 평가할 수 없는 이유는 동물이 단지 본능적 욕구에 따라 행동할 뿐이기 때문이다. 오직 인간만이 욕구와 감정에 맞서서 행동할 수 있다. 인간만이 이성을 가지고 있다. 그러나 인간이 전적으로 이성적인 존재는 아니다. 다른 동물과 마찬가지로 인간 또한 감정과 욕구를 가진 존재다. 그래서 인간은 이성과 감정의 갈등을 겪게 된다.

그러한 갈등에도 불구하고 인간이 도덕적 행위를 할 수 있는 까닭은 이성이 우리에게 도덕적인 명령을 내리기 때문이다. 도덕적 명령에 따를 때에야 비로소 우리는 의무에서 비롯된 행위를 한 것이다. 만약 어떤 행위가 이성의 명령에 따른 것이 아닐 경우 그것이 결과적으로 의무와 부합할지라도 의무에서 나온 행위는 아니다. 의무에서 나온 행위가 아니라면 심리적 성향에서 비롯된 행위가 되는데, 심리적 성향에서 비롯된 행위는 도덕성과 무관하다. 불쌍한 사람을 보고 마음이 아파서 도움을 주었다면 이는 결국 심리적 성향에 따라 행동한 것이다. 그것은 감정과 욕구에 따른 것이기 때문에 도덕적 행위일 수가 없다.

감정이나 욕구와 같은 심리적 성향에 따른 행위가 도덕적일 수 없는 또 다른 이유는, 그것이 상대적이기 때문이다. 감정이나 욕구는 주관적이어서 사람마다 다르며, 같은 사람이라도 상황에 따라 변하기 마련이다. 때문에 이는 시공간을 넘어 모든 인간에게 적용될 수 있는 보편적인 도덕의 원리가 될 수 없다. 감정이나 욕구가 어떠하든지 간에 이성의 명령에 따르는 것이 도덕이다. 이러한 입장이 사랑이나 연민과 같은 감정에서 나온 행위를 인정하지 않는다거나 가치가 없다고 평가하는 것은 아니다. 단지 사랑이나 연민은 도덕적 차원의 문제가 아닐 뿐이다.

① 동물의 행위는 도덕적 평가의 대상이 아니다.

② 감정이나 욕구는 보편적인 도덕의 원리가 될 수 없다.

③ 심리적 성향에서 비롯된 행위는 도덕적 행위일 수 없다.

④ 이성의 명령에 따른 행위가 심리적 성향에 따른 행위와 일치하는 경우는 없다.

⑤ 인간의 행위 중에는 심리적 성향에서 비롯된 것도 있고 의무에서 나온 것도 있다.

04. 다음 글의 내용 흐름상 가장 적절한 문단 배열의 순서는?

하나은행

(가) 회전문의 축은 중심에 있다. 축을 중심으로 통상 네 짝의 문이 계속 돌게 되어 있다. 마치 계속 열려 있는 듯한 착각을 일으키지만, 사실은 네 짝의 문이 계속 안 또는 밖을 차단하도록 만든 것이다. 실질적으로는 열려 있는 순간 없이 계속 닫혀 있는 셈이다.

(나) 문은 열림과 닫힘을 위해 존재한다. 이 본연의 기능을 하지 못한다는 점에서 계속 닫혀 있는 문이 무의미하듯이, 계속 열려 있는 문 또한 그 존재 가치와 의미가 없다. 그런데 현대 사회의 문은 대부분의 경우 닫힌 구조로 사람들을 맞고 있다. 따라서 사람들을 환대하는 것이 아니라 박대하고 있다고 할 수 있다. 그 대표적인 예가 회전문이다. 가만히 회전문의 구조와 그 기능을 머릿속에 그려보라. 그것이 어떤 식으로 열리고 닫히는지 알고는 놀랄 것이다.

(다) 회전문은 인간이 만들고 실용화한 문 가운데 가장 문명적이고 가장 발전된 형태로 보일지 모르지만, 사실상 열림을 가장한 닫힘의 연속이기 때문에 오히려 가장 야만적이며 가장 미개한 형태의 문이다.

(라) 또한 회전문을 이용하는 사람들은 회전문의 구조와 운동 메커니즘에 맞추어야 실수 없이 문을 통과해 안으로 들어가거나 밖으로 나올 수 있다. 어린아이, 허약한 사람, 또는 민첩하지 못한 노인은 쉽게 그것에 맞출 수 없다. 더구나 휠체어를 탄 사람이라면 더 말할 나위도 없다. 이들에게 회전문은 문이 아니다. 실질적으로 닫혀 있는 기능만 하는 문은 문이 아니기 때문이다.

① (가) - (나) - (라) - (다)

② (가) - (라) - (나) - (다)

③ (나) - (가) - (라) - (다)

④ (나) - (다) - (라) - (가)

⑤ (다) - (가) - (라) - (나)

05. 다음 글의 '나'의 견해와 부합하는 것만을 <보기>에서 모두 고르면?

NH농협은행

이제 '나'는 사람들이 동물실험의 모순적 상황을 직시하기를 바랍니다. 생리에 대한 실험이건, 심리에 대한 실험이건, 동물을 대상으로 하는 실험은 동물이 어떤 자극에 대해 반응하고 행동하는 양상이 인간과 유사하다는 것을 전제합니다. 동물실험을 옹호하는 측에서는 인간과 동물이 유사하기 때문에 실험결과에 실효성이 있다고 주장합니다. 그런데 설령 동물실험을 통해 아무리 큰 성과를 얻을지라도 동물실험 옹호론자들은 중대한 모순을 피할 수 없습니다. 그들은 인간과 동물이 다르다는 것을 실험에서 동물을 이용해도 된다는 이유로 제시하고 있기 때문입니다. 이것은 명백히 모순적인 상황이 아닐 수 없습니다.

이러한 모순적 상황은 영장류의 심리를 연구할 때 확연히 드러납니다. 최근 어느 실험에서 심리 연구를 위해 아기 원숭이를 장기간 어미 원숭이와 떼어놓아 정서적으로 고립시켰습니다. 사람들은 이 실험이 우울증과 같은 인간의 심리적 질환을 이해하기 위한 연구라는 구실을 앞세워 이 잔인한 행위를 합리화하고자 했습니다. 즉 이 실험은 원숭이가 인간과 유사하게 고통과 우울을 느끼는 존재라는 사실을 가정하고 있습니다. 인간과 동물이 심리적으로 유사하다는 사실을 인정하면서도 사람에게는 차마 하지 못할 잔인한 행동을 동물에게 하고 있는 것입니다.

또 동물의 피부나 혈액을 이용해서 제품을 실험할 때, 동물실험 옹호론자들은 이 실험이 오로지 인간과 동물 사이의 '생리적 유사성'에만 바탕을 두고 있을 뿐이라고 변명합니다. 이처럼 인간과 동물이 오로지 '생리적'으로만 유사할 뿐이라고 생각한다면, 이는 동물실험의 모순적 상황을 외면하는 것입니다.

―――――――〈보기〉―――――――

ㄱ. 동물실험은 동물이 인간과 유사하면서도 유사하지 않다고 가정하는 모순적 상황에 놓여 있다.

ㄴ. 인간과 동물 간 생리적 유사성에도 불구하고 심리적 유사성이 불확실하기 때문에 동물실험은 모순적 상황에 있다.

ㄷ. 인간과 원숭이 간에 심리적 유사성이 존재하기 때문에 인간의 우울증 연구를 위해 아기 원숭이를 정서적으로 고립시키는 실험은 윤리적으로 정당화된다.

① ㄱ

② ㄴ

③ ㄱ, ㄷ

④ ㄴ, ㄷ

⑤ ㄱ, ㄴ, ㄷ

06. 다음 글의 빈칸에 들어갈 진술로 가장 적절한 것은?

NH농협은행

모두가 서로를 알고 지내는 작은 규모의 사회에서는 거짓이나 사기가 번성할 수 없다. 반면 그렇지 않은 사회에서는 누군가를 기만하여 이득을 보는 경우가 많이 발생한다. 이런 현상이 발생하는 이유를 확인하는 연구가 이루어졌다. A교수는 그가 마키아벨리아니즘이라고 칭한 성격 특성을 지닌 사람을 판별하는 검사를 고안해냈다. 이 성격 특성은 다른 사람을 교묘하게 이용하고 기만하는 능력을 포함한다. 그의 연구는 사람들 중 일부는 다른 사람들을 교묘하게 이용하거나 기만하여 자기 이익을 챙긴다는 사실을 보여준다. 수백 명의 학생을 대상으로 한 조사에서, 마키아벨리아니즘을 갖는 것으로 분류된 학생들은 대체로 대도시 출신임이 밝혀졌다.

위 연구들이 보여주는 바를 대도시 사람들의 상호작용을 이해하기 위해 확장시켜 보자. 일반적으로 낯선 사람들이 모여 사는 대도시에서는 자기 이익을 위해 다른 사람을 이용하는 성향을 지닌 사람이 많다고 생각하기 쉽다. 대도시 사람들은 모두가 사기꾼처럼 보인다는 주장이 일리 있게 들리기도 한다. 그러나 다른 사람들의 협조 성향을 이용하여 도움을 받으면서도 다른 사람에게 도움을 주지 않는 사람이 존재하기 위해서는 일정한 틈새가 만들어져 있어야 한다. ▢▢▢▢▢▢▢▢▢▢▢ 때문에 이 틈새가 존재할 수 있는 것이다. 이는 기생 식물이 양분을 빨아먹기 위해서는 건강한 나무가 있어야 하는 것과 같다. 나무가 건강을 잃게 되면 기생 식물 또한 기생할 터전을 잃게 된다. 그렇다면 어떤 의미에서는 모든 사람들이 사기꾼이라는 냉소적인 견해는 낯선 사람과의 상호작용을 잘못 이해한 것이다. 모든 사람들이 사기꾼이라면 사기를 칠 가능성도 사라지게 된다고 이해하는 것이 맞다.

① 대도시라는 환경적 특성

② 인간은 사회를 필요로 하기

③ 많은 사람들이 진정으로 협조하기

④ 많은 사람들이 이기적 동기에 따라 행동하기

⑤ 누가 마키아벨리아니즘을 갖고 있는지 판별하기 어렵기

07. 다음 글에서 알 수 있는 것은?

IBK기업은행, 하나은행

주주 자본주의는 주주의 이윤을 극대화하는 것을 회사 경영의 목표로 하는 시스템을 말한다. 이 시스템은 자본가 계급을 사업가와 투자가로 나누어 놓았다. 그런데 주주 자본주의가 바꿔놓은 것이 하나 더 있다. 그것은 바로 노동자의 지위다. 주식회사가 생기기 이전에는 노동자가 생산수단들을 소유할 수 없었지만 이제는 거의 모든 생산수단이 잘게 쪼개져 누구나 그 일부를 구입할 수 있다. 노동자는 사업가를 위해서 일하고 사업가는 투자가를 위해 일하지만, 투자가들 중에는 노동자도 있는 것이다.

주주 자본주의를 비판하는 사람들은 기업이 주주의 이익만을 고려한다면, 다수의 사람들이 이익을 얻는 것이 아니라 소수의 독점적인 투자가들만 이익을 보장받는다고 지적한다. 또한 그들은 주주의 이익뿐만 아니라 기업과 연계되어 있는 이해관계자들 전체, 즉 노동자, 소비자, 지역사회 등을 고려해야 한다고 주장한다. 이러한 입장을 이해관계자 자본주의라고 한다.

주주 자본주의와 이해관계자 자본주의는 '기업이 존재하는 목적이 무엇인가?'라는 물음에 대한 답변이라고 할 수 있다. 물론 오늘날의 기업들은 극단적으로 한 가지 형태를 띠는 것이 아니라 양자가 혼합된 모습을 보인다. 기업은 주주의 이익을 최우선적으로 고려하지만, 노조 활동을 인정하고, 지역과 환경에 투자하며, 기부와 봉사 등 사회적 활동을 위해 노력하기도 한다.

① 주주 자본주의에서 주주의 이익과 사회적 공헌이 상충할 때 기업은 사회적 공헌을 우선적으로 선택한다.

② 주주 자본주의에서는 과거에 생산수단을 소유할 수 없었던 이들이 그것을 부분적으로 소유할 수 있게 되었다.

③ 이해관계자 자본주의에서는 지역사회의 일반 주민까지도 기업 경영의 전반적 영역에서 주도적인 역할을 담당한다.

④ 주주 자본주의와 이해관계자 자본주의가 혼합되면 기업의 사회적 공헌활동은 주주 자본주의에서보다 약화될 것이다.

⑤ 주주 자본주의와 이해관계자 자본주의가 혼합된 형태의 기업은 지역사회의 이익을 높이는 것을 최우선적으로 고려한다.

08. 다음 글의 (가)와 (나)에 들어갈 말을 <보기>에서 골라 가장 적절하게 짝지은 것은?

IBK기업은행, 하나은행

가설과 보조가설로부터 시험 명제 I를 연역적으로 이끌어 냈지만, I가 거짓임이 실험 결과로 밝혀졌다고 해보자. 이 실험 결과를 수용하려면 어느 쪽인가는 수정하여야 한다. 가설을 수정하거나 완전히 폐기할 수도 있고, 아니면 가설은 그대로 유지하면서 보조가설만을 적절히 변경할 수도 있다. 결국 가설이 심각하게 불리한 실험 결과에 직면했을 때조차도 원리상으로는 가설을 유지시킬 수 있는 가능성이 언제나 남아 있는 것이다.

과학사의 예를 하나 생각해 보자. 토리첼리가 대기층의 압력이라는 착상을 도입하기 전에는 단순 펌프의 기능이 자연은 진공을 싫어한다는 가설에 입각하여 설명되었다. 다시 말해 피스톤이 끌려 올라감으로써 펌프통 속에 진공이 생기는데, 자연은 진공을 싫어하기 때문에 그 진공을 채우려고 물이 올라온다는 것이다. 하지만 페리에는 산꼭대기에서 기압계의 수은주가 산기슭에서보다 3인치 이상 짧아진다는 실험 결과를 제시하였다. 파스칼은 이 실험 결과가 자연은 진공을 싫어한다는 가설을 반박한다고 주장하며 다음처럼 말한다. "만일 수은주의 높이가 산기슭에서의 높이보다 산꼭대기에서 짧아지는 현상이 일어난다면, 그것은 공기의 무게와 압력 때문이지 자연이 진공을 싫어하기 때문이 아니라는 결론이 따라 나오네. 왜냐하면 산꼭대기에 압력을 가하는 공기량보다 산기슭에 압력을 가하는 공기량이 훨씬 많으며, 누구도 자연이 산꼭대기에서보다 산기슭에서 진공을 더 싫어한다고 주장할 수는 없기 때문일세."

파스칼의 이런 언급은 진공에 대한 자연의 혐오라는 가설이 구제될 수 있는 실마리를 제공한다. 페리에의 실험 결과는, 자연이 진공을 싫어한다는 가설이 함께 전제하고 있는 보조가설들 가운데 ___(가)___ 를 반박하는 증거였다. 진공에 대한 자연의 혐오라는 가설과 페리에가 발견한 명백하게 불리한 증거를 수용하기 위해서는 앞의 보조가설 대신 ___(나)___ 를 보조가설로 끌어들이는 것으로 충분하다.

---〈보기〉---

ㄱ. 진공에 대한 자연의 혐오 강도는 고도에 구애받지 않는다

ㄴ. 진공에 대한 자연의 혐오가 고도의 증가에 따라 증가한다

ㄷ. 진공에 대한 자연의 혐오가 고도의 증가에 따라 감소한다

	(가)	(나)
①	ㄱ	ㄴ
②	ㄱ	ㄷ
③	ㄴ	ㄱ
④	ㄴ	ㄷ
⑤	ㄷ	ㄱ

09. 다음 글의 중심 주제로 가장 적절한 것은?

NH농협은행

맹자는 다음과 같은 이야기를 전한다. 송나라의 한 농부가 밭에 나갔다 돌아오면서 처자에게 말한다. "오늘 일을 너무 많이 했다. 밭의 싹들이 빨리 자라도록 하나하나 잡아당겨 줬더니 피곤하구나." 아내와 아이가 밭에 나가보았더니 싹들이 모두 말라 죽어 있었다. 이렇게 자라는 것을 억지로 돕는 일, 즉 조장(助長)을 하지 말라고 맹자는 말한다. 싹이 빨리 자라기를 바란다고 싹을 억지로 잡아 올려서는 안 된다. 목적을 이루기 위해 가장 빠른 효과를 얻고 싶겠지만 이는 도리어 효과를 놓치는 길이다. 억지로 효과를 내려고 했기 때문이다. 싹이 자라기를 바라 싹을 잡아당기는 것은 이미 시작된 과정을 거스르는 일이다. 효과가 자연스럽게 나타날 가능성을 방해하고 막는 일이기 때문이다. 당연히 싹의 성장 가능성은 땅 속의 씨앗에 들어있는 것이다. 개입하고 힘을 쏟고자 하는 대신에 이 잠재력을 발휘할 수 있도록 하는 것이 중요하다.

피해야 할 두 개의 암초가 있다. 첫째는 싹을 잡아당겨서 직접적으로 성장을 이루려는 것이다. 이는 목적성이 있는 적극적 행동주의로서 성장의 자연스러운 과정을 존중하지 않는 것이다. 달리 말하면 효과가 숙성되도록 놔두지 않는 것이다. 둘째는 밭의 가장자리에 서서 자라는 것을 지켜보는 것이다. 싹을 잡아당겨서도 안 되고 그렇다고 단지 싹이 자라는 것을 지켜만 봐서도 안 된다. 그렇다면 무엇을 해야 하는가? 싹 밑의 잡초를 뽑고 김을 매주는 일을 해야 하는 것이다. 경작이 용이한 땅을 조성하고 공기를 통하게 함으로써 성장을 보조해야 한다. 기다리지 못함도 삼가고 아무것도 안함도 삼가야 한다. 작동 중에 있는 자연스런 성향이 발휘되도록 기다리면서도 전력을 다할 수 있도록 돕는 노력도 멈추지 말아야 한다.

① 인류사회는 자연의 한계를 극복하려는 인위적 노력에 의해 발전해 왔다.
② 싹이 스스로 성장하도록 그대로 두는 것이 수확량을 극대화하는 방법이다.
③ 어떤 일을 진행할 때 가장 중요한 것은 명확한 목적성을 설정하는 것이다.
④ 자연의 순조로운 운행을 방해하는 인간의 개입은 예기치 못한 화를 초래할 것이다.
⑤ 잠재력을 발휘하도록 하려면 의도적 개입과 방관적 태도 모두를 경계해야 한다.

10. 다음 글의 ㉠을 설명하는 가설로 가장 적절한 것은?

NH농협은행

한 개체의 발생은 한 개의 세포가 세포분열을 통해 여러 세포로 분열되면서 진행된다. 따라서 한 개체를 구성하는 모든 세포는 동일한 유전자를 가지고 있다. 하지만 발생 과정에서 발현되는 유전자의 차이 때문에 세포는 다른 형태의 세포로 분화된다. 이와 같은 유전자 발현의 차이는 다양한 원인에 의해 이루어지는데 ㉠애기장대 뿌리에서 일어나는 세포 분화를 그 예로 알아보자.

분화가 완료되어 성숙한 애기장대 뿌리의 표면에는 두 종류의 세포가 있는데 하나는 뿌리털세포이고 다른 하나는 털이 없는 분화된 표피세포이다. 하지만 애기장대 뿌리의 표면이 처음부터 이 두 세포 형태를 가지고 있었던 것은 아니다. 발생 과정에서 미분화된 애기장대 뿌리의 중심부에는 피층세포가 서로 나란히 연결되어 원형으로 구성된 한 층의 피층세포층이 있으며, 이 층과 접하여 뿌리의 바깥쪽에 원형으로 미분화된 표피세포로 구성된 한 층의 미분화 표피세포층이 있다.

미분화된 표피세포가 그 안쪽의 피층세포층에 있는 두 개의 피층세포와 접촉하는 경우엔 뿌리털세포로 분화되어 발달하지만, 한 개의 피층세포와 접촉하는 경우엔 분화된 표피세포로 발달한다. 한편 미분화된 표피세포가 서로 다른 형태의 세포로 분화되기 위해서는 유전자A의 발현에 차이가 있어야 하는데, 미분화된 표피세포에서 유전자A가 발현되지 않으면 그 세포는 뿌리털세포로 분화되며 유전자A가 발현되면 분화된 표피세포로 분화된다.

① 미분화 표피세포에서 유전자A의 발현 조절은 분화될 세포에 뿌리털이 있는지에 따라 결정된다.
② 미분화된 세포가 뿌리털세포나 분화된 표피세포로 분화되는 것은 그 세포가 어느 세포로부터 유래하였는지에 따라 결정된다.
③ 미분화 표피세포가 뿌리털세포 또는 분화된 표피세포로 분화되는 것은 미분화 표피세포가 유전자A를 가지고 있는지에 따라 결정된다.
④ 미분화 표피세포가 뿌리털세포 또는 분화된 표피세포로 분화가 되는 것은 미분화된 뿌리에서 미분화 표피세포층과 피층세포층의 위치에 의해 결정된다.
⑤ 미분화 표피세포가 어떤 세포로 분화될 것인지는 각 미분화 표피세포가 발생 중에 접촉하는 피층세포의 수에 따라 조절되는 유전자A의 발현에 의해 결정된다.

11. 다음 <표>와 <그림>은 2019년 '갑'국의 A~J 지역별 산불피해 현황에 관한 자료이다. 이에 대한 <보기>의 설명 중 옳은 것만을 모두 고르면?

NH농협은행

<그림 3> A~J 지역별 산불 발생건수 및 발생건당 피해면적

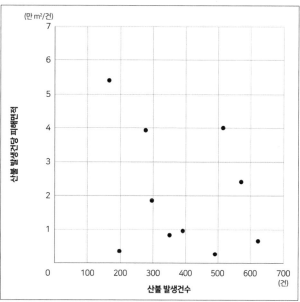

※ 산불 피해면적은 산불이 발생하여 지상입목, 관목, 시초 등을 연소시키면서 지나간 면적을 의미함.

<표> A~J 지역별 산불 발생건수

(단위: 건)

지역	A	B	C	D	E	F	G	H	I	J
산불 발생건수	516	570	350	277	197	296	492	623	391	165

<그림 1> A~J 지역별 산불 발생건수 및 피해액

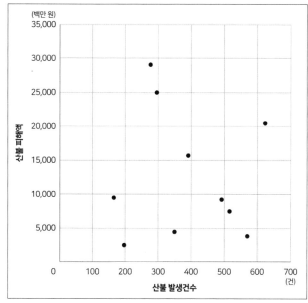

※ 산불 피해액은 산불로 인한 손실 금액을 의미함.

<그림 2> A~J 지역별 산불 발생건수 및 피해재적

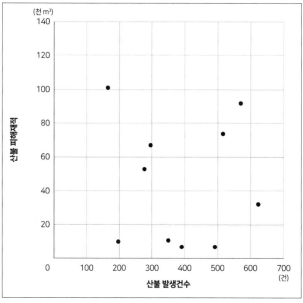

※ 산불 피해재적은 산불 피해를 입은 입목의 재적을 의미함.

─────〈보기〉─────

ㄱ. 산불 발생건당 피해면적은 J지역이 가장 크다.

ㄴ. 산불 발생건당 피해재적은 B지역이 가장 크고 E지역이 가장 작다.

ㄷ. 산불 발생건당 피해액은 D지역이 가장 크고 B지역이 가장 작다.

ㄹ. 산불 피해면적은 H지역이 가장 크고 E지역이 가장 작다.

① ㄱ, ㄴ

② ㄱ, ㄷ

③ ㄱ, ㄹ

④ ㄴ, ㄷ

⑤ ㄷ, ㄹ

※ 다음 <표 1>과 <표 2>는 '갑'국 A~E 5개 도시의 지난 30년 월평균 지상 10m 기온과 월평균 지표면 온도이고, <표 3>과 <표 4>는 도시별 설계적설하중과 설계기본풍속이다. 다음 물음에 답하시오. [12~13]

NH농협은행

<표 1> 도시별 월평균 지상 10m 기온

(단위: ℃)

월＼도시	A	B	C	D	E
1	-2.5	1.6	-2.4	-4.5	-2.3
2	-0.3	3.2	-0.5	-1.8	-0.1
3	5.2	7.4	4.5	4.2	5.1
4	12.1	13.1	10.7	11.4	12.2
5	17.4	17.6	15.9	16.8	17.2
6	21.9	21.1	20.4	21.5	21.3
7	25.9	25.0	24.0	24.5	24.4
8	25.4	25.7	24.9	24.3	25.0
9	20.8	21.2	20.7	18.9	19.7
10	14.4	15.9	14.5	12.1	13.0
11	6.9	9.6	7.2	4.8	6.1
12	-0.2	4.0	0.6	-1.7	-0.1

<표 2> 도시별 월평균 지표면 온도

(단위: ℃)

월＼도시	A	B	C	D	E
1	-2.4	2.7	-1.2	-2.7	0.3
2	-0.3	4.8	0.8	-0.7	2.8
3	5.6	9.3	6.3	4.8	8.7
4	13.4	15.7	13.4	12.6	16.3
5	19.7	20.8	19.4	19.1	22.0
6	24.8	24.2	24.5	24.4	25.9
7	26.8	27.7	26.8	26.9	28.4
8	27.4	28.5	27.5	27.0	29.0
9	22.5	19.6	22.8	21.4	23.5
10	14.8	17.9	15.8	13.5	16.9
11	6.2	10.8	7.5	5.3	8.6
12	-0.1	4.7	1.1	-0.7	2.1

<표 3> 도시별 설계적설하중

(단위: kN/m²)

도시	A	B	C	D	E
설계적설하중	0.5	0.5	0.7	0.8	2.0

<표 4> 도시별 설계기본풍속

(단위: m/s)

도시	A	B	C	D	E
설계기본풍속	30	45	35	30	40

12. 위 <표>를 근거로 <보기>의 설명 중 옳은 것만을 모두 고르면?

─────〈보기〉─────

ㄱ. '월평균 지상 10m 기온'이 가장 높은 달과 '월평균 지표면 온도'가 가장 높은 달이 다른 도시는 A뿐이다.

ㄴ. 2월의 '월평균 지상 10m 기온'은 영하이지만 '월평균 지표면 온도'가 영상인 도시는 C와 E이다.

ㄷ. 1월의 '월평균 지표면 온도'가 A~E 도시 중 가장 낮은 도시의 설계적설하중은 5개 도시 평균 설계적설하중보다 작다.

ㄹ. 설계기본풍속이 두 번째로 큰 도시는 8월의 '월평균 지상 10m 기온'도 A~E 도시 중 두 번째로 높다.

① ㄱ, ㄴ 　② ㄴ, ㄷ 　③ ㄴ, ㄹ
④ ㄷ, ㄹ 　⑤ ㄱ, ㄷ, ㄹ

13. 폭설피해 예방대책으로 위 <표 3>에 제시된 도시별 설계적설하중을 수정하고자 한다. <규칙>에 따라 수정하였을 때, A~E 도시 중 설계적설하중 증가폭이 두 번째로 큰 도시와 가장 작은 도시를 바르게 연결한 것은?

─────〈규칙〉─────

단계 1: 각 도시의 설계적설하중을 50% 증가시킨다.

단계 2: '월평균 지상 10m 기온'이 영하인 달이 3개 이상인 도시만 단계 1에 의해 산출된 값을 40% 증가시킨다.

단계 3: 설계기본풍속이 40m/s 이상인 도시만 단계 1~2를 거쳐 산출된 값을 20% 감소시킨다.

단계 4: 단계 1~3을 거쳐 산출된 값을 수정된 설계적설하중으로 한다. 단, 1.0kN/m² 미만인 경우 1.0kN/m²으로 한다.

	두 번째로 큰 도시	가장 작은 도시
①	A	B
②	A	C
③	B	D
④	D	B
⑤	D	C

14. 다음 <표>는 운전자 A~E의 정지시거 산정을 위해 '갑'시험장에서 측정한 자료이다. <표>와 <정보>에 근거하여 맑은 날과 비 오는 날의 운전자별 정지시거를 바르게 연결한 것은? 신한은행

<표> 운전자 A~E의 정지시거 산정을 위한 자료

(단위: m/초, 초, m)

구분 운전자	자동차	운행속력	반응시간	반응거리	마찰계수 맑은 날	마찰계수 비 오는 날
A	가	20	2.0	40	0.4	0.1
B	나	20	2.0	( )	0.4	0.2
C	다	20	1.6	( )	0.8	0.4
D	나	20	2.4	( )	0.4	0.2
E	나	20	1.4	( )	0.4	0.2

〈정보〉

○ 정지시거 = 반응거리 + 제동거리

○ 반응거리 = 운행속력 × 반응시간

○ 제동거리 = $\dfrac{(운행속력)^2}{2 \times 마찰계수 \times g}$

　(단, g는 중력가속도이며 10m/초^{2}으로 가정함)

	운전자	맑은 날 정지시거[m]	비 오는 날 정지시거[m]
①	A	120	240
②	B	90	160
③	C	72	82
④	D	98	158
⑤	E	78	128

15. 다음 <표>는 A~H지역의 화물 이동 현황에 관한 자료이다. 이에 대한 <보기>의 설명 중 옳은 것만을 모두 고르면? 신한은행

<표> 화물의 지역 내, 지역 간 이동 현황

(단위: 개)

도착 지역 출발 지역	A	B	C	D	E	F	G	H	합
A	65	121	54	52	172	198	226	89	977
B	56	152	61	55	172	164	214	70	944
C	29	47	30	22	62	61	85	30	366
D	24	61	30	37	82	80	113	45	472
E	61	112	54	47	187	150	202	72	885
F	50	87	38	41	120	188	150	55	729
G	78	151	83	73	227	208	359	115	1,294
H	27	66	31	28	94	81	116	46	489
계	390	797	381	355	1,116	1,130	1,465	522	6,156

※ 출발 지역과 도착 지역이 동일한 경우는 해당 지역 내에서 화물이 이동한 것임.

〈보기〉

ㄱ. 도착 화물보다 출발 화물이 많은 지역은 3개이다.

ㄴ. 지역 내 이동 화물이 가장 적은 지역은 도착 화물도 가장 적다.

ㄷ. 지역 내 이동 화물을 제외할 때, 출발 화물과 도착 화물의 합이 가장 작은 지역은 출발 화물과 도착 화물의 차이도 가장 작다.

ㄹ. 도착 화물이 가장 많은 지역은 출발 화물 중 지역 내 이동 화물의 비중도 가장 크다.

① ㄱ, ㄴ　　　② ㄱ, ㄷ　　　③ ㄴ, ㄷ

④ ㄴ, ㄹ　　　⑤ ㄱ, ㄷ, ㄹ

16. 다음 <표>와 <정보>는 A~J 지역의 지역발전 지표에 관한 자료이다. 이를 근거로 '가'~'라'에 들어갈 수 있는 값으로만 나열한 것은?

KDB산업은행

<표> A~J 지역의 지역발전 지표

(단위: %, 개)

지표\지역	재정자립도	시가화 면적 비율	10만 명당 문화시설수	10만 명당 체육시설수	주택노후화율	주택보급률	도로포장률
A	83.8	61.2	4.1	111.1	17.6	105.9	92.0
B	58.5	24.8	3.1	(다)	22.8	93.6	98.3
C	65.7	35.7	3.5	103.4	13.5	91.2	97.4
D	48.3	25.3	4.3	128.0	15.8	96.6	100.0
E	(가)	20.7	3.7	133.8	12.2	100.3	99.0
F	69.5	22.6	4.1	114.0	8.5	91.0	98.1
G	37.1	22.9	7.7	110.2	20.5	103.8	91.7
H	38.7	28.8	7.8	102.5	19.9	(라)	92.5
I	26.1	(나)	6.9	119.2	33.7	102.5	89.6
J	32.6	21.3	7.5	113.0	26.9	106.1	87.9

─────── 〈정보〉 ───────

○ 재정자립도가 E보다 높은 지역은 A, C, F임.

○ 시가화 면적 비율이 가장 낮은 지역은 주택노후화율이 가장 높은 지역임.

○ 10만 명당 문화시설수가 가장 적은 지역은 10만 명당 체육시설수가 네 번째로 많은 지역임.

○ 주택보급률이 도로포장률보다 낮은 지역은 B, C, D, F임.

	가	나	다	라
①	58.6	20.9	100.9	92.9
②	60.8	19.8	102.4	92.5
③	63.5	20.1	115.7	92.0
④	65.2	20.3	117.1	92.6
⑤	65.8	20.6	118.7	93.7

17. 다음 <그림>은 개발원조위원회 29개 회원국 중 공적개발원조액 상위 15개국과 국민총소득 대비 공적개발원조액 비율 상위 15개국 자료이다. 이에 대한 <보기>의 설명 중 옳은 것만을 모두 고르면?

KDB산업은행

<그림 1> 공적개발원조액 상위 15개 회원국

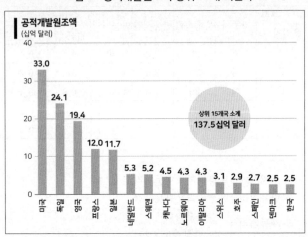

<그림 2> 국민총소득 대비 공적개발원조액 비율 상위 15개 회원국

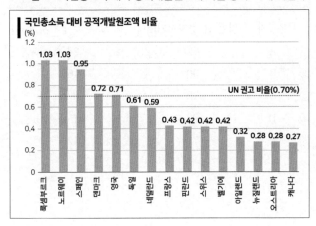

─────── 〈보기〉 ───────

ㄱ. 국민총소득 대비 공적개발원조액 비율이 UN 권고 비율보다 큰 국가의 공적개발원조액 합은 250억 달러 이상이다.

ㄴ. 공적개발원조액 상위 5개국의 공적개발원조액 합은 개발원조위원회 29개 회원국 공적개발원조액 합의 50% 이상이다.

ㄷ. 독일이 공적개발원조액만 30억 달러 증액하면 독일의 국민총소득 대비 공적개발원조액 비율은 UN 권고 비율 이상이 된다.

① ㄱ

② ㄷ

③ ㄱ, ㄴ

④ ㄴ, ㄷ

⑤ ㄱ, ㄴ, ㄷ

18. 다음 <표>는 2013~2018년 커피전문점 A~F 브랜드의 매출액과 점포수에 관한 자료이다. 이를 이용하여 작성한 그래프로 옳지 않은 것은?

신한은행

<표> 2013~2018년 커피전문점 브랜드별 매출액과 점포수

(단위: 억 원, 개)

구분	브랜드\연도	2013	2014	2015	2016	2017	2018
매출액	A	1,094	1,344	1,710	2,040	2,400	2,982
	B	-	-	24	223	1,010	1,675
	C	492	679	918	1,112	1,267	1,338
	D	-	129	197	335	540	625
	E	-	155	225	873	1,082	577
	F	-	-	-	-	184	231
	전체	1,586	2,307	3,074	4,583	6,483	7,428
점포수	A	188	233	282	316	322	395
	B	-	-	17	105	450	735
	C	81	110	150	190	208	252
	D	-	71	111	154	208	314
	E	-	130	183	218	248	366
	F	-	-	-	-	71	106
	전체	269	544	743	983	1,507	2,168

① 전체 커피전문점의 전년 대비 매출액과 점포수 증가폭 추이

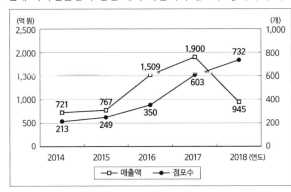

② 2018년 커피전문점 브랜드별 점포당 매출액

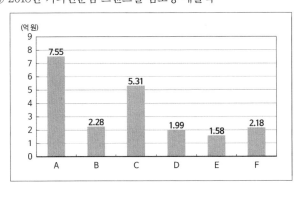

③ 2017년 매출액 기준 커피전문점 브랜드별 점유율

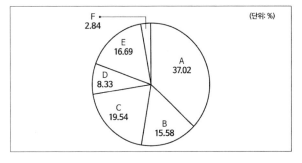

④ 2017년 대비 2018년 커피전문점 브랜드별 매출액의 증가량

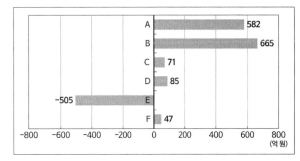

⑤ 전체 커피전문점의 연도별 점포당 매출액

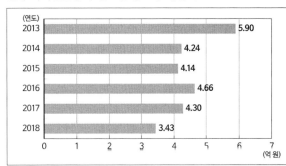

※ 다음 <표>는 2018~2020년 '갑'국 방위산업의 매출액 및 종사자 수에 관한 자료이다. 다음 물음에 답하시오. [19~20]

하나은행

<표 1> 2018~2020년 '갑'국 방위산업의 국내외 매출액

(단위: 억 원)

구분 \ 연도	2018	2019	2020
총매출액	136,493	144,521	153,867
국내 매출액	116,502	( )	( )
국외 매출액	19,991	21,048	17,624

<표 2> 2020년 '갑'국 방위산업의 기업유형별 매출액 및 종사자 수

(단위: 억 원, 명)

구분 \ 기업유형	총매출액	국내 매출액	국외 매출액	종사자 수
대기업	136,198	119,586	16,612	27,249
중소기업	17,669	16,657	1,012	5,855
전체	153,867	( )	17,624	33,104

<표 3> 2018~2020년 '갑'국 방위산업의 분야별 매출액

(단위: 억 원)

분야 \ 연도	2018	2019	2020
항공유도	41,984	45,412	49,024
탄약	24,742	21,243	25,351
화력	20,140	20,191	21,031
함정	18,862	25,679	20,619
기동	14,027	14,877	18,270
통신전자	14,898	15,055	16,892
화생방	726	517	749
기타	1,114	1,547	1,931
전체	136,493	144,521	153,867

<표 4> 2018~2020년 '갑'국 방위산업의 분야별 종사자 수

(단위: 명)

분야 \ 연도	2018	2019	2020
A	9,651	10,133	10,108
B	6,969	6,948	6,680
C	3,996	4,537	4,523
D	3,781	3,852	4,053
E	3,988	4,016	3,543
화력	3,312	3,228	3,295
화생방	329	282	228
기타	583	726	674
전체	32,609	33,722	33,104

※ '갑'국 방위산업 분야는 기타를 제외하고 항공유도, 탄약, 화력, 함정, 기동, 통신전자, 화생방으로만 구분함.

19. 위 <표>에 근거한 <보기>의 설명 중 옳은 것만을 모두 고르면?

─〈보기〉─

ㄱ. 방위산업의 국내 매출액이 가장 큰 연도에 방위산업 총 매출액 중 국외 매출액 비중이 가장 작다.
ㄴ. '기타'를 제외하고, 2018년 대비 2020년 매출액 증가율이 가장 낮은 방위산업 분야는 '탄약'이다.
ㄷ. 2020년 방위산업의 기업유형별 종사자당 국외 매출액은 대기업이 중소기업의 4배 이상이다.
ㄹ. 2020년 '항공유도' 분야 대기업 국내 매출액은 14,500억 원 이상이다.

① ㄱ, ㄴ   ② ㄱ, ㄷ   ③ ㄴ, ㄹ
④ ㄷ, ㄹ   ⑤ ㄱ, ㄴ, ㄹ

20. 위 <표>와 다음 <보고서>를 근거로 '항공유도'에 해당하는 방위산업 분야를 <표 4>의 A~E 중에서 고르면?

─〈보고서〉─

2018년 대비 2020년 '갑'국 방위산업의 총매출액은 약 12.7% 증가하였으나 방위산업 전체 종사자 수는 약 1.5% 증가하는 데 그쳤다. '기타'를 제외한 7개 분야에 대해 이를 구체적으로 분석하면 다음과 같다.

2018년 대비 2020년 방위산업 분야별 매출액은 모두 증가하였으나 종사자 수는 '통신전자', '함정', '항공유도' 분야만 증가하고 나머지 분야는 감소한 것으로 나타났다. 2018~2020년 동안 매출액과 종사자 수 모두 매년 증가한 방위산업 분야는 '통신전자'뿐이고, '탄약'과 '화생방' 분야는 종사자 수가 매년 감소하였다. 특히, '기동' 분야는 2018년 대비 2020년 매출액 증가율이 방위산업 분야 중 가장 높았지만 종사자 수는 가장 많이 감소하였다. 2018년 대비 2020년 '함정' 분야 매출액 증가율은 방위산업 전체 매출액 증가율보다 낮았으나 종사자 수는 방위산업 분야 중 가장 많이 증가하였다. 이에 따라 방위산업의 분야별 종사자당 매출액 순위에도 변동이 있었다. 2018년에는 '화력' 분야의 종사자당 매출액이 가장 컸고, 다음으로 '함정', '항공유도' 순으로 컸다. 한편, 2020년에는 '화력' 분야의 종사자당 매출액이 가장 컸고, 다음으로 '기동', '항공유도' 순으로 컸다.

① A   ② B   ③ C
④ D   ⑤ E

21. 다음 글을 근거로 판단할 때, B구역 청소를 하는 요일은?

KDB산업은행

뿌레스토랑은 매주 1회 휴업일(수요일)을 제외하고 매일 영업한다. 뿌레스토랑의 청소시간은 영업일 저녁 9시부터 10시까지이다. 이 시간에 A구역, B구역, C구역 중 하나를 청소한다. 청소의 효율성을 위하여 청소를 한 구역은 바로 다음 영업일에는 하지 않는다. 각 구역은 매주 다음과 같이 청소한다.
○ A구역 청소는 일주일에 1회 한다.
○ B구역 청소는 일주일에 2회 하되, B구역 청소를 한 후 영업일과 휴업일을 가리지 않고 이틀간은 B구역 청소를 하지 않는다.
○ C구역 청소는 일주일에 3회 하되, 그중 1회는 일요일에 한다.

① 월요일과 목요일
② 월요일과 금요일
③ 월요일과 토요일
④ 화요일과 금요일
⑤ 화요일과 토요일

22. 다음 글을 근거로 판단할 때 옳은 것은?

하나은행

A~E 간에 갖고 있는 상대방의 연락처에 대한 정보는 다음과 같다.
○ A는 3명의 연락처를 갖고 있는데, 그중 2명만 A의 연락처를 갖고 있다. 그런데 A의 연락처를 갖고 있는 사람은 총 3명이다.
○ B는 2명의 연락처를 갖고 있는데, 그 2명을 제외한 2명만 B의 연락처를 갖고 있다.
○ C는 A의 연락처만 갖고 있는데, A도 C의 연락처를 갖고 있다.
○ D는 2명의 연락처를 갖고 있다.
○ E는 B의 연락처만 갖고 있다.

① A는 B의 연락처를 갖고 있다.
② B는 D의 연락처를 갖고 있다.
③ C의 연락처를 갖고 있는 사람은 3명이다.
④ D의 연락처를 갖고 있는 사람은 A뿐이다.
⑤ E의 연락처를 갖고 있는 사람은 2명이다.

23. 다음 <상황>과 <대화>를 근거로 판단할 때 6월생은?

NH농협은행

─────〈상황〉─────

○ 같은 해에 태어난 5명(지나, 정선, 혜명, 민경, 효인)은 각자 자신의 생일을 알고 있다.

○ 5명은 자신을 제외한 나머지 4명의 생일이 언제인지는 모르지만, 3월생이 2명, 6월생이 1명, 9월생이 2명이라는 사실은 알고 있다.

○ 아래 〈대화〉는 5명이 한 자리에 모여 나눈 대화를 순서대로 기록한 것이다.

○ 5명은 〈대화〉의 진행에 따라 상황을 논리적으로 판단하고, 솔직하게 대답한다.

─────〈대화〉─────

민경: 지나야, 네 생일이 5명 중에서 제일 빠르니?

지나: 그럴 수도 있지만 확실히는 모르겠어.

정선: 혜명아, 네가 지나보다 생일이 빠르니?

혜명: 그럴 수도 있지만 확실히는 모르겠어.

지나: 민경아, 넌 정선이가 몇 월생인지 알겠니?

민경: 아니, 모르겠어.

혜명: 효인아, 넌 민경이보다 생일이 빠르니?

효인: 그럴 수도 있지만 확실히는 모르겠어.

① 지나

② 정선

③ 혜명

④ 민경

⑤ 효인

24. 다음 글을 근거로 판단할 때, <보기>에서 옳은 것만을 모두 고르면?

NH농협은행

甲은 결혼 준비를 위해 스튜디오 업체(A, B), 드레스 업체(C, D), 메이크업 업체(E, F)의 견적서를 각각 받았는데, 최근 생긴 B업체만 정가에서 10% 할인한 가격을 제시하였다. 아래 〈표〉는 각 업체가 제시한 가격의 총액을 계산한 결과이다. (단, A~F 각 업체의 가격은 모두 상이하다.)

<표>

스튜디오	드레스	메이크업	총액
A	C	E	76만 원
이용 안함	C	F	58만 원
A	D	E	100만 원
이용 안함	D	F	82만 원
B	D	F	127만 원

─────〈보기〉─────

ㄱ. A업체 가격이 26만 원이라면, E업체 가격이 F업체 가격보다 8만 원 비싸다.

ㄴ. B업체의 할인 전 가격은 50만 원이다.

ㄷ. C업체 가격이 30만 원이라면, E업체 가격은 28만 원이다.

ㄹ. D업체 가격이 C업체 가격보다 26만 원 비싸다.

① ㄱ

② ㄴ

③ ㄷ

④ ㄴ, ㄷ

⑤ ㄷ, ㄹ

25. 다음 글과 <대화>를 근거로 판단할 때 대장 두더지는?

국민은행, 신한은행

○ 甲은 튀어나온 두더지를 뿅망치로 때리는 '두더지 게임'을 했다.
○ 두더지는 총 5마리(A~E)이며, 이 중 1마리는 대장 두더지이고 나머지 4마리는 부하 두더지이다.
○ 대장 두더지를 맞혔을 때는 2점, 부하 두더지를 맞혔을 때는 1점을 획득한다.
○ 두더지 게임 결과, 甲은 총 14점을 획득하였다.
○ 두더지 게임이 끝난 후 두더지들은 아래와 같은 <대화>를 하였다.

〈대화〉

두더지 A: 나는 맞은 두더지 중에 가장 적게 맞았고, 맞은 횟수는 짝수야.
두더지 B: 나는 두더지 C와 똑같은 횟수로 맞았어.
두더지 C: 나와 두더지 A, 두더지 D가 맞은 횟수를 모두 더하면 모든 두더지가 맞은 횟수의 3/4이야.
두더지 D: 우리 중에 한 번도 맞지 않은 두더지가 1마리 있지만 나는 아니야.
두더지 E: 우리가 맞은 횟수를 모두 더하면 12번이야.

① 두더지 A
② 두더지 B
③ 두더지 C
④ 두더지 D
⑤ 두더지 E

26. 다음 글과 <상황>을 근거로 판단할 때, A사무관이 3월 출장여비로 받을 수 있는 총액은?

국민은행, 신한은행

○ 출장여비 기준
　－ 출장여비는 출장수당과 교통비의 합이다.
　1) 세종시 출장
　　－ 출장수당: 1만 원
　　－ 교통비: 2만 원
　2) 세종시 이외 출장
　　－ 출장수당: 2만 원(13시 이후 출장 시작 또는 15시 이전 출장 종료 시 1만 원 차감)
　　－ 교통비: 3만 원
○ 출장수당의 경우 업무추진비 사용 시 1만 원이 차감되며, 교통비의 경우 관용차량 사용 시 1만 원이 차감된다.

〈상황〉

A사무관 3월 출장내역	출장지	출장 시작 및 종료 시각	비고
출장 1	세종시	14시~16시	관용차량 사용
출장 2	인천시	14시~18시	
출장 3	서울시	09시~16시	업무추진비 사용

① 6만 원
② 7만 원
③ 8만 원
④ 9만 원
⑤ 10만 원

하나은행

제00조(법 적용의 기준) ① 새로운 법령등은 법령등에 특별한 규정이 있는 경우를 제외하고는 그 법령등의 효력 발생 전에 완성되거나 종결된 사실관계 또는 법률관계에 대해서는 적용되지 아니한다.

② 당사자의 신청에 따른 처분은 법령등에 특별한 규정이 있거나 처분 당시의 법령등을 적용하기 곤란한 특별한 사정이 있는 경우를 제외하고는 처분 당시의 법령등에 따른다.

제00조(처분의 효력) 처분은 권한이 있는 기관이 취소 또는 철회하거나 기간의 경과 등으로 소멸되기 전까지는 유효한 것으로 통용된다. 다만, 무효인 처분은 처음부터 그 효력이 발생하지 아니한다.

제00조(위법 또는 부당한 처분의 취소) ① 행정청은 위법 또는 부당한 처분의 전부나 일부를 소급하여 취소할 수 있다. 다만, 당사자의 신뢰를 보호할 가치가 있는 등 정당한 사유가 있는 경우에는 장래를 향하여 취소할 수 있다.

② 행정청은 제1항에 따라 당사자에게 권리나 이익을 부여하는 처분을 취소하려는 경우에는 취소로 인하여 당사자가 입게 될 불이익을 취소로 달성되는 공익과 비교·형량(衡量)하여야 한다. 다만, 다음 각 호의 어느 하나에 해당하는 경우에는 그러하지 아니하다.

1. 거짓이나 그 밖의 부정한 방법으로 처분을 받은 경우
2. 당사자가 처분의 위법성을 알고 있었거나 중대한 과실로 알지 못한 경우

① 새로운 법령등은 법령등에 특별한 규정이 있는 경우에는 그 법령등의 효력 발생 전에 종결된 법률관계에 대해 적용될 수 있다.

② 무효인 처분의 경우 그 처분의 효력이 소멸되기 전까지는 유효한 것으로 통용된다.

③ 행정청은 부당한 처분의 일부는 소급하여 취소할 수 있으나 전부를 소급하여 취소할 수는 없다.

④ 당사자의 신청에 따른 처분은 처분 당시의 법령등을 적용하기 곤란한 특별한 사정이 있는 경우에도 처분 당시의 법령등에 따른다.

⑤ 당사자가 부정한 방법으로 자신에게 이익이 부여되는 처분을 받아 행정청이 그 처분을 취소하고자 하는 경우, 취소로 인해 당사자가 입게 될 불이익과 취소로 달성되는 공익을 비교·형량하여야 한다.

국민은행

제00조 ① 건축물을 건축하거나 대수선하려는 자는 특별자치시장·특별자치도지사 또는 시장·군수·구청장의 허가를 받아야 한다. 다만 21층 이상의 건축물이나 연면적 합계 10만 제곱미터 이상인 건축물을 특별시나 광역시에 건축하려면 특별시장이나 광역시장의 허가를 받아야 한다.

② 허가권자는 제1항에 따른 허가를 받은 자가 다음 각 호의 어느 하나에 해당하면 허가를 취소하여야 한다. 다만 제1호에 해당하는 경우로서 정당한 사유가 있다고 인정되면 1년의 범위에서 공사의 착수기간을 연장할 수 있다.

1. 허가를 받은 날부터 2년 이내에 공사에 착수하지 아니한 경우
2. 제1호의 기간 이내에 공사에 착수하였으나 공사의 완료가 불가능하다고 인정되는 경우

제00조 ① ○○부 장관은 국토관리를 위하여 특히 필요하다고 인정하거나 주무부장관이 국방, 문화재보존, 환경보전 또는 국민경제를 위하여 특히 필요하다고 인정하여 요청하면 허가권자의 건축허가나 허가를 받은 건축물의 착공을 제한할 수 있다.

② 특별시장·광역시장·도지사(이하 '시·도지사'라 한다)는 지역계획이나 도시·군계획에 특히 필요하다고 인정하면 시장·군수·구청장의 건축허가나 허가를 받은 건축물의 착공을 제한할 수 있다.

③ ○○부 장관이나 시·도지사는 제1항이나 제2항에 따라 건축허가나 건축허가를 받은 건축물의 착공을 제한하려는 경우에는 주민의견을 청취한 후 건축위원회의 심의를 거쳐야 한다.

④ 제1항이나 제2항에 따라 건축허가나 건축물의 착공을 제한하는 경우 제한기간은 2년 이내로 한다. 다만 1회에 한하여 1년 이내의 범위에서 제한기간을 연장할 수 있다.

─〈상황〉─

甲은 20층의 연면적 합계 5만 제곱미터인 건축물을, 乙은 연면적 합계 15만 제곱미터인 건축물을 각각 A광역시 B구에 신축하려고 한다.

① 甲은 B구청장에게 건축허가를 받아야 한다.

② 甲이 건축허가를 받은 경우에도 A광역시장은 지역계획에 특히 필요하다고 인정하면 일정한 절차를 거쳐 甲의 건축물 착공을 제한할 수 있다.

③ B구청장은 주민의견을 청취한 후 건축위원회의 심의를 거쳐 건축허가를 받은 乙의 건축물 착공을 제한할 수 있다.

④ 乙이 건축허가를 받은 날로부터 2년 이내에 정당한 사유 없이 공사에 착수하지 않은 경우, A광역시장은 건축허가를 취소하여야 한다.

⑤ 주무부장관이 문화재보존을 위하여 특히 필요하다고 인정하여 요청하는 경우, ○○부 장관은 건축허가를 받은 乙의 건축물에 대해 최대 3년간 착공을 제한할 수 있다.

29. 다음 글과 <상황>을 근거로 판단할 때 옳은 것은?

KDB산업은행

제○○조(허가신청) ① 대기관리권역에서 총량관리대상 오염물질을 배출량 기준을 초과하여 배출하는 사업장을 설치하거나 이에 해당하는 사업장으로 변경하려는 자는 환경부장관으로부터 사업장 설치의 허가를 받아야 한다. 허가받은 사항을 변경하는 경우에도 같다.

② 제1항의 허가 또는 변경허가를 받으려는 자는 사업장의 설치 또는 변경의 허가신청서를 환경부장관에게 제출하여야 한다.

제□□조(허가제한) 환경부장관은 제○○조 제1항에 따른 설치 또는 변경의 허가신청을 받은 경우, 그 사업장의 설치 또는 변경으로 인하여 지역배출허용총량의 범위를 초과하게 되면 이를 허가하여서는 아니 된다.

제△△조(허가취소 등) ① 사업자가 거짓이나 그 밖의 부정한 방법으로 제○○조 제1항에 따른 허가 또는 변경허가를 받은 경우, 환경부장관은 그 허가 또는 변경허가를 취소할 수 있다.

② 환경부장관은 다음 각 호의 자에 대하여 해당 사업장의 폐쇄를 명할 수 있다.

1. 거짓이나 그 밖의 부정한 방법으로 제○○조 제1항에 따른 허가 또는 변경허가를 받은 자
2. 제○○조 제1항에 따른 허가 또는 변경허가를 받지 아니하고 사업장을 설치·운영하는 자

제◇◇조(벌칙) 다음 각 호의 어느 하나에 해당하는 자는 7년 이하의 징역 또는 2억 원 이하의 벌금에 처한다.

1. 제○○조 제1항에 따른 허가 또는 변경허가를 받지 아니하고 사업장을 설치하거나 변경한 자
2. 제△△조 제2항에 따른 사업장폐쇄명령을 위반한 자

〈상황〉

甲~戊는 대기관리권역에서 총량관리대상 오염물질을 배출량 기준을 초과하여 배출하는 사업장을 설치하려 한다.

① 甲이 사업장 설치의 허가를 받은 경우, 이후 허가받은 사항을 변경하는 때에는 별도의 허가가 필요없다.

② 乙이 허가를 받지 않고 사업장을 설치한 경우, 7년의 징역과 2억 원의 벌금에 처한다.

③ 丙이 허가를 받지 않고 사업장을 설치·운영한 경우, 환경부장관은 해당 사업장의 폐쇄를 명할 수 있다.

④ 丁이 사업장 설치의 허가를 신청한 경우, 그 설치로 인해 지역배출허용총량의 범위를 초과하더라도 환경부장관은 이를 허가할 수 있다.

⑤ 戊가 사업장 설치의 허가를 부정한 방법으로 받은 경우에도 환경부장관은 그 허가를 취소할 수 없다.

30. 다음 글을 근거로 판단할 때 옳은 것은?

KDB산업은행

다산 정약용은 아전의 핵심적인 직책으로 향승(鄕丞)과 좌수(座首), 좌우별감(左右別監)을 들고 있다. 향승은 지방관서장인 현령의 행정보좌역이고, 좌수는 지방자치기관인 향청의 우두머리로 이방과 병방의 직무를 관장한다. 좌우별감은 좌수의 아랫자리인데, 좌별감은 호방과 예방의 직무를 관장하고, 우별감은 형방과 공방의 직무를 관장한다.

다산은 향승이 현령을 보좌해야 하는 자리이기 때문에 반드시 그 고을에서 가장 착한 사람, 즉 도덕성이 가장 높은 사람에게 그 직책을 맡겨야 한다고 하였다. 또한 좌수는 그 자리의 중요성을 감안하여 진실로 마땅한 사람으로 얻어야 한다고 강조하였다. 좌수를 선발하기 위해 다산이 제시한 방법은 다음과 같다. 먼저 좌수후보자들에게 모두 종사랑(從仕郎)의 품계를 주고 해마다 공적을 평가해 감사나 어사로 하여금 식년(式年)에 각각 9명씩을 추천하게 한다. 그리고 그 가운데 3명을 뽑아 경관(京官)에 임명하면, 자신을 갈고 닦아 명성이 있고 품행이 바른 사람이 그 속에서 반드시 나올 것이라고 주장했다. 좌우별감을 선발할 때에도 역시 마땅히 쓸 만한 사람을 골라 정사를 의논해야 한다고 했다.

다산은 아전을 임명할 때, 진실로 쓸 만한 사람을 얻지 못하면 그저 자리를 채우기는 하되 정사는 맡기지 말라고 했다. 아울러 아첨을 잘하는 자는 충성스럽지 못하므로 이를 잘 살피도록 권했다. 한편 다산은 문관뿐만 아니라 무관의 자질에 대해서도 언급하였다. 그에 따르면 무관의 반열에 서는 자는 모두 굳세고 씩씩해 적을 막아낼 만한 기색이 있는 사람으로 뽑되, 도덕성을 첫째의 자질로 삼고 재주와 슬기를 다음으로 해야 한다고 상소하였다.

※ 식년(式年): 과거를 보는 시기로 정한 해

① 관직의 서열로 보면 좌우별감은 좌수의 상관이다.

② 다산이 주장하는 좌수 선발방법에 따르면, 향승은 식년에 3명의 좌수후보자를 추천한다.

③ 다산은 아전으로 쓸 만한 사람이 없을 때에는 자리를 채우지 말아야 한다고 하였다.

④ 다산은 경관 가운데 우수한 공적이 있는 사람에게 종사랑의 품계를 주어야 한다고 주장했다.

⑤ 다산은 무관의 자질로 재주와 슬기보다 도덕성이 우선한다고 보았다.

약점 보완 해설집 p.84

무료 바로 채점 및 성적 분석 서비스 바로 가기
QR코드를 이용해 모바일로 간편하게 채점하고 나의 실력이 어느 정도인지, 취약 부분이 어디인지 바로 파악해 보세요!

실전공략문제 9회

☑ 권장 문제 풀이 시간에 맞춰 실전처럼 문제를 푼 뒤, 실제로 문제 풀이에 소요된 시간과 맞힌 문항 수를 기록하여 시간 관리 연습을 하고, 약점 보완 해설집 p.94의 '취약 유형 분석표'로 자신의 취약한 유형을 파악해 보시기 바랍니다.

풀이 시간: _____ 분/60분

맞힌 문항 수: _____ 문항/30문항

☑ 해커스ONE 애플리케이션의 학습타이머를 이용하여 실전처럼 모의고사를 풀어본 후, p.239에 있는 '바로 채점 및 성적 분석 서비스' QR코드를 스캔하여 응시 인원 대비 본인의 성적 위치를 확인해보세요.

01. 다음 글에서 알 수 있는 것은?

IBK기업은행

수사 기관이 피의자를 체포할 때 피의자에게 묵비권을 행사할 수 있고 불리한 진술을 하지 않을 권리가 있으며 변호사를 선임할 권리가 있음을 알려야 한다. 이를 '미란다 원칙'이라고 하는데, 이는 피의자로 기소되어 법정에 선 미란다에 대한 재판을 통해 확립되었다. 미란다의 변호인은 "경찰관이 미란다에게 본인의 진술이 법정에서 불리하게 쓰인다는 사실과 변호인을 선임할 권리가 있다는 사실을 말해주지 않았으므로 미란다의 자백은 공정하지 않고, 따라서 미란다의 자백을 재판 증거로 삼을 수 없다."라고 주장했다. 미국 연방대법원은 이를 인정하여, 미란다가 자신에게 묵비권과 변호사 선임권을 갖고 있다는 사실을 안 상태에서 분별력 있게 자신의 권리를 포기하고 경찰관의 신문에 진술했어야 하므로, 경찰관이 이러한 사실을 고지하였다는 것이 입증되지 않는 한, 신문 결과만으로 얻어진 진술은 그에게 불리하게 사용될 수 없다고 판결하였다.

미란다 판결 전에는 전체적인 신문 상황에서 피의자가 임의적으로 진술했다는 점이 인정되면, 즉 임의성의 원칙이 지켜졌다면 재판 증거로 사용되었다. 이때 수사 기관이 피의자에게 헌법상 권리를 알려주었는지 여부는 문제되지 않았다. 경찰관이 고문과 같은 가혹 행위로 받아낸 자백은 효력이 없지만, 회유나 압력을 행사했더라도 제때에 음식을 주고 밤에 잠을 자게 하면서 받아낸 자백은 전체적인 상황이 강압적이지 않았다면 증거로 인정되었다. 그런데 이러한 기준은 사건마다 다르게 적용되었으며 수사 기관으로 하여금 강압적인 분위기를 조성하도록 유도했으므로, 구금되어 조사받는 상황에서의 잠재적 위협으로부터 피의자를 보호해야 할 수단이 필요했다.

수사 절차는 본질적으로 강제성을 띠기 때문에, 수사 기관과 피의자 사이에 힘의 균형은 이루어지기 어렵다. 이런 상황에서 미란다 판결이 제시한 원칙은 수사 절차에서 수사 기관과 피의자가 대등한 지위에서 법적 다툼을 해야 한다는 원칙을 구현하는 첫출발이었다. 기존의 수사 관행을 전면적으로 부정하는 미란다 판결은 자백의 증거 능력에 대해 종전의 임의성의 원칙을 버리고 절차의 적법성을 채택하여, 수사 절차를 피의자의 권리를 보호하는 방향으로 전환하는 데에 크게 기여했다.

① 미란다 원칙을 확립한 재판에서 미란다는 무죄 판정을 받았다.

② 미란다 판결은 피해자의 권리에 있어 임의성의 원칙보다는 절차적 적법성이 중시되어야 한다는 점을 부각시켰다.

③ 미란다 판결은 법원이 수사 기관이 행하는 고문과 같은 가혹 행위에 대해 수사 기관의 법적 책임을 묻는 시초가 되었다.

④ 미란다 판결 전에는 수사 과정에 강압적인 요소가 있었더라도 피의자가 임의적으로 진술한 자백의 증거 능력이 인정될 수 있었다.

⑤ 미란다 판결에서 연방대법원은 피의자가 변호사 선임권이나 묵비권을 알고 있었다면 경찰관이 이를 고지하지 않아도 피의자의 자백은 효력이 있다고 판단하였다.

02. 다음 글의 ㉠과 ㉡에 들어갈 말을 가장 적절하게 나열한 것은?

NH농협은행

축산업은 지난 50여 년 동안 완전히 바뀌었다. 예를 들어, 1967년 미국에는 약 100만 곳의 돼지 농장이 있었지만, 2005년에 들어서면서 전체 돼지 농장의 수는 10만을 조금 넘게 되었다. 이러는 가운데 전체 돼지 사육 두수는 크게 증가하여 (㉠) 밀집된 형태에서 대규모로 돼지를 사육하는 농장이 출현하기 시작하였다. 이러한 농장은 경제적 효율성을 지녔지만, 사육 가축들의 병원균 전염 가능성을 높인다. 이러한 농장에서 가축들이 사육되면, 소규모 가축 사육 농장에 비해 벌레, 쥐, 박쥐 등과의 접촉으로 병원균들의 침입 가능성은 높아진다. 또한 이러한 농장의 가축 밀집 상태는 가축 간 접촉을 늘려 병원균의 전이 가능성을 높임으로써 전염병을 쉽게 확산시킨다.

축산업과 관련된 가축의 가공 과정과 소비 형태 역시 변화하였다. 과거에는 적은 수의 가축을 도축하여 고기 그 자체를 그대로 소비할 수밖에 없었다. 그러나 현대에는 소수의 대규모 육류가공기업이 많은 지역으로부터 수집한 수많은 가축의 고기를 재료로 햄이나 소시지 등의 육류가공제품을 대량으로 생산하여 소비자에 공급한다. 이렇게 되면 오늘날의 개별 소비자들은 적은 양의 육류가공제품을 소비하더라도, 엄청나게 많은 수의 가축과 접촉한 결과를 낳는다. 이는 소비자들이 감염된 가축의 병원균에 노출될 가능성을 높인다.

정리하자면 (㉡) 결과를 야기하기 때문에, 오늘날의 변화된 축산업은 소비자들이 가축을 통해 전염병에 노출될 가능성을 높인다.

① ┌ ㉠: 농장당 돼지 사육 두수는 줄고 사육 면적당 돼지의 수도 줄어든
   └ ㉡: 가축 사육량과 육류가공제품 소비량이 증가하는

② ┌ ㉠: 농장당 돼지 사육 두수는 줄고 사육 면적당 돼지의 수도 줄어든
   └ ㉡: 가축 간 접촉이 늘고 소비자도 많은 수의 가축과 접촉한

③ ┌ ㉠: 농장당 돼지 사육 두수는 늘고 사육 면적당 돼지의 수도 늘어난
   └ ㉡: 가축 사육량과 육류가공제품 소비량이 증가하는

④ ┌ ㉠: 농장당 돼지 사육 두수는 늘고 사육 면적당 돼지의 수도 늘어난
   └ ㉡: 가축 간 접촉이 늘고 소비자도 많은 수의 가축과 접촉한

⑤ ┌ ㉠: 농장당 돼지 사육 두수는 늘고 사육 면적당 돼지의 수도 늘어난
   └ ㉡: 가축 간 접촉이 늘고 소비자는 적은 수의 가축과 접촉한

03. 다음 글에서 알 수 없는 것은?

NH농협은행

WTO 설립협정은 GATT 체제에서 관행으로 유지되었던 의사결정 방식인 총의 제도를 명문화했다. 동 협정은 의사결정 회의에 참석한 회원국 중 어느 회원국도 공식적으로 반대하지 않는 한, 검토를 위해 제출된 사항은 총의에 의해 결정된다고 규정하고 있다. 또한 회원국이 의사결정 회의에 불참하더라도 그 불참은 반대가 아닌 찬성으로 간주된다.

총의 제도는 회원국 간 정치·경제적 영향력의 차이를 보완하기 위하여 도입되었다. 그러나 회원국 수가 확대되고 이해관계가 첨예화되면서 현실적으로 총의가 이루어지기 쉽지 않았다. 이로 인해 WTO 체제 내에서 모든 회원국이 참여하는 새로운 무역협정이 체결되는 것이 어려웠고 결과적으로 무역자유화 촉진 및 확산이 저해되고 있다. 이러한 문제의 해결 방안으로 '부속서 4 복수국간 무역협정 방식'과 '임계질량 복수국간 무역협정 방식'이 모색되었다.

'부속서 4 복수국간 무역협정 방식'은 WTO 체제 밖에서 복수국간 무역협정을 체결하고 이를 WTO 설립협정 부속서 4에 포함하여 WTO 체제로 편입하는 방식이다. 복수국간 무역협정이 부속서 4에 포함되기 위해서는 모든 WTO 회원국 대표로 구성되는 각료회의의 승인이 있어야 한다. 현재 부속서 4에의 포함 여부가 논의 중인 전자상거래협정은 협정 당사국에만 전자상거래시장을 개방하고 기술 이전을 허용한다. '부속서 4 복수국간 무역협정 방식'은 협정상 혜택을 비당사국에 허용하지 않음으로써 해당 무역협정의 혜택을 누리고자 하는 회원국들의 협정 참여를 촉진하여 결과적으로 자유무역을 확산하는 기능을 한다.

'임계질량 복수국간 무역협정 방식'은 WTO 체제 밖에서 일부 회원국 간 무역협정을 채택하되 해당 협정의 혜택을 보편적으로 적용하여 무역자유화를 촉진하는 방식이다. 즉, 채택된 협정의 혜택은 최혜국대우원칙에 따라 협정 당사국뿐 아니라 모든 WTO 회원국에 적용되는 반면, 협정의 의무는 협정 당사국에만 부여된다. 다만, 해당 협정이 발효되기 위해서는 협정 당사국들의 협정 적용대상 품목의 무역량이 해당 품목의 전 세계 무역량의 90% 이상을 차지하여야 한다. '임계질량 복수국간 무역협정 방식'의 대표적인 사례는 정보통신기술(ICT) 제품의 국제무역 활성화를 위해 1996년 채택되어 1997년 발효된 정보기술협정이다.

① '임계질량 복수국간 무역협정 방식'에 따라 채택된 협정의 혜택을 받는 국가는 해당 협정의 의무를 부담하는 국가보다 적을 수 없다.

② WTO의 의사결정 회의에 제안된 특정 안건을 지지하는 경우, 총의 제도에 따르면 그 회의에 불참하더라도 해당 안건에 대한 찬성의 뜻을 유지할 수 있다.

③ WTO 회원국은 전자상거래협정에 가입하지 않는다면 동 협정의 법적 지위에 영향을 미칠 수 없다.

④ WTO 각료회의가 총의 제도를 유지한다면 '부속서 4 복수국간 무역협정 방식'의 도입 목적은 충분히 달성하기 어렵다.

⑤ 1997년 발효 당시 정보기술협정 당사국의 ICT 제품 무역 규모량의 총합은 해당 제품의 전 세계 무역량의 90% 이상일 것으로 추정할 수 있다.

04. 다음 글의 핵심 내용으로 가장 적절한 것은?

국민은행, 신한은행

1989년 프랑스 파리 근교의 한 공립 중학교에서 전통적인 이슬람의 여성 복장 중 하나인 히잡(Hijab)을 수업 시간에 도 벗지 않으려고 했던 여중생 세 명이 퇴학당했다. 이 사건은 20세기 초부터 프랑스에서 확고하게 정착되어온 '교회와 국가의 분리' 원칙을 도마 위에 올려놓았다. 무슬림 여중생들은 가장 무거운 징계인 퇴학을 감수하면서까지 왜 히잡 착용을 고집했을까? 히잡은 이슬람 교리에 근거한 무슬림 여성들의 전통 의상으로 이슬람 경전인 꾸란에 따르면 남녀 모두 머리카락을 천으로 덮어야 한다. 특히 여성은 가족 이외의 사람들 앞에서 자신의 몸에 걸친 일체의 장신구도 보여줘서는 안 된다.

히잡 착용에 대한 의미는 시대적 상황과 지역적 특색에 따라 변화해왔다. 예컨대 제2차 세계대전 후 알제리의 독립 투쟁이 진행되는 동안 프랑스인들은 알제리 여성의 해방을 주장하면서 여성들이 히잡을 착용하지 않도록 온갖 노력을 기울였다. 알제리의 반식민주의자들은 이러한 행위야말로 알제리 민족의 정체성을 말살하고, 알제리 문화를 왜곡하며, 더 나아가 알제리인들의 잠재적 저항력까지 약화시킨다고 보았다. 서구 식민주의자들의 침공 이전까지 알제리인들은 히잡을 그저 이슬람의 전통 복장으로 인식하였으나, 반서구 투쟁 과정에서 알제리인들은 히잡에 새로운 상징적 의미를 부여하기 시작했다. 그 결과 알제리 여성이 히잡을 착용하지 않는 것은 프랑스 식민주의의 수용을 의미하는 반면, 히잡을 착용하는 것은 식민주의의 거부를 의미하게 되었다.

그런데 이 히잡 착용이 1989년 프랑스 사회에서 논란을 불러일으켰다. 무슬림 여성들이 프랑스 사회에 정착한 지는 꽤 오랜 시간이 흘렀다. 그럼에도 이들이 여전히 히잡을 착용하는 것은 프랑스 사회로의 통합에 소극적이며 나아가 프랑스 공화국의 원칙에 적대적인 것으로 프랑스인들에게 여겨지고 있다. 다른 사회 문제와 달리, 프랑스의 좌우파는 이 히잡 문제에 대해서만은 별다른 입장 차이를 보이지 않는다. 정치인 개인에 따라, 시기에 따라 입장이 나누어지긴 하지만, 대체로 이들은 공화국의 원칙을 위협하는 '히잡 쓴 소수의 소녀들'에게 공화국의 단호함을 보여주려고 노력한다. 이러한 결실이 바로 2004년 3월 15일에 제정된 '종교 상징물 착용 금지법'이다. 이 법은 공화국의 원칙을 천명하려는 의지의 한 소산이라고 할 수 있다.

① 무슬림 여성들은 히잡을 저항과 정체성의 상징으로 본다.
② 히잡 착용의 의미는 역사적인 상황에 따라 다양하게 변모해왔다.
③ 히잡 착용 행위는 프랑스 공화국의 원리와 충돌하는 의미로 인식된다.
④ 히잡 착용은 서구와 이슬람의 문화 충돌을 보여주는 대표적인 사례이다.
⑤ 프랑스 좌우파는 히잡 착용에 대한 논란을 계기로 무슬림을 배척하고 있다.

05. 다음 글에서 추론할 수 있는 것만을 <보기>에서 모두 고르면?

국민은행, 신한은행

우리가 가진 믿음들은 때때로 여러 방식으로 표현된다. 예를 들어, 영희가 일으킨 교통사고 현장을 목격한 철수를 생각해보자. 영희는 철수가 아는 사람이므로, 현장을 목격한 철수는 영희가 사고를 일으켰다는 믿음을 가지게 되었다. 철수의 이런 믿음을 표현하는 한 가지 방법은 "철수는 영희가 교통사고를 일으켰다고 믿는다."라고 표현하는 것이다. 이것을 진술A라고 하자. 진술A의 의미를 분명히 생각해보기 위해서, "영희는 민호의 아내다."라고 가정해보자. 그럼 진술A로부터 "철수는 민호의 아내가 교통사고를 일으켰다고 믿는다."가 참이라는 것이 반드시 도출되는가? 그렇지 않다. 왜냐하면 철수는 영희가 민호의 아내라는 것을 모를 수도 있고, 다른 사람의 아내로 잘못 알 수도 있기 때문이다.

한편 철수의 믿음은 "교통사고를 일으켰다고 철수가 믿고 있는 사람은 영희다."라고도 표현될 수 있다. 이것을 진술B라고 하자. 다시 "영희는 민호의 아내다."라고 가정해보자. 그리고 진술B로부터 "교통사고를 일으켰다고 철수가 믿고 있는 사람은 민호의 아내다."가 도출되는지 생각해보자. 진술B는 '교통사고를 일으켰다고 철수가 믿고 있는 사람'이 가리키는 것과 '영희'가 가리키는 것이 동일하다는 것을 의미한다. 그리고 '영희'가 가리키는 것은 '민호의 아내'가 가리키는 것과 동일하다. 그러므로 '교통사고를 일으켰다고 철수가 믿고 있는 사람'이 가리키는 것은 '민호의 아내'가 가리키는 것과 동일하다. 따라서 진술B로부터 "교통사고를 일으켰다고 철수가 믿고 있는 사람은 민호의 아내다."가 도출된다. 이처럼 철수의 믿음을 표현하는 두 방식 사이에는 차이가 있다.

─〈보기〉─

ㄱ. "영희는 민호의 아내가 아니다."라고 가정한다면, 진술A로부터 "철수는 민호의 아내가 교통사고를 일으켰다고 믿지 않는다."가 도출된다.

ㄴ. "영희가 초보운전자이고 철수가 이 사실을 알고 있다."라고 가정한다면, 진술A로부터 "철수는 어떤 초보운전자가 교통사고를 일으켰다고 믿는다."가 도출된다.

ㄷ. "영희가 동철의 엄마이지만 철수는 이 사실을 모르고 있다."라고 가정한다면, 진술B로부터 "교통사고를 일으켰다고 철수가 믿고 있는 사람은 동철의 엄마다."가 도출된다.

① ㄱ
② ㄴ
③ ㄱ, ㄷ
④ ㄴ, ㄷ
⑤ ㄱ, ㄴ, ㄷ

06. 다음 글의 빈칸에 들어갈 내용으로 가장 적절한 것은?

KDB산업은행

노랑초파리에 있는 Ir75a 유전자는 시큼한 냄새가 나는 아세트산을 감지하는 후각수용체 단백질을 만들 수 있다. 하지만 세이셸 군도의 토착종인 세셸리아초파리는 Ir75a 유전자를 가지고 있지만 아세트산 냄새를 못 맡는다. 따라서 이 세셸리아초파리의 Ir75a 유전자는 해당 단백질을 만들지 못하는 '위유전자(pseudogene)'라고 여겨졌다. 세셸리아초파리는 노니의 열매만 먹고 살기 때문에 아세트산의 시큼한 냄새를 못 맡아도 별 문제가 없다. 그런데 스위스 로잔대 연구진은 세셸리아초파리가 땀 냄새가 연상되는 프로피온산 냄새를 맡을 수 있다는 사실을 발견했다.

이 발견이 중요한 이유는 [   ] 그렇다면 세셸리아초파리의 Ir75a 유전자도 후각수용체 단백질을 만든다는 것인데, 왜 세셸리아초파리는 아세트산 냄새를 못 맡을까? 세셸리아초파리와 노랑초파리의 Ir75a 유전자가 만드는 후각수용체 단백질의 아미노산 서열을 비교한 결과, 냄새 분자가 달라붙는 걸로 추정되는 부위에서 세 군데가 달랐다. 단백질의 구조가 바뀌어 감지할 수 있는 냄새 분자의 목록이 달라진 것이다. 즉 노랑초파리의 Ir75a 유전자가 만드는 후각수용체는 아세트산과 프로피온산에 반응하고, 세셸리아초파리의 이것은 프로피온산과 들쩍지근한 다소 불쾌한 냄새가 나는 부티르산에 반응한다.

흥미롭게도 세셸리아초파리의 주식인 노니의 열매는 익으면서 부티르산이 연상되는 냄새가 강해진다. 연구자들은 세셸리아초파리의 Ir75a 유전자는 위유전자가 아니라 노랑초파리와는 다른 기능을 하는 후각수용체 단백질을 만드는 유전자로 진화한 것이라 주장하며, 세셸리아초파리의 Ir75a 유전자를 '위 위유전자(pseudo-pseudogene)'라고 불렀다.

① 세셸리아초파리가 주로 먹는 노니의 열매는 프로피온산 냄새가 나지 않기 때문이다.

② 프로피온산 냄새를 담당하는 후각수용체 단백질은 Ir75a 유전자와 상관이 없기 때문이다.

③ 노랑초파리에서 프로피온산 냄새를 담당하는 후각수용체 유전자는 위유전자가 되었기 때문이다.

④ 세셸리아초파리와 노랑초파리에서 Ir75a 유전자가 만드는 후각수용체 단백질이 똑같기 때문이다.

⑤ 노랑초파리에서 프로피온산 냄새를 담당하는 후각수용체 단백질을 만드는 것이 Ir75a 유전자이기 때문이다.

07. 다음 글의 ㉠과 ㉡에 대한 평가로 적절한 것만을 <보기>에서 모두 고르면?

KDB산업은행

진화론에 따르면 개체는 배우자 선택에 있어서 생존과 번식에 유리한 개체를 선호할 것으로 예측된다. 그런데 생존과 번식에 유리한 능력은 한 가지가 아니므로 합리적 선택은 단순하지 않다. 예를 들어 배우자 후보 α와 β가 있는데, 사냥 능력은 α가 우수한 반면, 위험 회피 능력은 β가 우수하다고 하자. 이 경우 개체는 더 중요하다고 판단하는 능력에 기초하여 배우자를 선택하는 것이 합리적이다. 이를테면 사냥 능력에 가중치를 둔다면 α를 선택하는 것이 합리적이라는 것이다. 그런데 α와 β보다 사냥 능력은 떨어지나 위험 회피 능력은 β와 α의 중간쯤 되는 새로운 배우자 후보 γ가 나타난 경우를 생각해 보자. 이때 개체는 애초의 판단 기준을 유지할 수도 있고 변경할 수도 있다. 즉 애초의 판단 기준에 따르면 선택이 바뀔 이유가 없음에도 불구하고, 새로운 후보의 출현에 의해 판단 기준이 바뀌어 위험 회피 능력이 우수한 β를 선택할 수 있다.

한 과학자는 동물의 배우자 선택에 있어 새로운 배우자 후보가 출현하는 경우, ㉠애초의 판단 기준을 유지한다는 가설과 ㉡판단 기준에 변화가 발생한다는 가설을 검증하기 위해 다음과 같은 실험을 수행하였다.

〈실험〉

X 개구리의 경우, 암컷은 두 가지 기준으로 수컷을 고르는데, 수컷의 울음소리 톤이 일정할수록 선호하고 울음소리 빈도가 높을수록 선호한다. 세 마리의 수컷 A~C는 각각 다른 소리를 내는데, 울음소리 톤은 C가 가장 일정하고 B가 가장 일정하지 않다. 울음소리 빈도는 A가 가장 높고 C가 가장 낮다. 과학자는 A~C의 울음소리를 발정기의 암컷으로부터 동일한 거리에 있는 서로 다른 위치에서 들려주었다. 상황 1에서는 수컷 두 마리의 울음소리만을 들려주었으며, 상황 2에서는 수컷 세 마리의 울음소리를 모두 들려주고 각 상황에서 암컷이 어느 쪽으로 이동하는지 비교하였다. 암컷은 들려준 울음소리 중 가장 선호하는 쪽으로 이동한다.

— 〈보기〉 —

ㄱ. 상황 1에서 암컷에게 들려준 소리가 A, B인 경우 암컷이 A로, 상황 2에서는 C로 이동했다면, ㉠은 강화되지 않지만 ㉡은 강화된다.

ㄴ. 상황 1에서 암컷에게 들려준 소리가 B, C인 경우 암컷이 B로, 상황 2에서는 A로 이동했다면, ㉠은 강화되지만 ㉡은 강화되지 않는다.

ㄷ. 상황 1에서 암컷에게 들려준 소리가 A, C인 경우 암컷이 C로, 상황 2에서는 A로 이동했다면, ㉠은 강화되지 않지만 ㉡은 강화된다.

① ㄱ

② ㄷ

③ ㄱ, ㄴ

④ ㄴ, ㄷ

⑤ ㄱ, ㄴ, ㄷ

※다음 글을 읽고 각 물음에 답하시오. [08~09]

NH농협은행

갑상선은 목의 아래쪽에 있는 분비샘으로, 'T4'로 불리는 티록신과 'T3'으로 불리는 트리요드타이로닌을 합성하고 분비하는 기능을 한다. 이렇게 갑상선이 분비하는 호르몬은 우리 몸의 성장과 활동에 필요한 체내 대사를 조절한다. 갑상선의 이런 활동은 뇌의 제어를 받는다. 뇌하수체는 갑상선자극호르몬(TSH)을 분비하여 갑상선을 자극함으로써 갑상선호르몬 T4와 T3이 합성, 분비되도록 한다. 분비된 호르몬은 혈액을 통해 다시 뇌하수체에 도달하여 음성 되먹임 작용을 통해 TSH의 분비를 조절하고, 그럼으로써 체내 갑상선호르몬의 양이 일정하게 유지되도록 한다.

갑상선 질환은 병리적 검사로 간단히 진단할 수 있다. 일반적으로 혈중 TSH나 T4, T3의 수치 중 어느 것이든 낮으면 갑상선기능저하증으로 진단한다. 갑상선 질환 진단에 사용되는 가장 기본적인 검사는 혈중 TSH와 T4의 측정이다. 갑상선에서 분비되는 시점에 갑상선호르몬의 93%는 T4이고 나머지가 T3이다. 이후 T4의 일부는 기분이 좋아지게 만드는 활력 호르몬으로 알려진 T3으로, 또는 T3의 작용을 방해하여 조직이나 세포 안에서 제 역할을 하지 못하게 하는 rT3으로 변환된다. 체내에 rT3이 많아지면 T3의 작용이 저하되기 때문에 TSH 수치가 정상이면서도 갑상선기능저하증에 해당하는 증상이 나타날 수 있다. 따라서 갑상선의 호르몬 분비량 수준을 알려주는 TSH 수치의 측정만으로는 갑상선기능저하증을 놓치지 않고 찾아내기 어렵다. (㉠   ) 때문이다.

갑상선기능저하증은 뇌하수체의 이상으로 발생하기도 하지만 유해한 화학물질의 유입이나 과도한 스트레스 때문에 갑상선 호르몬 생산이 줄어들면서 발생하기도 한다. 이런 요인으로 인해 T3 수치가 낮아지는 것은 전형적인 경우다. 이런 경우에는 셀레늄 섭취를 늘림으로써 rT3의 수치를 낮춰 T3의 생산과 기능을 진작할 수 있다. 술, 담배, 패스트푸드를 멀리하는 것도 도움이 된다. 갑상선기능저하증 환자들이 복용하는 약으로 LT4가 있는데, 체내에서 만들어지는 T4와 같은 작용을 하도록 투입되는 호르몬 공급제다. 호르몬 공급제를 복용할 때 흡수 장애가 발생하면 투약 효과가 저하되므로 알맞은 복용법에 따라 복용하는 것이 중요하다.

08. 윗글에서 알 수 없는 것은?

① TSH 수치를 측정하면 갑상선에서 분비되는 호르몬 양의 수준을 추정할 수 있다.
② 갑상선기능저하증 환자의 경우 체내의 T3 양은 전체 갑상선 호르몬의 7% 미만이다.
③ 셀레늄 섭취를 늘리면 T3 수치가 저하됨으로 인해 발생하는 증상을 완화할 수 있다.
④ 뇌하수체의 TSH 분비가 적정 수준으로 유지되더라도 갑상선 기능저하증이 나타날 수 있다.
⑤ 특정 호르몬의 기능을 하는 약물을 복용함으로써 해당 호르몬 이상으로 인한 증상을 완화할 수 있다.

09. 윗글의 ㉠에 들어갈 말로 가장 적절한 것은?

① TSH 수치만으로는 rT3의 양이나 효과를 가늠할 수 없기
② rT3의 작용으로 T3의 생성이 억제되면서 T4의 상대적 비중이 왜곡될 수 있기
③ TSH 수치가 정상이 아니어도 rT3의 작용으로 T3과 T4의 농도가 정상 범위일 수 있기
④ TSH 수치를 토대로 음성 되먹임 원리를 응용하여 갑상선 호르몬의 분비량을 알 수 있기
⑤ 외부에서 유입되는 유해물질의 농도 등 갑상선 기능에 영향을 미치는 요소를 TSH 측정만으로는 파악할 수 없기

10. 다음 갑~병의 견해에 대한 분석으로 적절한 것만을 <보기>에서 모두 고르면?

NH농협은행

갑: 현대 사회에서 '기술'이라는 용어는 낯설지 않다. 이 용어는 어떻게 정의될 수 있을까? 한 가지 분명한 사실은 우리가 기술이라고 부를 수 있는 것은 모두 물질로 구현된다는 것이다. 기술이 물질로 구현된다는 말은 그것이 물질을 소재 삼아 무언가 물질적인 결과물을 산출한다는 의미이다. 나노기술이나 유전자조합기술도 당연히 이 조건을 만족하는 기술이다.

을: 기술은 반드시 물질로 구현되는 것이어야 한다는 말은 맞지만 그렇게 구현되는 것들을 모두 기술이라고 부를 수는 없다. 가령, 본능적으로 개미집을 만드는 개미의 재주 같은 것은 기술이 아니다. 기술로 인정되려면 그 안에 지성이 개입해 있어야 한다. 나노기술이나 유전자조합기술을 기술이라 부를 수 있는 이유는 둘 다 고도의 지성의 산물인 현대과학이 그 안에 깊게 개입해 있기 때문이다. 더 나아가 기술에 대한 우리의 주된 관심사가 현대 사회에 끼치는 기술의 막강한 영향력에 있다는 점을 고려할 때, '기술'이란 용어의 적용을 근대 과학혁명 이후에 등장한 과학이 개입한 것들로 한정하는 것이 합당하다.

병: 근대 과학혁명 이후의 과학이 개입한 것들이 기술이라는 점을 부인하지 않는다. 하지만 그런 과학이 개입한 것들만 기술로 간주하는 정의는 너무 협소하다. 지성이 개입해야 기술인 것은 맞지만 기술을 만들어내기 위해 과학의 개입이 꼭 필요한 것은 아니다. 오히려 기술은 과학과 별개로 수많은 시행착오를 통해 발전해 나가기도 한다. 이를테면 근대 과학혁명 이전에 인간이 곡식을 재배하고 가축을 기르기 위해 고안한 여러 가지 방법들도 기술이라고 불러야 마땅하다. 따라서 우리는 '기술'을 더 넓게 적용할 수 있도록 정의할 필요가 있다.

〈보기〉

ㄱ. '기술'을 적용하는 범위는 셋 중 갑이 가장 넓고 을이 가장 좁다.

ㄴ. 을은 '모든 기술에는 과학이 개입해 있다.'라는 주장에 동의하지만, 병은 그렇지 않다.

ㄷ. 병은 시행착오를 거쳐 발전해온 옷감 제작법을 기술로 인정하지만, 갑은 그렇지 않다.

---

① ㄱ

② ㄴ

③ ㄱ, ㄷ

④ ㄴ, ㄷ

⑤ ㄱ, ㄴ, ㄷ

11. 다음 <표>와 <정보>는 어느 상담센터에서 2013년에 실시한 상담가 유형별 가족상담건수에 관한 자료이다. 이에 근거할 때, 2013년 하반기 전문상담가에 의한 가족상담 건수는?

KDB산업은행

<표> 2013년 상담가 유형별 가족상담건수

(단위: 건)

상담가 유형	가족상담건수
일반상담가	120
전문상담가	60

※ 가족상담은 일반상담가에 의한 가족상담과 전문상담가에 의한 가족상담으로만 구분됨.

─────〈정보〉─────

○ 2013년 가족상담의 30%는 상반기에, 70%는 하반기에 실시되었다.

○ 2013년 일반상담가에 의한 가족상담의 40%는 상반기에, 60%는 하반기에 실시되었다.

① 38

② 40

③ 48

④ 54

⑤ 56

12. 다음 <그림>은 2020년과 2021년 '갑'국의 농림축수산물 종류별 수출입량에 관한 자료이다. 이에 대한 <보기>의 설명 중 옳은 것만을 모두 고르면?

KDB산업은행

<그림> 2020년과 2021년 농림축수산물 종류별 수출입량

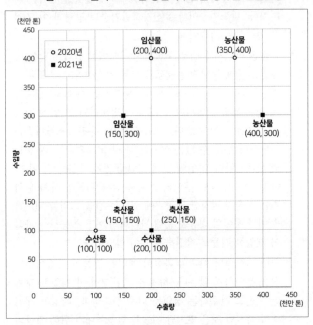

※ 농림축수산물 종류는 농산물, 임산물, 축산물, 수산물로만 구분됨.

─────〈보기〉─────

ㄱ. 2021년 농산물, 축산물, 수산물의 수출량은 각각 전년 대비 증가하였다.

ㄴ. 2021년 농림축수산물 총수입량은 전년 대비 증가하였다.

ㄷ. 수출량 대비 수입량 비율이 가장 높은 농림축수산물 종류는 2020년과 2021년이 같다.

ㄹ. 2021년 수출량의 전년 대비 증가율은 축산물이 가장 높다.

① ㄱ, ㄴ

② ㄱ, ㄷ

③ ㄱ, ㄹ

④ ㄴ, ㄷ

⑤ ㄴ, ㄹ

13. 다음은 2022년과 2023년 '갑'국 주택소유통계에 관한 자료이다. 제시된 <표>와 <정보> 이외에 <보고서>를 작성하기 위해 추가로 필요한 자료만을 <보기>에서 모두 고르면?

하나은행

<표> 2022년과 2023년 주택소유 가구 수

(단위: 만 가구)

연도	2022	2023
주택소유 가구 수	1,146	1,173

〈정보〉

$$가구\ 주택소유율(\%) = \frac{주택소유\ 가구\ 수}{가구\ 수} \times 100$$

〈보고서〉

'갑'국의 주택 수는 2022년 1,813만 호에서 2023년 1,853만 호로 2.2% 증가하였다. 개인소유 주택 수는 2022년 1,569만 호에서 2023년 1,597만 호로 1.8% 증가하였다. 주택소유 가구 수는 2022년 1,146만 가구에서 2023년 1,173만 가구로 2.4% 증가하였지만, 가구 주택소유율은 2022년 56.3%에서 2023년 56.0%로 감소하였다. 2023년 지역별 가구 주택소유율을 살펴보면, 상위 3개 지역은 A(64.4%), B(63.0%), C(61.0%)로 나타났다.

〈보기〉

ㄱ. 2019~2023년 '갑'국 주택 수 및 개인소유 주택 수

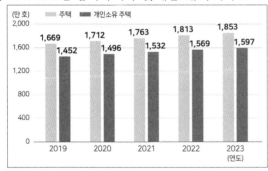

ㄴ. 2022년과 2023년 '갑'국 가구 수

(단위: 만 가구)

연도	2022	2023
가구 수	2,034	2,093

ㄷ. 2023년 '갑'국 지역별 가구 주택소유율 상위 3개 지역

(단위: %)

지역	A	B	C
가구 주택소유율	64.4	63	61

ㄹ. 2023년 '갑'국 가구주 연령대별 가구 주택소유율

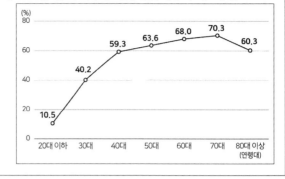

① ㄱ, ㄴ
② ㄱ, ㄹ
③ ㄴ, ㄷ
④ ㄴ, ㄹ
⑤ ㄱ, ㄴ, ㄷ

14. 다음 <표>는 2022년 3월 기준 '갑'시 A~L동의 지방소멸위험지수 및 지방소멸위험 수준에 관한 자료이다. 이에 대한 설명으로 옳지 않은 것은?

국민은행, 신한은행

<표 1> 2022년 3월 기준 '갑'시 A~L동의 지방소멸위험지수

(단위: 명)

동	총인구	65세 이상 인구	20~39세 여성 인구	지방소멸 위험지수
A	14,056	2,790	1,501	0.54
B	23,556	3,365	( )	0.88
C	29,204	3,495	3,615	1.03
D	21,779	3,889	2,614	0.67
E	11,224	2,300	1,272	( )
F	16,792	2,043	2,754	1.35
G	19,163	2,469	3,421	1.39
H	27,146	4,045	4,533	1.12
I	23,813	2,656	4,123	( )
J	29,649	5,733	3,046	0.53
K	36,326	7,596	3,625	( )
L	15,226	2,798	1,725	0.62

※ 지방소멸위험지수 = $\dfrac{20\sim39세\ 여성\ 인구}{65세\ 이상\ 인구}$

<표 2> 지방소멸위험 수준

지방소멸위험지수	지방소멸위험 수준
1.5 이상	저위험
1.0 이상 1.5 미만	보통
0.5 이상 1.0 미만	주의
0.5 미만	위험

① 지방소멸위험 수준이 '주의'인 동은 5곳이다.

② '20~39세 여성 인구'는 B동이 G동보다 적다.

③ 지방소멸위험지수가 가장 높은 동의 '65세 이상 인구'는 해당 동 '총인구'의 10% 이상이다.

④ '총인구'가 가장 많은 동은 지방소멸위험지수가 가장 낮다.

⑤ 지방소멸위험 수준이 '보통'인 동의 '총인구' 합은 90,000명 이상이다.

15. 다음 <그림>과 <조건>은 직장인 '갑'~'병'이 마일리지 혜택이 있는 알뜰교통카드를 사용하여 출근하는 방법 및 교통비에 관한 자료이다. 이에 근거하여 월간 출근 교통비를 많이 지출하는 직장인부터 순서대로 나열하면?

국민은행, 신한은행

<그림> 직장인 '갑'~'병'의 출근 방법 및 교통비 관련 정보

직장인	이동거리 A [m]	출근 1회당 대중교통요금 [원]	이동거리 B [m]	월간 출근 횟수 [회]	저소득층 여부
갑	600	3,200	200	15	○
을	500	2,300	500	22	×
병	400	1,800	200	22	○

─────〈조건〉─────

○ 월간 출근 교통비
 = {출근 1회당 대중교통요금−(기본 마일리지＋추가 마일리지)
 × ($\dfrac{마일리지\ 적용거리}{800}$)} × 월간 출근 횟수

○ 기본 마일리지는 출근 1회당 대중교통요금에 따라 다음과 같이 지급함.

출근 1회당 대중교통요금	2천 원 이하	2천 원 초과 3천 원 이하	3천 원 초과
기본 마일리지 (원)	250	350	450

○ 추가 마일리지는 저소득층에만 다음과 같이 지급함.

출근 1회당 대중교통요금	2천 원 이하	2천 원 초과 3천 원 이하	3천 원 초과
추가 마일리지 (원)	100	150	200

○ 마일리지 적용거리(m)는 출근 1회당 도보·자전거로 이동한 거리의 합이며 최대 800m까지만 인정함.

① 갑, 을, 병

② 갑, 병, 을

③ 을, 갑, 병

④ 을, 병, 갑

⑤ 병, 을, 갑

16. 다음 <표>는 '갑'국 재외국민의 5개 지역별 투표 결과에 관한 자료이다. 이에 대한 <보기>의 설명 중 옳은 것만을 모두 고르면?

IBK기업은행

<표> 재외국민 지역별 투표 결과

(단위: 개소, 명, %)

구분 지역	제20대 선거				제19대 선거	
	투표소 수	선거인 수	투표자 수	투표율	투표자 수	투표율
아주	( )	110,818	78,051	70.4	106,496	74
미주	62	( )	50,440	68.7	68,213	71.7
유럽	47	32,591	25,629	( )	36,170	84.9
중동	21	6,818	5,658	83	8,210	84.9
아프리카	21	2,554	2,100	82.2	2,892	85.4
전체	219	226,162	161,878	71.6	221,981	75.3

※ 1) 투표율(%) = $\dfrac{\text{투표자 수}}{\text{선거인 수}}$ ×100

2) '아주'는 '중동'을 제외한 아시아 및 오세아니아 지역을 의미함.

─────〈보기〉─────

ㄱ. 제20대 선거에서 투표소 수는 '아주'가 '중동'의 4배 이상이다.

ㄴ. 제20대 선거에서 투표율이 가장 높은 지역과 가장 낮은 지역의 투표율 차이는 15%p 이상이다.

ㄷ. 제20대 선거에서 투표소당 선거인 수는 '미주'가 '유럽'보다 많다.

ㄹ. 제20대 선거와 제19대 선거의 선거인 수 차이가 큰 지역부터 순서대로 나열하면 '아주', '미주', '유럽', '중동', '아프리카' 순이다.

① ㄱ

② ㄹ

③ ㄷ, ㄹ

④ ㄱ, ㄴ, ㄷ

⑤ ㄴ, ㄷ, ㄹ

17. 다음 <표>는 2019~2021년 '갑'국의 장소별 전기차 급속충전기 수에 관한 자료이다. 이에 대한 <보기>의 설명 중 옳은 것만을 모두 고르면?

IBK기업은행

<표> 장소별 전기차 급속충전기 수

(단위: 대)

구분	연도 장소	2019	2020	2021
다중 이용 시설	쇼핑몰	807	1,701	2,701
	주유소	125	496	( )
	휴게소	( )	( )	2,099
	문화시설	757	1,152	1,646
	체육시설	272	498	604
	숙박시설	79	146	227
	여객시설	64	198	378
	병원	27	98	152
	소계	2,606	5,438	8,858
일반 시설	공공시설	1,595	( )	( )
	주차전용시설	565	898	1,275
	자동차정비소	119	303	375
	공동주택	( )	102	221
	기타	476	499	522
	소계	2,784	4,550	6,145
전체		5,390	9,988	15,003

─────〈보기〉─────

ㄱ. 전체 급속충전기 수 대비 '다중이용시설' 급속충전기 수의 비율은 매년 증가한다.

ㄴ. '공공시설' 급속충전기 수는 '주차전용시설'과 '쇼핑몰' 급속충전기 수의 합보다 매년 많다.

ㄷ. '기타'를 제외하고, 2019년 대비 2021년 급속충전기 수의 증가율이 가장 큰 장소는 '주유소'이다.

ㄹ. 급속충전기 수는 '휴게소'가 '문화시설'보다 매년 많다.

① ㄱ, ㄴ

② ㄱ, ㄷ

③ ㄱ, ㄹ

④ ㄴ, ㄷ

⑤ ㄴ, ㄹ

18. 다음 <표>는 최근 이사한 100가구의 이사 전후 주택규모에 관한 조사 결과이다. 이에 대한 <보기>의 설명 중 옳은 것만을 모두 고르면?

신한은행

<표> 이사 전후 주택규모 조사 결과

(단위: 가구)

이사 전 \ 이사 후	소형	중형	대형	합
소형	15	10	( )	30
중형	( )	30	10	( )
대형	5	10	15	( )
계	( )	( )	( )	100

※ 주택규모는 '소형', '중형', '대형'으로만 구분하며, 동일한 주택규모는 크기도 같음.

〈보기〉

ㄱ. 주택규모가 이사 전 '소형'에서 이사 후 '중형'으로 달라진 가구는 없다.

ㄴ. 이사 전후 주택규모가 달라진 가구 수는 전체 가구 수의 50% 이하이다.

ㄷ. 주택규모가 '대형'인 가구 수는 이사 전이 이사 후보다 적다.

ㄹ. 이사 후 주택규모가 커진 가구 수는 이사 후 주택규모가 작아진 가구 수보다 많다.

① ㄱ, ㄴ
② ㄱ, ㄷ
③ ㄴ, ㄹ
④ ㄷ, ㄹ
⑤ ㄱ, ㄴ, ㄷ

19. 다음 <표>는 직원 '갑'~'무'에 대한 평가자 A~E의 직무평가 점수이다. 이에 대한 <보기>의 설명 중 옳은 것만을 모두 고르면?

하나은행

<표> 직원 '갑'~'무'에 대한 평가자 A~E의 직무평가 점수

(단위: 점)

평가자 \ 직원	A	B	C	D	E	종합점수
갑	91	87	( )	89	95	89.0
을	89	86	90	88	( )	89.0
병	68	76	( )	74	78	( )
정	71	72	85	74	( )	77.0
무	71	72	79	85	( )	78.0

※ 1) 직원별 종합점수는 해당 직원이 평가자 A~E로부터 부여받은 점수 중 최댓값과 최솟값을 제외한 점수의 평균임.

2) 각 직원은 평가자 A~E로부터 각각 다른 점수를 부여받음.

3) 모든 평가자는 1~100점 중 1점 단위로 점수를 부여하였음.

〈보기〉

ㄱ. '을'에 대한 직무평가 점수는 평가자 E가 가장 높다.

ㄴ. '병'의 종합점수로 가능한 최댓값과 최솟값의 차이는 5점 이상이다.

ㄷ. 평가자 C의 '갑'에 대한 직무평가 점수는 '갑'의 종합점수보다 높다.

ㄹ. '갑'~'무'의 종합점수 산출시, 부여한 직무평가 점수가 한 번도 제외되지 않은 평가자는 없다.

① ㄱ
② ㄱ, ㄹ
③ ㄴ, ㄷ
④ ㄱ, ㄴ, ㄹ
⑤ ㄴ, ㄷ, ㄹ

20. 다음 <보고서>는 2017년 '갑'국의 공연예술계 시장 현황에 관한 자료이다. <보고서>의 내용과 부합하는 자료만을 <보기>에서 모두 고르면?

NH농협은행

──────⟨보고서⟩──────

2017년 '갑'국의 공연예술계 관객수는 410만 5천 명, 전체 매출액은 871억 5천만 원으로 집계되었다. 이는 매출액 기준 전년 대비 100% 이상 성장한 것으로, 2014년 이후 공연예술계 매출액과 관객수 모두 매년 증가하는 추세이다.

2017년 '갑'국 공연예술계의 전체 개막편수 및 공연횟수를 월별로 분석한 결과, 월간 개막편수가 전체 개막편수의 10% 이상을 차지하는 달은 3월뿐이고 월간 공연횟수가 전체 공연횟수의 10% 이상을 차지하는 달은 8월뿐인 것으로 나타났다.

반면, '갑'국 공연예술계 매출액 및 관객수의 장르별 편차는 매우 심한 것으로 나타났는데, 2017년 기준 공연예술계 전체 매출액의 60% 이상이 '뮤지컬' 한 장르에서 발생하였으며 또한 관객수 상위 3개 장르가 공연예술계 전체 관객수의 90% 이상을 차지하는 것으로 조사되었다.

2017년 '갑'국 공연예술계 관객수를 입장권 가격대별로 살펴보면 가장 저렴한 '3만 원 미만' 입장권 관객수가 절반 이상을 차지하였고, 이는 가장 비싼 '7만 원 이상' 입장권 관객수의 3.5배 이상이었다.

──────⟨보기⟩──────

ㄱ. 2014~2017년 매출액 및 관객수

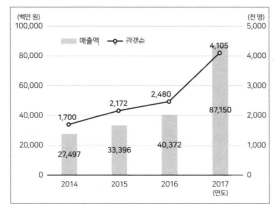

ㄴ. 2017년 개막편수 및 공연횟수

(단위: 편, 회)

구분 월	개막편수	공연횟수
1	249	4,084
2	416	4,271
3	574	4,079
4	504	4,538
5	507	4,759
6	499	4,074
7	441	5,021
8	397	5,559
9	449	3,608
10	336	3,488
11	451	3,446
12	465	5,204
전체	5,288	52,131

ㄷ. 2017년 장르별 매출액 및 관객수

(단위: 백만 원, 천 명)

구분 장르	매출액	관객수
연극	10,432	808
뮤지컬	56,014	1,791
클래식	13,580	990
무용	5,513	310
국악	1,611	206
전체	87,150	4,105

ㄹ. 2017년 입장권 가격대별 관객수 구성비

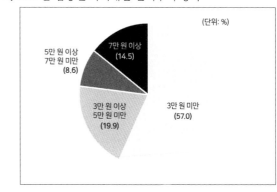

① ㄱ, ㄷ
② ㄴ, ㄷ
③ ㄴ, ㄹ
④ ㄱ, ㄴ, ㄹ
⑤ ㄱ, ㄷ, ㄹ

21. 다음 글을 근거로 판단할 때, 방에 출입한 사람의 순서는?

KDB산업은행

방에는 1부터 6까지의 번호가 각각 적힌 6개의 전구가 다음과 같이 놓여있다.

왼쪽 ← → 오른쪽

전구 번호	1	2	3	4	5	6
상태	켜짐	켜짐	켜짐	꺼짐	꺼짐	꺼짐

총 3명(A~C)이 각각 한 번씩 홀로 방에 들어가 자신이 정한 규칙에 의해서만 전구를 켜거나 끄고 나왔다.

○ A는 번호가 3의 배수인 전구가 켜진 상태라면 그 전구를 끄고, 꺼진 상태라면 그대로 둔다.

○ B는 번호가 2의 배수인 전구가 켜진 상태라면 그 전구를 끄고, 꺼진 상태라면 그 전구를 켠다.

○ C는 3번 전구는 그대로 두고, 3번 전구를 기준으로 왼쪽과 오른쪽 중 켜진 전구의 개수가 많은 쪽의 전구를 전부 끈다. 다만 켜진 전구의 개수가 같다면 양쪽에 켜진 전구를 모두 끈다.

마지막 사람이 방에서 나왔을 때, 방의 전구는 모두 꺼져 있었다.

① A-B-C

② A-C-B

③ B-A-C

④ B-C-A

⑤ C-B-A

22. 다음 글을 근거로 판단할 때, 甲연구소 신입직원 7명 (A~G)의 부서배치 결과로 옳지 않은 것은?

KDB산업은행

甲연구소에서는 신입직원 7명을 선발하였으며, 신입직원들을 각 부서에 배치하고자 한다. 각 부서에서 요구한 인원은 다음과 같다.

정책팀	재정팀	국제팀
2명	4명	1명

신입직원들은 각자 원하는 부서를 2지망까지 지원하며, 1, 2지망을 고려하여 이들을 부서에 배치한다. 먼저 1지망 지원 부서에 배치하는데, 요구인원보다 지원인원이 많은 경우에는 입사성적이 높은 신입직원을 우선적으로 배치한다. 1지망 지원부서에 배치되지 못한 신입직원은 2지망 지원부서에 배치되는데, 이때 역시 1지망에 따른 배치 후 남은 요구인원보다 지원인원이 많은 경우 입사성적이 높은 신입직원을 우선적으로 배치한다. 1, 2지망 지원부서 모두에 배치되지 못한 신입직원은 요구인원을 채우지 못한 부서에 배치된다.

신입직원 7명의 입사성적 및 1, 2지망 지원부서는 아래와 같다. A의 입사성적만 전산에 아직 입력되지 않았는데, 82점 이상이라는 것만 확인되었다. 단, 입사성적의 동점자는 없다.

신입직원	A	B	C	D	E	F	G
입사성적	?	81	84	78	96	80	93
1지망	국제	국제	재정	국제	재정	정책	국제
2지망	정책	재정	정책	정책	국제	재정	정책

① A의 입사성적이 90점이라면, A는 정책팀에 배치된다.

② A의 입사성적이 95점이라면, A는 국제팀에 배치된다.

③ B는 재정팀에 배치된다.

④ C는 재정팀에 배치된다.

⑤ D는 정책팀에 배치된다.

23. 다음 글을 근거로 판단할 때, 식목일의 요일은?

KDB산업은행

다음은 가원이의 어느 해 일기장에서 서로 다른 요일의 일기를 일부 발췌하여 날짜순으로 나열한 것이다.

(1) 4월 5일 ○요일
  오늘은 식목일이다. 동생과 한 그루의 사과나무를 심었다.
(2) 4월 11일 ○요일
  오늘은 아빠와 뒷산에 가서 벚꽃을 봤다.
(3) 4월 □□일 수요일
  나는 매주 같은 요일에만 데이트를 한다. 오늘 데이트도 즐거웠다.
(4) 4월 15일 ○요일
  오늘은 친구와 미술관에 갔다. 작품들이 멋있었다.
(5) 4월 □□일 ○요일
  내일은 대청소를 하는 날이어서 오늘은 휴식을 취했다.
(6) 4월 □□일 ○요일
  나는 매달 마지막 일요일에만 대청소를 한다. 그래서 오늘 대청소를 했다.

① 월요일
② 화요일
③ 목요일
④ 금요일
⑤ 토요일

24. 다음 글을 근거로 판단할 때, <보기>에서 옳은 것만을 모두 고르면?

NH농협은행

○ 甲시청은 관내 도장업체(A~C)에 청사 바닥(면적: 60m²) 도장공사를 의뢰하려 한다.

〈관내 도장업체 정보〉

업체	1m²당 작업시간	시간당 비용
A	30분	10만 원
B	1시간	8만 원
C	40분	9만 원

○ 개별 업체의 작업속도는 항상 일정하다.
○ 여러 업체가 참여하는 경우, 각 참여 업체는 언제나 동시에 작업하며 업체당 작업시간은 동일하다. 이때 각 참여 업체가 작업하는 면은 겹치지 않는다.
○ 모든 업체는 시간당 비용에 비례하여 분당 비용을 받는다. (예: A가 6분 동안 작업한 경우 1만 원을 받는다.)

─────〈보기〉─────

ㄱ. 작업을 가장 빠르게 끝내기 위해서는 A와 C에게만 작업을 맡겨야 한다.
ㄴ. B와 C에게 작업을 맡기는 경우, 작업 완료까지 24시간이 소요된다.
ㄷ. A, B, C에게 작업을 맡기는 경우, B와 C에게 작업을 맡기는 경우보다 많은 비용이 든다.

① ㄱ
② ㄴ
③ ㄷ
④ ㄱ, ㄴ
⑤ ㄴ, ㄷ

25. 다음 글과 <상황>을 근거로 판단할 때, <보기>에서 옳은 것만을 모두 고르면?

국민은행

K국에서는 모든 법인에 대하여 다음과 같이 구분하여 주민세를 부과하고 있다.

구분	세액(원)
○ 자본금액 100억 원을 초과하는 법인으로서 종업원 수가 100명을 초과하는 법인	500,000
○ 자본금액 50억 원 초과 100억 원 이하 법인으로서 종업원 수가 100명을 초과하는 법인	350,000
○ 자본금액 50억 원을 초과하는 법인으로서 종업원 수가 100명 이하인 법인 ○ 자본금액 30억 원 초과 50억 원 이하 법인으로서 종업원 수가 100명을 초과하는 법인	200,000
○ 자본금액 30억 원 초과 50억 원 이하 법인으로서 종업원 수가 100명 이하인 법인 ○ 자본금액 10억 원 초과 30억 원 이하 법인으로서 종업원 수가 100명을 초과하는 법인	100,000
○ 그 밖의 법인	50,000

〈상황〉

법인	자본금액(억 원)	종업원 수(명)
甲	200	?
乙	20	?
丙	?	200

〈보기〉

ㄱ. 甲이 납부해야 할 주민세 최소 금액은 20만 원이다.
ㄴ. 乙의 종업원이 50명인 경우 10만 원의 주민세를 납부해야 한다.
ㄷ. 丙이 납부해야 할 주민세 최소 금액은 10만 원이다.
ㄹ. 甲, 乙, 丙이 납부해야 할 주민세 금액의 합계는 최대 110만 원이다.

① ㄱ, ㄴ
② ㄱ, ㄷ
③ ㄱ, ㄹ
④ ㄴ, ㄷ
⑤ ㄴ, ㄹ

26. 다음 글을 근거로 판단할 때, 2017학년도 A대학교 ○○학과 입학전형 합격자는?

국민은행

○ A대학교 ○○학과 입학 전형
 - 2017학년도 대학수학능력시험의 국어, 수학, 영어 3개 과목을 반영하여 지원자 중 1명을 선발한다.
 - 3개 과목 평균등급이 2등급(3개 과목 등급의 합이 6) 이내인 자를 선발한다. 이 조건을 만족하는 지원자가 여러 명일 경우, 3개 과목 원점수의 합산 점수가 가장 높은 자를 선발한다.

○ 2017학년도 대학수학능력시험 과목별 등급－원점수 커트라인

(단위: 점)

등급 과목	1	2	3	4	5	6	7	8
국어	96	93	88	79	67	51	40	26
수학	89	80	71	54	42	33	22	14
영어	94	89	85	77	69	54	41	28

※ 예를 들어, 국어 1등급은 100~96점, 국어 2등급은 95~93점

○ 2017학년도 A대학교 ○○학과 지원자 원점수 성적

(단위: 점)

지원자	국어	수학	영어
甲	90	96	88
乙	89	89	89
丙	93	84	89
丁	79	93	92
戊	98	60	100

① 甲
② 乙
③ 丙
④ 丁
⑤ 戊

27. 다음 글을 근거로 판단할 때, <보기>에서 옳은 것만을 모두 고르면?

신한은행, 하나은행

제00조 지방자치단체의 장은 행정재산에 대하여 그 목적 또는 용도에 장애가 되지 않는 범위에서 사용 또는 수익을 허가할 수 있다.

제00조 ① 행정재산의 사용·수익허가기간은 그 허가를 받은 날부터 5년 이내로 한다.

② 지방자치단체의 장은 허가기간이 끝나기 전에 사용·수익허가를 갱신할 수 있다.

③ 제2항에 따라 사용·수익허가를 갱신 받으려는 자는 사용·수익허가기간이 끝나기 1개월 전에 지방자치단체의 장에게 사용·수익허가의 갱신을 신청하여야 한다.

제00조 ① 지방자치단체의 장은 행정재산의 사용·수익을 허가하였을 때에는 매년 사용료를 징수한다.

② 지방자치단체의 장은 행정재산의 사용·수익을 허가할 때 다음 각 호의 어느 하나에 해당하면 제1항에도 불구하고 그 사용료를 면제할 수 있다.

  1. 국가나 다른 지방자치단체가 직접 해당 행정재산을 공용·공공용 또는 비영리 공익사업용으로 사용하려는 경우

  2. 천재지변이나 재난을 입은 지역주민에게 일정기간 사용·수익을 허가하는 경우

제00조 ① 지방자치단체의 장은 행정재산의 사용·수익허가를 받은 자가 다음 각 호의 어느 하나에 해당하면 그 허가를 취소할 수 있다.

  1. 지방자치단체의 장의 승인 없이 사용·수익의 허가를 받은 행정재산의 원상을 변경한 경우

  2. 해당 행정재산의 관리를 게을리하거나 그 사용 목적에 위배되게 사용한 경우

② 지방자치단체의 장은 사용·수익을 허가한 행정재산을 국가나 지방자치단체가 직접 공용 또는 공공용으로 사용하기 위하여 필요로 하게 된 경우에는 그 허가를 취소할 수 있다.

③ 제2항의 경우에 그 취소로 인하여 해당 허가를 받은 자에게 손실이 발생한 경우에는 이를 보상한다.

〈보기〉

ㄱ. A시의 장은 A시의 행정재산에 대하여 B기업에게 사용허가를 했더라도 국가가 그 행정재산을 직접 공용으로 사용하기 위해 필요로 하게 된 경우, 그 허가를 취소할 수 있다.

ㄴ. C시의 행정재산에 대하여 C시의 장이 천재지변으로 주택을 잃은 지역주민에게 임시 거처로 사용하도록 허가한 경우, C시의 장은 그 사용료를 면제할 수 있다.

ㄷ. D시의 행정재산에 대하여 사용허가를 받은 E기업이 사용 목적에 위배되게 사용한다는 이유로 허가가 취소되었다면, D시의 장은 E기업의 손실을 보상하여야 한다.

ㄹ. 2014년 3월 1일에 5년 기한으로 F시의 행정재산에 대하여 수익허가를 받은 G가 허가 갱신을 받으려면, 2019년 2월 28일까지 허가 갱신을 신청하여야 한다.

① ㄱ, ㄴ

② ㄴ, ㄷ

③ ㄷ, ㄹ

④ ㄱ, ㄴ, ㄹ

⑤ ㄴ, ㄷ, ㄹ

28. 다음 글을 근거로 판단할 때 옳지 않은 것은?

신한은행, 하나은행

○○군에서는 관내 임업인 중 정부 보조금 지원 대상자를 선정하기 위하여 〈평가기준〉을 홈페이지에 게시하였다. 이에 임업인 甲, 乙, 丙, 丁이 관련 서류를 완비하여 보조금 지원을 신청하였으며, ○○군은 평가를 거쳐 〈선정결과〉를 발표하였다.

〈평가기준〉

구분	평가항목	배점기준		배점	평가자료
1	보조금 수급 이력	없음		40	정부 보유자료
		있음	3백만 원 미만	26	
			3백만 원 이상	10	
2	임산물 판매규모	2천만 원 이상		30	2015년 연간 판매액 증빙자료
		1천만 원 이상 2천만 원 미만		25	
		5백만 원 이상 1천만 원 미만		19	
		5백만 원 미만		12	
3	전문 임업인	해당		10	군청 보유자료
		해당 없음		5	
4	임산물 관련 교육 이수	해당		10	이수증, 수료증
		해당 없음		5	
5	2015년 산림청 통계조사 표본농가	해당		10	산림청 보유자료
		해당 없음		7	

□ 선정기준: 평가기준에 따른 총점이 가장 높은 임업인 1인
□ 임업인이 제출해야 할 서류
  ○ 2번 항목: 2015년 임산물 판매 영수증, 세금계산서
  ○ 4번 항목: 이수증 또는 수료증
□ 선정제외 대상: 보조금을 부당하게 사용하였거나 관련 법령을 위반한 자
□ 동점 시 우선 선정기준
  1. 보조금 수급 이력 점수가 높은 자
  2. 임산물 판매규모 점수가 높은 자
  3. 연령이 높은 자

〈선정결과〉

항목\임업인	1	2	3	4	5	총점	선정여부
甲	40	25	10	5	7	87	X
乙	40	19	5	10	10	84	X
丙	40	19	10	5	10	84	O
丁	26	30	5	10	7	78	X

① 甲은 관련 법령을 위반한 적이 있을 것이다.

② 甲과 丁은 2015년 산림청통계조사 표본농가에 포함되지 않았을 것이다.

③ 乙이 관련 법령위반 경력이 없다면, 丙은 乙보다 연령이 높을 것이다.

④ 丁은 300만 원 이상에 해당되는 보조금 수급 이력 서류를 제출하였을 것이다.

⑤ 乙과 丁은 임산물 관련 교육 이수 사실 증명을 위해 이수증이나 수료증을 제출하였을 것이다.

29. 다음 글을 근거로 판단할 때, <보기>에서 옳은 것만을 모두 고르면?

NH농협은행

국회의원 선거는 목적에 따라 총선거, 재선거, 보궐선거 등으로 나누어진다. 대통령제 국가에서는 의원의 임기가 만료될 때 총선거가 실시된다. 반면 의원내각제 국가에서는 의원의 임기가 만료될 때뿐만 아니라 의원의 임기가 남아 있으나 총리(수상)에 의해 의회가 해산된 때에도 총선거가 실시된다.

대다수 국가는 총선거로 전체 의원을 동시에 새롭게 선출하지만, 의회의 안정성과 연속성을 고려하여 전체 의석 중 일부만 교체하기도 한다. 이러한 예는 미국, 일본, 프랑스 등의 상원선거에서 나타나는데, 미국은 임기 6년의 상원의원을 매 2년마다 1/3씩, 일본은 임기 6년의 참의원을 매 3년마다 1/2씩 선출한다. 프랑스 역시 임기 6년의 상원의원을 매 3년마다 1/2씩 선출한다.

재선거는 총선거가 실시된 이후에 당선 무효나 선거 자체의 무효 사유가 발생하였을 때 다시 실시되는 선거를 말한다. 예를 들어 우리나라에서는 선거 무효 판결, 당선 무효, 당선인의 임기 개시 전 사망 등의 사유가 있는 경우에 재선거를 실시한다.

보궐선거는 의원이 임기 중 직책을 사퇴하거나 사망하는 등 부득이한 사유로 의정 활동을 수행할 수 없는 경우에 이를 보충하기 위해 실시되는 선거이다. 다수대표제를 사용하는 대부분의 국가는 보궐선거를 실시하는 반면, 비례대표제를 사용하는 대부분의 국가는 필요시 의원직을 수행할 승계인을 총선거 때 함께 정해 두어 보궐선거를 실시하지 않는다.

〈보기〉

ㄱ. 일본 참의원의 임기는 프랑스 상원의원의 임기와 같다.
ㄴ. 미국은 2년마다 전체 상원의원을 새로 선출한다.
ㄷ. 우리나라에서는 국회의원 당선인이 임기 개시 전 사망한 경우 재선거가 실시된다.
ㄹ. 다수대표제를 사용하는 대부분의 국가에서는 의원이 임기 중 사망하였을 때 보궐선거를 실시한다.

① ㄱ, ㄴ
② ㄱ, ㄷ
③ ㄴ, ㄹ
④ ㄱ, ㄷ, ㄹ
⑤ ㄴ, ㄷ, ㄹ

30. 다음 글을 근거로 판단할 때 옳은 것은?

NH농협은행

2009년 미국의 설탕, 옥수수 시럽, 기타 천연당의 1인당 연평균 소비량은 140파운드로 독일, 프랑스보다 50%가 많았고, 중국보다는 9배가 많았다. 그런데 설탕이 비만을 야기하고 당뇨병 환자의 건강에 해롭다는 인식이 확산되면서 사카린과 같은 인공감미료의 수요가 증가하였다.

세계 최초의 인공감미료인 사카린은 1879년 미국 존스 홉킨스 대학에서 화학물질의 산화반응을 연구하다가 우연히 발견됐다. 당도가 설탕보다 약 500배 정도 높은 사카린은 대표적인 인공감미료로 체내에서 대사되지 않고 그대로 배출된다는 특징이 있다. 그런데 1977년 캐나다에서 쥐를 대상으로 한 사카린 실험 이후 유해성 논란이 촉발되었다. 사카린을 섭취한 쥐가 방광암에 걸렸기 때문이다. 그러나 사카린의 무해성을 입증한 다양한 연구결과로 인해 2001년 미국 FDA는 사카린을 다시 안전한 식품첨가물로 공식 인정하였고, 현재도 설탕의 대체재로 사용되고 있다.

아스파탐은 1965년 위궤양 치료제를 개발하던 중 우연히 발견된 인공감미료로 당도가 설탕보다 약 200배 높다. 그러나 아스파탐도 발암성 논란이 끊이지 않았다. 미국 암협회가 안전하다고 발표했지만 이탈리아의 한 과학자가 쥐를 대상으로 한 실험에서 아스파탐이 암을 유발한다고 결론 내렸기 때문이다.

① 사카린과 아스파탐은 설탕보다 당도가 높고, 사카린은 아스파탐보다 당도가 높다.
② 사카린과 아스파탐은 모두 설탕을 대체하기 위해 거액을 투자해 개발한 인공심미료이다.
③ 사카린은 유해성 논란으로 현재 미국에서는 더 이상 식품 첨가물로 사용되지 않을 것이다.
④ 2009년 기준 중국의 설탕, 옥수수 시럽, 기타 천연당의 1인당 연평균 소비량은 20파운드 이상이었을 것이다.
⑤ 아스파탐은 암 유발 논란에 휩싸였지만, 2001년 미국 FDA로부터 안전한 식품첨가물로 처음 공식 인정받았다.

약점 보완 해설집 p.94

무료 바로 채점 및 성적 분석 서비스 바로 가기
QR코드를 이용해 모바일로 간편하게 채점하고 나의 실력이 어느 정도인지, 취약 부분이 어디인지 바로 파악해 보세요!

실전공략문제 10회

☑ 권장 문제 풀이 시간에 맞춰 실전처럼 문제를 푼 뒤, 실제로 문제 풀이에 소요된 시간과 맞힌 문항 수를 기록하여 시간 관리 연습을 하고, 약점 보완 해설집 p.104의 '취약 유형 분석표'로 자신의 취약한 유형을 파악해 보시기 바랍니다.

풀이 시간: _____ 분/60분

맞힌 문항 수: _____ 문항/30문항

☑ 해커스ONE 애플리케이션의 학습타이머를 이용하여 실전처럼 모의고사를 풀어본 후, p.258에 있는 '바로 채점 및 성적 분석 서비스' QR코드를 스캔하여 응시 인원 대비 본인의 성적 위치를 확인해보세요.

01. 다음 글의 주장으로 볼 수 있는 것만을 <보기>에서 모두 고르면?

NH농협은행

A는 고려 인종 때 사람이니, 삼국의 시초로부터 일천 이백여 년이나 떨어져 활동한 사람이다. 천년 이후의 사람이 천년 이전의 역사를 기록하는 일에는 오류가 발생할 경우가 많다. 예를 들어 남송 때 사람인 조정·장준이 한나라 때 위상·병길의 일을 엉터리로 기록한 것과 같은 경우가 그것이다. A 역시 삼한이 어느 곳에 있었는지도 모르면서 역사서에 기록하였으니, 다른 사실이야 말해 무엇 하겠는가. 우리나라 고대사의 기록은 근거를 댈 수 없는 경우가 많은데도 A는 그 기록을 자료로 역사서를 저술하였다. 또 사실 여부를 따져 보지도 않고 중국의 책들을 그대로 끌어다 인용하였다.

백두산은 몽고 땅에서부터 뻗어내려 온 줄기가 남쪽으로 천여 리를 달려 만들어졌다. 이 대간룡(大幹龍)의 동쪽 지역 가운데 별도로 한 지역을 이루어 다른 지역과 섞이지 않은 곳이 있다. 하·은·주 삼대에는 이를 숙신(肅愼)이라 일컬었고, 한나라 때는 읍루(挹婁), 당나라 때는 말갈(靺鞨), 송나라 때는 여진(女眞)이라 하였으며 지금은 오라영고탑(烏喇寧古塔)이라고 부른다. 그런데 A의 역사서에는 이곳이 한나라 선제 때 '말갈'이라는 이름으로 일컬어졌다고 하였다. 가리키는 대상이 같더라도 명칭은 시대에 따라 변화하는 법이거늘, A의 서술은 매우 터무니없다. 북적(北狄)을 삼대에는 훈육(葷粥), 한나라 때는 흉노(匈奴), 당나라 때는 돌궐(突厥), 송나라 때는 몽고(蒙古)라고 하였는데, 어떤 이가 한나라 역사를 서술하며 돌궐이 중원을 침입했다고 쓴다면 비웃지 않을 사람이 없을 것이다. A의 역사서는 비유하자면 이와 같은 것이다.

〈보기〉

ㄱ. 역사서를 저술할 때에는 중국의 기록을 참조하더라도 우리 역사서를 기준으로 해야 한다.
ㄴ. 역사서를 저술할 때에는 지역의 위치, 종족과 지명의 변천 등 사실을 확인해야 한다.
ㄷ. 역사서를 저술할 때에는 중국의 역사서에서 우리나라와 관계된 것들을 찾아내어 반영해야 한다.

① ㄱ
② ㄴ
③ ㄱ, ㄷ
④ ㄴ, ㄷ
⑤ ㄱ, ㄴ, ㄷ

02. 다음 글에서 추론할 수 있는 것은?

KDB산업은행

미국 대통령 후보 선거제도 중 '코커스'는 정당 조직의 가장 하위 단위인 기초선거구의 당원들이 모여 상위의 전당대회에 참석할 대의원을 선출하는 당원회의이다. 대의원 후보들은 자신이 대통령 후보로 누구를 지지하는지 먼저 밝힌다. 상위 전당대회에 참석할 대의원들은 각 대통령 후보에 대한 당원들의 지지율에 비례해서 선출된다. 코커스에서 선출된 대의원들은 카운티 전당대회에서 투표권을 행사하여 다시 다음 수준인 의회 선거구 전당대회에 보낼 대의원들을 선출한다. 여기서도 비슷한 과정을 거쳐 주(州) 전당대회 대의원들을 선출해내고, 거기서 다시 마지막 단계인 전국 전당대회 대의원들을 선출한다. 주에 따라 의회 선거구 전당대회는 건너뛰기도 한다.

1971년까지는 선거법에 따라 민주당과 공화당 모두 5월 둘째 월요일까지 코커스를 개최해야 했다. 그런데 민주당 전국위원회가 1972년부터는 대선후보 선출을 위한 전국 전당대회를 7월 말에 개최하도록 결정하면서 1972년 아이오와주 민주당의 코커스는 그해 1월에 열렸다. 아이오와주 민주당 규칙에 코커스, 카운티 전당대회, 의회 선거구 전당대회, 주 전당대회, 전국 전당대회 순서로 진행되는 각급 선거 간에 최소 30일의 시간적 간격을 두어야 한다는 규정이 있었기 때문이다. 이후 아이오와주에서 공화당이 1976년부터 코커스 개최 시기를 1월로 옮기면서, 아이오와주는 미국의 대선후보 선출 과정에서 민주당과 공화당 모두 가장 먼저 코커스를 실시하는 주가 되었다.

아이오와주의 선거 운영 방식은 민주당과 공화당 간에 차이가 있었다. 공화당의 경우 코커스를 포함한 하위 전당대회에서 특정 대선후보를 지지하여 당선된 대의원이 상위 전당대회에서 반드시 같은 후보를 지지해야 하는 것은 아니었다. 반면 민주당의 경우 그러한 구속력을 부여하였다. 그러나 2016년부터 공화당 역시 상위 전당대회에 참여하는 대의원에게 같은 구속력을 부여함으로써 기층 당원의 대통령 후보에 대한 지지도가 전국 전당대회에 참여할 주(州) 대의원 선출에 반영되도록 했다.

① 주 전당대회에 참석할 대의원은 모두 의회 선거구 전당대회에서 선출되었다.
② 1971년까지 아이오와주보다 이른 시기에 코커스를 실시하는 주는 없었다.
③ 1972년 아이오와주 민주당의 주 전당대회 선거는 같은 해 2월 중에 실시되었다.
④ 1972년 아이오와주에서 민주당 코커스와 공화당 코커스는 같은 달에 실시되었다.
⑤ 1976년 아이오와주 공화당 코커스에서 특정 후보를 지지한 대의원은 카운티 전당대회에서 다른 후보를 지지할 수 있었다.

03. 다음 글의 내용과 부합하지 않는 것은?

IBK기업은행

연방준비제도(이하 연준)가 고용 증대에 주안점을 둔 정책을 입안한다 해도 정책이 분배에 미치는 영향을 고려하지 않는다면, 그 정책은 거품과 불평등만 부풀릴 것이다. 기술 산업의 거품 붕괴로 인한 경기 침체에 대응하여 2000년대 초에 연준이 시행한 저금리 정책이 이를 잘 보여준다.

특정한 상황에서는 금리 변동이 투자와 소비의 변화를 통해 경기와 고용에 영향을 줄 수 있다. 하지만 다른 수단이 훨씬 더 효과적인 상황도 많다. 가령 부동산 거품에 대한 대응책으로는 금리 인상보다 주택 담보 대출에 대한 규제가 더 합리적이다. 생산적 투자를 위축시키지 않으면서 부동산 거품을 가라앉힐 수 있기 때문이다.

경기 침체기라 하더라도, 금리 인하는 은행의 비용을 줄여주는 것 말고는 경기 회복에 별다른 도움이 되지 않을 수 있다. 대부분의 부문에서 설비 가동률이 낮은 상황이라면, 대출 금리가 낮아져도 생산적인 투자가 별로 증대하지 않는다. 2000년대 초가 바로 그런 상황이었기 때문에, 당시의 저금리 정책은 생산적인 투자 증가 대신에 주택시장의 거품만 초래한 것이다.

금리 인하는 국공채에 투자했던 퇴직자들의 소득을 감소시켰다. 노년층에서 정부로, 정부에서 금융업으로 부의 대규모 이동이 이루어져 불평등이 심화되었다. 이에 따라 금리 인하는 다양한 경로로 소비를 위축시켰다. 은퇴 후의 소득을 확보하기 위해, 혹은 자녀의 학자금을 확보하기 위해 사람들은 저축을 늘렸다. 연준은 금리 인하가 주가 상승으로 이어질 것이므로 소비가 늘어날 것이라고 주장했다. 하지만 2000년대 초 연준의 금리 인하 이후 개기 상승에 나타 발생한 이득은 대체로 부유층에 집중되었으므로 대대적인 소비 증가로 이어지지 않았다.

2000년대 초 고용 증대를 기대하고 시행한 연준의 저금리 정책은 노동을 자본으로 대체하는 투자를 증대시켰다. 인위적인 저금리로 자본 비용이 낮아지자 이런 기회를 이용하려는 유인이 생겨났다. 노동력이 풍부한 상황인데도 노동을 절약하는 방향의 혁신이 강화되었고, 미숙련 노동자들의 실업률이 높은 상황인데도 가계들은 계산원을 해고하고 자동화 기계를 들여놓았다. 경기가 회복되더라도 실업률이 떨어지지 않는 구조가 만들어진 것이다.

① 2000년대 초 연준의 금리 인하로 국공채에 투자한 퇴직자의 소득이 줄어들어 금융업으로부터 정부로 부가 이동하였다.

② 2000년대 초 연준은 고용 증대를 기대하고 금리를 인하했지만 결과적으로 고용 증대가 더 어려워지도록 만들었다.

③ 2000년대 초 기술 산업 거품의 붕괴로 인한 경기 침체기에 설비 가동률은 대부분의 부문에서 낮은 상태였다.

④ 2000년대 초 연준이 금리 인하 정책을 시행한 후 주택 가격과 주식 가격은 상승하였다.

⑤ 금리 인상은 부동산 거품 대응 정책 가운데 가장 효과적인 정책이 아닐 수 있다.

04. 다음 글에서 알 수 없는 것은?

신한은행, 하나은행

연금 제도의 금융 논리와 관련하여 결정적으로 중요한 원리는 중세에서 비롯된 신탁 원리다. 12세기 영국에서는 미성년 유족(遺族)에게 토지에 대한 권리를 합법적으로 이전할 수 없었다. 그럼에도 불구하고 영국인들은 유언을 통해 자식에게 토지 재산을 물려주고 싶어 했다. 이런 상황에서 귀족들이 자신의 재산을 미성년 유족이 아닌, 친구나 지인 등 제3자에게 맡기기 시작하면서 신탁 제도가 형성되기 시작했다. 여기서 재산을 맡긴 성인 귀족, 재산을 물려받은 미성년 유족, 그리고 미성년 유족을 대신해 그 재산을 관리·운용하는 제3자로 구성되는 관계, 즉 위탁자, 수익자, 그리고 수탁자로 구성되는 관계가 등장했다. 이 관계에서 주목해야 할 것은 미성년 유족은 성인이 될 때까지 재산권을 온전히 인정받지는 못했다는 점이다. 즉 신탁 원리 하에서 수익자는 재산에 대한 운용 권리를 모두 수탁자인 제3자에게 맡기도록 되어 있었기 때문에 수익자의 지위는 불안정했다.

연금 제도가 이 신탁 원리에 기초해 있는 이상, 연금 가입자는 연기금 재산의 운용에 대해 영향력을 행사하기 어렵게 된다. 왜냐하면 신탁의 본질상 공·사 연금을 막론하고 신탁 원리에 기반을 둔 연금 제도에서는 수익자인 연금 가입자의 적극적인 권리 행사가 허용되지 않기 때문이다. 결국 신탁 원리는 수익자의 연금 운용 권리를 현저히 약화시키는 것을 기본으로 한다. 그 대신 연금 운용을 수탁자에게 맡기면서 '수탁자 책임'이라는, 논란이 분분하고 불분명한 책임이 부과된다. 수탁자 책임 이행의 적절성을 어떻게 판단할 수 있는가에 대해 많은 논의가 있었지만, 수탁자 책임의 내용에 대해서 실질적인 합의가 이루어지지는 못했다.

중세에서 기원한 신탁 원리가 연금 제도와 연금 산업에 미치는 효과는 현재까지도 여전히 유효하고 강력하다. 신탁 원리의 영향으로 인해 연금 가입자의 자율적이고 적극적인 권리 행사가 철저하게 제한되어 왔다. 그 결과 연금 가입자는 자본 시장의 최고 원리인 유동성을 마음껏 누릴 수 없었으며, 결국 연기금 운용자인 수탁자의 재량에 종속되는 존재가 되고 말았다.

① 사적 연금 제도의 가입자는 자본 시장의 유동성을 충분히 누릴 수 없었다.

② 위탁자 또는 수익자와 직접적인 혈연 관계에 있지 않아도 수탁자로 지정될 수 있다.

③ 연금 수익자의 지위가 불안정하기 때문에 연기금 재산에 대한 적극적인 권리 행사가 제한되었다.

④ 신탁 제도는 미성년 유족에게 토지 재산권이 합법적으로 이전될 수 없었던 중세 영국의 상황 속에서 생겨났다.

⑤ 연금 제도가 신탁 원리에 기반을 두었기 때문에 수탁자가 수익자보다 재산 운용에 대해 더 많은 재량권을 갖게 되었다.

05. 다음 글에서 추론할 수 있는 것만을 <보기>에서 모두 고르면?

IBK기업은행

란체스터는 한 국가의 상대방 국가에 대한 군사력 우월의 정도를, 전쟁의 승패가 갈린 전쟁 종료 시점에서 자국의 손실비의 역수로 정의했다. 예컨대 전쟁이 끝났을 때 자국의 손실비가 1/2이라면 자국의 군사력은 적국보다 2배로 우월하다는 것이다. 손실비는 아래와 같이 정의된다.

$$자국의\ 손실비 = \frac{자국의\ 최초\ 병력\ 대비\ 잃은\ 병력\ 비율}{적국의\ 최초\ 병력\ 대비\ 잃은\ 병력\ 비율}$$

A국과 B국이 전쟁을 벌인다고 하자. 전쟁에는 양국의 궁수들만 참가한다. A국의 궁수는 2,000명이고, B국은 1,000명이다. 양국 궁수들의 숙련도와 명중률 등 개인의 전투 능력, 그리고 지형, 바람 등 주어진 조건은 양국이 동일하다고 가정한다. 양측이 동시에 서로를 향해 1인당 1발씩 화살을 발사한다고 하자. 모든 화살이 적군을 맞힌다면 B국의 궁수들은 1인 평균 2개의 화살을, A국 궁수는 평균 0.5개의 화살을 맞을 것이다. 하지만 화살이 제대로 맞지 않거나 아예 안 맞을 수도 있으니, 발사된 전체 화살 중에서 적 병력의 손실을 발생시키는 화살의 비율은 매번 두 나라가 똑같이 1/10이라고 하자. 그렇다면 첫 발사에서 B국은 200명, A국은 100명의 병력을 잃을 것이다. 따라서 ㉠ 첫 발사에서의 B국의 손실비는 $\frac{200/1,000}{100/2,000}$ 이다.

마찬가지 방식으로, 남은 A국 궁수 1,900명은 두 번째 발사에서 B국에 190명의 병력 손실을 발생시킨다. 이제 B국은 병력의 39%를 잃었다. 이런 손실을 당하고도 버틸 수 있는 군대는 많지 않아서 전쟁은 B국의 패배로 끝난다. B국은 A국에 첫 번째 발사에서 100명, 그다음엔 80명의 병력 손실을 발생시켰다. 전쟁이 끝날 때까지 A국이 잃은 궁수는 최초 병력의 9%에 지나지 않는다. 이로써 ㉡ B국에 대한 A국의 군사력이 명확히 드러난다.

〈보기〉

ㄱ. 다른 조건이 모두 같으면서 A국 궁수의 수가 4,000명으로 증가하면 ㉠은 16이 될 것이다.

ㄴ. ㉡의 내용은 A국의 군사력이 B국보다 4배 이상으로 우월하다는 것이다.

ㄷ. 전쟁 종료 시점까지 자국과 적국의 병력 손실이 발생했고 그 수가 동일한 경우, 최초 병력의 수가 적은 쪽의 손실비가 더 크다.

① ㄱ   ② ㄷ
③ ㄱ, ㄴ   ④ ㄴ, ㄷ
⑤ ㄱ, ㄴ, ㄷ

06. 다음 글의 갑~병에 대한 분석으로 가장 적절한 것은?

국민은행

경험 연구에서 연구의 타당성을 확보하기 위한 노력은 매우 중요하다. 먼저 연구의 외적 타당성을 확보하기 위해 대표성을 지닌 자료를 수집해야 한다. 표본 집단을 잘못 설정하면 연구 대상의 대표성을 확보할 수 없게 되고 결국 연구 결과의 일반화에 실패하므로 연구의 외적 타당성은 저해된다. 이는 연구 대상인 표본의 수나 표본 집단의 대상 지정과 관련이 있다. 다음으로 연구의 내적 타당성을 확보하기 위해서는 역사 요인과 선택 요인에 따른 오류를 제거해야 한다. 역사 요인은 외부적 사건이 원인이 되어 연구에 영향을 미쳤지만 이를 미처 고려하지 못하고 연구의 결과가 합당한 것처럼 결론을 내리게 하는 요인이다. 역사 요인에 따른 오류를 제거하기 위해서는 반드시 비교 집단을 설정하여 정보를 수집해야 한다. 선택 요인은 비교 집단을 설정했지만 비교 집단을 잘못 설정함으로써 잘못된 결론을 도출하게 하는 요인이다. 이 요인에 따른 오류를 제거하기 위해서는 독립 변수 조건 이외에 다른 조건들이 현저하게 차이가 나는 집단을 비교 집단으로 설정하지 않아야 한다.

축구 협회가 축구에 대한 관심도를 높이기 위해 초등학교에 지급하는 축구 관련 지원금을 인상하는 정책을 시행한 후 이 정책이 적용된 100개교를 대상으로 정책 효과성 연구를 실시하였다고 가정하자. 연구 결과 이 정책이 적용된 학교의 초등학생들에게서 축구에 대한 관심도가 2배 증가하였다는 결과를 얻었다고 하자. 이 연구의 타당성 검토와 관련하여 갑~병은 다음과 같이 주장하였다.

갑: 지원금 인상 정책이 적용된 초등학교 중, 소수의 학교만을 대상으로 연구하거나 혹은 지원금 인상 정책이 적용되지 않은 초등학교까지도 연구 대상으로 지정하는 오류가 있는지 검토해야 한다.

을: 연구 시기에 월드컵이 개최되었고 우리나라가 본선에 진출하였으므로 이 요인이 축구에 대한 관심도 상승에 더 큰 영향을 미쳤을 수 있다. 이에 지원금 인상 정책이 적용되지 않은 초등학교를 비교 집단으로 설정하여 연구를 실시했는지 검토해야 한다.

병: 비교 집단을 설정했으나 지원금 인상 정책이 적용되지 않은 초등학교 중 축구에 대한 관심도 수준이 현저히 차이나는 집단을 비교 집단으로 설정하지 않았는지 검토해야 한다.

① 갑은 연구의 내적 타당성을 확보하기 위해 연구 대상의 대표성 확보에 관한 타당성을 검토하자는 것이다.

② 을은 연구의 내적 타당성을 확보하기 위해 선택 요인과 관련한 타당성을 검토하자는 것이다.

③ 을은 연구의 외적 타당성을 확보하기 위해 역사 요인과 관련한 타당성을 검토하자는 것이다.

④ 병은 연구의 내적 타당성을 확보하기 위해 선택 요인과 관련한 타당성을 검토하자는 것이다.

⑤ 병은 연구의 외적 타당성을 확보하기 위해 연구 결과 일반화가 가능한 표본 집단 선정에 관한 타당성을 검토하자는 것이다.

07. 다음 갑~병의 주장에 대한 평가로 적절한 것만을 <보기>에서 모두 고르면?

NH농협은행, IBK기업은행

갑: 어떤 나라의 법이 불공정하거나 악법이라고 해도 그 나라의 시민은 그것을 준수해야 한다. 그 나라의 시민으로 살아간다는 것이 법을 준수하겠다는 암묵적인 합의를 한 것이나 마찬가지이기 때문이다. 우리에게는 약속을 지켜야 할 의무가 있다. 만일 우리의 법이 마음에 들지 않았다면 처음부터 이 나라를 떠나 이웃 나라로 이주할 수 있는 자유가 언제나 있었던 것이다. 이 나라에서 시민으로 일정 기간 이상 살았다면 법을 그것의 공정 여부와 무관하게 마땅히 지켜야만 하는 것이 우리 시민의 의무이다.

을: 법을 지키겠다는 암묵적 합의는 그 법이 공정한 것인 한에서만 유효한 것이다. 만일 어떤 법이 공정하지 않다면 그런 법을 지키는 것은 오히려 타인의 인권을 침해할 소지가 있고, 따라서 그런 법의 준수를 암묵적 합의의 일부로 간주해서는 안 될 것이다. 그러므로 공정한 법에 대해서만 선별적으로 준수의 의무를 부과하는 것이 타당하다.

병: 법은 정합적인 체계로 구성되어 있어서 어떤 개별 법 조항도 다른 법과 무관하게 독자적으로 주어질 수 없다. 모든 법은 상호 의존적이어서 어느 한 법의 준수를 거부하면 반드시 다른 법의 준수 여부에도 영향을 미칠 수밖에 없다. 예를 들어, 조세법이 부자에게 유리하고 빈자에게 불리한 불공정한 법이라고 해서 그것 하나만 따로 떼어내어 선별적으로 거부한다는 것은 불가능하다. 그렇게 했다가는 결국 아무 문제가 없는 공정한 법의 준수 여부에까지 영향을 미치게 될 것이다. 따라서 법의 선별적 준수는 전체 법체계의 유지에 큰 혼란을 불러올 우려가 있으므로 받아들여서는 안 된다.

─────⟨보기⟩─────
ㄱ. 예외적인 경우에 약속을 지키지 않아도 된다면 갑의 주장은 강화된다.
ㄴ. 법의 공정성을 판단하는 별도의 기준이 없다면 을의 주장은 약화된다.
ㄷ. 이민자를 차별하는 법이 존재한다면 병의 주장은 약화된다.

① ㄱ
② ㄴ
③ ㄱ, ㄷ
④ ㄴ, ㄷ
⑤ ㄱ, ㄴ, ㄷ

08. 다음 글의 ㉠에 해당하는 사례만을 <보기>에서 모두 고르면?

NH농협은행, IBK기업은행

'부재 인과', 즉 사건의 부재가 다른 사건의 원인이라는 주장은 일상 속에서도 쉽게 찾아볼 수 있다. 인과 관계가 원인과 결과 간에 성립하는 일종의 의존 관계로 분석될 수 있다면 부재 인과는 인과 관계의 한 유형을 표현한다. 예를 들어, 경수가 물을 주었더라면 화초가 말라 죽지 않았을 것이므로 '경수가 물을 줌'이라는 사건이 부재하는 것과 '화초가 말라 죽음'이라는 사건이 발생하는 것 사이에는 의존 관계가 성립한다. 인과 관계를 이런 의존 관계로 이해할 경우 화초가 말라 죽은 것의 원인은 경수가 물을 주지 않은 것이며 이는 상식적 판단과 일치한다. 하지만 화초가 말라 죽은 것은 단지 경수가 물을 주지 않은 것에만 의존하지 않는다. 의존 관계로 인과 관계를 이해하려는 견해에 따르면, 경수의 화초와 아무 상관없는 영희가 그 화초에 물을 주었더라도 경수의 화초는 말라 죽지 않았을 것이므로 영희가 물을 주지 않은 것 역시 그 화초가 말라 죽은 사건의 원인이라고 해야 할 것이다. 그러나 상식적으로 경수가 물을 주지 않은 것은 그가 키우던 화초가 말라 죽은 사건의 원인이지만, 영희가 물을 주지 않은 것은 그 화초가 말라 죽은 사건의 원인이 아니다. 인과 관계를 의존 관계로 파악해 부재 인과를 인과의 한 유형으로 받아들이면, 원인이 아닌 수많은 부재마저도 원인으로 받아들여야 하는 ㉠ 문제가 생겨난다.

─────⟨보기⟩─────
ㄱ. 어제 영지는 늘 타고 다니던 기차가 고장이 나는 바람에 지각을 했다. 그 기차가 고장이 나지 않았다면 영지는 지각하지 않았을 것이다. 하지만 영지가 새벽 3시에 일어나 직장에 걸어갔더라면 지각하지 않았을 것이다. 그러므로 어제 영지가 새벽 3시에 일어나 직장에 걸어가지 않은 것이 그가 지각한 원인이라고 보아야 한다.
ㄴ. 영수가 야구공을 던져서 유리창이 깨졌다. 영수가 야구공을 던지지 않았더라면 그 유리창이 깨지지 않았을 것이다. 하지만 그 유리창을 향해 야구공을 던지지 않은 사람들은 많다. 그러므로 그 많은 사람 각각이 야구공을 던지지 않은 것을 유리창이 깨어진 사건의 원인이라고 보아야 한다.
ㄷ. 햇볕을 차단하자 화분의 식물이 시들어 죽었다. 하지만 햇볕을 과다하게 쬐이거나 지속적으로 쬐었다면 화분의 식물은 역시 시들어 죽었을 것이다. 그러므로 햇볕을 쬐이는 것은 식물의 성장 원인이 아니라고 보아야 한다.

① ㄱ
② ㄴ
③ ㄱ, ㄷ
④ ㄴ, ㄷ
⑤ ㄱ, ㄴ, ㄷ

※ 다음 글을 읽고 각 물음에 답하시오. [09~10]

IBK기업은행

곤충이 유충에서 성체로 발생하는 과정에서 단단한 외골격은 더 큰 것으로 주기적으로 대체된다. 곤충이 유충, 번데기, 성체로 변화하는 동안, 이러한 외골격의 주기적 대체는 몸 크기를 증가시키는 것과 같은 신체 형태 변화에 필수적이다. 이러한 외골격의 대체를 '탈피'라고 한다. 성체가 된 이후에 탈피하지 않는 곤충들의 경우, 그것들의 최종 탈피는 성체의 특성이 발현되고 유충의 특성이 완전히 상실될 때 일어난다. 이런 유충에서 성체로의 변태 과정을 조절하는 호르몬에는 탈피호르몬과 유충호르몬이 있다.

탈피호르몬은 초기 유충기에 형성된 유충의 전흉선에서 분비된다. 탈피 시기가 되면, 먹이 섭취 활동과 관련된 자극이 유충의 뇌에 전달된다. 이 자극은 이미 뇌의 신경분비세포에서 합성되어 있던 전흉선자극호르몬의 분비를 촉진하여 이 호르몬이 순환계로 방출될 수 있게끔 만든다. 분비된 전흉선자극호르몬은 순환계를 통해 전흉선으로 이동하여, 전흉선에서 허물벗기를 촉진하는 탈피호르몬이 분비되도록 한다. 그리고 탈피호르몬이 분비되면 탈피의 첫 단계인 허물 벗기가 시작된다. ⓐ 성체가 된 이후에 탈피하지 않는 곤충들의 경우, 성체로의 마지막 탈피가 끝난 다음에 탈피호르몬은 없어진다.

유충호르몬은 유충 속에 있는 알라타체라는 기관에서 분비된다. 이 유충호르몬은 탈피 촉진과 무관하며, 유충의 특성이 남아 있게 하는 역할만을 수행한다. 따라서 각각의 탈피 과정에서 분비되는 유충호르몬의 양에 의해서, 탈피 이후 유충으로 남아 있을지, 유충의 특성이 없는 성체로 변태할지가 결정된다. 유충호르몬의 방출량은 유충호르몬의 분비를 억제하는 알로스테틴과 분비를 촉진하는 알로트로핀에 의해 조절된다. 이 알로스테틴과 알로트로핀은 곤충의 뇌에서 분비된다. 한편, 유충호르몬의 방출량이 정해져 있을 때 그 호르몬의 혈중 농도는 유충호르몬에스터라제와 같은 유충호르몬 분해 효소와 유충호르몬결합단백질에 의해 조절된다. 유충호르몬결합단백질은 유충호르몬에스터라제 등의 유충호르몬 분해 효소에 의해서 유충호르몬이 분해되어 혈중 유충호르몬의 농도가 낮아지는 것을 막으며, 유충호르몬을 유충호르몬 작용 조직으로 안전하게 수송한다.

09. 윗글에서 추론할 수 있는 것만을 <보기>에서 모두 고르면?

―〈보기〉―

ㄱ. 유충의 전흉선을 제거하면 먹이 섭취 활동과 관련된 자극이 유충의 뇌에 전달될 수 없다.

ㄴ. 변태 과정 중에 있는 곤충에게 유충기부터 알로트로핀을 주입하면, 그것은 성체로 발생하지 않을 수 있다.

ㄷ. 유충호르몬이 없더라도 변태 과정 중 탈피호르몬이 분비되면 탈피가 시작될 수 있다.

① ㄱ   ② ㄴ
③ ㄱ, ㄷ   ④ ㄴ, ㄷ
⑤ ㄱ, ㄴ, ㄷ

10. 윗글을 토대로 할 때, 다음 <실험 결과>에 대한 분석으로 적절한 것만을 <보기>에서 모두 고르면?

―〈실험 결과〉―

성체가 된 이후에 탈피하지 않는 곤충의 유충기부터 성체로 이어지는 발생 단계별 유충호르몬과 탈피호르몬의 혈중 농도 변화를 관찰하였더니 다음과 같았다.

결과 1: 유충호르몬 혈중 농도는 유충기에 가장 높으며 이후 성체가 될 때까지 점점 감소한다.

결과 2: 유충에서 성체로의 최종 탈피가 일어날 때까지 탈피호르몬은 존재하였고, 그 구간 탈피호르몬 혈중 농도에는 변화가 없었다.

―〈보기〉―

ㄱ. 결과 1은 "혈중 유충호르몬에스터라제의 양은 유충기에 가장 많으며 성체기에서 가장 적다."는 가설에 의해서 설명된다.

ㄴ. "성체가 된 이후에 탈피하지 않는 곤충들의 경우, 최종 탈피가 끝난 다음에 전흉선은 파괴되어 사라진다."는 결과 2와 ⓐ가 동시에 성립하는 이유를 제시한다.

ㄷ. 결과 1과 결과 2는 함께 "변태 과정에 있는 곤충의 탈피호르몬 대비 유충호르몬의 비율이 낮아질수록 그 곤충은 성체의 특성이 두드러진다."는 가설을 지지한다.

① ㄱ   ② ㄷ
③ ㄱ, ㄴ   ④ ㄴ, ㄷ
⑤ ㄱ, ㄴ, ㄷ

11. 다음 <표>는 2011~2020년 산불 건수 및 산불 가해자 검거 현황과 2020년 산불 원인별 가해자 검거 현황에 관한 자료이다. 이에 대한 <보기>의 설명 중 옳은 것만을 모두 고르면?

NH농협은행

<표 1> 2011~2020년 산불 건수 및 산불 가해자 검거 현황

(단위: 건, %)

연도＼구분	산불 건수	가해자 검거 건수	검거율
2011	277	131	47.3
2012	197	73	( )
2013	296	137	46.3
2014	492	167	33.9
2015	623	240	38.5
2016	391	( )	( )
2017	692	305	( )
2018	496	231	46.6
2019	653	239	36.6
2020	620	246	39.7
계	( )	1,973	( )

<표 2> 2020년 산불 원인별 산불 건수 및 가해자 검거 현황

(단위: 건, %)

산불 원인＼구분	산불 건수	가해자 검거 건수	검거율
입산자 실화	( )	32	( )
논밭두렁 소각	49	45	( )
쓰레기 소각	65	( )	( )
담뱃불 실화	75	17	22.7
성묘객 실화	9	6	( )
어린이 불장난	1	1	100.0
건축물 실화	54	33	61.1
기타	150	52	34.7
전체	( )	246	39.7

※ 1) 산불 1건은 1개의 산불 원인으로만 분류함.
2) 가해자 검거 건수는 해당 산불 발생 연도를 기준으로 집계함.
3) 검거율(%) = $\frac{\text{가해자 검거 건수}}{\text{산불 건수}} \times 100$

―――〈보기〉―――
ㄱ. 2011~2020년 연평균 산불 건수는 500건 이하이다.
ㄴ. 산불 건수가 가장 많은 연도의 검거율은 산불 건수가 가장 적은 연도의 검거율보다 높다.
ㄷ. 2020년에는 기타를 제외하고 산불 건수가 적은 산불 원인일수록 검거율이 높다.
ㄹ. 2020년 전체 산불 건수 중 입산자 실화가 원인인 산불 건수의 비율은 35%이다.

① ㄱ, ㄴ ② ㄴ, ㄹ ③ ㄷ, ㄹ
④ ㄱ, ㄴ, ㄷ ⑤ ㄱ, ㄴ, ㄹ

12. 다음 <표>, <정보>, <그림>은 A사의 공장에서 물류센터까지의 수송량과 수송비용에 관한 자료이다. 이에 대한 설명으로 옳지 않은 것은?

IBK기업은행

<표> 공장에서 물류센터까지의 수송량

(단위: 개)

물류센터 공장	서울	부산	대구	광주
구미	0	200	( )	( )
청주	300	( )	0	0
덕평	300	0	0	0

―〈정보〉―

○ 해당 공장에서 각 물류센터까지의 수송량의 합은 해당 공장의 '최대공급량'보다 작거나 같다.

○ 각 공장에서 해당 물류센터까지의 수송량의 합은 해당 물류센터의 '최소요구량'보다 크거나 같다.

○ 공장별 '최대공급량'은 구미 600개, 청주 500개, 덕평 300개이다.

○ 물류센터별 '최소요구량'은 서울 600개, 부산 400개, 대구 200개, 광주 150개이다.

○ 수송비용 = (수송량) × (개당 수송비용)

○ 총 수송비용은 각 공장에서 각 물류센터까지의 수송비용의 합이다.

<그림> 공장에서 물류센터까지의 개당 수송비용

(단위: 천 원/개)

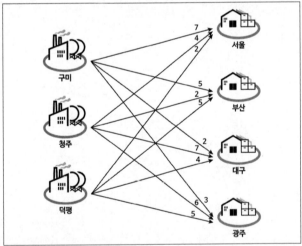

※ 예시: '청주 →2 부산'은 청주 공장에서 부산 물류센터까지의 개당 수송비용이 2천 원임을 의미함.

① 청주 공장에서 부산 물류센터까지의 수송량은 200개이다.

② 총 수송비용을 최소화할 때, 구미 공장에서 광주 물류센터까지의 수송량은 150개이다.

③ 총 수송비용의 최소 금액은 405만 원이다.

④ 구미 공장에서 서울 물류센터까지의 개당 수송비용이 7천 원에서 8천 원으로 증가해도 총 수송비용의 최소 금액은 증가하지 않는다.

⑤ 구미 공장의 '최대공급량'이 600개에서 550개로 줄어들면, 총 수송비용의 최소 금액은 감소한다.

13. 다음 <표>는 A회사 전체 임직원 100명의 직급별 인원과 시간당 임금에 관한 자료이다. 이에 대한 <보기>의 설명 중 옳은 것만을 모두 고르면?

IBK기업은행

<표> A회사의 직급별 임직원 수와 시간당 임금

(단위: 명, 원)

구분 직급	임직원 수	시간당 임금					
		평균	최저	Q1	중간값	Q3	최고
공장 관리직	4	25,000	15,000	15,000	25,000	30,000	( )
공장 생산직	52	21,500	12,000	20,500	23,500	26,500	31,000
본사 임원	8	( )	24,000	25,600	48,000	48,000	55,000
본사 직원	36	22,000	11,500	16,800	23,500	27,700	29,000

※ 1) 해당 직급 임직원의 시간당 임금을 낮은 값부터 순서대로 나열하여 4등분한 각 집단을 나열 순서에 따라 1분위, 2분위, 3분위, 4분위로 정함.

2) Q1과 Q3은 각각 1분위와 3분위에 속한 값 중 가장 높은 값임.

3) 해당 직급 임직원 수가 짝수인 경우, 중간값은 2분위에 속한 값 중 가장 높은 값과 3분위에 속한 값 중 가장 낮은 값의 평균임.

―〈보기〉―

ㄱ. 공장 관리직의 '시간당 임금' 최고액은 35,000원이다.

ㄴ. '시간당 임금'이 같은 본사 임원은 3명 이상이다.

ㄷ. 본사 임원의 '시간당 임금' 평균은 40,000원 이상이다.

ㄹ. '시간당 임금'이 23,000원 이상인 임직원은 50명 미만이다.

① ㄱ, ㄴ

② ㄱ, ㄹ

③ ㄴ, ㄷ

④ ㄷ, ㄹ

⑤ ㄱ, ㄴ, ㄷ

14. 다음은 '갑'국의 2017년과 2022년 A~H학생의 신장 및 체중과 체질량지수 분류기준에 관한 자료이다. 이에 대한 설명으로 옳지 않은 것은?

<그림> 2017년과 2022년 A~H학생의 신장 및 체중

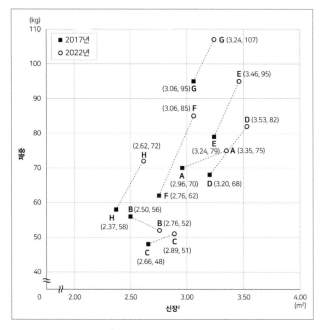

<표> '갑'국의 체질량지수 분류기준

(단위: kg/m²)

체질량지수	분류
20 미만	저체중
20 이상 25 미만	정상
25 이상 30 미만	과체중
30 이상 40 미만	비만
40 이상	고도비만

※ 체질량지수$(kg/m^2)=\dfrac{체중}{신장^2}$

① '저체중'으로 분류된 학생의 수는 2022년이 2017년보다 많다.

② 2022년 A~H학생 체중의 평균은 2017년 대비 10% 이상 증가하였다.

③ 2017년과 2022년에 모두 '정상'으로 분류된 학생은 2명이다.

④ 2017년과 2022년 신장의 차이가 가장 큰 학생은 A이다.

⑤ 2022년 A~H학생의 체질량지수 중 가장 큰 값은 가장 작은 값의 2배 이상이다.

15. 다음 <표>는 '갑'국 A위원회의 24~26차 회의 심의결과에 관한 자료이다. 이에 대한 <보기>의 설명 중 옳은 것만을 모두 고르면?

<표> A위원회의 24~26차 회의 심의결과

위원 \ 회차 동의 여부	24 동의	24 부동의	25 동의	25 부동의	26 동의	26 부동의
기획재정부장관	○		○		○	
교육부장관	○			○	○	
과학기술정보통신부장관	○		○			○
행정안전부장관	○			○	○	
문화체육관광부장관	○			○	○	
농림축산식품부장관		○	○		○	
산업통상자원부장관		○	○			○
보건복지부장관	○		○		○	
환경부장관		○	○			○
고용노동부장관		○	○		○	
여성가족부장관	○		○		○	
국토교통부장관	○		○		○	
해양수산부장관	○		○		○	
중소벤처기업부장관		○	○			○
문화재청장	○		○		○	
산림청장	○			○	○	

※ 1) A위원회는 <표>에 제시된 16명의 위원으로만 구성됨.
2) A위원회는 매 회차 개최 시 1건의 안건만을 심의함.

─────── <보기> ───────

ㄱ. 24~26차 회의의 심의안건에 모두 동의한 위원은 0명이나.

ㄴ. 심의안건에 부동의한 위원 수는 매 회차 증가하였다.

ㄷ. 전체 위원의 $\dfrac{2}{3}$ 이상이 동의해야 심의안건이 의결된다면, 24~26차 회의의 심의안건은 모두 의결되었다.

① ㄱ

② ㄴ

③ ㄱ, ㄷ

④ ㄴ, ㄷ

⑤ ㄱ, ㄴ, ㄷ

16. 다음 <표 1>은 창의경진대회에 참가한 팀A, B, C의 '팀 인원수' 및 '팀 평균점수'이며, <표 2>는 <표 1>에 기초하여 '팀 연합 인원수' 및 '팀 연합 평균점수'를 각각 산출한 자료이다. (가)와 (나)에 들어갈 값을 바르게 나열한 것은?

국민은행

<표 1> 팀 인원수 및 팀 평균점수

(단위: 명, 점)

팀	A	B	C
인원수	( )	( )	( )
평균점수	40.0	60.0	90.0

※ 1) 각 참가자는 A, B, C팀 중 하나의 팀에만 속하고, 개인별로 점수를 획득함.

2) 팀 평균점수 = $\dfrac{\text{해당 팀 참가자 개인별 점수의 합}}{\text{해당 팀 참가자 인원수}}$

<표 2> 팀 연합 인원수 및 팀 연합 평균점수

(단위: 명, 점)

팀 연합	A+B	B+C	C+A
인원수	80	120	(가)
평균점수	52.5	77.5	(나)

※ 1) A+B는 A팀과 B팀, B+C는 B팀과 C팀, C+A는 C팀과 A팀의 인원을 합친 팀 연합임.

2) 팀 연합 평균점수 = $\dfrac{\text{해당 팀 연합 참가자 개인별 점수의 합}}{\text{해당 팀 연합 참가자 인원수}}$

	(가)	(나)
①	90	72.5
②	90	75.0
③	100	72.5
④	100	75.0
⑤	110	72.5

---

17. 다음 <표>는 학생 '갑'~'무'의 중간고사 3개 과목 점수에 관한 자료이다. 이에 대한 <보기>의 설명 중 옳은 것만을 모두 고르면?

하나은행

<표> '갑'~'무'의 중간고사 3개 과목 점수

(단위: 점)

과목 \ 학생 / 성별	갑 / 남	을 / 여	병 / ( )	정 / 여	무 / 남
국어	90	85	60	95	75
영어	90	85	100	65	100
수학	75	70	85	100	100

〈보기〉

ㄱ. 국어 평균 점수는 80점 이상이다.

ㄴ. 3개 과목 평균 점수가 가장 높은 학생과 가장 낮은 학생의 평균 점수 차이는 10점 이하이다.

ㄷ. 국어, 영어, 수학 점수에 각각 0.4, 0.2, 0.4의 가중치를 곱한 점수의 합이 가장 큰 학생은 '정'이다.

ㄹ. '갑'~'무'의 성별 수학 평균 점수는 남학생이 여학생보다 높다.

① ㄱ, ㄷ

② ㄱ, ㄹ

③ ㄴ, ㄷ

④ ㄱ, ㄷ, ㄹ

⑤ ㄴ, ㄷ, ㄹ

18. '갑'은 2017년 1월 전액 현금으로만 다음 <표>와 같이 지출하였다. 만약 '갑'이 2017년 1월에 A~C신용카드 중 하나만을 발급받아 할인 전 금액이 <표>와 동일하도록 그 카드로만 지출하였다면, <신용카드별 할인혜택>에 근거한 할인 후 예상청구액이 가장 적은 카드부터 순서대로 나열한 것은?

KDB산업은행

<표> 201/년 1월 지출내역

(단위: 만 원)

분류	세부항목		금액	합
교통비	버스 · 지하철 요금		8	20
	택시 요금		2	
	KTX 요금		10	
식비	외식비	평일	10	30
		주말	5	
	카페 지출액		5	
	식료품 구입비	대형마트	5	
		재래시장	5	
의류 구입비	온라인		15	30
	오프라인		15	
여가 및 자기계발비	영화관람료 (1만 원/회×2회)		2	30
	도서구입비 (2만 원/권×1권, 1만 5천 원/권×2권, 1만 원/권×3권)		8	
	학원 수강료		20	

〈신용카드별 할인혜택〉

○ A신용카드
  - 버스 · 지하철, KTX 요금 20% 할인(단, 할인액의 한도는 월 2만 원)
  - 외식비 주말 결제액 5% 할인
  - 학원 수강료 15% 할인
  - 최대 총 할인한도액은 없음.
  - 연회비 1만 5천 원이 발급시 부과되어 합산됨.

○ B신용카드
  - 버스 · 지하철, KTX 요금 10% 할인(단, 할인액의 한도는 월 1만 원)
  - 온라인 의류구입비 10% 할인
  - 도서구입비 권당 3천 원 할인(단, 권당 가격이 1만 2천 원 이상인 경우에만 적용)
  - 최대 총 할인한도액은 월 3만 원
  - 연회비 없음.

○ C신용카드
  - 버스 · 지하철, 택시 요금 10% 할인(단, 할인액의 한도는 월 1만 원)
  - 카페 지출액 10% 할인
  - 재래시장 식료품 구입비 10% 할인
  - 영화관람료 회당 2천 원 할인(월 최대 2회)
  - 최대 총 할인한도액은 월 4만 원
  - 연회비 없음.

※ 1) 할부나 부분청구는 없음.
  2) A~C신용카드는 매달 1일부터 말일까지의 사용분에 대하여 익월 청구됨.

① A－B－C

② A－C－B

③ B－A－C

④ B－C－A

⑤ C－A－B

19. 다음 <표>는 2015~2018년 A~D국 초흡수성 수지의 기술분야별 특허출원에 대한 자료이다. <표>를 이용하여 작성한 그래프로 옳지 않은 것은?

KDB산업은행

<표> 2015~2018년 초흡수성 수지의 특허출원 건수

(단위: 건)

국가	연도 기술분야	2015	2016	2017	2018	합
A	조성물	5	8	11	11	35
	공정	3	2	5	6	16
	친환경	1	3	10	13	27
B	조성물	4	4	2	1	11
	공정	0	2	5	8	15
	친환경	3	1	3	1	8
C	조성물	2	5	5	6	18
	공정	7	8	7	6	28
	친환경	3	5	3	3	14
D	조성물	1	2	1	2	6
	공정	1	3	3	2	9
	친환경	5	4	4	2	15
계		35	47	59	61	202

※ 기술분야는 조성물, 공정, 친환경으로만 구성됨.

① 2015~2018년 국가별 초흡수성 수지의 특허출원 건수 비율

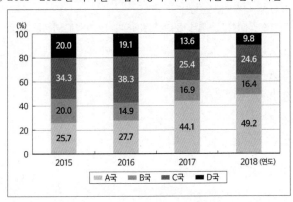

② 공정 기술분야의 국가별, 연도별 초흡수성 수지의 특허출원 건수

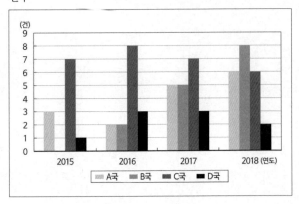

③ A~D국 전체의 초흡수성 수지 특허출원 건수의 연도별 구성비

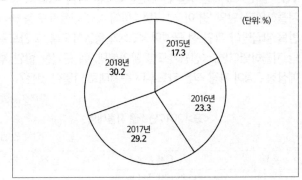

④ 2015~2018년 기술분야별 초흡수성 수지 특허출원 건수 합의 국가별 비중

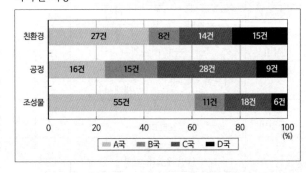

⑤ A~D국 전체의 초흡수성 수지 특허출원 건수의 전년대비 증가율

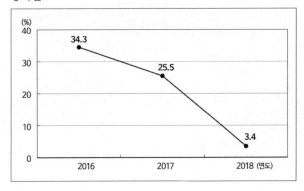

20. 다음 <표>와 <그림>은 '갑'국 8개 어종의 2020년 어획량에 관한 자료이다. 이에 대한 <보기>의 설명 중 옳은 것만을 모두 고르면?

<표> 8개 어종의 2020년 어획량

(단위: 톤)

어종	갈치	고등어	꽁치	멸치	오징어	전갱이	조기	참다랑어
어획량	20,666	64,609	5,453	26,473	23,703	19,769	23,696	482

<그림> 8개 어종 2020년 어획량의 전년비 및 평년비

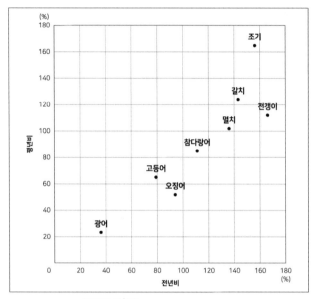

※ 1) 전년비(%) = $\dfrac{2020년\ 어획량}{2019년\ 어획량} \times 100$

2) 평년비(%) = $\dfrac{2020년\ 어획량}{2011\sim2020년\ 연도별\ 어획량의\ 평균} \times 100$

〈보기〉

ㄱ. 8개 어종 중 2019년 어획량이 가장 많은 어종은 고등어이다.

ㄴ. 8개 어종 각각의 2019년 어획량은 해당 어종의 2011~2020년 연도별 어획량의 평균보다 적다.

ㄷ. 2021년 갈치 어획량이 2020년과 동일하다면, 갈치의 2011~2021년 연도별 어획량의 평균은 2011~2020년 연도별 어획량의 평균보다 크다.

① ㄱ

② ㄴ

③ ㄱ, ㄷ

④ ㄴ, ㄷ

⑤ ㄱ, ㄴ, ㄷ

21. 다음 <재난관리 평가지침>과 <상황>을 근거로 판단할 때 옳은 것은?

NH농협은행

─────〈재난관리 평가지침〉─────

□ 순위산정 기준
  ○ 최종순위 결정
    − 정량평가 점수(80점)와 정성평가 점수(20점)의 합으로 계산된 최종점수가 높은 순서대로 순위 결정
  ○ 동점기관 처리
    − 최종점수가 동점일 경우에는 정성평가 점수가 높은 순서대로 순위 결정
□ 정성평가 기준
  ○ 지자체 및 민간분야와의 재난안전분야 협력(10점 만점)

평가	상	중	하
선정비율	20%	60%	20%
배점	10점	6점	3점

  ○ 재난관리에 대한 종합평가(10점 만점)

평가	상	중	하
선정비율	20%	60%	20%
배점	10점	5점	1점

─────〈상황〉─────

일부 훼손된 평가표는 아래와 같다. (단, 평가대상기관은 5개이다.)

기관 ＼ 평가	정량평가 (80점 만점)	정성평가 (20점 만점)
A	71	20
B	80	11
C	69	11
D	74	
E	66	

① A기관이 2위일 수도 있다.

② B기관이 3위일 수도 있다.

③ C기관이 4위일 가능성은 없다.

④ D기관이 3위일 가능성은 없다.

⑤ E기관은 어떠한 경우에도 5위일 것이다.

22. 다음 글과 <상황>을 근거로 판단할 때, 甲, 乙, 丙의 자동차 번호 끝자리 숫자의 합으로 가능한 최댓값은?

NH농협은행

○ A사는 자동차 요일제를 시행하고 있으며, 각 요일별로 운행할 수 없는 자동차 번호 끝자리 숫자는 아래와 같다.

요일	월	화	수	목	금
숫자	1, 2	3, 4	5, 6	7, 8	9, 0

○ 미세먼지 비상저감조치가 시행될 경우 A사는 자동차 요일제가 아닌 차량 홀짝제를 시행한다. 차량 홀짝제를 시행하는 날에는 시행일이 홀수이면 자동차 번호 끝자리 숫자가 홀수인 차량만 운행할 수 있고, 시행일이 짝수이면 자동차 번호 끝자리 숫자가 홀수가 아닌 차량만 운행할 수 있다.

─────〈상황〉─────

A사의 직원인 甲, 乙, 丙은 12일(월)부터 16일(금)까지 5일 모두 출근했고, 12일, 13일, 14일에는 미세먼지 비상저감조치가 시행되었다. 자동차 요일제와 차량 홀짝제로 인해 자동차를 운행할 수 없는 경우를 제외하면, 3명 모두 자신이 소유한 자동차로 출근을 했다. 다음은 甲, 乙, 丙이 16일에 출근한 후 나눈 대화이다.

○ 甲: 나는 12일에 내 자동차로 출근을 했어. 따져보니 이번 주에 총 4일이나 내 자동차로 출근했어.

○ 乙: 저는 이번 주에 이틀만 제 자동차로 출근했어요.

○ 丙: 나는 이번 주엔 13일, 15일, 16일만 내 자동차로 출근할 수 있었어.

※ 甲, 乙, 丙은 자동차를 각각 1대씩 소유하고 있다.

① 14

② 16

③ 18

④ 20

⑤ 22

23. 다음 글과 <대화>를 근거로 판단할 때, ㉠에 들어갈 丙의 대화 내용으로 옳은 것은?

하나은행

> 주무관 丁은 다음과 같은 사실을 알고 있다.
> ○ 이번 주 개업한 A식당은 평일 '점심(12시)'과 '저녁(18시)'으로만 구분해 운영되며, 해당 시각 이전에 예약할 수 있다.
> ○ 주무관 甲~丙은 A식당에 이번 주 월요일부터 수요일까지 서로 겹치지 않게 예약하고 각자 한 번씩 다녀왔다.

――――― <대화> ―――――

甲: 나는 이번 주 乙의 방문후기를 보고 예약했어. 음식이 정말 훌륭하더라!

乙: 그렇지? 나도 나중에 들었는데 丙은 점심 할인도 받았대. 나도 다음에는 점심에 가야겠어.

丙: 월요일은 개업일이라 사람이 많을 것 같아서 피했어.
　　　　　　　　　㉠

丁: 너희 모두의 말을 다 들어보니, 각자 식당에 언제 갔는지를 정확하게 알겠다!

① 乙이 다녀온 바로 다음날 점심을 먹었지.

② 甲이 먼저 점심 할인을 받고 나에게 알려준 거야.

③ 甲이 우리 중 가장 늦게 갔었구나.

④ 월요일에 갔던 사람은 아무도 없구나.

⑤ 같이 가려고 했더니 이미 다들 먼저 다녀왔더군.

24. 다음 <상황>을 근거로 판단할 때, <보기>에서 옳은 것만을 모두 고르면?

신한은행

――――― <상황> ―――――

> ○ A위원회는 12명의 위원으로 구성되며, 위원 중에서 위원장을 선출한다.
> ○ 12명의 위원은 자신을 제외한 11명 중 서로 다른 2명에게 1표씩 투표하여 최다 득표자를 위원장으로 결정한다.
> ○ 최다 득표자가 여러 명인 경우 추첨을 통해 이들 중 1명을 위원장으로 결정한다.

※ 기권 및 무효표는 없다.

――――― <보기> ―――――

ㄱ. 득표자 중 5표를 얻은 위원이 존재하고 추첨을 통해 위원장이 결정되었다면, 득표자는 3명 이하이다.

ㄴ. 득표자가 총 3명이고 그 중 1명이 7표를 얻었다면, 위원장을 추첨으로 결정하지 않아도 된다.

ㄷ. 득표자 중 최다 득표자가 8표를 얻었고 추첨 없이 위원장이 결정되었다면, 득표자는 4명 이상이다.

① ㄴ
② ㄷ
③ ㄱ, ㄴ
④ ㄱ, ㄷ
⑤ ㄴ, ㄷ

25. 다음 글과 <평가 결과>를 근거로 판단할 때, <보기>에서 옳은 것만을 모두 고르면?

국민은행

X국에서는 현재 정부 재정지원을 받고 있는 복지시설(A~D)을 대상으로 다섯 가지 항목(환경개선, 복지관리, 복지지원, 복지성과, 중장기 발전계획)에 대한 종합적인 평가를 진행하였다.

평가점수의 총점은 각 평가항목에 대해 해당 시설이 받은 점수와 해당 평가항목별 가중치를 곱한 것을 합산하여 구하고, 총점 90점 이상은 1등급, 80점 이상 90점 미만은 2등급, 70점 이상 80점 미만은 3등급, 70점 미만은 4등급으로 한다.

평가 결과, 1등급 시설은 특별한 조치를 취하지 않으며, 2등급 시설은 관리 정원의 5%를, 3등급 이하 시설은 관리 정원의 10%를 감축해야 하고, 4등급을 받으면 정부의 재정지원도 받을 수 없다.

〈평가 결과〉

평가항목 (가중치)	A시설	B시설	C시설	D시설
환경개선 (0.2)	90	90	80	90
복지관리 (0.2)	95	70	65	70
복지지원 (0.2)	95	70	55	80
복지성과 (0.2)	95	70	60	60
중장기 발전계획 (0.2)	90	95	50	65

〈보기〉

ㄱ. A시설은 관리 정원을 감축하지 않아도 된다.

ㄴ. B시설은 관리 정원을 감축해야 하나 정부의 재정지원은 받을 수 있다.

ㄷ. 만약 평가항목에서 환경개선의 가중치를 0.3으로, 복지성과의 가중치를 0.1로 바꾼다면 C시설은 정부의 재정지원을 받을 수 있다.

ㄹ. D시설은 관리 정원을 감축해야 하고 정부의 재정지원도 받을 수 없다.

① ㄱ, ㄴ

② ㄴ, ㄹ

③ ㄷ, ㄹ

④ ㄱ, ㄴ, ㄷ

⑤ ㄱ, ㄷ, ㄹ

26. 다음 글과 <상황>을 근거로 판단할 때, <보기>에서 옳은 것만을 모두 고르면?

국민은행

K대학교 교과목 성적 평정(학점)은 총점을 기준으로 상위 점수부터 하위 점수까지 A^+, A^0, B^+~F 순으로 한다. 각 등급별 비율은 아래 〈성적 평정 기준표〉를 따르되, 상위 등급의 비율을 최대 기준보다 낮게 배정할 경우에는 잔여 비율을 하위 등급 비율에 가산하여 배정할 수 있다. 예컨대 A등급 배정 비율은 10~30%이나, 만일 25%로 배정한 경우에는 잔여 비율인 5%를 하위 등급 하나에 배정하거나 여러 하위 등급에 나누어 배정할 수 있다. 한편 A, B, C, D 각 등급 내에서 +와 0의 비율은 교수 재량으로 정할 수 있다.

〈성적 평정 기준표〉

등급	A		B		C		D		F
학점	A^+	A^0	B^+	B^0	C^+	C^0	D^+	D^0	
비율 (%)	10~30		20~35		20~40		0~40		0~40

※ 평정대상 총원 중 해당 등급 인원 비율

〈상황〉

〈△△교과목 성적 산출 자료〉

성명	총점	순위	성명	총점	순위
양다경	99	1	양대원	74	11
이지후	97	2	권치원	72	12
이태연	93	3	김도윤	68	13
남소연	89	4	권세연	66	14
김윤채	86	5	남원중	65	15
엄선민	84	6	권수진	64	16
이태근	79	7	양호정	61	17
김경민	78	8	정호채	59	18
이연후	77	9	이신영	57	19
엄주용	75	10	전희연	57	19

※ 평정대상은 총 20명임.

〈보기〉

ㄱ. 평정대상 전원에게 C^+ 이상의 학점을 부여할 수 있다.

ㄴ. 79점을 받은 학생이 받을 수 있는 가장 낮은 학점은 B^0이다.

ㄷ. 5명에게 A등급을 부여하면, 최대 8명의 학생에게 B^+ 학점을 부여할 수 있다.

ㄹ. 59점을 받은 학생에게 부여할 수 있는 학점은 C^+, C^0, D^+, D^0, F 중 하나이다.

① ㄱ, ㄴ

② ㄱ, ㄹ

③ ㄷ, ㄹ

④ ㄱ, ㄷ, ㄹ

⑤ ㄴ, ㄷ, ㄹ

27. 다음 글을 근거로 판단할 때, <사례>에서 甲이 乙에게 지급을 청구하여 받을 수 있는 최대 손해배상액은?

국민은행, 신한은행

채무자가 고의 또는 과실로 인하여 채무의 내용에 따른 이행을 하지 않으면 채권자는 채무자에게 손해배상을 청구할 수 있다. 채권자가 채무불이행을 이유로 채무자로부터 손해배상을 받으려면 손해의 발생사실과 손해액을 증명하여야 하는데, 증명의 어려움을 해소하기 위해 손해배상액을 예정하는 경우가 있다.

손해배상액의 예정은 장래의 채무불이행 시 지급해야 할 손해배상액을 사전에 정하는 약정을 말한다. 채권자와 채무자 사이에 손해배상액의 예정이 있으면 채권자는 실손해액과 상관없이 예정된 배상액을 청구할 수 있지만, 실손해액이 예정액을 초과하더라도 그 초과액을 배상받을 수 없다. 그리고 손해배상액을 예정한 사유가 아닌 다른 사유로 발생한 손해에 대해서는 손해배상액 예정의 효력이 미치지 않는다. 따라서 이로 인한 손해를 배상받으려면 별도로 손해의 발생사실과 손해액을 증명해야 한다.

─────〈사례〉─────

甲과 乙은 다음과 같은 공사도급계약을 체결하였다.

○ 계약당사자: 甲(X건물 소유주)/乙(건축업자)
○ 계약내용: X건물의 리모델링
○ 공사대금: 1억 원
○ 공사기간: 2015. 10. 1.~2016. 3. 31.
○ 손해배상액의 예정: 공사기간 내에 X건물의 리모델링을 완료하지 못할 경우, 지연기간 1일당 위 공사대금의 0.1%를 乙이 甲에게 지급

그런데 乙의 과실로 인해 X건물 리모델링의 완료가 30일이 지연되었고, 이로 인해 甲은 500만 원의 손해를 입었다. 또한 乙이 고의로 불량자재를 사용하여 부실공사가 이루어졌고, 이로 인해 甲은 1,000만 원의 손해를 입었다. 甲은 각각의 손해발생사실과 손해액을 증명하여 乙에게 손해배상을 청구하였다.

① 500만 원
② 800만 원
③ 1,300만 원
④ 1,500만 원
⑤ 1,800만 원

28. 다음 A국의 규정을 근거로 판단할 때 옳은 것은?

NH농협은행

제00조 ① 법령 등을 제정·개정 또는 폐지(이하 "입법"이라 한다)하려는 경우에는 해당 입법안을 마련한 행정청은 이를 예고하여야 한다. 다만, 다음 각 호의 어느 하나에 해당하는 경우에는 예고를 하지 아니할 수 있다.
1. 신속한 국민의 권리 보호 또는 예측 곤란한 특별한 사정의 발생 등으로 입법이 긴급을 요하는 경우
2. 상위 법령 등의 단순한 집행을 위한 경우
3. 예고함이 공공의 안전 또는 복리를 현저히 해칠 우려가 있는 경우
② 법제처장은 입법예고를 하지 아니한 법령안의 심사 요청을 받은 경우에 입법예고를 하는 것이 적당하다고 판단할 때에는 해당 행정청에 입법예고를 권고하거나 직접 예고할 수 있다.
제00조 ① 행정청은 입법안의 취지, 주요 내용 또는 전문(全文)을 관보·공보나 인터넷·신문·방송 등을 통하여 널리 공고하여야 한다.
② 행정청은 입법예고를 할 때에 입법안과 관련이 있다고 인정되는 중앙행정기관, 지방자치단체, 그 밖의 단체 등이 예고사항을 알 수 있도록 예고사항을 통지하거나 그 밖의 방법으로 알려야 한다.
③ 행정청은 예고된 입법안의 전문에 대한 열람 또는 복사를 요청받았을 때에는 특별한 사유가 없으면 그 요청에 따라야 하며, 복사에 드는 비용을 복사를 요청한 자에게 부담시킬 수 있다.

① 행정청은 신속한 국민의 권리 보호를 위해 입법이 긴급을 요하는 경우 입법예고를 하지 않을 수 있다.
② 행정청은 예고된 입법안 전문에 대한 복사 요청을 받은 경우 복사에 드는 비용을 부담하여야만 한다.
③ 행정청은 법령의 단순한 집행을 위해 그 하위 법령을 개정하는 경우 입법예고를 하여야만 한다.
④ 법제처장은 입법예고를 하지 않은 법령안의 심사를 요청받은 경우 그 법령안의 입법예고를 직접 할 수 없다.
⑤ 행정청은 법령을 폐지하는 경우 입법예고를 하지 않는다.

29. 다음 글을 근거로 판단할 때, <보기>에서 옳은 것만을 모두 고르면?

국민은행

엘로 평점 시스템(Elo Rating System)은 체스 등 일대일 방식의 종목에서 선수들의 실력을 표현하는 방법으로 물리학자 아르파드 엘로(Arpad Elo)가 고안했다.

임의의 두 선수 X, Y의 엘로 점수를 각각 E_X, E_Y라 하고 X가 Y에게 승리할 확률을 P_{XY}, Y가 X에게 승리할 확률을 P_{YX}라고 하면, 각 선수가 승리할 확률은 다음 식과 같이 계산된다. 무승부는 고려하지 않으므로 두 선수가 승리할 확률의 합은 항상 1이 된다.

$$P_{XY} = \frac{1}{1+10^{-(E_X-E_Y)/400}}$$

$$P_{YX} = \frac{1}{1+10^{-(E_Y-E_X)/400}}$$

두 선수의 엘로 점수가 같다면, 각 선수가 승리할 확률은 0.5로 같다. 만약 한 선수가 다른 선수보다 엘로 점수가 200점 높다면, 그 선수가 승리할 확률은 약 0.76이 된다.

경기 결과에 따라 각 선수의 엘로 점수는 변화한다. 경기에서 승리한 선수는 그 경기에서 패배할 확률에 K를 곱한 만큼 점수를 얻고, 경기에서 패배한 선수는 그 경기에서 승리할 확률에 K를 곱한 만큼 점수를 잃는다(K는 상수로, 보통 32를 사용한다). 승리할 확률이 높은 경기보다 승리할 확률이 낮은 경기에서 승리했을 경우 더 많은 점수를 얻는다.

─────〈보기〉─────

ㄱ. 경기에서 승리한 선수가 얻는 엘로 점수와 그 경기에서 패배한 선수가 잃는 엘로 점수는 다를 수 있다.

ㄴ. K=32라면, 한 경기에서 아무리 강한 상대에게 승리 해도 얻을 수 있는 엘로 점수는 32점 이하이다.

ㄷ. A가 B에게 패배할 확률이 0.1이라면, A와 B의 엘로 점수 차이는 400점 이상이다.

ㄹ. A가 B에게 승리할 확률이 0.8, B가 C에게 승리할 확률이 0.8이라면, A가 C에게 승리할 확률은 0.9 이상이다.

① ㄱ, ㄴ

② ㄴ, ㄹ

③ ㄱ, ㄴ, ㄷ

④ ㄱ, ㄷ, ㄹ

⑤ ㄴ, ㄷ, ㄹ

30. 다음 글을 근거로 판단할 때 옳은 것은?

NH농협은행

아파트를 분양받을 경우 전용면적, 공용면적, 공급면적, 계약면적, 서비스면적이라는 용어를 자주 접하게 된다.

전용면적은 아파트의 방이나 거실, 주방, 화장실 등을 모두 포함한 면적으로, 개별 세대 현관문 안쪽의 전용 생활공간을 말한다. 다만 발코니 면적은 전용면적에서 제외된다.

공용면적은 주거공용면적과 기타공용면적으로 나뉜다. 주거공용면적은 세대가 거주를 위하여 공유하는 면적으로 세대가 속한 건물의 공용계단, 공용복도 등의 면적을 더한 것을 말한다. 기타공용면적은 주거공용면적을 제외한 지하층, 관리사무소, 노인정 등의 면적을 더한 것이다.

공급면적은 통상적으로 분양에 사용되는 용어로 전용 면적과 주거공용면적을 더한 것이다. 계약면적은 공급면적과 기타공용면적을 더한 것이다. 서비스면적은 발코니 같은 공간의 면적으로 전용면적과 공용면적에서 제외된다.

① 발코니 면적은 계약면적에 포함된다.

② 관리사무소 면적은 공급면적에 포함된다.

③ 계약면적은 전용면적, 주거공용면적, 기타공용면적을 더한 것이다.

④ 공용계단과 공용복도의 면적은 공급면적에 포함되지 않는다.

⑤ 개별 세대 내 거실과 주방의 면적은 주거공용면적에 포함된다.

약점 보완 해설집 p.104

무료 바로 채점 및 성적 분석 서비스 바로 가기
QR코드를 이용해 모바일로 간편하게 채점하고 나의 실력이 어느 정도인지, 취약 부분이 어디인지 바로 파악해 보세요!

취업강의 1위, 해커스잡 **ejob.Hackers.com**

2024 최신판

해커스
PSAT 기출로 끝내는

금융 NCS
330제

초판 1쇄 발행 2024년 9월 13일

지은이	해커스 NCS 취업교육연구소
펴낸곳	㈜챔프스터디
펴낸이	챔프스터디 출판팀

주소	서울특별시 서초구 강남대로61길 23 ㈜챔프스터디
고객센터	02-537-5000
교재 관련 문의	publishing@hackers.com
	해커스잡 사이트(ejob.Hackers.com) 교재 Q&A 게시판
학원 강의 및 동영상강의	ejob.Hackers.com

ISBN	978-89-6965-501-1 (13320)
Serial Number	01-01-01

취업강의 1위,
해커스잡 ejob.Hackers.com
해커스잡

- 취업 전문 스타강사의 **본 교재 인강**(교재 내 할인쿠폰 수록)
- 시험 직전 최종 점검용 **PSAT형 NCS 온라인 모의고사**(교재 내 응시권 수록)
- 내 점수와 석차를 확인하는 **무료 바로 채점 및 성적 분석 서비스**

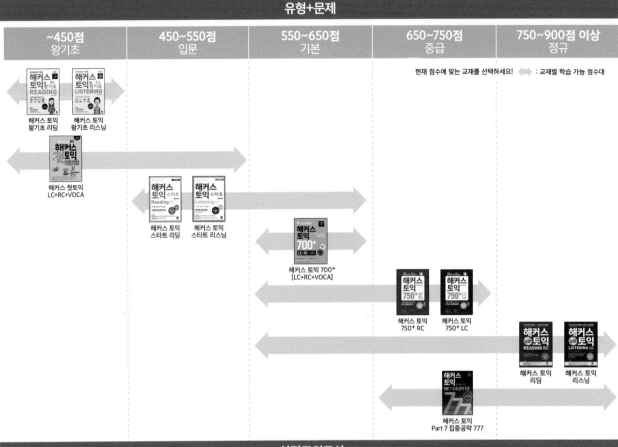

2024 최신판

해커스
PSAT 기출로 끝내는
금융 NCS
330제

약점 보완 해설집

해커스잡

해커스
PSAT 기출로 끝내는
금융 NCS
330제

약점 보완 해설집

해커스

유형공략 30제

유형 1 세부 내용 파악   p.25

01	02	03	04
①	③	③	④

01   정답 ①

실력 UP 문제 분석

출제 포인트
제시된 글에서 제시하지 않은 정보 찾기

주제
시장에서 최초진입기업이 얻을 수 있는 A효과와 후발진입기업이 얻을 수 있는 B효과

문단별 중심 내용

1문단	- A효과: 기업이 시장에 최초로 진입하여 무형 및 유형의 이익을 얻는 것 - B효과: 후발진입기업이 최초진입기업의 투자를 이용하여 성공적으로 시장에 안착하는 것
2문단	규모의 경제 측면에서 유리한 최초진입기업, 연구개발 투자 측면에서 유리한 후발진입기업
3문단	인지도 및 기술적 우위를 통해 후발주자의 시장 진출을 막을 때 극대화되는 A효과

기출 포인트
NH농협은행, IBK기업은행, 국민은행, 신한은행 등 대부분의 금융 NCS에서 장문의 지문이 제시되고 제시된 지문의 내용에서 확인할 수 없는 정보를 찾는 문제를 출제한다. 핵심 키워드를 설정하고 이를 중심으로 선택지와 비교하며 문제를 풀이해야 한다.

정답 체크

두 번째 단락에서 최초진입기업의 경우 규모의 경제 효과를 얼마나 빠른 시일 내에 이룰 수 있는가가 성공의 핵심 조건인 반면 후발진입기업의 경우 절감된 비용을 마케팅에 효율적으로 투자하여 최초진입기업의 시장 점유율을 빠른 시일 내에 빼앗는 것이 성공의 핵심 조건임을 서술하고 있지만, 최초진입기업이 후발진입기업과 비교해 매년 더 많은 마케팅 비용을 사용한다는 것에 대해서는 다루고 있지 않으므로 적절하지 않은 내용이다.

오답 체크

② 두 번째 단락에서 후발진입기업의 모방 비용은 최초진입기업이 신제품 개발에 투자한 비용 대비 65% 정도라고 하였으므로 적절한 내용이다.

③ 첫 번째 단락에서 A효과란 기업이 시장에 최초로 진입하여 유·무형의 이익을 얻는 것이라고 하였고, 세 번째 단락에서 최초진입기업은 후발진입기업에 비해 인지도 측면에서 뛰어난 우위를 확보하여 강력한 진입 장벽을 구축할 수 있다고 하였으므로 적절한 내용이다.

④ 두 번째 단락에서 후발진입기업의 성공 핵심 조건은 연구개발 단계에서 절감된 비용을 마케팅 등에 효과적으로 투자하여 최초진입기업의 시장 점유율을 단기간에 확보하는 것이라고 하였으므로 적절한 내용이다.

⑤ 첫 번째 단락에서 B효과는 후발진입기업이 최초진입기업과 동등한 수준의 기술 및 제품을 보다 낮은 비용에 개발이 가능한 경우에만 얻을 수 있다고 하였으므로 적절한 내용이다.

02   정답 ③

실력 UP 문제 분석

출제 포인트
글에서 제시한 내용을 토대로 추론할 수 있는 내용 찾기

주제
산출물 생산과정에서 발생하는 사적 한계순생산가치와 사회적 한계순생산가치

핵심 내용 정리

생산과정	생산자가 어떤 자원을 투입물로 사용해서 제품 또는 서비스 등의 산출물을 만드는 과정
순생산가치	산출물의 가치-생산과정에서 소요된 모든 비용
한계 순생산가치	생산과정에서 투입물 1단위를 추가할 때 순생산가치의 증가분
사적 한계 순생산가치	생산과정에서 투입물 1단위를 추가할 때 기업에 직접 발생하는 순생산가치의 증가분
사회적 한계 순생산가치	사적 한계순생산가치-생산에 의해 부가적으로 발생하는 사회적 비용+편익

기출 포인트
NH농협은행, IBK기업은행, 국민은행, 신한은행 등 대부분의 금융 NCS에서 출제되는 유형의 문제이다. 지문 내에서 여러 개념이 제시되는 경우 각 개념의 정의와 특징을 정리하며 문제를 풀이해야 한다.

정답 체크

ㄱ. 두 번째 단락에서 사적 한계순생산가치는 한 기업이 생산과정에서 투입물 1단위를 추가할 때 기업에 직접 발생하는 순생산가치의 증가분이라고 한 점에서 사적 한계순생산가치의 크기가 사회에 발생시키는 부가적 편익과 상관성을 띠지 않는다는 것을 추론할 수 있으므로 적절한 내용이다.

ㄴ. 두 번째 단락에서 사회적 한계순생산가치란 한 기업이 투입물 1단위를 추가할 때 발생하는 사적 한계순생산가치에 그 생산에 의해 부가적으로 발생하는 사회적 비용을 빼고 편익을 더한 것이라고 하였으므로 적절한 내용이다.

오답 체크
ㄷ. 두 번째 단락에서 사회적 한계순생산가치란 한 기업이 투입물 1단위를 추가할 때 발생하는 사적 한계순생산가치에 그 생산에 의해 부가적으로 발생하는 사회적 비용을 빼고 편익을 더한 것이라고 한 점에서 사회에 부가적으로 발생하는 비용이 같더라도 그 편익은 다를 수 있어 사회적 한계순생산가치가 달라질 수 있다는 것을 추론할 수 있으므로 적절하지 않은 내용이다.

03
정답 ③

실력 UP 문제 분석

출제 포인트
제시된 지문의 내용을 토대로 선택지 내용을 판단하는 문제

주제
갑 부처 공공기관 개인정보 보호수준 평가

기출 포인트
NH농협은행, IBK기업은행, 국민은행, 신한은행 등 대부분의 금융 NCS에서 꾸준히 출제되는 유형의 문제이다. 정부 정책이나 공기업 관련 정책 등이 제시되고 지문과 표를 복합적으로 이해하여 문제를 풀이해야 한다.

정답 체크

ㄱ. ㉠과 ㉢의 등급이 다른 경우는 ㉠이 '상'일 때 ㉢이 '중', ㉠이 '상'일 때 ㉢이 '하', ㉠이 '중'일 때 ㉢이 '상', ㉠이 '중'일 때 ㉢이 '하', ㉠이 '하'일 때 ㉢이 '상', ㉠이 '하'일 때 ㉢이 '중'으로 6가지이며, 어떤 경우에도 A기관이 2024년에 우수기관 혹은 취약기관으로 지정되지 않으므로 적절한 내용이다.

ㄷ. 두 번째 단락에 따르면 취약기관으로 지정되기 위해서는 세 항목 모두 하 등급을 받거나 하 등급을 받은 항목의 수가 2년 연속 둘이어야 하므로 ㉠, ㉡, ㉢은 모두 '하'이며, 세 번째 단락에 따르면 우수기관으로 지정되기 위해서는 당해 연도와 전년도에 각각 둘 이상의 항목에서 상 등급을 받고 당해 연도에는 하 등급을 받은 항목이 없어야 하므로 ㉣, ㉤, ㉥은 모두 '상'이다. 따라서 2024년에 A기관은 취약기관으로 지정되었고 B기관은 우수기관으로 지정되었다면 ㉡과 ㉣은 같지 않으므로 적절한 내용이다.

오답 체크

ㄴ. 두 번째 단락에 따르면 평가 대상기관이 두 항목에서 하 등급을 받는 것만으로는 취약기관으로 지정되지 않으며 하 등급을 받은 항목의 수가 2년 연속 둘이라면 취약기관으로 지정된다. 따라서 ㉤과 ㉥이 모두 '하'여도 ㉣이 '상' 또는 '중'이라면 B기관은 2024년에 취약기관으로 지정되지 않으므로 적절하지 않은 내용이다.

04
정답 ④

실력 UP 문제 분석

출제 포인트
지문 내용 기반의 선택지 내용 추론

주제
갑국의 소매업자가 상품을 판매할 수 있는 유형 및 방법

기출 포인트
NH농협은행 NCS에서는 지문과 표가 혼합된 형태의 문제가 매년 꾸준히 출제된다. 선택지를 먼저 읽고 지문 및 표에서 제시하는 정보 중 필요한 내용만 선별하여 문제를 풀이해야 한다.

정답 체크

네 번째 단락에 따르면 고시 개정 이전에는 슈퍼마켓, 편의점 등을 운영하는 주류 소매업자는 대면 및 예약 주문 유형으로만 주류를 판매할 수 있었으며, <표>에 따르면 대면 및 예약 주문 유형의 상품 결제 방법은 영업장 방문이므로 고시 개정 이전에는 편의점을 운영하는 주류 소매업자는 주류 판매 대금을 온라인으로 결제 받을 수 없었음을 추론할 수 있다.

오답 체크

① 두 번째 단락에 따르면 고시 개정 이전에는 음식업자가 주문 받은 배달 음식과 함께 소량의 주류를 배달하는 경우에 예외적으로 주류의 완전 비대면 판매가 가능했으며, 네 번째 단락에 따르면 고시 개정 이후에도 완전 비대면 판매는 이전처럼 예외적인 경우에만 허용되므로 고시 개정과 무관하게 음식업자는 주류만 완전 비대면으로 판매할 수 없음을 추론할 수 있다.

② 네 번째 단락에 따르면 고시 개정 이전에는 슈퍼마켓을 운영하는 주류 소매업자는 대면 및 예약 주문 유형으로만 주류를 판매할 수 있었으며, <표>에 따르면 주문 방법이 온라인에 해당하는 판매 유형은 예약 주문, 스마트 오더, 완전 비대면이므로 고시 개정 이전에도 슈퍼마켓을 운영하는 주류 소매업자는 온라인으로 주류 주문을 받을 수 있었음을 추론할 수 있다.

③ 두 번째 단락에 따르면 고시 개정 이전에는 예외적으로 주류의 완전 비대면 판매가 가능했으며, 네 번째 단락에 따르면 고시 개정 이후에도 완전 비대면 판매는 이전처럼 예외적인 경우에만 허용된다. <표>에 따르면 완전 비대면 유형으로 주류를 구매할 경우 소비자는 상품을 배송 받으므로 고시 개정과 무관하게 주류를 구매하는 소비자가 반드시 영업장을 방문하여 상품을 대면으로 수령해야 했던 것은 아님을 추론할 수 있다.

⑤ 두 번째 단락에 따르면 고시 개정 이전에는 전통주 제조자가 관할 세무서장의 사전 승인을 받은 경우 예외적으로 주류의 완전 비대면 판매가 가능했으며, 네 번째 단락에 따르면 고시 개정 이후에도 완전 비대면 판매는 이전처럼 예외적인 경우에만 허용된다. 이에 따라 고시 개정과 무관하게 전통주를 구매하는 소비자가 전통주 제조자의 영업장에 방문하여 주류를 구입할 수 없는 것은 아님을 추론할 수 있다.

유형 2 문맥 추론

p.31

01	02	03
①	①	④

01

정답 ①

실력 UP 문제 분석

출제 포인트
㉠과 ㉡에 들어갈 진술로 가장 적절한 것

주제
토지 문제의 시장화

핵심 내용 정리

A학파	토지 투자는 지가 상승이 투자를 조장하고 투자는 지가 상승을 더욱 부채질하는 악순환이 반복된다는 견해
B학파	토지도 다른 모든 종류의 상품과 마찬가지로 수요·공급의 법칙에 따라 시장이 자율적으로 조정하도록 맡겨 두면 된다는 견해

기출 포인트
대부분의 금융 NCS에서 글의 흐름을 파악하여 빈칸에 들어갈 내용을 찾는 문제를 출제한다. 제시된 글의 핵심 내용을 파악한 뒤 빈칸 앞뒤 내용을 파악하여 문맥상 빈칸에 들어갈 내용으로 적절한 것을 골라야 한다.

정답 체크

㉠ B학파에 따르면 모든 종류의 상품과 마찬가지로 토지 문제는 시장이 자율적으로 조정하도록 맡겨 두면 되고, 토지는 귀금속, 주식, 채권, 은행 예금만큼이나 좋은 투자 대상이므로 ㉠에 들어갈 진술로 '토지에 대한 투자는 상품 투자의 일종으로 이해된다.'가 가장 적절하다.

㉡ A학파에 따르면 상품 투자는 상품의 가격 상승, 공급 증가, 투자 억제로 이어지는 내재적 한계가 있다. 그러나 토지 투자의 경우에는 지가 상승이 투자를 조장하고 투자는 지가 상승을 더욱 부채질하는 악순환이 반복되므로 ㉡에 들어갈 진술로 '토지 공급은 한정되어 있으므로 토지 투자는 상품 투자의 경우와는 달리 제어장치가 없다.'가 가장 적절하다.

02

정답 ①

실력 UP 문제 분석

출제 포인트
을, 병, 정 각각이 주장하는 내용을 토대로 밑줄 친 내용 추론하기

주제
아동학대 피해자들을 위한 지방자치단체의 보호조치 대응체계

기출 포인트
여러 명이 각각의 주장을 펼치는 형태의 문제를 풀이할 때는 제시되는 사람들이 주장하는 바가 무엇인지 핵심 논지를 파악한 뒤 이를 선택지와 비교하며 핵심 논지를 뒷받침할 수 있는 내용인지 판별해야 한다.

정답 체크

ㄱ. 을은 보호조치를 기다리는 동안 또다시 학대를 받는 아동이 많을 것이라고 주장하고 있으므로 이를 뒷받침하기 위해서는 신고가 접수된 시점과 아동학대 판단 후 보호조치가 시행된 시점 사이에 아동학대가 재발한 사례의 수를 조사해야 하므로 적절한 내용이다.

오답 체크

ㄴ. 병은 당장은 직접적인 학대 정황이 포착되지 않아 아동학대로 판단되지 않았으나 실제로는 아동학대였던 경우가 많았을 것이라고 주장하고 있으므로 이를 뒷받침하기 위해서는 아동학대로 판단되지 않은 신고 사례 가운데 보호조치가 취해진 사례가 차지하는 비중을 조사해야 하므로 적절하지 않은 내용이다.

ㄷ. 정은 신고 자체가 어려운 경우가 보호조치가 취해질 가능성 또한 낮을 것이라고 주장하고 있으므로 이를 뒷받침하기 위해서는 아동학대 피해자 가운데 친인척과 동거하며 보호조치를 받지 못한 사례의 수를 조사해야 하므로 적절하지 않은 내용이다.

03

정답 ④

실력 UP 문제 분석

출제 포인트
제시된 대화문을 읽고 <안내문>을 수정한 내용으로 적절하지 않은 것 고르기

주제
A시 시민안전 보험 안내문 수정

기출 포인트
금융 NCS에서는 보험 관련 내용을 주제로 하는 문제의 출제 비중이 높은 편이다. 문서를 수정하는 문제의 경우 출제 비중이 높은 편은 아니지만, 기업별 시험에서 1문제 이상 출제되는 유형이다. 대화문에서 개개인이 말하고자 하는 바를 정리한 뒤 <안내문>에 적용하는 방식으로 문제 풀이를 해야 한다.

정답 체크

연락처 정보만으로는 부족할 수 있으므로 안내문에 보험금 청구에 필요한 대표적인 서류를 제시하면 좋겠다고 한 '무'의 발언이 있었으므로, 청구 방법을 '청구 절차 및 필요 서류는 B보험사 통합상담센터(Tel. 15××-××××)로 문의'로 수정하는 것은 적절하지 않다.

오답 체크

①은 '을'의 발언, ②는 '정'의 발언, ③은 '병'의 발언, ⑤는 '갑'의 발언을 반영하여 수정한 것이므로 적절하다.

01	02	03
⑤	②	③

01

정답 ⑤

실력 UP 문제 분석

출제 포인트

제시된 글의 화자가 말하고자 하는 결론 찾기

주제

불평등과 재분배 문제를 둘러싼 좌파와 우파의 갈등

문단별 중심 내용

1문단	좌파와 우파의 정치 갈등의 중심에 자리하는 불평등과 재분배의 문제에 관해 불일치하는 지점을 찾아 올바르게 분석해야 함
2문단	우파의 주장: 평등한 재분배를 위해 정부 개입의 규모는 크지 않아야 함
3문단	좌파의 주장: 평등한 재분배를 위해 강력한 정부 개입이 필요함
4문단	사회정의를 바라보는 시각의 차이가 아닌, 불평등의 원인 및 해소 방안을 다루는 사회경제 이론의 차이로 대립하게 된 좌파와 우파
5문단	국가가 사회 구성원 모두 평등권을 누리도록 보장해야 한다는 정의의 원칙을 공통적으로 받아들이는 좌파와 우파
6문단	불평등을 해결하기 위해 두 진영이 협력해야 하는 첫걸음 논의

기출 포인트

금융 NCS에서 매 시험 출제되는 유형의 문제이다. 두 가지 대상이 구분되어 제시되는 경우 각 대상의 공통점과 차이점을 정리하며 문제를 풀이해야 한다.

정답 체크

이 글은 좌파와 우파의 정치적 갈등의 중심에는 불평등과 재분배 문제가 자리하고 있으며 두 진영의 대립 원인은 사회경제 이론의 차이에서 비롯하고 있고, 오히려 사회정의 몇 가지 기본 원칙에 대해서는 합의하고 있으므로 두 진영이 협력하여 공동의 목표를 이루기 위해 서로 불일치하는 지점을 찾아 올바르고 정확하게 분석하고 이를 논증하고자 한다고 하였으므로 이 글의 결론으로 가장 적절한 것은 ⑤이다.

오답 체크

① 좌파와 우파의 문제점 개선 필요성에 대해서는 다루고 있지 않으므로 적절하지 않은 내용이다.

② 좌파와 우파의 정치 갈등 해결 의지에 대해서는 다루고 있지 않으므로 적절하지 않은 내용이다.

③ 좌파와 우파는 사회정의를 위한 몇 가지 기본 원칙에 대하여 합의하였으므로 적절하지 않은 내용이다.

④ 좌파와 우파는 불리한 형편에 놓인 사람들의 처지를 개선하는 등 분배 문제 해결에 국가가 앞장서야 한다는 데 동의한다고 서술하고 있지만, 글 전체를 포괄할 수 없으므로 적절하지 않은 내용이다.

02

정답 ②

실력 UP 문제 분석

출제 포인트

제시된 글의 내용을 강화/약화하는 내용 판단하기

주제

기술의 발전에 따른 풍요와 격차 중 무엇이 더 중요한가?

화자의 견해

(가)	기술의 발전은 경제적 풍요와 격차를 모두 가져온다.
(나)	기술의 발전에 따른 격차도 풍요에 기반하기 때문에 기술의 발전에 따른 풍요가 더 중요하다.
(다)	중산층들이 과거보다 경제적으로 더 취약해졌기 때문에 기술의 발전에 따른 격차가 더 중요하다.

기출 포인트

출제 비중이 높은 편은 아니지만, 최근 시험에서 출제된 유형이다. 특정 대상에 대한 여러 인물의 견해가 제시되는 글의 경우 각각의 주장과 근거, 사실과 견해를 파악하며 문제를 풀이해야 한다.

정답 체크

ㄴ. (나)에서 기술 발전에 따른 격차가 발생하는 것을 인정하지만 모든 사람의 경제적 삶이 나아지고 있기 때문에 모든 사람의 삶이 풍요로워지는 데 초점을 맞춰야 한다고 한 점에서 기술 발전이 전 세계의 가난한 사람들에게도 도움을 주며, 휴대전화 등의 혁신사례들이 모든 사람의 소득과 기타 행복 수준을 개선한다는 연구 결과는 (나)의 논지를 강화하므로 적절한 내용이다.

오답 체크

ㄱ. (가)에서 기술의 발전은 경제적 풍요뿐만 아니라 부, 소득, 생활 수준, 발전 기회 등에서의 격차를 모두 가져온다고 한 점에서 현재의 정보기술은 덜 숙련된 노동자보다 숙련된 노동자를 선호하고, 노동자보다 자본가에게 돌아가는 수익을 늘린다는 사실은 (가)의 논지를 강화하므로 적절하지 않은 내용이다.

ㄷ. (다)에서 기술 발전에 따른 격차로 인해 삶에서 중요한 항목에 필요한 비용의 증가율이 가계 소득의 증가율보다 훨씬 더 높아지고 있다고 한 점에서 기술 발전에 따른 경제적 풍요가 엄청나게 벌어진 격차를 보상할 만큼은 아님을 보여주는 자료는 (다)의 논지를 강화하므로 적절하지 않은 내용이다.

실력 UP 문제 분석

출제 포인트
갑, 을, 병 각 주장에 대한 평가 내용으로 적절한 것 고르기

주제
자살 행위가 공동체/사회에 끼치는 영향에 대한 주장

화자의 견해

갑	자살 행위는 공동체에 해악을 끼치므로 어떠한 경우에도 옳지 않은 행위이다.
을	자살 행위는 공동체에 해악을 끼치는 것이 아니라 사회에 선을 행하는 것을 멈추는 것일 뿐이며, 사회에서 완전히 물러난다면 그 의무를 지속할 필요도 없다.
병	자살일지라도 타인에게 해가 되지 않는다면 도덕적 비판의 대상이 될 수 없다.

정답 체크

ㄱ. 갑은 자살이 공동체에 해악을 끼치는 행위이기 때문에 어떠한 경우에도 옳지 않다고 하였고, 을은 자살이 사회에 해악을 끼친다고 볼 수 없으며 단지 선을 행하는 것을 멈추는 것일 뿐이라고 하였으므로 적절한 내용이다.

ㄴ. 을은 자살이 사회에 해악을 끼치지 않는다고 하였고, 병은 타인에게 해악을 주는 행위만이 도덕적 비판의 대상이 된다고 하였으므로 적절한 내용이다.

오답 체크

ㄷ. 갑은 어떠한 경우에도 자살은 옳지 않은 행위라고 하였고, 병은 타인에게 해를 끼치지 않는 한 인간은 자신이 원하는 것은 그것이 자살일지라도 행할 수 있다고 하였으므로 적절하지 않은 내용이다.

유형 1 자료이해
p.41

01	02	03	04
②	④	④	①

01
정답 ②

실력 UP 문제 분석

출제 포인트
증감 추이, 비중, 증가율

소재
양식 품목별 면허어업 건수

기출 포인트
NH농협은행, IBK기업은행, 국민은행 등 대부분의 금융 NCS에서는 비중, 증감률, 증감 추이 등을 묻는 문제가 비중 높게 출제되므로 관련 이론 및 공식을 정확하게 숙지하고 문제를 풀이해야 한다.

정답 체크
'굴'과 '새고막'의 면허어업 건수 합과 전체의 50% 값을 계산하면 다음과 같다.

구분	'굴'과 '새고막'의 면허어업 건수 합	전체의 50%
2019	1,292 + 1,076 = 2,368	4,521 × 0.5 = 2,260.5
2020	1,314 + 1,093 = 2,407	4,751 × 0.5 = 2,375.5
2021	1,317 + 1,096 = 2,413	4,740 × 0.5 = 2,370
2022	1,293 + 1,115 = 2,408	4,752 × 0.5 = 2,376
2023	1,277 + 1,121 = 2,398	4,453 × 0.5 = 2,226.5

따라서 '굴'과 '새고막'의 면허어업 건수 합은 매년 전체의 50% 이상이므로 옳은 설명이다.

오답 체크
① 2023년 '김' 면허어업 건수는 전년 대비 감소하였으므로 옳지 않은 설명이다.
③ '바지락' 면허어업 건수의 전년 대비 증가율은 2020년에 {(587 − 570) / 570} × 100 ≒ 3.0%, 2022년에 {(582 − 576) / 576} × 100 ≒ 1.0%로 2020년이 2022년보다 높으므로 옳지 않은 설명이다.
④ '미역' 면허어업 건수는 2020년에 920건, 2023년에 678건으로 2023년이 2020년보다 적으므로 옳지 않은 설명이다.
⑤ 2023년에 면허어업 건수가 전년 대비 증가한 양식 품목은 '새고막' 1개이므로 옳지 않은 설명이다.

⏱ 빠른 문제 풀이 Tip
③ 증가율의 분자에 해당하는 '바지락' 면허어업 건수의 전년 대비 증가량은 2020년에 17건, 2022년에 6건으로 2020년에 더 크고, 분모에 해당하는 전년도 '바지락' 면허어업 건수는 2019년에 570건, 2021년에 576건으로 2019년에 더 작으므로 증가율은 2020년이 2022년보다 높음을 알 수 있다.

02
정답 ④

실력 UP 문제 분석

출제 포인트
비율

소재
운전면허 종류별 응시자 및 합격자 수, 합격률

기출 포인트
NH농협은행, 국민은행 등 대부분의 금융 NCS에서는 실업률 등 비율 관련 소재의 자료가 출제된다. 비율 관련 공식을 숙지하고, 정확한 계산 없이 대소 비교가 가능하도록 다양한 문제를 풀이해야 한다.

정답 체크
1종 면허 남자 응시자 수는 29,507 − 1,316 = 28,191명, 2종 면허 남자 응시자 수는 25,047 + 1,753 + 1,339 = 28,139명으로 1종 면허 남자 응시자 수가 2종 면허 남자 응시자 수보다 많으므로 옳은 설명이다.

오답 체크
① 2종 면허 응시자 수는 28,139 + 14,330 = 42,469명, 1종 면허 응시자 수는 29,507명으로 2종 면허 응시자 수는 1종 면허 응시자 수의 42,469 / 29,507 ≒ 1.4배로 2배 미만이므로 옳지 않은 설명이다.
② 전체 합격률은 (44,012 / 71,976) × 100 ≒ 61.1%로 60% 이상이므로 옳지 않은 설명이다.
③ 1종 보통 면허 합격률은 (15,346 / 24,388) × 100 ≒ 62.9%로 2종 보통 면허 합격률인 (26,789 / 39,312) × 100 ≒ 66.9%보다 낮으므로 옳지 않은 설명이다.
⑤ 1종 대형 면허 여자 합격률은 (4 / 50) × 100 = 8%로 2종 소형 면허 여자 합격률인 (1 / 5) × 100 = 20%보다 낮으므로 옳지 않은 설명이다.

03
정답 ④

실력 UP 문제 분석

출제 포인트
각주 활용

소재
가맹점 수 기준 상위 5개 편의점 브랜드, 가맹점당 매출액 및 가맹점 면적당 매출액

기출 포인트
국민은행, 하나은행 등 대부분의 금융 NCS에서는 제시된 조건을 토대로 특정 항목을 계산하는 문제가 출제된다. 선택지에서 묻는 항목별 계산식을 정리한 후 개별 항목을 대략적으로 계산하여 풀이해야 한다.

정답 체크
ㄴ. 전체 가맹점 매출액 = 가맹점 수 × 가맹점당 매출액임을 적용하여 구하면, 가맹점당 매출액이 가장 큰 브랜드는 603,529천 원/개인 B이고, 가맹점 수가 B보다 많은 브랜드는 A로 A와 B의 전체 가맹점 매출액만 비교하면, A는 14,737 × 583,999 ≒ 8,606십억 원/개, B는 14,593 × 603,529 ≒ 8,807십억 원/개로 B가 더 크므로 옳은 설명이다.

ㄷ. 해당 브랜드 전체 가맹점 면적의 합 = 해당 브랜드 전체 가맹점 매출
액의 합 / 가맹점 면적당 매출액임을 적용하여 구하면, A가 (14,737
× 583,999) / 26,089 ≒ 330천m², B가 (14,593 × 603,529) / 32,543
≒ 271천m², C가 (10,294 × 465,042) / 25,483 ≒ 188천m², D가 (4,082
× 414,841) / 12,557 ≒ 135천m², E가 (787 × 559,684) / 15,448 ≒
29천m²로, E가 가장 작으므로 옳은 설명이다.

오답 체크

ㄱ. A~E의 전체 편의점 가맹점 수는 14,737 + 14,593 + 10,294 + 4,082
+ 787 = 44,493개이고, '갑'국의 전체 편의점 가맹점 수가 5만 개라면
나머지 편의점 가맹점 수는 50,000 − 44,493 = 5,507개이다. 이때
5순위 E의 가맹점 수가 787개로 이보다 적은 786개로 가정하면
5,507 / 786 ≒ 7,006개로 편의점 브랜드 수는 최소 5 + 8 = 13개이므
로 옳지 않은 설명이다.

04
정답 ①

실력 UP 문제 분석

출제 포인트
비중, 증가율, 증감 추이

소재
해외직접투자 규모와 최저개발국 직접투자 비중

기출 포인트
NH농협은행, 국민은행, KDB산업은행 등 대부분의 금융 NCS에서는 금
융 및 경제 관련 소재의 자료가 출제된다.

정답 체크

최저개발국직접투자규모 = 최저개발국직접투자비중 × 해외직접투자규모 /
100임을 적용하여 구하면, 최저개발국 직접투자 규모는 2023년에
1.7 × 76,446 / 100 ≒ 1,300백만 달러, 2015년에 2.8 × 31,205 / 100
≒ 874백만 달러로, 2023년이 2015년보다 크므로 옳은 설명이다.

오답 체크

② 최저개발국 직접투자 비중은 2021년에 1.9%, 2020년에 1.6%로 2021
년에 전년보다 증가하였으므로 옳지 않은 설명이다.

③ 2018년 최저개발국 직접투자 규모는 1.8 × 40,657 / 100 ≒ 732백만
달러 = 7.32억 달러로 10억 달러 미만이므로 옳지 않은 설명이다.

④ 2023년 해외직접투자 규모는 전년 대비 {(76,446 − 57,299)
/ 57,299} × 100 ≒ 33% 증가하였으므로 옳지 않은 설명이다.

⑤ 2017년에 해외직접투자 규모는 전년 대비 증가하였으나, 최저개발국
직접투자 비중은 전년 대비 감소하였으므로 옳지 않은 설명이다.

유형 2 자료계산
p.47

01	02	03	04
③	⑤	③	②

01
정답 ③

실력 UP 문제 분석

출제 포인트
가중치를 고려한 점수 계산

소재
홍보업체의 온라인 홍보매체 운영현황

기출 포인트
NH농협은행, IBK기업은행, 국민은행 등 대부분의 시중 은행 NCS에서
는 제시된 자료의 수치와 정보를 토대로 계산을 한 후, 대소 비교를 하여
항목을 찾는 문제가 출제된다.

정답 체크

홍보업체별 인지도를 계산하면 다음과 같다.

구분	미디어채널 구독자 수 × 0.4 (⊙)	SNS 팔로워 수 × 0.6 (ⓒ)	인지도 (⊙ + ⓒ)
A	36	30	66
B	72	0	72
C	20	48	68
D	32	36	68
E	40	24	64
F	24	27	51

공공정책 홍보경력이 있는 홍보업체 중 인지도가 가장 높은 곳은 C이고, 공공
정책 홍보경력이 없는 홍보업체 중 인지도가 가장 높은 곳은 B이다.
따라서 <선정방식>에 따른 홍보업체는 B, C이다.

02
정답 ⑤

실력 UP 문제 분석

출제 포인트
비용 계산

소재
어선별 감척지원금

기출 포인트
NH농협은행, IBK기업은행, 하나은행 등 대부분의 금융 NCS에서는 비
용을 계산하는 문제가 출제된다. 제시된 조건을 빠짐없이 고려하여 문
제를 풀이해야 한다.

정답 체크

어선별 감척지원금을 계산하면 다음과 같다.

· A: 170 + (60 × 3) + (6 × 5 × 6) = 530백만 원

· B: 350 + (80 × 3) + (8 × 5 × 6) = 830백만 원

· C: 200 + (150 × 3) + (10 × 5 × 6) = 950백만 원

· D: 50 + (40 × 3) + (3 × 5 × 6) = 260백만 원

따라서 A~D 중 산정된 감척지원금이 가장 많은 어선은 C이고, 가장 적은 어
선은 D이다.

03
정답 ③

실력 UP 문제 분석

출제 포인트

비율

소재

진료의사 1인당 진료환자 수

기출 포인트

대부분의 금융 NCS에서는 비율을 출제 포인트로 한 문제가 출제된다. 사칙연산을 정확하고 빠르게 할 수 있도록 연습이 필요하며, 비율은 빈출 개념이므로 이론 및 공식을 정확하게 숙지하고 풀이해야 한다.

정답 체크

4월 5일부터 4월 11일까지 진료의사 수는 총 143명이므로 4월 7일의 진료의사 수는 143 – (23 + 26 + 25 + 30 + 15 + 4) = 20명이다.
따라서 4월 7일의 진료의사 1인당 진료환자 수는 580 / 20 = 29명이다.

04
정답 ②

실력 UP 문제 분석

출제 포인트

비중

소재

주요 수입 농산물의 수입경로별 수입량

기출 포인트

NH농협은행, 국민은행, 하나은행 등 대부분의 금융 NCS에서는 각 은행과 관련된 소재의 문제가 출제된다. 시험 전 관련 기업의 사업을 숙지하는 것이 좋다.

정답 체크

농산물별 육로수입량 비중(%) = (농산물별 육로수입량 / 농산물별 수입량) × 100임을 적용하여 구하면 다음과 같다.

· 콩 = {2,593 / (2,593 + 105,340 + 246,117)} × 100 ≒ 0.7%
· 건고추 = {2,483 / (2,483 + 78,437 + 86,097)} × 100 ≒ 1.5%
· 땅콩 = {2,260 / (2,260 + 8,219 + 26,146)} × 100 ≒ 6.2%
· 참깨 = {2,024 / (2,024 + 12,986 + 76,812)} × 100 ≒ 2.2%
· 팥 = {2,020 / (2,020 + 7,102 + 42,418)} × 100 ≒ 3.9%

따라서 육로수입량 비중이 가장 큰 농산물은 땅콩이다.

유형 3 자료변환
p.51

01	02
①	⑤

01
정답 ①

실력 UP 문제 분석

출제 포인트

제시된 방송뉴스 내용을 표로 변환

소재

농촌경제 활성화, 농촌관광 방문객 수 및 매출액

기출 포인트

IBK기업은행, 국민은행 등의 NCS에서는 제시된 자료를 다른 형태의 자료로 변환하는 문제가 꾸준히 출제되고 있다. 선택지를 먼저 확인한 후 자료에서 관련 있는 항목의 값을 찾아 비교하며 풀이해야 한다.

정답 체크

· 매출액이 2019년에 12,320천 원, 2020년에 3,180천 원이라면 이는 2020년에 2019년 대비 {(12,320 – 3,180) / 12,320} × 100 ≒ 74.2% 감소한 것이므로 ②, ④는 소거한다.
· 매출액이 2019년에 96,932천 원, 2020년에 70,069천 원이라면 이는 2020년에 2019년 대비 {(96,932 – 70,069) / 96,932}} × 100 ≒ 27.7% 감소한 것이므로 ⑤는 소거한다.
· 남은 선지 ①, ③의 농촌체험마을 매출액은 2020년에 2019년과 비교해 {(12,280 – 3,030) / 12,280} × 100 ≒ 75.3% 줄어들었다. 농촌융복합사업장의 매출액이 2019년에 6,309천 원, 2020년에 1,290천 원이라면 이는 2020년에 2019년 대비 {(6,309 – 1,290) / 6,309} × 100 ≒ 79.6% 감소한 것이므로 ③은 소거한다.

따라서 <방송뉴스>의 내용과 부합하는 자료는 ①이다.

02
정답 ⑤

실력 UP 문제 분석

출제 포인트

제시된 표를 다양한 형태의 그래프로 변환

소재

양자기술 분야별 정부 R&D 투자금액

기출 포인트

제시된 자료를 다른 형태의 자료로 변환하는 문제의 경우 선택지에 제시된 그래프의 구성 항목을 먼저 파악한 후 자료에서 관련 있는 항목의 값을 찾아 대소 비교로 증감 추이를 유추할 수 있는지 확인하며 문제를 빠르게 푸는 연습을 해야 한다.

정답 체크

2018년 양자기술 분야별 투자금액은 양자컴퓨팅이 양자센서보다 작아 비중도 양자컴퓨팅이 양자센서보다 낮아야 하지만, 이 그래프에서는 양자컴퓨팅의 비중이 양자센서의 비중보다 높게 나타난다.
따라서 <표>를 이용하여 작성한 자료로 옳지 않은 것은 ⑤이다.

유형 1 세부 정보 파악

p.57

01	02	03
③	①	①

01

정답 ③

실력 UP 문제 분석

출제 포인트

제시된 지문의 내용을 근거로 선택지 내용 판단하기

주제

A국 부칭 작명 방법에 따른 이름의 의미

문단별 중심 내용

1문단	이름 뒤에 '부칭'이 오는 A국의 작명법
2문단	동일한 사회적 집단에서 이름과 부칭이 같을 경우 구분법
3문단	공식적인 자리에서의 호칭과 전화번호부 발행법

기출 포인트

여러 개의 문단이 제시되는 장문의 지문은 출제 비중이 높은 편이다. 문단별 핵심어를 중심으로 중심 내용을 빠르게 파악한 뒤 선택지의 세부 정보와 비교하는 방법을 통해 문제를 풀이해야 한다.

정답 체크

세 번째 단락에 따르면 A국에서는 부칭이 아닌 이름의 영어 알파벳 순서로 정렬하여 전화번호부를 발행한다. 피얄라르 욘손(Fjalar Jonsson)의 아버지의 이름은 욘(Jon)이며 토르 아이나르손(Thor Einarsson)의 이름은 토르(Thor)임에 따라 이름이 알파벳 순서상 앞에 있는 피얄라르 욘손의 아버지가 토르 아이나르손보다 전화번호부에 먼저 나오므로 옳은 설명이다.

오답 체크

① 두 번째 단락에 따르면 같은 사회적 집단에 속해 있는 사람끼리 이름과 부칭이 같으면 할아버지의 이름까지 써서 작명하기도 한다. 피얄라르 토르손 아이나르소나르(Fjalar Thorsson Einarssonar)로 불리는 사람의 경우 '아이나르의 아들인 토르의 아들인 피얄라르'를 의미함에 따라 할아버지의 이름이 아이나르(Einar)임은 알 수 있지만 할아버지의 부칭은 알 수 없으므로 옳지 않은 설명이다.

② 세 번째 단락에 따르면 A국 사람들은 공식적인 자리에서 이름을 부르거나 이름과 부칭을 함께 부르며, 부칭만으로 서로를 부르지는 않음에 따라 피얄라르 욘손(Fjalar Jonsson)은 공식적인 자리에서 피얄라르 또는 피얄라르 욘손으로 불림을 알 수 있으므로 옳지 않은 설명이다.

④ 첫 번째 단락에 따르면 부칭은 이름을 붙이는 대상자의 아버지 이름에 접미사를 붙여서 만드므로 스테파운(Stefan)의 아들 욘(Jon)의 부칭은 아버지의 이름 '스테파운' 뒤에 s와 손(son)을 붙인 '스테파운손(Stefansson)'이며, 손자 피얄라르(Fjalar)의 부칭은 아버지의 이름 '욘' 뒤에 s와 손(son)을 붙인 '욘손(Jonsson)'임에 따라 부칭이 같지 않음을 알 수 있으므로 옳지 않은 설명이다.

⑤ 첫 번째 단락에 따르면 부칭은 이름을 붙이는 대상자의 아버지 이름에 접미사를 붙여서 만들며, 아들의 경우 그 아버지의 이름 뒤에s와 손(son)을 붙이고, 딸의 경우 s와 도티르(dottir)를 붙인다. 욘 스테파운손(Jon Stefansson)의 아들의 부칭은 '욘손(Jonsson)'이며 욘 토르손(Jon Thorsson)의 딸의 부칭은 '욘스도티르(Jonsdottir)'임에 따라 동일한 부칭을 사용하지 않음을 알 수 있으므로 옳지 않은 설명이다.

02

정답 ①

실력 UP 문제 분석

출제 포인트

제시된 지문의 내용을 근거로 선택지 내용 판단하기

주제

자기조절력과 목표달성을 위해 필요한 두 가지 능력

문단별 중심 내용

1문단	목표 설정, 감정 조절, 자기 존중의 능력인 자기조절력
2문단	자기조절력의 하위 요소(1): 자기절제
3문단	자기조절력의 하위 요소(2): 목표달성

기출 포인트

금융 NCS에서는 경제, 경영 관련 소재 외에도 과학 관련 소재의 지문도 출제되는 경향이 있다. 생소한 용어가 출제되더라도 핵심어를 간단히 정리하는 방식을 통해 문제를 풀이하면 빠르게 정답 선택지를 찾아낼 수 있다.

정답 체크

첫 번째 단락에 따르면 자기조절을 하기 위해서는 도달하고 싶으나 아직 구현되지 않은 나의 미래 상태를 현재 나의 상태와 구별해 낼 수 있어야 함을 알 수 있으므로 옳은 설명이다.

오답 체크

② 세 번째 단락에 따르면 내측전전두피질과 배외측전전두피질 간의 기능적 연결성이 강할수록 목표를 위해 에너지를 집중하고 지속적인 노력을 쏟아 부을 수 있는 능력이 높아짐을 알 수 있으므로 옳지 않은 설명이다.

③ 두 번째 단락에 따르면 자기절제를 위해서는 일상적이고도 전형적인 혹은 자동적인 행동을 분명한 의도를 바탕으로 억제하는 능력이 필요함을 알 수 있으므로 옳지 않은 설명이다.

④ 세 번째 단락에 따르면 자기참조과정은 끊임없이 자신을 되돌아보며 현재 나의 상태를 알아차리는 과정임을 알 수 있으므로 옳지 않은 설명이다.

⑤ 첫 번째 단락에 따르면 자기절제는 자기조절력의 하위 요소임을 알 수 있으므로 옳지 않은 설명이다.

03

실력 UP 문제 분석

출제 포인트

제시된 문서의 내용을 토대로 선택지 내용 판단하기

소재

연구용역 계약사항

기출 포인트

세부 정보 파악 유형에서는 중문이나 장문의 글이 제시되기도 하지만, 이처럼 문서가 제시되기도 한다. 문서의 세부적인 사항을 파악하고 핵심 사항을 미리 체크해두면 선택지와 비교를 통해 빠르게 문제를 풀이할 수 있다.

정답 체크

ㄱ. 과업의 일반조건 두 번째 조건에 따르면 연구진은 용역완료 후에라도 발주기관이 연구결과와 관련된 자료를 요청할 경우에는 관련 자료를 성실히 제출해야 한다고 했다. 발주기관은 용역완료 후에도 연구결과와 관련된 자료를 요청할 수 있음을 알 수 있으므로 옳은 설명이다.

ㄴ. 과업수행 전체회의 및 보고에 따르면 착수보고 1회, 중간보고 2회, 최종보고 1회라고 했으므로 수시보고를 제외한 전체보고는 최소 1 + 2 + 1 = 4회이다. 또한 전체회의도 착수보고 전, 각 중간보고 전, 최종보고 전이라고 했으므로 최소 4회이다. 따라서 과업수행을 위한 전체회의 및 보고 횟수는 최소 4 + 4 = 8회임을 알 수 있으므로 옳은 설명이다.

오답 체크

ㄷ. 연구진 구성 및 관리에 따르면 연구진은 책임연구원, 공동연구원, 연구보조원으로 구성되고, 연구 수행기간 중 연구진은 구성원을 임의로 교체할 수 없다고 했으므로 연구보조원도 임의로 교체할 수 없음을 알 수 있으므로 옳지 않은 설명이다.

ㄹ. 과업의 일반조건 첫 번째 조건에 따르면 연구진은 연구과제의 시작부터 종료까지 과업과 관련된 제반 비용의 지출행위에 대해 책임을 지고 과업을 진행해야 한다고 했으므로 발주기관이 책임을 지지 않으므로 옳지 않은 설명이다.

유형 2 법·규정의 적용

p.61

01	02	03
⑤	①	②

01

정답 ⑤

실력 UP 문제 분석

출제 포인트

제시된 법조문의 내용을 근거로 내용 판단하기

소재

배아의 생성과 보존에 관한 법령

기출 포인트

금융 NCS에서는 법조문 혹은 규정 등이 지문으로 제시된다. 여러 개의 법조문이 나오는 경우에는 각각의 용어 파악에 주의하여야 한다.

정답 체크

세 번째 법조문 제1항에 따르면 난자 또는 정자의 기증자가 배아의 보존기간을 5년 미만으로 정한 경우에는 이를 보존기간으로 하고, 네 번째 법조문 제1호에 따르면 배아의 보존기간이 지난 잔여배아는 발생학적으로 원시선이 나타나기 전까지만 체외에서 피임기술의 개발을 위한 연구에 이용할 수 있으므로 옳은 설명이다.

오답 체크

① 두 번째 법조문 제3항에 따르면 누구든지 금전, 재산상의 이익 또는 그 밖의 반대급부를 조건으로 배아나 난자 또는 정자를 제공 또는 이용하거나 이를 유인하거나 알선해서는 안 되므로 옳지 않은 설명이다.

② 세 번째 법조문 제2항에 따르면 난자 또는 정자의 기증자가 항암치료를 받는 경우 그 기증자는 보존기간을 5년 이상으로 정할 수 있으므로 옳지 않은 설명이다.

③ 두 번째 법조문에 따르면 누구든지 임신 외의 목적으로 배아를 생성해서는 안 되므로 옳지 않은 설명이다.

④ 네 번째 법조문 제1항에 따르면 배아의 보존기간이 남은 잔여배아에 대해 원시선이 나타나기 전까지 체외에서 난임치료법 및 피임기술의 개발을 위한 연구로 이용할 수 있으므로 옳지 않은 설명이다.

02

정답 ①

실력 UP 문제 분석

출제 포인트

제시된 법조문의 내용을 근거로 상황 판단하기

소재

저작권 허용에 관한 법령

기출 포인트

법조문 기반으로 상황을 판단할 때는 임의로 법조문을 확대 해석하지 않고 있는 그대로의 조항을 상황에 적용하여야 한다.

정답 체크

ㄱ. 세 번째 법조문 제1항에서 누구든지 공표된 저작물을 저작권자의 허락없이 청각장애인을 위하여 한국수어로 변환할 수 있으며 이러한 한국 수어를 복제·배포·공연 또는 공중송신할 수 있다고 했으므로 학교도서관이 공표된 소설을 청각장애인을 위하여 한국수어로 변환하고 이 한국수어를 복제·공중송신하는 행위는 저작권자의 허락없이 허용되는 행위이다.

오답 체크

ㄴ. 세 번째 법조문 제2항에서 청각장애인을 위한 한국어수어통역센터는 영리를 목적으로 하지 아니하고 청각장애인의 이용에 제공하기 위하여, 공표된 저작물에 포함된 음성을 저작권자의 허락없이 자막 등 청각 장애인이 인지할 수 있는 방식으로 변환할 수 있다고 했으므로 한국어 수어통역센터가 영리를 목적으로 음성을 자막으로 변환하여 배포하는 행위는 저작권자의 허락없이 허용되지 않는 행위이다.

ㄷ. 두 번째 법조문 제2항에서 시각장애인을 위한 점자도서관은 영리를 목적으로 하지 아니하고 시각장애인의 이용에 제공하기 위하여, 공표된 어문저작물을 저작권자의 허락없이 녹음하여 복제하거나 디지털음성정보 기록방식으로 복제 · 배포 또는 전송할 수 있다고 했으나 각주에 따르면 어문저작물은 문자로 이루어진 저작물이므로 피아니스트의 연주 음악은 어문저작물이 아님을 알 수 있다. 따라서 점자도서관이 영리를 목적으로 하지 아니하고 시각장애인의 이용에 제공하기 위하여, 공표된 피아니스트의 연주 음악을 녹음하여 복제 · 전송하는 행위는 저작권자의 허락없이 허용되지 않는 행위이다.

03
정답 ②

실력 UP 문제 분석

출제 포인트
제시된 법조문의 내용을 근거로 상황 판단하기

소재
비밀 취급 인가에 관한 법령

기출 포인트
제시된 법조문에 표제가 없으므로 각 항에서 효과 부분을 키워드로 체크하고, 각 선택지에서는 서술어를 키워드로 체크한 후 관련된 조문과 서로 매칭해야 한다.

정답 체크

세 번째 법조문 제1항과 제2항에 따르면 I 급비밀 취급 인가권자는 대법원장, 대법관, 법원행정처장으로 한다고 했고, II급 및 III급비밀 취급 인가권자는 I 급비밀 취급 인가권자라고 했다. 이에 따라 법원행정처장은 I 급비밀, II급비밀, III급비밀 모두에 대해 취급 인가권을 가지므로 옳은 설명이다.

오답 체크

① 네 번째 법조문 제4항에 따르면 비밀 취급의 인가 및 해제와 인가 등급의 변경은 문서로 하여야 하며 직원의 인사기록사항에 이를 기록하여야 한다고 했으므로 옳지 않은 설명이다.
③ 네 번째 법조문 제2항에 따르면 비밀 취급의 인가는 대상자의 직책에 따라 필요한 최소한의 인원으로 제한하여야 한다고 했으므로 옳지 않은 설명이다.
④ 네 번째 법조문 제3항 제1호에 따르면 비밀 취급 인가를 받은 자가 고의 또는 중대한 과실로 중대한 보안 사고를 범한 때에는 그 취급의 인가를 해제하여야 한다고 했으므로 옳지 않은 설명이다.
⑤ 마지막 법조문 제2항에 따르면 비밀 취급 인가권자는 소속직원의 인사기록카드에 기록된 비밀 취급의 인가 및 해제사유와 임용시의 신원조사회보서에 의하여 새로 신원조사를 행하지 아니하고 비밀 취급을 인가할 수 있으나 I 급비밀 취급을 인가하는 때에는 새로 신원조사를 실시하여야 함을 알 수 있다. 따라서 비밀 취급 인가권자는 소속직원에 대해 새로 신원조사를 행하지 아니하고 I 급비밀 취급을 인가할 수 없으므로 옳지 않은 설명이다.

유형 3 규칙 적용
p.65

01	02
④	④

01
정답 ④

실력 UP 문제 분석

출제 포인트
제시된 상황을 근거로 결론 도출하기

소재
인쇄 규칙에 따라 문서 A~D를 인쇄할 때 필요한 A4용지 장수

기출 포인트
각각의 규칙에서 핵심 내용을 정리한 뒤 문제를 풀이해야 한다. 간단한 계산식이 제시되는 편이지만, 실수하지 않도록 차분히 계산식을 풀이해야 한다.

정답 체크

<인쇄 규칙>에 따라 문서 A~D를 인쇄할 때 필요한 A4용지 장수는 다음과 같다.

A는 중요도 '상'에 해당하는 보도자료임에 따라 A4용지 한 면에 1쪽씩 인쇄되므로 2/1 = 2장이 필요하다. B는 중요도 '중'에 해당하는 보도자료임에 따라 A4용지 한 면에 2쪽씩 인쇄되므로 34/2 = 17장이 필요하다. C는 중요도 '하'에 해당하는 보도자료임에 따라 A4용지 양면에 2쪽씩 인쇄되므로 5/4≒2장이 필요하다. D는 중요도 '상'에 해당하는 설명자료임에 따라 A4용지 한 면에 2쪽씩 인쇄되므로 3/2≒2장이 필요하다.

따라서 인쇄에 필요한 A4용지의 장수는 총 2 + 17 + 2 + 2 = 23장이다.

02
정답 ④

실력 UP 문제 분석

출제 포인트
제시된 상황을 근거로 결론 도출하기

소재
2024년 예술단체 지원사업 예산 배정

기출 포인트
금융 NCS에서는 규칙을 적용하여 비용을 계산하는 문제의 출제 비중이 높은 편이다. 개별 항목에 대해 규칙을 적용하여 계산을 진행한다. 이후 계산 결괏값을 비교하여 정답이 되는 항목을 빠르게 찾아내야 한다.

정답 체크

A단체는 2023년도 기준 인원이 30명 이상이며 운영비가 1억 원 이상이므로 예술단체 지원사업 대상에 해당하지 않는다. 또한, 예술단체 지원사업 예산은 2023년 기준 인원이 많은 단체부터 순차적으로 지급하므로 D단체, B단체, C단체 순으로 지급하며, 사업 분야별 배정액 산정 기준에 따른 배정액은 다음과 같다.

구분	산정 배정액	실제 배정액
D단체	0.8 × 0.5 + 5.0 × 0.2 = 1.4억 원	1.4억 원
B단체	2.0 × 0.5 + 4.0 × 0.2 = 1.8억 원	1.8억 원
C단체	3.0 × 0.2 + 3.0 × 0.5 = 2.1억 원	0.8억 원

2024년도 예술단체 지원사업 예산 총 4억 원이며, D단체와 B단체가 지급받을 금액은 1.4 + 1.8 = 3.2억 원이다. C단체의 산정 배정액은 2.1억 원이지만 예산 부족으로 산정된 금액 전부를 지급받을 수 없으므로 예산 잔액인 4.0 - 3.2 = 0.8억 원을 지급받는다.

따라서 가장 많은 액수를 지급받을 예술단체는 B 단체로 배정액은 1.8억 원 = 1억 8,000만 원이다.

유형 4 논리퍼즐

p.67

01	02
③	③

01

정답 ③

실력 UP 문제 분석

출제 포인트

제시된 토대로 참인 명제 판단하기

소재

A부서 프로젝트에 대한 주무관 5인의 참여 여부

기출 포인트

출제 비중이 높지는 않지만, 금융 NCS 매 시험에서 출제되는 유형의 문제이다. 명제 문제에서는 명제와 명제의 대우만 참이라는 사실을 토대로 참인 내용을 판별해내야 한다.

정답 체크

첫 번째 명제와 세 번째 명제를 차례로 결합한 결론은 다음과 같다.

· 첫 번째 명제: 가은이 프로젝트에 참여하면 나은과 다은도 프로젝트에 참여한다.

· 첫 번째 명제(대우): 나은이 프로젝트에 참여하지 않거나 다은이 프로젝트에 참여하지 않으면 가은은 프로젝트에 참여하지 않는다.

· 세 번째 명제: 가은이 프로젝트에 참여하거나 마은이 프로젝트에 참여한다.

· 결론

ⓐ 가은이 프로젝트에 참여하는 경우 나은과 다은은 프로젝트에 참여하고 마은은 프로젝트에 참여하지 않는다.

ⓑ 다은이 프로젝트에 참여하지 않는 경우 가은은 프로젝트에 참여하지 않고 마은은 프로젝트에 참여한다.

ⓒ 마은이 프로젝트에 참여하지 않는 경우 가은은 프로젝트에 참여하고 다은은 프로젝트에 참여한다.

따라서 다은이 프로젝트에 참여하거나 마은이 프로젝트에 참여하므로 반드시 참인 설명이다.

오답 체크

① 가은이 프로젝트에 참여하지 않으면 나은이 프로젝트에 참여하는지 알 수 없으므로 반드시 참인 설명이 아니다.

② 다은이 프로젝트에 참여하면 마은이 프로젝트에 참여하는지 알 수 없으므로 반드시 참인 설명이 아니다.

④ 라은이 프로젝트에 참여하면 마은이 프로젝트에 참여하는지 알 수 없으므로 반드시 참인 설명이 아니다.

⑤ 첫 번째 명제의 '대우', 두 번째 명제와 세 번째 명제를 차례로 결합한 결론은 다음과 같다.

· 첫 번째 명제(대우): 나은이 프로젝트에 참여하지 않거나 다은이 프로젝트에 참여하지 않으면 가은은 프로젝트에 참여하지 않는다.

· 두 번째 명제: 나은이 프로젝트에 참여하지 않으면 라은이 프로젝트에 참여한다.

· 세 번째 명제: 가은이 프로젝트에 참여하거나 마은이 프로젝트에 참여한다.

· 결론: 나은이 프로젝트에 참여하지 않으면 가은은 프로젝트에 참여하지 않고 라은과 마은은 프로젝트에 참여한다.

따라서 라은과 마은이 모두 프로젝트에 참여하므로 반드시 참인 설명은 아니다.

02

정답 ③

실력 UP 문제 분석

출제 포인트

제시된 토대로 참인 명제 판단하기

소재

甲국 국내 순위 10명 선수 중 국가대표 선발

기출 포인트

조건을 통해 정답을 추론해야 하는 문제는 금융 NCS에서 매년 꾸준히 출제되는 유형의 문제이다. 다양한 조건이 제시되는 문제에서는 표나 그림 등으로 도식화하는 방식을 활용하면 빠르게 문제를 풀이할 수 있다.

정답 체크

B팀 소속 선수 3명의 국내 순위는 각각 2, 5, 8위이며, C팀 선수 중 국내 순위가 가장 낮은 선수가 A팀 선수 중 국내 순위가 가장 높은 선수보다 국내 순위가 높음에 따라 C팀 소속 선수 3명의 국내 순위는 1, 3, 4위, A팀 소속 선수 4명의 국내 순위는 6, 7, 9, 10위임을 알 수 있다.

1위	2위	3위	4위	5위	6위	7위	8위	9위	10위
C	B	C	C	B	A	A	B	A	A

ㄱ. 국내 순위 1위 선수의 소속팀은 C팀이므로 옳은 설명이다.

ㄹ. 국내 순위 3위 선수와 4위 선수는 모두 C팀으로 같은 팀이므로 옳은 설명이다.

오답 체크

ㄴ. A팀 소속 선수 중 국내 순위가 가장 낮은 선수는 10위이므로 옳지 않은 설명이다.

ㄷ. 국가대표는 국내 순위 1~10위 중 순위가 높은 4명을 선발하되 A, B, C팀 소속 선수가 최소한 1명씩은 포함되어야 하므로, 1, 2, 3, 6위가 선발된다. 따라서 국가대표 중 국내 순위가 가장 낮은 선수는 6위이므로 옳지 않은 설명이다.

실전공략 300제

정답

p.74

01	③	세부 내용 파악	07	②	세부 내용 파악	13	⑤	자료변환	19	⑤	자료변환	25	⑤	법·규정의 적용
02	③	세부 내용 파악	08	①	문맥 추론	14	④	자료계산	20	③	자료변환	26	①	법·규정의 적용
03	①	세부 내용 파악	09	③	논지·견해 분석	15	④	자료이해	21	③	논리퍼즐	27	②	법·규정의 적용
04	②	세부 내용 파악	10	②	논지·견해 분석	16	④	자료이해	22	⑤	논리퍼즐	28	④	규칙 적용
05	⑤	문맥 추론	11	④	자료이해	17	②	자료계산	23	④	규칙 적용	29	⑤	법·규정의 적용
06	⑤	논지·견해 분석	12	⑤	자료이해	18	②	자료계산	24	②	규칙 적용	30	③	세부 정보 파악

취약 유형 분석표

유형별로 맞힌 개수, 틀린 문제 번호와 풀지 못한 문제 번호를 적고 나서 취약한 유형이 무엇인지 파악해 보세요. 그 후 취약한 유형은 유형 특징, 풀이 전략, 유형공략 문제들을 복습하고 틀린 문제와 풀지 못한 문제를 다시 한번 풀어보세요.

영역	유형	맞힌 개수	정답률	틀린 문제 번호	풀지 못한 문제 번호
의사소통능력	세부 내용 파악	/5	%		
	문맥 추론	/2	%		
	논지·견해 분석	/3	%		
수리능력	자료이해	/4	%		
	자료계산	/3	%		
	자료변환	/3	%		
문제해결능력	세부 정보 파악	/1	%		
	법·규정의 적용	/4	%		
	규칙 적용	/3	%		
	논리퍼즐	/2	%		
TOTAL		/30	%		

해설

01 세부 내용 파악
정답 ③

실력 UP 문제 분석

출제 포인트

문단별 핵심어와 그에 따른 설명의 일치 여부 판단

주제

공공사업 추진 시의 갈등영향분석

문단별 중심 내용

1문단	갈등영향분석을 판단하는 다양한 지표를 활용해야 함
2문단	갈등영향분석의 판단지표(1): 실시 대상 사업의 경제적 규모
3문단	갈등영향분석의 판단지표(2): 실시 대상 사업의 유형
4문단	갈등영향분석서 작성의 필요성

기출 포인트

NH농협은행 NCS에서는 은행이나 정부 등에서 시행하는 사업과 관련된 소재의 지문이 자주 출제된다. 기업 관련 뉴스 및 정부 정책 등에 관심을 갖고 숙지하면 실제 문제 풀이 시 정책과 관련된 어려운 용어가 제시되는 지문도 빠르게 파악할 수 있다.

정답 체크

네 번째 단락에서 갈등영향분석을 시행하기로 결정했다면, 해당 사업을 수행하는 기관장 주관으로, 갈등관리심의위원회의 자문을 거쳐 해당 사업과 관련된 주요 이해당사자들이 중립적이라고 인정하는 전문가가 갈등영향분석서를 작성하여야 한다고 하였으므로 정부가 주관하여 중립적인 전문가의 자문 하에 해당 기관장이 작성해야 하는 것은 아님을 알 수 있다.

오답 체크

① 두 번째 단락에서 해당 사업을 수행하는 기관장은 예비타당성 조사 실시 기준인 총사업비를 판단 지표로 활용하여 갈등영향분석의 실시 여부를 판단한다고 되어 있으므로 적절한 내용이다.

② 세 번째 단락에서 해당 사업을 수행하는 기관장은 대상 시설이 기피 시설인지 여부를 판단할 때, 단독으로 판단하지 말고 지역 주민 관점에서 검토할 수 있도록 민간 갈등관리전문가 등의 자문을 거쳐야 한다고 하였으므로 적절한 내용이다.

④ 네 번째 단락에서 작성된 갈등영향분석서는 반드시 모든 이해당사자들의 회람 후에 해당 기관장에게 보고되고 갈등관리심의위원회에서 심의되어야 한다고 하였으므로 적절한 내용이다.

⑤ 두 번째 단락에서 해당 사업을 수행하는 기관장은 예비타당성 조사 실시 기준인 총사업비를 판단 지표로 활용하여 갈등영향분석의 실시 여부를 판단하되, 그 경제적 규모가 실시 기준 이상이라도 갈등 발생 여지가 없거나 미미한 경우에는 갈등관리심의위원회 심의를 거쳐 갈등영향분석을 실시하지 않을 수 있다고 하였으므로 적절한 내용이다.

02 세부 내용 파악
정답 ③

실력 UP 문제 분석

출제 포인트

단계별 지원 내용과 지문의 일치 여부 파악

주제

OO시 교육청 초·중학교 기초학력 부진학생의 기초학력 향상 지원체계

문단별 중심 내용

1문단	OO시 교육청에서 시행하는 초·중학교 기초학력 부진학생의 기초학력 향상 지원체계
2문단	1단계 지원: 기초학력 부진으로 판단된 모든 학생 대상의 담임교사 지도
3문단	2단계 지원: 복합요인 기초학력 부진학생 대상의 권역학습센터 지도
4문단	3단계 지원: 복합요인 기초학력 부진학생 중 주의력결핍 과잉행동장애 또는 난독증 겪는 학생 대상의 OO시 학습종합클리닉센터 지도

기출 포인트

NH농협은행, IBK기업은행 등 대부분의 금융 NCS에서는 장문의 지문이 제시되고 문단별 세부 내용이 선택지와 일치하는지를 묻는 문제가 출제된다. 선택지 내용을 먼저 읽고 지문의 내용과 일치하는지 여부를 빠르게 판단하며 풀이해야 한다.

정답 체크

네 번째 단락에서 3단계 지원은 복합요인 기초학력 부진학생 중 주의력결핍 과잉행동장애 또는 난독증 등의 문제로 학습에 어려움을 겪는 학생을 대상으로 이루어지는 것으로, 소아정신과 전문의 등으로 이루어진 의료지원단을 구성하여 의료적 도움을 줄 수 있도록 한다고 하였으므로 복합요인 기초학력 부진학생으로 판정된 학생 중 의료지원단의 의료적 도움을 받는 학생이 있을 수 있음을 알 수 있다.

오답 체크

① OO시 학습종합클리닉센터가 몇 곳에 설치되어 있는지는 알 수 없다.

② 세 번째 단락에서 기초학력 부진 판정을 받은 학생 중 복합적인 요인으로 어려움을 겪는 것으로 판정된 학생인 복합요인 기초학력 부진학생을 대상으로 권역학습센터에서 학습멘토 프로그램을 운영한다는 것을 알 수 있으므로 적절하지 않은 내용이다.

④ 세 번째 단락에서 학습멘토 프로그램에 참여하는 지원 인력이 OO시의 인증을 받은 학습상담사라는 것은 알 수 있지만, 학습멘토 프로그램과 전문학습클리닉 프로그램에 참여하는 지원인력이 OO시의 인증을 받아야 하는지 여부에 대해서는 알 수 없으므로 적절하지 않은 내용이다.

⑤ 네 번째 단락에서 복합요인 기초학력 부진학생 중 주의력결핍 과잉행동장애 또는 난독증 등의 문제로 학습에 어려움을 겪는 학생을 대상으로 OO시 학습종합클리닉센터 프로그램을 운영한다는 것은 알 수 있지만, 이들이 기초학력 부진 판정을 받지 않더라도 참여할 수 있는지는 알 수 없으므로 적절하지 않은 내용이다.

해커스 PSAT 기출로 끝내는 금융 NCS 330제

03 세부 내용 파악 정답 ①

실력 UP 문제 분석

출제 포인트
지문 내용 기반의 선택지 내용 추론

주제
공공기관 에너지 절약 세부 실천대책

기출 포인트
추론 문제는 모든 기업에서 출제하는 유형이다. 제시된 지문을 토대로 선택지 내용을 유추할 수 있어야 하며, 근거가 되는 내용을 토대로 정확한 내용을 추론해야 한다.

정답 체크

ㄱ. 예비전력 50만kW는 심각단계에 해당하므로 모든 공공기관은 실내조명을 완전 소등해야 하며, 180만kW는 경계단계에 해당하고 조치사항에는 그 전 위기단계까지의 조치 사항이 포함되어야 하므로 주의단계의 조치 사항인 50% 이상 소등이 적용될 것임을 추론할 수 있다.

오답 체크

ㄴ. 공공기관은 냉방설비를 가동할 때 냉방 온도를 25℃ 이상으로 설정해야 해 예비전력에 상관없이 냉방 온도를 24℃로 설정할 수 없으므로 적절하지 않은 내용이다.

ㄷ. 장애인 승강기는 전력수급 위기단계와 관계없이 상시 가동해야 해 취약계층 보호시설에 해당하는지 여부와 상관없이 장애인 승강기를 가동해야 하므로 적절하지 않은 내용이다.

04 세부 내용 파악 정답 ②

실력 UP 문제 분석

출제 포인트
문단별 내용 파악과 지문 내 핵심 내용과 선택지의 일치 여부 파악

주제
계획적 진부화(마케팅 전략)

문단별 중심 내용

1문단	의도적으로 수명이 짧은 제품 및 서비스를 생산하는 계획적 진부화
2문단	계획적 진부화를 시행하는 이유
3문단	계획적 진부화를 통해 기업의 매출 증대 실현이 가능하지만, 소비자에게는 불필요한 지출 및 실질적 손실 발생함

기출 포인트
NH농협은행, IBK기업은행, KDB산업은행 등 대부분의 은행 NCS에서 경영 및 경제 관련 소재의 지문이 출제된다. 관련 이론을 숙지하고 있으면 문제 풀이에 도움이 된다.

정답 체크

두 번째 단락에서 계획적 진부화는 중고품 시장에서 거래되는 기존 제품과의 경쟁을 피할 수 있다고 하였으므로 계획적 진부화가 기존 제품과 동일한 중고품의 경쟁력을 높이는 것은 아님을 알 수 있다.

오답 체크

① 세 번째 단락에서 소비자 입장에서는 기존 제품과 크게 다를 것 없는 신제품 구입으로 불필요한 지출 및 실질적 손실이 발생한다고 하였으므로 적절한 내용이다.

③ 두 번째 단락에서 계획적 진부화는 소비자 취향이 급속도로 변화하는 시장에서 소비자들의 만족도를 높일 수 있다고 하였으므로 적절한 내용이다.

④ 두 번째 단락에서 기업은 기존 제품의 가격 인상이 곤란할 때 계획적 진부화를 통해 신제품을 출시하여 가격을 인상할 수 있다고 하였으므로 적절한 내용이다.

⑤ 두 번째 단락에서 계획적 진부화로 제품의 실제 사용 기간이 심리적 영향을 받아 줄어든다고 하였으므로 적절한 내용이다.

05 문맥 추론 정답 ⑤

실력 UP 문제 분석

출제 포인트
지문의 흐름을 파악하고 흐름과 어울리지 않는 내용을 찾아 수정하기

주제
에르고딕 이론의 문제점

문단별 중심 내용

1문단	그룹의 평균을 활용해 개인에 대한 예측치를 이끌어 낼 수 있다고 보는 에르고딕 이론
2문단	평균주의에 근거하여 개인의 특성을 모두 무시하는 결과를 도출하게 되는 상황을 의미하는 에르고딕 스위치
3문단	에르고딕 스위치의 사례로 볼 수 있는 타이핑 속도와 오타 수의 관계

기출 포인트
의사소통능력 영역에서는 문서작성능력을 묻는 문제가 자주 출제된다. 지문의 흐름을 이해하면서도 문서 작성 시 올바르지 않은 내용을 빠르게 찾아내는 연습이 필요하다.

정답 체크

세 번째 단락에서 타이핑 속도가 빠른 사람들은 대체로 타이핑 실력이 뛰어나 그만큼 오타가 적을 수밖에 없는데, 평균주의식으로 접근하여 타이핑 속도와 오타 수를 분석할 경우에는 오타를 줄이고 싶다면 타이핑 속도를 높여야 한다는 처방이 나오게 된다고 하였으므로 ⑩을 '타이핑 실력이라는 요인이 통제되지 않은 상태에서'로 수정하는 것이 적절하다.

오답 체크

①, ② 첫 번째 단락에서 에르고딕 이론은 그룹의 평균을 활용해 개인에 대한 예측치를 이끌어낼 수 있다고 주장하는 이론이라고 하였으므로 수정하는 것은 적절하지 않다.

③ 두 번째 단락에서 심리학자 몰레나가 그룹의 평균을 활용해 개인을 평가하는 것은 인간이 모두 동일하고 변하지 않는 냉동 클론이어야 가능하다고 하였으며, 평균주의에 속아 집단의 평균에 의해 개인을 파악하는 것은 매우 위험한 가정이라고 하였으므로 수정하는 것은 적절하지 않다.

④ 세 번째 단락에서 평균 타이핑 속도와 평균 오타 수를 비교하였을 때 평균적으로 타이핑 속도가 더 빠를수록 오타 수가 더 적은 것으로 나타났다고 가정한다고 하였으므로 수정하는 것은 적절하지 않다.

06 논지 · 견해 분석

정답 ⑤

실력 UP 문제 분석

출제 포인트

글의 논지를 파악한 후 전체 내용을 아우르는 내용 찾기

주제

동독과 서독의 흡수 통일 과정에서 있었던 동독 주민들의 주체성

기출 포인트

중심 내용 및 논지를 파악하는 문제는 모든 은행 NCS에서 출제되고 있다. 지문의 일부 내용이 아닌 전체 내용을 요약할 수 있는 내용을 핵심 논지로 판별해야 한다.

정답 체크

이 글은 동독이 서독에 일방적으로 흡수 통일되었다고 생각하기 쉽지만, 동독 체제에 환멸을 느낀 동독 주민들이 서독으로 탈출하고, 서독과의 통일을 요구하는 시위를 했음을 언급하며 주민들이 주체적으로 자유총선거에서 독일 동맹을 선택하여 급속한 통일을 지지했다고 하였으므로 글의 핵심 논지로 가장 적절한 것은 ⑤이다.

오답 체크

① 네 번째 단락에서 동독 주민들은 급속한 통일을 지지했다고 하였으나, 글의 부분적인 내용만을 다루고 있으므로 글의 핵심 논지로 적절하지 않다.

② 첫 번째 단락에서 동독과 서독의 통일 과정에서 동독 주민들이 보여준 행동을 고려하면 흡수 통일은 오해의 여지를 주는 용어라고 하였으므로 글의 핵심 논지로 적절하지 않다.

③ 세 번째 단락에서 동독이 서독과 「통화 · 경제 · 사회보장 동맹의 창설에 관한 조약」및 「통일조약」을 체결했다고 언급하고 있지만, 글의 부분적인 내용만을 다루고 있으므로 글의 핵심 논지로 적절하지 않다

④ 세 번째 단락에서 동독 자유총선거를 위한 선거운동 과정에서 서독과 협력하는 동독 정당들에 대해 서독 정당 및 정치인이 적극적으로 유세 운동을 지원했다고 언급하고 있지만, 글의 부분적인 내용만을 다루고 있으므로 글의 핵심 논지로 적절하지 않다.

07 세부 내용 파악

정답 ②

실력 UP 문제 분석

출제 포인트

문단별 핵심 내용과 선택지의 일치 여부 판단

주제

비경합적이고 비배제적으로 소비되는 재화와 용역

문단별 중심 내용

1문단	비경합적이고 비배제적인 방식으로 소비되는 재화와 용역
2문단	비배제적으로 소비되는 재화와 용역의 의미
3문단	비경합적이고 비배제적으로 소비되는 재화와 용역의 생산 배분 방식

기출 포인트

NH농협은행, IBK기업은행 등 대부분의 금융 NCS에서는 경제학 관련 내용이 지문으로 출제된다. 지문에서 언급한 내용을 기반으로 풀이해야 하므로 지식 기반으로 문제 풀이하지 않도록 주의해야 한다.

정답 체크

세 번째 단락에서 국방 서비스를 시장에서 생산하여 판매한다면 국민은 국방 서비스를 구매하지 않을 것이라고 하였으므로 국방 서비스를 소비하는 모든 국민에게 그 비용을 지불하게 했을 때 그 서비스가 비경합적으로 소비될 수 없는 것은 아님을 알 수 있다.

오답 체크

① 두 번째 단락에서 재화나 용역이 비배제적으로 소비된다는 것은 공급 시 누군가가 대가를 지불하지 않았다고 해서 그 사람이 재화 및 용역을 소비할 수 없도록 배제할 수 없는 것이라고 하였으므로 적절한 내용이다.

③ 첫 번째 단락에서 재화 및 용역에 대한 소비가 다른 사람의 소비 가능성을 줄어들게 하지 않는다는 것은 재화나 용역이 비경합적으로 소비되는 것이라고 하였으므로 적절한 내용이다.

④ 세 번째 단락에서 국방 서비스를 시장에서 생산하여 판매하면 국민은 국방 서비스를 구매하지 않을 것이며, 결과적으로 국방 서비스가 과소 생산되는 문제가 발생한다고 하였으므로 적절한 내용이다.

⑤ 첫 번째 단락에서 라디오 방송 서비스는 본인이 이용한다고 해서 다른 사람의 소비 가능성이 줄어들지 않는다고 하였으므로 적절한 내용이다.

08 문맥 추론

정답 ①

실력 UP 문제 분석

출제 포인트

글의 맥락을 파악하여 빈칸에 들어가는 내용 찾기

주제

민간 문화 교류 증진을 목적으로 열리는 국제 예술 공연의 수석대표 기준

기출 포인트

빈칸에 들어가는 내용을 찾는 문제는 빈칸 앞뒤의 내용뿐만 아니라 글의 전체 맥락을 이해하고 이를 기반으로 빈칸의 내용을 유추하는 문제가 출제된다.

정답 체크

첫 번째 단락은 민간 문화 교류 증진을 목적으로 한 공연 예술단의 수석대표는 정부 관료가 아니면서 고전음악 지휘자 혹은 대중음악 제작자가 맡아야 한다는 내용이고, 두 번째 단락은 수석대표와 더불어 참가 예술인이 누구인지도 관심의 대상이며 아이돌 그룹 A는 공연 예술단에 참가할 것이라는 내용이다. 따라서 빈칸에는 갑이 고전음악 지휘자이며 전체 세대를 아우를 수 있다는 내용이 들어가야 한다.

오답 체크

②, ⑤ 아이돌 그룹 A가 공연 예술단에 참가하는 이유를 설명할 수 없으므로 적절하지 않은 내용이다.

③ 갑과 을은 둘 다 정부 관료가 아니더라도 고전음악 지휘자나 대중음악 제작자가 아닐 수도 있으므로 적절하지 않은 내용이다.

④ 을이 대중음악 제작자가 아니라면 전체 세대를 아우를 수 없지만, 을이 고전음악 지휘자가 아닐 수도 있으므로 적절하지 않은 내용이다.

09 논지 · 견해 분석

정답 ③

정답 체크

ㄱ. 제시된 사례는 로또 복권 1장을 사서 1등에 당첨될 확률은 낮지만, 가능한 모든 숫자 조합을 산다면 그중 하나는 당첨된다는 것이다. 따라서 이 사례는 가능한 모든 결과 중 하나가 확실히 일어난다는 (가)로 설명할 수 있으므로 적절한 내용이다.

ㄴ. 제시된 사례는 어떤 사람이 교통사고를 당할 확률은 낮지만, 대한민국 전체로 보면 교통사고가 빈번히 발생한다는 것이다. 따라서 이 사례는 한 사람을 기준으로 할 때보다 충분히 많은 사람을 기준으로 할 때 어떤 사건이 발생할 확률이 매우 높을 수 있다는 (나)로 설명할 수 있으므로 적절한 내용이다.

오답 체크

ㄷ. 제시된 사례는 주사위를 수십 번 던질 때는 희박한 확률의 사건이라도 수십만 번 던졌을 때는 종종 일어날 수 있다는 것이다. 따라서 이 사례는 하나의 대상을 기준으로 할 때보다 충분히 많은 대상을 기준으로 할 때 어떤 사건이 발생할 확률이 매우 높을 수 있다는 (나)로 설명할 수 있으나, (가)로는 설명할 수는 없으므로 적절하지 않은 내용이다.

10 논지 · 견해 분석

정답 ②

정답 체크

이 글은 먹는 일에도 윤리적 책임이 동반된다고 생각해볼 수 있다는 점을 언급하며, 먹는 행위가 그저 개인적 차원이 아닌 다른 사람들, 동물들, 식물들, 서식지, 토양 등과 관계망을 이루며 이러한 관계들이 먹는 행위를 윤리적 반성의 대상으로 끌어올린다고 하였으므로 글의 핵심 논지로 가장 적절한 것은 ②이다.

오답 체크

① 윤리적으로 잘 먹기 위해서 육식을 지양해야 한다는 것은 언급되지 않았으므로 글의 핵심 논지로 적절하지 않다.

③ 생물학적 차원에서 잘 먹는 것이나 문화적인 차원에서 잘 먹는 것은 윤리적 의미를 띠고 있지는 않으며 이 두 경우는 먹는 행위를 개인적 경험 차원으로 축소한다고 하였으므로 글의 핵심 논지로 적절하지 않다.

④ 먹는 행위가 동물, 식물, 토양 등 비인간 존재와 인간 사이의 관계를 만들어낸다고 언급하였으나, 글 전체를 포괄할 수 없으므로 글의 핵심 논지로 적절하지 않다.

⑤ 먹는 행위 평가 시 먹거리 소비자보다 생산자의 윤리적 책임을 고려해야 한다는 내용은 언급되지 않았으므로 글의 핵심 논지로 적절하지 않다.

11 자료이해

정답 ④

정답 체크

ㄴ. 연구개발 총지출액 = (연구개발 세액감면액) / (연구개발 총지출액 대비 연구개발 세액감면액 비율)임을 적용하여 구하면, A국이 3,613 / 4.97 ≒ 727백만 달러, B국이 12,567 / 2.85 ≒ 4,409백만 달러, C국이 2,104 / 8.15 ≒ 258백만 달러, D국이 4,316 / 10.62 ≒ 406백만 달러, E국이 6,547 / 4.14 ≒ 1,581백만 달러로 B국이 가장 크므로 옳은 설명이다.

ㄷ. GDP 대비 연구개발 총지출액 비율 = (GDP 대비 연구개발 세액감면액 비율) / (연구개발 총지출액 대비 연구개발 세액감면액 비율)임을 적용하여 구하면, A국이 0.2 / 4.97 ≒ 0.04, B국이 0.07 / 2.85 ≒ 0.02로 A국이 B국보다 높으므로 옳은 설명이다.

오답 체크

ㄱ. GDP = (연구개발 세액감면액) / (GDP 대비 연구개발 세액감면액 비율)임을 적용하여 구하면, C국이 2,104 / 0.13 ≒ 16,185백만 달러, E국이 6,547 / 0.13 ≒ 50,362백만 달러로 C국이 E국보다 작으므로 옳지 않은 설명이다.

12 자료이해

정답 ⑤

정답 체크

ㄱ. 2018~2019년 청구인이 내국인인 특허심판 청구건수는 2018년이 889 + 1,970 = 2,859건, 2019년이 795 + 359 = 1,154건이고, 2019년 청구인이 내국인인 특허심판 청구건수의 전년 대비 감소율은 {(2,859 - 1,154) / 2,859} × 100 ≒ 59.6%로 50% 이상이므로 옳은 설명이다.

ㄴ. 2021년 피청구인이 내국인인 특허심판 청구건수는 741 + 152 = 893건이고, 2021년 피청구인이 외국인인 특허심판 청구건수는 213 + 46 = 259건이다. 따라서 2021년 피청구인이 내국인인 특허심판 청구건수는 피청구인이 외국인인 특허심판 청구건수의 893 / 259 ≒ 3.4배이므로 옳은 설명이다.

ㄷ. 2017년 내국인이 외국인에게 청구한 특허심판 청구건수는 270건이고, 2020년 외국인이 외국인에게 청구한 특허심판 청구건수는 230건이므로 옳은 설명이다.

> ⏱ **빠른 문제 풀이 Tip**
> ㄱ. 2019년 청구인이 내국인인 특허심판 청구건수의 전년 대비 감소율이 50% 이상이라면, 2019년 청구건수가 2018년 청구건수의 50%보다 작아야 한다. 2018년 청구인이 내국인인 특허심판 청구건수의 50%는 2,859×0.5 ≒ 1,430건이고, 2019년 청구건수는 1,154건으로 1,430건보다 작으므로 감소율이 50% 이상임을 빠르게 비교할 수 있다.

13 자료변환 정답 ⑤

실력 UP 문제 분석

출제 포인트
제시된 보고서를 다양한 형태의 자료로 변환

기출 포인트
IBK기업은행, 국민은행 등의 NCS에서는 제시된 자료를 다른 형태의 자료로 변환하는 문제가 꾸준히 출제되고 있다. 선택지를 먼저 확인한 후 제시된 자료에서 관련 있는 항목의 값을 찾아 비교하는 방법으로 풀이해야 한다.

정답 체크
제시된 <보고서>의 마지막 단락에서 2021년 방과후학교 지출 총액이 2019년 대비 50% 이상 감소하였다고 했으나, [방과후학교의 지출 총액과 참여율]에 따르면 2019년 대비 2021년 방과후학교 지출 총액의 감소율은 {(8,250−4,434)/8,250}×100 ≒ 46.3%이므로 <보고서>의 내용과 부합하지 않는 자료임을 알 수 있다.

14 자료계산 정답 ④

실력 UP 문제 분석

출제 포인트
제시된 공식을 활용한 크기 비교

기출 포인트
NH농협은행, IBK기업은행, 국민은행 등 대부분의 금융 NCS에서는 제시된 표의 수치를 이용하여 특정 항목을 찾는 문제가 출제된다. 분수의 분자/분모 크기를 비교하거나 정확한 계산을 요구하지 않는 경우에는 대략적으로 계산하여 풀이해야 한다.

정답 체크
도시별 치명률을 계산하면, A도시가 (16/300)×100 ≒ 5.3%, B도시가 (1/20)×100=5%, C도시가 (2/50)×100=4%, D도시가 (6/100)×100=6%, E도시가 (9/200)×100=4.5%이다.
따라서 치명률이 가장 높은 도시는 D도시, 가장 낮은 도시는 C도시이다.

15 자료이해 정답 ④

정답 체크
ㄱ. 스마트농업의 연구과제당 정부연구비는 2016년이 34,463/214 ≒ 161.0백만 원, 2017년이 34,098/301 ≒ 113.3백만 원, 2018년이 46,221/321 ≒ 144.0백만 원, 2019년이 63,493/608 ≒ 104.4백만 원, 2020년이 61,455/632 ≒ 97.2백만 원, 2021년이 72,138/713 ≒ 101.2백만 원, 2022년이 90,332/792 ≒ 114.1백만 원으로 연구과제당 정부연구비가 가장 많은 해는 2016년이므로 옳은 설명이다.

ㄴ. 전체 정부연구비는 '자동화설비기기'가 27,082 + 19,975 + 23,046 + 25,377 + 22,949 + 24,330 + 31,383 = 174,142백만 원, '융합연구'가 3,861 + 9,540 + 15,154 + 27,513 + 26,829 + 31,227 + 40,723 = 154,847백만 원으로 전체 정부연구비가 가장 많은 스마트농업 분야는 '자동화설비기기'이므로 옳은 설명이다.

ㄹ. 2019년 대비 2022년 정부연구비 증가율은 '데이터기반구축'이 {(18,226−10,603)/10,603}×100 ≒ 71.9%, '자동화설비기기'가 {(31,383 −25,377)/25,377}×100 ≒ 23.7%, '융합연구'가 {(40,723−27,513)/27,513}×100 ≒ 48.0%로 증가율이 가장 높은 스마트농업 분야는 '데이터기반구축'이므로 옳은 설명이다.

오답 체크
ㄷ. 정부연구비가 전년 대비 감소한 2017년, 2020년을 제외하고 연도별 정부연구비의 전년 대비 증가율을 계산하면, 2018년이 {(46,221 − 34,098) / 34,098} × 100 ≒ 35.6%, 2019년이 {(63,493 − 46,221) / 46,221} × 100 ≒ 37.4%, 2021년이 {(72,138 − 61,455) / 61,455} × 100 ≒ 17.4%, 2022년이 {(90,332 − 72,138) / 72,138} × 100 ≒ 25.2%로 전년 대비 증가율이 가장 높은 해는 2019년이므로 옳지 않은 설명이다.

16 자료이해 정답 ④

정답 체크
ㄴ. <표 1>의 '산림시설 복구'를 제외한 모든 지원항목의 지원금액이 산림청 지원금액이더라도 최소한 33,008 − (5,200 + 2,954 + 10,930 + 1,540 + 1,320 + 520) = 10,544천만 원은 '산림시설 복구' 지원금액으로, 산림청의 '산림시설 복구' 지원금액은 1,000억 원 이상이므로 옳은 설명이다.

ㄹ. 전체 지방비 지원금액은 9,000 + 1,800 + 532 + 260 + 340 + 660 = 12,592천만 원으로 '상·하수도 복구' 국비 지원금액인 10,930천만 원보다 크므로 옳은 설명이다.

오답 체크
ㄱ. 국비 지원금액 대비 지방비 지원금액 비율은 '주택 복구'가 1,800/5,200 ≒ 0.35이고, '생계안정 지원'이 660/1,320 = 0.5로 '주택 복구'보다 높아 국비 지원금액 대비 지방비 지원금액 비율이 가장 높은 지원항목은 '주택 복구'가 아니므로 옳지 않은 설명이다.

ㄷ. 국토교통부 지원금액은 55,058 − (2,930 + 33,008 + 9,520 + 350 + 240) = 9,010천만 원, 전체 국비 지원금액의 20%는 55,058×0.2 = 11,011.6천만 원으로 국토교통부 지원금액은 전체 국비 지원금액의 20% 미만이므로 옳지 않은 설명이다.

17 자료계산

정답 체크

· <보고서>의 첫 번째 단락 두 번째 문장에서 TV 토론회 전에는 B후보자에 대한 지지율이 A후보자보다 10%p 이상 높게 집계되었다고 했으므로 TV 토론회 전 후보자 A와 B에 대한 지지율 차이가 36 − 29 = 7%p로 10%p 미만인 '마'지역이 소거된다.

· <보고서>의 두 번째 단락 첫 번째 문장에서 TV 토론회 후 '지지 후보자 없음'으로 응답한 비율이 줄었다고 했으므로 '지지 후보자 없음'으로 응답한 비율이 TV 토론회 전에는 100 − (31 + 59) = 10%였으나, TV 토론회 후에는 100 − (37 + 36) = 27%로 늘어난 '다'지역이 소거된다.

· <보고서>의 두 번째 단락 두 번째 문장에서 TV 토론회 후 A후보자에 대한 지지율 증가폭이 B후보자보다 큰 것으로 나타났다고 했으므로 TV 토론회 후 A후보자에 대한 지지율이 TV 토론회 전보다 하락한 '라'지역이 소거된다.

· <보고서>의 두 번째 단락 마지막 문장에서 TV 토론회 후 두 후보자 간 지지율 차이가 3%p 이내에 불과하다고 했고, TV 토론회 후 '가'와 '나' 지역의 후보자 A와 B에 대한 지지율 차이는 '가'가 50 − 46 = 4%p, '나'가 41 − 39 = 2%p이므로 두 후보자 간 지지율 차이가 3%p 이내가 아닌 '가'지역이 소거된다.

따라서 <보고서>의 내용에 해당하는 지역은 '나'이다.

18 자료계산

실력 UP 문제 분석

출제 포인트
구성비를 활용한 계산

주제
민원 상담건수 및 상담건수 구성비

기출 포인트
NH농협은행, IBK기업은행, 국민은행 등 대부분의 금융 NCS에서는 제시된 표의 수치를 이용하여 특정 항목을 찾는 문제가 출제된다. 항목별 순위를 비교한 후 오답을 소거하며 풀이해야 한다.

정답 체크

제시된 <그림>에서 각각 A와 B의 항목 구성비를 확인하면, A는 전체 상담건수 중 관세사의 민원이 60% 이상을 차지하고 B는 관세사, 세관 항목의 상담건수 구성비가 비슷하다. 이에 따라 관세사의 상담건수 구성비가 (22,228 / 35,173) × 100 ≒ 63.2%인 사전검증이 A이고, 민원인별 상담 건수가 각각 관세사 3,846건, 세관 3,835건인 화물이 B임을 알 수 있다.

따라서 A는 사전검증, B는 화물이다.

⏱ 빠른 문제 풀이 Tip

A와 B의 민원인별 상담건수 구성비 순서로 항목을 확인한다. 민원인별 상담건수 구성비가 큰 순서대로 항목을 나열하면 A는 '관세사, 무역업체, 기타, 선사 / 항공사, 개인, 세관' 순이고 이에 해당하는 항목은 사전검증이다. B는 '관세사, 세관, 기타, 선사 / 항공사, 무역업체, 개인' 순이고 이에 해당하는 항목은 화물이다.

19 자료변환

정답 체크

2017년 항공사별 잔여석 수는 A가 360 − 300 = 60만 개, B가 110 − 70 = 40만 개, C가 300 − 250 = 50만 개, D가 660 − 580 = 80만 개, E가 570 − 480 = 90만 개, F가 390 − 320 = 70만 개로 D항공사를 제외한 나머지 5개의 항공사 잔여석 수가 모두 일치하지 않으므로 옳지 않은 그래프는 ⑤이다.

20 자료변환

정답 체크

<보도자료>에 따르면 2018년 기준 간접광고(PPL) 취급액은 전년 대비 14% 이상 증가하여 1,270억 원으로 나타났으며, 그중 지상파TV와 케이블 TV 간 비중의 격차는 5%p 이하로 조사되었음을 알 수 있다. 그러나 [간접광고(PPL) 취급액 현황]에서 간접광고(PPL) 취급액 중 지상파TV와 케이블 TV가 차지하는 비중은 지상파TV가 (573 / 1,270) × 100 ≒ 45.1%, 케이블 TV가 (498 / 1,270) × 100 ≒ 39.2%이고, 그 차이는 45.1 − 39.2 ≒ 5.9%p 이므로 보도자료에 부합하지 않는 자료이다.

21 논리퍼즐

정답 체크

甲~戊는 오늘 해야 하는 일의 양이 같다고 했으므로 오늘 해야 하는 일의 양을 1이라 할 때 각자가 한 일의 양은 다음과 같다.

· 丙: 자신이 현재까지 했던 일의 절반에 해당하는 일을 남겨 놓고 있다고 했으므로 丙이 현재까지 한 일의 양은 2 / 3, 남은 일의 양은 1 / 3이다.

· 甲: 丙이 아직 하지 못한 일의 절반에 해당하는 양의 일을 했다고 했으므로 甲이 현재까지 한 일의 양은 1 / 3 × 1 / 2 = 1 / 6, 남은 일의 양은 5 / 6이다.

· 丁: 甲이 남겨 놓고 있는 일과 동일한 양의 일을 했다고 했으므로 丁이 현재까지 한 일의 양은 5 / 6, 남은 일의 양은 1 / 6이다.

· 乙: 丁이 남겨 놓고 있는 일의 2배에 해당하는 양의 일을 했다고 했으므로 乙이 현재까지 한 일의 양은 1 / 6 × 2 = 1 / 3, 남은 일의 양은 2 / 3이다.

· 戊: 乙이 남겨 놓은 일의 절반에 해당하는 양의 일을 했다고 했으므로 戊가 현재까지 한 일의 양은 2 / 3 × 1 / 2 = 1 / 3, 남은 일의 양은 2 / 3이다.

이에 따라 甲~戊가 현재까지 한 일의 양을 정리하면 다음과 같다.

구분	甲	乙	丙	丁	戊
현재까지 한 일의 양	1/6	1/3	2/3	5/6	1/3

따라서 현재 시점에서 두 번째로 많은 양의 일을 한 사람은 丙이다.

22 논리퍼즐

실력 UP 문제 분석

출제 포인트
사고력, 조건추리

기출 포인트
NH농협은행, 하나은행 등 대부분의 금융 NCS에서 출제되는 유형이다. 3개 이상의 조건이 제시되고 그에 따라 참인 정보를 찾아 내야 한다.

정답 체크

첫 번째 정보에 따르면 A에 찬성하는 대표자는 2명이므로 A에 반대하는 대표자는 3명이고, 두 번째 정보에 따르면 A에 찬성하는 대표자는 모두 B에 찬성하므로 B에 찬성하는 대표자는 2명 이상이다. 네 번째 정보에 따르면 B와 D에 모두 찬성하는 대표자는 아무도 없으므로 A와 B에 모두 찬성하는 대표자는 D에 반대하고, 세 번째 정보에 따르면 B에 찬성하는 대표자 중에 C에 찬성하는 사람과 반대하는 사람은 동수이므로 B에 찬성하는 대표자는 2명임을 알 수 있다. 다섯 번째와 여섯 번째 정보에 따르면 D에 찬성하는 대표자는 2명이고, 이 2명은 모두 C에 찬성한다.

A~D 4개 정책별 5명 대표자의 찬반 여부로 가능한 경우는 다음과 같다.

구분	A	B	C	D
대표자	찬성	찬성	찬성 또는 반대	반대
대표자	찬성	찬성	찬성 또는 반대	반대
대표자	반대	반대	찬성	찬성
대표자	반대	반대	찬성	찬성
대표자	반대	반대	찬성	반대

ㄱ. A, B, D에 반대하고, C에 찬성하는 대표자가 있음을 알 수 있으므로 항상 참인 설명이다.

ㄴ. B에 찬성하는 대표자는 2명임을 알 수 있으므로 항상 참인 설명이다.

ㄷ. C에 찬성하는 대표자가 4명으로 가장 많음을 알 수 있으므로 항상 참인 설명이다.

23 규칙 적용   정답 ④

실력 UP 문제 분석

출제 포인트
지문 및 자료를 토대로 조건에 충족하는 사람 찾기

기출 포인트
제시되는 지문은 은행, 공기업 등에서 시행되는 사업이 제시되는 경우가 많고, 실제 업무에 적용할 수 있을 만한 내용의 소재가 지문 및 자료로 제시된다. 조건을 간략하게 정리하고, 조건에 해당되지 않는 사람부터 배제하는 방식으로 문제를 풀이해야 한다.

정답 체크

두 번째 단락에 따르면 청년자산형성적금은 근로소득과 사업소득의 합이 5,000만 원 이하인 청년이 가입할 수 있다. 이때 戊는 근로소득이 4,000만 원, 사업소득이 1,500만 원으로 5,500만 원이므로 5,000만 원이 넘어 가입할 수 없다. 또한 직전과세년도에 근로소득과 사업소득이 모두 없는 사람과 직전 2개년도 중 한 번이라도 금융소득 종합과세 대상이었던 사람은 가입할 수 없다. 이때 甲은 직전과세년도에 근로소득과 사업소득이 모두 없는 사람이고, 丙은 2022년에 금융소득 종합과세 대상이었으므로 甲과 丙도 제외된다.

한편, 청년의 나이는 군복무기간을 제외하고 19~34세여야 하는데, 乙은 군복무기간 없이 36세이므로 청년의 나이에 해당하지 않아 가입할 수 없다. 丁은 나이가 35세지만 군복무기간이 2년이 있어 33세로 계산되므로 청년의 나이에 해당하며, 다른 조건에도 부합한다.

따라서 청년자산형성적금에 가입할 수 있는 사람은 丁이다.

24 규칙 적용   정답 ②

정답 체크

지원액 배정 지침 두 번째 내용에서 심사를 통해 원격지 전보에 해당하는 신청자만 배정대상자로 한다고 했으므로 원격지 전보에 해당하지 않는 乙은 제외된다.

지원액 배정 지침 첫 번째 내용에 따르면 이전여비 지원 예산 총액은 160만 원이고, 네 번째 내용에서 배정대상자 신청액의 합이 지원 예산 총액을 초과할 경우에는 각 배정대상자의 '신청액 대비 배정액 비율'이 모두 같도록 삭감하여 배정한다고 했다. 甲, 丙, 丁, 戊의 이전여비 신청액의 합은 70+50+30+50=200만 원이므로 각 신청액에 160/200=0.8을 곱한 금액으로 삭감할 경우 甲에게는 70×0.8=56만 원이 배정된다.

따라서 甲에게 배정되는 금액은 560,000원이다.

25 법·규정의 적용   정답 ⑤

정답 체크

세 번째 법조문 제2항에서 이 법에 따른 지원대상자가 다른 법령에 따라 지원을 받고 있다고 하더라도 세 번째 법조문 제1항 제3호의 아동양육비는 지급할 수 있다고 했으므로 지원대상자가 다른 법령에 따른 지원을 받고 있는 경우에도 국가나 지방자치단체는 아동양육비를 지급할 수 있음을 알 수 있다.

오답 체크

① 두 번째 법조문 제1항에서 지원대상자는 첫 번째 법조문 제1호부터 제3호까지의 규정에 해당하는 자로 한다고 했으므로 반드시 첫 번째 법조문 제2호 라목에서 정의한 미혼자일 필요는 없음을 알 수 있다.

② 첫 번째 법조문 제3호에서 "아동"은 취학 중인 경우에는 22세 미만을 말하되 병역의무를 이행하고 취학 중인 경우에는 병역의무를 이행한 기간을 가산한 연령 미만을 말한다고 했으므로 18개월간 병역의무를 이행한 22세의 대학생 자녀를 양육하는 경우는 아동을 양육하는 경우가 된다. 이때 배우자와 사별한 자가 아동을 양육하는 경우는 첫 번째 법조문 제2호 가목에 해당하므로 두 번째 법조문 제1항에 따라 지원대상자가 될 수 있다.

③ 두 번째 법조문 제2항에 따르면 부모가 사망하거나 그 생사가 분명하지 아니한 아동을 양육하는 조부 또는 조모는 지원대상자가 된다. 그러나 세 번째 법조문 제1항에서 지원대상자의 복지 급여 신청이 있으면 복지 급여를 실시하여야 한다고 했으므로 부모의 생사가 불분명한 6세인 손자를 양육하는 조모에게는 복지 급여 신청이 없어도 생계비를 지급하여야 하는 것은 아님을 알 수 있다.

④ 세 번째 법조문 제3항에서 아동양육비를 지급할 때에 다음 각 호의 어느 하나에 해당하는 경우에는 예산의 범위에서 추가적인 복지 급여를 실시하여야 한다고 했으므로 30세인 미혼모가 5세인 자녀를 양육하는 경우, 아동양육비를 지급할 때에도 추가적인 복지 급여를 실시할 수 있음을 알 수 있다.

26 법·규정의 적용

정답 체크

세 번째 단락에서 □□부 장관은 지방자치단체 간 통합권고안에 관하여 해당 지방의회의 의견을 들어야 하나 □□부 장관이 필요하다고 인정하여 해당 지방자치단체의 장에게 주민투표를 요구하여 실시한 경우에는 그렇지 않다고 했으므로 □□부 장관이 요구하여 지방자치단체의 통합과 관련한 주민투표가 실시된 경우에는 통합권고안에 대해 지방의회의 의견을 청취하지 않아도 됨을 알 수 있다.

오답 체크

② 두 번째 단락에서 지방의회는 위원회에 통합을 건의할 때 통합대상 지방자치단체를 관할하는 시·도지사를 경유해야 함을 알 수 있다.

③ 두 번째 단락에서 주민이 인근 지방자치단체와의 통합을 위원회에 건의하는 경우에는 해당 지방자치단체의 주민투표권자 총수의 50분의 1 이상의 연서가 있어야 한다고 했으므로 주민투표권자 총수가 10만 명인 지방자치단체의 주민들이 다른 인근 지방자치단체와의 통합을 △△위원회에 건의하고자 할 때, 100,000 / 50 = 2,000명 이상의 연서가 있어야 함을 알 수 있다.

④ 다섯 번째 단락에서 통합추진공동위원회의 위원은 관계지방자치단체의 장 및 그 지방의회가 추천하는 자로 한다고 했으므로 통합추진공동위원회의 위원은 □□부 장관이 아닌 지방의회와 관계지방자치단체의 장이 추천하는 자로 함을 알 수 있다.

⑤ 두 번째 단락에서 지방자치단체의 장은 위원회에 통합을 건의할 때 통합대상 지방자치단체를 관할하는 시·도지사를 경유해야 한다고 했으므로 지방자치단체의 장은 해당 지방자치단체의 통합을 △△위원회에 건의할 때, 지방의회의 의결을 거쳐야 하는 것은 아님을 알 수 있다.

27 법·규정의 적용

정답 체크

관계지방자치단체 위원 수 = [(통합대상 지방자치단체 수) × 6 + (통합대상지방자치단체를 관할하는 특별시·광역시 또는 도의 수) × 2 + 1] ÷ (관계지방자치단체 수)임을 적용하여 구한다. 통합대상 지방자치단체는 A군, B군, C군, D군 4개이고, 통합대상 지방자치단체를 관할하는 특별시·광역시 또는 도는 甲도, 乙도, 丙도 3개이다. 네 번째 단락에서 관계지방자치단체는 통합대상 지방자치단체 및 이를 관할하는 특별시·광역시 또는 도라고 했으므로 甲도, A군, B군, 乙도, C군, 丙도, D군 7개이다. 이에 따라 관계지방자치단체 위원 수는 {(4 × 6) + (3 × 2) + 1} / 7 ≒ 4.4명이고, 다섯 번째 단락에서 그 결괏값이 자연수가 아닌 경우에는 소수점 이하의 수를 올림한 값을 관계지방자치단체 위원 수로 한다고 했으므로 관계지방자치단체 위원 수는 5명이다. 마지막 단락에서 통합추진공동위원회의 전체 위원 수는 관계지방자치단체 위원 수에 관계지방자치단체 수를 곱한 값이라고 했으므로 통합추진공동위원회의 전체 위원 수는 5 × 7 = 35명이다.

28 규칙 적용

정답 체크

세 번째 조건에 따라 기술능력에 대한 평가위원 5명의 평가결과 가운데 최고점수와 최저점수 하나씩을 제외하고 평균을 산출하면 다음과 같다.

구분	甲	乙	丙	丁	戊
A위원	68	65	73	75	65
B위원	68	73	69	70	60
C위원	68	62	69	65	60
D위원	68	65	65	65	70
E위원	72	65	69	75	75
평균	68	65	69	70	65

기술능력 평가점수의 만점이 80점이므로 네 번째 조건에 따라 80점의 85%인 68점 미만인 乙과 戊는 선정대상에서 제외된다. 마지막 조건에 따라 입찰가격 평가점수와 기술능력 평가점수를 합산한 점수가 가장 높은 업체를 선정하는데, 동점이 발생할 경우 기술능력 평가 점수가 가장 높은 업체를 선정해야 한다. 이때 甲, 丙, 丁 합산 점수는 각각 81점, 84점, 84점이고, 丙과 丁 중 丁의 기술능력 평가점수가 더 높음을 알 수 있다.

따라서 사업자로 선정되는 업체는 丁이다.

29 법·규정의 적용

정답 체크

첫 번째 법조문 제1항에 따르면 누구든지 법률에 의하지 아니하고는 우편물의 검열하지 못한다고 했고, 동조 제2항 제1호에서 우편물의 검열한 자는 1년 이상 10년 이하의 징역과 5년 이하의 자격정지에 처한다고 했으므로 甲이 乙과 丙 사이의 우편물을 불법으로 검열한 경우, 2년의 징역과 3년의 자격정지에 처해질 수 있음을 알 수 있으므로 옳은 설명이다.

오답 체크

① 두 번째 법조문에 따르면 불법검열에 의하여 취득한 우편물이나 그 내용은 재판 또는 징계절차에서 증거로 사용할 수 없음을 알 수 있으므로 옳지 않은 설명이다.

② 두 번째 법조문에 따르면 공개되지 아니한 타인 상호 간의 대화를 녹음 또는 청취한 내용은 재판 또는 징계절차에서 증거로 사용할 수 없다고 했으나 甲이 乙과 정책용역을 수행하면서 乙과의 대화를 녹음한 내용은 자신과 타인의 대화를 녹음한 내용이므로 재판에서 증거로 사용할 수 있음을 알 수 있으므로 옳지 않은 설명이다.

③ 첫 번째 법조문 제2항 제1호에 따르면 공개되지 아니한 타인 상호 간의 대화를 녹음한 자는 1년 이상 10년 이하의 징역과 5년 이하의 자격정지에 처함을 알 수 있으므로 옳지 않은 설명이다.

④ 첫 번째 법조문 제3항에 따르면 누구든지 단말기기 고유번호를 제공하거나 제공받아서는 안 되나 이동통신사업자가 단말기의 개통처리 및 수리 등 정당한 업무의 이행을 위하여 제공하거나 제공받는 경우에는 그러하지 아니하다고 했으므로 이동통신사업자 甲이 乙의 단말기를 개통하기 위하여 단말기기 고유번호를 제공받은 경우, 법을 위반하지 않아 1년의 징역에 처해지지 않음을 알 수 있으므로 옳지 않은 설명이다.

실력 UP 문제 분석

출제 포인트

제시된 지문의 내용을 토대로 선택지 내용을 판단하는 문제

주제

공직자의 '동등한 사생활 보호원칙', '축소된 사생활 보호원칙'에 관한 설명

기출 포인트

선택지에 반복되어 제시되는 핵심을 중심으로 지문의 내용을 파악한다. 이 문제의 경우 지문에 이 두 원칙이 대비되어 있으므로 두 원칙 간의 차이점을 파악한다.

정답 체크

세 번째 단락에 따르면 공직자는 시민을 대표한다는 것 때문에 축소된 사생활 보호의 원칙이 적용되어야 한다는 주장도 있다고 했고, 같은 단락에서 이 원칙의 지지자들은 공직자는 시민을 대표하기 때문에 훌륭한 인간상으로 시민의 모범이 되어야 한다는 이유도 들고 있다고 했다. 이에 따라 공직자가 시민을 대표하는 훌륭한 인간상이어야 한다는 내용은 동등한 사생활 보호의 원칙이 아니라 축소된 사생활 보호의 원칙을 지지하는 이유임을 알 수 있으므로 옳지 않은 설명이다.

오답 체크

① 세 번째 단락에 따르면 축소된 사생활 보호의 원칙이 적용되어야 한다는 주장은 공직자는 일반시민이 아니기 때문에 동등한 사생활 보호의 원칙을 적용할 수 없다는 것을 근거로 들고 있다. 이에 따라 축소된 사생활 보호의 원칙은 공직자와 일반시민의 사생활 보장의 정도가 달라야 한다고 보고 있음을 알 수 있으므로 옳은 설명이다.

② 첫 번째 단락에 따르면 공직자의 사생활은 일반시민의 사생활만큼 보호될 필요가 없다는 맥락에서 플라톤은 통치자는 가족과 사유재산을 갖지 말아야 한다고 주장했다고 했다. 이에 따라 통치자의 사생활에 대한 플라톤의 생각은 동등한 사생활 보호의 원칙보다 축소된 사생활 보호의 원칙에 더 가까움을 알 수 있으므로 옳은 설명이다.

④ 두 번째 단락에 따르면 동등한 사생활 보호의 원칙은 공직자의 사생활도 일반시민과 동등한 정도로 보호되어야 한다고 본다고 했고, 같은 단락에서 사생활이 보장되지 않으면 공직 희망자가 적어져 인재 활용이 제한되고 다양성도 줄어들게 된다고 했다. 이에 따라 동등한 사생활 보호의 원칙을 지지하는 이유 중 하나는 사생활이 보장되지 않으면 공직 희망자가 적어질 수 있다고 보기 때문임을 알 수 있으므로 옳은 설명이다.

⑤ 세 번째 단락에 따르면 축소된 사생활 보호의 원칙은 공직자가 행사하는 권력에 대해 책임을 묻기 위해서는 사생활 중 관련된 내용은 공개되어야 한다고 했다. 이에 따라 축소된 사생활 보호의 원칙을 지지하는 이유 중 하나는 공직자가 일반시민보다 우월한 권력을 가지고 있다고 보기 때문임을 알 수 있으므로 옳은 설명이다.

정답

p.92

01	③	논지·견해 분석	07	①	세부 내용 파악	13	③	자료계산	19	③	자료변환	25	③	논리퍼즐
02	①	세부 내용 파악	08	③	문맥 추론	14	③	자료이해	20	④	자료변환	26	④	법·규정의 적용
03	①	세부 내용 파악	09	③	세부 내용 파악	15	①	자료이해	21	④	논리퍼즐	27	①	세부 정보 파악
04	④	문맥 추론	10	④	문맥 추론	16	④	자료계산	22	③	논리퍼즐	28	④	세부 정보 파악
05	②	세부 내용 파악	11	③	자료이해	17	②	자료이해	23	③	규칙 적용	29	④	규칙 적용
06	①	문맥 추론	12	⑤	자료이해	18	③	자료계산	24	③	규칙 적용	30	②	규칙 적용

취약 유형 분석표

유형별로 맞힌 개수, 틀린 문제 번호와 풀지 못한 문제 번호를 적고 나서 취약한 유형이 무엇인지 파악해 보세요. 그 후 취약한 유형은 유형 특징, 풀이 전략, 유형공략 문제들을 복습하고 틀린 문제와 풀지 못한 문제를 다시 한번 풀어보세요.

영역	유형	맞힌 개수	정답률	틀린 문제 번호	풀지 못한 문제 번호
의사소통능력	세부 내용 파악	/5	%		
	문맥 추론	/4	%		
	논지·견해 분석	/1	%		
수리능력	자료이해	/5	%		
	자료계산	/3	%		
	자료변환	/2	%		
문제해결능력	세부 정보 파악	/2	%		
	법·규정의 적용	/1	%		
	규칙 적용	/4	%		
	논리퍼즐	/3	%		
TOTAL		/30	%		

해설

01 논지·견해 분석

정답 ③

실력 UP 문제 분석

출제 포인트

글의 논지를 파악한 후 전체 내용을 아우르는 내용 찾기

주제

지역문화콘텐츠 성공을 위한 방안

정답 체크

그동안 지역문화 정책과 사업이 새로운 콘텐츠를 발굴·제작하는 데만 주력해 온 탓에 향유의 지속성 측면을 고려하지 못했고, 앞으로 향유자에 초점을 둔 실효성 있는 정책을 실현하기 위해서는 콘텐츠의 지속성까지 염두에 두어야 한다고 하였으므로 글의 핵심 논지로 가장 적절한 것은 ③이다.

오답 체크

① 지역문화콘텐츠의 성공을 위해선 향유의 지속성을 고려해야 한다고 언급하고 있을 뿐 중앙정부와 지방자치단체의 협력에 대해서는 언급하지 않았으므로 글의 핵심 논지로 적절하지 않다.

② 그동안 지역문화 정책과 사업이 새로운 콘텐츠를 발굴·제작하는 데만 주력해 온 탓에 향유의 지속성 측면을 고려하지 못했다고 언급하고 있으므로 글의 핵심 논지로 적절하지 않다.

④ 향유자가 콘텐츠의 소비·매개·재생산의 주체가 되는 향유를 위한 방안이 개발되어야 한다고 언급하고 있을 뿐 향유자 스스로가 어떤 인식을 가져야 하는지에 대해서는 언급하고 있지 않으므로 글의 핵심 논지로 적절하지 않다.

⑤ 중앙정부의 경제적 지원이 증대되어야 한다는 점은 언급하지 않았으므로 글의 핵심 논지로 적절하지 않다.

02 세부 내용 파악

정답 ①

정답 체크

ㄱ. 갑의 첫 번째 말에 따르면 조출생률은 인구 1천 명당 출생아 수이다. 따라서 조출생률을 계산할 때는 전체 인구 대비 여성의 비율은 고려하지 않음을 추론할 수 있다.

오답 체크

ㄴ. 갑의 두 번째 말에 따르면 합계 출산율은 여성 한 명이 평생 동안 낳을 것으로 예상되는 출생아 수이며, 갑의 세 번째 말에 따르면 두 나라의 조출생률이 비슷하더라도 전체 인구 대비 젊은 여성의 비율에 따라 합계 출산율은 차이가 날 수 있다. 따라서 두 나라가 인구수와 조출생률에 차이가 없어도 각 나라의 합계 출산율에는 차이가 있을 수 있음을 추론할 수 있으므로 적절하지 않은 내용이다.

ㄷ. 갑의 두 번째 말에 따르면 합계 출산율은 여성 한 명이 평생 동안 낳을 것으로 예상되는 출생아 수이다. 따라서 합계 출산율은 한 명의 여성이 일생 동안 출산한 출생아의 수가 아니라 출산할 것으로 예상되는 출생아의 수를 집계한 자료를 바탕으로 산출함을 추론할 수 있으므로 적절하지 않은 내용이다.

03 세부 내용 파악

정답 ①

실력 UP 문제 분석

주제

정책 네트워크의 세 가지 모형

핵심 내용 정리

A모형	- 의회 상임위원회, 행정 부처, 이익집단이 형성하는 정책 네트워크 - 안정성이 높고, 행정부 수반의 영향력이 작은 정책 분야에서 집중적으로 나타나며, 폐쇄성이 높고 배타성이 매우 강함
B모형	- 특정 정책과 관련해 이해관계를 같이하는 참여자로 구성되는 정책 네트워크 - 전통적 관료제나 A의 방식보다 더 효과적으로 정책 목표를 달성할 수 있으며, 정책 결정은 주요 참여자 간 합의와 협력에 의해 일어남
C모형	- 특정 이슈를 중심으로 이해관계나 전문성을 가진 이익집단, 개인, 조직으로 구성되는 정책 네트워크 - 참여자가 매우 자율적으로 주도적이며, 관료제의 영향력이 작고 통제가 약한 분야에서 주로 작동함

정답 체크

제시된 표에서 외부 참여 가능성이 높은 모형은 C이고, 네 번째 단락에서 C는 관료제의 영향력이 작고 통제가 약한 분야에서 주로 작동한다고 하였으므로 적절한 내용이다.

오답 체크

② 제시된 표에서 상호 의존성이 보통인 모형은 B이고, 두 번째 단락에서 배타성이 매우 강해 다른 이익집단의 참여를 철저하게 배제하는 것은 A의 특징이라고 하였으므로 적절하지 않은 내용이다.

③ 제시된 표에서 합의 효율성이 높은 모형은 A이고, 세 번째 단락에서 B가 특정 이슈에 대해 유기적인 연계 속에서 기능하면 A보다 더 효과적으로 정책 목표를 달성할 수 있다고 하였으므로 적절하지 않은 내용이다.

④ 각 모형에 참여하는 이익집단의 정책 결정 영향력에 대해서는 다루고 있지 않으므로 적절하지 않은 내용이다.

⑤ 제시된 표와 네 번째 단락을 통해 C가 지속성이 낮고 참여자가 많음을 알 수 있지만 참여자 수의 증감이 지속성에 어떤 영향을 미치는지에 대해서는 다루고 있지 않으므로 적절하지 않은 내용이다.

04 문맥 추론

정답 ④

정답 체크

'예를 들어' 다음에는 갑의 주장에 따랐을 때 일반적인 직관과 충돌하는 사례가 제시되어야 한다.

(가)의 뒤에서 'B국에서 가장 높은 삶의 질을 지닌 국민이 A국에서 가장 낮은 삶의 질을 지닌 국민보다 삶의 질 수치가 낮다'고 하였으므로 (가)에는 'B국의 행복 정도가 A국의 행복 정도보다 더 크지만'이 들어가야 한다.

(나)에는 갑의 주장에 따라 (가)를 해석하는 내용이 들어가야 하므로 'B국이 A국보다 더 행복한 국가라고 말해야 할 것이다'가 들어가야 한다.

정답 체크

두 번째 단락에서 초기 형태의 수경은 잠수 시 체내 압력이 커져 수압과 같아지게 되는 반면 수경 내압은 변하지 않는다고 하였으며, 네 번째 단락에서 큰눈은 잠수 시 수압과 수경 내압이 같아질 때까지 폐의 공기가 기도와 비강을 거쳐 수경 내로 들어오게 한다고 하였다. 따라서 수경 내압이 큰눈을 쓰고 잠수했을 때보다 초기 형태의 수경을 쓰고 잠수했을 때 더 크다는 것은 추론할 수 없다.

오답 체크

① 수경을 쓰면 빛이 공기에서 각막으로 굴절되어 망막에 들어오므로 상이 망막에 선명하게 맺혀서 물체를 뚜렷하게 볼 수 있다고 하였으므로 적절한 내용이다.

③ 결막 출혈을 막을 수 있도록 만들어진 수경 '부글래기'를 우리나라의 모슬포 지역의 해녀들이 사용했다고 하였으므로 적절한 내용이다.

④ 왕눈처럼 눈뿐만 아니라 코까지 덮는 수경을 쓰면 잠수 시 수압에 의하여 폐가 압축되어 수압과 수경 내압이 같아질 때까지 폐의 공기가 기도와 비강을 거쳐 수경 내로 들어온다고 하였으므로 적절한 내용이다.

⑤ 잠수 시 수압에 의해 신체가 압박되어 신체의 부피가 줄어들면서 체내 압력이 커져 수압과 같아진다고 하였으므로 적절한 내용이다.

정답 체크

ㄱ. A에 '신청인이 같은 내용의 민원이나 국민제안을 제출한 적이 있는지 여부'가 들어가면 (가)와 (나) 모두 제출한 적이 있으므로 옳은 판단이다.

오답 체크

ㄴ. ㉠과 ㉢이 서로 다르다면, A에 '신청인이 이전에 제출한 민원의 거부 또는 국민제안의 불채택 사유가 근거 법령의 미비나 불명확에 해당하는지 여부'가 들어가고, B에 '신청인이 같은 내용의 민원이나 국민제안을 제출한 적이 있는지 여부'가 들어가야 하므로 옳지 않은 판단이다.

ㄷ. ㉤과 ㉥이 같다면, B에 '신청인이 같은 내용의 민원이나 국민제안을 제출한 적이 있는지 여부'가 들어간 것이며 ㉦과 ◎은 같을 수 없으므로 옳지 않은 판단이다.

실력 **UP** 문제 분석

주제

현대 사회의 두 노동자 집단, 프레카리아트와 긱 노동자

핵심 내용 정리

프레카리아트	- 불안정한 고용 상태에 놓여 있는 사람을 의미함 - 노동 보장을 받지 못하며, 직장 소속감이 없고, 자신의 직업에 대한 전망이나 직업 정체성도 결여되어 있음 - 위험한 계급으로 전락하기 쉬우며, 프레카리아트가 늘어날수록 사회도 불안해짐
긱 노동자	- 단기 계약 등을 통해 임시로 인력을 충원하고 그때그때 대가를 지불하는 노동 형태 - 고용주에 상관없이 자신이 보유한 고유의 직업 역량을 판매하며, 자신의 직업을 독립적인 프리랜서나 개인사업자 형태로 인식함 - 정보통신 기술의 발달로 더욱더 활성화될 가능성이 높으며, 기업 입장에서는 경쟁력을 높이는 방안으로 활용할 수 있음

정답 체크

두 번째 단락에서 긱 노동자들은 고용주가 누구든 간에 자신이 보유한 고유의 직업 역량을 고용주에게 판매하면서, 자신의 직업을 독립적인 '프리랜서' 또는 '개인 사업자' 형태로 인식한다고 하였으므로 긱 노동자가 자신의 직업 형태에 대해 갖는 인식은 자신을 고용한 기업에 따라 달라지지 않음을 알 수 있다.

오답 체크

② 두 번째 단락에서 정보통신 기술의 발달이 긱을 더욱더 활성화한다고 하였으나, 정보통신 기술의 발달과 프레카리아트 계급의 확산에 대해서는 다루고 있지 않으므로 적절하지 않은 내용이다.

③ 프레카리아트 계급과 긱 노동자 집단의 관계에 대해서는 다루고 있지 않으므로 적절하지 않은 내용이다.

④ 프레카리아트 계급이 정규직 근로자로 변모할 가능성에 영향을 미치는 요인에 대해서는 다루고 있지 않으므로 적절하지 않은 내용이다.

⑤ 비정규직 근로자에 대한 노동 보장의 강화가 프레카리아트 계급과 긱 노동자 집단에게 어떤 영향을 미치는 지에 대해서는 다루고 있지 않으므로 적절하지 않은 내용이다.

08 문맥 추론

실력 UP 문제 분석

주제

종교의 주된 포교 대상이 지니는 특징

문단별 중심 내용

1문단	노동하며 경제적으로 합리적인 생활을 하는 계층을 겨냥한 고대 종교의 포교활동
2문단	공인되지 않은 신흥 종교집단 또는 비주류 종교집단의 주된 포교 대상인 하층 수공업자층
3문단	주술적 힘, 신이나 우주의 섭리 등에 종속되어 있다는 견해에는 부정적인 프롤레타리아트
4문단	종교 포교 대상이 되기 쉬운 프롤레타리아트화의 위험에 처한 몰락하는 소시민계층

기출 포인트

출제 비중이 높지는 않지만, 은행별로 매년 1~2문항씩 출제되는 문제이다. 글의 흐름을 파악하여 내용을 수정하는 문제의 경우 제시된 부분의 내용과 관련된 앞·뒤 문장의 내용 전개 방향을 파악하며 문제를 풀어해야 한다.

정답 체크

세 번째 단락에서 근대 프롤레타리아트는 자신이 처한 형편이 주술적 힘 또는 신이나 우주의 섭리와 같은 것에 속한다는 견해에 부정적인 입장을 취했다고 하였으므로 ⓒ을 근대에 형성된 프롤레타리아트가 종교에 우호적이지도 관심이 많지도 않았다로 수정한 ③이 가장 적절하다.

오답 체크

① 첫 번째 단락에서 고대 종교는 소시민층과 같이 야심을 가지고 열심히 노동하며 경제적으로 합리적인 생활을 하는 계층을 목표로 포교활동을 했다고 하였으므로 적절하지 않은 내용이다.

② 두 번째 단락에서 하층 수공업자층은 공인되지 않은 종파적 종교성에 기우는 경우가 흔하였으며 공인되지 않은 신흥 종교집단 또는 비주류 종교집단의 주요 포교 대상이었다고 하였으므로 적절하지 않은 내용이다.

④ 네 번째 단락에서 비종교적인 이념들이 프롤레타리아트의 삶을 지배하는 경향이 훨씬 강하다고 하였으므로 적절하지 않은 내용이다.

⑤ 네 번째 단락에서 프롤레타리아트 중 경제적으로 불안정한 최하위 계층과 지속적인 곤궁에 의해 프롤레타리아트화의 위험에 처한 소시민계층을 포섭한 종교는 이들에게 원초적 주술을 사용하거나 주술적 은총 수여에 대한 대용물을 제공하였으며 그 결과 종교 윤리의 감정적 요소가 빠르게 성장하게 되었다고 하였으므로 적절하지 않은 내용이다.

09 세부 내용 파악

실력 UP 문제 분석

출제 포인트

지문의 내용과 일치하지 않는 선택지 찾기

주제

우리나라 행정부의 특징

문단별 중심 내용

1문단	우리나라 행정부의 구성
2문단	미국 대통령제의 각료회의와 영국 의원내각제의 내각과는 법적 성격이 다른 우리나라 국무회의
3문단	우리나라 국무회의와 일반 대통령 자문기관의 공통점과 차이점
4문단	행정각부 장의 국무위원으로서의 지위와 행정관청으로서의 지위

기출 포인트

NH농협은행, IBK기업은행, KDB산업은행 등 대부분의 금융 NCS에서 특정 대상을 다른 개념과 비교하는 내용의 지문이 출제된다. 이처럼 특정 대상을 다른 개념과 비교하며 설명하는 글의 경우 각각의 공통점과 차이점을 위주로 파악하며 문제를 풀이해야 한다.

정답 체크

세 번째 단락에서 우리나라 대통령은 국무회의의 심의 결과에 구속되지 않는다고 하였으므로 국무회의 심의 결과가 대통령을 구속한다는 점에서 국가의사를 표시하는 것은 아님을 알 수 있다.

오답 체크

① 첫 번째 단락에서 행정부에 속한 감사원은 대통령 소속으로 있다고 하였으므로 적절한 내용이다.

② 두 번째 단락에서 우리나라 국무회의는 정부의 주요 정책에 대한 최고 심의기관이며 영국 의원내각제의 내각은 의결기관이라는 점에서 법적 성격이 다르다고 하였고, 세 번째 단락에서 심의 사항이 헌법에 명시되어 있고 해당 심의가 필수적이라는 점에서 단순한 자문기관도 아니라고 하였으므로 적절한 내용이다.

④ 세 번째 단락에서 국무회의의 심의 사항은 헌법에 명시되어 있으며 해당 심의는 필수적이라고 하였으므로 적절한 내용이다.

⑤ 네 번째 단락에서 행정각부의 장은 국무회의를 구성하는 국무위원이자 행정관청이며, 국무위원으로서 행정각부의 장은 국무총리와 법적으로 동등한 지위를 갖는다고 하였으므로 적절한 내용이다.

10 문맥 추론

실력 UP 문제 분석

출제 포인트
지문의 내용을 종합하여 빈칸에 들어갈 내용 찾기

주제
알고리즘의 신뢰성에 대한 결론

문단별 중심 내용

1문단	텔레비전 시청으로 생산된 데이터를 기반으로 우리의 결정을 대신하는 알고리즘
2문단	알고리즘도 실수하지만 평균적으로 인간보다 낫기만 하면 된다는 주장
3문단	처칠의 민주주의 관련 명언을 인용하며 제시한 알고리즘의 신뢰성에 대한 결론

기출 포인트
NH농협은행, IBK기업은행 등에서 꾸준히 출제되는 유형의 문제이다. 결론을 묻는 문제의 경우 문단별 중심 내용 또는 핵심 문장을 중심으로 글의 중심 소재에 대한 화자의 견해가 무엇인지 파악하며 문제를 풀 이해야 한다.

정답 체크

빈칸 앞에서 데이터 부족, 프로그램 오류, 삶의 근본적인 무질서로 인해 알고리즘이 실수를 범할 수밖에 없지만 이러한 고충은 인간이 알고리즘보다 더 크게 겪을 뿐만 아니라 알고리즘의 답은 완벽할 필요 없이 평균적으로 인간보다 낫기만 하면 되고, 이러한 상황을 '다른 모든 체제를 제외하면 민주주의가 세상에서 가장 나쁜 정치 체제'라는 처칠의 말을 인용하여 알고리즘 또한 다르지 않다는 내용을 말하고 있다.

따라서 실수를 하기도 하지만 현실적으로 알고리즘보다 더 신뢰할 만한 대안을 찾기 어렵다는 내용이 들어가야 한다.

11 자료이해

정답 ③

정답 체크

전체 단속건수는 2020년이 717+1,128+51+769+2,845+475 =5,985건, 2021년이 130+355+40+1,214+1,064+484=3,287건으로 2020년이 가장 많으므로 옳은 설명이다.

오답 체크

① 2017년 '승차거부' 단속건수는 4,166−(1,110+125+1,001+123 +241)=1,566건, 2018년 '방범등 소등위반' 단속건수는 4,131 −(1,694+701+301+174+382)=879건으로 위법행위 단속건수 상위 2개 유형은 2017년이 '승차거부', '정류소 정차 질서문란'이고, 2018년이 '승차거부', '방범등 소등위반'이므로 옳지 않은 설명이다.

② '부당요금' 단속건수 대비 '승차거부' 단속건수 비율은 2017년이 1,566/125≒12.5, 2020년이 717/51≒14.1로 2017년보다 2020년이 더 높으므로 옳지 않은 설명이다.

④ 2018년 '방범등 소등위반' 단속건수는 879건, 2020년 전체 단속건수는 5,985건, 2021년 전체 단속건수는 3,287건, 2022년 '방범등 소등위반' 단속건수는 2,067−(43+193+268+114+187)=1,262건이다. 전체 단속건수 중 '방범등 소등위반' 단속건수가 차지하는 비중은 2017년이 (1,001/4,166)×100≒24.0%, 2018년이 (879/4,131)×100 ≒21.3%, 2019년이 (825/5,354)×100≒15.4%, 2020년이 (769 /5,985)×100 ≒12.8%, 2021년이 (1,214/3,287)×100 ≒36.9%, 2022년이 (1,262/2,067)×100≒61.1%로 2021년과 2022년 비중은 전년 대비 증가하였으므로 옳지 않은 설명이다.

⑤ 2017년 '승차거부' 단속건수는 1,566건으로 2022년 '방범등 소등위반' 단속건수인 1,262건보다 많으므로 옳지 않은 설명이다.

12 자료이해

정답 ⑤

정답 체크

ㄴ. 1406년에 큰 비는 59−(4+11+3+1+3+3+10+1+2)=21건 발생하였으며, '큰 비'가 가장 많이 발생한 연도는 1405년이고, '우박'이 가장 많이 발생한 연도도 1405년이므로 옳은 설명이다.

ㄷ. 1401~1418년 동안의 '큰 비' 발생 건수 합은 1+13+18+27+21+ 14+4+7+14+11+8+20+21+18+11+9+17=234건으로 같은 기간 동안의 발생 건수 합 상위 5개 유형은 '천둥번개', '큰 비', '벼락', '우박', '짙은 안개'이므로 옳은 설명이다.

ㄹ. '짙은 안개' 발생 건수는 1402년에 41−(3+5+3+1+3+5+2+2+ 2)=15건, 1408년에 23−(4+3+1+1+3+1+3)=7건으로 1402년에 가장 많이 발생한 유형은 '짙은 안개'이고, 1408년에 가장 많이 발생한 유형도 '짙은 안개'이므로 옳은 설명이다.

오답 체크

ㄱ. 연도별 전체 발생 건수 상위 2개 연도는 1405년, 1406년, 하위 2개 연도는 1404년, 1408년이고, 각각의 발생 건수 합은 상위 2개 연도가 74+59=133건, 하위 2개 연도가 29+23=52건으로 상위 2개 연도의 발생 건수 합은 하위 2개 연도의 발생 건수 합의 3배 미만이므로 옳지 않은 설명이다.

13 자료계산

정답 ③

실력 UP 문제 분석

출제 포인트
제시된 공식을 조합하여 특정 수치 계산

주제
제품별 고정원가율, 변동원가율, 제조원가율

기출 포인트
NH농협은행, 국민은행, 하나은행 등 대부분의 금융 NCS에서는 금융 및 경제 관련 소재의 자료가 출제된다.

정답 체크

· 제조원가 = 고정원가 + 변동원가임을 이용하여 각주로 제시된 식을 정리하면 변동원가율 + 고정원가율 = 100임을 알 수 있다. 〈표〉에 주어진 변동원가율을 이용하여 제품 A~E의 고정원가율을 구하면 A는 60%, B는 40%, C는 60%, D는 80%, E는 50%이다.

・각주 2)를 변형하면 제조원가 $= \dfrac{\text{고정원가}}{\text{고정원가율}} \times 100$ 이므로 앞서 구한 고정원가율과 〈표〉에 주어진 고정원가를 대입하여 제조원가를 계산하고, 각주 4)를 변형하면 매출액 $= \dfrac{\text{제조원가}}{\text{제조원가율}} \times 100$ 이므로 앞서 구한 제조원가와 〈표〉에 주어진 제조원가율을 대입하여 매출액을 계산한다.

이를 표로 나타내면 다음과 같다.

구분 제품	고정원가율 (%)	제조원가 (원)	매출액 (원)
A	60	$(60,000/60) \times 100$ $= 100,000$	$(100,000/25) \times 100$ $= 400,000$
B	40	$(36,000/40) \times 100$ $= 90,000$	$(90,000/30) \times 100$ $= 300,000$
C	60	$(33,000/60) \times 100$ $= 55,000$	$(55,000/30) \times 100$ $\fallingdotseq 183,333$
D	80	$(50,000/80) \times 100$ $= 62,500$	$(62,500/10) \times 100$ $= 625,000$
E	50	$(10,000/50) \times 100$ $= 20,000$	$(20,000/10) \times 100$ $= 200,000$

따라서 매출액이 가장 작은 제품은 C이다.

14 자료이해
정답 ③

실력 UP 문제 분석

출제 포인트
제시된 공식을 활용하여 선택지의 옳고 그름 판단

주제
졸업생의 취업 및 진학 현황

기출 포인트
NH농협은행, 국민은행, 하나은행 등 대부분의 금융 NCS에서는 취업률 또는 실업률 관련 소재의 자료가 출제된다.

정답 체크
진학자 수가 계열별로 20%씩 증가한다면 전체의 진학자 수는 $150 \times 1.2 = 180$명으로 전체의 진학률은 $(180/2,000) \times 100 = 9\%$이므로 옳지 않은 설명이다.

오답 체크
① A계열의 취업률은 $(500/800) \times 100 = 62.5\%$로 B계열의 취업률인 57.1%보다 높으므로 옳은 설명이다.
② B계열의 진로 미결정 비율은 $100 - (57.1 + 7.1) = 35.8\%$이고, C계열의 진학률은 $(40/500) \times 100 = 8.0\%$, 진로 미결정 비율은 $100 - (40.0 + 8.0) = 52.0\%$로 진로 미결정 비율은 B계열이 C계열보다 낮으므로 옳은 설명이다.
④ 취업자 수가 계열별로 10%씩 증가한다면 전체의 취업자 수는 $1,100 \times 1.1 = 1,210$명으로 전체의 취업률은 $(1,210/2,000) \times 100 = 60.5\%$이므로 옳은 설명이다.
⑤ 진학률은 A계열이 7.5%, B계열이 7.1%, C계열이 $(40/500) \times 100 = 8.0\%$로 C계열이 가장 높으므로 옳은 설명이다.

15 자료이해
정답 ①

실력 UP 문제 분석

출제 포인트
제시된 공식을 활용하여 선택지의 옳고 그름 판단

주제
농업진흥지역(논/밭) 면적

기출 포인트
NH농협은행, 국민은행, 하나은행 등 대부분의 금융 NCS에서는 각 은행과 관련된 소재의 문제가 출제된다. 미리 준비하는 기업의 관련 사업을 숙지하는 것이 좋다.

정답 체크
ㄱ. 2014년부터 2022년까지 매년 농업진흥지역 면적은 전체 농지 면적의 50% 이하이므로 옳은 설명이다.
・2014년: $(81.5/175.9) \times 100 \fallingdotseq 46.3\%$
・2015년: $(80.7/171.5) \times 100 \fallingdotseq 47.1\%$
・2016년: $(80.9/173.0) \times 100 \fallingdotseq 46.8\%$
・2017년: $(81.1/169.1) \times 100 \fallingdotseq 48.0\%$
・2018년: $(81.0/167.9) \times 100 \fallingdotseq 48.2\%$
・2019년: $(78.0/164.4) \times 100 \fallingdotseq 47.4\%$
・2020년: $(77.7/162.1) \times 100 \fallingdotseq 47.9\%$
・2021년: $(77.8/159.6) \times 100 \fallingdotseq 48.7\%$
・2022년: $(77.6/158.1) \times 100 \fallingdotseq 49.1\%$

오답 체크
ㄴ. 농업진흥지역 면적은 2016년, 2017년, 2021년에 전년 대비 증가하였으므로 옳지 않은 설명이다.
ㄷ. 2013년 농업진흥지역 면적에서 밭 면적이 차지하는 비중은 15% 이상이므로 옳지 않은 설명이다.
・2013년: $(14.6/91.5) \times 100 \fallingdotseq 16.0\%$
・2014년: $(9.9/81.5) \times 100 \fallingdotseq 12.1\%$
・2015년: $(9.7/80.7) \times 100 \fallingdotseq 12.0\%$
・2016년: $(9.7/80.9) \times 100 \fallingdotseq 12.0\%$
・2017년: $(9.7/81.1) \times 100 \fallingdotseq 12.0\%$
・2018년: $(9.7/81.0) \times 100 \fallingdotseq 12.0\%$
・2019년: $(10.1/78.0) \times 100 \fallingdotseq 12.9\%$
・2020년: $(9.8/77.7) \times 100 \fallingdotseq 12.6\%$
・2021년: $(9.6/77.8) \times 100 \fallingdotseq 12.3\%$
・2022년: $(8.9/77.6) \times 100 \fallingdotseq 11.5\%$

16 자료계산

실력 UP 문제 분석

출제 포인트
제시된 공식을 활용하여 계산 및 크기 비교

소재
국가별 국내총생산, 1인당 국내총생산, 1인당 이산화탄소배출량

기출 포인트
NH농협은행, 국민은행, KDB산업은행 등 대부분의 금융 NCS에서는 금융 및 경제 관련 소재의 자료가 출제된다.

정답 체크

이산화탄소 총배출량을 구하기 위해 제시된 각주를 변형한다. 각주 1)에 따라 총인구 $= \frac{\text{국내총생산}}{\text{1인당 국내총생산}}$ 이므로 각주 2)에 따라 이산화탄소 총배출량 $=$ 1인당 이산화탄소 배출량 $\times \frac{\text{국내총생산}}{\text{1인당 국내총생산}}$ 임을 알 수 있다. 이에 따라 국가별 이산화탄소 총배출량을 식으로 정리하면 다음과 같다.

- A: $16.6 \times \frac{20조 4,941억}{62,795} \doteqdot 54억 1,766만 톤CO_2eq.$
- B: $9.1 \times \frac{4조 9,709억}{39,290} \doteqdot 11억 5,132만 톤CO_2eq.$
- C: $12.4 \times \frac{1조 6,194억}{31,363} \doteqdot 6억 4,026만 톤CO_2eq.$
- D: $7.0 \times \frac{13조 6,082억}{9,771} \doteqdot 97억 4,899만 톤CO_2eq.$

따라서 A~D를 이산화탄소 총배출량이 가장 적은 국가부터 순서대로 바르게 나열하면 C, B, A, D 순이다.

⏱ 빠른 문제 풀이 Tip

단위가 크고 수치가 많아 계산이 복잡하므로 비교하려는 두 분수식 간 분자값과 분모값의 증가율을 비교하는 방식으로 대소를 정리한다. 먼저 A와 B를 비교하면, 분자값은 A가 B의 6배 이상이고, 분모값은 A가 B의 1.5배 이상이므로 A가 더 큰 수임을 알 수 있다. 이에 따라 A가 B보다 앞에 배치된 ①, ②, ③이 소거된다.
다음으로 A와 D를 비교하면, 분자값은 A가 D의 3배 이상이고, 분모값은 A가 D의 6배 이상이므로 A가 더 작은 수임을 알 수 있다. 이에 따라 D가 A보다 앞에 배치된 ⑤가 소거된다.

17 자료이해

정답 체크

- 두 번째 <정보>에 따르면 '대기업' 특허출원건수가 '중견기업'과 '중소기업' 특허출원건수 합의 2배 이상인 업종은 '전자부품', '자동차'이고, A~C 중 '대기업' 특허출원건수가 '중견기업'과 '중소기업' 특허출원건수 합보다 많은 업종은 A뿐이므로 A가 '전자부품'임을 알 수 있다.
- 마지막 <정보>에 따르면 특허출원기업당 특허출원건수는 '연구개발'이 '전문서비스'보다 많고, 특허출원기업당 특허출원건수는 B가 $(18+115+3,223) / 1,154 \doteqdot 2.9$건, C가 $(29+7+596) / 370 \doteqdot 1.7$로 B가 C보다 많으므로 B가 '연구개발', C가 '전문서비스'임을 알 수 있다.

따라서 A가 '전자부품', B가 '연구개발', C가 '전문서비스'이다.

18 자료계산

실력 UP 문제 분석

출제 포인트
제시된 자료와 조건을 활용한 수치 계산

소재
공유킥보드 운영사의 대여요금제

기출 포인트
IBK기업은행, 국민은행의 NCS에서는 비용 계산 관련 문제가 꾸준히 출제된다.

정답 체크

- 대여요금 = 잠금해제료 + 분당대여료 × 대여시간이므로 대여시간이 x분일 때 2022년 1월 기준 운영사별 대여요금을 식으로 정리하면 다음과 같다.
  - A: $0 + 200x$
  - B: $250 + 150x$
  - C: $750 + 120x$
  - D: $1,600 + 60x$

- <보고서>에 제시된 2022년 1월 기준 대여요금제에 따르면 운영사 (가)는 이용자의 대여시간이 몇 분이더라도 해당 대여시간에 대해 운영사 A~D 중 가장 낮은 대여요금을 제공하지 못하고 있으므로, 대여시간(x)의 범위를 나누어 최저 대여요금을 제공하는 운영사를 확인한다.

대여시간(x)	4분 이하	6~14분	16분 이상
최저 대여요금 운영사	A	B	D

대여시간(x)이 5분인 경우 운영사 A와 B가 동일한 최저 대여요금을 제공하고, 15분인 경우 B와 D가 동일한 최저 대여요금을 제공한다.
이에 따라 (가)는 C임을 알 수 있다.

- 운영사 (가)는 2월부터 잠금해제 이후 처음 5분간 분당대여료를 면제하는 것으로 대여요금제를 변경하였다고 했으므로 2022년 2월 기준 운영사 C의 변경된 대여요금은 다음과 같다.
  - 대여시간(x)이 5분 이하일 때: 750원
  - 대여시간(x)이 5분 초과일 때: $750 + 120(x-5)$

- 변경된 2월 기준 대여요금제로 운영사 A~D의 대여요금을 재산정하였을 때, 운영사 (나)를 구하기 위해서는 1월과 동일한 방식으로 대여시간(x)의 범위를 나누어 최저 대여요금을 제공하는 운영사를 확인한다.

대여시간(x)	3분 이하	4~24분	25분 이상
최저 대여요금 운영사	A	C	D

이에 따라 (나)는 B임을 알 수 있다.

- 운영사 (나)는 3월부터 분당대여료를 50원 인하하는 것으로 대여요금제를 변경하였다고 했으므로 운영사 B의 2022년 3월 기준 대여요금은 $250 + 100x$이다.

- 그 결과 대여시간(x)이 20분일 때, 3월 기준 대여요금제로 산정된 공유킥보드 대여요금은 운영사 C가 $750 + 120 \times (20-5) = 2,550$원, 운영사 B가 $250 + (100 \times 20) = 2,250$원이다.

따라서 공유킥보드 대여요금의 차이인 (다)는 $2,550 - 2,250 = 300$원이다.

⏱ 빠른 문제 풀이 Tip

운영사 A는 잠금해제료가 없는 반면 분당대여료가 높고, 운영사 D는 잠금해제료가 높은 반면 분당대여료가 낮기 때문에 대여시간이 아주 짧으면 운영사 A~D 중 A의 대여요금이 가장 낮고, 대여시간이 아주 길면 운영사 D의 대여요금이 가장 낮다. 따라서 A, D를 제외한 B와 C의 대여요금을 우선적으로 비교하면 (가)를 빠르게 찾아낼 수 있다.

30 온/오프라인 취업강의 · 무료 취업자료 ejob.Hackers.com

정답 체크

ㄴ, ㄷ. 제시된 <표>에서는 전공계열별 희망직업 취업 현황만을 확인할 수 있으나, <보고서> 두 번째 단락에서 전공계열별로 희망직업을 선택한 동기와 전공계열별 희망직업의 선호도 분포에 대해 제시하고 있다. 따라서 <보고서>를 작성하기 위해 추가로 이용한 자료는 [전공계열별 희망직업 선호도 분포]와 [전공계열별 희망직업 선택 동기 구성비]이다.

오답 체크

ㄱ, ㄹ. 제시된 <보고서>에서 [구인·구직 추이]와 [희망직업 취업 여부에 따른 항목별 직장 만족도]는 알 수 없으므로 <보고서>를 작성하기 위해 추가로 이용한 자료가 아니다.

정답 체크

제시된 <보고서>의 두 번째 단락에서 2018년 이후 예식장과 결혼상담소의 사업자 수도 각각 매년 감소한다고 하였으나, [예식장 및 결혼상담소 사업자 수]에서 예식장 사업자 수는 2019년에 증가하고 있어 매년 감소한 것은 아니므로 <보고서>의 내용과 부합하지 않는 자료이다.

정답 체크

제시된 조건에 따르면 A와 B는 서로 다른 지역에서 열리는 종목을 관람하고, C는 산악지역에서 열리는 스키를 관람하므로 A와 B 중 한 사람은 산악지역에서 열리는 봅슬레이를 관람하고, D와 E 두 사람 모두 해안지역에서 열리는 컬링, 쇼트트랙, 아이스하키 중 한 종목을 관람한다. 이때, D가 봅슬레이를 관람하지 않으면 B는 쇼트트랙을 관람하지 않으므로 B는 쇼트트랙을 관람하지 않음을 알 수 있다. 또한, A가 봅슬레이를 관람하지 않으면 E는 쇼트트랙과 아이스하키 모두 관람하지 않는다. E가 관람하는 종목에 따라 가능한 경우는 다음과 같다.

구분	A	B	C	D	E
경우1	쇼트트랙 또는 아이스하키	봅슬레이	스키	쇼트트랙 또는 아이스하키	컬링
경우2	봅슬레이	컬링 또는 아이스하키	스키	컬링 또는 아이스하키	쇼트트랙
경우3	봅슬레이	컬링	스키	쇼트트랙	아이스하키

ㄴ. B는 봅슬레이, 컬링, 아이스하키 중 한 종목을 관람하고 쇼트트랙을 관람하지 않음을 알 수 있다.

ㄷ. E가 쇼트트랙을 관람하는 경우, B는 컬링이나 아이스하키를 관람하므로 반드시 참이다.

오답 체크

ㄱ. A가 봅슬레이를 관람하는 경우, D는 컬링 또는 쇼트트랙을 관람할 수도 있으므로 반드시 참이 아니다.

실력 UP 문제 분석

출제 포인트

반드시 참인 것 고르기

소재

문화특화지역 / 경제특화지역(동구 / 서구, 유물 발견, 아파트 거주, 부유함)

기출 포인트

NH농협은행, IBK기업은행 등에서 꾸준히 출제되는 유형의 문제이다. 명제와 명제의 대우가 참인 것을 활용하여 문제를 풀어야 하며, 명제의 역과 이는 참인지 알 수 없다는 점을 염두에 두고 문제를 풀어야 한다.

정답 체크

제시된 내용을 기호화하여 정리하면 다음과 같다.

(1) A시 관할지역 → 동구와 서구로 분할

(2) A시 내 문화특화지역, 경제특화지역 겹치지 X

(3) 문화특화지역 → 유물 발견

(4) 동구 경제특화지역 주민 → 부유

(5) 서구 주민 → 아파트 거주

(5)의 '대우'에 따라 아파트에 거주하지 않는 사람은 모두 서구 주민이 아니므로 병은 동구에 살며, (4)에 따라 동구에서 경제특화지역에 거주하는 주민은 모두 부유하므로 병도 부유함을 알 수 있다.

오답 체크

① (3)의 '대우'에 따라 유물이 발견되지 않은 곳은 문화특화지역이 아니라는 것은 도출할 수 있지만, 유물이 발견된 지역에 대한 내용은 도출할 수 없으므로 반드시 참은 아니다.

② (4)의 '대우'에 따라 부유하지 않은 사람은 동구의 경제특화지역의 주민이 아니라는 것은 도출할 수 있지만, 부유한 사람이 경제특화지역에 거주하고 있는지에 대한 내용은 도출할 수 없으므로 반드시 참은 아니다.

④ (5)의 '대우'에 따라 아파트에 거주하지 않는 사람은 동구에 거주함을 알 수 있지만, 정이 아파트에 살지 않더라도 유물이 발견되지 않은 지역에 거주하는 지는 알 수 없으므로 반드시 참은 아니다.

⑤ (5)의 '대우'에 따라 아파트에 거주하지 않는 사람은 동구에 거주함을 알 수 있지만, 무가 문화특구지역에 거주한다고 해서 아파트에 살지 않는지는 알 수 없으므로 반드시 참은 아니다.

23 규칙 적용

정답 체크

제시된 글에 따르면 A시의 지역 농산물 유통센터는 농산물을 수확 당일 모두 판매하는 것을 목표로 운영하며, 당일 판매하지 못한 농산물은 판매가에서 20%를 할인하여 다음 날 판매하고, 수박의 당일 판매가는 개당 1만 원이므로 다음 날 판매한 수박의 판매가는 개당 $10,000 \times 0.8 = 8,000$원임을 알 수 있다. 이때, 농부 甲은 7월 1일부터 5일까지 매일 수확한 수박 100개씩을 수확 당일 A시 지역 농산물 유통센터에 공급하였으며, 수확 당일 판매되지 않은 수박은 다음 날 모두 판매되었다. 이에 따라 각 날짜별 수박 판매 개수와 판매액은 다음과 같다.

날짜 (일)	1	2	3	4	5	6
판매된 수박	80개	100개	110개	100개	100개	10개
수확 당일 판매된 수박	80개	80개	90개	90개	90개	0개
수확 다음 날 판매된 수박	0개	20개	20개	10개	10개	10개
판매액	80× 10,000 =80만 원	(80× 10,000) +(20× 8,000) =96만 원	90× 10,000) +(20× 8,000) =106만 원	(90× 10,000)+ (10×8,000) =98만 원	(90× 10,000) +(10× 8,000) =98만 원	10× 8,000 =8만 원

따라서 7월 1일부터 6일까지 지역 농산물 유통센터에서 판매된 甲의 수박 총 판매액은 $80+96+106+98+98+8=486$만 원이다.

24 규칙 적용

정답 체크

ㄱ. 전기 1kWh당 사용 요금은 20원, 도시가스 1m³당 사용 요금은 60원이라고 하였으므로 매월 전기 요금과 도시가스 요금을 각각 12,000원씩 부담하는 가구의 월 전기 사용량은 $12,000/20=600$kWh이고, 월 도시가스 사용량은 $12,000/60=200$m³이다. 이때 전기는 5kWh, 도시가스는 1m³를 사용할 때 각각 2kg의 CO_2가 배출되므로 이 가구의 전기 사용으로 인한 월 CO_2 배출량은 $(600/5) \times 2=120 \times 2=240$kg, 도시가스 사용으로 인한 월 CO_2 배출량은 $200 \times 2=400$kg으로 전기 사용으로 인한 CO_2 배출량이 도시가스 사용으로 인한 CO_2 배출량보다 적으므로 옳은 설명이다.

ㄴ. 전기 1kWh당 사용 요금은 20원, 도시가스 1m³당 사용 요금은 60원이라고 하였으므로 매월 전기 요금을 5만 원, 도시가스 요금을 3만 원 부담하는 가구의 월 전기 사용량은 $50,000/20=2,500$kWh이고, 월 도시가스 사용량은 $30,000/60=500$m³이다. 이때 전기는 5kWh, 도시가스는 1m³를 사용할 때 각각 2kg의 CO_2가 배출되므로 이 가구의 전기 사용으로 인한 월 CO_2 배출량은 $(2,500/5) \times 2=500 \times 2=1,000$kg, 도시가스 사용으로 인한 월 CO_2 배출량은 $500 \times 2=1,000$kg으로 전기 사용으로 인한 CO_2 배출량과 도시가스 사용으로 인한 CO_2 배출량이 같으므로 옳은 설명이다.

오답 체크

ㄷ. 전기는 5kWh, 도시가스는 1m³를 사용할 때 각각 2kg의 CO_2가 배출된다고 하였으므로 전기 1kWh를 절약한 가구는 $2/5=0.4$kg만큼의 CO_2 배출량이, 도시가스 1m³를 절약한 가구는 2kg만큼의 CO_2 배출량이 감소하였다. 이때 A부처는 CO_2 배출량 감소를 위해 CO_2 배출 감소량에 비례하여 포인트를 제공한다고 하였으므로 CO_2 배출 감소량이 2kg인 도시가스 1m³를 절약한 가구가 CO_2 배출 감소량이 0.4kg인 전기 1kWh 절약한 가구보다 많은 포인트를 지급받으므로 옳지 않은 설명이다.

25 논리퍼즐

정답 체크

甲~戊의 실적시간, 요일별 인정시간, 총합을 정리하면 다음과 같다.

구분	금요일 실적시간		금요일 인정시간	토요일 인정시간	총합
	출근 후	퇴근 후			
甲	0:05	2:00	2:05	2:00	4:05
乙	1:00	1:55	2:55	0	2:55
丙	–	3:30	3:00 (개인용무시간 30분 제외)	1:30	4:30
丁	재택근무이므로 0		0	0	0
戊	2:00	3:30	4:00 (하루 최대 4시간)	0	4:00

따라서 금요일과 토요일의 초과근무 인정시간의 합이 가장 많은 근무자는 丙이다.

26 법·규정의 적용

> **실력 UP 문제 분석**
>
> **출제 포인트**
> 법조문 해석
>
> **주제**
> 주민등록번호의 변경에 관한 법령
>
> **기출 포인트**
> NH농협은행, IBK기업은행 등 대부분의 금융 NCS에서 매년 출제된다. 법조문의 내용을 임의로 해석해서는 안 되며, 정확한 내용을 토대로 선택지 내용에 적용할 수 있는지를 기준으로 선택지를 판단해야 한다.

정답 체크

제4항에서 제3항의 번호변경 통지를 받은 신청인은 주민등록증, 운전면허증, 여권, 장애인등록증 등에 기재된 번호의 변경을 위해서는 그 번호의 변경을 신청해야 한다고 하였으므로 옳은 설명이다.

오답 체크

① 제1항에서 주민등록지의 특별시장과 광역시장을 제외한 시장에게 주민등록번호의 변경을 신청할 수 있고, 제2항에 따르면 신청을 받은 시장은 주민등록번호변경위원회에 번호변경 여부에 관한 결정을 청구해야 한다고 하였으므로 옳지 않은 설명이다.

② 제3항에서 주민등록지의 시장 등은 변경위원회로부터 번호변경 인용결정을 통보받은 경우에는 신청인의 번호를 각 호의 기준에 따라 변경해야 한다고 하였으므로 옳지 않은 설명이다.

③ 제3항 제1호에서 신청인의 주민등록번호의 앞 6자리 및 뒤 7자리 중 첫째 자리는 변경할 수 없다고 하였으므로 옳지 않은 설명이다.

⑤ 제5항에서 신청인은 번호변경 기각결정 사실에 대한 통지를 받은 날부터 30일 이내에 그 시장 등에게 이의신청을 할 수 있다고 하였으므로 옳지 않은 설명이다.

27 세부 정보 파악

정답 ①

정답 체크

첫 번째 단락에서 공직부패가 사적 이익을 위해 공적 의무를 저버리고 권력을 남용하는 것이라면, 이해충돌은 공적 의무와 사적 이익이 대립하는 객관적 상황 자체를 의미한다고 했으므로 공직부패는 권력 남용과 관계가 있으며, 공적 의무와 사적 이익이 대립하는 객관적 상황 자체는 이해충돌임을 알 수 있다.

오답 체크

② 세 번째 단락에서 신뢰성 확보로 규제의 초점이 변화되면서 이해충돌의 개념이 확대되어 외관상 발생 가능성이 있는 것만으로도 이해충돌에 대해 규제하는 것이 정당화되고 있다고 하였으므로 옳은 설명이다.

③ 첫 번째 단락에서 이해충돌은 공적 의무와 사적 이익이 충돌한다는 점에서 공직부패와 공통점이 있다고 하였으므로 옳은 설명이다.

④ 두 번째 단락에서 공직부패는 드문 현상이지만 이해충돌은 일상적으로 발생하기 때문에 직무수행 과정에서 빈번하게 나타났다고 하였으므로 옳은 설명이다.

⑤ 두 번째 단락에서 이해충돌에 대한 전통적인 규제는 공직부패의 사전예방에 초점이 맞추어져 있었다고 하였으며, 세 번째 단락에서 최근에는 이해충돌에 대한 규제의 초점이 정부의 의사결정 과정과 결과에 대한 신뢰성 확보로 변화되고 있다고 하였으므로 옳은 설명이다.

28 세부 정보 파악

정답 ④

실력 UP 문제 분석

출제 포인트
정보 파악

주제
내연기관 / 노킹 현상 / 옥탄가에 대한 설명

기출 포인트
지문과 <보기>에 '내연기관', '노킹 현상', '옥탄가' 등이 제시되고, <보기>에 구체적인 상황이 제시되었으므로 각 특징을 파악하여 <보기>의 내용을 판단하는 '응용형'임을 알 수 있다. 응용형 문제의 경우 개별 정보 중 공통된 정보와 다른 것이 있는지 파악해야 한다. 이 문제의 경우 A시의 최소 옥탄가의 등급별 기준이 타 지역과 차이가 있다는 점에 유의한다.

정답 체크

ㄱ. 두 번째 단락에 따르면 甲국에서는 보통, 중급, 고급으로 분류되는 세 가지 등급의 휘발유가 판매되고 있고, 등급을 구분하는 최소 옥탄가 기준은 각각 87, 89, 93임을 알 수 있다. 이때 甲국의 A시에서 판매되는 휘발유는 다른 지역의 휘발유보다 등급을 구분하는 최소 옥탄가의 기준이 등급별로 2씩 낮음에 따라 A시에서 고급 휘발유로 판매되는 휘발유의 옥탄가는 93-2=91 이상이므로 옳은 설명이다.

ㄴ. 첫 번째 단락에 따르면 실린더 내의 과도한 열이나 압력, 혹은 질 낮은 연료의 사용 등으로 인해 노킹 현상이 발생할 수 있으므로 옳은 설명이다.

ㄷ. 첫 번째 단락에 따르면 노킹 현상은 공기·휘발유 혼합물이 점화되기도 전에 연소되는 현상이다. 따라서 노킹 현상이 일어나지 않는다면, 일반적인 내연기관 내부의 실린더 속에서 공기·휘발유 혼합물은 점화가 된 후에 연소되므로 옳은 설명이다.

오답 체크

ㄹ. 첫 번째 단락에 따르면 연소는 휘발유의 주성분인 탄화수소가 공기 중의 산소와 반응하여 이산화탄소와 물을 생성하는 것이므로 옳지 않은 설명이다.

29 규칙 적용

정답 ④

정답 체크

제시된 <국내이전비 신청현황>에서 甲~己에 대한 세부 내용이 국내이전비 지급 요건에 부합하는지 확인한다. 甲의 경우 전임지와 신임지가 울산광역시로 같아 '첫째' 요건의 동일한 시 안에서 거주지를 이전하는 자에게는 국내이전비를 지급하지 않는다는 내용에 따라 국내이전비를 지급받지 못한다. 乙과 丙 또한 '첫째' 요건의 전임지에서 신임지로 거주지를 이전하고 이사화물도 옮겨야 한다는 요건에 부합하지 못하여 국내이전비를 지급받지 못한다. 己는 발령일자가 2020년 4월 25일이고 이전일자가 2020년 4월 1일로 '둘째' 요건의 거주지와 이사화물은 발령을 받은 후에 이전하여야 한다는 요건에 부합하지 못하여 국내이전비를 지급받지 못한다.

따라서 국내이전비를 지급받는 공무원은 모든 요건에 부합하는 丁, 戊이다.

30 규칙 적용

정답 ②

정답 체크

제시된 <상황>에 따르면 甲은 오후 2시부터 5시까지 3시간 동안 세미나에 참석했고, 슬라이드 20면 분량의 원고로 발표를 하였다. 이에 따라 <기준>을 근거로 한 甲의 참석수당 및 원고료는 다음과 같다.

참석수당	100,000+(50,000×1)=150,000원
원고료	10,000×(20/2)=100,000원
총 지급기준액	150,000+100,000=250,000원

이때 세미나 참석수당 및 원고료는 기타소득에 해당하여, 지급기준액에서 기타소득세와 주민세를 원천징수하므로 이를 차감하여 지급해야 한다.

기타소득세	{250,000-(250,000×0.6)}×0.2=20,000원
주민세	20,000×0.1=2,000원
원천징수액	20,000+2,000=22,000원

따라서 甲에게 지급하는 금액은 250,000-22,000=228,000원이다.

정답

p.110

01	③	세부 내용 파악	07	③	세부 내용 파악	13	④	자료계산	19	④	자료변환	25	④	규칙 적용
02	⑤	논지·견해 분석	08	⑤	논지·견해 분석	14	④	자료계산	20	①	자료변환	26	⑤	규칙 적용
03	⑤	세부 내용 파악	09	④	문맥 추론	15	③	자료이해	21	②	논리퍼즐	27	①	세부 정보 파악
04	②	논지·견해 분석	10	③	세부 내용 파악	16	①	자료이해	22	②	규칙 적용	28	⑤	규칙 적용
05	⑤	문맥 추론	11	②	자료이해	17	③	자료계산	23	⑤	규칙 적용	29	④	세부 정보 파악
06	①	세부 내용 파악	12	②	자료이해	18	②	자료이해	24	③	논리퍼즐	30	⑤	법·규정의 적용

취약 유형 분석표

유형별로 맞힌 개수, 틀린 문제 번호와 풀지 못한 문제 번호를 적고 나서 취약한 유형이 무엇인지 파악해 보세요. 그 후 취약한 유형은 유형 특징, 풀이 전략, 유형공략 문제들을 복습하고 틀린 문제와 풀지 못한 문제를 다시 한번 풀어보세요.

영역	유형	맞힌 개수	정답률	틀린 문제 번호	풀지 못한 문제 번호
의사소통능력	세부 내용 파악	/5	%		
	문맥 추론	/2	%		
	논지·견해 분석	/3	%		
수리능력	자료이해	/5	%		
	자료계산	/3	%		
	자료변환	/2	%		
문제해결능력	세부 정보 파악	/2	%		
	법·규정의 적용	/1	%		
	규칙 적용	/5	%		
	논리퍼즐	/2	%		
TOTAL		/30	%		

해설

01 세부 내용 파악 정답 ③

실력 UP 문제 분석

출제 포인트
글에 제시된 내용과 일치하는 내용 찾기

주제
대동법 시행의 배경과 변화

문단별 중심 내용

1문단	조선시대 공물 수취 제도의 폐단으로 인해 발생한 '방납'
2문단	방납의 폐단을 극복하고자 경기도에 한해 시행된 '대동법'
3문단	대동법 시행 지역의 확대

정답 체크

두 번째 단락에서 광해군 즉위 초에 경기도에 한해 쌀을 공물로 거두고, 이를 선혜청으로 운반해 국가가 필요로 하는 물품을 구매하는 '대동법'을 시행하자는 의견이 받아들여졌다고 하였으므로 광해군이 국왕으로 재위할 때 공물로 쌀을 내게 하는 조치가 경기도에 취해진 것을 알 수 있다.

오답 체크

① 세 번째 단락에서 인조가 전라도 전역에 대동법을 확대 시행했다고 하였으므로 적절하지 않은 내용이다.
② 세 번째 단락에서 효종은 전라도 일부 지역 및 충청도가 흉년에서 벗어났다고 생각해 해당 지역에 대동법을 다시 시행했다고 하였으므로 적절하지 않은 내용이다.
④ 세 번째 단락에서 광해군 이후 즉위한 인조는 대동법 확대하였으나 저구,에 흉년이 듣지 충싱노와 선라노에 대동법을 시행한다는 결정을 철회했다고 하였으므로 적절하지 않은 내용이다.
⑤ 첫 번째 단락에서 백성들이 부과된 공물을 상인들이 생산지에서 구매해 대납하는 '방납'을 했다고 하였으며, 두 번째 단락에서 한백겸은 광해군에게 '대동법'을 시행하자고 했다고 하였으나 한백겸이 방납을 부당하다고 하였는지는 알 수 없다.

02 논지·견해 분석 정답 ⑤

실력 UP 문제 분석

출제 포인트
필자가 말하고자 하는 중심 내용 파악

주제
유럽연합의 기원

기출 포인트
'요약' 문제의 경우 마지막 문장에서 필자가 나타내고자 하는 핵심 내용이 제시되는 문제가 많이 출제되므로, 이에 유의하며 제시문을 읽어야 한다.

정답 체크

제시된 글은 유럽연합이 산업분야의 상호의존에 따라 유럽석탄철강공동체, 유럽원자력공동체, 유럽경제공동체를 설립하고 통합하면서 체결되었음을 밝히고, 이러한 과정과 효과기 비경제적 부문으로 확산되어 정치적 공동체를 지향하게 되었음을 설명하고 있다. 따라서 '유럽 지역통합 과정은 산업발전의 파급효과에 따른 국가 간 상호의존도 강화가 지역 경제 통합을 이끌어 내고 이를 바탕으로 해당 지역의 정치 통합으로 이어지는 모습을 보여주고 있다.'가 제시된 글을 요약한 것으로 가장 적절하다.

오답 체크

① 제시된 글에서 유럽지역이 개별 국가의 이익보다 유럽 자체의 이익에 중점을 두는지 알 수 없다.
② 제시된 글은 유럽연합의 경제 통합이 정치 통합으로 이어지고 있다는 내용이므로 유럽통합이 지배계급의 시도이며 유럽연합은 이들의 이익을 대변하는 장치라는 것은 글의 내용과 무관하다.
③ 제시된 글은 유럽연합의 경제 통합이 정치 통합으로 이어지고 있다는 내용이므로 국제관계가 대표 정부의 협상에 의해 결정되며 유럽통합은 국익을 대변한다는 것은 글의 내용과 무관하다.
④ 제시된 글에서 유럽 경제 통합의 배경에 보호주의 발생 방지가 있었는지 알 수 없다.

03 세부 내용 파악 정답 ⑤

실력 UP 문제 분석

주제
ISBN-10 번호 부여 체게

문단별 중심 내용

1문단	전 세계에서 출판되는 각종 도서에 부여하는 고유 식별 번호인 국제표준도서번호
2문단	ISBN - 10 네 부분 각각이 의미하는 것과 유효한 번호로서의 ISBN - 10

정답 체크

두 번째 단락에서 어떤 책에 부여된 ISBN - 10인 '89 - 89422 - 42 - 6'은 $(8 \times 10) + (9 \times 9) + (8 \times 8) + (9 \times 7) + (4 \times 6) + (2 \times 5) + (2 \times 4) + (4 \times 3) + (2 \times 2) + (6 \times 1) = 352$이고, 이 값은 11로 나누어 떨어지기 때문에 이 ISBN - 10은 유효한 번호라고 하였으므로 ISBN - 10은 유효한 번호라면 그 확인 숫자는 반드시 0이어야 함을 알 수 있다.

오답 체크

① 두 번째 단락에서 ISBN - 10의 첫 번째 부분에 있는 숫자는 책이 출판된 국가 또는 언어 권역을 나타낸다고 하였으므로 적절하지 않은 내용이다.
② 글 전체에서 임의의 책의 ISBN - 10에 숫자 3자리를 추가하면 그 책의 ISBN - 13을 얻는 것인지는 알 수 없으므로 적절하지 않은 내용이다.
③ 두 번째 단락에서 ISBN - 10의 세 번째 부분은 출판사에서 임의로 붙인 번호라고 하였으므로 적절하지 않은 내용이다.
④ 두 번째 단락에서 ISBN - 10의 두 번째 부분에 있는 숫자는 국가별 ISBN 기관에서 그 국가에 있는 각 출판사에 할당한 번호를 나타낸다고 하였으므로 적절하지 않은 내용이다.

04 논지·견해 분석
정답 ②

실력 UP 문제 분석

주제
증거와 가설 간의 관계에서 입증

화자의 견해

갑	증거 발견 후 가설의 확률 증가분이 클수록 증거가 가설을 입증하는 정도가 커진다.
을	증거가 가설이 참일 확률을 높이더라도 그 증거는 가설을 입증하지 못할 수 있으며, 증거 발견 이후 가설의 확률 증가분이 있고 그 후 가설이 참일 확률이 1/2보다 클 경우 증거가 가설을 입증한다.

정답 체크
ㄷ. 갑의 입장에서 증거 발견 후 가설의 확률 증가분이 있다면 증거는 가설을 입증하며, 을의 입장에서 증거 발견 후 가설이 참일 확률이 1/2보다 크다면 증거가 가설을 입증하므로 적절한 내용이다.

오답 체크
ㄱ. 갑은 증거 발견 후 가설의 확률 증가분이 있다면 증거가 가설을 입증한다고 하였으나 증거 발견 후 가설의 확률 증가분이 없다면 그 증거가 해당 가설을 입증하지 못하는지에 대해서는 알 수 없으므로 적절하지 않은 내용이다.

ㄴ. 을은 증거 발견 후 가설의 확률 증가분이 있고 증거 발견 후 가설이 참일 확률이 1/2보다 크다면, 그리고 그런 경우에만 증거가 가설을 입증한다고 하였으므로 어떤 증거가 주어진 가설을 입증할 경우 그 증거 획득 이전 해당 가설이 참일 확률이 1/2보다 큰지에 대해서는 알 수 없으므로 적절하지 않은 내용이다.

05 문맥 추론
정답 ⑤

실력 UP 문제 분석

출제 포인트
제시된 글의 흐름과 맞지 않는 내용 수정하기

주제
냉전 이후 자본주의 시스템을 도입한 동유럽 국민의 건강과 구조조정 프로그램의 관계

문단별 중심 내용

1문단	냉전 체제 붕괴 이후 경제 위기를 겪으며 IMF의 지원을 받은 동유럽 국가
2문단	경제 위기 과정 속에서 해당 국가 국민의 평균 수명이 급격히 감소함
3문단	IMF 구조 조정 프로그램의 실시 여부와 국가별 결핵 사망률의 상관관계

정답 체크
세 번째 단락에서 IMF 구조조정 프로그램을 시행하지 않은 슬로베니아는 동 기간에 오히려 결핵 사망률이 감소했으며, IMF 구조 조정 프로그램의 실시 여부는 국가별 결핵 사망률과 일정한 상관관계가 있다고 하였으므로 ⓔ을 "실시 이후부터 결핵 사망률이 크게 증가했던 것"으로 수정한 ⑤가 가장 적절하다.

오답 체크
① 첫 번째 단락에서 동유럽 연방에서 독립한 국가들은 자본주의 시장경제를 받아들인 이후 극심한 경제 위기를 경험하게 되었다고 하였으므로 적절하지 않다.

②, ③ 두 번째 단락에서 관련 국가 국민의 평균 수명이 급격하게 줄어든 일에 대해 일부 경제학자들은 경제 체제의 변화와는 관련이 없다고 하였으므로 적절하지 않다.

④ 세 번째 단락에서 영국의 한 연구자가 관련 국가들의 건강 지표가 IMF의 자금 지원 전후로 어떻게 달라졌는지를 살펴보았다고 하였으므로 적절하지 않다.

06 세부 내용 파악
정답 ①

실력 UP 문제 분석

출제 포인트
제시된 글의 내용으로 추론할 수 없는 내용 찾기

주제
확진/자가격리/일반 수험생의 증상 유무에 따른 마스크 착용 규정

문단별 중심 내용

1문단	감염병 우려에 따라 모든 수험생은 확진, 자가격리, 일반 수험생 세 유형으로 구분하고 유형별 시험 장소 및 마스크 착용 규정을 지켜야 함
2문단	- 모든 수험생: 마스크 의무적으로 착용 - 마스크: KF99, KF94, KF80 3개 등급 허용 - 특정 마스크 등급 지정된 경우 그와 같거나 높은 등급의 마스크 착용만 허용함
3문단	- 생활치료센터: 센터장 지침 따라야 함 - 특별 방역 시험장: KF99 마스크 의무 착용 - 소형/중대형 강의실: 각각 KF99, KF94 착용을 권하나 의무 아님

기출 포인트
'추론' 문제에서는 글의 대략적인 흐름을 파악한 후 각 문단의 핵심 내용 또는 키워드를 찾아야 빠른 문제 풀이를 할 수 있다.

정답 체크
일반 수험생 중 증상이 있는 수험생은 소형 강의실에서 시험을 치를 수 있으며, 소형 강의실에서는 KF99 마스크 착용을 권장하지만 의무 사항은 아니므로 유증상 일반 수험생은 KF80 마스크를 착용하고 시험을 치를 수 있음을 추론할 수 있다.

오답 체크
② 일반 수험생 중 무증상자는 중대형 강의실에서 시험을 치를 수 있으며, 중대형 강의실에서는 KF94 마스크 착용을 권장하지만 의무사항은 아니므로 적절한 내용이다.

③ 자가격리 수험생 중 유증상자는 특별 방역 시험장 내 외부 차단 1인용 부스에서 시험을 치를 수 있으며, 특별 방역 시험장에서는 KF99 마스크를 의무적으로 착용해야 하므로 적절한 내용이다.

④ 자가격리 수험생 중 무증상자는 특별 방역 시험장 내 회의실에서 시험을 치를 수 있으며, 특별 방역 시험장에서는 KF99 마스크를 의무적으로 착용해야 함에 따라 KF94 마스크를 착용하고 시험을 치를 수 없으므로 적절한 내용이다.

⑤ 확진 수험생은 생활치료센터 내 센터장이 지정한 장소에서 시험을 치러
야 하며, 생활치료센터에서는 각 센터장이 내린 지침을 의무적으로 따라
야 하므로 적절한 내용이다.

07 세부 내용 파악
정답 ③

실력 UP 문제 분석

출제 포인트
제시된 글의 내용으로 추론할 수 있는 내용 찾기

주제
공변세포의 부피에 영향을 미치는 요소

문단별 중심 내용

1문단	공변세포의 부피에 따라 열리고 닫히는 기공
2문단	공변세포 내 이온 양 증대 시 공변세포의 부피가 증대되어 기공이 열림
3문단	식물이 겪는 수분스트레스 반응에 의해 공변세포 물이 빠져나가면 기공이 열리지 않음
4문단	기공의 여닫힘에 영향을 미치는 미생물

정답 체크
ㄱ. 두 번째 단락에서 햇빛 속에 있는 청색광이 공변세포에 있는 양성자 펌프
를 작동시키며, 이는 공변세포 밖의 칼륨이온과 염소이온을 공변세포 안
으로 들어오게 한다고 하였으므로 적절한 내용이다.

ㄷ. 세 번째 단락에서 수분스트레스를 받아 호르몬 A를 분비한 식물은 공변세
포 내의 칼륨이온과 염소이온을 밖으로 빠져나가게 해 햇빛이 있어도 기
공이 열리지 않도록 한다고 하였으며, 네 번째 단락에서 식물을 감염시킨
병원균 α는 공변세포의 양성자 펌프를 작동시키는 독소 D를 만들어 기공
이 닫혀 있어야 할 때 열리게 한다고 하였으므로 적절한 내용이다.

오답 체크
ㄴ. 세 번째 단락에서 수분스트레스를 받은 식물은 호르몬 A를 분비하며, 식
물이 수분스트레스를 받으면 햇빛이 있더라도 기공이 열리지 않는다고 하
였으므로 적절하지 않은 내용이다.

08 논지·견해 분석
정답 ⑤

정답 체크
마지막 단락에서 인문학이 자연과학처럼 객관적 지식을 추구하는 학문이 되
면서 인격을 변화시키고 삶의 의미를 제공해 주던 전통적 기능이 상실되고 그
존재 가치를 의심받게 되었다고 했으므로 '현대 인문학은 객관적 지식을 추구
하는 학문이 되면서 인간의 삶을 풍요롭게 만드는 본연의 역할을 하지 못한
다.'가 글의 핵심 논지로 가장 적절하다.

오답 체크
① 제시된 글은 인문학자가 하나의 전문 직업인이 된 것에 대해 비판하고 있
으므로 현대 인문학자가 인문주의자로서만 아니라 전문 직업인으로서의
위상 또한 가져야 한다는 것은 글의 핵심 논지로 적절하지 않다.

② 마지막 단락에서 인문학이 자연과학처럼 객관적 지식을 추구하는 학문이
되면서 인격을 변화시키고 삶의 의미를 제공해 주던 전통적 기능이 상실
되고 그 존재 가치를 의심받게 되었다고 했으므로 현대 인문학은 자연과
학의 접근방식을 수용하는 것이 아니라 인격을 변화시키고 삶의 의미를
제공해 주던 전통적 기능이 있어야 함을 알 수 있다. 따라서 글의 핵심 논
지로 적절하지 않다.

③ 마지막 단락에서 인문학이 자연과학처럼 객관적 지식을 추구하는 학문이
되면서 인격을 변화시키고 삶의 의미를 제공해 주던 전통적 기능이 상실
되었다고 했으므로 현대 인문학은 인문적 삶과 활동에 대한 이차적 반성
의 전통적 기능이 상실되고, 자연과학적 지식과 변별되지 않음을 알 수 있
다. 따라서 글의 핵심 논지로 적절하지 않다.

④ 마지막 단락에서 인문학이 자연과학처럼 객관적 지식을 추구하는 학문이
되면서 인격을 변화시키고 삶의 의미를 제공해 주던 전통적 기능이 상실
되고 그 존재 가치를 의심받게 되었다고 했으므로 현대 인문학의 위기는
생물학적 욕구와 물질적 가치가 정신적 가치보다 중시됨으로써 초래된 것
이 아니라 인문학이 자연과학처럼 객관적 지식을 추구함으로써 초래된 것
임을 알 수 있다. 따라서 글의 핵심 논지로 적절하지 않다.

09 문맥 추론
정답 ④

실력 UP 문제 분석

출제 포인트
빈칸에 들어갈 내용 찾기

주제
대안적 분쟁해결절차(ADR)

문단별 중심 내용

1문단	실제 재판보다 오랜 시간이 소요되는 ADR이 새롭고나 신속하다고 알려진 이유
2문단	사법형 ADR 활성화 정책 도입 시 예상되는 부작용
3문단	민간형 ADR의 활성화를 저해하는 사법형 ADR 활성화 정책
4문단	민간형 ADR 활성화에 도움이 될 바람직한 법원의 접근 방식

기출 포인트
빈칸에 들어갈 올바른 문장을 고르는 문제의 경우 빈칸 앞뒤 1~2 문장
을 중심으로 글의 내용과 맥락을 파악하고, 빈칸에 선택지를 하나씩 넣
어보며 문제를 풀이한다. 이때 빈칸 앞, 뒤의 접속어가 정답의 단서가 될
수 있음에 유의하며 문제를 풀이한다. 빈칸 앞의 '따라서'를 통해 앞의
내용을 정리한 결론에 해당하는 내용이 들어갈 것임을 파악할 수 있다.

정답 체크
빈칸 앞에서는 재판의 빠른 진행을 위해 사법형 ADR을 활성화하는 정책은
새롭고 복잡한 사건을 재판보다는 ADR로 유도함으로써 이러한 사건에 대
한 판례가 만들어지지 않고 ADR의 분쟁 해결 기준이 마련되지 않게 되어 민
간형 ADR 활성화를 저해한다는 내용을 말하고 있고, 빈칸 뒤에서는 법원 본
연의 임무인 재판을 통해 당사자의 문제를 해결하겠다는 의식으로 접근하고,
나아가 법원이 인프라를 확충하고 판례를 누적해나갈 때 민간형 ADR이 활
성화될 수 있다는 내용을 말하고 있다.

따라서 법원은 재판에 힘써야 하며 그것이 결과적으로 민간형 ADR의 활성
화에 도움이 된다는 내용이 들어가야 한다.

실력 UP 문제 분석

출제 포인트

빈칸에 들어갈 내용 찾기

주제

지눌과 요세에 따른 불교의 전개

핵심 내용 정리

구분	지눌	요세
신앙결사	정혜사 → 수선사	백련사
시기	고려 명종	고려 신종 (무신 집권 이후)
내용	돈오점수 사상, 조계선 수행 방법	천태종 중시, 간명한 수행 방법
근거지	거조사 → 순천	강진
대상	불교에 이해가 높은 사람	불교 지식을 갖추지 못한 평민

기출 포인트

두 가지 이상의 대상을 비교하며 설명하는 글의 경우 세부 내용을 정리하며 문제를 풀어야 한다.

정답 체크

두 번째 단락에서 요세는 무신 집권자 최충헌이 명종을 쫓아내고 신종을 국왕으로 옹립한 해에 백련사라는 결사를 새로 만들어 활동했다고 하였으므로 요세가 무신이 권력을 잡고 있던 시기에 불교 신앙결사를 만들어 활동하였음을 알 수 있다.

오답 체크

① 세 번째 단락에서 지눌의 수선사가 돈오점수 사상 전파에 주력하여 활동했다고 하였으므로 적절하지 않은 내용이다.

② 두 번째 단락에서 지눌은 추후 수선사로 명칭이 변경된 정혜사에서 조계선이라는 수행법을 강조했다고 하였고, 세 번째 단락에서 요세는 백련사에서 천태종을 중시하며 간명한 수행법을 강조했다고 하였으므로 적절하지 않은 내용이다.

④ 두 번째 단락에서 지눌은 순천에서 정혜사라는 명칭을 수선사로 바꾸어 활동했고, 요세는 강진에서 백련사라는 명칭의 결사를 만들어 활동했다고 하였으므로 적절하지 않은 내용이다.

⑤ 세 번째 단락에서 지눌은 이전의 명칭이 정혜사였던 수선사에서 돈오점수 사상 전파에 주력하였지만, 요세의 백련사는 천태종을 중시했다고 하였으므로 적절하지 않은 내용이다.

실력 UP 문제 분석

출제 포인트

제시된 자료를 바탕으로 보기의 옳고 그름 판단

소재

국가별 국방비와 GDP, 군병력, 인구

기출 포인트

NH농협은행, 국민은행, KDB산업은행 등 대부분의 금융 NCS에서는 경제 관련 소재의 자료가 출제된다. 또한, 신한은행의 NCS에서는 합답형 문제의 비중이 높게 출제되므로 선택지를 소거하면서 풀이해야 한다.

정답 체크

ㄱ. 국방비가 가장 많은 국가는 A국이고, A~E국 국방비 합은 8,010 + 195 + 502 + 320 + 684 = 9,711억 달러로 A국의 국방비는 A~E국 국방비 합의 $(8,010 / 9,711) \times 100 ≒ 82.5\%$이므로 옳은 설명이다.

ㄹ. 군병력 1인당 국방비는 A국이 8,010억 / 133만 ≒ 60.2만 달러, D국이 320억 / 17만 ≒ 18.8만 달러로 군병력 1인당 국방비는 A국이 D국의 60.2 / 18.8 ≒ 3.2배이므로 옳은 설명이다.

오답 체크

ㄴ. 인구 1인당 GDP는 B국이 13,899억 / 4,722만 ≒ 2.9만 달러, C국이 16,652억 / 5,197만 ≒ 3.2만 달러이므로 B국이 C국보다 작으므로 옳지 않은 설명이다.

ㄷ. 국방비가 많은 순서대로 나열하면 A, E, C, D, B 순이지만, GDP 대비 국방비 비율은 E가 684 / 30,706 ≒ 0.02, C가 502 / 16,652 ≒ 0.03으로 E보다 C가 더 높으므로 옳지 않은 설명이다.

정답 체크

2023년 짜장면 가격은 $(5,276 / 100) \times 120.6 ≒ 6,363$원으로 2018년에 비해 $\{(6,363 - 5,011) / 5,011\} \times 100 ≒ 27\%$ 상승하였으므로 옳은 설명이다.

오답 체크

① 2020년 짜장면 가격은 5,276원, 가격지수는 100으로, 짜장면 가격지수가 80.0이면 짜장면 가격은 $(5,276 / 100) \times 80 ≒ 4,221$원이므로 옳지 않은 설명이다.

③ 2018년에 비해 2023년 판매단위당 가격이 2배 이상인 짜장면 주재료 품목은 양파, 청오이 2개이므로 옳지 않은 설명이다.

④ 2020년에 식용유 1,800mL, 밀가루 2kg, 설탕 2kg의 가격 합계는 $(3,980 + 1,280 + 1,350) \times 2 = 13,220$원이므로 옳지 않은 설명이다.

⑤ 매년 판매단위당 가격이 상승한 짜장면 주재료 품목은 0개이므로 옳지 않은 설명이다.

정답 체크

1,000kg의 재료가 '폐기처리' 공정에 전달 및 투입되는 과정과 각 공정에 투입되는 재료의 무게를 정리하면 다음과 같다.

전달 및 투입 과정	각 공정에 투입되는 재료의 무게
혼합 → 성형 → 재작업 → 폐기처리	· 혼합 → 성형: 1,000 × 1.0 = 1,000kg · 성형 → 재작업: 1,000 × 0.1 = 100kg · 재작업 → 폐기처리: 100 × 0.5 = 50kg
혼합 → 성형 → 조립 → 검사 → 폐기처리	· 혼합 → 성형: 1,000 × 1.0 = 1,000kg · 성형 → 조립: 1,000 × 0.9 = 900kg · 조립 → 검사: 900 × 1.0 = 900kg · 검사 → 폐기처리: 900 × 0.2 = 180kg
혼합 → 성형 → 재작업 → 조립 → 검사 → 폐기처리	· 혼합 → 성형: 1,000 × 1.0 = 1,000kg · 성형 → 재작업: 1,000 × 0.1 = 100kg · 재작업 → 조립: 100 × 0.5 = 50kg · 조립 → 검사: 50 × 1.0 = 50kg · 검사 → 폐기처리: 50 × 0.2 = 10kg

따라서 '폐기처리' 공정에 전달되어 투입되는 재료의 총량은 50+180+10=240kg이다.

⏱ 빠른 문제 풀이 Tip

재료가 '폐기처리' 공정으로 전달되어 투입되는 과정을 빠르게 확인한 후 제조공정도의 직진율에 따라 재료의 총량을 계산한다.

14 자료계산

정답 ④

정답 체크

제시된 A~E 전투기의 평가항목 점수를 평가방법에 따라 계산하면 다음과 같다.

평가항목 \ 전투기	A	B	C	D	E
최고속력	5점	1점	3점	2점	4점
미사일 탑재 +	4점	5점	2점	3점	1점
항속거리	4점	1점	2점	3점	5점
가격	1점	4점	3점	5점	2점
공중급유	1점	1점	0점	1점	0점
자체수리	0점	1점	0점	1점	1점
합계	15점	13점	10점	15점	13점

이때 평가항목 점수의 합이 가장 큰 전투기를 구매하며, 동점일 경우 그중에서 가격이 가장 낮은 전투기를 구매하므로 평가항목 점수의 합이 15점으로 가장 큰 A와 D 중 가격이 더 낮은 D를 구매한다.

15 자료이해

정답 ③

정답 체크

ㄱ. 2019년 '솔잎혹파리' 발생면적은 69,812 − (29,325 + 6,380 + 1,576) = 32,531ha, 2022년 '참나무시들음병' 발생면적은 58,451 − (32,627 + 20,840 + 3,497) = 1,487ha로 2019~2022년 발생면적이 매년 감소한 병해충은 '솔껍질깍지벌레'뿐이므로 옳은 설명이다.

ㄴ. 2018년 전체 병해충 발생면적은 32,235 + 38,976 + 7,718 + 1,636 = 80,565ha로 전체 병해충 발생면적이 전년 대비 증가한 해는 2018년뿐이므로 옳은 설명이다.

오답 체크

ㄷ. 2019년 '솔잎혹파리' 발생면적은 32,531ha이고, 이는 2022년 '참나무시들음병' 발생면적의 32,531 / 1,487 ≒ 21.9배이므로 옳지 않은 설명이다.

ㄹ. 2022년 병해충 발생면적의 전년 대비 증가율은 '참나무시들음병'이 {(1,487 − 1,240) / 1,240} × 100 ≒ 19.9%, '흰불나방'이 {(32,627 − 28,522) / 28,522} × 100 ≒ 14.4%로 '참나무시들음병'이 '흰불나방'보다 높으므로 옳지 않은 설명이다.

16 자료이해

정답 ①

실력 UP 문제 분석

출제 포인트

제시된 자료를 바탕으로 보기의 옳고 그름 판단

소재

원료곡종별 및 등급별 가공단가, 가공량

기출 포인트

NH농협은행, 국민은행, 하나은행 등 대부분의 금융 NCS에서는 각 은행과 관련된 소재의 문제가 출제된다. 미리 준비하는 기업의 관련 사업을 숙지하는 것이 좋다.

정답 체크

ㄱ. 가공비용 = 가공단가 × 가공량임을 적용하여 구한다. A지역의 3등급 쌀 가공비용은 100 × 25 = 2,500천 원이고, B지역의 2등급 현미 가공비용은 97 × 25 = 2,425천 원이므로 옳은 설명이다.

오답 체크

ㄴ. 1등급 현미 전체의 가공비용은 105 × 106 = 11,130천 원, 2등급 현미 전체 가공비용은 97 × 82 = 7,954천 원이고, 1등급 현미 전체의 가공비용은 2등급 현미 전체 가공비용의 11,130 / 7,954 ≒ 1.4배이므로 옳지 않은 설명이다.

ㄷ. 가공단가의 감소폭을 적용해 가공비용 총액의 감소폭을 계산하여 비교한다. 3등급 쌀과 3등급 보리의 가공단가가 각각 10천 원/톤, 5천 원/톤만큼 감소하므로 지역별 가공비용 총액의 감소폭을 구하면 A가 10 × 25 + 5 × 7 = 285천 원, B가 10 × 55 + 5 × 5 = 575천 원, C가 10 × 20 + 5 × 2 = 210천 원이다. 따라서 가공비용 총액 감소폭은 C지역이 가장 작으므로 옳지 않은 설명이다.

⏱ 빠른 문제 풀이 Tip

ㄱ. A지역의 3등급 쌀 가공량과 B지역의 2등급 현미 가공량은 각각 25톤으로 동일하고, 가공단가는 쌀이 현미보다 높으므로 가공비용을 계산하지 않더라도 A지역의 3등급 쌀 가공비용이 B지역의 2등급 현미 가공비용보다 큼을 빠르게 확인할 수 있다.

ㄷ. 3등급 쌀과 3등급 보리의 가공단가 외에 나머지 원료곡종 등급별 가공단가는 변경되지 않았으므로 3등급 쌀과 3등급 보리의 가공량이 적을수록 가공비용 총액 감소폭도 작아진다. 따라서 A~C지역 중 3등급 쌀과 보리의 가공량이 가장 적은 C의 가공비용 총액 감소폭이 가장 작음을 알 수 있다.

17 자료계산

정답 체크

제시된 <조건>에 따르면 매년 각 직원의 기본 연봉은 변동 없고, 성과급=기본 연봉×지급비율이며, 성과등급별 지급비율은 S등급 20%, A등급 10%, B등급 5%로 S등급은 A등급의 2배, A등급은 B등급의 2배, S등급은 B등급의 4배이다. 따라서 각 직원의 연도별 성과급의 크기를 비교하여 성과등급을 판별한다.

· 갑: 성과급은 2018년 12.0백만 원, 2019년 6.0백만 원, 2020년 3.0백만 원이므로 평가등급은 2018년이 S등급, 2019년이 A등급, 2020년이 B등급이다.

· 을: 성과급은 2018년과 2020년이 5.0백만 원으로 같고 2019년이 20.0백만 원이므로 평가등급은 2018년과 2020년이 B등급, 2019년이 S등급이다.

· 병: 성과급은 2018년과 2020년이 6.0백만 원으로 같고 2019년이 3.0백만 원이다. 이때 연도별 S등급은 1명이며 2018년의 S등급은 갑이므로 병의 평가등급은 2018년과 2020년이 A등급, 2019년이 B등급이다. 이에 따라 2020년 정, 무, 기의 평가등급은 S등급, A등급, B등급 중 하나씩이다.

· 정과 기: 성과급은 2018년과 2019년이 6.0백만 원, 2020년이 12.0백만 원이므로 성과등급은 각각 2018년과 2019년이 A등급, 2020년이 S등급이거나 2018년과 2019년이 B등급, 2020년이 A등급이다.

· 무: 성과급은 2018~2020년 매년 4.5백만 원으로 같고 남은 등급은 B등급뿐이므로 성과등급은 2018~2020년 모두 B등급이다.

따라서 2020년 직원별 평가등급은 갑이 B, 을이 B, 병이 A, 정이 S 또는 A, 무가 B, 기가 S 또는 A이므로, '가'부서 전체 기본 연봉의 합은 12/0.2+(6+12)/0.1+(3+5+4.5)/0.05=490백만 원이다.

18 자료이해

실력 UP 문제 분석

출제 포인트
제시된 자료를 바탕으로 보기의 옳고 그름 판단

소재
국가채무 및 GDP

기출 포인트
NH농협은행, 국민은행, KDB산업은행 등 대부분의 금융 NCS에서는 금융 및 경제 관련 소재의 자료가 출제된다.

정답 체크

ㄱ. 국가채무는 2014년에 1,323×0.297≒393조 원, 2020년에 1,741×0.36≒627조 원이다. 따라서 2020년 국가채무는 2014년 국가채무의 1.5배인 393×1.5≒590조 원 이상이므로 옳은 설명이다.

ㄷ. 적자성채무는 2018년에 1,563×0.183≒286조 원, 2019년에 1,658×0.2≒332조 원으로 2019년부터 300조 원 이상이므로 옳은 설명이다.

오답 체크

ㄴ. 국가채무=적자성채무+금융성채무이므로 GDP 대비 국가채무 비율과 GDP 대비 적자성채무 비율의 차이가 GDP 대비 금융성채무 비율이다. GDP 대비 금융성채무 비율은 2018년 34.1-18.3=15.8%, 2019년 35.7-20.0=15.7%이므로 옳지 않은 설명이다.

ㄹ. 2017년 금융성채무는 32.6-16.9=15.7%로 국가채무의 50%인 32.6×0.5=16.3% 미만이므로 옳지 않은 설명이다.

19 자료변환

정답 체크

제시된 <보고서>의 네 번째 단락에서 월평균 방송프로그램 시청시간은 '오락'이 전체의 45% 이상으로 가장 길다고 했으나 전체 방송프로그램 장르별 월평균 시청시간 중 '오락'이 차지하는 비중은 {29.39/(21.66+29.39+9.78+2.55+0.03+0.26+10.42+0.46)}×100≒39.4%이므로 <보고서>의 내용과 부합하지 않는 자료이다.

오답 체크

① 제시된 <보고서>의 첫 번째 단락에 따라 스마트폰 사용자 중 월 1회 이상 동영상 시청자 비율은 (3,246/3,427)×100≒94.7%이고, 방송프로그램 시청자 비율은 (2,075/3,427)×100≒60.5%이므로 <보고서>의 내용과 부합하는 자료이다.

② 제시된 <보고서>의 첫 번째 단락에 따라 월평균 동영상 시청시간은 월평균 스마트폰 이용시간의 (827.63/7,112.51)×100≒11.6%이고, 월평균 방송프로그램 시청시간은 월평균 동영상 시청시간의 (74.55/827.63)×100≒9.0%이므로 <보고서>의 내용과 부합하는 자료이다.

③ 제시된 <보고서>의 두 번째 단락에 따라 스마트폰 사용자 중 동영상 시청자가 차지하는 비중은 모든 연령대에서 90% 이상이고, 스마트폰 사용자 중 방송프로그램 시청자의 비중은 '20대'~'40대'는 60% 이상, '60대 이상'은 44.5%로 50% 미만이므로 <보고서>의 내용과 부합하는 자료이다.

⑤ 제시된 <보고서>의 세 번째 단락에 따라 월평균 동영상 시청시간은 남성이 여성보다 길고, 연령대별로는 '10대 이하'의 시청시간이 가장 길었다. 또한 월평균 방송프로그램 시청시간은 여성이 남성보다 79.6-70.0=9.6분 길고, 연령대별로는 '20대'의 시청시간이 120.5분으로 가장 길어 '60대 이상'의 월평균 방송프로그램 시청시간의 3배인 38.6×3=115.8분보다 길었으므로 <보고서>의 내용과 부합하는 자료이다.

20 자료변환

정답 체크

제시된 <표 3>에서 2017년 국적항공사의 전체 피해구제 접수 건수 638-36=602건과 2017년 외국적항공사의 전체 피해구제 접수 건수 486-7=479건을 파악할 수 있다. 제시된 <표 2>에 따라 2017년 기타 외국적항공사의 피해구제 접수 건수 대비 국적항공사의 피해구제 접수 건수비는 (602×0.0764)/(479×0.0772)≒1.24이지만 [2017년 피해유형별 외국적항공사의 피해구제 접수 건수 대비 국적항공사의 피해구제 접수 건수비]에서 기타는 0.99로 나타나므로 <표>를 이용하여 작성한 그래프로 옳지 않다.

오답 체크

② 2017년 국적항공사별 피해구제 접수 건수는 <표 3>에 따라 태양항공이 140건, 무지개항공이 108건, 알파항공이 29건, 에어세종이 37건, 청렴항공이 41건, 독도항공이 133건, 참에어가 51건, 동해항공이 63건이고, 국적항공사 전체 피해구제 접수 건수는 602건이다. 따라서 2017년 국적항공사별 피해구제 접수 건수 비중은 태양항공이 23.3%, 무지개항공이 17.9%, 알파항공이 4.8%, 에어세종이 6.1%, 청렴항공이 6.8%, 독도항공이 22.1%, 참에어가 8.5%, 동해항공이 10.5%이므로 <표>를 이용하여 작성한 그래프이다.

③ 2017년 국적항공사 전체 피해구제 접수 건수는 602건으로 <표 2>의 피해유형별 국적항공사의 피해구제 접수 건수 비율에 따른 접수 건수는 취소환불 위약금이 334건, 지연 결항이 137건, 정보제공 미흡이 32건, 수하물 지연 파손이 41건, 초과판매가 2건, 기타가 46건이므로 <표>를 이용하여 작성한 그래프이다.

④ <표 1>에 따라 2017년과 2018년의 저비용 국적항공사별 전체 노선 운송실적은 연도순으로 각각 알파항공이 7,110천 명, 8,067천 명, 에어세종이 821천 명, 1,717천 명, 청렴항공이 5,521천 명, 5,904천 명, 독도항공이 10,467천 명, 11,942천 명, 참에어가 8,597천 명, 8,890천 명, 동해항공이 6,213천 명, 7,001천 명이다. 따라서 2017년 대비 2018년 증가율은 알파항공이 13.5%, 에어세종이 109.1%, 청렴항공이 6.9%, 독도항공이 14.1%, 참에어가 3.4%, 동해항공이 12.7%이므로 <표>를 이용하여 작성한 그래프이다.

⑤ <표 1>과 <표 3>에 따라 태양항공의 전체 노선 운송실적 대비 피해구제 접수 건수 비는 2017년에 $140,000/(7,989+18,925) ≒ 5.2$건/백만 명이고, 2018년에 $153,000/(6,957+20,052) ≒ 5.7$건/백만 명이다. 무지개항공의 전체 노선 운송실적 대비 피해구제 접수 건수 비는 2017년에 $108,000/(5,991+13,344) ≒ 5.6$건/백만 명이고, 2018년에 $106,000/(6,129+13,727) ≒ 5.3$건/백만 명이므로 <표>를 이용하여 작성한 그래프이다.

21 논리퍼즐
정답 ②

정답 체크

제시된 조건에 따르면 50대 주부는 주식에 투자하였고, 30대 회사원이 丙이며, 40대 회사원은 乙이다. 이때 甲은 주식과 옵션에는 투자하지 않았으므로, 60대 사업가가 甲이고 50대 주부가 丁임을 알 수 있다. 또한, 60대 사업가인 甲은 채권에 투자하지 않았으므로 선물에 투자하였으며, 네 사람은 서로 다른 하나의 금융상품에 투자하고 있다. 이에 따라 옵션에 투자하지 않은 乙은 채권에 투자하였으며, 丙이 옵션에 투자하였다.

구분	甲	乙	丙	丁
나이 및 직업	60대 사업가	40대 회사원	30대 회사원	50대 주부
금융상품	선물	채권	옵션	주식
투자액 및 수익률			수익률 가장 높음	투자액 가장 큼

따라서 선물 투자자는 사업가임을 알 수 있다.

오답 체크

① 채권 투자자는 乙이므로 옳지 않은 설명이다.

③ 투자액이 가장 큰 사람은 丁이므로 옳지 않은 설명이다.

④ 30대 회사원이 옵션에 투자하였으므로 옳지 않은 설명이다.

⑤ 가장 높은 수익률을 올린 사람은 옵션 투자자이므로 옳지 않은 설명이다.

22 규칙 적용
정답 ②

실력 UP 문제 분석

출제 포인트
특정 금액 계산

소재
무역의존도 계산 및 순서 파악

기출 포인트
금융 NCS에서는 제시된 조건을 토대로 특정한 금액을 계산하는 문제가 매년 꾸준히 출제된다. 계산식을 확실하게 정리비한 후 개별 항목의 계산을 진행하여 수치에 오류가 없도로 주의해야 한다.

정답 체크

무역의존도 $= \dfrac{(총\ 수출액+총\ 수입액)}{국내총생산}$ 임을 적용하여 구한다.

2019년 국가별 총 수출액, 총 수입액, 국내총생산, 무역의존도를 정리하면 다음과 같다.

구분	총 수출액	총 수입액	국내총생산	무역의존도
A	300억 달러	300억 달러	1,000억 달러	$\dfrac{300+300}{1,000} = \dfrac{3}{5} = \dfrac{18}{30}$
B	250억 달러	250억 달러	3,000억 달러	$\dfrac{250+250}{3,000} = \dfrac{1}{6} = \dfrac{5}{30}$
C	200억 달러	200억 달러	2,000억 달러	$\dfrac{200+200}{2,000} = \dfrac{1}{5} = \dfrac{6}{30}$

따라서 2019년 무역의존도가 높은 순서대로 나열한 것은 A, C, B이다.

23 규칙 적용
정답 ⑤

제시된 평가 항목별 점수에 따른 시안별 평가 점수의 총합은 다음과 같다.

구분	A	B	C	D	E
총합	90	67+㉠	70+㉡	85	75

정답 체크

ㄱ. 평가 점수의 총합이 가장 높은 시안이 채택되고, D와 E의 평가 점수 총합은 90점인 A보다 낮으므로 채택되지 않음을 알 수 있다.

ㄴ. ㉡은 20점 배점의 교수법 항목에 대한 점수이므로 해당 항목이 만점일 경우 C의 최대 점수는 A와 동일한 90점이지만, 평가 점수의 총합이 동점일 경우 평가 항목 중 학습내용 점수가 가장 높은 시안을 채택하고 학습내용 점수는 A가 25점, C가 20점으로 A가 높으므로 ㉡의 점수와 상관없이 C는 채택되지 않음을 알 수 있다.

ㄷ. ㉠이 23점이라면 B의 평가 점수 총합은 A와 동일한 90점이고, A와 B 중 학습내용 점수는 B가 더 높으므로 B가 채택됨을 알 수 있다.

24 논리퍼즐

실력 UP 문제 분석

출제 포인트

조건에 따른 항목 평가

소재

줄세우기 규칙에 따른 키가 서로 다른 어린이 배치 상황 파악

기출 포인트

그림이 제시되는 문제의 경우 그림에서 의미하는 것을 명확히 이해해야 한다. 본 문제의 경우 어린이를 일렬로 세워 A방향에서 보는 방법과 B방향에서 보는 방법을 정확하게 이해한 후, <보기>에 적용한다. 이 문제의 경우 <보기>의 경우가 가능한지 입증사례와 반증사례를 중심으로 파악한다.

정답 체크

ㄱ. A방향에서 보았을 때 모든 어린이의 뒤통수가 다 보이기 위해서는 키가 작은 순서대로 1번부터 6번까지 세워야 한다. 따라서 A방향에서 보았을 때 모든 어린이의 뒤통수가 다 보이게 세우는 방법은 1가지뿐이므로 옳은 설명이다.

ㄴ. 키가 세 번째로 큰 어린이를 5번 자리에 세운다면 A방향에서 그 어린이의 뒤통수를 보기 위해서는 키가 첫 번째로 큰 어린이와 키가 두 번째로 큰 어린이를 6번에 세워야 한다. 그러나 6번은 한 자리뿐이므로 첫 번째로 큰 어린이 또는 두 번째로 큰 어린이는 1번~4번 중 한 자리에 세워진다. 따라서 키가 세 번째로 큰 어린이를 5번 자리에 세운다면, A방향에서 보았을 때 그 어린이의 뒤통수는 보이지 않으므로 옳은 설명이다.

ㄷ. B방향에서 2명의 얼굴만 보이도록 어린이들을 세운다면 5번 자리에 키가 가장 큰 어린이가 세워진다. 따라서 A방향에서 6번 자리에 서 있는 어린이의 뒤통수는 보이지 않으므로 옳은 설명이다.

오답 체크

ㄹ. B방향에서 3명의 얼굴이 보일 경우, A방향에서 4명의 뒤통수가 보일 수 있는 경우가 있는지 확인한다. B방향에서 키가 첫 번째로 큰 어린이가 4번, 두 번째로 큰 어린이가 5번, 세 번째로 큰 어린이가 6번에 세워지면 B방향에서 3명의 얼굴이 보인다. 이때 키가 작은 어린이 순서대로 1번, 2번, 3번에 세워지면 A방향에서 4명의 뒤통수가 보일 수 있으므로 옳은 설명이다.

25 규칙 적용

실력 UP 문제 분석

출제 포인트

조건에 따른 항목 선별

소재

수하물 위탁서비스 A를 이용할 수 있는 항목 파악

기출 포인트

A서비스를 이용할 수 있는 경우를 찾아야 하므로 지문에서 A서비스 이용 조건을 정확하게 파악한다. 이 문제의 경우 선택지에 숙박 호텔, 항공기 출발 시각, 출발지, 목적지가 제시되었으므로 A서비스 이용 조건을 충족하지 않는 선택지를 소거하며 문제를 풀이한다.

정답 체크

A서비스는 ○○호텔 투숙객이 아니더라도 이용할 수 있으므로 ◇◇호텔 투숙객도 A서비스를 이용할 수 있다. 다만 A서비스는 인천공항에서 13:00~24:00에 출발하는 국제선 이용 승객을 대상으로 제공되므로 김포공항을 이용하는 ①, ②는 A서비스를 이용할 수 없고, 인천공항에서 10:00에 출발하는 ⑤도 A서비스를 이용할 수 없다.

구분	숙박 호텔	항공기 출발 시각	출발지	목적지	A서비스 이용 가능 여부
①	○○호텔	15:30	김포공항	제주	X
②	◇◇호텔	14:00	김포공항	베이징	X
③	○○호텔	15:30	인천공항	사이판	
④	◇◇호텔	21:00	인천공항	홍콩	
⑤	○○호텔	10:00	인천공항	베이징	X

이때 인천공항에서 13:00~24:00에 출발하는 국제선 이용 승객이더라도 목적지가 괌 또는 사이판인 경우 A서비스를 이용할 수 없으므로 목적지가 사이판인 ③도 A서비스를 이용할 수 없다. 따라서 A서비스를 이용할 수 있는 경우는 숙박 호텔이 ◇◇호텔, 항공기 출발 시각이 21:00, 출발지가 인천공항, 목적지가 홍콩인 경우이다.

26 규칙 적용

정답 체크

甲주무관은 가장 저렴한 주차장 한 곳을 이용한다고 했으므로 각 주차장의 요금을 정리하면 다음과 같다.

(단위: 원)

구분	기본요금 (최초 1시간)	추가 10시간 요금	소계	기타	총합
A	2,000	20,000	22,000		22,000
B	경차전용으로 이용 불가				
C	3,000	35,000	38,000	일 주차권 20,000원	20,000
D	5,000	14,000	19,000		19,000
E	5,000	16,000 (18시부터 무료이므로 추가요금 8시간)	21,000	저공해 20% 할인	16,800

따라서 甲주무관이 이용할 주차장은 E주차장이다.

[27~28]

27 세부 정보 파악

정답 체크

세 번째 단락에 따르면 EDC의 부향률은 2~5%이고, EDP의 부향률은 15~20%이므로 EDP의 부향률이 EDC의 부향률보다 높음을 알 수 있다.

오답 체크

② 두 번째 단락에 따르면 많은 양의 향유를 값싸게 얻을 수 있는 방법은 흡수법이 아니라 수증기 증류법이라고 하였으므로 옳지 않은 설명이다.

③ 첫 번째 단락에 따르면 오늘날 많이 사용되는 향수의 대부분은 천연향료와 합성향료를 배합하여 만들어진다고 하였으므로 옳지 않은 설명이다.

④ 두 번째 단락에 따르면 흡수법은 원료가 고가이고 향유의 함유량이 적으며 열에 약하고 물에 잘 녹는 경우에 이용된다고 했으므로 옳지 않은 설명이다.

⑤ 세 번째 단락에 따르면 EDC는 부향률이 2~5%로 지속시간이 1~2시간, EDT는 부향률이 5~15%로 지속시간이 3~5시간으로 EDT가 일반적으로 가장 많이 사용되며, EDP는 부향률이 15~20%로 5~8시간, Parfum은 부향률이 20~30%로 지속시간이 8~10시간이라고 하였다. 따라서 부향률이 가장 높은 향수는 Parfum이나, 일반적으로 가장 많이 사용되는 향수는 EDT임을 알 수 있으므로 옳지 않은 설명이다.

28 규칙 적용

정답 체크

윗글과 <대화>를 근거로 판단하여 甲~戊가 각각 향수를 뿌린 시각, 향수의 종류, 지속시간, 최대 지속시간을 표로 정리하면 다음과 같다.

구분	뿌린 시각	종류	지속시간	최대 지속시간
甲	오후 4시 (16:00)	EDC	1~2시간	17:00~18:00
乙	오전 9시 30분 (09:30)	Parfum	8~10시간	17:30~19:30
丙	甲보다 5시간 전 (11:00)	EDP	5~8시간	16:00~19:00
丁	오후 2시 (14:00)	EDT	3~5시간	17:00~19:00
戊	丁보다 1시간 뒤 (15:00)	EDP	5~8시간	20:00~23:00

따라서 가장 늦은 시각까지 향수의 향이 남아 있는 사람은 戊이다.

29 세부 정보 파악

정답 체크

두 번째 단락에 따르면 두유의 응고를 위해 응고제가 필요한데, 예전에는 응고제로 간수를 사용하였다고 했다. 이에 따라 간수는 두유에 함유된 식물성 단백질을 응고시키는 성질이 있음을 알 수 있으므로 옳은 설명이다.

오답 체크

① 첫 번째 단락에서 50년 전만 해도 대두는 벼 베기가 끝나는 10월쯤 수확하였다고 했으므로 옳지 않은 설명이다.

② 두 번째 단락에서 두부는 두유를 응고시킨 음식이라고 했으므로 옳지 않은 설명이다.

③ 첫 번째 단락에서 맷돌에서 막 갈려 나온 콩비지에는 식물성 단백질에서 나는 묘한 비린내가 나는데, 익히면 이 비린내는 없어진다고 했으므로 옳지 않은 설명이다.

⑤ 첫 번째 단락에서 여름에 두부를 만들기 위해서는 반나절 정도 물에 담가 둬야 한다고 하였으므로 옳지 않은 설명이다.

30 법·규정의 적용

정답 체크

첫 번째 법조문 제3항에 따르면 경찰서장은 자율방범대원이 이 법을 위반하여 파출소장이 해촉을 요청한 경우에는 해당 자율방범대원을 해촉해야 하고, 세 번째 법조문 제1항 제1호에 따르면 자율방범대원이 자율방범대의 명칭을 사용하여 기부금품을 모집하는 행위는 금지의무 위반에 해당한다. 따라서 자율방범대원이 자율방범대의 명칭을 사용하여 기부금품을 모집했고 이를 이유로 파출소장이 그의 해촉을 요청한 경우, 경찰서장은 해당 자율방범대원을 해촉해야 하므로 옳은 설명이다.

오답 체크

① 첫 번째 법조문 제2항에 따르면 자율방범대장이 추천한 사람을 자율방범대원으로 위촉할 수 있는 자는 파출소장이 아닌 경찰서장이므로 옳지 않은 설명이다.

② 두 번째 법조문 제3항에 따르면 자율방범대원은 경찰과 유사한 복장을 착용해서는 안 되므로 옳지 않은 설명이다.

③ 세 번째 법조문 제2항에 따르면 3년 이하의 징역에 처하는 금지의무는 특정 정당 또는 특정인의 선거운동을 하는 행위(세 번째 법조문 제1항 제3호)이므로 옳지 않은 설명이다.

④ 두 번째 법조문 제2항에 따르면 자율방범대원은 자율방범활동을 하는 때에는 자율방범활동 중임을 표시하는 복장을 착용하고 자율방범대원의 신분을 증명하는 신분증을 소지해야 하므로 옳지 않은 설명이다.

정답

p.130

01	②	세부 내용 파악	07	④	세부 내용 파악	13	⑤	자료이해	19	①	자료이해	25	②	세부 정보 파악
02	③	문맥 추론	08	④	문맥 추론	14	⑤	자료이해	20	④	자료변환	26	①	세부 정보 파악
03	①	문맥 추론	09	②	논지·견해 분석	15	②	자료계산	21	④	논리퍼즐	27	②	규칙 적용
04	②	세부 내용 파악	10	②	논지·견해 분석	16	①	자료이해	22	③	논리퍼즐	28	⑤	법·규정의 적용
05	⑤	논지·견해 분석	11	④	자료이해	17	④	자료계산	23	③	규칙 적용	29	④	법·규정의 적용
06	③	세부 내용 파악	12	②	자료계산	18	④	자료변환	24	⑤	규칙 적용	30	④	세부 정보 파악

취약 유형 분석표

유형별로 맞힌 개수, 틀린 문제 번호와 풀지 못한 문제 번호를 적고 나서 취약한 유형이 무엇인지 파악해 보세요. 그 후 취약한 유형은 유형 특징, 풀이 전략, 유형공략 문제들을 복습하고 틀린 문제와 풀지 못한 문제를 다시 한번 풀어보세요.

영역	유형	맞힌 개수	정답률	틀린 문제 번호	풀지 못한 문제 번호
의사소통능력	세부 내용 파악	/4	%		
	문맥 추론	/3	%		
	논지·견해 분석	/3	%		
수리능력	자료이해	/5	%		
	자료계산	/3	%		
	자료변환	/2	%		
문제해결능력	세부 정보 파악	/3	%		
	법·규정의 적용	/2	%		
	규칙 적용	/3	%		
	논리퍼즐	/2	%		
TOTAL		/30	%		

해설

01 세부 내용 파악

정답 ②

실력 UP 문제 분석

출제 포인트

문단별 핵심어와 그에 따른 설명의 일치 여부 판단

주제

환경세 세수 근로소득세 경감으로 재순환하는 조세구조 개편의 장점

기출 포인트

NH농협은행 NCS에서는 은행이나 정부 등에서 시행하는 사업과 관련된 소재의 지문이 자주 출제된다. 기업 관련 뉴스 및 정부 정책 등에 관심을 갖고 숙지하면 실제 문제 풀이 시 정책 관련 용어가 제시되는 지문도 빠르게 파악할 수 있다.

정답 체크

세 번째 단락에서 환경세 세수만큼 근로소득세를 줄이면 근로자의 실질소득이 늘어나고, 이 증대효과가 환경세 부과로 인한 상품가격 상승효과를 넘어설 정도로 크다고 하였으므로 환경세를 부과하더라도 그만큼 근로소득세를 경감하면 근로자의 실질소득이 증대됨을 알 수 있다.

오답 체크

① 두 번째 단락에서 다수의 경제학자들에 따르면 환경세 세수만큼 근로소득세를 줄이면 환경보존과 경제성장이 조화를 이루는 것이 가능하다고 하였으므로 적절하지 않은 내용이다.

③ 다섯 번째 단락에서 환경세 세수를 근로소득세 경감으로 재순환시키는 조세구조 개편은 고용의 증대를 낳는다고 하였으므로 적절하지 않은 내용이다.

④ 네 번째 단락에서 환경세가 노동자원보다 환경자원의 가격을 인상시켜 노동을 저렴하게 느끼게 하는 효과가 있기 때문에 기업의 노동수요가 늘어난다고 하였으므로 적절하지 않은 내용이다.

⑤ 세 번째 단락에서 환경세 세수만큼 근로소득세를 줄이면 근로자의 실질소득이 늘어나고, 이 증대효과가 환경세 부과로 인한 상품가격 상승효과를 넘을 정도로 크다고 하였으므로 적절하지 않은 내용이다.

02 문맥 추론

정답 ③

정답 체크

제시된 실험 결과를 정리하면 다음과 같다.

구분	구매 전 활동	구매율	사후 서비스	마케팅 만족도
A	X	d	O	c
B	X	d	X	d
C	광고	c	O	b
D	광고	c	X	c
E	할인	b	O	b
F	할인	b	X	b
G	광고+할인	b	O	a
H	광고+할인	b	X	b

ㄱ. 할인 기회를 제공한 E, F, G, H가 할인 기회를 제공하지 않은 A, B, C, D보다 구매율이 높으므로 적절하다.

ㄴ. 광고를 한 C, D, G, H 중 사후 서비스를 한 C와 G가 사후 서비스를 하지 않은 D와 H보다 마케팅 만족도가 낮지 않으므로 적절하다.

오답 체크

ㄷ. 사후 서비스를 하지 않은 B, D, F, H 중 광고를 한 D가 광고를 하지 않은 F보다 마케팅 만족도가 낮으므로 적절하지 않다.

[03~04]

03 문맥 추론

정답 ①

실력 UP 문제 분석

출제 포인트

빈칸에 들어갈 내용으로 가장 적절한 것

주제

개정 근로기준법에 의한 휴일근로와 연장근로 시간 변경

문단별 중심 내용

1문단	개정 근로기준법상 52시간 근무를 규정한 문장: '1주'의 기준에 대한 정의
2문단	기존 근로기준법상 최대 근로시간이 68시간인 이유: 휴일근로를 소정근로나 연장근로로 간주하지 않음
3문단	기존 판례의 입장: 토요일을 휴일로 한다는 특별규정을 통해 토~일을 휴일근로로 추가할 수 있었음
4문단	기존 판례상 소정근로시간의 '1주' 기준은 5일(월~금)이었음

정답 체크

첫 번째 단락에서 개정 근로기준법은 1주를 휴일 포함 7일로 규정하는 문장을 추가하여 52시간 근무제를 확보하였다고 했고, 마지막 단락에서 기존 판례는 연장근로가 소정근로의 연장이며 1주의 소정근로일을 월요일부터 금요일까지의 5일로 보았기 때문에 월요일부터 금요일까지 근로한 52시간과 휴일근로로 가능한 16시간을 더해 1주의 최대 근로시간은 68시간이 되었다고 했다.

따라서 빈칸에 들어갈 내용으로 '휴일근로가 연장근로가 아니라고 보았을까?'가 가장 적절하다.

04 세부 내용 파악

정답 ②

정답 체크

· 을: 두 번째 단락에서 기존 근로기준법의 경우 1주 기준 최대 소정근로는 40시간, 연장근로는 12시간까지만 허용되었으나 휴일근로는 소정근로도 아니고 연장근로도 아닌 것으로 간주하여 최대 근로시간이 68시간이었다고 했으며, 첫 번째 단락에서 개정 근로기준법은 기존 근로기준법에 '1주'를 휴일 포함 7일로 규정하는 문장을 추가하여 52시간 근무제를 확보했음을 알 수 있다. 따라서 개정 근로기준법에 의하면 월요일부터 목요일까지 매일 10시간씩 일한 사람은 총 40시간을 근무한 것으로 금요일에 허용되는 최대 근로시간은 52-40=12시간이므로 적절하다.

오답 체크

· 갑: 첫 번째 단락에서 개정 근로기준법은 기존 근로기준법에 '1주'란 휴일을 포함한 7일을 말한다는 문장이 추가되었을 뿐이라고 했고, 두 번째 단락에서 기존 근로기준법에서도 최대 소정근로시간은 1일 8시간, 1주 40시간이며 연장근로는 1주에 12시간까지만 허용되었음을 알 수 있다. 따라서 개정 근로기준법에 의하면 3일 동안 하루 15시간씩 일한 사람은 1일 기준 소정근로 8시간을 제외한 7시간씩 3일 동안 총 21시간의 연장근로를 한 것으로 연장근로 12시간을 초과하여 법 위반에 해당하므로 적절하지 않다.

· 병: 마지막 단락에서 기존 근로기준법에 따르면 토요일과 일요일을 소정근로일로 보지 않던 기존 판례를 따르더라도 연장근로가 아닌 한 1일의 근로시간은 8시간을 초과할 수 없음을 알 수 있다. 따라서 기존 근로기준법에 의하면 일요일에 12시간을 일했다면 그중 휴일근로시간으로 볼 수 있는 것은 8시간이므로 적절하지 않다.

05 논지 · 견해 분석

정답 ⑤

실력 UP 문제 분석

주제

상류층의 소비행태를 설명하는 베블런의 과시소비이론 및 현대 상류층에서 확인되는 새로운 소비행태

문단별 중심 내용

1문단	사치품 소비를 통해 사회적 지위를 과시하는 상류층의 소비행태를 나타내는 베블런의 과시소비이론
2문단	오늘날 서민들도 사치품을 소비하게 되자 소박함을 추구하는 것으로 변화한 상류층의 소비행태
3문단	서민들처럼 소박하게 생활함을 과시하는 현대 상류층의 소비행태가 지닌 효과
4문단	검소한 소비만 하는 것이 아니라 상황에 따라 고가품 소비를 통해 자신들의 사회적 지위를 과시하기도 하는 현대 상류층의 소비행태

정답 체크

이 글은 현대에 이르러 소득 수준 향상 및 풍부한 물자로 인해 서민들도 사치품을 소비할 수 있게 되면서 오히려 그들과 차별화하기 위해 사치품을 소비하지 않음으로써 겸손한 태도와 검소함으로 자신을 한층 더 드러내지만, 차별화해야 할 아래 계층이 없거나 혹은 경쟁 상대인 다른 상류층 사이에 있을 때는 경쟁적으로 고가품을 소비하며 사회적 지위를 더욱 과시한다는 내용이므로 이 글의 논지로 가장 적절한 것은 ⑤이다.

오답 체크

① 네 번째 단락에서 현대의 상류층이 소박한 생활을 과시하는 이유는 겸손한 태도와 검소함으로 자신을 포장하는 극단적인 위세라고 하였으므로 적절하지 않은 내용이다.

② 두 번째 단락, 네 번째 단락에서 소득 수준 향상 및 물자가 풍요로워진 현대의 서민들은 상류층을 따라 사치품을 소비한다고 하였으므로 적절하지 않은 내용이다.

③ 네 번째 단락에서 차별화할 하위 계층이 없거나 경쟁 상대인 다른 상류층 사이에 있을 경우 경쟁적으로 고가품을 소비하며 자신을 과시한다고 하였으므로 적절하지 않은 내용이다.

④ 세 번째 단락에서 현대의 상류층은 사치품을 소비하는 서민들과 구별되기 위해 고급, 화려함, 낭비를 과시하기보다 소비하지 않는 행태를 통해 검소한 생활을 과시한다고 하였으므로 적절하지 않은 내용이다.

06 세부 내용 파악

정답 ③

정답 체크

두 번째 단락에서 고려 후기에 해당하는 13세기 이후에 만들어진 향도는 대부분 해당 마을의 모든 주민을 구성원으로 한다고 하였으며, 마을 사람들이 관혼상제를 치를 때 그것을 지원했다고 하였으므로 고려 후기에는 구성원이 장례식을 치를 때 이를 돕는 향도가 있었음을 알 수 있다.

오답 체크

① 두 번째 단락에서 고려 초기에는 지방의 향리들이 주도하여 향도를 만들었고 고려 후기에는 주민들이 자발적으로 마을 단위 향도를 만들었다고 하였으므로 왕조가 주도하여 각 군현에 향도를 조직하였다는 것은 적절하지 않은 내용이다.

② 첫 번째 단락에서 고려 초기의 향도는 매향을 하였으며, 매향한 자리에서 나는 침향의 향기를 미륵불에게 바치는 제물이라고 여겼다고 하였으므로 매향으로 얻은 침향을 판매하였다는 것은 적절하지 않은 내용이다.

④ 첫 번째 단락에서 고려 초기 지방 향리들이 주도한 향도는 불교 진흥을 위한 것이라고 하였으므로 군현의 하천 정비가 향도를 조직한 목적이라는 것은 적절하지 않은 내용이다.

⑤ 두 번째 단락에서 12세기에 접어들면서 매향과 석탑 조성 공사의 횟수가 줄었다고 하였으므로 적절하지 않은 내용이다.

07 세부 내용 파악

정답 ④

출제 포인트

제시된 글의 내용을 토대로 추론하기

주제

입자 분포에 대한 경우의 수를 세는 법

문단별 중심 내용

1문단	입자들이 서로 구별 가능한지, 여러 개의 입자가 하나의 상태에 동시에 있는지에 따라 경우의 수가 달라지는 입자들의 분포
2문단	두 입자가 구별 가능하고, 하나의 양자 상태에 여러 개의 입자가 있을 수 있다고 가정하는 MB 방식
3문단	두 입자가 구별되지 않고, 하나의 양자 상태에 여러 개의 입자가 있을 수 있다고 가정하는 BE 방식
4문단	두 입자가 구별되지 않고, 하나의 양자 상태에 하나의 입자만 있다고 가정하는 FD 방식

정답 체크

ㄴ. 네 번째 단락에서 FD 방식에서는 두 입자가 구별되지 않고, 하나의 양자 상태에 하나의 입자만 있을 수 있다고 하였으므로 두 개의 입자에 대해, 양자 상태의 가짓수가 많아지면 FD 방식에서 두 입자가 서로 다른 양자 상태에 각각 있는 경우의 수는 커진다는 것을 추론할 수 있으므로 적절한 내용이다.

ㄷ. 두 번째 단락, 세 번째 단락에서 MB 방식과 BE 방식 모두 하나의 양자 상태에 여러 개의 입자가 있을 수 있으나, MB 방식에서는 두 입자가 구별 가능하고 BE 방식에서는 두 입자가 구별되지 않는다고 하였으므로 두 개의 입자에 대해, 양자 상태가 두 가지 이상이면 경우의 수는 BE 방식에서보다 MB 방식에서 언제나 크다는 것을 추론할 수 있으므로 적절한 내용이다.

오답 체크

ㄱ. 세 번째 단락에서 BE 방식에서는 두 입자가 구별되지 않고, 하나의 양자 상태에 여러 개의 입자가 있을 수 있다고 하였으므로 두 개의 입자에 대해, 양자 상태가 두 가지면 BE 방식에서 a a , aa , aa 가 가능하여 경우의 수는 2가 아니라 3이되므로 적절하지 않은 내용이다.

08 문맥 추론

정답 ④

출제 포인트

제시된 지문의 문맥을 파악하여 문맥에 맞지 않는 내용 수정하기

주제

문자를 암호화하는 가장 기본적인 방법인 단일환자방식

문단별 중심 내용

1문단	단일환자방식의 정의
2문단	단일환자방식의 영어 암호문은 알파벳 사용 빈도를 통해 일대일 대응의 암호화 규칙 추론 가능
3문단	단일환자방식의 영어 암호문은 알파벳 사용 빈도로 암호화 규칙 추론이 가능함을 설명하는 사례

정답 체크

첫 번째 단락에서 철수는 'I LOVE YOU'를 'Q RPDA LPX'로 암호화하였고, 두 번째 단락에서 통계 결과 알파벳 E가 가장 많이 사용되었다고 하였으며 이때 철수는 E를 A로 변경한 점에서 철수가 사용한 규칙과 동일한 규칙 α를 사용한 암호문에는 빈도수가 가장 높은 E를 암호화한 A가 가장 많이 사용되었음을 알 수 있다.

오답 체크

① 첫 번째 단락에서 단일환자방식은 문장에 사용된 문자를 일정 규칙에 따라 일대일 대응으로 재배열하여 암호화하는 방법이며, 이에 따라 'I LOVE YOU'가 'Q RPDA LPX'로 암호화된다고 하였으므로 적절하지 않은 내용이다.

② 두 번째 단락에서 단일환자방식을 사용하는 경우 알파벳의 사용 빈도를 파악함으로써 일대일 대응의 암호화 규칙을 추론할 수 있다고 하였으므로 적절하지 않은 내용이다.

③ 두 번째 단락에서 암호문을 많이 확보할수록 암호문 해독 가능성이 커진다고 하였으므로 적절하지 않은 내용이다.

⑤ 두 번째 단락에서 알파벳 사용 빈도는 높은 것부터 E, T, A, O, I, N, S, R, H 순이라고 하였고, 세 번째 단락에서 암호문에 쓰인 알파벳 빈도는 높은 것부터 W, P, F, C, H, Q, T, N이라고 한 점에서 암호문에 사용된 규칙 α는 'E는 W, T는 P, A는 F, O는 C, I는 H, S는 Q, R은 T, H는 N으로 변경한다'라는 것을 추론할 수 있으므로 적절하지 않은 내용이다.

09 논지·견해 분석

정답 ②

출제 포인트

화자의 견해를 분석하여 옳은 내용 찾기

논쟁점

일반적인 도덕률을 벗어나는 공직자의 행위를 정당화할 수 있는가?

화자의 견해

(가)	공직자의 행동이 일반적인 도덕률을 벗어나더라도 결과적으로 공동선을 증진한다면 정당화될 수 있다.
(나)	공직자도 일반적인 도덕률을 공유하는 시민이므로 도덕률을 어긴 공직자의 행위는 정당화될 수 없다.
(다)	민주사회에서 공직자는 시민으로부터 권력을 위임받은 대리자이므로 공직자의 모든 공적 행위는 정당화될 수 있다.

기출 포인트

특정 쟁점에 대해 각각 다른 견해를 설명하는 글의 경우 논쟁점이 무엇인지 파악하고, 이를 중심으로 여러 입장의 견해를 이해해야 한다. 이 글에 제시된 (가), (나), (다)의 논쟁점 '일반적인 도덕률을 벗어나는 공직자의 행위를 정당화할 수 있는가?'를 중심으로 글의 내용을 분석해야 한다.

정답 체크

ㄴ. (가)에서 일반적인 도덕률에서 벗어난 공직자의 행위도 공동선을 증진하는 결과를 가져온다면 정당화될 수 있다고 하였고, (다)에서 민주사회 내에 존재하는 공직자의 모든 공적 행위는 정당화될 수 있다고 하였으므로 적절한 내용이다.

오답 체크

ㄱ. (가)에서 공동선을 증진하는 결과가 따라온다면 공직자의 행위가 일반적인 도덕률을 벗어나더라도 정당화될 수 있다고 하였고, (나)에서 일반적인 도덕률을 어긴 공직자의 행위가 특정 상황에서 최선이었다고 말할 수 있더라도 잘못된 행위임을 부정할 수는 없다고 하였으므로 적절하지 않은 내용이다.

ㄷ. (나)에서 공직자 또한 일반 시민 중 한 사람이라고 하였지만, (다)에서 공직자는 선거를 통해 시민들로부터 권력을 위임받아 시민을 대리한다고 하였으므로 적절하지 않은 내용이다.

10 논지·견해 분석

정답 ②

정답 체크

ㄷ. 시각적 외양이 다르더라도 언어적·문화적 관습에 따라 같은 낱말로 인지되는 두 낱말을 각각 프라임과 타깃으로 제시했을 때 점화 효과가 발생한 것으로부터 ㉠을 유추할 수 있다고 한 점에서 한국어와 영어에 능숙한 사람에게 단순 문자열만을 제시했을 때보다 표기상 외양이 다른 두 낱말을 제시했을 때 인지 반응이 더 빠르다는 내용은 ㉠을 강화하므로 적절하다.

오답 체크

ㄱ. 시각적 외양이 다르더라도 언어적·문화적 관습에 따라 같은 낱말로 인지되는 두 낱말을 각각 프라임과 타깃으로 제시했을 때 점화 효과가 발생한 것에서 ㉠을 유추할 수 있다고 한 점에서 같은 낱말을 식역 이하로 여러 번 반복하여 제시해도 피험자들이 낱말을 인식할 수 없었다는 내용은 ㉠을 강화하지도, 약화하지도 않으므로 적절하지 않다.

ㄴ. 시각적 외양이 다르더라도 언어적·문화적 관습에 따라 같은 낱말로 인지되는 두 낱말을 각각 프라임과 타깃으로 제시했을 때 점화 효과가 발생한 것에서 ㉠을 유추할 수 있다고 한 점에서 같은 말로 인지되는 금성과 샛별을 각각 프라임과 타깃으로 제시했을 때 점화 효과가 나타나지 않았다는 내용은 ㉠을 약화하므로 적절하지 않다.

11 자료이해

정답 ④

정답 체크

ㄴ. 2023년 9월의 결항편수는 국내선이 국제선의 1,351/437 ≒ 3.1배이므로 옳은 설명이다.

ㄷ. 2019~2023년 매년 1월과 3월에 항공편 결항편수는 0편으로 항공기 결항이 없었으므로 옳은 설명이다.

오답 체크

ㄱ. 2022년 3분기 국제선 지연편수는 전년 동기 대비 $(83+111+19)-(11+61+46)=95$편 증가하였으므로 옳지 않은 설명이다.

12 자료계산

정답 ②

정답 체크

A~E 대학의 재학생 수와 교원 수를 정리하면 다음과 같다.

구분	재학생 수 (명)	법정 필요 교원 수 (명)	재직 교원 수 (명)	충원해야 할 교원 수 (명)
A	900	900/22 ≒ 41	44	0
B	30,000	30,000/19 ≒ 1,579	1,260	1,579-1,260 =319
C	13,300	13,300/20 =665	450	665-450 =215
D	4,200	4,200/21 =200	130	200-130 =70
E	18,000	18,000/20 =900	860	900-860 =40

따라서 법정 필요 교원 수 산정기준에 근거하여 법정 필요 교원 수를 충족시키기 위해 충원해야 할 교원 수가 많은 대학부터 순서대로 나열하면 'B, C, D, E, A'이다.

13 자료이해

정답 ⑤

정답 체크

성능지표 = $\frac{기준시간}{수행시간}$ 임을 적용하여 구한다.

내비게이션의 성능지표는 7,020/500 ≒ 14.0으로 가장 낮으므로 옳은 설명이다.

오답 체크

① 명령어 수는 양자 컴퓨팅이 문서 편집보다 많으나, 수행시간은 양자 컴퓨팅이 문서 편집보다 짧으므로 옳지 않은 설명이다.

② CPI가 가장 낮은 프로그램은 양자 컴퓨팅이고, 기준시간이 가장 긴 프로그램은 영상 압축이므로 옳지 않은 설명이다.

③ 인공지능 바둑의 수행시간은 $10,490 / 18.7 ≒ 561$초이고, 내비게이션의 수행시간은 500초이므로 옳지 않은 설명이다.

④ $CPI = \dfrac{\text{클럭 사이클 수}}{\text{명령어 수}}$임을 적용하여 구한다. 기준시간이 가장 짧은 내비게이션의 클럭 사이클 수는 $1,250 × 1.0 = 1,250$십억 개이다. 이때 내비게이션보다 기준시간이 더 긴 양자 컴퓨팅의 클럭 사이클 수는 $659 × 0.44 ≒ 290$십억 개로 내비게이션보다 적으므로 옳지 않은 설명이다.

⏱ 빠른 문제 풀이 Tip

④ 클럭 사이클 수를 직접 계산하지 않더라도 양자 컴퓨팅의 명령어 수가 내비게이션보다 적고 CPI가 가장 낮으므로 양자 컴퓨팅의 클럭 사이클 수는 내비게이션보다 적음을 알 수 있다.

14 자료이해

실력 UP 문제 분석

출제 포인트

비중, 증가율, 증감 추이

기출 포인트

NH농협은행, IBK기업은행, 국민은행 등 대부분의 금융 NCS에서는 비중, 증감률, 증감 추이 등을 묻는 문제가 비중 높게 출제되므로 관련 이론 및 공식을 정확히 숙지하고 문제를 풀이해야 한다.

정답 체크

ㄴ. 전체 공공한옥시설 중 '문화전시시설'의 비율은 2017년과 2018년에 $(8/27) × 100 ≒ 30\%$, 2019년에 $(10/28) × 100 ≒ 36\%$, 2020년에 $(11/30) × 100 ≒ 37\%$, 2021년과 2022년에 $(12/34) × 100 ≒ 35\%$로 매년 20% 이상이므로 옳은 설명이다.

ㄷ. 2022년 '주거체험시설'은 $34 - (12+9+8+0) = 5$개소이고, 2020년 대비 2022년 공공한옥시설의 유형별 증가율은 '주거체험시설'이 $\{(5-3)/3\} × 100 ≒ 66.6\%$, '주민이용시설'이 $\{(8-6)/6\} × 100 ≒ 33.3\%$로 '주거체험시설'이 '주민이용시설'의 2배이므로 옳은 설명이다.

ㄹ. 2022년 '주거체험시설'은 $34 - (12+9+8+0) = 5$개소, 2019년 '한옥숙박시설'은 $28 - (10+11+5+1) = 1$개소로 '한옥숙박시설'이 '주거체험시설'보다 많은 해는 2017년과 2018년뿐이므로 옳은 설명이다.

오답 체크

ㄱ. 2021년 '전통공예시설'은 $34 - (12+8+4+0) = 10$개소, 2019년 '한옥숙박시설'은 $28 - (10+11+5+1) = 1$개소로, 2022년 '전통공예시설'은 전년 대비 감소하였지만, '한옥숙박시설'은 전년도와 동일하여 증감 방향이 서로 다르므로 옳지 않은 설명이다.

⏱ 빠른 문제 풀이 Tip

ㄷ. 2020년 대비 2022년 '주거체험시설'의 증가량과 '주민이용시설'의 증가량이 2개소로 동일하며, 2020년 '주민이용시설'이 '주거체험시설'의 2배이므로 증가율은 '주거체험시설'이 '주민이용시설'의 2배임을 알 수 있다.

15 자료계산

실력 UP 문제 분석

출제 포인트

제시된 공식 활용한 크기 비교

기출 포인트

NH농협은행, IBK기업은행 등에서는 제시된 표의 수치를 이용하여 특정 항목을 찾는 문제가 출제된다. 미만, 이상 등 정확한 계산을 요구하지 않는 문제는 대략적으로 계산하여 풀이해야 한다.

정답 체크

· <보고서>에 제시된 첫 번째 특징에 따르면 1990년대 이후 모든 시기에서 자본금액 1천만 원 미만 창업 건수가 자본금액 1천만 원 이상 창업 건수보다 많으므로 2010년대에 1천만 원 미만 창업 건수보다 1천만 원 이상 창업 건수가 더 많은 C가 소거된다.

· <보고서>에 제시된 세 번째 특징에 따르면 2020년 이후 전체 창업 건수는 1990년대 전체 창업 건수의 10배 이상이고, 전체 창업 건수를 계산하면 다음과 같다.

구분	1990년대	2020년 이후
A	$198+11=209$건	$788+101=889$건
B	$46+0=46$건	$458+16=474$건
D	$27+3=30$건	$225+27=252$건
E	$4+0=4$건	$246+7=253$건

이에 따라 2020년 이후 전체 창업 건수가 1990년대의 10배 미만인 A, D가 소거된다.

· <보고서>에 제시된 네 번째 특징에 따르면 2020년 이후 전체 창업 건수 중 자본금액 1천만 원 이상 창업 건수의 비중은 3% 이상이고, B가 $(16/474) × 100 ≒ 3.4\%$, E가 $(7/253) × 100 ≒ 2.8\%$이므로 E가 소거된다.

따라서 <보고서>의 내용에 부합하는 도시는 B이다.

⏱ 빠른 문제 풀이 Tip

반드시 <보고서>에 제시된 순서대로 풀이해야 하는 것은 아니다. 세 번째 특징을 통해 2020년 이후 전체 창업 건수를 확인하면, 이를 이용하여 네 번째 특징을 곧바로 확인할 수 있으므로 두 번째 특징을 확인하지 않고도 정답을 빠르게 도출할 수 있다.

16 자료이해

정답 체크

· 마지막 <조건>에 따르면 2020년과 2021년의 해양사고 인명피해 인원 차이가 가장 큰 유형은 '화재폭발'이고, 해당 연도 해양사고 인명피해 인원 차이는 A가 $9-8=1$명, B가 $27-25=2$명, C가 $3-2=1$명, D가 $8-3=5$명, E가 $79-76=3$명으로 D가 가장 크다. 이에 따라 D가 '화재폭발'이므로 선택지 ②, ⑤가 소거된다.

· 두 번째 <조건>에 따르면 2020년 해양사고 발생 건수 대비 인명피해 인원의 비율이 두 번째로 높은 유형은 '전복'이고, 2020년 발생 건수 대비 인명피해 인원의 비율은 A가 $\dfrac{8}{277}$, B가 $\dfrac{25}{108}$, C가 $\dfrac{2}{69}$, D가 $\dfrac{8}{128}$, E가 $\dfrac{79}{203}$이다. 비율이 가장 높은 유형은 E, 두 번째로 높은 유형은 B이므로 B가 '전복'임을 알 수 있다. 이에 따라 ③이 소거된다.

해커스 PSAT 기출로 끝내는 금융 NCS 330제

- 세 번째 <조건>에 따르면 해양사고 발생 건수는 매년 '충돌'이 '전복'의 2배 이상이고, A, C, E 중에 발생 건수가 매년 B의 2배 이상인 유형은 A 이므로 A가 '충돌'이다. 이에 따라 ④가 소거된다.

따라서 A가 '충돌', B가 '전복', C가 '침몰', D가 '화재폭발', E가 '안전사고' 이다.

17 자료계산
정답 ④

정답체크

- 첫 번째 <정보>에서 B지역에서 타워크레인 작업제한 조치가 한 번도 시행되지 않은 '월'은 3개라고 했으므로 작업제한 조치가 시행되지 않은 '월'은 1월, 2월, 12월임을 알 수 있다. 이때 '설치' 작업제한 조치에 해당하는 순간 풍속은 15m/s 이상이므로 '가'는 15m/s 미만임을 알 수 있다.
- 두 번째 <정보>에서 매월 C지역의 최대 순간 풍속은 A지역보다 높고 D지역보다 낮다고 했으므로 '나'는 21.5m/s 초과 32.7m/s 미만임을 알 수 있다.
- 세 번째 <정보>에서 E지역에서 '설치' 작업제한 조치는 매월 시행되었고, '운전' 작업제한 조치는 2개 '월'을 제외한 모든 '월'에 시행되었다고 했으므로 2월과 11월에는 '설치' 작업제한 조치만 시행되었음을 알 수 있다. 이때 '운전' 작업제한 조치에 해당하는 순간 풍속은 20m/s 이상이므로 '다'는 15m/s 이상 20m/s 미만임을 알 수 있다.

따라서 '가'~'다'를 큰 것부터 순서대로 나열하면 '나', '다', '가'이다.

> ⏱ **빠른 문제 풀이 Tip**
>
> 제시된 <정보>에 따라 '가', '나', '다'의 최대 순간 풍속이 작업제한 기준 순간 풍속에 해당하는지 여부를 중점적으로 파악한다.

18 자료변환
정답 ④

> **실력 UP 문제 분석**
>
> **출제 포인트**
> 제시된 보고서를 다양한 형태의 자료로 변환
>
> **기출 포인트**
> IBK기업은행, 국민은행 등의 금융 NCS에서는 제시된 자료를 다른 형태의 자료로 변환하는 문제가 꾸준히 출제되고 있다. 선택지를 먼저 확인한 후 제시된 자료에서 관련 있는 항목의 값을 찾아 비교하는 방법으로 풀이해야 한다.

정답 체크

연도별 화재발생건수 대비 인명피해자수 비율은 다음과 같다.

2012년에 2,222 / 43,249 ≒ 0.0514명/건 ≒ 51.4명/천 건,

2013년에 2,184 / 40,932 ≒ 0.0534명/건 ≒ 53.4명/천 건,

2014년에 2,180 / 42,135 ≒ 0.0517명/건 ≒ 51.7명/천 건,

2015년에 2,093 / 44,435 ≒ 0.0471명/건 ≒ 47.1명/천 건,

2016년에 2,024 / 43,413 ≒ 0.0466명/건 ≒ 46.6명/천 건,

2017년에 2,197 / 44,178 ≒ 0.0497명/건 ≒ 49.7명/천 건이다.

따라서 옳지 않은 그래프는 ④이다.

[19~20]
19 자료이해
정답 ①

정답 체크

2023년 식량작물 생산량의 전년 대비 감소율은 A지역 전체가 {(237,439-221,271)/237,439}×100 ≒ 6.8%, '갑'국 전체가 {(4,456,952-4,331,597)/4,456,952}×100 ≒ 2.8%로 A지역 전체가 '갑'국 전체보다 높으므로 옳지 않은 설명이다.

오답 체크

② 2019년 대비 2023년 A지역 식량작물 생산량의 증감률은 미곡이 {(153,944-143,938)/153,944}×100 ≒ 6.5%, 맥류가 {(270-201)/270}×100 ≒ 25.6%, 잡곡이 {(30,740-29,942)/29,942}×100 ≒ 2.7%, 두류가 {(10,054-9,048)/9,048}×100 ≒ 11.1%, 서류가 {(36,338-30,268)/30,268}×100 ≒ 20.1%로 증감률이 가장 큰 A지역 식량작물은 맥류이므로 옳은 설명이다.

③ A지역 전체 식량작물 생산 면적은 매년 50,000ha 미만으로 생산 면적의 절반은 25,000ha 미만이며, 미곡의 생산 면적은 매년 25,000ha 이상이므로 옳은 설명이다.

④ 2023년 A지역 식량작물의 생산 면적당 생산량은 미곡이 143,938/28,708 ≒ 5.0톤/ha, 맥류가 201/98 ≒ 2.1톤/ha, 잡곡이 30,740/6,317 ≒ 4.9톤/ha, 두류가 10,054/5,741 ≒ 1.8톤/ha, 서류가 36,338/5,678 ≒ 6.4톤/ha로 생산 면적당 생산량이 가장 많은 A지역 식량작물은 서류이므로 옳은 설명이다.

⑤ A지역 전체 식량작물 생산량과 A지역 전체 식량작물 생산 면적의 전년 대비 증감 방향은 '증가-감소-증가-감소'로 매년 같으므로 옳은 설명이다.

20 자료변환
정답 ④

정답 체크

ㄱ. 제시된 자료에 따르면 '갑'국 전체 식량작물 생산 면적의 전년 대비 감소량은 2020년에 924,470-924,291 = 179ha, 2021년에 924,291-906,106 = 18,185ha, 2022년에 906,106-905,034 = 1,072ha, 2023년에 905,034-903,885 = 1,149ha이므로 옳은 그래프이다.

ㄷ. 제시된 자료에 따르면 2019년 대비 연도별 A 지역 맥류 생산 면적 증가율은 2020년에 {(166-128)/128}×100 ≒ 29.7%, 2021년에 {(177-128)/128}×100 ≒ 38.3%, 2022년에 {(180-128)/128}×100 ≒ 40.6%, 2023년에 {(98-128)/128}×100 ≒ -23.4%이므로 옳은 그래프이다.

ㄹ. 제시된 자료에 따르면 2023년 A 지역 식량작물 생산량 구성비는 미곡이 (143,938/221,271)×100 ≒ 65.1%, 맥류가 (201/221,271)×100 ≒ 0.1%, 잡곡이 (30,740/221,271)×100 ≒ 13.9%, 두류가 (10,054/221,271)×100 ≒ 4.5%, 서류가 (36,338/221,271)×100 ≒ 16.4% 이므로 옳은 그래프이다.

오답 체크

ㄴ. 제시된 자료에 따르면 2021년 잡곡 생산량은 30,972ha, 서류 생산량은 35,576ha이지만, 그래프에서는 잡곡 생산량이 35,576ha, 서류 생산량이 30,972ha이므로 옳지 않은 그래프이다.

21 논리퍼즐

실력 UP 문제 분석

출제 포인트
경우의 수

소재
가위바위보 10회를 통한 승패 결과 예측

기출 포인트
경우의 수를 기반으로 한 논리퍼즐 문제는 NH농협은행, 신한은행 등에서 매년 꾸준히 출제하는 문제이다. 가위바위보 게임 조건에서 비기는 경우가 없는 가위바위보 결과를 토대로 풀이해야 함에 유의한다.

정답 체크

甲은 가위를 6회 냈고, 乙은 가위를 4회 냈으나, 甲과 乙이 서로 같은 것을 낸 적은 10회 동안 한 번도 없었다고 했으므로 가위를 낸 경우를 중심으로 甲과 乙의 승패 결과를 정리하면 다음과 같다.

구분	1회	2회	3회	4회	5회	6회	7회	8회	9회	10회
甲	가위	가위	가위	가위	가위	가위	바위	보	보	보
乙	바위	바위	바위	보	보	보	가위	가위	가위	가위
승	乙	乙	乙	甲	甲	甲	甲	乙	乙	乙
패	甲	甲	甲	乙	乙	乙	乙	甲	甲	甲

따라서 甲의 승패 결과는 4승 6패이다.

22 논리퍼즐

실력 UP 문제 분석

출제 포인트
경우의 수

소재
1~5 숫자 카드 배열 조건에 따라 가능한 경우의 수 파악

정답 체크

규칙에 따라 카드를 배열했을 때 A~E 카드에 적혀 있는 수는 1, 2, 4, 4, 5이므로 A로 가능한 수를 중심으로 카드를 배열하는 경우를 살펴본다. 이때 각 카드에 적혀 있는 수는 바로 왼쪽 카드에 적혀 있는 수보다 작거나, 같거나, 1만큼 커야 하므로 A로 가능한 수는 A의 바로 왼쪽 카드에 적혀 있는 수인 3보다 작거나, 같거나, 1만큼 큰 1, 2, 4이다. 그러나 A의 바로 오른쪽 카드에 적혀 있는 수가 3이므로 A는 1일 수 없다. 이에 따라 A로 가능한 수는 2, 4이므로 A가 2 또는 4일 경우에 따라 가능한 카드의 배열을 정리하면 다음과 같다.

<경우 1> A가 2일 경우
A가 2일 경우 B로 가능한 수는 1 또는 4이나, B가 1일 경우 C로 가능한 수가 없으므로 B로 가능한 수는 4뿐이다. 또한 B가 4일 경우 C로 가능한 수는 1 또는 4 또는 5이나, C가 1일 경우 D로 가능한 수가 없으므로 C로 가능한 수는 4 또는 5이고, 이때 D가 1이라면 E로 가능한 수가 없으므로 C가 4일 때 D로 가능한 수는 5, C가 5일 때 D로 가능한 수는 4이다. 이에 따라 각 경우에 E는 항상 1이다. 이를 정리하면 다음과 같다.

카드	5	1	2	3	A	3	B	C	D	E
경우 1-1	5	1	2	3	2	3	4	4	5	1
경우 1-2	5	1	2	3	2	3	4	5	4	1

<경우 2> A가 4일 경우
A가 4일 경우 B로 가능한 수는 1 또는 2 또는 4이다. 이때 B가 1일 경우 C로 가능한 수는 2이나, D로 가능한 수가 없고, B가 2일 경우 C로 가능한 수는 1이나, D로 가능한 수가 없으므로 B로 가능한 수는 4뿐이다. B가 4일 경우 C로 가능한 수는 1, 2, 5이나, C가 1일 경우 D는 2이므로 E로 가능한 수가 없고, C가 2일 경우 D는 1이므로 E로 가능한 수가 없다. 따라서 C로 가능한 수는 5이고, 이에 따라 D와 E는 각각 1, 2 또는 2, 1이다. 이를 정리하면 다음과 같다.

카드	5	1	2	3	A	3	B	C	D	E
경우 2-1	5	1	2	3	4	3	4	5	1	2
경우 2-2	5	1	2	3	4	3	4	5	2	1

따라서 경우 1-1, 경우 2-1, 2-2에서 C는 5일 수 있다.

오답 체크

① A로 가능한 수는 2와 4이므로 2가지이므로 옳은 설명이다.
② 가능한 모든 경우의 수에서 B는 4이므로 옳은 설명이다.
④ D가 2라면 A는 4, B는 4, C는 5, E는 1이므로 A, B, C, E를 모두 알 수 있으므로 옳은 설명이다.
⑤ E는 1이나 2이므로 옳은 설명이다.

23 규칙 적용

실력 UP 문제 분석

출제 포인트
규칙 적용에 따른 항목 선별

소재
인사교류 승인 조건에 따른 인사교류 인원 파악

기출 포인트
여러 개의 항목에 대한 다양한 조건이 제시되는 경우에는 수기로 항목별 조건을 정리한 뒤 관련 규칙을 문제에 적용해야 한다.

정답 체크

기관별로 교류를 승인하는 조건을 정리하면 다음과 같다.

· ○○기관: 신청자 간 현직급임용년월 차이 3년 미만 ∩ 연령 차이 7세 미만
· □□기관: 신청자 간 최초임용년월 차이 5년 미만 ∩ 연령 차이 3세 미만
· △△기관: 최초임용년월 차이 2년 미만 ∩ 연령 차이 5세 미만

이에 따라 甲과 인사교류 신청자 A~E의 최초임용년월, 현직급임용년월, 연령 차이를 정리하면 다음과 같다.

구분	A	B	C	D	E
현 소속기관	□□	□□	□□	△△	△△
甲과의 최초임용년월 차이	8개월	5년 9개월	3개월	1년 8개월	2년 1개월
甲과의 현직급임용년월 차이	3년 8개월	1년 6개월	3개월	1년 8개월	2년 1개월
甲과의 연령 차이	2세	5세	0세	1세	3세

- A는 甲과의 연령 차이가 3세 미만이나, 현직급임용년월 차이가 3년 이상으로 ○○기관의 교류 승인 조건을 충족하지 못하므로 甲과 A는 인사교류를 할 수 없다.
- B는 甲과의 연령 차이가 3세 이상이고, 최초임용년월 차이가 5년 이상으로 □□기관의 교류 승인 조건을 충족하지 못하므로 甲과 B는 인사교류를 할 수 없다.
- C는 甲과의 연령 차이가 3세 미만이고, 최초임용년월 차이와 현직급임용년월 차이 모두 3년 미만이므로 甲과 C는 인사교류를 할 수 있다.
- D는 甲과의 연령 차이가 5세 미만이고, 최초임용년월 차이와 현직급임용년월 차이 모두 2년 미만이므로 甲과 D는 인사교류를 할 수 있다.
- E는 甲과의 연령 차이가 5세 미만이나, 최초임용년월 차이가 2년 이상으로 △△기관의 교류 승인 조건을 충족하지 못하므로 甲과 E는 인사교류를 할 수 없다.

따라서 甲과 인사교류를 할 수 있는 사람은 C, D이다.

24 규칙 적용
정답 ⑤

실력 UP 문제 분석

출제 포인트
규칙 적용에 따른 항목 계산 및 비교

소재
국가별 X의 1톤당 수입비용

기출 포인트
계산식이 제시되는 문제의 계산 식은 간단한 편이나, 계산 시 개별 조건을 적용해야 하는 문제의 출제 비중이 높은 편이다. 놓치는 조건이 없도록 하되 간단한 계산식을 틀리지 않도록 유의해야 한다.

정답 체크

ㄱ. A국으로부터의 X 1톤당 수입비용은 12+3=15달러이다. 甲국이 B국과 FTA를 체결한다면 B국에서 수입하는 X에 대한 관세율이 0%이므로 B국으로부터의 X 1톤당 수입비용은 10+5=15달러이다. 따라서 기존에 A국에서 수입하던 것과 동일한 비용으로 X를 수입할 수 있다.

ㄷ. A국으로부터의 X 1톤당 수입비용에 1톤당 6달러의 보험료가 추가된다면, A국으로부터의 1톤당 수입비용은 15+6=21달러이나, B국으로부터의 X 1톤당 수입비용은 10+10×0.5+5=20달러이므로 A국보다 B국에서 X를 수입하는 것이 더 유리하다.

오답 체크

ㄴ. C국이 A국과 동일한 1톤당 단가를 제시하였다면, C국으로부터의 X 1톤당 수입비용은 12+12×0.2+1=15.4달러이다. 이때 A국으로부터의 X 1톤당 수입비용은 15달러이므로 C국으로부터 X를 수입하는 비용은 기존에 A국에서 수입하던 것보다 저렴하지 않다.

[25~26]
25 세부 정보 파악
정답 ②

정답 체크

ㄴ. 두 번째 단락에 따르면 W-K 암호는 한글의 자음과 모음, 받침을 구분하여 만들어진 암호체계이며, 자음과 모음을 각각 두 자리 숫자로, 받침은 자음을 나타내는 두 자리 숫자의 앞에 00을 붙여 네 자리로 표시하고, 세 번째 단락에서 모든 숫자를 붙여 쓰기 때문에 상당히 길지만 네 자리씩 끊어 읽으면 된다고 하였다.

이에 따라 W-K 암호체계에서 한글 단어를 변환한 암호문의 자릿수는 4의 배수임을 알 수 있으므로 옳은 설명이다.

ㄷ. 세 번째 단락에 따르면 W-K 암호체계에서 자음은 11~29에, 모음은 30~50에 순서대로 대응되고, 받침은 자음 중 ㄱ~ㅎ을 이용하여 '0011'부터 '0024'에 순서대로 대응됨을 알 수 있다. 이에 따라 18은 'ㅅ', 30은 'ㅏ' 0015는 받침 'ㅁ', 24는 'ㅎ'에 대응됨을 알 수 있으나, 00의 경우 대응되는 모음이 없으므로 W-K 암호체계에서 '183000152400'은 한글 단어로 해독될 수 없음을 알 수 있으므로 옳은 설명이다.

오답 체크

ㄱ. 첫 번째 단락에 따르면 김우전 선생은 1944년 1월 일본군에 징병돼 중국으로 파병됐지만 같은 해 5월 말 부대를 탈출해 광복군에 들어갔으며, 1945년 3월 미 육군 전략정보처가 중국에서 광복군과 함께 특수훈련을 하고 있던 시기에 김우전 선생이 한글 암호인 W-K 암호를 만들었음을 알 수 있으므로 옳지 않은 설명이다.

ㄹ. 세 번째 단락에 따르면 W-K 암호체계에서 자음은 11~29에, 모음은 30~50에 순서대로 대응된다고 했고, 'ㄱ'은 11, 'ㅔ'는 48에 대응한다고 함에 따라 W-K 암호체계에서 한글 '게'는 '1148'로 변환됨을 알 수 있으므로 옳지 않은 설명이다.

26 세부 정보 파악
정답 ①

정답 체크

530080005100183600121334001866600을 네 자리씩 끊어보면 다음과 같다.
5300, 8000, 5100, 1836, 0012, 1334, 0018, 6600
제시문과 <조건>에 따라 각 네 자리 숫자를 변환하면, 3, ·, 1, 우, ㄴ, 도, ㅇ, !이므로 이를 정리하면 '3·1운동!'이다.

오답 체크

② 530080005100183600121335001866600을 네 자리씩 끊어보면 다음과 같다.
5300, 8000, 5100, 1836, 0012, 1335, 0018, 6600
제시문과 <조건>에 따라 각 네 자리 숫자를 변환하면, 3, ·, 1, 우, ㄴ, 됴, ㅇ, !이므로 이를 정리하면 '3·1운동!'이다.

③ 530070005100183600121334001877700을 네 자리씩 끊어보면 다음과 같다.
5300, 7000, 5100, 1836, 0012, 1334, 0018, 7700
제시문과 <조건>에 따라 각 네 자리 숫자를 변환하면, 3, ., 1, 우, ㄴ, 동, ㅇ, ?이므로 이를 정리하면 '3.1운동?'이다.

④ 53700051183600121334001766600을 네 자리씩 끊어보면 다음과 같다.
5370, 0051, 1836, 0012, 1334, 0017, 6600
이때 1836, 0012, 1334, 0017, 6600은 제시문과 <조건>에 따라 우, ㄴ, 도, ㅅ, !으로 변환할 수 있으나, 5370, 0051은 제시문과 <조건>에 따라 변환할 수 없다.

⑤ 53800051183600121335001777700을 네 자리씩 끊어보면 다음과 같다.
5380, 0051, 1836, 0012, 1335, 0017, 7700
이때 1836, 0012, 1335, 0017, 7700은 제시문과 <조건>에 따라 우, ㄴ, 됴, ㅅ, ?으로 변환할 수 있으나, 5380, 0051은 제시문과 <조건>에 따라 변환할 수 없다.

27 규칙 적용

실력 UP 문제 분석

출제 포인트

규칙 적용에 따른 특정 금액 계산

소재

펜션 예약 비용 및 워크숍 비용 계산

기출 포인트

여러 개의 항목에 대한 계산이 필요한 문제의 경우 표를 통해 조건을 기록하고 계산식을 만들어 두면 빠른 비교가 가능하다.

정답 체크

교통비인 렌터카 비용은 거리 10km당 1,500원이고 숙박 초과 인원은 A펜션이 4명, B펜션이 2명이므로 A~C 각 펜션에서 숙박할 경우의 워크숍 비용을 정리하면 다음과 같다.

구분	A	B	C
왕복 교통비	1,500×10×2 =30,000원	1,500×15×2 =45,000원	1,500×20×2 =60,000원
숙박요금	100,000+40,000 =140,000원	150,000+20,000 =170,000원	120,000원
워크숍 비용	170,000원	215,000원	180,000원

甲은 워크숍 비용을 최소화한다고 했으므로 예약할 펜션은 A이고, 워크숍 비용은 170,000원이다.

28 법·규정의 적용

정답 체크

첫 번째 법조문(진흥기금의 징수) 제3항에 따르면 영화상영관 경영자 E가 납부한 103만 원 중 진흥기금은 103 / 1.03 = 100만 원이고, 동조 제4항에 따르면 수수료는 진흥기금 징수액의 100분의 3 이하이므로 위원회는 영화상영관 경영자 E에게 최대 100 × 0.03 = 3만 원의 수수료를 지급할 수 있으므로 옳은 설명이다.

오답 체크

① 첫 번째 법조문(진흥기금의 징수) 제1항과 두 번째 법조문(전용상영관에 대한 지원) 제1호에 따르면 직전 연도에 애니메이션영화를 연간 상영일수의 100분의 60 이상 상영한 영화상영관에 입장하는 관람객에 대해서는 진흥기금을 징수하지 않음을 알 수 있으므로 옳지 않은 설명이다.

② 첫 번째 법조문(진흥기금의 징수) 제2항과 제3항에 따르면 매월 말일 징수한 진흥기금은 다음 달 20일까지 납부하므로 8월분 진흥기금을 9월 18일에 납부하는 경우 가산금이 부과되지 않음을 알 수 있으므로 옳지 않은 설명이다.

③ 첫 번째 법조문(진흥기금의 징수) 제1항에 따르면 진흥기금은 입장권가액의 100분의 5이므로 관람객 C가 지불하는 금액 12,000원은 입장권가액과 진흥기금의 합이고, 이 중 입장권가액은 12,000 / 1.05 ≒ 11,429원이다. 따라서 진흥기금은 12,000 - 11,429 = 571원, 즉 약 570원임을 알 수 있으므로 옳지 않은 설명이다.

④ 첫 번째 법조문(진흥기금의 징수) 제1항에서 두 번째 법조문(전용상영관에 대한 지원) 제1호에 해당하는 영화를 연간 상영일수의 100분의 60 이상 상영한 영화상영관에 입장하는 관람객에 대해서는 진흥기금을 징수하지 않는다고 했으나, 영화상영관 D에서 직전 연도에 단편영화·독립

영화를 상영한 일수는 연간 상영일수의 100분의 50이므로 진흥기금을 징수해야 함을 알 수 있으므로 옳지 않은 설명이다.

29 법·규정의 적용

정답 체크

네 번째 법조문(타당성조사, 전문위원회 검토의 대상 등)에 따르면 총 사업비가 60억 원이고 국고지원금이 10억 원인 A박람회는 타당성조사 대상이나 국고지원 비율이 총 사업비의 약 16.7%이므로 전문위원회 검토로 대체 가능하므로 옳은 설명이다.

오답 체크

① 두 번째 법조문(정의)에 따르면 박람회의 총 참여자가 200만 명 이상인 경우 외국인의 비율이 3% 이상 되어야 국제행사에 해당되나, A박람회 참여자 총 250만 명 중 6만 명의 외국인만 참여한다면 외국인의 비율이 3% 미만이므로 국제행사에 해당되지 않으므로 옳지 않은 설명이다.

② 세 번째 법조문(국고지원의 제외)에 따르면 국제행사 중 매년 1회 정기적으로 개최하는 국제행사로서 국고지원을 7회 이상 받은 경우 국고지원의 대상에서 제외된다. 2021년에 A박람회가 예정대로 개최된다면 A박람회는 2022년에 7번째로 국고지원을 받게 되므로 국고지원의 대상에서 제외되지 않으므로 옳지 않은 설명이다.

③ 첫 번째 법조문(적용범위)에 따르면 이 규정은 중앙행정기관, 광역자치단체가 국제행사를 개최하기 위하여 10억 원 이상의 국고지원을 요청하는 경우에 적용하나, 2021년 총 사업비가 52억 원으로 증가하고 국고지원은 8억 원을 요청한다면 규정 적용 대상이 아니므로 타당성조사 대상에 해당하지 않으므로 옳지 않은 설명이다.

⑤ 네 번째 법조문(타당성조사, 전문위원회 검토의 대상 등)에 따르면 국고지원의 타당성조사 대상은 국제행사의 개최에 소요되는 총 사업비가 50억 원 이상인 국제행사이고, 2021년에 전년과 동일하게 A박람회를 진행할 경우 총 사업비는 40억 원이므로 타당성조사 대상이 아니므로 옳지 않은 설명이다.

30 세부 정보 파악

정답 체크

ㄱ. 두 번째 단락에 따르면 일일예보는 오늘과 내일, 모레의 3일간의 날씨를 예보하고, 주간예보는 일일예보가 예보한 다음날부터 5일간의 날씨를 추가로 예보한다. 따라서 월요일에 주간예보가 발표된다면 월요일에 발표된 일일예보가 수요일까지의 날씨를 예보하므로 주간예보는 목요일부터 그 다음 주 월요일까지 5일간의 날씨를 예보하므로 옳은 설명이다.

ㄴ. 두 번째 단락에 따르면 3시간 예보는 매일 0시부터 3시간 간격으로 0시, 3시, 6시, 9시, 12시, 15시, 18시, 21시에 발표하고, 일일예보는 매일 5시, 11시, 17시, 23시에 발표하므로 일일예보와 3시간 예보의 발표 시각은 겹치지 않으므로 옳은 설명이다.

ㄹ. 세 번째 단락에 따르면 대도시의 대설경보 예보는 24시간 신적설량이 20cm 이상일 때 발표되고, 울릉도의 대설주의보 예보는 24시간 신적설량이 20cm 이상일 때 발표되므로 대도시 A의 대설경보 예보 기준과 울릉도의 대설주의보 예보 기준은 같으므로 옳은 설명이다.

오답 체크

ㄷ. 두 번째 단락에 따르면 일일예보는 오늘과 내일, 모레의 날씨를 1일 단위로 예보한다. 따라서 같은 날 5시에 발표된 일일예보와 23시에 발표된 일일예보가 예보한 기간은 동일하므로 옳지 않은 설명이다.

해커스 PSAT 기출로 끝내는 공공 NCS 330제

정답

p.148

01	⑤	세부 내용 파악	07	②	논지·견해 분석	13	①	자료계산	19	③	자료변환	25	⑤	세부 정보 파악
02	②	세부 내용 파악	08	②	세부 내용 파악	14	④	자료이해	20	①	자료이해	26	③	법·규정의 적용
03	④	세부 내용 파악	09	①	문맥 추론	15	②	자료계산	21	①	규칙 적용	27	②	세부 정보 파악
04	①	문맥 추론	10	⑤	세부 내용 파악	16	①	자료이해	22	③	규칙 적용	28	③	세부 정보 파악
05	①	논지·견해 분석	11	②	자료이해	17	③	자료계산	23	④	논리퍼즐	29	①	법·규정의 적용
06	⑤	논지·견해 분석	12	④	자료이해	18	④	자료변환	24	①	논리퍼즐	30	③	세부 정보 파악

취약 유형 분석표

유형별로 맞힌 개수, 틀린 문제 번호와 풀지 못한 문제 번호를 적고 나서 취약한 유형이 무엇인지 파악해 보세요. 그 후 취약한 유형은 유형 특징, 풀이 전략, 유형공략 문제들을 복습하고 틀린 문제와 풀지 못한 문제를 다시 한번 풀어보세요.

영역	유형	맞힌 개수	정답률	틀린 문제 번호	풀지 못한 문제 번호
의사소통능력	세부 내용 파악	/5	%		
	문맥 추론	/2	%		
	논지·견해 분석	/3	%		
수리능력	자료이해	/5	%		
	자료계산	/3	%		
	자료변환	/2	%		
문제해결능력	세부 정보 파악	/4	%		
	법·규정의 적용	/2	%		
	규칙 적용	/2	%		
	논리퍼즐	/2	%		
TOTAL		/30	%		

해설

01 세부 내용 파악

실력 UP 문제 분석

출제 포인트
글에 제시된 내용과 일치하는 내용 찾기

주제
우리나라 교육이 변화해야 할 방향

문단별 중심 내용

1문단	우리나라의 교육은 빠르게 변화하는 직업 환경을 따라가기에 부족하다.
2문단	교육은 변화하는 직업 환경에 적응하는 능력을 키우는 것에 초점을 맞추어야 한다.
3문단	핀란드, 말레이시아, 아르헨티나 등 세계의 여러 나라가 새로운 환경 변화에 대비할 수 있도록 교육하고 있으며, 우리나라도 이러한 방향으로 교육을 개혁해야 한다.

정답 체크

이 글은 기존의 교육 패러다임으로는 직업생태계의 빠른 변화에 대응하기 어렵기 때문에 변화하는 직업 환경에 성공적으로 대응하는 능력을 키워주는 방향으로 교육을 개혁해야 하며, 이에 대한 근거로 세계 여러 나라의 교육 개혁 내용을 소개하는 내용이므로 이 글의 중심 내용으로 가장 적절한 것은 ⑤이다.

오답 체크

① 글 전체에서 한 국가의 교육이 당대의 직업구조에 영향을 받는지에 대해서는 다루고 있지 않으므로 적절하지 않은 내용이다.

② 두 번째 단락에서 2030년에는 현존하는 직종 중 80%가 사라질 것이라고 서술하고 있지만, 이는 변화하는 직업에 성공적으로 대응할 수 있는 교육이 이루어져야 한다는 주장의 근거로 글 전체를 포괄할 수 없으므로 적절하지 않은 내용이다.

③ 세 번째 단락에서 세계 여러 나라가 변화하는 세상에 대응하는 능력에 초점을 맞추어 교육을 개혁하고 있다고 서술하고 있지만, 글 전체를 포괄할 수 없으므로 적절하지 않은 내용이다.

④ 두 번째 단락에서 변화하는 직업 환경에 성공적으로 대응하는 능력을 기르는 교육이 필요하다고 서술하고 있지만, 유망 직업을 예측하는 일이 중요한지는 확인할 수 없으므로 적절하지 않은 내용이다.

02 세부 내용 파악

실력 UP 문제 분석

출제 포인트
글에 제시된 내용과 일치하는 내용 찾기

주제
한국의 소주와 위스키 간 주세율 차이에 따른 논란과 해소 방안

문단별 중심 내용

1문단	미국과 EU가 한국을 WTO에 제소한 배경
2문단	WTO 패널이 한국의 패소를 결정한 이유 및 한국의 주세율 조정 방안

기출 포인트
글에 제시된 정보로 판별 가능한 선택지인지 확인하고, 글에 제시된 정보가 아니라면 오답 선택지로 분류해야 한다.

정답 체크

첫 번째 단락에서 1996년 소주의 주세율은 증류식이 50%, 희석식이 35%였다고 하였고, 두 번째 단락에서 2000년 1월 개정된 주세법은 소주의 주세율은 높이고 위스키의 주세율은 낮춰 72%로 동일하게 맞췄다고 하였으므로 2000년 주세법 개정 결과 희석식 소주가 증류식 소주보다 주세율 상승폭이 컸음을 알 수 있다.

오답 체크

① 두 번째 단락에서 소주와 위스키가 경쟁 관계인 동시에 대체 관계에 있기 때문에 위스키의 주세율이 국산품인 소주의 주세율보다 높은 것은 WTO 협정에 위배됨을 서술하고 있지만, 제품 간 대체 관계가 존재한다고 해서 세율이 같아야 한다는 내용은 다루고 있지 않으므로 적절하지 않은 내용이다.

② 두 번째 단락에서 2000년 1월 주세법을 개정하여 소주와 위스키의 주세율을 72%로 동일하게 조정하였음을 서술하고 있지만, 주세법 개정 전후 소주와 위스키의 세금 총액 변화에 대한 내용은 다루고 있지 않으므로 적절하지 않은 내용이다.

④ 첫 번째 단락에서 일본의 WTO 패소 판정을 근거로 한국의 소주와 위스키 주세율 조정을 요청한 것은 미국과 EU이므로 적절하지 않은 내용이다.

⑤ 두 번째 단락에서 패널의 판정에 따라 한국은 소주와 위스키 간 주세율 차이를 해소해야 했음을 서술하고 있지만, 한국의 소주와 위스키의 주세율을 일본과 같게 하라는 권고가 WTO 패널의 판정에 포함되었는지에 대해서는 다루고 있지 않으므로 적절하지 않은 내용이다.

실력 UP 문제 분석

주제

유전자 변형 작물로 인한 슈퍼잡초의 발생

기출 포인트

지문에 많은 정보가 제시된 경우 모든 정보를 파악하기보다는 선택지의 핵심어를 기준으로 지문을 파악하는 것이 효율적이다. 이 문제의 경우 선택지에 '유전자 변형 작물', '슈퍼잡초', '제초제' 등이 제시되어 있으므로 이를 중심으로 지문의 내용을 파악한다.

정답 체크

세 번째 단락에서 유전자 변형 작물을 재배하는 농지는 제초제에 내성을 가진 슈퍼잡초로 인해 어려움을 겪게 되었고, 이로 인해 제초제를 더 자주 사용하거나 여러 제초제를 섞어서 사용하거나 새로 개발된 제초제를 사용하여 농부들은 더 많은 비용을 지불할 수밖에 없었다고 했으므로 유전자 변형 작물 재배로 슈퍼잡초가 발생한 지역에서는 작물 생산 비용이 증가했음을 추론할 수 있다.

오답 체크

① 두 번째 단락에서 유전자 변형 작물 재배가 일반 작물 재배와 비교하여 살충제 소비는 줄어들었고, 제초제 소비는 증가했음을 알 수 있으나 유전자 변형 작물을 재배하는 지역에서 모든 종류의 농약 사용이 증가했는지는 추론할 수 없다.

② 세 번째 단락에서 M사의 제초제인 글리포세이트에 내성을 가진 유전자 변형 작물을 재배하기 시작한 농부들이 해당 제초제를 매년 사용한 결과 그 지역에 글리포세이트에 대해 내성을 가진 잡초가 생겨났음을 알 수 있으나 슈퍼잡초가 유전자 변형 작물을 도입한 해부터 나타났는지는 추론할 수 없다.

③ 두 번째 단락에서 유전자 변형 작물을 재배함으로써 일반 작물 재배와 비교하여 살충제 소비가 감소했음을 알 수 있으나 유전자 변형 작물을 도입한 후 일반 작물 재배의 경우에도 살충제의 사용이 증가했는지는 추론할 수 없다.

⑤ 세 번째 단락에서 M사의 제초제인 글리포세이트에 내성을 가진 유전자 변형 작물을 재배하기 시작한 농부들이 해당 제초제를 매년 사용한 결과 그 지역에 글리포세이트에 대해 내성을 가진 잡초가 생겨났음을 알 수 있으나 슈퍼잡초의 발생 정도가 유전자 변형 작물을 재배하는 지역과 일반 작물을 재배하는 지역에서 비슷한지는 추론할 수 없다.

실력 UP 문제 분석

출제 포인트

빈칸에 들어갈 내용 찾기

주제

물체로 만든 모양에 의존하여 방향을 찾는 말벌

핵심 내용 정리

실험 목적	말벌이 둥지를 찾아가는 방법
실험 방법 1	말벌이 둥지에 있을 때, 솔방울을 둥지를 중심으로 원형 배치
	→ 결과: 먹이를 찾아 둥지를 떠난 말벌이 다시 잘 돌아옴
실험 방법 2	말벌이 둥지를 떠난 사이, 둥지의 솔방울을 수거하여 다른 곳으로 옮겨 원형 배치
	→ 결과: 말벌이 기존의 둥지가 아닌 원형으로 배치된 곳으로 돌아옴
실험 방법 3	말벌이 둥지를 떠난 사이, 솔방울을 원형으로 배치해두었던 곳에 원형으로 돌멩이 배치, 솔방울은 둥지 중심으로 삼각형 배치
	→ 결과: 말벌이 원형으로 배치된 돌멩이들의 중심으로 날아감
실험 결과	물체로 만든 모양에 의존하여 방향을 찾는 말벌

기출 포인트

특정 실험 또는 연구 과정에 대한 지문이 제시되는 경우 최종적으로 제시되는 결론이 도출되기까지 그 목적과 방법을 이해하며 풀이한다.

정답 체크

빈칸 앞에서 A는 말벌이 방향을 찾을 때 물체의 재질에 의존하는 것인지 모양에 의존하는 것인지 확인하기 위해 둥지 근처에 원형으로 배치해 두었던 솔방울을 치운 후 같은 자리에 돌멩이를 원형으로 배치하고, 그 솔방울을 다시 둥지 중심으로 삼각형으로 배치하였을 때 말벌이 둥지를 떠나기 전 머물렀던 곳과 동일한 모양인 돌멩이를 원형으로 배치한 자리로 돌아왔다는 내용을 말하고 있다.

따라서 물체의 재질보다 물체로 만든 모양에 의존하여 방향을 찾는다는 내용이 들어가야 한다.

05 논지·견해 분석   정답 ①

정답 체크

이 글은 사람에게 있어서 고난과 좌절은 사라졌다고 믿기를 원하는 대상이 아니며, 참인 믿음은 기초 선호의 대상으로 사람은 거짓 믿음보다 참인 믿음을 선호한다는 내용이다.

따라서 대부분의 사람이 행복 기계에 들어가는 편을 택한다면 고난과 좌절이 사라졌다고 믿는 거짓 믿음을 선호하는 것이 되어 논지가 약화되므로 이 글에 대한 평가로 가장 적절하지 않은 것은 ①이다.

06 논지·견해 분석
정답 ⑤

실력 UP 문제 분석

주제
정보의 개념 정의에 대한 진리 중립성 논제 진영과 진리성 논제 진영의 논쟁

문단별 중심 내용

1문단	진리 중립성 논제의 관점에 따른 정보의 자격 조건
2문단	플로리디가 주장하는 진리성 논제와 이를 받아들이는 그라이스의 주장
3문단	정보 개념의 역할에 대한 진리 중립성 논제 진영과 진리성 논제 진영의 근본적인 견해 차이

기출 포인트
글의 핵심 내용에 비판하는 문제는 출제 비중이 높지는 않지만, 금융 NCS에 자주 출제되는 유형이다. 글의 핵심 내용을 파악한 뒤 주장에 대한 허점을 찾아 비판하는 내용을 골라야 한다.

정답 체크
진리성 논제를 비판하는 사람들은 자료의 내용이 그것을 이해하려는 주체의 인지 행위에서 분명한 역할을 수행하기 때문에 틀린 정보도 정보로 인정해야 한다고 주장하였으므로 거짓으로 밝혀질 자료도 이를 믿는 이의 인지 행위에서 분명한 역할을 할 경우 정보로 볼 수 있다는 비판이 가장 적절한 내용이다.

07 논지·견해 분석
정답 ②

실력 UP 문제 분석

주제
미국 수정헌법 제1조에 대한 이중기준론과 내용중립성 원칙

기출 포인트
지문에서 표현에 관한 중립성 원칙의 판단 기준으로 '이중기준론'과 '내용중립성 원칙'을 제시하고 있으므로 각 기준의 내용을 정확히 파악하고, 선택지에 제시된 사례와 방향성을 비교한다.

정답 체크
첫 번째 단락에서 연방대법원은 이중기준론을 표방하면서 추잡하고 음란한 말, 신성 모독적인 말, 인신공격이나 타인을 모욕하는 말은 수정헌법 제1조의 보호 대상이 아닌 표현이라고 판결했음을 알 수 있다. 따라서 음란물이 저속하고 부도덕하다는 이유에서 음란물 유포를 금하는 법령은 이중기준론에 부합하므로 ㉠과 상충하지 않는다.

오답 체크
① 첫 번째 단락에서 연방대법원은 이중기준론을 표방하면서 발언만으로도 누군가에게 해를 입히거나 사회의 양속을 해칠 말은 수정헌법 제1조의 보호 대상이 아닌 표현이라고 판결했음을 알 수 있다. 따라서 시민을 보호하기 위해 제한해야 할 만큼 저속한 표현의 기준을 정부가 정하는 것은 이중기준론에 부합하므로 ㉠과 상충하지 않는다.
③ 세 번째 단락에서 내용중립성 원칙이란 정부가 어떤 경우에도 내용에 대한 평가에 근거하여 표현을 제한해서는 안 된다는 것임을 알 수 있다. 따라서 어떤 영화의 주제가 나치즘 찬미라는 이유에서 상영을 금하는 법령은 ㉡에 저촉된다.

④ 세 번째 단락에서 내용중립성 원칙이란 정부가 어떤 경우에도 내용에 대한 평가에 근거하여 표현을 제한해서는 안 된다는 것임을 알 수 있다. 따라서 경쟁 기업을 비방하는 내용의 광고라는 이유로 광고의 방영을 금지하는 법령은 ㉡에 저촉된다.
⑤ 인신공격하는 표현으로 특정 정치인을 힐난하는 내용의 기획물에 대해 이중기준론은 수정헌법 제1조가 보호하지 않는 표현으로, 내용중립성 원칙은 제한할 수 없는 표현으로 판단할 것임을 알 수 있다. 따라서 TV 방송을 제재할 것인지에 관해 ㉠과 ㉡은 상반되게 답할 것이다.

08 세부 내용 파악
정답 ②

정답 체크
두 번째 단락에서 당시 천문학자들은 천왕성보다 더 먼 위치에 다른 행성이 존재할 경우에만 천왕성의 궤도에 대한 관찰 결과가 뉴턴의 중력 법칙에 따라 설명될 수 있다고 하였고, 르베리에는 관찰을 통해 얻은 천왕성의 궤도와 뉴턴의 중력 법칙에 따라 산출한 궤도 사이의 차이를 수학적으로 계산하여 해왕성의 위치를 예측하는 데 성공했다고 하였으므로 르베리에에 따르면 천왕성의 궤도를 정확히 설명하기 위해서는 뉴턴의 중력 법칙을 대신할 다른 법칙이 필요하지 않음을 알 수 있다.

오답 체크
① 세 번째 단락에서 르베리에는 천왕성과 해왕성을 뉴턴의 중력 법칙으로 설명한 것과 동일하게 수성의 운동에 대해서도 정확히 설명할 수 있을 것이라고 여겼다고 하였으므로 적절한 내용이다.
③ 세 번째 단락에서 르베리에의 가설에 따라 불칸을 발견했다고 주장하는 천문학자까지 나타났다고 하였으므로 적절한 내용이다.
④ 두 번째 단락에서 르베리에는 관찰을 통해 얻은 천왕성의 궤도와 뉴턴의 중력 법칙에 따라 산출한 궤도 사이의 차이를 수학적으로 계산하여 해왕성의 위치를 예측했다고 하였으므로 적절한 내용이다.
⑤ 세 번째 단락에서 르베리에는 천왕성과 해왕성을 뉴턴의 중력 법칙으로 설명한 것과 동일하게 수성의 운동에 대해서도 정확히 설명할 수 있을 것이라고 여겼고 이를 증명하기 위해 불칸이라는 미지의 행성을 상정했다고 하였으므로 적절한 내용이다.

09 문맥 추론
정답 ①

정답 체크
정은 특강의 주제가 너무 막연하게 표현되어 있으므로 보고 대상이 명시적으로 드러날 수 있도록 주제를 더 구체적으로 표현되어야 한다고 했으나, '효율적 정보 제시를 위한 보고서 작성 기법'에는 보고 대상이 명시적으로 드러나지 않으므로 적절하지 않다.

오답 체크
② 을은 현직 공무원을 대상으로 할 경우 주말에는 특강 참석률이 저조하기 때문에 특강을 평일에 개최하되 참석 시간을 근무 시간으로 인정해 준다면 참석률이 높아질 것 같다고 했으므로 적절하다.
③ 병은 중앙부처 소속 공무원에게는 세종시가 특강에 참여하는 데에 있어 접근성이 더 좋다고 했고, 갑이 이번 특강은 현직 중앙부처 소속 공무원을 대상으로 진행하겠다고 했으므로 적절하다.
④ 을과 병은 특강 참석 대상을 명확히 정할 필요가 있다고 했고, 갑은 얼마 전에 비슷한 특강이 서울에서 개최되었으니 이번 특강은 현직 중앙부처 소속 공무원을 대상으로 진행하겠다고 했으므로 적절하다.
⑤ 갑은 특강 수강 비용이 무료라고 했으므로 적절하다.

10 세부 내용 파악

정답 체크

세 번째 단락에서 총격 사건 후 경찰관이 경험하는 심리증상의 정도는 총격 사건이 발생한 상황에서 총기 사용의 정당성과 반비례하여 권총으로 강력한 자동화기를 상대해야 하는 것 등의 요소가 그 정당성을 높여준다고 한 점에서 범죄자가 강력한 무기로 무장했을 경우 정당성이 높아진다는 것을 추론할 수 있으므로 범죄자가 경찰관보다 강력한 무기로 무장했을 경우 경찰관이 총격 사건 후 경험하는 심리증상은 반대의 경우보다 약할 것임을 알 수 있다.

오답 체크

① 두 번째 단락에서 총격 사건이 일어나는 동안 발생한 지각왜곡 중 83%의 경찰관이 시간왜곡을, 63%의 경찰관이 청각왜곡을 경험했다고 하였으므로 적절하지 않은 내용이다.

② 첫 번째 단락에서 대다수의 미국 경찰관은 총격 사건을 경험하지 않고 은퇴한다고 하였으므로 적절하지 않은 내용이다.

③ 세 번째 단락에서 총격 피해자 사망 시 총격 사건 후 경찰관이 겪는 심리증상이 더욱 잘 나타남을 서술하고 있지만, 청각왜곡 등 심리현상의 정도에 대해서는 다루고 있지 않으므로 적절하지 않은 내용이다.

④ 이 글에서 총격 사건 후 경찰관이 느끼는 심리증상과 지각왜곡과 같은 심리현상 간의 상관관계에 대해서는 다루고 있지 않으므로 적절하지 않은 내용이다.

11 자료이해

실력 UP 문제 분석

출제 포인트

비율 비교, 배수, 비중

기출 포인트

NH농협은행, IBK기업은행, 국민은행, 신한은행 등 대부분의 금융 NCS에서는 제시된 표의 수치를 이용하여 보기의 옳고 그름을 판단하는 문제가 출제된다. 표에 제시된 여러 항목의 수치를 활용하여 정확한 계산이 필요하지 않는 선택지부터 확인하여 소거하는 방법으로 문제를 풀이해야 한다.

정답 체크

'시설용량' 대비 '연간소각실적' 비율은 A가 $163,785 / 800 ≒ 205$, B가 $12,540 / 48 ≒ 261$, C가 $169,781 / 750 ≒ 226$, D가 $104,176 / 400 ≒ 260$, E가 $238,770 / 900 ≒ 265$로 비율이 가장 높은 소각시설은 E이므로 옳은 설명이다.

오답 체크

① '연간소각실적'은 E가 C보다 많지만, '관리인원'은 E가 C보다 적으므로 옳지 않은 설명이다.

③ '연간소각실적'은 A가 D의 $163,785 / 104,176 ≒ 1.57$배이므로 옳지 않은 설명이다.

④ C의 '시설용량'은 전체 '시설용량'의 $(750 / 2,898) × 100 ≒ 25.9\%$이므로 옳지 않은 설명이다.

⑤ B의 2023년 가동 일수는 $12,540 / 48 ≒ 261$일이므로 옳지 않은 설명이다.

12 자료이해

정답 체크

'갑'~'병'지역의 평가 항목에 등급별 배점을 적용하여 총점을 정리하면 다음과 같다.

평가 항목 지역	편익	피해액	재해발생 위험도	총점
갑	6	15	17	38
을	8	6	25	39
병	10	12	10	32

ㄱ. '재해발생위험도' 점수는 '병', '갑', '을'지역 순으로 '을'지역이 가장 높고, 우선순위도 '병', '갑', '을'지역 순으로 '을'지역이 가장 높으므로 옳은 설명이다.

ㄷ. '갑'~'병'지역의 '피해액' 점수와 '재해발생위험도' 점수의 합은 '갑'지역이 $15+17=32$점, '을'지역이 $6+25=31$점, '병'지역이 $12+10=22$점으로 '갑'지역 점수의 합이 가장 크므로 옳은 설명이다.

ㄹ. '갑'지역의 '편익' 등급이 B로 변경되면 '편익' 점수는 8점이 되고, '갑'지역의 3개 평가 항목 점수의 합은 $8+15+17=40$점으로 '갑'지역의 우선순위가 가장 높아지므로 옳은 설명이다.

오답 체크

ㄴ. 우선순위가 가장 높은 지역은 '을'이고, 가장 낮은 지역은 '병'이다. '을'과 '병'의 '피해액' 점수 차이와 '재해발생위험도' 점수 차이는 '피해액'이 $12-6=6$점, '재해발생위험도'가 $25-10=15$점으로 '재해발생위험도' 점수 차이가 더 크므로 옳지 않은 설명이다.

13 자료계산

정답 체크

A구 공사의 전체 공사비는 $3 × 30 = 90$억 원, A구 공사 + B구 공사의 전체 공사비는 $7 × 22 = 154$억 원이므로 B구 공사의 전체 공사비는 $154-90=64$억 원이고 평균 공사비는 $64 / 4 = 16$억 원이다. 또한, A구 공사 + C구 공사의 전체 공사비는 $5 × 34 = 170$억 원이므로 C구 공사의 전체 공사비는 $170-90=80$억 원이고 평균 공사비는 $80 / 2 = 40$억 원이다.

따라서 A~C구 전체 공사의 평균 공사비는 $(90+64+80) / (3+4+2) = 26$억 원이다.

[14~15]
14 자료이해

정답 체크

A~D의 경유 가격은 모두 매월 높아졌으므로 옳은 설명이다.

오답 체크

① 정유사별 휘발유와 경유의 가격 차이는 다음과 같다.

구분	4월	5월	6월
A	1,843 - 1,840 =3원/L	1,852 - 1,825 =27원/L	2,014 - 1,979 =35원/L
B	1,806 - 1,795 =11원/L	1,894 - 1,849 =45원/L	2,029 - 1,982 =47원/L
C	1,806 - 1,801 =5원/L	1,885 - 1,867 =18원/L	2,013 - 2,006 =7원/L
D	1,827 - 1,807 =20원/L	1,895 - 1,852 =43원/L	2,024 - 1,979 =45원/L

휘발유와 경유의 가격 차이가 가장 큰 정유사는 4월에 D, 5월에 B, 6월에 B로 매월 같은 것은 아니므로 옳지 않은 설명이다.

② 4월에 휘발유 가격보다 경유 가격이 낮은 정유사는 없으므로 옳지 않은 설명이다.

③ 5월 휘발유 가격이 가장 높은 정유사는 C이고, 5월 경유 가격이 가장 높은 정유사는 D이므로 옳지 않은 설명이다.

⑤ 정유사별 5월과 6월 가격 차이는 다음과 같다.

구분	휘발유	경유
A	1,979 − 1,825 = 154원/L	2,014 − 1,852 = 162원/L
B	1,982 − 1,849 = 133원/L	2,029 − 1,894 = 135원/L
C	2,006 − 1,867 = 139원/L	2,013 − 1,885 = 128원/L
D	1,979 − 1,852 = 127원/L	2,024 − 1,895 = 129원/L

C의 5월과 6월 가격 차이는 휘발유가 경유보다 크지만, A, B, D는 경유가 휘발유보다 크므로 옳지 않은 설명이다.

15 자료계산
정답 ②

실력 UP 문제 분석

출제 포인트
제시된 정보를 바탕으로 비용 계산하기

소재
정유사별 휘발유와 경유 가격

기출 포인트
NH농협은행, IBK기업은행, 국민은행 등 대부분의 금융 NCS에서는 비용 계산 문제가 출제된다. 제시된 자료 외에 추가로 제공하는 정보를 정확하게 이해한 후 자료의 수치를 활용하여 문제를 풀이해야 한다.

정답 체크
ㄴ. 4월 C의 경유 원가를 x라고 두고 계산하면 다음과 같다.

$1,806 = (x + 0.5x) \times 1.1 = 1.5x \times 1.1 = 1.65x$

$x = 1,806 / 1.65 ≒ 1,095$

4월 C의 경유 원가가 1,095원/L이고 5월 C의 경유 원가가 4월과 같으므로, 5월 C의 경유 유류세를 y라고 두고 계산하면 다음과 같다.

$1,885 = (1,095 + y) \times 1.1$

$y = (1,885 / 1.1) − 1,095 ≒ 619$

5월 C의 경유 유류세는 619원/L이므로 옳은 설명이다.

오답 체크
ㄱ. 5월 B의 휘발유 원가를 x라고 두고 계산하면 다음과 같다.

$1,849 = (x + 0.4x) \times 1.1 = 1.4x \times 1.1 = 1.54x$

$x = 1,849 / 1.54 ≒ 1,201$

5월 B의 휘발유 원가는 1,201원/L이므로 옳지 않은 설명이다.

ㄷ. 4월 D의 경유 원가를 x라고 두고 계산하면 다음과 같다.

$1,827 = (x + 0.5x) \times 1.1 = 1.5x \times 1.1 = 1.65x$

$x = 1,827 / 1.65 ≒ 1,107$

4월 D의 경유 원가가 1,107원/L이므로 유류세는 $1,107 \times 0.5 ≒ 554$원/L이다. 6월 D의 경유 원가를 y라고 두고 계산하면 다음과 같다.

$2,024 = (y + 554) \times 1.1$

$y = (2,024 / 1.1) − 554 = 1,286$

6월 D의 원가가 1,286원/L이므로 6월 D의 경유 유류세는 원가의 $(554 / 1,286) \times 100 ≒ 43.1\%$이므로 옳지 않은 설명이다.

16 자료이해
정답 ①

정답 체크
ㄱ. 2017~2021년 동안의 특허 출원건수 합은 '식물기원' 유형이 5 + 7 + 9 + 12 + 25 = 58건, '동물기원' 유형이 4 + 2 + 11 + 10 + 15 = 42건, '미생물효소' 유형이 1 + 5 + 9 + 8 + 17 = 40건으로 '미생물효소' 유형이 가장 작으므로 옳은 설명이다.

오답 체크
ㄴ. 2019년 전체 특허 출원건수 대비 '식물기원' 유형의 특허 출원건수 비율은 $(9 / 29) \times 100 ≒ 31.0\%$로 '동물기원' 유형의 비율인 $(11 / 29) \times 100 ≒ 37.9\%$보다 낮으므로 옳지 않은 설명이다.

ㄷ. 2021년 특허출원건수의 전년 대비 증가율은 '식물기원' 유형이 $\{(25 − 12) / 12\} \times 100 ≒ 108.3\%$, '동물기원' 유형이 $\{(15 − 10) / 10\} \times 100 = 50\%$, '미생물효소' 유형이 $\{(17 − 8) / 8\} \times 100 = 112.5\%$로 '미생물효소' 유형이 가장 높으므로 옳지 않은 설명이다.

⏱ 빠른 문제 풀이 Tip
ㄴ. 연도별 전체 특허 출원건수 대비 '식물기원' 유형의 특허 출원건수 비율이 가장 높으려면 '식물기원' 유형의 특허 출원건수가 가장 많아야 한다. 그러나 2019년에는 '동물기원' 유형의 특허 출원건수가 가장 많으므로 옳지 않은 설명임을 빠르게 확인할 수 있다.

ㄷ. 2021년 특허 출원건수가 전년 대비 2배 이상인 자료 유형은 '식물기원'과 '미생물효소' 유형이다. 두 유형 모두 분자값은 분모값보다 1씩 크지만, 분모값은 '미생물효소' 유형이 더 작으므로 증가율 전체 값은 '미생물효소' 유형이 더 클 것임을 알 수 있다.

17 자료계산
정답 ③

실력 UP 문제 분석

출제 포인트
지급규정을 바탕으로 비용 계산하기

소재
회의참석수당 지급규정(안건검토비, 회의참석비, 교통비)

기출 포인트
IBK기업은행 등 금융 NCS에서는 총비용을 계산하는 문제가 출제되기도 하므로 제시된 자료 수치 및 정보를 정확하게 이해한 후 각 조건을 대입하여 문제를 풀이하는 연습을 해야 한다.

정답 체크

위원(장) 회의참석수당 = 위원(장) 안건검토비 + 회의참석비 + 교통비임을 적용하여 (가)~(라)의 총지급액을 정리하면 다음과 같다.

구분	교통비(천 원)	회의참석비(천 원)	안건검토비(천 원)
(가)	1급지 → 12×3=36	회의시간 1시간 → 150×3=450	전체위원회 소위 → 250+200×2=650
	총지급액=36+450+650=1,136		
(나)	2급지 → 16×3=48	회의시간 3시간 → 200×3=600	조정위원회 전체회의 → 200+150×2=500
	총지급액=48+600+500=1,148		
(다)	3급지 → 25×3=75	회의시간 1시간 → 150×3=450	전문위원회 → 200+150×2=500
	총지급액=75+450+500=1,025		
(라)	4급지 → 30×3=90	회의시간 4시간 → 200×3=600	기타 위원회 → 150+100×2=350
	총지급액=90+600+350=1,040		

따라서 총지급액이 가장 큰 회의는 (나)이고 세 번째로 큰 회의는 (라)이다.

18 자료변환

정답 ④

정답 체크

<보고서>에서 기혼여성의 취업 여부별 경력단절 경험 비율은 제시되지 않았으므로 <보고서>를 작성하기 위해 사용한 자료가 아니다.

오답 체크

① <보고서>의 세 번째 단락에 따라 2018년 육아휴직자 수는 82,179+7,616=89,795명이고, 남성 육아휴직자 수는 전년 대비 증가, 여성 육아휴직자 수는 전년 대비 감소했다. 또한 2018년 육아기 근로시간 단축제도 이용자 수는 2017년보다 {(2,383+378-1,891-170)/(1,891+170)}×100 ≒ 34.0% 증가한 2,383+378=2,761명이므로 <보고서>를 작성하기 위해 사용한 자료이다.

② <보고서>의 두 번째 단락에 따라 2018년 기혼남성과 기혼여성의 고용률 차이는 82.0-52.8=29.2%p이므로 <보고서>를 작성하기 위해 사용한 자료이다.

③ <보고서>의 첫 번째 단락에 따라 2018년 가족친화 인증을 받은 기업 및 기관수는 1,828개로 2017년보다 {(1,828-1,363)/1,363}×100 ≒ 34.1% 증가했고, 전년 대비 증가율은 중소기업 및 공공기관이 각각 40.0%, 39.0%로 대기업 10.5%보다 높게 나타났으므로 <보고서>를 작성하기 위해 사용한 자료이다.

⑤ <보고서>의 두 번째 단락에 따라 2018년 유배우자 가구 중 맞벌이 가구의 비율은 2017년보다 44.9-43.9=1.0%p 증가하였다고 했으므로 <보고서>를 작성하기 위해 사용한 자료이다.

19 자료변환

정답 ③

정답 체크

제시된 자료에 따르면 채소의 품목별 조사단위는 오이, 부추, 토마토, 배추, 고추가 10kg이고, 무는 15kg이므로 채소 1kg당 금일가격은 오이가 23,600/10=2,360원, 부추가 68,100/10=6,810원, 토마토가 34,100/10=3,410원, 배추가 9,500/10=950원, 고추가 43,300/10=4,330원, 무가 8,500/15 ≒ 566.7원이다.

하지만 그래프에서는 무의 1kg당 금일가격을 850원으로 나타내고 있으므로 옳지 않은 그래프는 ③이다.

20 자료이해

정답 ①

정답 체크

ㄱ. 2020년 상위 10개 스포츠 구단 중 전년보다 순위가 상승한 구단은 C, D, E, I로 총 4개이고, 순위가 하락한 구단은 F, H, J로 총 3개이므로 옳은 설명이다.

ㄴ. 2020년 상위 10개 스포츠 구단 중 미식축구 구단 가치액 합은 58+40+37=135억 달러, 농구 구단 가치액 합은 45+44+42=131억 달러이므로 옳은 설명이다.

오답 체크

ㄷ. 2020년 상위 10개 스포츠 구단 중 전년 대비 가치액 상승률이 가장 큰 구단은 {(42-33)/33}×100 ≒ 27.3%인 E이고, E구단의 종목은 농구이므로 옳지 않은 설명이다.

ㄹ. 연도별 상위 10개 스포츠 구단의 가치액 합은 2020년이 58+50+45+44+42+41+40+39+37+36=432억 달러, 2019년이 58+50+39+36+33+42+37+41+31+38=405억 달러로 2020년이 2019년보다 크므로 옳지 않은 설명이다.

> ### ⏱ 빠른 문제 풀이 **Tip**
>
> ㄷ. 2019년 대비 2020년에 구단 가치액이 상승한 C, D, E, G, I 중 E가 2019년 가치액이 가장 작으나 2019년 대비 2020년 가치액 상승액은 42-33=9억 달러로 가장 크다. 따라서 2019년 대비 2020년 가치액 상승률이 가장 큰 구단은 E이고, 이에 해당하는 종목은 농구임을 알 수 있다.
>
> ㄹ. 2019년 대비 2020년 구단 가치액의 증감액은 0+0+6+8+9+(-1)+3+(-2)+6+(-2)=27억 달러로 2019년 대비 2020년에 구단 가치액이 증가했음을 알 수 있다.

21 규칙 적용

정답 ①

> ### 실력 **UP** 문제 분석
>
> **출제 포인트**
> 평가점수 비교, 가중치 계산, 부등식
>
> **소재**
> 기관 평가

정답 체크

C기관의 최종평가점수는 Max[0.5×90+0.5×70=80, 0.2×90+0.8×70=74]=80점이고, 기관 순위는 1등부터 4등까지 A-B-D-C 순이므로 A, B, D기관의 점수는 80점 초과이다. 이때 A, B, D기관 모두 전기평가점수가 80점 이하이므로 각 기관의 후기평가점수는 전기평가점수보다 높다. 이에 따라 A, B, D기관의 최종평가점수는 전기평가점수와 후기평가점수의 가중치를 20:80으로 하여 산정한 점수임을 알 수 있다. 최종평가점수가 동점인 기관은 없다고 했으므로 4개 기관의 각 평가점수와 순위를 정리하면 다음과 같다.

기관	A	B	C	D
전기평가점수	60	70	90점	80
후기평가점수	x	y	70점	z
최종평가점수			80점	
순위	1등	2등	4등	3등

ㄱ. 최종평가점수는 1등인 A기관이 $0.2 \times 60 + 0.8 \times x$점, 2등인 B기관이 $0.2 \times 70 + 0.8 \times y$점이고, $0.2 \times 60 + 0.8 \times x > 0.2 \times 70 + 0.8 \times y$이므로 A기관과 B기관의 후기평가점수의 차이는 $x - y > 2.5$, 즉 2.5점보다 커야 한다. 따라서 A기관의 후기평가점수는 B기관의 후기평가점수보다 최소 3점 높다.

오답 체크

ㄴ. 최종평가점수는 2등인 B기관이 $0.2 \times 70 + 0.8 \times y$점, 3등인 D기관이 $0.2 \times 80 + 0.8 \times z$점이고, $0.2 \times 70 + 0.8 \times y > 0.2 \times 80 + 0.8 \times z$이므로 B기관과 D기관의 후기평가점수의 차이는 $y - z > 2.5$, 즉 2.5점보다 커야 한다. 이에 따라 B기관의 후기평가점수는 D기관의 후기평가점수보다 최소 3점 높다. 또한 4등인 C기관의 최종평가점수가 80점이고, $0.2 \times 80 + 0.8 \times z > 80$이므로 $z > 80$ 즉, D기관의 후기평가점수는 최소 81점이다. 따라서 B기관의 후기평가점수는 D기관의 후기평가점수보다 최소 3점 높은 84점 이상일 것이므로 83점일 수 없다.

ㄷ. A기관의 후기평가점수는 B기관의 후기평가점수보다 최소 3점 높고, B기관의 후기평가점수도 D기관의 후기평가점수보다 최소 3점이 높다. 따라서 A기관의 후기평가점수는 D기관의 후기평가점수보다 최소 6점 높으므로 A기관과 D기관의 후기평가점수 차이는 5점일 수 없다.

22 규칙 적용

정답 ③

실력 UP 문제 분석

출제 포인트

평가점수 비교, 순위 비교

소재

적극행정 UCC 공모전

선택지별 출제 포인트

ㄱ	빈칸인 ㉠이 최저점일 때 총 점수 비교
ㄴ	빈칸 ㉠과 ㉡과 무관하게 고정적인 순위 비교
ㄷ	평가 등급이 변경될 때 순위 비교
ㄹ	빈칸이 ㉠ > ㉡일 때 총 점수 비교

정답 체크

UCC 조회수 등급에 따른 점수는 甲, 乙, 丁이 $10 - 0.3 = 9.7$점, 丙이 10점, 戊가 $10 - (0.3 \times 2) = 9.4$점이고, 이에 따라 甲과 丙을 제외한 乙, 丁, 戊의 총 점수는 다음과 같다.

· 乙: $9.7 + \{(8+7+7)/3\} \fallingdotseq 17$점
· 丁: $9.7 + \{(6+7+7)/3\} \fallingdotseq 16.4$점
· 戊: $9.4 + \{(10+7+7)/3\} \fallingdotseq 17.4$점

ㄴ. 丁이 수상하기 위해서는 최소 3위가 되어야 하나, ㉠과 ㉡이 각각 1점이더라도 甲의 총 점수는 $9.7 + \{(7+8+7)/3\} \fallingdotseq 17$점, 丙의 총 점수는 $10 + \{(8+7+5)/3\} \fallingdotseq 16.7$점이므로 丁은 5위이다. 따라서 丁은 ㉠과 ㉡에 상관없이 수상하지 못한다.

ㄷ. 戊가 조회수 등급을 D로 받았더라도 戊의 총 점수는 $9.1 + \{(10+7+7)/3\} = 17.1$점으로 乙과 丁의 총 점수보다 높다. 따라서 戊는 조회수 등급을 D로 받았더라도 최소 3위이므로 수상한다.

오답 체크

ㄱ. ㉠이 5점이라면 甲의 총 점수는 $9.7 + \{(7+8+7)/3\} \fallingdotseq 17$점이고, 乙의 총 점수도 17점이므로 甲과 乙의 점수는 동일하다.

ㄹ. ㉠이 10점, ㉡이 9점일 경우, 甲의 총 점수는 $9.7 + \{(9+8+7)/3\} \fallingdotseq 17.7$점이고, 丙의 총 점수는 $10 + \{(9+8+7)/3\} \fallingdotseq 18$점이 된다. 따라서 ㉠ > ㉡이더라도 丙의 총 점수가 더 높을 수 있다.

23 논리퍼즐

정답 ④

정답 체크

첫 번째 문장에서 甲은 근무일마다 동일한 쪽수의 보고서를 한 건씩 작성한다고 했으므로 근무일을 x, 작성한 보고서 한 건의 쪽수를 y라고 정하고, 두 번째 문장에서 甲은 작성한 보고서를 회사의 임원들 각자에게 당일 출력하여 전달한다고 했으므로 임원 수를 z라고 정한다.

네 번째 문장에 따르면 甲이 현재까지 출력한 총량은 1,000쪽이므로 다음과 같이 정리할 수 있다.

→ $x \times y \times z = 1,000$

이때 세 번째 문장에서 甲은 A회사에 1개월 전 입사하였으며 총 근무일은 20일을 초과하였다고 했으므로 이를 정리하면 $x > 20$, $z \geq 2$이다.

이 경우 y의 최댓값을 구해야 하므로 x와 z는 가능한 작은 값이어야 한다. 이에 따라 z를 2로 가정하면 다음과 같이 정리할 수 있다.

→ $x \times y = 500$

이때 보고서의 쪽수와 근무일은 정수이고, 20보다 큰 21부터 정수들을 고려할 때 근무일은 500을 나눠서 떨어지는 25일이므로 $x = 25$이면 $y = 20$이다. 따라서 甲이 작성한 보고서 한 건의 쪽수의 최댓값은 20이다.

24 논리퍼즐

정답 ①

정답 체크

세 번째 조건에서 A와 C가 접속해 있던 시간은 서로 겹치지 않았다고 했고, 접속해 있던 시간은 A가 13분, C가 17분이므로 09:00~09:30까지 A와 C가 접속해 있던 시간은 정확히 구분됨을 알 수 있다. 이때 E가 접속해 있던 시간이 25분이므로 E가 접속해 있던 시간 동안 B와 D가 모두 접속해야 한 명만 접속해 있던 시각을 추론할 수 있다. E가 접속해 있던 시간을 기준으로 가능한 경우를 정리하면 다음과 같다.

<경우 1> E가 접속해 있던 시간이 09:00~09:25인 경우

한 명만 접속한 시각은 09:25~09:30까지 가능하다.

<경우 2> E가 접속해 있던 시간이 09:05~09:30인 경우

한 명만 접속한 시각은 09:00~09:05까지 가능하다.

따라서 한 명만 화상강의 시스템에 접속해 있던 시각으로 가능한 것은 09:04이다.

해커스 PSAT 기출로 끝내는 금융 NCS 330제

25 세부 정보 파악

정답 체크

㉯ '관계부처 협의 결과'에서 '관련 정부사업과의 연계가능성' 평가비중을 확대한다고 했고, <사업 공모 지침 수정안>의 I. 개발 타당성에서 '관련 정부사업과의연계가능성' 배점이 5점에서 10점으로 수정되어 평가비중이 확대됐으므로 서로 부합하는 설명이다.

㉱ '관계부처 협의 결과'에서 '대학 내 주체 간 합의 정도'는 타 지표로 이동하여 계속 평가하고, 논의된 내용 이외의 하위 지표의 항목과 배점은 사업의 안정성을 위해 현행 유지한다고 했고, <사업 공모 지침 수정안>의 II. 대학의 사업 추진 역량과 의지에서 '대학 내 주체 간 합의 정도'가 추가되고 배점도 유지됐으므로 서로 부합하는 설명이다.

㉲ '관계부처 협의 결과'에서 시범사업 조기 활성화와 관련된 평가지표를 삭제하되 '대학 내 주체 간 합의 정도'는 타 지표로 이동하여 계속 평가한다고 했고, <사업 공모 지침 수정안>의 IV. 시범사업 조기 활성화 가능성은 삭제되고 '대학 내 주체 간 합의 정도'는 이동됐으므로 서로 부합하는 설명이다.

오답 체크

㉮ '관계부처 협의 결과'에서 신청 사업부지 안에 건축물이 포함되어 있어도 신청을 허용한다고 했으나 <사업 공모 지침 수정안>의 □ 신청 조건에서 사업부지에는 건축물이 없어야 한다고 했으므로 서로 부합하지 않는 설명이다.

㉰ '관계부처 협의 결과'에서 논의된 내용 이외의 하위 지표의 항목과 배점은 사업의 안정성을 위해 현행 유지한다고 했으나 <사업 공모 지침 수정안>의 III. 기업 유치 가능성에서 '기업의 참여 가능성', '참여 기업의 재무건전성'의 배점이 수정됐으므로 서로 부합하지 않는 설명이다.

26 법·규정의 적용

정답 체크

ㄱ. 법조문 제2항 제1호와 제3호 나목에 따르면 甲은 A주택의 임차인에게 임대차보증금을 반환하는 용도로 A주택에 대한 주택담보노후연금대출 한도의 100분의 50 이내인 1억 원을 지급받고, 생존해 있는 동안 나머지 금액 중에서 노후생활자금을 매월 지급받을 수 있으므로 옳은 설명이다.

ㄷ. 법조문 제2항 제2호와 제3호 가목에 따르면 甲은 A주택을 담보로 대출받은 금액 중 잔액을 상환하는 용도로 A주택에 대한 주택담보노후연금대출 한도의 100분의 50 이내인 1억 5천만 원을 지급받고, 일정한 기간인 10년간 나머지 금액 중에서 노후생활자금을 매월 지급받을 수 있으므로 옳은 설명이다.

오답 체크

ㄴ. 법조문 제1항에 따르면 주택담보노후연금보증은 주택소유자 또는 주택소유자의 배우자가 60세 이상이어야 하고, A주택의 소유자인 甲이 60세 이상이므로 甲은 배우자의 연령과 상관없이 주택담보노후연금보증을 통해 노후생활자금을 대출받을 수 있으므로 옳지 않은 설명이다.

[27~28]

27 세부 정보 파악

실력 UP 문제 분석

출제 포인트

제시된 글의 내용을 근거로 선택지 내용 판별하기

주제

국민참여예산제도에 관한 설명

문단별 중심 내용

1문단	국민참여예산제도의 의미
2문단	기존 제도인 국민제안제도 대비 개선된 국민참여예산제도의 특징
3문단	국민참여예산제도의 월별 시행 과정
4문단	국민참여예산제도에 참여하는 예산국민참여단의 구성 방법과 사업선호도 조사 방법
5문단	국민참여예산제도의 시범 도입과 2019년도 예산에 반영된 국민참여예산사업

기출 포인트

정책과 관련된 내용의 지문이 제시되는 경우 이전 정책 대비 달라진 점, 시행 과정 등이 상세히 제시되는 경우가 많다. 핵심어에 대한 설명을 간단히 정리하고 이를 선택지와 비교하면 정확한 문제 풀이에 도움이 된다.

정답 체크

세 번째 단락에 따르면 국민참여예산사업으로 결정된 후보사업은 9월에 재정정책자문회의의 논의를 거쳐 국무회의에서 정부예산안에 반영된다고 했다. 이에 따라 국민참여예산사업은 국회 심의 및 의결 이전에 국무회의에서 정부예산안에 반영됨을 알 수 있으므로 옳은 설명이다.

오답 체크

① 두 번째 단락에 따르면 국민제안제도는 국민들이 제안한 사항에 대해 관계부처가 채택 여부를 결정하는 방식을 취한다고 했다. 이에 따라 국민제안제도에서 중앙정부가 재정을 지원하는 예산사업의 우선순위를 국민이 정할 수 있는 것은 아니므로 옳지 않은 설명이다.

③ 첫 번째 단락에 따르면 국민참여예산제도는 정부의 예산편성권과 국회의 예산심의 및 의결권 틀 내에서 운영된다고 했다. 이에 따라 국민참여예산제도가 정부의 예산편성권 범위 밖에서 운영되는 것은 아니므로 옳지 않은 설명이다.

④ 세 번째 단락에 따르면 국민참여예산제도에서는 6월 예산국민참여단을 발족하여 참여예산 후보사업을 압축한다고 했다. 이에 따라 참여예산 후보사업이 재정정책자문회의의 논의를 거쳐 제안되는 것은 아니므로 옳지 않은 설명이다.

⑤ 네 번째 단락에 따르면 예산국민참여단의 사업선호도는 오프라인 투표를 통해 조사한다고 했다. 이에 따라 예산국민참여단의 사업선호도 조사가 전화설문을 통해 이루어지는 것은 아니므로 옳지 않은 설명이다.

28 세부 정보 파악

정답 체크

다섯 번째 단락에 따르면 2019년 예산에는 총 39개 국민참여예산사업에 대해 800억 원이 반영되었다고 하였으며, <상황>에 따르면 2019년 국민참여예산사업 예산 중 688억이 생활밀착형 예산이라고 하였다. 이에 따라 2019년 취약계층지원사업 예산은 800 − 688 = 112억 원임을 알 수 있으며, 해당 연도에 국민참여예산사업 예산에서 취약계층지원사업 예산이 차지하는 비율은 112 / 800 × 100 = 14%임을 알 수 있다. <상황>에 따라 2020년도 국민참여예산사업 예산 규모는 전년 대비 25% 증가했다고 하였으므로 800 × 1.25 = 1,000억임을 알 수 있고, 그중 870억 원이 생활밀착형사업 예산임에 따라 취약계층지원사업 예산은 1,000 − 870 = 130억 원이 된다. 이에 따라 2020년도에 국민참여예산사업 예산에서 취약계층지원사업 예산이 차지하는 비율은 130 / 1,000 × 100 = 13%가 된다.

따라서 국민참여예산제도에 관한 정부부처 담당자 甲은 2019년도와 2020년도 각각에 대해 국민참여예산사업 예산에서 취약계층지원사업 예산이 차지한 비율을 각각 14%, 13%로 보고하게 된다.

29 법·규정의 적용

정답 체크

네 번째 법조문 제1항에서 물품관리관은 물품을 출납하게 하려면 물품출납공무원에게 출납하여야 할 물품의 분류를 명백히 하여 그 출납을 명하여야 한다고 했고, 동조 제2항에서 물품출납공무원은 제1항에 따른 명령이 없으면 물품을 출납할 수 없다고 했으므로 옳은 설명이다.

오답 체크

② 첫 번째 법조문 제1항에 따르면 각 중앙관서의 장은 그 소관 물품관리에 관한 사무를 소속 공무원에게 위임할 수 있고, 필요하면 다른 중앙관서의 소속 공무원에게 위임할 수 있으므로 옳지 않은 설명이다.

③ 세 번째 법조문에 따르면 물품관리관이 국가의 시설에 보관하는 것이 물품의 사용이나 처분에 부적당하다고 인정하거나 그 밖에 특별한 사유가 있으면 국가 외의 자의 시설에 보관할 수 있다. 이에 따라 계약담당공무원이 아닌 물품관리관이 물품을 국가의 시설에 보관하는 것이 그 사용이나 처분에 부적당하다고 인정하는 경우, 그 물품을 국가 외의 자의 시설에 보관할 수 있으므로 옳지 않은 설명이다.

④ 두 번째 법조문 제1항에 따르면 물품관리관은 물품수급관리계획에 정하여진 물품에 대하여는 그 계획의 범위에서, 그 밖의 물품에 대하여는 필요할 때마다 계약담당공무원에게 물품의 취득에 관한 필요한 조치를 할 것을 청구하여야 한다. 이에 따라 물품관리관은 물품출납공무원이 아닌 계약담당공무원에게 물품의 취득에 관한 필요한 조치를 할 것을 청구해야 하므로 옳지 않은 설명이다.

⑤ 마지막 법조문 제2항에 따르면 물품관리관은 수선이나 개조가 필요한 물품이 있다고 인정하면 계약담당공무원이나 그 밖의 관계 공무원에게 그 수선이나 개조를 위한 필요한 조치를 할 것을 청구하여야 한다. 이에 따라 물품출납공무원이 아닌 물품관리관이 보관 중인 물품 중 수선이 필요한 물품이 있다고 인정하는 경우, 계약담당공무원에게 수선에 필요한 조치를 할 것을 청구해야 하므로 옳지 않은 설명이다.

30 세부 정보 파악

정답 체크

㉠ 두 번째 단락에 따르면 하계 올림픽의 차수는 하나의 올림피아드만큼 시간이 흐르면 하나씩 올라간다. 따라서 1936년 하계 올림픽이 제11회였다면 12년이 흐른 1948년 하계 올림픽은 3번의 올림피아드를 거치므로 제14회임을 알 수 있다.

㉡ 두 번째 단락에 따르면 동계 올림픽의 차수는 실제로 열린 대회만으로 정해지고, 1948년 제5회 대회 이후 2020년 전까지 올림픽이 개최되지 않은 적이 없다. 따라서 1948년 이후 1992년까지 동계 올림픽은 11번의 대회가 개최되었으므로 1992년 동계 올림픽은 16회임을 알 수 있다.

따라서 ㉠은 14, ㉡은 16이다.

정답

p.166

01	⑤	세부 내용 파악	07	⑤	문맥 추론	13	①	자료계산	19	⑤	자료이해	25	②	규칙 적용
02	⑤	세부 내용 파악	08	①	논지·견해 분석	14	②	자료이해	20	③	자료변환	26	④	규칙 적용
03	⑤	세부 내용 파악	09	②	논지·견해 분석	15	⑤	자료변환	21	⑤	법·규정의 적용	27	⑤	세부 정보 파악
04	②	세부 내용 파악	10	②	문맥 추론	16	①	자료계산	22	①	법·규정의 적용	28	④	법·규정의 적용
05	④	논지·견해 분석	11	③	자료이해	17	①	자료이해	23	①	규칙 적용	29	⑤	법·규정의 적용
06	⑤	문맥 추론	12	②	자료이해	18	①	자료이해	24	③	논리퍼즐	30	③	규칙 적용

취약 유형 분석표

유형별로 맞힌 개수, 틀린 문제 번호와 풀지 못한 문제 번호를 적고 나서 취약한 유형이 무엇인지 파악해 보세요. 그 후 취약한 유형은 유형 특징, 풀이 전략, 유형공략 문제들을 복습하고 틀린 문제와 풀지 못한 문제를 다시 한번 풀어보세요.

영역	유형	맞힌 개수	정답률	틀린 문제 번호	풀지 못한 문제 번호
의사소통능력	세부 내용 파악	/4	%		
	문맥 추론	/3	%		
	논지·견해 분석	/3	%		
수리능력	자료이해	/6	%		
	자료계산	/2	%		
	자료변환	/2	%		
문제해결능력	세부 정보 파악	/1	%		
	법·규정의 적용	/4	%		
	규칙 적용	/4	%		
	논리퍼즐	/1	%		
TOTAL		/30	%		

해설

01 세부 내용 파악

실력 UP 문제 분석

출제 포인트
제시된 글의 내용과 부합하지 않는 내용 찾기

주제
불완전한 문자 체계를 사용한 원시 수메르어

문단별 중심 내용

1문단	두 종류의 기호를 사용한 원시 수메르어 문자 체계
2문단	인간 행동의 제한된 영역에 속하는 특정 정보만 표현할 수 있는 불완전한 문자 체계를 사용한 원시 수메르어 문자 체계

핵심 내용 정리

구분	완전한 문자 체계	불완전한 문자 체계
정의	사람이 말하는 모든 것을 표현할 수 있는 체계	인간 행동의 제한된 영역에 속하는 특정한 종류의 정보만 표현할 수 있는 기호 체계
종류	라틴어, 고대 이집트 상형문자, 브라유 점자	원시 수메르어, 수학의 언어, 음악 기호
기능	상거래 기록, 상법 명문화, 역사책 집필 등	숫자 및 문자 기록, 장부 기록 등

기출 포인트
두 개의 핵심 내용을 비교하는 지문은 의사소통능력 문제로 매년 꾸준히 출제되는 형태의 지문이다. 주요하게 비교하는 핵심어를 체크한 뒤 각각의 내용을 정리하면 빠른 문제 풀이에 도움이 된다.

정답 체그

두 번째 단락에서 인간 행동의 제한된 영역에 속하는 특정 정보만 표현할 수 있는 불완전한 기호 체계였던 원시 수메르어와 달리 고대 이집트 상형문자는 구어의 범위를 포괄하는 완전한 기호 체계라고 하였으므로 원시 수메르어 문자와 마찬가지로 고대 이집트 상형문자는 구어의 범위를 포괄하지 못했던 것은 아님을 알 수 있다.

오답 체크

① 두 번째 단락에서 원시 수메르인이 문자를 만들어 사용한 이유는 거래 기록의 보존 등 구어로는 하지 못할 일을 하기 위해서라고 하였으므로 적절한 내용이다.

② 두 번째 단락에서 원시 수메르어 문자 체계는 인간 행동의 제한된 영역에 속하는 특정 정보만 표현 가능한 불완전한 기호 체계이며 자신의 마음을 표현하는 시 또한 적을 수 없다고 하였으므로 적절한 내용이다.

③ 두 번째 단락에서 수메르어를 읽고 쓸 줄 아는 사람은 소수라고 하였으므로 적절한 내용이다.

④ 첫 번째 단락에서 원시 수메르어 문자 체계는 숫자를 나타내는 기호와 사물을 나타내는 기호 총 두 종류의 기호를 사용했다고 하였으므로 적절한 내용이다.

02 세부 내용 파악

정답 체크

두 번째 단락에서 우리나라 소년법은 10세 이상 19세 미만의 소년 중 장래에 범법 행위를 할 우려가 있는 소년을 우범소년으로 규정하여 소년사법의 대상으로 한다고 하였고, 우범소년제도는 범죄를 저지르지 않았음에도 소년사법의 대상이 되는 제도라고 하였으므로 우리나라 소년법상 10세 이상 19세 미만의 소년은 범죄를 저지를 우려가 있으면 범죄를 저지르지 않아도 소년사법의 적용을 받음을 알 수 있다.

오답 체크

① 세 번째 단락에서 소년사법의 철학적 기초에는 국친 사상이 있다고 하여 소년사법이 국친 사상에 근거를 두고 있음은 알 수 있으나, 국친 사상이 소년사법의 대상 범위를 축소하는 철학적 기초인지에 대해서는 알 수 없으므로 적절하지 않은 내용이다.

② 성인범이 국친 사상의 대상이 되는지에 대해서는 알 수 없으므로 적절하지 않은 내용이다.

③ 두 번째 단락에서 우리나라 소년법은 10세 이상 14세 미만의 소년 중 형벌 법령에 저촉되는 행위를 한 자를 촉법소년으로 규정하여 소년사법의 대상으로 한다고 하였으므로 적절하지 않은 내용이다.

④ 첫 번째 단락에서 영국 관습법에 따르면 7세 이하의 소년은 범죄 의도를 소유할 능력이 없는 것으로 간주한다고 하였으므로 적절하지 않은 내용이다.

03 세부 내용 파악

실력 UP 문제 분석

주제
정서주의에 따른 도덕적 언어 사용의 목적

문단별 중심 내용

1문단	정서주의의 언어 사용 목적 세 가지: 정보 전달, 행위 요구, 표현
2문단	도덕적 언어를 정보 전달 대신 타인에게 행위 요구 및 자신의 태도 표현을 목적으로 사용하는 정서주의자
3문단	정서주의자들에 따르면 도덕적 언어를 통한 태도 표현은 참·거짓을 판단할 수 있는 정보 전달 또는 태도 보고의 목적이 아님

정답 체크

두 번째 단락에서 정서주의자들은 도덕적 언어를 명령문 형식을 통해 사람의 행위에 영향을 주는 목적 또는 자신의 태도를 표현하는 목적으로 사용한다고 하였으므로 정서주의에 따르면 도덕적 언어의 사용은 명령하거나 화자의 태도를 표현하기 위한 것임을 알 수 있다.

오답 체크

① 첫 번째 단락에서 정서주의는 언어가 정보 전달 목적으로 쓰일 때 참 혹은 거짓을 판단할 수 있는 정보를 전달한다고 하였고, 두 번째 단락에서 정서주의자들은 도덕적 언어를 정보 전달의 목적이 아닌 태도 표현의 목적으로 사용한다고 하였으므로 적절하지 않은 내용이다.

② 세 번째 단락에서 정서주의자들이 태도를 나타내기 위해 도덕적 언어를 사용하는 경우 보고 목적이 아닌 표현 목적이라고 하였으므로 적절하지 않은 내용이다.

해커스 PSAT 기출로 끝내는 금강 NCS 330제

③ 첫 번째 단락에서 정서주의가 언어를 정보 전달 목적으로 사용하는 경우 참 혹은 거짓을 판단할 수 있는 정보를 전달한다고 한 점에서 정보 전달의 목적으로 쓰인 "세종대왕은 한글을 창제하였다."라는 문장은 참 혹은 거짓을 판단할 수 있는 정보를 전달하는 것을 추론할 수 있으므로 적절하지 않은 내용이다.

④ 두 번째 단락에서 정서주의자들은 도덕적 언어를 명령문 형식을 통해 사람의 행위에 영향을 주는 목적 또는 자신의 태도를 표현하는 목적으로 사용한다고 한 점에서 정서주의자들이 언어 사용의 목적으로 정보 전달을 최우선으로 두지 않는다는 것을 추론할 수 있으므로 적절하지 않은 내용이다.

04 세부 내용 파악

정답 ②

실력 UP 문제 분석

출제 포인트

글의 전체 내용을 이해하고 추론하기

주제

상대적인 가치판단을 표현하는 진술과 절대적인 가치판단을 표현하는 진술

문단별 중심 내용

1문단	과학적 탐구의 범위에 속하는 진술이 실제로 강력하게 입증되었다고 가정한다면 과학적 연구에 의해 객관적으로 확립 가능한가에 대한 질문
2문단	객관적인 과학적 테스트가 가능한 상대적인 가치판단 진술과 과학적 테스트를 통한 입증의 대상이 될 수 없는 절대적인 가치판단 진술

기출 포인트

글 전체를 이해하여 추론해야 하는 경우 선택지를 먼저 읽고 어떤 내용을 중심으로 글을 읽어야 하는지 확인한 뒤 문제를 풀이하면 빠른 문제 풀이에 도움이 된다.

정답 체크

두 번째 단락에서 "아이를 엄격한 방식보다는 너그러운 방식으로 키우는 것이 더 좋다."라는 문장은 절대적인 가치판단을 표현한다고 하였으므로 아이를 엄격한 방식보다는 너그러운 방식으로 키우는 게 더 좋다는 것은 상대적인 가치판단이 아님을 알 수 있다.

오답 체크

①, ③ 두 번째 단락에서 경험적 진술은 관찰을 통해 객관적인 과학적 테스트가 가능하지만, "아이를 엄격한 방식보다는 너그러운 방식으로 키우는 것이 더 좋다."라는 문장은 과학적 테스트를 통한 입증의 대상이 될 수 없는 절대적 가치판단을 표현한다고 하였으므로 적절한 내용이다.

④, ⑤ 두 번째 단락에서 정서적으로 안정된 창조적 개인으로 키우려면, 아이를 엄격한 방식보다 너그러운 방식으로 키우는 것이 더 좋다는 진술은 특정 목표를 달성하기 위해 어떤 행위가 좋은 것인지에 대해 명시하는 상대적 가치판단을 나타내며, 이러한 경험적 진술은 관찰을 통해 객관적인 과학적 테스트가 가능하다고 하였으므로 적절한 내용이다.

05 논지·견해 분석

정답 ④

실력 UP 문제 분석

출제 포인트

글의 논지로 가장 적절한 것 찾기

주제

질병과 사회적 요인

문단별 중심 내용

1문단	질병의 발생에 관한 개인적 요인과 사회적 요인
2문단	질병의 대처 과정에서 개인적 요인뿐만 아니라 사회적 요인도 고려해야 함을 강조

기출 포인트

글 전체를 이해하여 추론해야 하는 경우 선택지를 먼저 읽고 어떤 내용을 중심으로 글을 읽어야 하는지 확인한 뒤 문제를 풀이하면 빠른 문제 풀이에 도움이 된다.

정답 체크

제시된 글은 일반적으로 질병의 발생을 개인적인 요인에서 찾으려는 경향이 있지만, 질병의 성격을 파악하고 대처할 때 개인적 요인뿐만 아니라 사회적 요인도 함께 고려해야 한다는 내용이다. 따라서 글의 논지는 '질병의 성격을 파악하고 질병에 대처하기 위해서는 사회적인 측면을 고려해야 한다.'가 가장 적절하다.

오답 체크

① 병균이나 바이러스로 인한 신체적 이상 증상이 가정이나 지역사회에 위기를 야기할 수 있는 사회적 문제라는 것은 글의 내용과 부합하나, 전체 내용을 포괄할 수 없으므로 글의 논지로 적절하지 않다.

② 발병의 책임을 개인에게만 물어서는 안 된다는 것은 글의 내용과 부합하나, 전체 내용을 포괄할 수 없으므로 글의 논지로 적절하지 않다.

③ 질병에 대한 사회적 편견과 낙인이 오히려 더 심각한 문제일 수 있다는 것은 글의 내용과 부합하나, 전체 내용을 포괄할 수 없으므로 글의 논지로 적절하지 않다.

⑤ 글의 논지는 질병에 대처할 때 개인적 요인뿐만 아니라 사회적 요인도 함께 고려해야 한다는 것이므로 질병의 치료에 있어 개인적 차원보다 사회적 차원의 노력이 더 중요하다는 것은 글의 논지로 적절하지 않다.

실력 UP 문제 분석

주제

비표준어로서의 방언과 언어학에서의 방언

문단별 중심 내용

1문단	부정적인 오해와 평가가 포함되어 있는 비표준어로서의 방언
2문단	한 언어를 형성하고 있는 하위 단위로서의 언어 체계 전부를 일컫는 언어학에서의 방언

기출 포인트

여러 개의 빈칸을 채우는 문제를 풀이하기 위해서는 각 문단별 핵심 내용을 먼저 파악하고 문맥에 어울리는 내용을 찾는 것이 중요하다. 빈칸의 앞 뒤 내용을 통해 문맥을 파악하고, 흐름상 자연스러운 내용을 골라야 한다.

정답 체크

(마) 빈칸 앞에서 방언은 한 언어를 형성하고 있는 하위 단위로서의 언어 체계 전부를 의미하여 한국어를 이루고 있는 각 지역의 언어 체계 전부가 방언이라고 한 점에서 한국어는 표준어와 지역 방언 전체를 지칭한다는 것을 추론할 수 있으므로 적절하지 않다.

오답 체크

(가) 빈칸 앞에서는 방언이 비표준어라는 뜻을 갖는다는 내용을 말하고 있고, 빈칸 뒤에서는 방언을 비표준어로서 낮추어 대하는 인식이 담겨 있다는 내용을 말하고 있으므로 적절하다.

(나) 빈칸 앞에서는 방언이나 사투리는 표준어인 서울말이 아닌 어느 지역의 말을 가리킨다는 내용을 말하고 있고, 빈칸 뒤에서는 이러한 용법에는 방언이 표준어보다 열등하다는 오해와 편견이 포함되어 있으며 세련되지 못하고 규칙에 얽매이지 않다 등의 부정적 평가가 반영되어 있다는 내용을 말하고 있으므로 적절하다.

(다) 빈칸 앞에서 사투리는 표준어에 없는 그 지역 특유의 언어 요소만을 지칭하기도 한다는 내용을 말하고 있으므로 적절하다.

(라) 빈칸 앞에서 방언은 한 언어를 형성하는 하위 단위로서의 언어 체계 전부를 의미하며 한국어를 구성하는 각 지역의 언어 체계 전부가 방언이라는 내용을 말하고 있으므로 적절하다.

07 문맥 추론   정답 ⑤

정답 체크

병의 두 번째 말에서 시 홈페이지에서 신청 게시판을 찾아가는 방법을 안내할 필요는 있지만, 이것만으로는 부족하므로 A시 공식 어플리케이션에서 바로 신청서를 작성하고 제출할 수 있도록 하자고 했다.

따라서 '신청 방법'을 시 홈페이지에서 신청 게시판을 찾아가는 방법을 삭제하고 A시 공식 어플리케이션을 통한 신청 방법으로 바꾸는 것은 적절하지 않은 수정이다.

오답 체크

①은 을의 두 번째 말에서 나온 의견, ②~③은 을의 첫 번째 말에서 나온 의견, ④는 을과 병의 의견이 반영된 적절한 수정이다.

실력 UP 문제 분석

출제 포인트

제시된 글의 필자의 주장을 강화하는 내용 찾기

주제

물체와 떨어진 거리에 따라 상이한 거리 지각 방식

문단별 중심 내용

1문단	경험을 통한 추론에 의해 이루어지는 물체까지의 거리 지각 방식
2문단	두 눈과 대상이 위치한 점을 잇는 두 직선의 각을 감지하여 이루어지는 손에 닿는 거리 안에 있는 물체까지의 거리 지각 방식

기출 포인트

주장을 강화하는 내용을 찾기 위해서는 제시된 사례를 먼저 읽은 뒤 지문에서 해당 내용을 확인하면 빠르게 문제를 풀이할 수 있다.

정답 체크

ㄱ. 첫 번째 단락에서 물체까지의 거리 판단은 친숙한 물체에 대한 지각 경험에 기초한 추론을 통해 이루어진다고 한 점에서 100m 떨어진 지점에 처음 본 대상만 보이도록 시야 일부를 가리는 경우 그 대상과 얼마나 떨어져 있는지 판단하지 못한다는 내용은 글의 주장을 강화하므로 적절하다.

오답 체크

ㄴ. 첫 번째 단락에서 물체까지의 거리 판단은 친숙한 물체에 대한 지각 경험에 기초한 추론을 통해 이루어진다고 한 점에서 아무것도 보이지 않는 밤에 멀리서 반짝이는 불빛을 발견하고 불빛까지의 거리를 쉽게 짐작한다는 내용은 글의 주장을 약화하므로 적절하지 않다.

ㄷ. 두 번째 단락에서 아주 가까이에 있는 물체까지의 거리는 두 눈과 대상이 위치한 한 점을 연결하는 두 직선의 각의 크기를 감지하여 알게 된다고 한 점에서 한쪽 눈이 실명된 사람이 30cm 내 낯선 물체만 보일 때 그 물체까지의 거리를 옳게 판단한다는 내용은 글의 주장을 약화하므로 적절하지 않다.

09 논지·견해 분석

실력 UP 문제 분석

주제

인간 본성의 인위적인 변경에 대한 반대 주장

핵심 내용 정리

주장	인간 본성을 구성하는 어떠한 특성에 대해서도 인위적으로 개선하려는 시도에 반대해야 한다.
근거 1	인간 본성은 단순한 부분들의 합보다 더 큰 의미를 지닌 복잡한 전체이다.
근거 2	인간 본성을 구성하는 하부 체계들은 상호 극단적으로 밀접하게 연관되어 있어 그중 일부라도 인위적으로 변경한다면 전체 통일성이 무너진다.

기출 포인트

KDB산업은행 최신 시험에서 출제된 유형의 문제이다. 글의 논증을 약화 또는 강화하는 선택지를 고르는 문제의 경우 선택지에 제시된 핵심어를 중심으로 글의 화자가 어떤 입장을 취하고 있는지 파악하며 문제를 풀이해야 한다.

정답 체크

ㄷ. 인간 본성의 하부 체계가 상호 밀접하게 연결되어 있어 일부를 변경할 경우 전체가 무너지는 위험성이 있다고 한 점에서 인간 본성의 하부 체계가 상호 분리된 모듈로 구성되어 있기 때문에 특정 부분을 인위적으로 변경하더라도 해당 모듈 내로 변화가 제한된다는 주장은 글의 논증을 약화하므로 적절하다.

오답 체크

ㄱ. 인간을 구성하는 개별적 요소들이 모여 만들어 낸 복잡한 전체인 인간 본성이 인간에게 존엄성을 부여한다고 한 점에서 인간 본성이 인간이 갖는 존엄성의 궁극적 근거라는 주장은 논지를 강화하지만, 도덕적 지위의 궁극적 근거라는 주장은 글의 논증을 강화하지도, 약화하지도 않으므로 적절하지 않다.

ㄴ. 과학기술을 이용해 인간 본성을 인위적으로 바꾸어 더욱 향상된 인간으로 만들고자 하는 사람들은 인간의 좋은 특성 대신 나쁜 특성을 개선한다는 내용에 대해서는 다루고 있지만, 모든 인간이 자신을 포함하여 인간 본성을 지닌 모든 존재가 지금보다 더 훌륭한 상태가 되길 희망한다는 주장은 글의 논증을 강화하지도, 약화하지도 않으므로 적절하지 않다.

10 문맥 추론

정답 체크

㉠ 두 번째 단락에서 B연구팀은 A연구팀의 대조군 원숭이에 대해 식사 제한이 없어 사실상 칼로리 섭취량이 높아 건강한 상태가 아니었다는 비판을 했다고 하였으며, 다섯 번째 단락에서 A연구팀의 대조군 설계에 대한 B연구팀의 비판이 설득력 있다고 하였으므로 878마리 붉은털원숭이의 평균 체중은 A연구팀의 대조군 원숭이의 평균 체중보다 덜 나갔다는 내용이 들어가야 한다.

㉡ 네 번째 단락에서 A연구팀은 B연구팀의 대조군 원숭이에 대해 보통 원숭이가 섭취하는 것보다 낮은 칼로리를 섭취하도록 실험설계가 되었다는 비판을 했다고 하였으며, 다섯 번째 단락에서 B연구팀의 대조군 설계에 대한 A연구팀의 비판이 설득력 있다고 하였으므로 878마리 붉은털원숭이의 평균 체중은 B연구팀의 대조군 원숭이의 평균 체중보다 더 나갔다는 내용이 들어가야 한다.

11 자료이해

정답 체크

각 처리주체에서 '매립'의 비율은 '공공'이 (286 / 1,143) × 100 ≒ 25%, '자가'가 (1 / 21) × 100 ≒ 5%로 '공공'이 '자가'보다 높으므로 옳은 설명이다.

오답 체크

① 전체 처리실적 중 '매립'의 비율은 (291 / 2,270) × 100 ≒ 13%이므로 옳지 않은 설명이다.

② '재활용'의 처리실적은 '공공'이 403만 톤, '위탁'이 870만 톤으로 '공공'이 '위탁'보다 적으므로 옳지 않은 설명이다.

④ 처리주체가 '위탁'인 생활계 폐기물 중 '재활용'의 비율은 (870 / 1,106) × 100 ≒ 79%이므로 옳지 않은 설명이다.

⑤ '소각' 처리 생활계 폐기물 중 '공공'의 비율은 (447 / 565) × 100 ≒ 79%이므로 옳지 않은 설명이다.

12 자료이해

실력 UP 문제 분석

출제 포인트

비율

소재

업종별 스마트시스템 도입률 및 고도화율

기출 포인트

NH농협은행, 국민은행 등 대부분의 금융 NCS에서는 채권 수익률, 실업률, 재무비율 등 비율 관련 소재의 자료가 출제된다. 비율 관련 공식을 숙지하고, 정확한 계산 없이 대소 비교가 가능하도록 다양한 문제를 풀이해야 한다.

정답 체크

ㄱ. 제시된 각주를 변형하면, 업종별 스마트시스템 도입 업체 수 = 업종별 업체 수 × $\frac{도입률}{100}$ 임을 알 수 있다. 이에 따라 업종별 스마트시스템 도입 업체 수는 '기계장비'가 1,428 × 0.156 ≒ 223개, '소재'가 1,313 × 0.1 ≒ 131개, '금속제조'가 1,275 × 0.153 ≒ 195개, '자동차부품'이 766 × 0.351 ≒ 269개, '선박부품'이 466 × 0.114 ≒ 53개, '금형주조도금'이 265 × 0.17 ≒ 45개, '식품바이오'가 244 × 0.09 ≒ 22개, '항공기부품'이 95 × 0.284 ≒ 27개로 '자동차부품'이 가장 많으므로 옳은 설명이다.

ㄷ. 업체 수 대비 스마트시스템 고도화 업체 수가 가장 높은 업종을 구하기 위해서 제시된 각주를 변형하면 다음과 같다.

도입률 × 고도화율 = $\frac{업종별 \, 스마트시스템 \, 고도화 \, 업체 \, 수}{업종별 \, 업체 \, 수}$ × 10,000이므로

도입률과 고도화율이 가장 높은 '자동차부품'과 '항공기부품'만 비교한다. '자동차부품'과 '항공기부품'의 '도입률 × 고도화율'은 '자동차부품'이 35.1 × 27.1 ≒ 951.2이고, '항공기부품'이 28.4 × 37.0 ≒ 1,050.8로 '항공기부품'이 더 높아 업체 수 대비 스마트시스템 고도화 업체 수는 '항공기부품'이 가장 높으므로 옳은 설명이다.

오답 체크

ㄴ. 고도화율이 가장 높은 업종은 37.0%인 '항공기부품'이고, 제시된 각주 2)를 변형하면 '항공기부품'의 스마트시스템 고도화 업체 수는 (37.0×27)/100 ≒ 10개이다. 그러나 스마트시스템 고도화 업체 수는 '자동차부품'이 (27.1×269)/100 ≒ 73개로 가장 많으므로 옳지 않은 설명이다.

ㄹ. 도입률이 가장 낮은 업종은 '식품바이오'이고, 고도화율이 가장 낮은 업종은 '금형주조도금'이므로 옳지 않은 설명이다.

⏱ 빠른 문제 풀이 Tip

ㄱ. '자동차부품'보다 업체 수가 적고 도입률도 낮은 '선박부품', '금형주조도금', '식품바이오', '항공기부품'은 확인하지 않고, '자동차부품'보다 업체 수가 많은 '기계장비', '소재', '금속제조' 위주로 확인한다. '자동차부품' 업체 수는 '기계장비', '소재', '금속제조' 각각의 업체 수 절반보다 많지만, 도입률은 '자동차부품' 업체 수가 2배 이상이므로 스마트시스템 도입 업체 수가 가장 많은 업종은 '자동차부품'임을 알 수 있다.

13 자료계산

정답 ①

실력 UP 문제 분석

주제

에너지 사용량 감축률 및 탄소포인트 지급 기준

기출 포인트

IBK기업은행, 하나은행 등 금융 NCS에서는 비용 계산 관련 문제가 꾸준히 출제되고 있다.

정답 체크

기입지널 지급받는 탄소포인트는 A가 0+2,500+5,000=7,500포인트, B가 10,000+2,500+5,000=17,500포인트, C가 10,000+1,250+5,000 =16,250포인트, D가 5,000+2,500+2,500=10,000포인트이다.

따라서 가장 많이 지급받는 가입자는 B이고, 가장 적게 지급받는 가입자는 A이다.

14 자료이해

정답 ②

정답 체크

ㄱ. 2018년 '전년 이월' 건수는 258-168=90건이고, 2016년과 2018년 '심판대상' 중 '전년 이월'의 비중은 2016년이 (96/322)×100 ≒ 29.8%, 2018년이 (90/258)×100 ≒ 34.9%로 2018년이 2016년보다 높으므로 옳은 설명이다.

ㄷ. 2017년 이후 '해당 연도 접수' 건수가 전년 대비 증가한 연도는 2019년과 2020년뿐이므로 2개 연도의 전년 대비 증가율을 구한다. 2019~2020년 '해당 연도 접수' 건수의 전년 대비 증가율은 2019년이 {(204-168)/168}×100 ≒ 21.4%, 2020년이 {(252-204)/204}×100 ≒ 23.5%로 2020년이 가장 높으므로 옳은 설명이다.

오답 체크

ㄴ. 다음 연도로 이월되는 건수는 2020년이 341-210=131건으로 가장 많으므로 옳지 않은 설명이다.

ㄹ. '재결' 건수는 2019년이 186건으로 가장 적고, '해당 연도 접수' 건수는 2018년이 168건으로 가장 적으므로 옳지 않은 설명이다.

⏱ 빠른 문제 풀이 Tip

ㄱ. 비중을 직접 계산하는 것보다 분수의 크기를 비교하면 답을 빠르게 구할 수 있다. '심판대상' 중 '전년 이월'의 비중을 분수식으로 표현하면 2016년이 $\frac{96}{322}$, 2018년이 $\frac{90}{258}$이다. 이때 $\frac{96}{322}$은 분모값이 분자값의 3배 이상이지만, $\frac{90}{258}$은 분모값이 분자값의 3배 미만이므로 분수의 크기는 2018년이 2016년보다 큼을 알 수 있다.

15 자료변환

정답 ⑤

정답 체크

제시된 자료에 따르면 기업 R&D 과제 건수의 전년 대비 증가율은 2014년에 {(80-31)/31}×100 ≒ 158%, 2015년에 {(93-80)/80}×100 ≒ 16%, 2016년에 {(91-93)/93}×100 ≒ -2%이고, 정부 R&D 과제 건수의 전년 대비 증가율은 2014년에 {(330-141)/141}×100 ≒ 134%, 2015년에 {(486-330)/330}×100 ≒ 47%, 2016년에 {(419-486)/486}×100 ≒ -14%이다. 하지만 이 그래프에서는 2014년부터 2016년까지의 기업 및 정부의 R&D 과제 건수의 비율을 나타내고 있으므로 옳지 않은 그래프는 ⑤이다.

16 자료계산

정답 ①

실력 UP 문제 분석

출제 포인트

경제활동인구 증감 인원 계산

소재

경제활동인구(취업자, 실업자)

기출 포인트

NH농협은행, 국민은행, 하나은행 등 대부분의 금융 NCS에서는 취업자 또는 실업자 관련 경제활동인구 소재의 자료가 출제된다.

정답 체크

- 15세 이상 인구=경제활동인구+비경제활동인구, ( )는 2020년 7월 대비 2021년 7월의 증감 인구수임을 적용하여 구한다. 2020년 7월 대비 2021년 7월의 증감 인구수는 15세 이상 인구가 -1만 5천 명, 경제활동인구가 +3만 명이므로 비경제활동인구는 -1만 5천-(+3만)=-4만 5천 명이다.
- 경제활동인구=취업자+실업자이고, 2021년 7월의 경제활동인구가 175만 7천 명, 실업자가 6만 1천 명이므로 취업자는 175만 7천-6만 1천 =169만 6천 명이다.

  따라서 A는 -4만 5천, B는 169만 6천이다.

17 자료이해 정답 ①

정답 체크
2015년 프랑스의 전체 발전량 중 원자력 발전량의 비중은 100.0 – 2.1 – 3.5 – 0.4 – 10.4 – 6.6 = 77.0%이므로 옳지 않은 설명이다.

오답 체크
② 2015년 영국의 전체 발전량 중 신재생 에너지 발전량의 비중은 100.0 – 20.8 – 22.6 – 29.5 – 0.6 – 2.7 = 23.8%이고, 2010년 대비 2015년에 23.8 – 6.2 = 17.6%p 증가했으므로 옳은 설명이다.

③ 2010년 석탄 발전량은 미국이 일본의 1,994.2 / 309.5 ≒ 6.4배이므로 옳은 설명이다.

④ 2010년 대비 2015년 전체 발전량이 증가한 국가는 2010년 발전량이 633.1TWh, 2015년 발전량이 646.9TWh인 독일뿐이므로 옳은 설명이다.

⑤ 2015년 신재생 에너지 발전량의 비중은 미국이 100.0 – 19.2 – 34.1 – 31.8 – 0.9 – 6.3 = 7.7%, 영국이 23.8%로 2010년 대비 2015년 각 국가에서 신재생 에너지의 발전량과 비중은 모두 증가했으므로 옳은 설명이다.

> ⏱ 빠른 문제 풀이 Tip
> ① 2010년과 2015년 프랑스의 전체 발전량 및 원자력 발전량을 비교하여 확인한다. 2015년 프랑스의 전체 발전량은 2010년 대비 감소한 반면, 원자력 발전량은 2010년 대비 증가했으므로 2015년 프랑스의 전체 발전량 중 원자력 발전량의 비중은 75% 이상임을 알 수 있다.

18 자료이해 정답 ①

정답 체크
ㄱ. 월별 교통사고 사상자가 가장 적은 달은 492명인 1월이고, 가장 많은 달은 841명인 8월이다. 1월의 교통사고 사상자는 8월의 (492 / 841) × 100 ≒ 58.5%로 60% 이하이므로 옳은 설명이다.

ㄴ. 2020년 교통사고 사상자는 492 + 536 + 589 + 640 + 734 + 612 + 665 + 841 + 670 + 592 + 594 + 507 = 7,472명이고, 2020년 교통사고 건수는 240 + 211 + 263 + 269 + 307 + 277 + 260 + 311 + 302 + 273 + 256 + 249 = 3,218건으로 2020년 교통사고 건당 사상자는 7,472 / 3,218 ≒ 2.3명이므로 옳은 설명이다.

오답 체크
ㄷ. 2020년 교통사고 건수의 사고원인별 구성비는 '안전거리 미확보'가 100 – 65.3 – 3.4 – 1.5 – 6.9 = 22.9%, '중앙선 침범'의 7배가 3.4 × 7 = 23.8%로 교통사고 건수는 구성비에 비례하여 '안전거리 미확보'가 사고원인인 교통사고 건수는 '중앙선 침범'이 사고원인인 교통사고 건수의 7배 미만이므로 옳지 않은 설명이다.

ㄹ. 사고원인이 '안전운전의무 불이행'인 교통사고 건수는 3,218 × 0.653 ≒ 2,101건으로 2,000건을 초과하므로 옳지 않은 설명이다.

19 자료이해 정답 ⑤

정답 체크
우수수준(550점 이상 625점 미만)의 학생비율 = 550점 이상 누적 학생비율 – 625점 이상 누적 학생비율임을 적용하여 구하면, 2018년 D국의 '우수수준' 학생비율은 67 – 34 = 33%로 B국의 '우수수준' 학생비율인 72 – 42 = 30%보다 높으므로 옳은 설명이다.

오답 체크
① '갑'국 남학생과 여학생의 평균점수 차이는 2018년에 606 – 605 = 1점, 1998년에 588 – 571 = 17점으로 2018년이 1998년보다 작으므로 옳지 않은 설명이다.

② '갑'국의 평균점수는 2014년에 610점 이상 616점 이하이고 2018년에 606점으로, 2018년이 2014년보다 작으므로 옳지 않은 설명이다.

③ I국이 G국과 H국보다 '수월수준'의 학생비율이 높으나 평균점수는 낮으므로 옳지 않은 설명이다.

④ 기초수준 미달(400점 미만)의 학생비율 = 100 – (400점 이상 누적 학생비율)임을 적용하여 구하면, '기초수준 미달'의 학생비율이 가장 높은 국가는 400점 이상 누적 학생비율이 91%로 가장 낮은 F국이므로 옳지 않은 설명이다.

20 자료변환 정답 ③

정답 체크
ㄷ. 제시된 <보고서>에서 신차와 중고차 구입 각각에서 배달대행이 퀵서비스보다 평균 구입 비용이 높았다고 했으므로 추가로 필요한 자료임을 알 수 있다.

ㄹ. 제시된 <보고서>에서 월평균 근로일수도 배달대행이 퀵서비스보다 3일 이상 많은 것으로 나타났다고 했으므로 추가로 필요한 자료임을 알 수 있다.

21 법·규정의 적용 정답 ⑤

정답 체크
제5항에 따르면 분양자와 시공자의 담보책임에 관하여 이 법에 규정된 것보다 매수인에게 불리한 특약은 효력이 없으며, 제2항에 따르면 지반공사의 하자에 대한 담보책임 존속기간은 10년이므로 옳은 설명이다.

오답 체크
① 제2항에 따르면 창호공사의 하자에 대한 담보책임 존속기간은 3년임에 따라 구분소유자에게 인도한 날 또는 사용승인일 어느 날짜를 따르더라도 3년이 경과해 丙은 담보책임을 지지 않아도 되므로 옳지 않은 설명이다.

② 제1항에 따르면 분양자와의 계약에 따라 건물을 건축한 시공자는 구분 소유자에게 철골공사의 하자에 대하여 과실이 없더라도 담보책임을 지므로 옳지 않은 설명이다.

③ 제3항에 따르면 전유부분은 구분소유자에게 인도한 날로부터 기간을 기산하고, 제2항에 따르면 방수공사의 하자에 대한 담보책임 존속기간은 5년이다. <상황>에서 乙은 2020. 7. 1.에 아파트를 인도하여 甲의 전유부분인 거실에 물이 새는 방수공사의 하자에 대해 2025. 7. 1.까지 담보책임을 지므로 옳지 않은 설명이다.

④ 제2항에 따르면 대지조성공사에 대한 하자의 담보책임 존속기간은 5년이고, 제4항에 따르면 제2항 각 호의 하자로 인하여 건물이 멸실된 경우에는 담보책임 존속기간은 멸실된 날로부터 1년으로 한다고 하였다. 이에 따라 대지조성공사의 하자로 인하여 2023. 10. 1. 공용부분인 주차장 건물이 멸실된다면 丙은 멸실된 날의 1년 뒤부터 담보 책임을 지지 않으므로 옳지 않은 설명이다.

22 법·규정의 적용   정답 ①

정답 체크
제1항에 따르면 근로자 본인 외에도 조부모의 직계비속이 있는 경우에는 가족돌봄휴직을 허용하지 않을 수 있으므로 옳은 설명이다.

오답 체크
② 제3항에 따르면 사업주가 가족돌봄휴직을 허용하지 아니하는 경우에는 해당 근로자에게 그 사유를 서면으로 통보하여야 하므로 옳지 않은 설명이다.

③ 제2항에 따르면 정상적인 사업 운영에 중대한 지장을 초래하는 경우, 사업주는 근로자의 가족돌봄휴가 시기를 근로자와 협의하여 변경할 수 있으므로 옳지 않은 설명이다.

④ 제4항 제2호에 따르면 가족돌봄휴가 기간은 가족돌봄휴직 기간에 포함되어 근로자가 가족돌봄휴가를 8일 사용한 경우, 사업주는 이와 별도로 그에게 가족돌봄휴직을 연간 82일까지 허용해야 하므로 옳지 않은 설명이다.

⑤ 제4항 제2호에 따르면 가족돌봄휴가 기간은 연간 최장 10일이며, 제4항 제3호에 따라 감염병의 확산으로 심각단계의 위기경보가 발령되고 가족돌봄휴가 기간이 5일 연장된 경우, 사업주는 근로자에게 연간 15일의 가족돌봄휴가를 허용해야 하므로 옳지 않은 설명이다.

23 규칙 적용   정답 ①

정답 체크
제시된 <지정 기준>에 따르면 전문의 수가 2명 이하이거나, 가장 가까이 있는 기존 산재보험 의료기관까지의 거리가 1km 미만인 병원은 지정 대상에서 제외하므로 전문의 수가 2명인 乙과 가장 가까이 있는 기존 산재보험 의료기관까지의 거리가 500m인 戊를 제외한 신청병원별 점수 총합을 항목별 배점 기준에 따라 정리하면 다음과 같다.

신청병원	인력 점수	경력 점수	행정처분 점수	지역별 분포 점수	총합
甲	8	14	2	$(8+14) \times 0.2$ $=4.4$	28.4
丙	10	10	10	$(10+10) \times (-0.2)$ $=-4$	26.0
丁	8	20	2	$(8+20) \times (-0.2)$ $=-5.6$	24.4

신청병원 중 인력 점수, 경력 점수, 행정처분 점수, 지역별 분포 점수의 총합이 가장 높은 병원을 산재보험 의료기관으로 지정하므로 산재보험 의료기관으로 지정되는 것은 甲이다.

24 논리퍼즐   정답 ③

정답 체크
제시된 조건에 따르면 회의실 안의 직원은 1명당 10분마다 미세먼지를 5씩 증가시키고, 공기청정기는 10분마다 미세먼지를 15씩 감소시키므로 <상황>에 주어진 시각에 따라 공기청정기에 표시되는 미세먼지 양은 다음과 같다.

구분	미세먼지 양	구분	미세먼지 양
15시 50분	90	17시 정각	$65+(5\times5)-15$ $=75$
16시 정각	$90-15$ $=75$	17시 10분	$75+(5\times5)-15$ $=85$
16시 10분	$75+(5\times2)-15$ $=70$	17시 20분	$85+(5\times5)-15$ $=95$
16시 20분	$70+(5\times2)-15$ $=65$	17시 30분	$95+(5\times5)-15$ $=105$
16시 30분	$65+(5\times2)-15$ $=60$	17시 40분	$105+(5\times5)-15$ $=115$
16시 40분	$60+(5\times2)-15$ $=55$	17시 50분	$115+(5\times5)-15$ $=125$
16시 50분	$55+(5\times5)-15$ $=65$	18시 정각	$125+(5\times5)-15$ $=135$

직원들이 모두 나간 뒤에는 공기청정기에 의해 미세먼지가 제거만 되며, 공기청정기가 자동으로 꺼지는 미세먼지 양이 30이 되려면 $135-30=105$만큼 감소해야 하므로 18시 정각부터 70분이 지나야 한다.

따라서 공기청정기가 자동으로 꺼지는 시각은 19시 10분이다.

25 규칙 적용   정답 ②

정답 체크
조건에 따르면 착한 일 횟수는 5를 곱하므로 어린이들의 착한 일 횟수에 의한 점수는 甲~戊의 순서대로 15, 15, 10, 5, 5점이 된다(착한 일 점수). 한편 울음 횟수는 甲~戊의 순서대로 3, 2, 3, 0, 3이므로 ㉠에 해당하는 수인 1~5를 각각 대입했을 때의 점수(울음 점수)를 산출하여 총점, 즉 착한 일 점수-울음 점수를 정리하면 다음과 같다.

어린이		甲	乙	丙	丁	戊	선물		
착한 일 점수		15	15	10	5	5	A	B	X
㉠=1	울음 점수	3	2	3	0	3	甲, 乙	丙, 丁, 戊	-
	총점	12	13	7	5	2			
㉠=2	울음 점수	6	4	6	0	6	乙	甲, 丙, 丁	戊
	총점	9	11	4	5	-1			
㉠=3	울음 점수	9	6	9	0	9	-	甲, 乙, 丙, 丁	戊
	총점	6	9	1	5	-4			
㉠=4	울음 점수	12	8	12	0	12	-	甲, 乙, 丁	丙, 戊
	총점	3	7	-2	5	-7			
㉠=5	울음 점수	15	10	15	0	15	-	甲, 乙, 丁	丙, 戊
	총점	0	5	-5	5	-10			

정리한 표에 따르면 甲~戊 중 1명이 선물 A를 받고, 3명이 선물 B를 받고, 1명이 선물을 받지 못하는 경우는 ㉠=2인 경우이다.

따라서 ㉠에 해당하는 수는 2이다.

26 규칙 적용

정답 ④

실력 UP 문제 분석

출제 포인트
조건에 따른 항목 평가

기출 포인트
지문에서 AD카드에 담긴 정보를 확인한 후, <상황>에 제시된 AD카드의 정보를 파악한다. 이때 AD카드의 정보가 각각 무엇을 의미하는지 기록한 후, 선택지와 비교한다.

정답 체크

AD카드에 담긴 정보에 따라 갑돌이의 AD카드를 정리하면 다음과 같다.

<올림픽 AD카드>
· 탑승권한: 미디어 셔틀버스
· 시설입장권한: 국제 방송센터, 컬링센터, 올림픽 패밀리 호텔
· 특수구역 접근권한: 프레스 구역, VIP 구역

<패럴림픽 AD 카드>
· 탑승권한: VIP용 지정차량, 선수단 셔틀버스
· 시설입장권한: 모든 시설
· 특수구역 접근권한: 선수준비 구역, VIP 구역

따라서 갑돌이는 올림픽 기간 동안 선수준비 구역에는 접근권한이 없으므로 올림픽 기간 동안 컬링센터 내부에 있는 선수준비 구역에 들어갈 수 없다.

오답 체크

① 갑돌이는 패럴림픽 기간 동안 모든 시설에 입장권한이 있으므로 패럴림픽 기간 동안 알파인 경기장에 들어갈 수 있다.

② 갑돌이는 패럴림픽 기간 동안 VIP용 지정차량 탑승권한이 있으므로 패럴림픽 기간 동안 VIP용 지정차량에 탑승할 수 있다.

③ 갑돌이는 올림픽 기간 동안 올림픽 패밀리 호텔에 입장권한이 있으므로 올림픽 기간 동안 올림픽 패밀리 호텔에 들어갈 수 있다.

⑤ 갑돌이는 올림픽 기간 동안 미디어 셔틀버스 탑승권한 및 국제 방송센터 입장권한이 있으므로 올림픽 기간 동안 미디어 셔틀버스를 타고 이동한 후 국제 방송센터에 들어갈 수 있다.

27 세부 정보 파악

정답 ⑤

실력 UP 문제 분석

출제 포인트
지문에 제시된 내용을 이해한 후, 이를 선택지에 적용하기

소재
조선시대의 분재

기출 포인트
'분재', '재주', '별급', '깃급' 등과 같이 생소한 용어가 제시되는 문제의 경우 해당 용어의 의미에 주의하여야 한다. 이 문제의 경우 분재 방법을 정확히 이해한 뒤 분재 받는 밭의 총 마지기 수를 계산해야 한다.

정답 체크

甲이 별급한 재산은 과거에 급제한 아들 1명에게 밭 20마지기를 준 것과 두 딸이 시집갈 때 각각 밭 10마지기씩을 준 것이 전부이고, 깃급과 화회 대상 재산에는 별급으로 받은 재산이 포함되지 않는다. 이때 재주 甲은 유서와 유언 없이 사망하였고, 과거 급제한 아들이 제사를 모시기로 하였다. 또한 화회 대상 재산은 경국대전의 규정에 따라 이루어졌으므로 화회 대상 재산인 밭 100마지기를 분재 대상자 4명으로 나눈 25마지기씩 균한한 후, 제사를 모실 과거에 급제한 아들에게는 다른 친자녀 한 사람 몫의 5분의 1인 5마지기가 더 분재된다. 이때 양녀는 제사를 모시지 않는 친자녀 한 사람이 화회로 받은 몫의 5분의 4인 20마지기를 분재 받는다.

따라서 과거에 급제한 아들은 별급으로 20마지기, 화회로 30마지기를 분재 받으므로 분재 받은 밭의 총 마지기 수는 20+30=50마지기이다.

28 법 · 규정의 적용

정답 ④

정답 체크

세 번째 법조문 제4항에 따르면 관리청으로부터 수탁자로 지정받은 자는 위탁받은 관리, 운영업무의 전부 또는 일부를 재위탁해서는 안 된다. 또한 마지막 법조문 제1항 제2호에서 이를 위반하여 위탁받은 관리 · 운영업무의 전부 또는 일부를 재위탁한 자에게는 500만 원 이하의 과태료를 부과한다고 하여 관리청으로부터 해수욕장 관리 · 운영업무를 위탁받은 공익법인이 이를 타 기관에 재위탁한 경우, 관리청은 그 공익법인에 대해 300만 원의 과태료를 부과할 수 있으므로 옳은 설명이다.

오답 체크

① 세 번째 법조문 제2항에 따르면 관리청은 해수욕장의 효율적인 관리 · 운영을 위하여 필요한 경우 관할 해수욕장 관리 · 운영업무의 일부를 위탁할 수 있다고 했으므로 옳지 않은 설명이다.

② 첫 번째 법조문에 따르면 관리청이 해수욕장 이용이나 운영에 상당한 불편을 초래하거나 효율성을 떨어뜨린다고 판단한 경우에는 물놀이구역과 수상레저구역을 구분하지 않고 관리 · 운영할 수 있으므로 옳지 않은 설명이다.

③ 세 번째 법조문 제3항에 따르면 관리청이 해수욕장 관리 · 운영업무를 위탁하려는 경우 지역번영회 · 어촌계 등 지역공동체 및 공익법인 등을 수탁자로 우선 지정할 수 있으므로 옳지 않은 설명이다.

⑤ 두 번째 법조문에 따르면 관리청은 해수욕장의 개장기간 및 개장시간을 정할 때 해수욕장협의회의 의견을 듣고, 미리 관계 행정기관의 장과 협의하여야 함을 알 수 있으므로 옳지 않은 설명이다.

29 법·규정의 적용

정답 체크

두 번째 법조문 제2항에 따르면 훈련견 평가는 기초평가(제1호)와 중간평가 (제2호)가 있고, 두 번째 법조문 제3항에서 훈련견 평가 중 어느 하나라도 불합격한 훈련견은 유관기관 등 외부기관으로 관리전환할 수 있다고 했으므로 옳은 설명이다.

오답 체크

① 첫 번째 법조문 제1항에 따르면 소방청장은 체계적인 구조견 양성·교육훈련 및 보급 등을 위하여 119구조견 교육대를 설치·운영하여야 한다고 했으므로 옳지 않은 설명이다.

② 세 번째 법조문에 따르면 훈련견이 종모견으로 도입되기 위해서는 두 번째 법조문 제2항에 따른 훈련견 평가에 모두 합격하여야 하며, 다음 각 호의 요건을 갖추어야 한다고 했으므로 옳지 않은 설명이다.

③ 세 번째 법조문 제2호에 따르면 종모견으로 도입되기 위해서는 생후 20개월 이상이어야 하므로 옳지 않은 설명이다.

④ 두 번째 법조문 제2항 제2호 가목에 따르면 중간평가는 훈련 시작 12개월 이상이어야 하지만, 생후 12개월에 훈련을 시작해 반년이 지난 훈련견은 훈련을 시작한 지 6개월이 지났을 때라 다른 요건이 충족했더라도 중간평가에 합격한 것으로 볼 수 없으므로 옳지 않은 설명이다.

30 규칙 적용

정답 체크

<A기관 특허대리인 보수 지급 기준>과 <착수금 산정 기준>에 따라 甲과 乙이 지급받는 보수를 정리하면 다음과 같다.

· 甲: 착수금은 120 + (3.5 × 2) + (1.5 × 3) = 131.5만 원이고, 특허가 '등록결정' 됐으므로 사례금으로 131.5만 원을 지급한다.

· 乙: 착수금의 세부항목 중 기본료가 120만 원, 독립항 1개 초과분이 4 × 10 = 40만 원으로 세부항목을 합산한 금액이 140만 원을 초과한다.

이에 따라 착수금은 140만 원이고, 특허가 '거절결정' 됐으므로 사례금으로 0원을 지급한다.

따라서 甲과 乙이 지급받는 보수의 차이는 (131.5 + 131.5) − 140 = 123만 원이다.

정답

p.184

01	④	논지·견해 분석	07	③	논지·견해 분석	13	③	자료이해	19	②	자료계산	25	②	규칙 적용
02	④	세부 내용 파악	08	⑤	문맥 추론	14	④	자료계산	20	③	자료변환	26	④	규칙 적용
03	②	문맥 추론	09	③	문맥 추론	15	①	자료이해	21	②	논리퍼즐	27	②	법·규정의 적용
04	①	세부 내용 파악	10	④	문맥 추론	16	①	자료변환	22	⑤	논리퍼즐	28	④	법·규정의 적용
05	④	세부 내용 파악	11	④	자료이해	17	④	자료이해	23	③	논리퍼즐	29	①	세부 정보 파악
06	⑤	논지·견해 분석	12	④	자료이해	18	③	자료이해	24	⑤	규칙 적용	30	③	세부 정보 파악

취약 유형 분석표

유형별로 맞힌 개수, 틀린 문제 번호와 풀지 못한 문제 번호를 적고 나서 취약한 유형이 무엇인지 파악해 보세요. 그 후 취약한 유형은 유형 특징, 풀이 전략, 유형공략 문제들을 복습하고 틀린 문제와 풀지 못한 문제를 다시 한번 풀어보세요.

영역	유형	맞힌 개수	정답률	틀린 문제 번호	풀지 못한 문제 번호
의사소통능력	세부 내용 파악	/3	%		
	문맥 추론	/4	%		
	논지·견해 분석	/3	%		
수리능력	자료이해	/6	%		
	자료계산	/2	%		
	자료변환	/2	%		
문제해결능력	세부 정보 파악	/2	%		
	법·규정의 적용	/2	%		
	규칙 적용	/3	%		
	논리퍼즐	/3	%		
TOTAL		/30	%		

해설

01 논지 · 견해 분석
정답 ④

실력 UP 문제 분석

출제 포인트

글의 중심 내용 파악하기

주제

브라질우드가 브라질의 주요 교역품 지위에서 사라지게 된 내막

기출 포인트

PSAT형으로 문제를 출제하는 NH농협은행, IBK기업은행, 국민은행, 신한은행 등에서는 제시된 정보의 양이 많은 지문을 제시하기도 한다. 이와 같은 문제를 풀 때는 긴 내용의 지문을 빠르게 읽으면서 각 단락의 중심 내용을 파악한다. 특히 마지막 단락에서 글의 중심 내용이 제시되는 경우가 많으므로 마지막 단락을 집중해서 읽는다.

정답 체크

제시된 글에서 유럽인들은 원주민들을 변화시키기 위해 일부 유럽인의 문화 공유, 무기의 제공과 동맹, 노예화 등 일련의 조치를 취했고, 이는 모두 원주민들의 노동력을 착취하기 위한 수단이었음을 알 수 있다. 그러나 유럽인들이 원주민들을 변화시키는 데 모두 실패하자 유럽인들은 주요 교역품을 브라질우드에서 설탕으로 바꾸었고, 브라질우드는 하찮은 교역품이 되었다고 했으므로 '브라질우드가 브라질의 주요 교역품 지위에서 사라지게 된 내막'이 글의 중심 내용으로 가장 적절하다.

오답 체크

① , ③ 제시된 글에서 알 수 없는 내용이므로 글의 중심 내용으로 적절하지 않다.

② 마지막 단락에서 투피족 노동시장의 법칙은 원주민들에게 지나치게 유리하게 징해져 있어 포르투갈인들은 원주민을 노예로 만들었다고 했으나 이는 브라질우드가 주요 교역품에서 사라지게 된 과정 중 하나일 뿐이므로 글의 중심 내용으로는 적절하지 않다.

⑤ 첫 번째 단락에서 브라질은 염색에 사용되었던 브라질우드라는 교역품에서 붙여진 이름임을 알 수 있으나 글의 내용을 모두 포함하지 않으므로 글의 중심 내용으로는 적절하지 않다.

02 세부 내용 파악
정답 ④

정답 체크

세 번째 단락에서 스틸은 언어에 대한 개인의 호오 감각으로, 사람마다 취향이 다르다고 하였으므로 같은 모어를 사용하는 형제라도 스틸이 다를 수 있음을 알 수 있다.

오답 체크

① 두 번째 단락, 세 번째 단락에서 랑그는 태어날 때부터 부모가 사용한 모어이므로 선택권이 없고, 스틸은 언어에 대한 개인의 호오 감각으로서 몸에 각인되어 주체의 자유로운 선택이 불가능하다고 하였지만, 네 번째 단락에서 에크리튀르는 사회적으로 형성된 방언으로서 주체가 선택할 수 있다고 하였으므로 적절하지 않은 내용이다.

② 세 번째 단락에서 언어에 대한 개인의 호오 감각에 기인하는 것은 스틸이라고 하였으므로 적절하지 않은 내용이다.

③ 네 번째 단락에서 에크리튀르는 직업 또는 생활양식을 선택할 때 따라오는 사회방언을 의미하고, 태어나 자란 지역의 언어인 지역방언은 랑그로 분류된다고 하였으므로 적절하지 않은 내용이다.

⑤ 네 번째 단락에서 에크리튀르는 외적인 규제인 랑그와 내적인 규제인 스틸의 중간에 위치한다고 하였으므로 적절하지 않은 내용이다.

03 문맥 추론
정답 ②

실력 UP 문제 분석

출제 포인트

대화의 내용을 토대로 제시된 정보 파악하기

주제

개인형 이동장치 사고 급증의 원인

정답 체크

ㄴ. 개인형 이동장치의 경음기 부착 여부가 사고 발생 확률에 유의미한 영향을 미친다고 생각하는 병의 의견을 검증하는 자료로 적절하다.

오답 체크

ㄱ. 을은 원동기 면허가 없는 사람들이 개인형 이동장치를 사용하는 것을 문제삼고 있을 뿐 연령 차이를 문제의 원인으로 인식하고 있는 것은 아니므로 을의 의견을 검증하기에 적절하지 않은 자료이다.

ㄷ. 갑, 병, 정 모두 개인형 이동장치 등록 대수를 개인형 이동장치 사고의 급증 원인으로 인식하고 있지 않으므로 의견을 검정하기에 적절하지 않은 자료이다.

04 세부 내용 파악
정답 ①

정답 체크

ㄱ. 항생제 투여 없이 자연 치유에 맡기는 경우 치유될 확률이 20%라고 했을 때 그보다 확률이 높아지면 치유에 긍정적인 효과가 있는 것이고 반대로 확률이 낮아지면 치유에 부정적인 효과가 있는 것을 보여준다고 하였으며, 두 경우 모두 급성 중이염의 치유에 투여된 약 이외의 다른 요인이 개입하지 않았다는 점이 보장되어야 한다고 하였다. 따라서 투여된 약이 증상에 어떤 효과도 없다는 것을 보이기 위해서는 약을 투여하더라도 치유 확률에 변화가 없을 뿐 아니라 약의 투여 외 다른 요인이 개입되지 않았다는 것이 밝혀져야 함을 추론할 수 있다.

오답 체크

ㄴ. 투여된 약이 증상의 치유에 긍정적인 효과가 있다는 것을 보이기 위해서는 증상이 치유될 확률이 약의 투여 이전보다 이후에 더 높아져야 하는 것에 더해 투여된 약 이외의 다른 요인이 개입하지 않았다는 점이 보장되어야 하므로 적절하지 않은 내용이다.

ㄷ. 약 투여 이외의 다른 요인이 개입되지 않았다고 전제할 경우에 투여된 약이 증상의 치유에 긍정적인 효과가 없다는 것을 보이기 위해서는 치유될 확률이 약의 투여 이전보다 낮아지는 것을 보이는 것뿐만 아니라 변화가 없다는 것도 보여야 하므로 적절하지 않은 내용이다.

05 세부 내용 파악

정답 체크

ㄴ. 활성화된 효소 B가 자궁 근육 안에서 물질 C가 만들어지게 하고 물질 C 는 효소 B가 없으면 만들어지지 않으며, 이렇게 만들어진 물질 C가 일정 수준의 농도가 되면 자궁 근육을 수축하게 하여 쥐의 출산이 일어나게 하 는데, 물질 C가 일정 수준의 농도에 이르지 않으면 자궁 근육의 수축이 일 어나지 않는다고 하였으므로 적절한 내용이다.

ㄷ. 물질 C가 일정 수준의 농도가 되면 자궁 근육을 수축하게 하여 쥐의 출산 이 일어난다고 하였으므로 적절한 내용이다.

오답 체크

ㄱ. 폐가 정상 기능을 하게 되면 곧이어 출산이 진행되며 물질 A가 출산 과 정에 영향을 미치는 것은 알 수 있지만, 물질 A의 양에 따라 정상적으로 폐의 기능이 발휘될 수 있는지 여부는 확인할 수 없으므로 적절하지 않 은 내용이다.

[06~07]

06 논지 · 견해 분석

정답 체크

ㄱ. A는 대체가능성 논제를 받아들이며 이 대체가능성 논제는 존재하지 않는 대상의 고통과 쾌락을 도덕적 판단의 근거로 삼는다. 따라서 A는 기다리 지 않고 임신하여 심각한 건강 문제를 가진 아이를 낳은 을의 행위가 도덕 적으로 잘못된 것이라고 볼 것이므로 옳은 분석이다.

ㄴ. 갑의 사례는 이미 태어난 아이에게 해악을 끼친 것으로 대체가능성 논제 를 수용하는지 여부와 상관없이 B는 갑의 행위가 도덕적으로 잘 된 것이 라고 평가할 것이므로 옳은 분석이다.

ㄷ. B가 A의 주장이 틀렸다고 비판하는 이유는 A가 받아들이는 대체 가능성 논제가 존재하지 않는 대상의 고통과 쾌락을 도덕적 판단의 근거로 삼기 때문이라고 하였으므로 옳은 분석이다.

07 논지 · 견해 분석

정답 체크

㉠은 A가 받아들이는 대체가능성 논제가 존재하지 않는 대상의 고통과 쾌 락을 도덕적 판단의 근거로 삼기 때문에 틀렸다는 B의 주장을 재반박하는 내용이다.

ㄱ. 미래세대 구성원이 달라질 경우 미래세대가 누릴 행복의 총량이 변하는 것은 B의 주장을 반박하는 ㉠의 주장에 영향을 미치지 않으므로 적절한 평가이다.

ㄷ. A는 B의 주장에 따르면 일반적인 직관에 반하게 되므로 B의 주장이 옳지 않다고 주장하고 있으므로 일반직인 직관에 반하는 결론이 도출된 다고 해도 그러한 직관이 옳은지 여부가 별도로 평가되어야 한다면, ㉠은 약화되므로 적절한 평가이다.

오답 체크

ㄴ. 아직 현실에 존재하지 않는다는 이유로 미래세대를 도덕적 고려에서 배제 하는 것이 불합리하다면 B의 주장을 반박할 수 있는 근거가 되는 것이므 로 ㉠을 약화하지 않는다.

08 문맥 추론

정답 체크

을은 도의회는 「재난안전법」에 명시된 재난관리책임기관이 아니지만, 재난 발생 상황에서도 도의회가 연속성 있게 수행할 필요가 있는 핵심 기능이 있다 고 판단된다면 기능연속성계획을 수립할 수 있고 이 판단은 「재난안전법」상 해당 지방자치단체의 장에게 있다고 하였다.

따라서 A의 도의회에 관한 기능연속성계획이 수립되어야 하는지 여부는 A도지사의 판단에 따라 결정된다는 내용이 들어가야 한다.

09 문맥 추론

정답 체크

두 번째 단락에 따라 기존 채용 절차와 개선 채용 절차를 정리하면 다음과 같다.

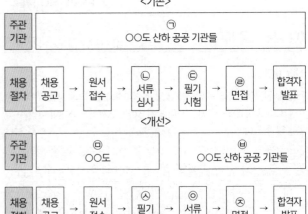

따라서 ㉡과 ◎에는 모두 '서류 심사'가 들어가므로 적절한 설명이다.

오답 체크

① ㉠에 해당하는 '○○도 산하 공공 기관들'이 기존에 주관하였던 채용 공고, 원서 접수, 필기시험을 개선 이후에는 ○○도에서 주관한다. 따라서 개선 이후 ㉠에 해당하는 기관이 주관하는 채용 업무의 양은 이전보다 줄어들게 될 것이므로 적절하지 않은 설명이다.

② ㉠과 ㉧에는 '○○도 산하 공공 기관들'이 들어가며, ㉣에는 '○○도'가 들어가므로 적절하지 않은 설명이다.

④ ㉢과 ㉦에는 '필기시험'이 들어가며, 두 번째 단락에 따르면 기존의 필기시험 과목인 영어·한국사·일반상식이 국가직무능력표준 기반 평가로 바뀌어 기존과 달리 실무 능력을 평가한다고 했으므로 적절하지 않은 설명이다.

⑤ ㉤과 ㉩에는 '면접'이 들어가며, 기존 채용 절차와 개선 채용 절차 모두 면접을 주관하는 기관은 ○○도 산하 공공 기관들로 같으므로 적절하지 않은 설명이다.

10 문맥 추론   정답 ④

정답 체크

조례 제9조 제1항 및 제2항에 따르면 전기자동차 충전시설의 설치비용 지원대상은 주차단위구획 100개 이상을 갖추어야 하지만, B카페는 50여 구획의 주차장을 갖추고 있어 전기자동차 충전시설의 의무 설치대상 및 설치비용 지원대상에 해당하지 않는다. 한편 제3항은 제1항의 설치대상에 해당하지 않는 사업장에 관한 규정이므로 B카페에 적용되는 조항임을 알 수 있다.

따라서 B카페가 전기차 충전시설 설치비용에 대한 지원금을 받을 수 있게 된 조례 개정 내용은 '제4항으로 "시장은 제3항의 권고를 받아들이는 사업장에 대하여는 설치비용의 60퍼센트를 지원하여야 한다."를 신설'이 가장 적절하다.

오답 체크

①, ②, ③ B카페는 주차단위구획 100개 이상을 갖추지 않아 전기자동차 충전시설의 의무 설치대상 및 설치비용 지원대상에 해당하지 않으며, 이에 따라 제1항 및 제2항이 적용되지 않으므로 적절하지 않다.

⑤ B카페는 주차단위구획 100개 이상을 갖추지 않아 전기자동차 충전시설의 의무 설치대상에 해당하지 않으므로 적절하지 않다

11 자료이해   정답 ④

실력 UP 문제 분석

출제 포인트
비율

소재
학교급별 여성 교장 수와 비율

기출 포인트
NH농협은행, 국민은행 등 대부분의 금융 NCS에서는 채권 수익률, 실업률, 재무비율 등 비율 관련 소재의 자료가 출제된다. 비율 관련 공식을 숙지하고, 정확한 계산 없이 대소 비교가 가능하도록 다양한 문제를 풀이해야 한다.

정답 체크

학교급별 여성 교장 비율 $= \dfrac{\text{학교급별 여성 교장 수}}{\text{학교급별 전체 교장 수}} \times 100$ 임을 적용하여 구한다. 1995년 학교급별 전체 교장 수는 초등학교가 $222 / 0.038 ≒ 5,842$명, 중학교가 $181 / 0.076 ≒ 2,382$명, 고등학교가 $66 / 0.038 ≒ 1,737$명이다. 이때 각 학교의 교장은 1명으로, 초등학교 수인 5,842개는 중학교 수와 고등학교 수의 합인 $2,382 + 1,737 = 4,119$개보다 많으므로 옳은 설명이다.

오답 체크

① 제시된 자료는 5년마다 조사한 자료이므로 중학교 여성 교장 비율이 매년 증가하는지는 알 수 없다.

② 초등학교 수는 2020년이 $2,418 / 0.403 = 6,000$개, 1980년이 $117 / 0.018 ≒ 6,500$개로 1980년이 더 많으므로 옳지 않은 설명이다.

③ 고등학교 수는 1985년이 $60 / 0.04 = 1,500$개, 1990년이 $64 / 0.04 = 1,600$개이다. 따라서 남성 교장 수는 1985년이 $1,500 - 60 = 1,440$명, 1990년이 $1,600 - 64 = 1,536$명으로 1990년이 더 많으므로 옳지 않은 설명이다.

⑤ 2020년 초등학교 여성 교장 수는 2000년의 $2,418 / 490 ≒ 4.9$배이므로 옳지 않은 설명이다.

⏱ 빠른 문제 풀이 **Tip**

③ 1985년과 1990년의 고등학교 여성 교장 비율은 4.0%로 동일한 데 반해, 여성 교장 수는 1990년이 더 많으므로 전체 교장 수 및 남성 교장 수도 각각 1990년이 더 많을 것임을 알 수 있다.

12 자료이해   정답 ④

정답 체크

ㄱ. 여성 건국훈장 포상 인원은 2014년에 2명, 2015년에 3명, 2016년에 4명, 2017년에 8명, 2018년에 11명으로 매년 증가하므로 옳은 설명이다.

ㄷ. 남성 애국장 포상 인원과 남성 애족장 포상 인원의 차이는 2014년이 $(151 - 1) - (111 - 1) = 40$명, 2015년이 $(194 - 3) - 130 = 61$명, 2016년이 $(117 - 4) - 87 = 26$명, 2017년이 $(108 - 8) - 43 = 57$명, 2018년이 $(99 - 9) - (51 - 2) = 41$명으로 2015년이 가장 크므로 옳은 설명이다.

ㄹ. 건국포장 포상 인원 중 여성 비율이 가장 낮은 해는 $(1 / 43) \times 100 ≒ 2.3\%$인 2017년이고, 2017년의 대통령표창 포상 인원 중 여성 비율은 $(2 / 74) \times 100 ≒ 2.7\%$로 가장 낮으므로 옳은 설명이다.

오답 체크

ㄴ. 전체 포상 인원 중 건국훈장 포상 인원의 비중은 2014년이 $(266 / 341) \times 100 ≒ 78.0\%$, 2015년이 $(326 / 510) \times 100 ≒ 63.9\%$, 2016년이 $(204 / 312) \times 100 ≒ 65.4\%$, 2017년이 $(152 / 269) \times 100 ≒ 56.5\%$, 2018년이 $(150 / 355) \times 100 ≒ 42.3\%$로 2018년 건국훈장 포상 인원은 전체 포상 인원의 절반 미만이므로 옳지 않은 설명이다.

ㄴ. 2018년 전체 포상 인원과 건국훈장 인원의 차이는 355 - 150 = 205
명으로 건국훈장 인원보다 많으므로 2018년 건국훈장 포상 인원은 전
체 포상 인원의 절반 이상이 아님을 알 수 있다.

ㄷ. 괄호 안에 나타난 여성 포상 인원의 수치가 크지 않아 전체 포상 인원
수치로 대략적으로 비교해도 애국장 포상 인원과 애족장 포상 인원의
차이가 가장 큰 해는 2015년임을 알 수 있다.

ㄹ. 건국포장과 대통령표창의 전체 포상 인원 대비 여성 포상 인원 비를 대
략적으로 확인하면, 2017년 건국포장은 $\frac{1}{43}$, 대통령표창은 $\frac{2}{74}=\frac{1}{37}$
로 다른 항목보다 월등히 작음을 알 수 있다.

13 자료이해
정답 ③

실력 UP 문제 분석

출제 포인트
제시된 자료를 바탕으로 선택지의 옳고 그름 판단

소재
연도별 대학 기숙사 수용 현황 및 대학 기숙사비 납부 방식 현황

기출 포인트
신한은행 등 금융 NCS에서는 합답형 문제의 비중이 높게 출제되므로
다양한 문제를 통해 선택지를 소거하면서 정답을 찾는 방식으로 문제를
풀이하는 연습을 해야 한다.

정답 체크
ㄱ. 2019년 수도권 대학 기숙사 수용률은 (119,940/676,479) × 100 ≒
17.7%이므로 2019년 대비 2020년 대학유형별 기숙사 수용률 증가폭이
국공립대학이 26.8 - 26.7 = 0.1%p, 사립대학이 21.0 - 20.8 = 0.2%p,
수도권대학이 18.2 - 17.7 = 0.5%p, 비수도권대학이 0%p이다. 따라서
기숙사 수용률은 국공립대학보다 사립대학이, 비수도권대학보다 수도권
대학이 더 큰 폭으로 증가했으므로 옳은 설명이다.

ㄹ. 2020년 기숙사비 카드납부가 가능한 공공기숙사는 0개교이고, 현금분할
납부가 가능한 공공기숙사는 사립대학 9개교이므로 옳은 설명이다.

오답 체크
ㄴ. 2020년 국공립대학 수용가능 인원은 전년 대비 102,906 - 102,025
= 881명 감소했으므로 옳지 않은 설명이다.

ㄷ. 2020년 전체 대학 중 기숙사비 카드납부가 가능한 대학은 (47/196)
× 100 ≒ 24.0%이므로 옳지 않은 설명이다.

14 자료계산
정답 ④

정답 체크
· 해당 출원인의 영향력 지수 = $\frac{\text{해당 출원인의 피인용도 지수}}{\text{IT 분야 전체 등록특허의 피인용도 지수}}$
임을 적용하여 먼저 영향력 지수를 비교한다. 이때 분모값인 'IT 분야 전
체 등록특허의 피인용도 지수'는 A~E에 모두 공통이므로 계산을 생략하
여 분자값인 '해당 출원인의 피인용도 지수'만 비교한다. 이에 따라 해당
출원인의 피인용도 지수 = $\frac{\text{해당 출원인의 등록특허 피인용 횟수의 합}}{\text{해당 출원인의 등록특허 수}}$ 임을
적용하여 계산하면, A = $\frac{3+25}{2}$ = 14, B = $\frac{1+3+20}{3}$ = 8, C = $\frac{3+2+10+5+6}{5}$
= 5.2, D = $\frac{12+21+15}{3}$ = 16, E = $\frac{6+56+4+12}{4}$ = 19.5이므로 영향력 지수가
가장 큰 출원인은 E이다.

· 해당 출원인의 기술력 지수 = 해당 출원인의 영향력 지수 × 해당 출원인
의 등록특허 수임을 적용하여 기술력 지수를 비교한다. 이때에도 역시 해당
출원인의 영향력 지수의 분모값인 'IT 분야 전체 등록특허의 피인용도 지
수'가 A~E에 모두 공통이므로 계산을 생략하여 '해당 출원인의 피인용도
지수 × 해당 출원인의 등록특허 수'를 계산하면 각 출원인의 기술력 지수를
비교할 수 있다. A = 28, B = 24, C = 26, D = 48, E = 78이므로 기술력 지수가
가장 작은 출원인은 B이다.

15 자료이해
정답 ①

정답 체크
ㄱ. 종합기록순위 5위인 선수의 '수영'기록은 1 : 20 : 19이다. 따라서 '수영'
기록이 한 시간 이하인 선수는 종합기록순위 1위, 2위, 6위인 선수이고,
이들의 'T2'기록은 모두 3분 미만이므로 옳은 설명이다.

ㄴ. 영국 선수의 '종합'기록은 9 : 48 : 07이고, 종합기록 순위 2~10위 선수 중
종합기록 순위가 한 단계 더 높은 선수와의 '종합'기록 차이가 1분 미만인
선수는 종합기록순위 6위, 7위, 10위인 선수 3명뿐이므로 옳은 설명이다.

오답 체크
ㄷ. 종합기록순위 8위인 독일 국적 선수의 '달리기'기록을 제외하고, '달리
기'기록 상위 3명은 종합기록순위 4위, 5위, 6위인 선수이며, 이들의 국
적은 대한민국 또는 일본이다. 따라서 독일 국적 선수의 '달리기'기록과
관계없이 상위 3명의 국적이 모두 대한민국인 것은 아니므로 옳지 않은
설명이다.

ㄹ. 종합기록 순위 10위인 선수의 '수영'기록 순위는 4위이고, '수영'기록과
'T1'기록의 합산 기록 순위 역시 4위로 동일하므로 옳지 않은 설명이다.

16 자료변환
정답 ①

정답 체크
<표>에 따르면 서울에서 출발하여 경기에 도착한 화물 유동량은 0.6백만 톤
이지만, [수도권 출발 지역별 경기 도착 화물 유동량]에는 서울에서 출발하
여 경기에 도착한 화물 유동량이 78.4백만 톤이므로 <표>를 이용하여 작성
한 그림으로 옳지 않다.

17 자료이해

정답 체크

ㄱ. 2023년 처리 건수 상위 5개 시도의 처리 건수는 모두 각각 전년 대비 증가하였으므로 옳은 설명이다.

ㄴ. 2023년 처리 건수가 가장 많은 경기의 2023년 인용 건수는 350건 이상이고, 2022년 인용률이 가장 높은 울산의 2022년 인용 건수는 2022년 상위 5개 시도 중 처리 건수가 약 350건으로 가장 적은 인천보다 처리 건수가 낮아 350건 미만이어야 한다. 따라서 울산의 2022년 인용 건수는 $50.9 \times 350 / 100 ≒ 178$건 미만으로 1.5배 이상한 값은 350건 미만이므로 옳은 설명이다.

오답 체크

ㄷ. 2020년부터 2022년까지 인용률이 매년 감소한 시도는 부산, 전남 2개이므로 옳지 않은 설명이다.

18 자료이해

정답 체크

- 두 번째 <조건>에 따라 '연강수량'이 세계평균보다 많은 국가 A, B, D, G, H 중 '1인당 이용가능한 연수자원총량'이 가장 적은 A가 대한민국이다.
- 세 번째 <조건>에 따라 '1인당 연강수총량'이 세계평균의 5배인 $16,427 \times 5 = 82,135 m^3/$인 이상인 국가 E, F, G를 '연강수량'이 많은 국가부터 나열하면 G, E, F 순이므로 각각 뉴질랜드, 캐나다, 호주이다.
- 첫 번째 <조건>에 따라 '연강수량'이 세계평균의 2배 이상인 B와 G가 각각 일본 또는 뉴질랜드이며, G가 뉴질랜드이므로 B가 일본이다.
- 네 번째 <조건>에 따라 '1인당 이용가능한 연수자원총량'이 영국보다 적은 국가 C, D 중 '1인당 연강수총량'이 세계평균의 25% 이상인 국가가 중국이므로 $16,427 \times 0.25 ≒ 4,107 m^3/$인 이상인 C가 중국이다.
- 다섯 번째 <조건>에 따라 '1인당 이용가능한 연수자원총량'이 6번째로 많은 H가 프랑스이다.

  따라서 A는 대한민국, B는 일본, C는 중국, E는 캐나다, F는 호주, G는 뉴질랜드, H가 프랑스이므로 국가명을 알 수 없는 곳은 D이다.

19 자료계산

정답 체크

(가) A콘크리트 시험체 강도의 평균은 $(22.8 + 29.0 + 20.8) / 3 = 24.2$MPa로 기준강도 24MPa 이상이다. 또한, 기준강도가 24MPa로 35MPa 이하인 경우에 해당하며 각 시험체 강도는 모두 기준강도에서 3.5MPa을 뺀 값인 $24.0 - 3.5 = 20.5$MPa 이상이므로 A의 강도판정결과는 '합격'이다.

(나) C콘크리트 시험체 강도의 평균은 $(36.9 + 36.8 + 31.6) / 3 = 35.1$MPa로 기준강도 35MPa 이상이다. 또한, 기준강도가 35MPa로 35MPa 이하인 경우에 해당하며 각 시험체 강도는 모두 기준강도에서 3.5MPa을 뺀 값인 $35.0 - 3.5 = 31.5$MPa 이상이므로 C의 강도판정결과는 '합격'이다.

(다) E콘크리트 시험체 강도의 평균은 $(40.3 + 49.4 + 46.8) / 3 = 45.5$MPa로 기준강도 45MPa 이상이다. 기준강도가 45MPa로 35MPa 초과인 경우에 해당하여 각 시험체 강도가 모두 기준강도의 90%인 $45 \times 0.9 = 40.5$MPa 이상이어야 합격이지만, 시험체 1의 강도가 40.3MPa이므로 E의 강도판정결과는 '불합격'이다.

20 자료변환

실력 UP 문제 분석

출제 포인트

제시된 보고서를 다양한 형태의 자료로 변환

소재

연령대별 기혼 비취업여성 수 및 경력단절여성 수

기출 포인트

IBK기업은행, 국민은행 등의 금융 NCS에서는 제시된 자료를 다른 형태의 자료로 변환하는 문제가 꾸준히 출제되고 있다. 선택지를 먼저 확인한 후 제시된 자료에서 관련 있는 항목의 값을 찾아 비교하는 방법으로 풀이해야 한다.

정답 체크

기혼 취업여성은 (기혼여성 - 기혼 비취업여성)이므로 25~29세가 $570 - 306 = 264$천 명, 30~34세가 $1,403 - 763 = 640$천 명, 35~39세가 $1,818 - 862 = 956$천 명, 40~44세가 $1,989 - 687 = 1,302$천 명, 45~49세가 $2,010 - 673 = 1,337$천 명, 50~54세가 $1,983 - 727 = 1,256$천 명이고, 전체 기혼 취업여성은 $9,773 - 4,018 = 5,755$천 명이다. 따라서 25~54세 기혼 취업여성의 연령대 구성비는 25~29세가 $(264 / 5,755) \times 100 ≒ 4.6\%$, 30~34세가 $(640 / 5,755) \times 100 ≒ 11.1\%$, 35~39세가 $(956 / 5,755) \times 100 ≒ 16.6\%$, 40~44세가 $(1,302 / 5,755) \times 100 ≒ 22.6\%$, 45~49세가 $(1,337 / 5,755) \times 100 ≒ 23.2\%$, 50~54세가 $(1,256 / 5,755) \times 100 ≒ 21.8\%$이므로 <표>를 이용하여 작성한 그래프로 옳지 않다.

오답 체크

① 경제활동인구 = 취업자 + 실업자임을 적용하여 구한다. 기혼여성 중 경제활동인구는 25~29세가 $264 + 11 = 275$천 명, 30~34세가 $640 + 20 = 660$천 명, 35~39세가 $956 + 23 = 979$천 명, 40~44세가 $1,302 + 28 = 1,330$천 명, 45~49세가 $1,337 + 25 = 1,362$천 명, 50~54세가 $1,256 + 20 = 1,276$천 명이므로 <표>를 이용하여 작성한 그래프로 옳다.

② 연령대별 기혼여성 중 비취업여성과 경력단절여성은 <표>를 이용하여 작성한 그래프로 옳다.

④ 30~39세 기혼 경력단절여성의 경력단절 사유 분포는 개인·가족 관련 이유 중 결혼이 $220 + 224 = 444$천 명, 임신·출산이 $137 + 107 = 244$천 명, 자녀교육이 $10 + 29 = 39$천 명, 기타가 $63 + 97 = 160$천 명으로 총 $444 + 244 + 39 + 160 = 887$천 명이고, 육아가 $189 + 168 = 357$천 명, 가사가 $21 + 55 = 76$천 명이므로 <표>를 이용하여 작성한 그래프로 옳다.

⑤ 25~54세 기혼 경력단절여성의 연령대 구성비는 25~29세가 $(246 / 2,905) \times 100 ≒ 8.5\%$, 30~34세가 $(640 / 2,905) \times 100 ≒ 22.0\%$, 35~39세가 $(680 / 2,905) \times 100 ≒ 23.4\%$, 40~44세가 $(484 / 2,905) \times 100 ≒ 16.7\%$, 45~49세가 $(434 / 2,905) \times 100 ≒ 14.9\%$, 50~54세가 $(421 / 2,905) \times 100 ≒ 14.5\%$이므로 <표>를 이용하여 작성한 그래프로 옳다.

실력 UP 문제 분석

출제 포인트
조건추리

소재
층별 엘리베이터 탑승 인원 및 버튼 누른 횟수

기출 포인트
NH농협은행, IBK기업은행, 국민은행, 하나은행 등 대부분의 금융 NCS 에서는 제시된 조건을 바탕으로 선택지의 옳고 그름을 판단하는 조건 추리 문제가 출제된다.

정답 체크

세 번째 조건에 따르면 빈 엘리베이터에 승객 7명이 탔고, 네 번째 조건에 따르면 승객들이 버튼을 누른 횟수의 합은 10이다. 그리고 두 번째 조건에 따르면 사람이 내린 층의 버튼은 홀수 번 누른 것이며 사람이 내리지 않은 층은 0번 또는 짝수 번 누른 것이다. 다섯 번째 조건에 따르면 승객 3명이 4층에서 내렸다고 했으므로 승객이 여러 명 내리더라도 버튼은 최소 한 번만 누르면 된다. 2명이 5층에서 내린 경우도 마찬가지이며, 나머지 2명이 6층 이상의 서로 다른 층에서 내렸으므로, 총 네 번의 버튼은 확정적으로 누른 것임을 알 수 있다. 위 내용을 바탕으로 <보기>를 판단한다.

ㄴ. 5번 누른 버튼이 있다면 해당 버튼의 층에서는 반드시 멈춰야 한다. 그런데 엘리베이터는 4층, 5층, 6+a층, 6+b층 이렇게 4번 멈췄다. 즉, 이 네 개 층 가운데 하나의 층이 5번 눌렀다는 것이고 나머지 세 개 층에서 최소 1번 이상 눌렀다는 것이다. 그런데 나머지 세 개 층을 1번만 누른 경우와 그렇지 않은 경우를 나누어 생각해 보면 다음과 같다.

　<경우 1> 나머지 세 개 층을 1번씩만 누른 경우

　누른 횟수가 내린 층 포함 총 8번이 되므로 내리지 않은 층을 2번 눌러야 한다.

　<경우 2> 나머지 세 개 층 외에 다른 층을 누르지 않은 경우

　이 세 개 층 가운데 하나의 층을 3번 누르고 나머지 두 개 층을 한 번씩 눌러야 한다. 이 두 경우 모두 어떤 상황이든 2번 이상 누른 다른 버튼이 반드시 존재함을 알 수 있다.

오답 체크

ㄱ. 한 승객이 4층을 5번 누르는 경우에는 나머지 6명이 총 5번의 버튼을 눌러야 하므로 승객 가운데 버튼을 누르지 않은 경우도 존재할 수 있다.

ㄷ. 4층을 1번, 5층을 5번, 6+a층을 3번, 6+b층을 1번 누르는 경우와 같이 4층을 가장 많이 누르지 않는 경우도 가능하다.

ㄹ. 4층을 1번, 5층을 1번, 6+a층을 1번, 6+b층을 1번 누르고 내리지 않은 층의 버튼을 6번 누르는 경우도 가능하다.

정답 체크

제시된 조건에 따라 매일 두 그룹씩 나뉘므로 금요일에는 $2 \times 2 \times 2 \times 2 \times 2 = 32$가지 그룹이 있고, 200,000명의 잠재 사용자에게 월요일부터 금요일까지 5일간 메시지를 보냈다고 했으므로 금요일의 한 그룹당 잠재 사용자는 $200,000 / 32 = 6,250$명이다. 이때 받은 메시지와 날씨가 3일 연속 일치한 경우, 해당 잠재 사용자는 날씨 예보 앱을 그날 설치한 후 제거하지 않았다고 했으므로 월요일부터 금요일까지 받은 메시지와 날씨가 3일 연속 일치한 경우를 정리하면 다음과 같다.

구분	월	화	수	목	금
경우 1	O	O	O	O	O
경우 2	O	O	O	O	X
경우 3	O	O	O	X	X
경우 4	O	O	O	X	O
경우 5	X	O	O	O	O
경우 6	X	X	O	O	O
경우 7	O	X	O	O	O
경우 8	X	O	O	O	X

따라서 날씨 예보 앱을 설치한 잠재 사용자의 총수는 $6,250 \times 8 = 50,000$명이다.

정답 체크

A~E 과목에 대해 표시된 내용을 많은 것과 적은 것 순으로 정리한 비율은 다음과 같다.

· A: 7개(O), 3개(×) = 70 : 30
· B: 7개(V), 3개(×) = 70 : 30
· C: 6개(O), 4개(/) = 60 : 40
· D: 6개(V), 4개(O) = 60 : 40
· E: 8개(/), 2개(×) = 80 : 20

甲은 수료시험에서 5개 과목 평균 60점을 받았다고 했으므로 총점은 300점이어야 한다. 이때 표시된 내용이 많은 것만을 모두 더하면 70(O)+70(V)+60(O)+60(V)+80(/)=340이고, 甲의 총점 300점이 되어야 하므로 40점을 감점해야 한다. 이때 가능한 경우는 A 또는 B 중 하나가 30점이거나, C와 D가 40점인 경우이다.

ㄱ. A과목은 70점이다.
ㄹ. D과목은 40점이다.
ㅁ. E과목은 80점이다.

오답 체크

ㄴ. B과목은 70점이다.
ㄷ. C과목은 40점이다.

24 규칙 적용 정답 ⑤

정답 체크

ㄴ. 영어강의 B의 2019년과 2020년의 수강인원이 각각 10명과 45명이고, 직전 2년 수강인원의 평균은 (10+45)/2=27.5명이다. 이때 직전년도 강의만족도 평가점수가 90점 이상일 때 영어강의 B의 분반 허용 기준은 직전 2년 수강인원의 평균이 30×0.9=27명 이상이거나, 그 2년 중 1년의 수강인원이 50×0.9=45명 이상이다. 따라서 영어강의 B의 분반이 허용되지 않는다면, 2020년 강의만족도 평가점수는 90점 미만이었을 것이므로 옳은 설명이다.

ㄷ. 실습강의 C의 2019년 수강인원이 20명이고 2020년 강의만족도 평가점수가 92점일 경우, 직전년도 강의만족도 평가점수가 90점 이상이므로 실습강의의 분반 허용 기준은 직전 2년 수강인원의 평균이 20×0.9=18명 이상이다. 이때 실습강의 C의 분반이 허용되지 않는다면 직전 2년 수강인원의 평균이 18명 미만이므로 2020년 강의의 수강인원은 (18×2)-20=16명 미만이다. 따라서 실습강의 C의 2020년 강의의 수강인원은 15명을 넘지 않았을 것이므로 옳은 설명이다.

오답 체크

ㄱ. 일반강의 A의 2019년과 2020년의 수강인원이 각각 100명과 80명이고, 직전 2년 수강인원의 평균은 (100+80)/2=90명이다. 따라서 일반강의 A는 일반강의 분반 허용 기준인 직전 2년 수강인원의 평균이 100명 이상이거나, 그 2년 중 1년의 수강인원이 120명 이상을 충족하지 않아 분반이 허용되지 않으므로 옳지 않은 설명이다.

25 규칙 적용 정답 ②

실력 UP 문제 분석

출제 포인트
제시된 자료와 조건을 활용한 수치 계산

소재
국제행사의 개최도시 선정

기출 포인트
NH농협은행, 국민은행, 하나은행 등 대부분의 금융 NCS에서는 제시된 자료와 조건을 바탕으로 항목을 찾는 문제가 꾸준히 출제되고 있다. 다양한 형태의 문제를 통해 조건을 누락하지 않고 정확하게 문제를 풀이하는 연습을 해야 한다.

정답 체크

제시된 <국제해양기구의 의견>에 따르면 '교통'에서 A를 받은 도시에 추가로 5점을 부여하므로 인천에 추가로 5점을 부여한다. 또한, 바다를 끼고 있는 도시에 추가로 5점을 부여하므로 인천, 부산, 제주에 추가로 5점을 부여한다. 이때 '회의 시설'에서 C를 받은 도시는 제외해야 하므로 대전과 제주는 개최도시로 선정될 수 없다. 이에 따라 나머지 서울, 인천, 부산의 합산점수를 계산하면 다음과 같다.

구분	서울	인천	부산
회의 시설	10	10	7
숙박 시설	10	7	10
교통	7	10	7
개최 역량	10	3	10
추가 점수	0	5+5	5
합계	37	40	39

따라서 국제행사의 개최도시로 선정될 곳은 합산점수가 가장 높은 인천이다.

26 규칙 적용 정답 ④

실력 UP 문제 분석

출제 포인트
제시된 자료와 조건을 활용한 수치 계산

소재
가장 많은 지원금을 받는 신청자

기출 포인트
NH농협은행, IBK기업은행, 국민은행, 하나은행 등 대부분의 금융 NCS에서는 제시된 자료와 조건을 바탕으로 항목을 찾는 문제가 출제된다. 제시된 정보를 정확하게 파악하여 문제를 풀이해야 한다.

정답 체크

제시된 조건에 따르면 국가 및 지방자치단체 소유 건물은 지원 대상에서 제외되므로 丙은 제외되고, 전월 전력사용량이 450kWh 이상인 건물은 태양열 설비 지원 대상에서 제외되므로 乙이 제외된다. 또한, 용량(성능)이 <지원 기준>의 범위를 벗어나는 신청은 지원 대상에서 제외되므로 설비 종류가 연료전지이면서 용량(성능)이 1kW 초과인 戊도 제외된다. 이에 따라 지원 신청을 할 수 있는 신청자는 甲과 丁이며, 지원금은 '용량(성능)×지원금'이므로 甲의 지원금은 8×800,000=6,400,000원, 丁의 지원금은 15×500,000=7,500,000원이다.
따라서 가장 많은 지원금을 받는 신청자는 丁이다.

27 법·규정의 적용 정답 ②

정답 체크

첫 번째 법조문 제6호에 따르면 "월력요항"은 관공서의 공휴일, 기념일, 24절기 등의 자료를 표기한 것임을 알 수 있다.

오답 체크

① 첫 번째 법조문 제4호에 따르면 "그레고리력"은 윤년을 제외하는 것이 아닌 윤년을 포함하는 양력임을 알 수 있다.

③ 두 번째 법조문 제2항에 따르면 윤초는 과학기술정보통신부장관이 아닌 국제기구가 결정·통보하며 과학기술정보통신부장관이 이를 발표해야 함을 알 수 있다.

④ 두 번째 법조문 제1항에 따르면 천문역법을 통해 계산되는 날짜는 음력을 병행하여 사용할 수 있음을 알 수 있다.

⑤ 두 번째 법조문 제3항에 따르면 매년 6월 말까지 작성해야 하는 것은 그해의 월력요항이 아닌 다음 연도의 월력요항임을 알 수 있다.

28 법·규정의 적용

실력 UP 문제 분석

출제 포인트
법조문 해석

소재
정보공개심의회 위원 구성에 관한 법령

기출 포인트
NH농협은행, IBK기업은행 등 대부분의 금융 NCS에서 법조문 해석 문제가 출제된다. 제시된 법조문 내용을 토대로 선택지의 옳고 그름을 파악하며 문제를 풀어야 한다.

정답 체크
법조문 제4항에서 심의회는 위원장이 소집하고, 회의는 위원장을 포함한 재적위원 3분의 2 이상의 출석으로 개의하고 출석위원 3분의 2 이상의 찬성으로 의결한다고 했으므로 정보공개심의회가 8명의 위원으로 구성될 때 의결에 필요한 최소 위원을 고려한다. 회의는 8명의 위원 중 3분의 2 이상의 출석으로 개의하므로 개의에 필요한 최소 위원은 $8 \times 2/3 ≒ 6$명이고, 이때 의결에 필요한 최소 위원은 $6 \times 2/3 = 4$명이다. 따라서 정보공개심의회가 8명의 위원으로 구성되면, 위원 3명의 찬성으로 의결되는 경우가 없음을 알 수 있다.

오답 체크
① 법조문 제3항에서 외부 위원의 임기는 2년으로 하되 2회에 한하여 연임할 수 있다고 했으므로 외부 위원의 최대 임기는 $2+2+2=6$년임을 알 수 있다.
② 법조문 제1항 제1호 및 제2호에 따라 내부 위원은 4명이고, 외부 위원은 총 위원수의 3분의 1 이상 위촉해야 함을 알 수 있다. 이때 심의회가 5명으로 구성될 경우 외부 위원은 1명이고, 총 위원수의 3분의 1 이상인 $5 \times 1/3 ≒ 2$명 이상을 충족하지 않아 심의회를 구성할 수 없다. 심의회가 6명으로 구성될 경우 외부 위원은 2명이고, 총 위원수의 3분의 1 이상인 $6 \times 1/3 = 2$명 이상을 충족하므로 심의회를 구성할 수 있다. 따라서 정보공개심의회는 최소 6명의 위원으로 구성됨을 알 수 있다.
③ 법조문 제2항에서 위원은 특정 성별이 다른 성별의 2분의 1 이하가 되지 않도록 한다고 했으므로 정보공개심의회의 위원이 7명이고, 정보공개심의회 내부 위원이 모두 여성일 경우를 고려한다. 법조문 제1항 제1호 및 제2호에 따라 내부 위원 4명이 모두 여성이고, 외부 위원 3명이 모두 남성일 경우 특정 성별이 다른 성별의 2분의 1 이하가 되지 않으므로 정보공개심의회를 구성할 수 있음을 알 수 있다.
⑤ 법조문 제5항에서 위원은 부득이한 이유로 참석할 수 없는 경우에는 서면으로 의견을 제출할 수 있고, 이 경우 해당 위원은 심의회에 출석한 것으로 본다고 했음을 알 수 있다. 동조 제4항에서 출석위원 3분의 2 이상의 찬성으로 의결한다고 했으므로 위원장을 포함한 위원 5명이 직접 출석하여 이들 모두 안건에 찬성하고, 위원 2명이 부득이한 이유로 서면으로 의견을 제출한 경우, 총 7명이 출석하고 최소 5명이 해당 안건에 찬성함을 알 수 있다. 이때 출석위원의 3분의 2 이상은 $7 \times 2/3 ≒ 5$명이므로 제출된 서면 의견에 상관없이 해당 안건은 찬성으로 의결됨을 알 수 있다.

29 세부 정보 파악

정답 체크
수라상은 원반과 협반에 차려졌으며, 둘째 날 수라상은 죽수라, 조수라, 석수라 총 3번 차려져 행차 둘째 날에 협반은 총 3회 사용되었으므로 옳지 않은 설명이다.

오답 체크
② 화성참에서는 수라상과 반과상만 차려졌으므로 옳은 설명이다.
③ 행차 첫째 날 낮과 둘째 날 낮에는 주다반과가 차려졌으므로 옳은 설명이다.
④ 행차 첫째 날 밤과 둘째 날 밤에는 찬과 후식류를 자기에 담아 한 상에 차리는 반과상인 야다반과가 차려졌으므로 옳은 설명이다.
⑤ 국수를 주식으로 하는 반과상은 행차 첫째 날에 조다반과, 주다반과, 야다반과로 3회 차려졌으며, 행차 둘째 날에 주다반과, 야다반과로 2회 차려져 총 5회 차려졌으므로 옳은 설명이다.

30 세부 정보 파악

정답 체크
두 번째 단락에서 쟁점에 대한 지식수준이 낮더라도 쟁점에 노출되어 쟁점에 대한 관여도가 높아지게 되면 비활동 공중은 환기 공중으로 변화한다고 하였으므로 옳은 설명이다.

오답 체크
① 첫 번째 단락에서 정책의 쟁점 관리는 정책 쟁점이 미디어 의제로 전환된 후부터 진행된다고 하였으므로 옳지 않은 설명이다.
② 두 번째 단락에서 어떤 쟁점에 대한 지식수준이 높지만 관여도가 높지 않은 공중은 인지 공중이라고 하였으므로 옳지 않은 설명이다.
④ 두 번째 단락에서 비활동 공중은 환기 공중으로, 환기 공중은 활동 공중으로 변할 수 있다고 하였으므로 옳지 않은 설명이다.
⑤ 세 번째 단락에서 쟁점에 대한 미디어 노출 증가와 다른 사람과의 토론을 통해 활동 공중으로 변할 수 있는 것은 환기 공중이라고 하였으므로 옳지 않은 설명이다.

정답

p.204

01	⑤	논지·견해 분석	07	②	세부 내용 파악	13	⑤	자료계산	19	⑤	자료이해	25	①	규칙 적용
02	⑤	세부 내용 파악	08	②	문맥 추론	14	⑤	자료계산	20	①	자료이해	26	⑤	규칙 적용
03	④	세부 내용 파악	09	⑤	논지·견해 분석	15	⑤	자료이해	21	①	논리퍼즐	27	①	법·규정의 적용
04	③	세부 내용 파악	10	⑤	문맥 추론	16	④	자료이해	22	④	논리퍼즐	28	③	법·규정의 적용
05	①	논지·견해 분석	11	②	자료이해	17	③	자료이해	23	②	논리퍼즐	29	③	법·규정의 적용
06	③	문맥 추론	12	②	자료이해	18	①	자료변환	24	②	규칙 적용	30	⑤	세부 정보 파악

취약 유형 분석표

유형별로 맞힌 개수, 틀린 문제 번호와 풀지 못한 문제 번호를 적고 나서 취약한 유형이 무엇인지 파악해 보세요. 그 후 취약한 유형은 유형 특징, 풀이 전략, 유형공략 문제들을 복습하고 틀린 문제와 풀지 못한 문제를 다시 한번 풀어보세요.

영역	유형	맞힌 개수	정답률	틀린 문제 번호	풀지 못한 문제 번호
의사소통능력	세부 내용 파악	/4	%		
	문맥 추론	/3	%		
	논지·견해 분석	/3	%		
수리능력	자료이해	/7	%		
	자료계산	/2	%		
	자료변환	/1	%		
문제해결능력	세부 정보 파악	/1	%		
	법·규정의 적용	/3	%		
	규칙 적용	/3	%		
	논리퍼즐	/3	%		
TOTAL		/30	%		

해설

해커스 PSAT 기출로 끝내는 금융 NCS 330제

01 논지·견해 분석
정답 ⑤

실력 UP 문제 분석

출제 포인트

제시된 글의 중심 내용을 파악하기

주제

언어 사용의 자동화

기출 포인트

글의 중심 내용은 지문에서 필자가 말하고자 하는 핵심 내용이다. 이 문제의 경우 각 단락에 제시된 내용을 모두 읽고 중심 내용을 찾아야 하므로 글 전체의 흐름을 통해 중심 내용을 파악한다.

정답 체크

첫 번째 단락과 두 번째 단락에서 일상적으로 몸에 익히게 된 행위의 대부분이 이미 정해진 방향으로 연결되어 있다고 하며 뇌의 언어 중추에 심한 손상을 입은 의사가 의식적 조작 없이 욕설을 완벽하게 퍼부어 댄 사례를 소개하고 있다. 세 번째 단락에서는 사람의 사유 행위도 마찬가지여서 일상적으로 새로운 아이디어를 얻는 '영감'도 의식적으로 발생하는 것이 아니라 자동화된 프로그램에 의해 나타난다는 견해를 제시하고 있다. 따라서 '일상적인 인간 행위는 대부분 의식하지 않고도 자동적으로 이루어진다.'가 중심 내용으로 가장 적절하다.

오답 체크

① 인간의 사고 능력이 언어 능력이라는 것은 제시된 글과 무관하므로 중심 내용으로 적절하지 않다.
② 두 번째 단락에서 왼쪽 뇌의 언어 중추에 심한 손상을 입은 의사가 욕설을 완벽하게 퍼부어 댔다고 했으나 이는 인간의 언어 사용 행위가 의식하지 않고 자동적으로 이루어진 사례일 뿐이므로 중심 내용으로 적절하지 않다.
③ 제시된 글에서 인간의 우뇌에 저장된 정보와 좌뇌에 저장된 정보가 독립적인지는 알 수 없으므로 중심 내용으로 적절하지 않다.
④ 두 번째 단락에서 여러 차례 반복된 욕설은 더 이상 의식적인 언어 조작을 필요로 하지 않게 되었다고 했고, 제시된 글은 일상적인 행위 대부분이 의식적이지 않다는 내용을 제시하고 있으므로 중심 내용으로 적절하지 않다.

02 세부 내용 파악
정답 ⑤

정답 체크

세 번째 단락에서 구글의 지식 통합 작업이 더 나아가면 지식을 수집하는 것뿐만 아니라 수집한 지식을 선별하고 배치하는 편집 권한까지 포함하게 된다고 하였으므로 구글의 지식 통합 작업이 지식의 수집부터 편집권까지 포함하는 것으로 확대될 수 있음을 알 수 있다.

오답 체크

① 두 번째 단락에서 2008년에 구글과 출판업계 간 합의안이 도출되었으나 연방법원에서 이를 받아들이지 않고 저작권자의 소송 참여를 요구하였다고 하였으므로 적절하지 않은 내용이다.
② 세 번째 단락에서 사회계약의 전제조건은 양쪽이 가진 지식의 정도가 비슷해야 하는데 지식 통합 작업으로 인한 정보의 독점은 지식의 비대칭성을 강화한다고 하였으므로 적절하지 않은 내용이다.

③ 세 번째 단락에서 구글이 지식 통합 작업을 통해 정보를 수집, 편집하는 권한을 가지게 되면 사람들이 알아도 될 것과 그렇지 않은 것을 정하는 강력한 권력까지 얻게 된다고 하였으므로 적절하지 않은 내용이다.
④ 첫 번째 단락에서 구글의 디지털도서관은 1,500만 권의 도서를 스캔했고 셰익스피어 저작집과 같이 저작권 보호 기간이 지난 책들에 한해 무료 서비스를 제공한다고 하였으므로 적절하지 않은 내용이다.

03 세부 내용 파악
정답 ④

정답 체크

두 번째 단락에서 이성의 명령에 따를 때에야 비로소 의무에서 비롯한 행위를 한 것이라고 하였고, 이성의 명령에 따른 것이 아닌 심리적 성향에서 비롯한 행위도 결과적으로는 의무와 부합할 수 있다고 하였으므로 이성의 명령에 따른 행위가 심리적 성향에 따른 행위와 일치하는 경우가 없는 것은 아님을 알 수 있다.

오답 체크

① 첫 번째 단락에서 본능적 욕구에 따라 행동하는 동물의 행동은 선악을 평가할 수 없다고 하였으므로 적절한 내용이다.
② 세 번째 단락에서 감정이나 욕구는 주관적이어서 사람마다 다르고 같은 사람이라도 상황에 따라 변할 수 있어서 보편적인 도덕의 원리가 될 수 없다고 하였으므로 적절한 내용이다.
③ 두 번째 단락에서 심리적 성향은 감정이나 욕구에 의한 행위이므로 도덕적 행위일 수 없다고 하였으므로 적절한 내용이다.
⑤ 두 번째 단락에서 인간의 행위는 이성의 명령 하에 의무적으로 행동하는 도덕적인 행위와 감정과 욕구와 같은 심리적 성향에 따른 행위가 있다고 하였으므로 적절한 내용이다.

04 세부 내용 파악
정답 ③

실력 UP 문제 분석

출제 포인트

각 문단의 내용을 고려하여 글의 흐름을 파악한 후, 올바른 순서로 문단을 배열한 선택지 찾기

주제

회전문의 구조와 기능

기출 포인트

출제 비중이 높지는 않지만, 의사소통능력 문제로 꾸준히 출제되는 문제이다. 제시된 지문의 흐름을 파악해 문단 배열을 하는 문제의 경우 첫 문단으로 가장 포괄적인 내용 또는 글 전체의 화제를 제시하는 문단이 배치될 가능성이 높으므로 이를 먼저 찾고, 이후에 이어질 문단을 찾아야 한다.

정답 체크

이 글은 문의 존재의 의의와 닫힌 구조의 대표적인 사례인 회전문의 구조에 대해 설명하는 글이다.
따라서 '(나) 문의 존재 의의와 닫힌 구조의 대표적인 사례: 회전문 → (가) 회전문의 닫힌 구조에 대한 설명 → (라) 회전문의 구조 및 운동 메커니즘에 맞춰 이용해야 하는 회전문 → (다) 닫힌 구조로 이루어진 회전문에 대한 평가' 순으로 배열해야 한다.

05 논지·견해 분석

정답 체크
ㄱ. '나'의 견해는 인간과 동물이 심리적으로 유사하다는 사실을 인정하면서도 인간과 동물이 생리적으로 다르다는 이유로 동물실험을 하는 것은 중대한 모순이라는 것이다. 첫 번째 단락에서 동물이 자극에 반응하고 행동하는 양상이 인간과 유사하다는 것을 전제하는 동물실험에 대해 인간과 동물이 다르기 때문에 동물을 실험에 이용해도 된다고 주장하는 모순이 발생하고 있다고 했으므로 '나'의 견해와 부합한다.

오답 체크
ㄴ. 두 번째 단락에서 심리 연구를 위해 아기 원숭이를 장기간 어미 원숭이와 떼어놓아 정서적으로 고립시킨 실험은 원숭이가 인간과 유사하게 고통과 우울을 느끼는 존재라는 사실을 가정하고 있다고 했으므로 인간과 동물 간 심리적 유사성이 불확실하기 때문에 동물실험이 모순적 상황에 있는 것이 아님을 알 수 있다. 따라서 '나'의 견해와 부합하지 않는다.

ㄷ. 두 번째 단락에서 심리 연구를 위해 아기 원숭이를 장기간 어미 원숭이와 떼어놓아 정서적으로 고립시킨 실험은 원숭이가 인간과 유사하게 고통과 우울을 느끼는 존재라는 사실을 가정하면서도 사람에게는 차마 하지 못할 잔인한 행동을 동물에게 하고 있는 것이라고 했으므로 인간의 우울증 연구를 위해 아기 원숭이를 정서적으로 고립시키는 실험이 윤리적으로 정당화된다는 것은 '나'의 견해와 부합하지 않는다.

06 문맥 추론

실력 UP 문제 분석

출제 포인트
각 문단의 내용을 고려하여 글의 흐름을 파악한 후, 올바른 순서로 문단을 배열한 선택지 찾기

주제
대도시 출신과 마키아벨리아니즘 성향이 비례한다는 견해에 대한 반론

문단별 중심 내용

1문단	마키아벨리아니즘을 갖는 학생 중 대도시 출신의 비중이 높다는 조사 결과
2문단	낯선 사람과의 상호작용 과정에서 타인의 협조 성향을 이용하기 위해 필요한 틈새

정답 체크
빈칸 앞에서는 타인의 협조 성향을 이용하여 자신은 도움을 받으면서 타인에게는 도움을 주지 않는 사람이 존재하기 위해서는 일정한 틈새가 존재해야 한다는 내용을 말하고 있고, 빈칸 뒤에서는 기생 식물이 양분을 얻기 위해 건강한 나무가 필요하듯, 낯선 사람과의 상호작용 과정에서 모든 사람이 사기꾼이라면 사기 칠 가능성 또한 없어진다는 내용을 말하고 있다.

따라서 많은 사람들이 진정으로 협조하기 때문이라는 내용이 들어가야 한다.

07 세부 내용 파악

정답 체크
첫 번째 단락에서 주식회사가 생기기 이전에는 노동자가 생산수단들을 소유할 수 없었으나 이제는 생산수단 대부분이 잘게 쪼개져 누구나 그 일부를 구입할 수 있게 되었다고 하였으므로 주주 자본주의에서는 과거에 생산수단을 소유할 수 없었던 이들이 생산수단을 부분적으로 소유할 수 있음을 알 수 있다.

오답 체크
① 첫 번째 단락에서 주주 자본주의는 주주의 이윤 극대화를 회사 경영의 목표로 한다고 하였으므로 적절하지 않은 내용이다.

③ 두 번째 단락에서 이해관계자 자본주의는 기업이 주주의 이익뿐만 아니라 노동자, 소비자, 지역사회 등 기업과 관련된 이해관계자를 고려해야 함을 주장한다고 하였지만, 지역사회의 일반 주민까지 전반적인 기업 경영에 있어 주도적인 역할을 하게 되는지는 알 수 없으므로 적절하지 않은 내용이다.

④ 첫 번째 단락에서 주주 자본주의에서 기업 경영의 목표는 주주의 이윤 극대화라고 하였으며, 세 번째 단락에서 주주 자본주의와 이해관계자 자본주의가 혼합된 오늘날의 기업은 주주의 이익을 최우선적으로 고려하는 동시에 사회적 활동을 위해서도 노력한다고 하였으므로 적절하지 않은 내용이다.

⑤ 세 번째 단락에서 주주 자본주의와 이해관계자 자본주의가 혼합된 오늘날의 기업은 지역과 환경에 투자하는 등 사회적 활동을 위해 노력하기도 하지만, 주주의 이익을 최우선적으로 고려한다고 하였으므로 적절하지 않은 내용이다.

08 문맥 추론

정답 체크
(가) 두 번째 단락에서 파스칼은 산꼭대기에서 기압계의 수은주가 산기슭에서보다 3인치 이상 짧아진다는 페리에의 실험 결과에 대해 자연이 산꼭대기에서보다 산기슭에서 진공을 더 싫어한다고 주장할 수 없다고 말했으므로 (가)에 들어갈 말은 '진공에 대한 자연의 혐오 강도는 고도에 구애받지 않는다'는 ㄱ이 적절하다.

(나) 첫 번째 단락에서 가설은 그대로 유지하면서 보조가설만을 적절히 변경하여 가설이 심각하게 불리한 실험 결과에 직면했을 때조차도 원리상으로는 가설을 유지시킬 수 있다고 했으므로 (나)에는 페리에의 실험 결과와 일치하는 보조가설을 끌어들여야 한다. 따라서 (나)에 들어갈 말은 '진공에 대한 자연의 혐오가 고도의 증가에 따라 감소한다'는 ㄷ이 적절하다.

86 온/오프라인 취업강의·무료 취업자료 ejob.Hackers.com

09 논지·견해 분석

정답 ⑤

실력 UP 문제 분석

출제 포인트

제시된 지문의 필자가 주장하는 내용을 찾아 글의 핵심 논지를 파악하기

주제

잠재력 발휘를 돕기 위한 태도

핵심 내용 정리

주장	잠재력을 발휘하기 위해 기다리지 못함과 아무것도 안 함을 삼가야 한다.
근거 1	목적성이 있는 적극적 행동주의는 성장의 자연스러운 과정을 존중하지 않아 효과가 자연스럽게 나타날 가능성을 방해하고 막기 때문이다.
근거 2	가만히 지켜보는 것은 성장에 아무런 도움을 주지 못하기 때문이다.
결론	잠재력이 발휘되기 위해 자연스러운 성향이 발휘되도록 기다리면서, 동시에 전력을 다할 수 있도록 도와야 한다.

정답 체크

이 글은 잠재력을 발휘하도록 만들기 위해서는 자연스러운 성장의 과정을 존중하지 않는 적극적인 행동주의와 가장자리에 서서 지켜보기만 하고 아무런 행동도 취하지 않는 자세, 즉 의도적 개입과 방관적 태도를 삼가야 한다고 하였으므로 이 글의 주제로 가장 적절한 것은 ⑤이다.

오답 체크

① 자연의 한계를 극복하려는 인위적 노력은 시작된 과정을 거스르는 일로 효과가 자연스럽게 나타날 가능성을 방해하고 막는 일이라고 하였으므로 적절하지 않은 내용이다.

② 수확량을 극대화하기 위하여 싹 밑의 잡초를 뽑고 김을 매주는 일, 경작이 용이한 땅을 조성하는 일 등 성장을 지원하는 노력이 필요하다고 하였으므로 적절하지 않은 내용이다.

③ 특정 일을 진행할 때 가장 중요한 것은 명확한 목적성을 설정하는 것이라는 내용에 대해서는 다루고 있지 않으므로 적절하지 않은 내용이다.

④ 자연의 순조로운 운행을 방해하는 인간의 개입은 이미 시작된 자연의 성장 과정을 거스르게 되어 오히려 효과를 놓치는 행동이라고 서술하고 있지만, 글 전체를 포괄할 수 없으므로 적절하지 않은 내용이다.

10 문맥 추론

정답 ⑤

정답 체크

세 번째 단락에서 미분화된 표피세포가 그 안쪽의 피층세포층에 있는 두 개의 피층세포와 접촉하는 경우엔 뿌리털세포로 분화되어 발달하지만, 한 개의 피층세포와 접촉하는 경우엔 분화된 표피세포로 발달하고, 미분화된 표피세포가 서로 다른 형태의 세포로 분화되기 위해서는 유전자 A의 발현에 차이가 있어야 함을 알 수 있다. 따라서 ㉠을 설명하는 가설로 가장 적절한 것은 ⑤이다.

오답 체크

① 세 번째 단락에서 미분화된 표피세포에서 유전자 A가 발현되지 않으면 그 세포는 뿌리털세포로 분화되며 유전자 A가 발현되면 분화된 표피세포로 분화된다고 했으므로 적절하지 않다.

② 세 번째 단락에서 미분화된 표피세포가 그 안쪽의 피층세포층에 있는 두 개의 피층세포와 접촉하는 경우엔 뿌리털세포로 분화되고, 한 개의 피층세포와 접촉하는 경우엔 분화된 표피세포로 분화된다고 했으므로 뿌리털세포와 분화된 표피세포는 동일한 세포임을 알 수 있음에 따라 적절하지 않다.

③ 첫 번째 단락에서 한 개체를 구성하는 모든 세포는 동일한 유전자를 가지고 있으나 발생 과정에서 발현되는 유전자의 차이 때문에 다른 형태의 세포로 분화된다고 했으므로 적절하지 않다.

④ 세 번째 단락에서 미분화된 표피세포가 그 안쪽의 피층세포층에 있는 두 개의 피층세포와 접촉하는 경우엔 뿌리털세포, 한 개의 피층세포와 접촉하는 경우엔 분화된 표피세포로 분화된다고 했으므로 미분화된 표피세포가 뿌리털세포 또는 분화된 표피세포로 분화가 되는 것은 몇 개의 피층세포와 접촉하는지에 의해 결정되는 것임을 알 수 있음에 따라 적절하지 않다.

11 자료이해

정답 ②

정답 체크

ㄱ. 산불 발생건당 피해면적은 J지역이 약 5.4만 m²/건으로 가장 크므로 옳은 설명이다.

ㄷ. 산불 발생건당 피해액은 D지역이 약 29,000 / 277 ≒ 104.7백만 원/건으로 가장 크고, B지역이 약 3,800 / 570 ≒ 6.7백만 원/건으로 가장 작으므로 옳은 설명이다.

오답 체크

ㄴ. 산불 발생건당 피해재적은 B지역이 약 92 / 570 ≒ 0.16천 m³/건, J지역이 약 101 / 165 ≒ 0.61천 m³/건으로 J지역이 가장 크고, E지역이 약 10 / 197 ≒ 0.05천 m³/건, G지역이 약 7 / 492 ≒ 0.01천 m³/건으로 G지역이 가장 작으므로 옳지 않은 설명이다.

ㄹ. 산불 피해면적 = 산불 발생건당 피해면적 × 산불 발생건수임을 적용하여 구한다. 산불 피해면적은 H지역이 약 0.7 × 623 ≒ 436.1만 m², A지역이 약 4 × 516 ≒ 2,064만 m²로 A지역이 가장 크고, E지역이 약 0.3 × 197 ≒ 59.1만 m²로 가장 작으므로 옳지 않은 설명이다.

⏱ 빠른 문제 풀이 Tip

<그림 1>과 <그림 2>는 그래프의 세로축이 각각 산불 피해액, 산불 피해재적이고, <그림 3>은 그래프의 세로축이 산불 발생건당 피해면적임을 주의하여 풀이한다. '산불 발생건수 대비 산불 피해액'과 '산불 발생건당 산불 피해재적'이 크려면 가로축의 수치는 작고 세로축의 수치는 커야 하므로 그래프 왼쪽 상단에 위치한 항목의 수치를 확인한다.

[12~13]

12 자료이해 정답 ②

정답 체크
ㄴ. 2월의 '월평균 지상 10m 기온'이 영하인 도시는 A, C, D, E이고, '월평균 지표면 온도'가 영상인 도시는 B, C, E이다. 따라서 2월의 '월평균 지상 10m 기온'이 영하이면서 '월평균 지표면 온도'가 영상인 도시는 C와 E이므로 옳은 설명이다.

ㄷ. 1월의 '월평균 지표면 온도'가 A~E 도시 중 가장 낮은 D의 설계적설하중은 $0.8kN/m^2$이고, 5개 도시 평균 설계적설하중은 $(0.5+0.5+0.7+0.8+2.0) / 5 = 0.9kN/m^2$이므로 옳은 설명이다.

오답 체크
ㄱ. '월평균 지상 10m 기온'이 가장 높은 달은 A와 D가 7월이고, B, C, E가 8월인 반면, '월평균 지표면 온도'가 가장 높은 달은 모두 8월로, 가장 높은 달이 서로 다른 도시는 A와 D이므로 옳지 않은 설명이다.

ㄹ. 설계기본풍속이 두 번째로 큰 도시는 40m/s인 E이고, E는 8월의 '월평균 지상 10m 기온'이 A~E 도시 중 세 번째로 높으므로 옳지 않은 설명이다.

13 자료계산 정답 ⑤

정답 체크
제시된 <규칙>의 단계 2에서 '월평균 지상 10m 기온'이 영하인 달이 3개 이상인 도시는 A, D, E이고, 단계 3에서 설계기본풍속이 40m/s 이상인 도시는 B, E이다. <규칙>에 따라 도시별 설계적설하중을 수정하고 산출한 증가폭은 다음과 같다.

(단위: kN/m²)

구분	A	B	C	D	E
기존	0.5	0.5	0.7	0.8	2.0
단계 1	0.75	0.75	1.05	1.2	3.0
단계 2	1.05	0.75	1.05	1.68	4.2
단계 3	1.05	0.6	1.05	1.68	3.36
단계 4	1.05	1.0	1.05	1.68	3.36
증가폭	0.55	0.5	0.35	0.88	1.36

따라서 설계적설하중 증가폭이 두 번째로 큰 도시는 D, 가장 작은 도시는 C이다.

14 자료계산 정답 ⑤

정답 체크
정지시거=반응거리+제동거리임을 적용하여 구한다. 이때 반응거리=운행속력×반응시간, 제동거리=$\frac{(운행속력)^2}{2×마찰계수×g}$이고 운전자 A~E는 운행속력이 20m/초로 모두 같으며, g는 $10m/초^2$로 가정했으므로 제동거리 $=\frac{20^2}{2×마찰계수×10}=\frac{20}{마찰계수}$임을 알 수 있다. 이에 따라 운전자별 반응거리와 맑은 날과 비 오는 날의 정지시거를 구하면 다음과 같다.

구분 운전자	반응거리(m)	맑은 날 정지시거(m)	비 오는 날 정지시거(m)
A	40	$40+\frac{20}{0.4}=90$	$40+\frac{20}{0.1}=240$
B	$20×2.0=40$	$40+\frac{20}{0.4}=90$	$40+\frac{20}{0.2}=140$
C	$20×1.6=32$	$32+\frac{20}{0.8}=57$	$32+\frac{20}{0.4}=82$
D	$20×2.4=48$	$48+\frac{20}{0.4}=98$	$48+\frac{20}{0.2}=148$
E	$20×1.4=28$	$28+\frac{20}{0.4}=78$	$28+\frac{20}{0.2}=128$

따라서 맑은 날과 비 오는 날의 운전자별 정지시거를 바르게 연결한 것은 운전자가 E, 맑은 날 정지시거가 78m, 비 오는 날 정지시거가 128m이다.

15 자료이해 정답 ⑤

정답 체크
ㄱ. 도착 화물보다 출발 화물이 많은 지역은 출발 화물이 977개이고 도착 화물이 390개인 A, 출발 화물이 944개이고 도착 화물이 797개인 B, 출발 화물이 472개이고 도착 화물이 355개인 D로 총 3개이므로 옳은 설명이다.

ㄷ. 지역 내 이동 화물을 제외할 때, 출발 화물과 도착 화물의 합이 가장 작은 지역은 (366-30)+(381-30)=687개인 C이고, C지역의 출발 화물과 도착 화물의 차이는 381-366=15개로 가장 작으므로 옳은 설명이다.

ㄹ. 도착 화물이 가장 많은 지역은 1,465개인 G이고, G지역은 출발 화물 중 지역 내 이동 화물의 비중이 (359/1,294)×100 ≒ 27.7%로 가장 크므로 옳은 설명이다.

오답 체크
ㄴ. 지역 내 이동 화물이 가장 적은 지역은 30개인 C이나, 도착 화물이 가장 적은 지역은 355개인 D이므로 옳지 않은 설명이다.

16 자료이해 정답 ④

정답 체크
· 재정자립도가 E보다 높은 지역은 A, C, F이고, 이 중 C의 재정자립도가 65.7%로 가장 낮으며, A, C, E, F를 제외한 나머지 지역 중 B의 재정자립도가 58.5%로 가장 높다. 이에 따라 58.5 ≤ (가)<65.7이다.

- 시가화 면적 비율이 가장 낮은 지역은 주택노후화율이 가장 높은 지역이고, 주택노후화율이 가장 높은 지역은 I이므로 시가화 면적 비율이 가장 낮은 지역도 I이다. 이에 따라 (나)는 시가화 면적 비율이 두 번째로 낮은 지역인 E의 20.7%보다 낮아야 하므로 (나) < 20.7이다.
- 10만 명당 문화시설수가 가장 적은 지역인 B는 10만 명당 체육시설수가 네 번째로 많은 지역이므로, 10만 명당 체육시설수가 세 번째로 많은 지역이 I의 119.2개보다 적고, 다섯 번째로 많은 지역인 F의 114.0개보다 많다. 이에 따라 114.0 < (다) < 119.2임을 알 수 있다.
- 주택보급률이 도로포장률보다 낮은 지역은 B, C, D, F이므로 H의 주택보급률은 92.5%인 도로포장률보다 낮지 않다. 이에 따라 (라) ≥ 92.5임을 알 수 있다.

따라서 (가)는 65.2, (나)는 20.3, (다)는 117.1, (라)는 92.6이다.

17 자료이해

정답 ③

실력 UP 문제 분석

출제 포인트
비율

소재
공적개발원조액 및 국민총소득 대비 공적개발원조액 비율

기출 포인트
NH농협은행, 국민은행 등 대부분의 금융 NCS에서는 채권 수익률, 재무비율 등 비율 관련 소재의 자료가 출제된다. 비율 관련 공식을 숙지하고, 정확한 계산 없이 대소 비교가 가능하도록 다양한 문제를 풀이해야 한다. 또한, 대부분의 금융 NCS에서는 경제 관련 소재의 자료가 꾸준히 출제되고 있다.

정답 체크

ㄱ. 국민총소득 대비 공적개발원조액 비율이 UN 권고 비율보다 큰 국가는 룩셈부르크, 노르웨이, 스페인, 덴마크, 영국이다. 공적개발원조액 상위 15개 회원국에 없는 룩셈부르크를 제외한 국가들의 공적개발원조액 합이 4.3 + 2.7 + 2.5 + 19.4 = 28.9십억 달러, 즉 289억 달러로 250억 달러 이상이므로 옳은 설명이다.

ㄴ. 공적개발원조액 상위 5개국의 공적개발원조액 합은 33.0 + 24.1 + 19.4 + 12.0 + 11.7 = 100.2십억 달러이고 하위 14개 회원국의 공적개발원조액을 최대 2.5십억 달러로 가정하면, 29개 회원국의 공적개발원조액 합은 137.5 + (2.5 × 14) = 172.5십억 달러이다. 따라서 공적개발원조액 상위 5개국의 공적개발원조액 합은 개발원조위원회 29개 회원국 공적개발원조액 합의 50%인 172.5 / 2 ≒ 86.3십억 달러 이상이므로 옳은 설명이다.

오답 체크

ㄷ. 독일의 국민총소득은 24.1 / 0.61 ≒ 39.5십억 달러이고, 독일이 공적개발원조액만 30억 달러 증액하면 독일의 국민총소득 대비 공적개발원조액 비율은 (24.1 + 3.0) / 39.5 ≒ 0.69%로 UN 권고 비율인 0.70% 미만이므로 옳지 않은 설명이다.

18 자료변환

정답 ①

실력 UP 문제 분석

출제 포인트
제시된 보고서를 다양한 형태의 자료로 변환

소재
커피전문점 브랜드별 매출액과 점포수

기출 포인트
IBK기업은행, 국민은행 등의 금융 NCS에서는 제시된 자료를 다른 형태의 자료로 변환하는 문제가 꾸준히 출제되고 있다. 계산이 비교적 쉬운 선택지의 그래프부터 확인하여 오답을 소거하는 방법으로 문제를 풀이해야 한다.

정답 체크

전체 커피전문점의 전년 대비 매출액 증가폭 추이는 2014년이 2,307 - 1,586 = 721억 원, 2015년이 3,074 - 2,307 = 767억 원, 2016년이 4,583 - 3,074 = 1,509억 원, 2017년이 6,483 - 4,583 = 1,900억 원, 2018년이 7,428 - 6,483 = 945억 원으로 <표>를 이용하여 작성한 그래프로 옳으나, 전체 커피전문점의 전년 대비 점포수 증가폭 추이는 2014년이 544 - 269 = 275개, 2015년이 743 - 544 = 199개, 2016년이 983 - 743 = 240개, 2017년이 1,507 - 983 = 524개, 2018년이 2,168 - 1,507 = 661개이므로 <표>를 이용하여 작성한 그래프로 옳지 않다.

오답 체크

② 2018년 커피전문점 브랜드별 점포당 매출액은 A가 2,982 / 395 ≒ 7.55억 원, B가 1,675 / 735 ≒ 2.28억 원, C가 1,338 / 252 ≒ 5.31억 원, D가 625 / 314 ≒ 1.99억 원, E가 577 / 366 ≒ 1.58억 원, F가 231 / 106 ≒ 2.18억 원이므로 <표>를 이용하여 작성한 그래프로 옳다.

③ 2017년 매출액 기준 커피전문점 브랜드별 점유율은 A가 (2,400 / 6,483) × 100 ≒ 37.02%, B가 (1,010 / 6,483) × 100 ≒ 15.58%, C가 (1,267 / 6,483) × 100 ≒ 19.54%, D가 (540 / 6,483) × 100 ≒ 8.33%, E가 (1,082 / 6,483) × 100 ≒ 16.69%, F가 (184 / 6,483) × 100 ≒ 2.84% 이므로 <표>를 이용하여 작성한 그래프로 옳다.

④ 2017년 대비 2018년 커피전문점 브랜드별 매출액의 증가량은 A가 2,982 - 2,400 = 582억 원, B가 1,675 - 1,010 = 665억 원, C가 1,338 - 1,267 = 71억 원, D가 625 - 540 = 85억 원, E가 577 - 1,082 = -505억 원, F가 231 - 184 = 47억 원이므로 <표>를 이용하여 작성한 그래프로 옳다.

⑤ 전체 커피전문점의 연도별 점포당 매출액은 2013년이 1,586 / 269 ≒ 5.90억 원, 2014년이 2,307 / 544 ≒ 4.24억 원, 2015년이 3,074 / 743 ≒ 4.14억 원, 2016년이 4,583 / 983 ≒ 4.66억 원, 2017년이 6,483 / 1,507 ≒ 4.30억 원, 2018년이 7,428 / 2,168 ≒ 3.43억 원이므로 <표>를 이용하여 작성한 그래프로 옳다.

[19~20]
19 자료이해 정답 ⑤

정답 체크

ㄱ. 방위산업 국내 매출액은 2019년이 144,521 - 21,048 = 123,473억 원, 2020년이 153,867 - 17,624 = 136,243억 원이므로 방위산업의 국내 매출액은 2020년이 가장 크다. 또한 방위산업 총매출액 중 국외 매출액 비중 역시 2020년이 (17,624/153,867)×100 ≒ 11.5%로 가장 작으므로 옳은 설명이다.

ㄴ. 2018년 대비 2020년 방위산업 분야별 매출액 증가율은 '기타'를 제외하고 '탄약' 분야가 {(25,351 - 24,742)/24,742}×100 ≒ 2.5%로 가장 낮으므로 옳은 설명이다.

ㄹ. 2020년 '갑'국 방위산업 총매출액 중 대기업 국외 매출액, 중소기업 총매출액이 모두 '항공유도' 분야 매출액이라고 가정하여, '항공유도' 분야 대기업 국내 매출액의 최솟값을 구한다. 2020년 방위산업의 대기업 국외 매출액과 중소기업 총매출액은 16,612 + 17,669 = 34,281억 원이고 해당 매출액이 모두 '항공유도' 분야 매출액이라면 '항공유도' 분야 대기업 국내 매출액은 최소 49,024 - 34,281 = 14,743억 원이므로 옳은 설명이다.

오답 체크

ㄷ. 2020년 방위산업의 기업유형별 종사자당 국외 매출액은 대기업이 16,612/27,249 ≒ 0.6억 원, 중소기업이 1,012/5,855 ≒ 0.17억 원이고, 대기업이 중소기업의 0.6/0.17 ≒ 3.5배이므로 옳지 않은 설명이다.

> ⏱ **빠른 문제 풀이 Tip**
> ㄱ. 2018~2020년 '갑'국 방위산업의 국내외 매출액 중 2020년이 총매출액은 가장 크고, 국외 매출액은 가장 작으므로 국내 매출액은 2020년이 가장 크다. 따라서 방위산업 총매출액 중 국외 매출액 비중 역시 2020년이 가장 작음을 알 수 있다.

20 자료이해 정답 ①

정답 체크

· <보고서>의 두 번째 단락 첫 번째 문장에서 2018년 대비 2020년 방위산업 분야별 종사자 수는 '통신전자', '함정', '항공유도' 분야만 증가하고 나머지 분야는 감소하였다고 했으므로 A, C, D가 '통신전자' 또는 '함정' 또는 '항공유도'임을 알 수 있다.

· <보고서>의 두 번째 단락 두 번째 문장에서 매출액과 종사자 수 모두 매년 증가한 방위산업 분야는 '통신전자'뿐이라고 했으므로 매출액과 종사자 수가 매년 증가한 D가 '통신전자'임을 알 수 있다.

· <보고서>의 두 번째 단락 네 번째 문장에서 2018년 대비 2020년 '함정' 분야 종사자 수는 방위산업 분야 중 가장 많이 증가하였다고 했으므로 2018년 대비 2020년 종사자 수가 4,523 - 3,996 = 527명으로 가장 많이 증가한 C가 '함정'임을 알 수 있다.

따라서 '항공유도'에 해당하는 방위산업 분야는 A이다.

---

21 논리퍼즐 정답 ①

> **실력 UP 문제 분석**
>
> **출제 포인트**
> 순서를 파악해야 하는 조건추리
>
> **소재**
> 구역별 청소하는 요일
>
> **기출 포인트**
> NH농협은행, 국민은행, 하나은행 등 대부분의 금융 NCS에서는 특정 항목을 추리하는 조건추리 문제가 꾸준히 출제되고 있다. 제시된 조건을 표로 나타내어 풀이하는 방식으로 문제를 풀이할 수 있다.

정답 체크

제시된 조건에 따르면 매주 휴업일인 수요일을 제외한 요일에 청소를 하고 청소를 한 구역은 바로 다음 영업일에 청소하지 않는다. C구역 청소는 일요일에 하므로 토요일과 월요일에는 하지 않는다. 이때 C구역 청소는 일주일에 3회 하므로 남은 2회가 연달아 오지 않으려면 화요일에 청소를 하는 것을 알 수 있으며, 화요일에 청소를 하면 바로 다음 영업일인 목요일에는 청소를 하지 않으므로 금요일에 한다. 또한, B구역 청소는 일주일에 2회 하되, B구역 청소를 한 후 영업일과 휴업일을 가리지 않고 이틀간은 B구역 청소를 하지 않으므로 B구역 청소는 월요일과 목요일에 한다. 이에 따라 A구역 청소는 토요일에 함을 알 수 있다.

월	화	수	목	금	토	일
B	C	X	B	C	A	C

따라서 B구역 청소를 하는 요일은 월요일과 목요일이다.

22 논리퍼즐 정답 ④

정답 체크

다섯 번째 조건을 바탕으로 확정 정보를 정리하면 다음과 같다.

연락처 / 인물	A	B	C	D	E
A					
B					
C					
D					
E	X	O	X	X	1명

이후 세 번째 및 네 번째 조건을 바탕으로 내용을 정리하면 다음과 같다.

인물 \ 연락처	A	B	C	D	E	
A						
B						
C	O	X		X	X	1명
D						2명
E	X	O	X	X		1명

두 번째 조건에 따르면 B는 2명의 연락처를 갖고 있는데, 그 2명을 제외한 2명만 B의 연락처를 갖고 있다. 즉, C는 B의 연락처를 갖고 있지 않으므로 B는 C의 연락처를 갖고 있고, E는 B의 연락처를 갖고 있으므로 B는 E의 연락처를 갖고 있지 않다.

인물 \ 연락처	A	B	C	D	E	
A			O			
B			O		X	2명
C	O	X		X	X	1명
D						2명
E	X	O	X	X		1명
		2명				

첫 번째 조건에 따르면 A의 연락처를 갖고 있는 사람은 총 3명이다. E가 A의 연락처를 갖고 있지 않으므로 B, D는 A의 연락처를 갖고 있음을 알 수 있다.

인물 \ 연락처	A	B	C	D	E	
A			O			
B	O		O	X	X	2명
C	O	X		X	X	1명
D	O					2명
E	X	O	X	X		1명
	3명	2명				

그리고 A는 3명의 연락처를 갖고 있는데, 그중 2명만 A의 연락처를 갖고 있으며 A의 연락처를 갖고 있는 사람은 총 3명이다. 즉, A는 A의 연락처를 갖고 있지 않은 E의 연락처를 갖고 있고, 나머지 B, D 중 1명의 연락처를 갖고 있다. 그리고 다시 두 번째 조건을 생각하면 B가 연락처를 갖고 있는 2명을 제외한 2명만 B의 연락처를 갖고 있다. 즉, B는 A, C의 연락처를 갖고 있으므로, D, E가 B의 연락처를 갖고 있다. 따라서 A는 B의 연락처를 갖고 있지 않고 D의 연락처를 갖고 있다.

인물 \ 연락처	A	B	C	D	E	
A		X	O	O	O	3명
B	O		O	X	X	2명
C	O	X		X	X	1명
D	O	O			X	2명
E	X	O	X	X		1명
	3명	2명	2명	1명	1명	

따라서 D의 연락처를 갖고 있는 사람은 A뿐이다.

오답 체크

① A는 B의 연락처를 갖고 있지 않다.
② B는 D의 연락처를 갖고 있지 않다.
③ C의 연락처를 갖고 있는 사람은 3명이 아니라 2명이다.
⑤ E의 연락처를 갖고 있는 사람은 2명이 아니라 1명이다.

23 논리퍼즐 정답 ②

정답 체크

제시된 상황에 따르면 5명은 자신을 제외한 나머지 4명의 생일이 언제인지는 모르지만, 3월생이 2명, 6월생이 1명, 9월생이 2명이라는 사실은 알고 있다. 이때 지나는 자신의 생일이 5명 중에서 제일 빠를 수도 있다고 했으며, 혜명이는 지나보다 생일이 빠를 수도 있다고 했으므로 지나와 혜명이가 3월생임을 알 수 있다. 또한, 민경이는 정선이가 몇 월생인지 모른다고 했으므로 민경이는 9월생이고, 효인이는 민경이보다 생일이 빠를 수도 있지만 확실하지 않다고 했으므로 효인이도 9월생임을 알 수 있다.

따라서 6월생은 '정선'이다.

24 규칙 적용 정답 ②

실력 UP 문제 분석

출제 포인트
업체별 할인 전/후 가격 추론 및 비교

기출 포인트
IBK기업은행, 하나은행 등의 금융 NCS에서는 비용을 계산하는 문제가 출제된다. 업체별 견적서에 따라 각 업체의 가격을 비교하기 위해서는 정확한 계산이 필요하므로 각 업체에서 제시한 견적의 총액에 방정식을 대입하여 풀이해야 한다.

정답 체크

제시된 글과 <표>의 내용을 방정식으로 정리하면 다음과 같다.

- $A + C + E = 76$ ⋯⋯⋯⋯⋯ ⓐ
- $C + F = 58$ ⋯⋯⋯⋯⋯⋯ ⓑ
- $A + D + E = 100$ ⋯⋯⋯⋯⋯ ⓒ
- $D + F = 82$ ⋯⋯⋯⋯⋯⋯ ⓓ
- $\{(1 - 0.1) \times B\} + D + F = 127$ ⋯⋯ ⓔ

ㄴ. ⓓ를 ⓔ에 대입하여 정리하면 B=50만 원이다. 따라서 B업체의 할인 전 가격은 50만 원이다.

오답 체크

ㄱ. A업체 가격이 26만 원이라면, ⓐ에 따라 C+E=50만 원이고, 이를 ⓑ에 대입하여 정리하면 F-E=8만 원이다. 따라서 E업체 가격이 F업체 가격보다 8만 원 싸다.

ㄷ. C업체 가격이 30만 원이라면, ⓐ에 따라 A+E=46만 원이다. 이를 ⓒ에 대입하여 정리하면 D=54만 원이고, 이를 ⓓ에 대입하여 정리하면 F=28만 원이다. 따라서 C업체의 가격이 30만 원일 경우, B, C, D, F업체의 가격은 알 수 있으나 A와 E업체의 가격은 알 수 없다.

ㄹ. ⓐ에 ⓒ를 대입하여 정리하면 D-C=24만 원이므로 D업체 가격이 C업체 가격보다 24만 원 비싸다.

25 규칙 적용
정답 ①

정답 체크

제시된 <대화>에서 두더지 A~E가 맞은 횟수를 모두 더하면 12번이고, 두더지 A, 두더지 C, 두더지 D가 맞은 횟수를 모두 더하면 모든 두더지가 맞은 횟수의 3/4라는 조건에 따라 두더지 A, 두더지 C, 두더지 D가 맞은 횟수는 12×(3/4)=9번임을 알 수 있다. 또한 두더지 A는 맞은 두더지 중에 가장 적게 맞았고, 두더지 B와 두더지 C는 똑같은 횟수로 맞았으며 두더지 D는 한 번도 맞지 않은 두더지가 아니므로 한 번도 맞지 않은 두더지는 두더지 E이다. 이때 두더지 A~D가 맞은 총 횟수가 12번이고, 두더지 A, C, D가 맞은 횟수는 9번이므로 두더지 B가 맞은 횟수는 3번이며, 두더지 B와 같은 횟수로 맞은 두더지 C의 맞은 횟수도 3번이다. 두더지 A는 맞은 두더지 중에 가장 적게 맞았고 맞은 횟수는 짝수이므로 두더지 A가 맞은 횟수는 2번이며, 두더지 A, 두더지 C, 두더지 D가 맞은 횟수가 9번임에 따라 두더지 D가 맞은 횟수는 4번이다. 두더지 게임 결과 甲은 총 14점을 획득하였으며 총 5마리 중에서 1마리인 대장 두더지를 맞혔을 때 2점, 나머지 부하 두더지를 맞혔을 때는 1점을 획득하므로 두더지 A가 대장 두더지일 경우 획득한 점수가 (2×2)+3+3+4=14점이 된다.

따라서 대장 두더지는 A이다.

26 규칙 적용
정답 ⑤

실력 UP 문제 분석

출제 포인트
출장비 계산

기출 포인트
NH농협은행, IBK기업은행, 하나은행 등 대부분의 금융 NCS에서 비용을 계산하는 문제가 출제된다. 특히 IBK기업은행에서 출장비를 계산하는 문제가 출제된 적이 있으며, 제시된 조건을 빠짐없이 고려하여 풀이해야 한다.

정답 체크

제시된 <상황>에 따르면 A사무관은 3월에 세종시, 인천시, 서울시로 출장을 다녀왔다. 출장 1의 경우 세종시 출장에 해당하여 출장여비로 받을 수 있는 최대 금액은 출장수당 1만 원과 교통비 2만 원이지만 관용차량을 사용함에 따라 교통비의 1만 원이 차감되어 2만 원의 출장여비를 받을 수 있다.

출장 2의 경우 세종시 이외 출장에 해당하여 출장여비로 받을 수 있는 최대 금액은 출장수당 2만 원과 교통비 3만 원이지만 13시 이후 출장을 시작함에 따라 출장수당의 1만 원이 차감되어 4만 원의 출장여비를 받을 수 있다.

출장 3의 경우 세종시 이외 출장에 해당하여 출장여비로 받을 수 있는 최대 금액은 출장수당 2만 원과 교통비 3만 원이지만 업무추진비를 사용함에 따라 출장수당의 1만 원이 차감되어 4만 원의 출장여비를 받을 수 있다.

따라서 A사무관이 3월 출장여비로 받을 수 있는 총액은 2+4+4=10만 원이다.

27 법·규정의 적용
정답 ①

정답 체크

첫 번째 법조문 제1항을 반대 해석하면 새로운 법령등은 법령등에 특별한 규정이 있는 경우에는 그 법령등의 효력 발생 전에 종결된 법률관계에 대해 적용될 수 있다.

오답 체크

② 두 번째 법조문의 단서에 따르면 무효인 처분은 처음부터 그 효력이 발생하지 않음을 알 수 있다.

③ 세 번째 법조문 제1항에서 행정청은 위법 또는 부당한 처분의 전부나 일부를 소급하여 취소할 수 있다고 했으므로 부당한 처분의 일부뿐만 아니라 전부도 취소할 수 있다.

④ 첫 번째 법조문 제2항에서 당사자의 신청에 따른 처분은 법령등에 특별한 규정이 있거나 처분 당시의 법령등을 적용하기 곤란한 특별한 사정이 있는 경우를 제외하고는 처분 당시의 법령등에 따른다고 했으므로 당사자의 신청에 따른 처분이 처분 당시의 법령등을 적용하기 곤란한 특별한 사정이 있다면 처분 당시의 법령등에 따르지 않을 수 있다.

⑤ 세 번째 법조문 제2항의 제1호에 따르면 거짓이나 그 밖의 부정한 방법으로 처분을 받은 경우에는 취소로 인해 당사자가 입게 될 불이익과 취소로 달성되는 공익을 비교·형량할 필요가 없음을 알 수 있다.

28 법·규정의 적용
정답 ③

정답 체크

두 번째 법조문 제3항에서 ○○부 장관이나 시·도지사는 건축허가나 건축허가를 받은 건축물의 착공을 제한하려는 경우에는 주민의견을 청취한 후 건축위원회의 심의를 거쳐야 한다고 했으므로 B구청장이 아닌 ○○부 장관이나 A광역시장이 주민의견을 청취한 후 건축위원회의 심의를 거쳐 건축허가를 받은 乙의 건축물 착공을 제한할 수 있음을 알 수 있다.

오답 체크

① 첫 번째 법조문 제1항에서 건축물을 건축하거나 대수선하려는 자는 시장·군수·구청장의 허가를 받아야 한다고 했으므로 甲은 B구청장에게 건축허가를 받아야 함을 알 수 있다.

② 두 번째 법조문 제2항에서 시·도지사는 지역계획이나 도시·군계획에 특히 필요하다고 인정하면 시장·군수·구청장의 건축허가나 허가를 받은 건축물의 착공을 제한할 수 있다고 했으므로 A광역시장은 지역계획에 특히 필요하다고 인정하면 일정한 절차를 거쳐 甲의 건축물 착공을 제한할 수 있음을 알 수 있다.

④ 첫 번째 법조문 제2항 제1호에서 허가를 받은 날부터 2년 이내에 공사에 착수하지 아니한 경우 허가권자는 허가를 취소하여야 한다고 했고, 동조 제1항에서 연면적 합계 10만 제곱미터 이상인 건축물을 광역시에 건축하려면 광역시장의 허가를 받아야 한다고 했으므로 乙이 건축허가를 받은 날로부터 2년 이내에 정당한 사유 없이 공사에 착수하지 않은 경우, A광역시장은 건축허가를 취소하여야 함을 알 수 있다.

⑤ 두 번째 법조문 제4항에서 건축허가나 건축물의 착공을 제한하는 경우 제한기간은 2년 이내로 하며 1회에 한하여 1년 이내의 범위에서 제한기간을 연장할 수 있다고 했으므로 주무부장관이 문화재보존을 위하여 특히 필요하다고 인정하여 요청하는 경우, ○○부 장관은 건축허가를 받은 乙의 건축물에 대해 최대 3년간 착공을 제한할 수 있음을 알 수 있다.

29 법·규정의 적용
정답 ③

정답 체크
세 번째 법조문 제2항 제2호에 따르면 환경부장관은 허가 또는 변경허가를 받지 아니하고 사업장을 설치·운영하는 자에 대하여 해당 사업장의 폐쇄를 명할 수 있음을 알 수 있다.

오답 체크
① 첫 번째 법조문 제1항에 따르면 사업장 설치에 관하여 허가받은 사항을 변경하는 경우에도 환경부장관으로부터 허가를 받아야 한다. 따라서 甲은 허가받은 사항을 변경하는 때에도 별도의 허가를 받아야 함을 알 수 있다.

② 마지막 법조문 제1호에 따르면 허가 또는 변경허가를 받지 아니하고 사업장을 설치하거나 변경한 자는 7년 이하의 징역 또는 2억 원 이하의 벌금에 처한다. 따라서 乙이 허가받지 않고 사업장을 설치한 경우, 7년의 징역과 2억 원의 벌금에 모두 처하는 것이 아님을 알 수 있다.

④ 두 번째 법조문에 따르면 사업장의 설치로 인하여 지역배출허용총량의 범위를 초과하게 되면 이를 허가해서는 안 된다. 따라서 丁이 사업장 설치의 허가를 신청한 경우, 그 설치로 인해 지역배출허용총량의 범위를 초과한다면 환경부장관은 이를 허가할 수 없다.

⑤ 세 번째 법조문 제1항에 따르면 부정한 방법으로 허가를 받은 자에 대해서는 환경부장관이 그 허가를 취소할 수 있다. 따라서 戊가 사업장 설치의 허가를 부정한 방법으로 받은 경우라면 환경부장관은 그 허가를 취소할 수 있다.

30 세부 정보 파악
정답 ⑤

정답 체크
세 번째 단락에 따르면 다산이 무관의 반열에 서는 자를 뽑을 때는 도덕성을 첫째의 자질로 하고, 재주와 슬기를 다음 자질로 해야 함을 강조했으므로 옳은 내용이다.

오답 체크
① 첫 번째 단락에 따르면 좌우별감은 좌수의 아랫자리이므로 옳지 않은 내용이다.

② 두 번째 단락에 따르면 다산이 좌수를 선발하기 위해 제시한 방법은 좌수 후보자들에게 모두 종사랑의 품계를 주고, 그들의 공적을 매년 평가하여 감사 또는 어사로 하여금 식년에 각각 9명씩을 추천하게 하고 그중 3명을 뽑아 경관에 임명하는 것이므로 옳지 않은 내용이다.

③ 세 번째 단락에 따르면 다산은 아전 임명 시 쓸 만한 사람이 없다면 자리는 채우면서 정사는 맡기지 말아야 한다고 주장했으므로 옳지 않은 내용이다.

④ 두 번째 단락에 따르면 다산은 좌수 선발 시 좌수후보자들에게 모두 종사랑의 품계를 주고 매년 공적을 평가하자고 주장했으므로 옳지 않은 내용이다.

정답

p.222

01	④	세부 내용 파악	07	④	논지·견해 분석	13	⑤	자료변환	19	②	자료이해	25	③	규칙 적용
02	④	문맥 추론	08	②	세부 내용 파악	14	①	자료이해	20	④	자료변환	26	②	규칙 적용
03	③	세부 내용 파악	09	①	문맥 추론	15	③	자료계산	21	③	논리퍼즐	27	①	법·규정의 적용
04	③	논지·견해 분석	10	②	논지·견해 분석	16	③	자료이해	22	⑤	논리퍼즐	28	④	법·규정의 적용
05	④	세부 내용 파악	11	④	자료계산	17	②	자료이해	23	②	논리퍼즐	29	④	세부 정보 파악
06	⑤	문맥 추론	12	②	자료이해	18	①	자료이해	24	②	규칙 적용	30	①	세부 정보 파악

취약 유형 분석표

유형별로 맞힌 개수, 틀린 문제 번호와 풀지 못한 문제 번호를 적고 나서 취약한 유형이 무엇인지 파악해 보세요. 그 후 취약한 유형은 유형 특징, 풀이 전략, 유형공략 문제들을 복습하고 틀린 문제와 풀지 못한 문제를 다시 한번 풀어보세요.

영역	유형	맞힌 개수	정답률	틀린 문제 번호	풀지 못한 문제 번호
의사소통능력	세부 내용 파악	/4	%		
	문맥 추론	/3	%		
	논지·견해 분석	/3	%		
수리능력	자료이해	/6	%		
	자료계산	/2	%		
	자료변환	/2	%		
문제해결능력	세부 정보 파악	/2	%		
	법·규정의 적용	/2	%		
	규칙 적용	/3	%		
	논리퍼즐	/3	%		
TOTAL		/30	%		

해설

01 세부 내용 파악

정답 ④

실력 UP 문제 분석

출제 포인트

제시된 글에서 알 수 있는 것 고르기

주제

미란다 원칙의 의의

문단별 중심 내용

1문단	미란다 원칙의 내용과 유래
2문단	미란다 판결 전, 임의성의 원칙에 따라 증거로 채택되었던 피의자의 진술
3문단	절차의 적법성과 피의자의 권리 보호를 위해 도입된 미란다 원칙

정답 체크

두 번째 단락에서 미란다 판결이 있기 전까지는 고문과 같은 가혹 행위로 진술을 얻은 것이 아니고 전체적인 상황이 강압적이지 않은 상태에서 피의자가 임의적으로 진술했다면 자백이 증거로 채택되었다고 하였으므로 미란다 판결 전에는 수사 과정이 강압적인 요소가 있었더라도 피의자가 임의적으로 진술한 자백의 증거 능력이 인정될 수 있었음을 알 수 있다.

오답 체크

① 첫 번째 단락에서 묵비권, 불리한 진술 거부, 변호사 선임권을 고지하지 않은 상태에서 얻은 진술은 그에게 불리하게 사용될 수 없다고 판결했음을 서술하고 있지만, 미란다가 무죄 판정을 받았는지는 다루고 있지 않으므로 적절하지 않은 내용이다.

② 미란다 원칙은 피해자가 아닌 피의자의 권리와 관련된 것이므로 적절하지 않은 내용이다.

③ 두 번째 단락에서 미란다 판결 전에도 고문과 같은 가혹 행위로 받아낸 자백은 효력이 없었다고 서술하고 있지만, 미란다 판결을 통해 법원이 수사 기관의 법적 책임을 물었다는 내용은 다루고 있지 않으므로 적절하지 않은 내용이다.

⑤ 첫 번째 단락에서 묵비권, 불리한 진술 거부, 변호사 선임권을 고지하지 않은 상태에서 얻은 진술은 그에게 불리하게 사용될 수 없다고 판결했음을 서술하고 있지만, 피의자가 사전에 변호사 선임권이나 묵비권을 알고 있었다면 이를 경찰이 고지하지 않아도 피의자의 자백이 효력이 있다고 판단하였는지는 다루고 있지 않으므로 적절하지 않은 내용이다.

02 문맥 추론

정답 ④

실력 UP 문제 분석

출제 포인트

두 개의 빈칸에 들어갈 말 추론하기

주제

축산업의 변화에 따른 전염병 노출 가능성

문단별 중심 내용

1문단	밀집된 형태에서 대규모로 돼지를 사육하는 농장의 출현으로 높아진 사육 가축들의 병원균 전염 가능성
2문단	대량으로 생산되는 육류가공제품으로 인해 소비자들이 많은 수의 가축과 접촉하게 되면서 가축의 병원균에 노출될 가능성 높아짐
3문단	소비자들이 가축을 통해 전염병에 노출될 가능성을 높인 오늘날의 변화된 축산업

기출 포인트

빈칸에 들어갈 내용을 추론하는 문제의 경우 빈칸 앞, 뒤 문장에서 정답에 대한 단서를 찾아야 한다.

정답 체크

㉠ 빈칸 앞에서는 미국의 경우 돼지 농장의 수는 줄어든 반면 전체 돼지 사육 두수는 크게 증가했다는 내용을 말하고 있고, 빈칸 뒤에서는 밀집된 형태의 대규모 돼지 사육 농장이 출현하기 시작했다는 내용을 말하고 있다.

㉡ 빈칸 앞에서 오늘날 대규모 육류가공기업이 여러 지역에서 수집한 수많은 가축의 고기를 재료로 육류가공제품을 대량 생산함에 따라 개별 소비자는 적은 양의 육류가공제품을 소비해도 다수의 가축과 접촉한 결과를 가져온다는 내용을 말하고 있다.

따라서 ㉠과 ㉡에 들어갈 말을 가장 적절하게 나열한 것은 ④이다.

03 세부 내용 파악

정답 ③

실력 UP 문제 분석

출제 포인트

제시된 글에서 알 수 없는 것 고르기

주제

WTO 무역 협정 방식의 정의 및 특징

문단별 중심 내용

1문단	GATT 체제에서 관행으로 유지된 의사결정 방식인 총의 제도를 명문화한 WTO 설립협정
2문단	무역자유화 촉진 및 확산 방안으로 모색된 부속서 4 복수국간 무역협정 방식과 임계질량 복수국간 무역협정 방식
3문단	부속서 4 복수국간 무역협정 방식의 정의 및 특징
4문단	임계질량 복수국간 무역협정 방식의 정의 및 특징

기출 포인트

글에 제시된 정보로 추론 가능한 선택지인지 확인해야 한다. 선택지 ③ 내용인 WTO 회원국의 전자상거래협정 가입 여부가 동 협정의 법적 지위에 미치는 영향력은 제시된 글에서 확인할 수 없다.

정답 체크

세 번째 단락에서 전자상거래협정은 협정 당사국에만 전자상거래 개방 및 기술 이전을 허용하고, 부속서 4 복수국간 무역협정 방식 또한 협정상 혜택을 비당사국에 허용하지 않는다고 하였지만, WTO 회원국의 협정 가입 여부가 동 협정의 법적 지위에 미치는 영향력에 대한 내용은 다루고 있지 않으므로 WTO 회원국이 전자상거래협정에 가입하지 않는다면 동 협정의 법적 지위에 영향을 미칠 수 없는 것은 아님을 알 수 있다.

오답 체크

① 네 번째 단락에서 에서 '임계질량 복수국간 무역협정 방식'에 따르면 협정의 의무는 협정 당사국만 부담하지만, 모든 WTO 회원국이 채택된 협정의 혜택을 받는다고 하였으므로 적절한 내용이다.

② 첫 번째 단락에서 총의 제도를 명문화하고 있는 WTO 설립협정은 의사결정 회의에 참석한 회원국이 공식적으로 모두 반대하지 않는 한 검토를 위해 제출된 사항은 총의 제도에 의해 결정되었다고 규정하고 있으며, 총의 제도에 따르면 회원국이 의사결정 회의에 불참하는 경우 그 불참은 찬성으로 간주된다고 하였으므로 적절한 내용이다.

④ 세 번째 단락에서 '부속서 4 복수국간 무역협정 방식'은 WTO 체제 밖에서 복수국간 무역협정을 체결한 뒤 WTO 설립협정 부속서 4에 포함하여 WTO 체제로 편입하는 방식이라는 점에서 총의 제도를 유지할 경우 모든 회원국의 공식적인 찬성이 필요하여 자유무역을 확산하는 기능을 달성하기 어렵다는 것을 추론할 수 있으므로 적절한 내용이다.

⑤ 네 번째 단락에서 '임계질량 복수국간 무역협정 방식'의 대표 사례인 1997년 발효된 정보통신기술(ICT) 제품의 정보기술협정이 발효되기 위해 협정 당사국들의 협정 적용대상 품목의 무역량이 해당 품목의 전 세계 무역량에서 90% 이상을 차지해야 한다고 하였으므로 적절한 내용이다.

04 논지·견해 분석

정답 ③

실력 UP 문제 분석

출제 포인트
제시된 글의 핵심 내용 파악하기

주제
프랑스 사회 내에서 히잡 착용에 대한 견해

문단별 중심 내용

1문단	프랑스 내 교회와 국가의 분리에 따라 수업 시간에 히잡 착용 금지로 인해 퇴학당한 여중생
2문단	시대적 상황 및 지역적 특색에 따라 달라진 히잡 착용에 대한 의미
3문단	프랑스 사회에 정착한 무슬림 여성들의 히잡 착용으로 인한 프랑스 사회 내 논란

기출 포인트
글의 핵심 내용은 지문에서 필자가 말하고자 하는 내용이다. 이 문제의 경우 필자가 하고자 하는 말이 세 번째 단락에서 구체적으로 드러나므로 세 번째 단락에 주목하여 중심 내용을 파악한다.

정답 체크

세 번째 단락에서 프랑스 사회에 정착한 지 오랜 시간이 흐른 무슬림 여성들이 여전히 히잡을 착용하는 것은 프랑스인들에게 프랑스 공화국의 원칙에 적대적인 것으로 여겨지고 있다고 했으므로 '히잡 착용 행위는 프랑스 공화국의 원리와 충돌하는 의미로 인식된다.'가 글의 핵심 내용으로 적절하다.

오답 체크

① 두 번째 단락에서 알제리 여성이 히잡을 착용하지 않는 것은 프랑스 식민주의의 수용을 의미하는 반면, 히잡을 착용하는 것은 식민주의의 거부를 의미하게 되었음을 알 수 있으나 글 전체를 포괄할 수 없으므로 무슬림 여성들이 히잡을 저항과 정체성의 상징으로 본다는 것은 글의 핵심 내용으로 적절하지 않다.

② 두 번째 단락에서 히잡 착용에 대한 의미는 시대적 상황과 지역적 특색에 따라 변화해왔음을 알 수 있으나 글 전체를 포괄할 수 없으므로 글의 핵심 내용으로 적절하지 않다.

④ 제시된 글에서는 히잡을 착용하는 것과 프랑스 사회의 충돌만을 제시하고 있으므로 히잡 착용이 서구와 이슬람의 문화 충돌을 보여주는 대표적인 사례인지는 알 수 없다. 따라서 글의 핵심 내용으로 적절하지 않다.

⑤ 세 번째 단락에서 프랑스의 좌우파는 공화국의 원칙을 위협하는 '히잡 쓴 소수의 소녀들'에게 공화국의 단호함을 보여주려고 노력함을 알 수 있으나 프랑스 좌우파가 무슬림을 배척하고 있는지는 알 수 없다. 따라서 글의 핵심 내용으로 적절하지 않다.

05 세부 내용 파악

정답 ④

정답 체크

ㄴ. 진술 A인 '철수는 영희가 교통사고를 일으켰다고 믿는다.'에서 '영희가 초보운전자이고 철수가 이 사실을 알고 있다.'를 가정한다면 철수는 영희가 초보운전자임을 알고 있는 것이므로 진술 A로부터 '어떤 초보 운전자가 교통사고를 일으켰다고 믿는다.'가 도출된다.

ㄷ. 진술 B인 '교통사고를 일으켰다고 철수가 믿고 있는 사람은 영희다.'에서는 철수가 이 사실을 알고 있는지의 여부가 아니라 가리키는 대상이 동일한지의 여부가 중요하다. 따라서 '영희가 동철의 엄마이지만 철수는 이 사실을 모르고 있다.'를 가정하더라도 가리키는 대상은 동일하므로 '교통사고를 일으켰다고 철수가 믿고 있는 사람은 동철의 엄마다.'가 도출된다.

오답 체크

ㄱ. 진술 A인 '철수는 영희가 교통사고를 일으켰다고 믿는다.'에서 철수는 영희가 민호의 아내가 아니라는 것을 모를 수도 있으므로 '영희는 민호의 아내가 아니다.'를 가정한다 해도 진술 A에 의해 '철수는 민호의 아내가 교통사고를 일으켰다고 믿지 않는다.'가 반드시 도출되지는 않는다.

06 문맥 추론

정답 ⑤

정답 체크

빈칸의 앞 내용인 첫 번째 단락에서 노랑초파리와 세셸리아초파리가 Ir75a라는 동일한 유전자가 있음에도 노랑초파리만 후각수용체 단백질을 만드는 것으로 여겨져 오다가 세셸리아초파리도 프로피온산 냄새를 맡을 수 있다는 사실이 발견되었다고 했고, 빈칸의 뒤 내용인 두 번째 단락에서 세셸리아초파리의 Ir75a 유전자도 후각수용체 단백질을 만들지만 아세트산 냄새를 못 맡는다고 했으므로 빈칸에는 냄새와 관련한 노랑초파리와 세셸리아초파리의 공통점이 들어가야 한다.

따라서 빈칸에 들어갈 내용으로 '노랑초파리에서 프로피온산 냄새를 담당하는 후각수용체 단백질을 만드는 것이 Ir75a 유전자이기 때문이다.'가 가장 적절하다.

오답 체크

① 세셀리아초파리가 주로 먹는 노니의 열매에서 프로피온산 냄새가 나지 않는 것이 세셀리아초파리가 프로피온산 냄새를 맡을 수 있다는 사실을 발견하지 못했던 이유이므로 적절하지 않은 내용이다.

② 프로피온산 냄새를 담당하는 후각수용체 단백질은 노랑초파리와 세셀리아초파리 모두 lr75a 유전자와 상관이 있으므로 적절하지 않은 내용이다.

③ 노랑초파리에서 프로피온산 냄새를 담당하는 후각수용체 유전자가 위유전자인지는 제시된 글에서 알 수 없으므로 적절하지 않은 내용이다.

④ 빈칸의 뒤 내용인 두 번째 단락에서 세셀리아초파리의 lr75a 유전자도 후각수용체 단백질을 만든다고 했으므로 적절하지 않은 내용이다.

07 논지 · 견해 분석   정답 ④

실력 UP 문제 분석

주제

생존과 번식에 유리한 합리적 선택

문단별 중심 내용

1문단	배우자 후보 중 사냥 능력이 우수한 α와 위험 회피 능력이 우수한 β가 있을 때 개체가 선택하는 배우자와 두 능력의 중간치인 γ가 등장했을 경우 개체의 배우자 판단 기준은 변화하게 된다.
2문단	동물의 배우자 선택 시 새로운 배우자 후보 출현 시 기존의 판단 기준 유지 가설 또는 판단 기준에 변화가 발생한다는 가설 입증을 위해 실험을 진행하였다.
실험	X 개구리 암컷은 수컷이 울음소리가 일정할수록 선호하고, 울음소리 빈도가 높을수록 선호하는데, 상황 1에서는 수컷 두 마리의 울음소리만 들려주고 상황 2에서는 수컷 세 마리의 울음소리를 들려주고 암컷이 어디로 이동하는지 확인하였다.

정답 체크

ㄴ. 상황 1에서 울음소리 톤이 가장 일정하면서 울음소리 빈도가 가장 낮은 C와 울음소리 톤이 가장 일정하지 않으면서 울음소리 빈도가 C보다 높은 B의 울음소리를 들은 암컷이 B로 이동했다가 상황 2에서 울음소리 톤이 B보다 높으면서 울음소리 빈도가 가장 높은 A의 울음소리를 들은 암컷이 A로 이동했다면 ㉠은 강화되며, ㉡은 강화되지 않으므로 적절한 내용이다.

ㄷ. 상황 1에서 울음소리 톤이 B보다 높으면서 울음소리 빈도가 가장 높은 A와 울음소리 톤이 가장 일정하면서 울음소리 빈도가 가장 낮은 C의 울음소리를 들은 암컷이 C로 이동했다가 상황 2에서 A로 이동했다면 ㉠은 강화되지 않지만, ㉡은 강화되므로 적절한 내용이다.

오답 체크

ㄱ. 상황 1에서 울음소리 톤이 B보다 높으면서 울음소리 빈도가 가장 높은 A와 울음소리 톤이 가장 일정하지 않으면서 울음소리 빈도가 C보다 높은 B의 울음소리를 들은 암컷이 A로 이동했다가 상황 2에서 C로 이동했다면 ㉠이 강화되지만, ㉡은 강화되지 않으므로 적절하지 않은 내용이다.

08 세부 내용 파악   정답 ②

정답 체크

두 번째 단락에서 혈중 TSH나 T4, T3의 수치 중 어느 것이든 낮으면 갑상선기능저하증으로 진단한다고 하였으며, 갑상선에서 분비되는 시점에 갑상선호르몬의 93%는 T4, 나머지는 T3이고 이후 T4의 일부가 T3 또는 rT3으로 변환된다고 하였다. 그러나 갑상선기능저하증으로 진단하는 T3 양의 기준에 대해서는 알 수 없으므로 갑상선기능저하증 환자는 체내 T3 양이 전체 갑상선 호르몬의 7% 미만인 것은 아님을 알 수 있다.

오답 체크

① 두 번째 단락에서 TSH 수치 측정으로 갑상선의 호르몬 분비량 수준을 알 수 있다고 하였으므로 적절한 내용이다.

③ 세 번째 단락에서 유해한 화학물질의 유입이나 과도한 스트레스 때문에 T3 수치가 낮아져 갑상선기능저하증이 나타나는 경우 셀레늄 섭취를 늘림으로써 rT3의 수치를 낮춰 T3의 생산과 기능을 진작할 수 있다고 하였으므로 적절한 내용이다.

④ 두 번째 단락에서 T3의 작용을 방해하여 조직이나 세포 안에서 제 역할을 하지 못하게 하는 rT3이 많아지면 T3의 작용이 저하되기 때문에 TSH 수치가 정상이더라도 갑상선기능저하증의 증상이 나타날 수 있다고 하였으므로 적절한 내용이다.

⑤ 세 번째 단락에서 갑상선기능저하증 환자들이 복용하는 LT4는 체내에서 만들어지는 T4와 같은 작용을 하도록 투입되는 호르몬 공급제라고 하였으므로 적절한 내용이다.

09 문맥 추론   정답 ①

정답 체크

㉠의 앞에서 T4의 일부가 T3의 작용을 방해하는 rT3으로 변환되며, rT3이 많아지면 T3의 작용이 저하되어 TSH 수치가 정상일지라도 갑상선기능저하증의 증상이 나타날 수 있다는 내용을 말하고 있다.

따라서 갑상선의 호르몬 분비량 수준을 알려주는 TSH 수치 측정만으로는 rT3의 양이나 효과를 가늠할 수 없기 때문에 갑상선기능저하증을 놓치지 않고 찾아내기 어렵다는 내용이 들어가야 한다.

10 논지·견해 분석

정답 ②

실력 UP 문제 분석

주제

기술이라는 용어는 어떻게 정의될 수 있는가?

화자의 견해

갑	우리가 기술이라고 부를 수 있는 것은 모두 물질로 구현된다.
을	기술은 근대 과학혁명 이후에 등장한 과학이 개입한 것들로 한정하는 것이 합당하다.
병	과학이 개입한 것들만 기술로 간주하는 정의는 너무 협소하므로 더 넓게 적용할 수 있는 정의가 필요하다.

기출 포인트

특정 화제에 대해 다양한 견해가 제시되는 경우 각 견해의 중심 주장 및 그 근거를 파악하며 문제를 풀이해야 한다. 이때 화자 간의 견해 차이가 무엇인지 구분하며 읽어 나가면 빠른 문제 풀이에 도움이 된다.

정답 체크

ㄴ. 을은 '기술'이란 용어의 적용을 근대 과학혁명 이후에 나타난 과학이 개입한 것들로 국한하는 것이 합당하다고 하였고, 병은 근대 과학혁명 이후의 과학이 개입한 것들을 기술이라고 하는 것을 부인하지 않지만, 과학이 개입한 것들만을 기술로 여기는 정의는 협소하다고 한 점에서 을은 '모든 기술에는 과학이 개입해 있다.'라는 주장에 동의하지만, 병은 동의하지 않음을 알 수 있다.

오답 체크

ㄱ. 갑은 기술이라고 부를 수 있는 것은 모두 물질로 구현된다고 하였고, 을은 갑의 견해에 동의하지만, 그렇게 구현되는 것들을 모두 기술로 부를 수 없다고 하였으며 근대 과학혁명 이후에 등장한 과학이 개입한 것들로 한정해야 한다고 하였고, 병은 을의 견해에 동의하지만, 그 정의는 너무 협소하다고 한 점에서 갑보다 을, 병보다 을이 주장하는 '기술' 적용 범위가 더 좁다는 것을 추론할 수 있지만, 갑과 병의 '기술' 적용 범위를 비교할 수 없으므로 적절하지 않은 내용이다.

ㄷ. 갑은 물질을 소재 삼아 물질적인 결과물을 산출하는 것은 모두 기술이라고 부를 수 있다고 하였고, 병은 과학과 상관없이 수많은 시행착오를 거쳐 발전한 방법도 기술이라고 부를 수 있다고 한 점에서 갑과 병 모두 시행착오를 거쳐 발전해온 옷감 제작법을 기술로 인정한다는 것을 추론할 수 있으므로 적절하지 않은 내용이다.

11 자료계산

정답 ④

실력 UP 문제 분석

출제 포인트

비율 활용

소재

상담가 유형별 가족상담건수

기출 포인트

NH농협은행, 국민은행, KDB산업은행 등 대부분의 금융 NCS에서는 비율 계산이 필요한 문제가 출제된다. 비율 관련 이론 및 공식을 숙지하여 문제를 풀이해야 한다.

정답 체크

제시된 <표>에서 가족상담건수 총합은 180건이므로 제시된 <정보>를 통해 알 수 있는 내용을 정리하면 다음과 같다.

구분	2013년 상반기	2013년 하반기	총 상담건수
일반상담가	$120 \times 0.4 = 48$건	$120 \times 0.6 = 72$건	120건
전문상담가	-	-	60건
총 상담건수	$180 \times 0.3 = 54$건	$180 \times 0.7 = 126$건	180건

이를 통해 나머지 빈칸도 채우면 다음과 같다.

구분	2013년 상반기	2013년 하반기	총 상담건수
일반상담가	$120 \times 0.4 = 48$건	$120 \times 0.6 = 72$건	120건
전문상담가	$54 - 48 = 6$건	$126 - 72 = 54$건	60건
총 상담건수	$180 \times 0.3 = 54$건	$180 \times 0.7 = 126$건	180건

따라서 2013년 하반기 전문상담가에 의한 가족상담건수는 54건이다.

12 자료이해

정답 ②

실력 UP 문제 분석

출제 포인트

제시된 자료를 바탕으로 선택지의 옳고 그름 판단하기

소재

농림축수산물 종류별 수출입량

기출 포인트

NH농협은행, 국민은행, 하나은행 등 대부분의 금융 NCS에서는 각 은행과 관련된 소재의 문제가 출제된다. 미리 준비하는 은행과 관련된 자료를 숙지하는 것이 좋다.

정답 체크

ㄱ. <그림>에서 수출량은 X축 값이므로 2021년 수출량이 전년 대비 증가하려면 2021년 항목이 2020년보다 우측에 위치하여야 한다. 농산물, 축산물, 수산물은 모두 2021년이 2020년보다 우측에 위치하여 각각 전년 대비 증가하였으므로 옳은 설명이다.

ㄷ. <그림>에서 각 점과 원점을 지나는 직선을 그렸을 때, 수출량 대비 수입량 비율이 높을수록 기울기가 가팔라서 좌상방에 위치하게 된다. 2020년 항목 중 가장 좌상방에 위치한 것은 임산물이고, 2021년 항목 중 가장 좌상방에 위치한 것도 임산물이므로 옳은 설명이다.

오답 체크

ㄴ. 농림축수산물 총수입량은 2020년이 $400 + 400 + 150 + 100 = 1,050$천만 톤, 2021년이 $300 + 300 + 150 + 100 = 850$천만 톤으로 2021년에 전년 대비 감소하였으므로 옳지 않은 설명이다.

ㄹ. 2021년 수출량의 전년 대비 증가율은 농산물이 $\{(400 - 350) / 350\} \times 100 ≒ 14.3\%$, 임산물이 $\{(150 - 200) / 200\} \times 100 = -25.0\%$, 축산물이 $\{(250 - 150) / 150\} \times 100 = 66.7\%$, 수산물이 $\{(200 - 100) / 100\} \times 100 = 100.0\%$로 증가율이 가장 높은 것은 수산물이므로 옳지 않은 설명이다.

13 자료변환

정답 체크

ㄱ. 제시된 <보고서>에서 '갑'국의 주택 수는 2022년 1,813만 호에서 2023년 1,853만 호로 2.2% 증가하였고, 개인소유 주택 수는 2022년 1,569만 호에서 2023년 1,597만 호로 1.8% 증가하였다고 했으므로 추가로 필요한 자료임을 알 수 있다.

ㄴ. 제시된 <보고서>에서 가구 주택소유율은 2022년 56.3%에서 2023년 56.0%로 감소하였다고 했으므로 추가로 필요한 자료임을 알 수 있다.

ㄷ. 제시된 <보고서>에서 2023년 지역별 가구 주택소유율은 상위 3개 지역이 A(64.4%), B(63.0%), C(61.0%)로 나타났다고 했으므로 추가로 필요한 자료임을 알 수 있다.

14 자료이해

정답 ①

정답 체크

지방소멸위험지수는 E동이 1,272 / 2,300 ≒ 0.55, I동이 4,123 / 2,656 ≒ 1.55, K동이 3,625 / 7,596 ≒ 0.48이고, 지방소멸위험 수준이 '주의'인 동은 A동, B동, D동, E동, J동, L동으로 6곳이므로 옳지 않은 설명이다.

오답 체크

② '20~39세 여성 인구'는 B동이 0.88 × 3,365 ≒ 2,961명, G동이 3,421명으로 B동이 G동보다 적으므로 옳은 설명이다.

③ 지방소멸위험지수가 가장 높은 I동의 '65세 이상 인구'는 '총인구'의 (2,656 / 23,813) × 100 ≒ 11%이므로 옳은 설명이다.

④ '총인구'가 가장 많은 K동은 지방소멸위험지수가 3,625 / 7,596 ≒ 0.48로 가장 낮으므로 옳은 설명이다.

⑤ 지방소멸위험 수준이 '보통'인 C동, F동, G동, H동의 '총인구' 합은 29,204 + 16,792 + 19,163 + 27,146 = 92,305명이므로 옳은 설명이다.

15 자료계산

정답 ③

실력 UP 문제 분석

출제 포인트
비용 계산

소재
교통비 및 마일리지 혜택

기출 포인트
NH농협은행, IBK기업은행, 하나은행 등 대부분의 금융 NCS에서는 비용을 계산하는 문제가 출제된다. 제시된 조건을 빠짐없이 고려하여 문제를 풀이해야 한다.

정답 체크

월간 출근 교통비 = {출근 1회당 대중교통요금 - (기본 마일리지 + 추가 마일리지) × ($\frac{마일리지\ 적용거리}{800}$)} × 월간 출근 횟수임을 적용하여 직장인 '갑'~'병'의 월간 출근 교통비를 정리하면 다음과 같다.

· 갑: [3,200 - (450 + 200) × {(600 + 200) / 800}] × 15 = 38,250원

· 을: [2,300 - {350 × (800 / 800)}] × 22 = 42,900원

· 병: [1,800 - (250 + 100) × {(400 + 200) / 800}] × 22 = 33,825원

따라서 월간 출근 교통비를 많이 지출하는 직장인부터 순서대로 나열하면 '을', '갑', '병'이다.

16 자료이해

정답 ③

실력 UP 문제 분석

출제 포인트
비율

소재
지역별 투표소 수, 선거인 수, 투표자 수, 투표율

기출 포인트
NH농협은행, 국민은행 등 대부분의 금융 NCS에서는 실업률 등 비율 관련 소재의 자료가 출제된다. 비율 관련 공식을 숙지하고, 정확한 계산 없이 대소 비교가 가능하도록 다양한 문제를 풀이해야 한다.

정답 체크

ㄷ. 제20대 선거에서 '미주'의 선거인 수는 226,162 - (110,818 + 32,591 + 6,818 + 2,554) = 73,381명이고, 투표소당 선거인 수는 '미주'가 73,381 / 62 ≒ 1,184명 / 개소, '유럽'이 32,591 / 47 ≒ 693명 / 개소로 '미주'가 '유럽'보다 많으므로 옳은 설명이다.

ㄹ. 선거인 수 = ($\frac{투표자\ 수}{투표율}$) × 100임을 적용하여 구하면, 제19대 선거의 선거인 수는 '아주'가 (106,496 / 74.0) × 100 ≒ 143,914명, '미주'가 (68,213 / 71.7) × 100 ≒ 95,137명, '유럽'이 (36,170 / 84.9) × 100 ≒ 42,603명, '중동'이 (8,210 / 84.9) × 100 ≒ 9,670명, '아프리카'가 (2,892 / 85.4) × 100 ≒ 3,386명이고, 제20대 선거와의 선거인 수 차이는 '아주'가 143,914 - 110,818 ≒ 33,096명, '미주'가 95,137 - 73,381 ≒ 21,756명, '유럽'이 42,603 - 32,591 ≒ 10,012명, '중동'이 9,670 - 6,818 ≒ 2,852명, '아프리카'가 3,386 - 2,554 ≒ 832명으로 차이가 큰 지역부터 순서대로 나열하면 '아주', '미주', '유럽', '중동', '아프리카' 순이므로 옳은 설명이다.

오답 체크

ㄱ. 제20대 선거에서 '아주'의 투표소 수는 219 - (62 + 47 + 21 + 21) = 68개소로 '중동' 투표소 수의 68 / 21 ≒ 3.2배이므로 옳지 않은 설명이다.

ㄴ. 제20대 선거에서 '유럽'의 투표율은 (25,629 / 32,591) × 100 ≒ 78.6%이고 투표율이 가장 높은 지역은 '중동', 가장 낮은 지역은 '미주'로 '중동'과 '미주'의 제20대 선거 투표율 차이는 83.0 - 68.7 = 14.3%p이므로 옳지 않은 설명이다.

정답 체크

ㄱ. 전체 급속충전기 수 대비 '다중이용시설' 급속충전기 수의 비율은 2019년이 (2,606 / 5,390) × 100 ≒ 48.3%, 2020년이 (5,438 / 9,988) × 100 ≒ 54.4%, 2021년이 (8,858 / 15,003) × 100 ≒ 59.0%로 매년 증가했으므로 옳은 설명이다.

ㄷ. '주유소'의 2021년 급속충전기 수는 8,858 − (2,701 + 2,099 + 1,646 + 604 + 227 + 378 + 152) = 1,051대이다. '기타'를 제외하고, 2019년 대비 2021년 급속충전기 수의 증가율은 '주유소'가 {(1,051 − 125) / 125} × 100 = 740.8%로 가장 크므로 옳은 설명이다.

오답 체크

ㄴ. 2019~2021년 '공공시설' 급속충전기 수는 2019년이 1,595대, 2020년이 4,550 − (898 + 303 + 102 + 499) = 2,748대, 2021년이 6,145 − (1,275 + 375 + 221 + 522) = 3,752대이다. 2021년 '주차전용시설'과 '쇼핑몰' 급속충전기 수의 합은 1,275 + 2,701 = 3,976대로, 2021년 '공공시설' 급속충전기 수보다 많으므로 옳지 않은 설명이다.

ㄹ. 2019~2021년 '휴게소'의 급속충전기 수는 2019년이 2,606 − (807 + 125 + 757 + 272 + 79 + 64 + 27) = 475대, 2020년이 5,438 − (1,701 + 496 + 1,152 + 498 + 146 + 198 + 98) = 1,149대, 2021년이 2,099대로, '문화시설'의 급속충전기 수보다 매년 많은 것은 아니므로 옳지 않은 설명이다.

⏱ 빠른 문제 풀이 Tip

ㄷ. 증가율이 아닌 배수를 비교하면 빠르게 확인할 수 있다. 2019년 대비 2021년 '주유소'의 급속충전기 수는 8배 이상이지만, 나머지 장소의 2021년 급속충전기 수가 2019년의 8배 이상인 경우는 없으므로 '주유소'의 증가율이 가장 크다.

정답 체크

ㄱ. 주택규모가 이사 후 '대형'인 가구는 5 + 10 + 15 = 30가구이고, 이사 후 '중형'인 가구는 100 − 30 − 30 = 40가구이다. 따라서 주택규모가 이사 전 '소형'에서 이사 후 '중형'으로 달라진 가구는 40 − 30 − 10 = 0가구이므로 옳은 설명이다.

ㄴ. 전체 100가구 중 이사 전후 주택규모가 달라진 가구는 100 − 15 − 30 − 15 = 40가구로 전체 가구 수의 50% 이하이므로 옳은 설명이다.

오답 체크

ㄷ. 주택규모가 이사 전 '대형'에서 이사 후 '소형'으로 달라진 가구는 30 − 15 − 10 = 5가구이다. 주택규모가 '대형'인 가구 수는 이사 전후 모두 5 + 10 + 15 = 30가구로 동일하므로 옳지 않은 설명이다.

ㄹ. 이사 후 주택규모가 커진 가구 수는 0 + 5 + 10 = 15가구이고, 이사 후 주택규모가 작아진 가구 수는 10 + 5 + 10 = 25가구이므로 옳지 않은 설명이다.

정답 체크

ㄱ. '을'에 대한 직무평가 점수 중 평가자 E의 점수가 가장 높다면, 종합점수는 평가자 A~E에게 부여받은 점수 중 E에게 부여받은 최댓값과 최솟값 86점을 제외한 점수의 평균이고, 이때 '을'의 종합점수는 (90 + 89 + 88) / 3 = 89점으로 제시된 종합점수와 동일하므로 옳은 설명이다.

ㄹ. 직원별 종합점수 산출 시, '갑'이 C에게 부여받은 점수가 88점 이상이면 B에게 부여받은 87점이 최솟값이므로 종합점수는 89점이 될 수 없다. 이에 따라 '갑'은 C에게 부여받은 점수가 최솟값, E에게 부여받은 점수가 최댓값이므로 C와 E에게 받은 점수가 제외된다. '을'은 B와 E에게 받은 점수가 각각 최솟값, 최댓값이므로 제외되고, '정'은 A에게 부여받은 71점이 최솟값, E에게 부여받은 점수가 최댓값이므로 제외된다. '무'는 A에게 부여받은 71점이 최솟값, D에게 부여받은 85점이 최댓값이므로 제외된다. 이때 '병'은 종합점수가 제시되지 않아 종합점수 산출 시 제외된 평가자를 확인할 수 없다. 따라서 직원별 종합점수 산출 시, 부여한 직무평가 점수가 한 번도 제외되지 않은 평가자는 없으므로 옳은 설명이다.

오답 체크

ㄴ. 평가자 C의 '병'에 대한 직무평가 점수가 최대인 경우의 종합점수는 (78 + 76 + 74) / 3 = 76점으로 최대이고, 평가자 C의 직무평가 점수가 최소인 경우의 종합점수는 (76 + 74 + 68) / 3 ≒ 72.7점으로 최소이다. 따라서 '병'의 종합점수로 가능한 최댓값과 최솟값의 차이는 76 − 72.7 ≒ 3.3점이므로 옳지 않은 설명이다.

ㄷ. 평가자 C의 '갑'에 대한 직무평가 점수는 평가자 5명 중 가장 낮은 86점 이하로 '갑'의 종합점수보다 낮으므로 옳지 않은 설명이다.

정답 체크

ㄱ. <보고서>의 첫 번째 단락에 따라 2017년 '갑'국의 공연예술계 관객수는 4,105천 명, 전체 매출액은 87,150백만 원으로 전년 대비 {(87,150 − 40,372) / 40,372} × 100 ≒ 115.9% 성장했고, 2014년 이후 공연예술계 매출액과 관객수 모두 매년 증가했으므로 <보고서>의 내용과 부합한다.

ㄴ. <보고서>의 두 번째 단락에 따라 2017년 월간 개막편수가 전체 개막편수의 3월만이 (574 / 5,288) × 100 ≒ 10.9%로 10% 이상을 차지하고, 월간 공연횟수가 전체 공연횟수의 10% 이상을 차지하는 달은 (5,559 / 52,131) × 100 ≒ 10.7%인 8월뿐이므로 <보고서>의 내용과 부합한다.

ㄹ. <보고서>의 네 번째 단락에 따라 2017년 입장권 가격대별 관객수 구성비는 '3만 원 미만'이 57.0%로 절반 이상을 차지했고, '7만 원 이상'의 3.5배인 14.5 × 3.5 ≒ 50.8% 이상이므로 <보고서>의 내용과 부합한다.

오답 체크

ㄷ. <보고서>의 세 번째 단락에서 2017년 '뮤지컬' 장르가 전체 매출액의 60% 이상이고, 관객수 상위 3개 장르가 공연예술계 전체 관객수의 90% 이상을 차지함을 알 수 있다. 이때 '뮤지컬' 장르는 전체 매출액의 (56,014 / 87,150) × 100 ≒ 64.3%로 <보고서>의 내용과 부합하나, 관객수 상위 3개 장르인 '뮤지컬', '클래식', '연극'은 전체 관객수의 {(1,791 + 990 + 808) / 4,105} × 100 ≒ 87.4%이므로 <보고서>의 내용과 부합하지 않는다.

21 논리퍼즐

실력 UP 문제 분석

출제 포인트
순서를 파악해야 하는 조건추리

소재
전구 번호 및 켜짐 유무

기출 포인트
A, B, C가 방에 출입한 순서에 따라 전구의 상태가 달라지므로 가능한 경우를 표로 정리하여 확인한다. 이때 A, B, C의 순서로 가능한 경우의 수는 6가지이고, 선택지에 제시된 경우는 5가지이므로 문제 풀이 시간을 단축하기 위해 모든 경우를 확인하지 말고, 선택지에 제시된 경우만 대입하여 찾는다.

정답 체크

제시된 글에서 A, B, C가 전구를 끄는 규칙을 정리하면 다음과 같다.

- A: 3의 배수인 전구가 켜진 상태면 끄고, 꺼진 상태면 그대로 둔다.
- B: 2의 배수인 전구가 켜진 상태면 끄고, 꺼진 상태면 켠다.
- C: 3번 전구를 기준으로 왼쪽과 오른쪽 중 켜진 전구의 개수가 많은 쪽을 전부 끄고, 켜진 전구의 개수가 같다면 켜진 전구를 모두 끈다.

이에 따라 전구가 켜진 상태를 O, 꺼진 상태를 X로 표시하여 각 선택지의 경우를 순서대로 정리하면 다음과 같다.

<경우 1> A-B-C

A가 3을 끈 후 B가 2를 끄고 4와 6을 켠다면, 켜져 있는 전구의 번호는 1, 4, 6이고, C는 4와 6만 끌 수 있으므로 전구를 모두 끌 수 없다.

전구 번호	1	2	3	4	5	6
상태	O	O	O	X	X	X
A	O	O	X	X	X	X
B	O	X	X	O	X	O
C	O	X	X	X	X	X

<경우 2> A-C-B

A가 3을 끈다면 C는 1과 2를 모두 끌 수 있다. 이때 B는 2, 4, 6을 켜야 하므로 전구를 모두 끌 수 없다.

전구 번호	1	2	3	4	5	6
상태	O	O	O	X	X	X
A	O	O	X	X	X	X
C	X	X	X	X	X	X
B	X	O	X	O	X	O

<경우 3> B-A-C

B가 2를 끄고 4와 6을 켠 후 A가 3과 6을 끈다면, 남은 전구의 번호는 1과 4가 남는다. 이때 C가 3을 기준으로 왼쪽과 오른쪽으로 하나씩 켜져 있는 전구를 끌 수 있으므로 전구를 모두 끌 수 있다.

전구 번호	1	2	3	4	5	6
상태	O	O	O	X	X	X
B	O	X	O	O	X	O
A	O	X	X	O	X	X
C	X	X	X	X	X	X

<경우 4> B-C-A

B가 2를 끄고 4와 6을 켠 후 C가 4와 6을 끈다면, A는 3만 끌 수 있으므로 전구를 모두 끌 수 없다.

전구 번호	1	2	3	4	5	6
상태	O	O	O	X	X	X
B	O	X	O	O	X	O
C	O	X	O	X	X	X
A	O	X	X	X	X	X

<경우 5> C-B-A

C가 1과 2를 끈 후 B가 2, 4, 6을 켠다면, A는 3과 6만 끌 수 있으므로 전구를 모두 끌 수 없다.

전구 번호	1	2	3	4	5	6
상태	O	O	O	X	X	X
C	X	X	X	X	X	X
B	X	O	X	O	X	O
A	X	O	X	O	X	X

따라서 마지막 사람이 방에서 나왔을 때, 방의 전구는 모두 꺼져 있었으므로 방에 출입한 사람의 순서는 B-A-C이다.

22 논리퍼즐

실력 UP 문제 분석

출제 포인트
팀 배치를 파악해야 하는 조건추리

소재
신입직원 7명을 3개의 팀에 배치

기출 포인트
IBK기업은행, 국민은행, 하나은행 등 대부분의 금융 NCS에서는 위치/배치를 파악하는 조건추리 문제가 출제된다.

정답 체크

제시된 글에 따르면 먼저 1지망 지원부서에 신입직원들을 배치하고, 1지망 지원부서 중 정책팀과 재정팀의 지원인원이 요구인원보다 적으므로 C와 E는 재정팀, F는 정책팀에 배치된다. 나머지 A, B, D, G의 1지망 지원부서는 모두 국제팀이지만, 요구인원보다 지원인원이 많은 경우에는 입사성적이 높은 신입직원을 우선적으로 배치하므로 A의 입사성적에 따라 국제팀에 배치되는 신입직원이 다르다. A의 입사성적이 G의 입사성적인 93점보다 높은 경우, A가 국제팀에 배치되고 B, D, G는 2지망 지원부서에 배치된다. 이때, B가 재정팀에 배치되고, D와 G 중 입사성적이 높은 G가 정책팀에 배치되므로 1, 2지망 지원부서 모두에 배치되지 못한 D는 재정팀에 배치된다. A의 입사성적이 G의 입사성적인 93점보다 낮은 경우, G가 국제팀에 배치되고 A, B, D는 2지망 지원부서에 배치된다. 이때, B는 재정팀에 배치되고, A와 D 중 입사성적이 높은 A가 정책팀에 배치되므로 1, 2지망 지원부서 모두에 배치되지 못한 D는 재정팀에 배치된다. 이에 따라 신입직원들을 각 부서에 배치하는 경우는 다음과 같다.

정책팀(2)	재정팀(4)	국제팀(1)
A 또는 G, F	B, C, D, E	A 또는 G

따라서 D는 재정팀에 배치되므로 옳지 않은 설명이다.

해커스 PSAT 기출로 끝내는 금융 NCS 330제

23 논리퍼즐   정답 ②

정답 체크

제시된 일기에 따라 내용을 정리하면 다음과 같다.

· 일기 (3): 해당일이 수요일로 주어졌으며, 11일과 15일 사이에 수요일이 있음을 알 수 있다.

· 일기 (6): 매달 마지막 일요일에만 대청소를 한다고 하였는데 그날 대청소를 했다고 했으므로 일기 (6)의 요일은 일요일이다.

· 일기 (5): 내일이 대청소를 하는 날이라고 했으므로 일기 (5)의 요일은 토요일이다.

나머지 4월 5일, 11일, 15일의 요일을 파악해야 하는데 문제에서 요구하는 식목일인 4월 5일의 요일을 a요일이라고 하면, 4월 11일은 6일 뒤이므로 a−1요일, 4월 15일은 10일 뒤이므로 a+3요일이 된다.

이때 조건에 따르면 각 일기는 서로 다른 요일의 일기이므로 a, a−1, a+3 중 수요일, 토요일, 일요일은 있을 수 없고 a는 화요일임을 알 수 있다.

따라서 식목일의 요일은 화요일이다.

오답 체크

① a가 월요일이라면 11일인 a−1이 일요일이 되어 일기 (6)의 일요일과 중복된다.

③ a가 목요일이라면 11일인 a−1이 수요일이 되어 일기(3)의 수요일과 중복된다.

④ a가 금요일이라면 11일인 a−1이 목요일이 되고 15일인 a+3일이 월요일이 되는데 그러면 11일과 15일 사이인 일기 (3)의 요일이 수요일이 될 수 없다.

⑤ a가 토요일이라면 11일인 a−1일이 금요일이 되고 15일인 a+3일이 화요일이 되는데, 이 경우 11일과 15일 사이인 일기 (3)의 요일이 수요일이 될 수 없다.

24 규칙 적용   정답 ②

정답 체크

ㄴ. 1시간 동안 작업할 수 있는 면적은 A가 2m², B가 1m², C가 1.5m²이다. 한편 일의 양은 (1시간당 작업면적) × (시간)이므로 작업에 걸리는 시간은 (일의 양) / (1시간당 작업면적)임을 알 수 있다. 따라서 B와 C에게 작업을 맡기는 경우 1시간 동안 작업할 수 있는 면적은 2.5m²이고, 이들이 작업해야 하는 총 면적 60m²를 작업하는 데 걸리는 시간은 60 / 2.5 = 24시간이므로 옳은 설명이다.

오답 체크

ㄱ. A와 C에게만 작업을 맡기면 시간당 3.5m²를 작업할 수 있지만 A, B, C 모두 같이 작업하는 경우에는 시간당 4.5m²를 작업할 수 있다. 따라서 작업을 가장 빠르게 끝내기 위해서는 A, B, C 모두에게 작업을 맡겨야 하므로 옳지 않은 설명이다.

ㄷ. A, B, C에게 작업을 맡기는 경우, 시간당 4.5m²를 작업할 수 있으므로 소요되는 시간은 60 / 4.5시간이다. 이때 A, B, C가 받게 되는 비용은 (10+8+9) × (60 / 4.5) = 360만 원이다. 반면 B와 C에게 작업을 맡기는 경우, 시간당 2.5m²를 작업할 수 있으므로 소요되는 시간은 24시간이다. 이때 B, C가 받게 되는 비용은 (8+9) × 24 = 408만 원이다. 따라서 A, B, C에게 작업을 맡기는 경우, B, C에게 작업을 맡기는 경우보다 적은 비용이 들므로 옳지 않은 설명이다.

25 규칙 적용   정답 ③

정답 체크

제시된 <상황>에 따른 법인별 예상 주민세는 다음과 같다.

지원자	자본금	종업원 수	부과 세액
甲	100억 원 초과	100명 초과	500,000원
	50억 원 초과	100명 이하	200,000원
乙	10억 원 초과 30억 원 이하	100명 초과	100,000원
	10억 원 초과 30억 원 이하	100명 이하	50,000원
丙	100억 원 초과	100명 초과	500,000원
	50억 원 초과 100억 원 이하	100명 초과	350,000원
	30억 원 초과 50억 원 이하	100명 초과	200,000원
	10억 원 초과 30억 원 이하	100명 초과	100,000원
	10억 원 이하	100명 초과	50,000원

ㄱ. 甲이 납부해야 할 주민세 최소 금액은 20만 원이므로 옳은 설명이다.

ㄹ. 甲, 乙, 丙이 납부해야 할 주민세 금액의 합계는 500,000+100,000+ 500,000 = 1,100,000원 = 110만 원이 최대이므로 옳은 설명이다.

오답 체크

ㄴ. 乙의 종업원이 50명인 경우 5만 원의 주민세를 납부해야 하므로 옳지 않은 설명이다.

ㄷ. 丙이 납부해야 할 주민세 최소 금액은 5만 원이므로 옳지 않은 설명이다.

26 규칙 적용   정답 ②

정답 체크

제시된 글에 따르면 지원자별 국어, 수학, 영어 과목의 등급은 다음과 같다.

지원자	국어 등급	수학 등급	영어 등급	등급 합
甲	3	1	3	7
乙	3	1	2	6
丙	2	2	2	6
丁	4	1	2	7
戊	1	4	1	6

이에 따라 3개 과목 평균등급이 2등급(3개 과목 등급의 합이 6)을 초과한 甲과 丁을 제외하고, 乙, 丙, 戊 중에서 과목 원점수의 합산 점수가 가장 높은 자를 선발한다. 지원자별 원점수의 합산 점수는 乙이 89+89+89 = 267점, 丙이 93+84+89 = 266점, 戊가 98+60+100 = 258점이므로 합산 점수가 가장 높은 乙이 선발된다.

따라서 입학전형 합격자인 乙이다.

27 법·규정의 적용

정답 체크

ㄱ. 네 번째 법조문 제2항에서 지방자치단체의 장은 사용·수익을 허가한 행정재산을 국가나 지방자치단체가 직접 공용 또는 공공용으로 사용하기 위하여 필요로 하게 된 경우에는 그 허가를 취소할 수 있다고 하였으므로 옳은 설명이다.

ㄴ. 세 번째 법조문 제2항 제2호에서 천재지변이나 재난을 입은 지역주민에게 일정기간 사용·수익을 허가하는 경우 그 사용료를 면제할 수 있다고 하였으므로 옳은 설명이다.

오답 체크

ㄷ. 네 번째 법조문 제1항 제2호에서 해당 행정재산의 관리를 게을리하거나 그 사용 목적에 위배되게 사용한 경우 그 허가를 취소할 수 있다고 하였지만 사용 목적에 위배되게 사용한 경우의 손실 보상에 대한 언급은 없으므로 알 수 없다.

ㄹ. 두 번째 법조문 제3항에서 사용·수익허가기간이 끝나기 1개월 전에 지방자치단체의 장에게 사용·수익허가의 갱신을 신청해야 한다고 하였으므로 옳지 않은 설명이다.

28 법·규정의 적용

정답 체크

'선정결과'에 따르면 丁은 1번 항목에 대해 26점을 받았고 '평가기준'의 배점 기준에 따라 보조금 수급 금액이 3백만 원 미만인 자에 해당하며, 보조금 수급 이력은 임업인이 제출해야 할 서류가 아니라 정부 보유자료로 평가하는 것이므로 丁이 3백만 원 이상에 해당하는 보조금 수급 이력이 있어 관련 서류를 제출한 것은 아님을 알 수 있다.

29 세부 정보 파악

정답 체크

ㄱ. 두 번째 단락에서 일본은 임기 6년의 참의원을 매 3년마다 1/2씩 선출하고, 프랑스 역시 임기 6년의 상원의원을 매 3년마다 1/2씩 선출하여 일본 참의원의 임기는 프랑스 상원의원의 임기와 같으므로 옳은 설명이다.

ㄷ. 세 번째 단락에서 우리나라는 선거 무효 판결, 당선 무효, 당선인의 임기 개시 전 사망 등 사유가 있는 경우 재선거를 실시하므로 옳은 설명이다.

ㄹ. 마지막 단락에서 보궐선거는 의원이 임기 중 직책을 사퇴하거나 사망하는 등 부득이한 사유로 의정 활동을 수행할 수 없는 경우에 이를 보충하기 위해 실시되는 선거이고, 다수대표제를 사용하는 대부분의 국가는 보궐선거를 실시하여 다수대표제를 사용하는 대부분의 국가에서는 의원이 임기 중 사망하였을 때 보궐선거를 실시하므로 옳은 설명이다.

오답 체크

ㄴ. 두 번째 단락에서 미국은 임기 6년의 상원의원을 매 2년마다 1/3씩 선출한다고 하여 2년마다 전체 상원의원을 새로 선출하는 것은 아니므로 옳지 않은 설명이다.

30 세부 정보 파악

실력 UP 문제 분석

출제 포인트

제시된 글의 내용을 근거로 선택지의 옳고 그름 판별하기

주제

인공감미료(사카린, 아스파탐)에 관한 설명

기출 포인트

금융 NCS에서는 지문 추론 문제가 출제된다. 선택지를 먼저 확인한 후 지문에서 해당 내용을 찾아 옳고 그름을 판별하여야 한다.

정답 체크

두 번째 단락에 따르면 사카린의 당도는 설탕보다 약 500배 높으며, 세 번째 단락에서 아스파탐의 당도는 설탕보다 약 200배 높으므로 사카린, 아스파탐, 설탕의 당도를 비교하면 설탕의 당도가 가장 낮고 사카린의 당도가 가장 높음을 알 수 있다.

오답 체크

② 두 번째 단락에 따르면 사카린은 화학물질의 산화 반응 연구 중 우연히 발견되었으며, 세 번째 단락에 따르면 아스파탐도 위궤양 치료제 개발 중 우연히 발견되었으므로 옳지 않은 설명이다.

③ 두 번째 단락에 따르면 1977년 캐나다에서 쥐를 대상으로 한 실험 이후 사카린의 유해성에 대한 논란이 일었지만, 사카린이 무해함을 입증한 다양한 연구 결과가 있어 2001년 미국 FDA에 의해 안전한 식품첨가물로 인정받았고 현재도 설탕의 대체재로 사용되고 있으므로 옳지 않은 설명이다.

④ 첫 번째 단락에 따르면 2009년 미국의 설탕, 옥수수 시럽, 기타 천연당의 1인당 연평균 소비량은 중국보다 9배 많은 140파운드라고 하였다. 따라서 2009년 중국의 설탕, 옥수수 시럽, 기타 천연당의 1인당 연평균 소비량은 140/9 ≒ 15.6파운드임을 알 수 있으므로 옳지 않은 설명이다.

⑤ 세 번째 단락에 따르면 아스파탐이 안전하다는 미국 암협회의 발표에도 불구하고 발암성 논란이 끊이지 않는다고 하였으며, 두 번째 단락에 따르면 2001년 미국 FDA로부터 안전한 식품첨가물로 공식 인정받은 것은 사카린이므로 옳지 않은 설명이다.

정답

p.242

01	②	논지·견해 분석	07	②	논지·견해 분석	13	⑤	자료이해	19	④	자료변환	25	①	규칙 적용
02	⑤	세부 내용 파악	08	①	문맥 추론	14	⑤	자료이해	20	③	자료이해	26	④	규칙 적용
03	①	세부 내용 파악	09	④	세부 내용 파악	15	①	자료이해	21	⑤	논리퍼즐	27	③	법·규정의 적용
04	③	세부 내용 파악	10	④	세부 내용 파악	16	④	자료계산	22	④	논리퍼즐	28	①	법·규정의 적용
05	⑤	문맥 추론	11	⑤	자료이해	17	④	자료이해	23	②	논리퍼즐	29	②	세부 정보 파악
06	④	논지·견해 분석	12	⑤	자료이해	18	①	자료계산	24	⑤	규칙 적용	30	③	세부 정보 파악

취약 유형 분석표

유형별로 맞힌 개수, 틀린 문제 번호와 풀지 못한 문제 번호를 적고 나서 취약한 유형이 무엇인지 파악해 보세요. 그 후 취약한 유형은 유형 특징, 풀이 전략, 유형공략 문제들을 복습하고 틀린 문제와 풀지 못한 문제를 다시 한번 풀어보세요.

영역	유형	맞힌 개수	정답률	틀린 문제 번호	풀지 못한 문제 번호
의사소통능력	세부 내용 파악	/5	%		
	문맥 추론	/2	%		
	논지·견해 분석	/3	%		
수리능력	자료이해	/7	%		
	자료계산	/2	%		
	자료변환	/1	%		
문제해결능력	세부 정보 파악	/2	%		
	법·규정의 적용	/2	%		
	규칙 적용	/3	%		
	논리퍼즐	/3	%		
TOTAL		/30	%		

해설

01 논지·견해 분석
정답 ②

실력 UP 문제 분석

출제 포인트

글의 주장에 해당하는 내용 찾기

주제

A가 저술한 역사서에 나타난 오류

기출 포인트

글의 주장은 논지와 동일하게 지문에서 말하고자 하는 중심 내용을 말한다. 이 문제의 경우 지문에 A의 역사서를 비판하는 내용이 제시되어 있으므로 A의 역사서를 비판하는 이유나 근거를 찾아야 한다.

정답 체크

ㄴ. 우리나라 고대사의 기록은 근거를 댈 수 없는 경우가 많은데도 A는 그 기록을 자료로 역사서를 저술하였고, 사실 여부를 따져 보지도 않고 중국의 책들을 그대로 끌어다 인용하였다고 비판하고 있으므로 '역사서를 저술할 때에는 지역의 위치, 종족과 지명의 변천 등 사실을 확인해야 한다.'가 글의 주장으로 적절하다.

오답 체크

ㄱ. A의 역사서가 사실 여부를 따져 보지도 않고 중국의 책들을 그대로 끌어다 인용하였음을 비판하고 있으므로 역사서를 저술할 때 중국의 기록을 참조하더라도 우리 역사서를 기준으로 해야 한다는 것은 글의 주장으로 적절하지 않다.

ㄷ. 역사서를 저술할 때에는 중국의 역사서에서 우리나라와 관계된 것들을 찾아내어 반영해야 한다는 것은 글의 내용과 무관하므로 글의 주장으로 적절하지 않다.

02 세부 내용 파악
정답 ⑤

실력 UP 문제 분석

출제 포인트

글의 내용을 토대로 추론할 수 있는 내용 찾기

주제

코커스의 정의 및 아이오와주 선거 운영 방식의 특징

문단별 중심 내용

1문단	코커스의 정의 및 미국 대의원 후보 선출 과정
2문단	미국의 대선후보 선출 과정에서 아이오와주가 모든 당을 통틀어 가장 먼저 코커스를 실시하는 주가 된 배경
3문단	아이오와주의 민주당과 공화당 간의 선거 운영 방식 차이

기출 포인트

시기에 따른 특정 대상의 통시적 변화를 설명하는 글의 경우 시간의 흐름에 따른 대상의 변화를 정리해 나가면서 글을 읽어야 놓치는 부분 없이 문제를 풀이할 수 있다.

정답 체크

세 번째 단락에서 아이오와주의 선거 운영 방식에 따르면 공화당의 경우 코커스를 포함한 하위 전당대회에서 특정 대선후보를 지지하여 당선된 대의원이 상위 전당대회에서 동일한 후보를 지지하지 않아도 된다고 하였으므로 1976년 아이오와주 공화당 코커스에서 특정 후보를 지지한 대의원이 코커스의 상위 전당대회인 카운티 전당대회에서 다른 후보를 지지할 수 있었음을 알 수 있다.

오답 체크

① 첫 번째 단락에서 주에 따라 의회 선거구 전당대회는 생략하는 경우가 있다고 하였으므로 적절하지 않은 내용이다.

② 두 번째 단락에서 1976년부터 아이오와주가 코커스 개최 시기를 1월로 변경함으로써 가장 먼저 코커스를 실시하는 주가 되었음을 서술하고 있지만, 1971년 이전 각 주의 구체적인 코커스 개최 시기에 대해서는 다루고 있지 않으므로 적절하지 않은 내용이다.

③ 두 번째 단락에서 1972년 아이오와주 민주당의 코커스는 그해 1월에 열렸으며, 아이오와주 민주당 규칙에 따라 각급 선거는 최소 30일 간격을 두고 코커스, 카운티 전당대회, 의회 선거구, 주전당대회, 전국 전당대회 순으로 진행되어야 한다고 하였으므로 적절하지 않은 내용이다.

④ 두 번째 단락에서 1972년 아이오와주의 민주당 코커스가 그해 1월에 열렸음을 서술하고 있지만, 공화당의 구체적인 코커스 개최 시기에 대해서는 다루고 있지 않으므로 적절하지 않은 내용이다.

03 세부 내용 파악
정답 ①

실력 UP 문제 분석

출제 포인트

글의 내용에 부합하지 않는 내용 찾기

주제

연방준비제도의 저금리 정책이 초래한 거품 및 불평등 문제

문단별 중심 내용

1문단	정책이 분배에 미치는 영향을 고려하지 않았을 때의 결과를 보여주는 2000년대 초 연방준비제도의 저금리 정책
2문단	상황별 합리적인 대응 정책
3문단	금리 인하 정책의 한계로 발생한 주택 시장의 거품
4문단	다양한 경로로 소비를 위축시킨 금리 인하 정책
5문단	노동을 자본으로 대체하는 투자를 확대시켜 실업률이 회복되지 않는 구조를 만든 저금리 정책

기출 포인트

경제 용어의 경우 용어별 의미에 유의하며 풀이해야 하며, 선택지의 핵심어를 기준으로 지문의 내용을 파악해야 한다.

정답 체크

네 번째 단락에서 금리 인하는 국공채에 투자했던 퇴직자들의 소득을 감소시켰으며 노년층에서 정부로, 정부에서 금융업으로 부의 대규모 이동이 이루어졌다고 하였으므로 2000년대 초 연준의 금리 인하 정책으로 국공채에 투자한 퇴직자들의 소득이 감소하여 금융업으로부터 정부로 부가 이동한 것은 아님을 알 수 있다.

오답 체크

② 다섯 번째 단락에서 2000년대 초 연준이 고용 증대를 목표로 시행한 저금리 정책은 결과적으로 경기가 회복되더라도 실업률이 떨어지지 않는 구조를 만들었다고 하였으므로 적절한 내용이다.

③ 첫 번째 단락에서 2000년대 초 기술 산업의 거품 붕괴가 불러온 경기 침체에 대응하여 금리 인하 정책을 시행했다고 하였고, 세 번째 단락에서 그 당시 대부분의 부문에서 설비 가동률이 낮아 대출 금리를 인하해도 생산적인 투자가 많이 늘어나지 않았다고 하였으므로 적절한 내용이다.

④ 세 번째 단락에서 2000년대 초 저금리 정책은 주택 시장의 거품을 초래했다고 하였고, 네 번째 단락에서 그 당시 연준의 금리 인하 정책 시행 이후 주가가 상승했다고 하였으므로 적절한 내용이다.

⑤ 두 번째 단락에서 부동산 거품에 대응하는 정책으로는 금리 인상보다 주택 담보 대출에 대한 규제가 더 합리적이라고 하였으므로 적절한 내용이다.

---

04 세부 내용 파악　　　　　　　　정답 ③

정답 체크

첫 번째 단락에서 신탁 원리 하에서 수익자는 재산 운용에 대한 권리 일체를 수탁자인 제3자에게 맡겨야 하여 지위가 불안했으며, 이로 인해 중세 신탁 원리를 기초로 하는 연금 제도에서도 수익자인 연금 가입자의 적극적인 권리 행사가 허용되지 않는다고 하였으므로 연금 수익자의 지위가 불안정하기 때문에 연기금 재산에 대한 적극적인 권리 행사가 제한되는지는 알 수 없다.

오답 체크

① 세 번째 단락에서 사적 연금 제도의 가입자는 자본 시장의 유동성을 마음껏 누릴 수 없었다고 하였으므로 적절한 내용이다.

② 첫 번째 단락에서 귀족들이 자신의 재산을 미성년 유족이 아닌 친구, 지인 등 제3자에게 맡기기 시작하며 신탁제도가 형성되었으며, 수익자는 재산에 대한 운용 권리를 수탁자인 제3자에게 맡기도록 되어 있었다고 하였으므로 적절한 내용이다.

④ 첫 번째 단락에서 12세기 영국에서는 미성년 유족에게 토지에 대한 권리를 합법적으로 이전할 수 없었고, 이에 귀족들이 자신의 재산을 미성년 유족이 아닌 친구, 지인 등 제3자에게 맡기기 시작하며 신탁제도가 형성되었다고 하였으므로 적절한 내용이다.

⑤ 두 번째 단락에서 신탁 원리에 기반을 둔 연금 제도에서는 수익자인 연금 가입자의 적극적인 권리 행사가 허용되지 않음에 따라 수익자의 연금 운용 권리를 약화시키는 것을 기본으로 하며 연금 운용을 수탁자에게 맡긴다고 하였으므로 적절한 내용이다.

---

05 문맥 추론　　　　　　　　정답 ⑤

정답 체크

ㄱ. 두 번째 단락에서 첫 발사를 기준으로 모든 조건이 동일하면 A국의 궁수가 2,000명, B국 궁수가 1,000명일 때 A국과 B국 궁수가 맞는 1인 평균 화살 수는 각각 0.5개, 2개이고, 전체 화살 중 병력 손실을 발생하는 화살 비율이 1/10로 동일하면 첫 발사에 A국은 100명, B국은 200명의 병력을 잃는 상황에서 A국의 인원이 2,000명에서 4,000명으로 2배 늘어날 경우 A국과 B국 궁수가 맞는 1인 평균 화살 수는 각각 0.25개, 4개가 되어 A국은 100명, B국은 400명의 병력을 잃게 됨에 따라 B국의 손실비는 $\frac{400/1,000}{100/4,000}=16$이므로 적절한 내용이다.

ㄴ. 첫 번째 단락에서 한 국가의 상대방 국가에 대한 군사력 우월의 정도는 전쟁 종료 시점에서 자국의 손실비의 역수라고 하였고, 세 번째 단락에서 전쟁이 끝날 때까지 A국은 최초 병력의 9%, B국은 최초 병력의 39%를 잃었다고 한 점에서 B국에 대한 A국의 군사력은 B국의 손실비 $\frac{0.09}{0.39}$의 역수인 $\frac{0.39}{0.09} ≒ 4.3$배 우월하다는 것을 추론할 수 있으므로 적절한 내용이다.

ㄷ. 첫 번째 단락에서 자국의 손실비 $= \frac{\text{자국의 최초 병력 대비 잃은 병력 비율}}{\text{적국의 최초 병력 대비 잃은 병력 비율}}$ 이라고 한 점에서 자국과 타국의 최초 병력 수가 각각 1,000명, 2,000명이고, 병력 손실이 100명으로 동일하다고 가정하면 자국의 손실비 $= \frac{100/1,000}{100/2,000}=2$, 타국의 손실비 $= \frac{100/2,000}{100/1,000}=0.5$로 최초 병력 수가 적은 자국의 손실비가 더 크다는 것을 추론할 수 있으므로 적절한 내용이다.

06 논지·견해 분석
정답 ④

정답 체크

제시된 글에 따르면 선택 요인은 비교 집단을 설정했지만 비교 집단을 잘못 설정함으로써 잘못된 결론을 도출하게 하는 요인이다. 이때 병은 비교 집단을 설정했으나 독립 변수 조건 이외에 나른 조건들이 현저하게 차이가 나는 집단을 비교 집단으로 잘못 설정하지 않았는지 검토해야 한다고 주장하고 있으므로 병은 연구의 내적 타당성을 확보하기 위해 선택 요인과 관련한 타당성을 검토하자는 것임을 알 수 있다.

오답 체크

① 제시된 글에서 표본 집단을 잘못 설정하면 연구 대상의 대표성을 확보할 수 없어 연구 결과의 일반화에 실패하므로 연구의 외적 타당성이 저해된다고 했고, 갑은 연구 대상을 잘못 지정하는 오류가 있는지 검토해야 한다고 주장하고 있으므로 갑은 연구의 외적 타당성을 확보하기 위해 연구 대상의 대표성 확보에 대한 타당성을 검토하자는 것임을 알 수 있다.

②, ③ 제시된 글에 따르면 역사 요인은 외부적 사건이 원인이 되어 연구에 영향을 미쳤지만 이를 고려하지 못하고 연구 결과가 합당한 것처럼 결론을 내리게 하는 요인이며 오류를 제거하기 위해서는 반드시 비교 집단을 설정해야 한다. 이때 을은 연구 시기에 월드컵이 개최되어 연구 결과에 영향을 미쳤을 수 있어 비교 집단을 설정하여 연구를 실시했는지 검토해야 한다고 했으므로 을은 내적 타당성을 확보하기 위해 역사 요인과 관련한 타당성을 검토하자는 것임을 알 수 있다.

⑤ 제시된 글에 따르면 연구의 외적 타당성은 표본 집단을 잘못 설정하면 연구 대상의 대표성을 확보할 수 없어 연구 결과의 일반화에 실패하므로 타당성이 저해된다. 이때 병은 비교 집단을 잘못 설정하지 않았는지 검토해야 한다고 주장하고 있으므로 연구의 외적 타당성이 아니라 내적 타당성을 확보하기 위해 표본 집단 선정에 관한 타당성을 검토하자는 것임을 알 수 있다.

07 논지·견해 분석
정답 ②

실력 UP 문제 분석

화자의 견해

갑	법의 공정 여부와 무관하게 마땅히 지켜야만 하는 것이 시민의 의무이다.
을	공정한 법에 대해서만 선별적으로 준수의 의무를 부과하는 것이 타당하다.
병	법의 선별적 준수는 전체 법체계의 유지에 큰 혼란을 불러올 수 있으므로 받아들여서는 안 된다.

기출 포인트

특정 대상에 대한 여러 인물의 견해가 제시되는 경우 각각의 주장과 근거, 사실과 견해를 파악하며 문제를 풀이해야 한다.

정답 체크

ㄴ. 을이 준법정신은 공정한 법에 한해서 선택적으로 발휘되는 것이라고 주장한 점에서 법의 공정성을 판단하는 기준이 존재하지 않을 경우 을의 주장은 약화된다는 것을 추론할 수 있으므로 적절한 내용이다.

오답 체크

ㄱ. 갑이 법의 공정 여부와 관계없이 법을 지켜야 하는 것이 시민의 의무라고 주장한 점에서 예외적인 경우에 한해 약속을 지키지 않아도 된다면 갑의 주장은 약화된다는 것을 추론할 수 있으므로 적절하지 않은 내용이다.

ㄷ. 병이 법의 선별적 준수는 전체 법체계의 유지에 혼란을 일으킬 여지가 있어 받아들여서는 안 된다고 주장한 점에서 이민자를 차별하는 법이 존재한다면 병의 주장은 강화된다는 것을 추론할 수 있으므로 적절하지 않은 내용이다.

08 문맥 추론
정답 ①

실력 UP 문제 분석

주제

부재 인과의 수용으로 발생하는 문제

핵심 내용 정리

핵심 개념	부재 인과: 사건의 부재가 다른 사건의 원인이 되는 인과 관계의 한 유형
세부 내용	- 인과 관계를 원인과 결과 간 성립 가능한 일종의 의존 관계로 분석할 경우, 인과 관계의 한 유형으로 볼 수 있음 - 부재 인과를 인정하는 경우 원인이 아닌 수많은 부재마저도 원인으로 받아들여야 하는 문제가 발생함

정답 체크

ㄱ. 영지가 지각한 원인을 새벽 3시에 일어나 걸어가지 않았다는 사건의 부재로 보았으므로 ㉠의 사례에 해당한다.

오답 체크

ㄴ. 유리창이 깨진 원인이 많은 사람 각각이 유리창을 향해 야구공을 던지지 않았다는 것은 인과 관계가 성립되지 않으므로 ㉠의 사례에 해당하지 않는다.

ㄷ. 화분의 식물이 죽은 원인이 햇볕을 과다하게 쪼이거나 쪼이지 않았다는 것은 사건의 부재로 보고 있지 않으므로 ㉠의 사례에 해당하지 않는다.

[09~10]
09 세부 내용 파악
정답 ④

정답 체크

ㄴ. 세 번째 단락에서 유충의 특성이 남아 있게 하는 유충호르몬이 탈피 과정에서 얼마나 분비되는가에 따라 탈피 후 유충으로 남을지 성체로 변태할지가 결정되며, 유충호르몬의 분비량은 알로트로핀에 의해 촉진된다고 하였으므로 변태 과정 중에 있는 곤충에게 유충기부터 알로트로핀을 주입할 경우 성체가 되지 않을 수 있음을 알 수 있다.

ㄷ. 두 번째 단락에서 탈피호르몬이 분비되면 탈피의 첫 단계가 시작된다고 하였고, 세 번째 단락에서 유충호르몬은 탈피 촉진과 무관하게 유충의 특성을 유지하는 역할만 수행한다고 하였으므로 변태 과정 중 유충호르몬이 없더라도 탈피 호르몬이 분비되면 탈피가 시작될 수 있음을 알 수 있다.

오답 체크

ㄱ. 두 번째 단락에서 탈피 시기가 되면 먹이 섭취 활동 관련 자극이 유충의 뇌에 전달되며, 이로 인해 전흉선자극호르몬의 분비가 촉진돼 전흉선에서 탈피호르몬이 분비되나 유충의 전흉선 제거 시 먹이 섭취 활동 관련 자극이 유충의 뇌에 전달될 수 없는지에 대해서는 추론할 수 없으므로 적절하지 않은 내용이다.

10 세부 내용 파악

정답 ④

정답 체크

ㄴ. 결과 2에서 최종 탈피가 일어날 때까지 탈피호르몬이 일정한 혈중 농도로 존재한다고 하였고, @에서 성체 이후 탈피하지 않는 곤충은 최종 탈피가 끝난 후 탈피호르몬이 없어진다고 하였으므로 성체가 된 이후 탈피하지 않는 곤충들은 최종 탈피 후 탈피호르몬을 분비하는 전흉선이 파괴되어 사라지기 때문에 결과 2와 @가 동시에 성립할 수 있음을 알 수 있다.

ㄷ. 결과 1에서 유충호르몬은 성충에 가까워질수록 그 혈중 농도가 줄어든다고 하였고, 결과 2에서 탈피호르몬은 최종 탈피 전까지 일정한 혈중 농도로 존재한다고 하였으므로 결과 1과 결과 2는 변태 과정 중에 있는 곤충의 탈피호르몬 대비 유충호르몬의 비율이 감소할수록 성체의 특성이 두드러진다는 가설을 지지함을 알 수 있다.

오답 체크

ㄱ. 세 번째 단락에서 유충호르몬에스터라제 등의 유충호르몬 분해 효소는 유충호르몬을 분해하여 혈중 유충호르몬의 농도를 낮아지게 한다고 하였으므로 결과 1이 "혈중 유충호르몬에스터라제의 양은 유충기에 가장 많으며 성체기에서 가장 적다."는 가설에 의해 설명된다는 것은 적절하지 않은 내용이다.

11 자료이해

정답 ⑤

실력 UP 문제 분석

출제 포인트
비율

소재
산불 건수 및 가해자 검거 건수, 검거율

기출 포인트
NH농협은행, 국민은행 등 대부분의 금융 NCS에서는 실업률, 총매출회전율 등 비율 관련 소재의 자료가 출제된다. 비율 관련 공식을 숙지하고, 정확한 계산 없이 대소 비교가 가능하도록 다양한 문제를 풀이해야 한다.

정답 체크

ㄱ. 2011~2020년 연평균 산불 건수는 제시된 500건을 기준으로 연도별 산불 건수 크기를 비교해서 확인한다. 500에 인접한 해가 2번 있고, 600~700 사이의 해가 4번 있는 반면, 300~400 사이의 해가 1번, 300 이하의 해가 3번 있다. 이에 따라 500을 기준으로 이보다 큰 해의 차이의 합보다 500보다 작은 해의 차이의 합이 더 크다. 따라서 연평균 산불 건수는 500건 이하이므로 옳은 설명이다.

ㄴ. 산불 건수가 692건으로 가장 많은 2017년의 검거율 $(305/692) \times 100 ≒ 44.1\%$는 산불 건수가 197건으로 가장 적은 2012년의 검거율 $(73/197) \times 100 ≒ 37.1\%$보다 높으므로 옳은 설명이다.

ㄹ. 2020년 전체 산불 건수 중 입산자 실화가 원인인 산불 건수의 비율이 35%라면 입산자 실화가 원인인 산불 건수는 $620 \times 0.35 = 217$건이고, 이를 포함하여 합한 산불 원인별 산불 건수는 전체 산불 건수인 620건과 같으므로 옳은 설명이다.

오답 체크

ㄷ. 2020년에 기타를 제외한 산불 원인별 산불 건수는 49건의 논밭두렁 소각이 9건의 성묘객 실화보다 많지만, 검거율은 논밭두렁 소각이 $(45/49) \times 100 ≒ 91.8\%$, 성묘객 실화가 $(6/9) \times 100 ≒ 66.7\%$이다. 따라서 산불 건수가 적은 산불 원인일수록 검거율이 높지 않으므로 옳지 않은 설명이다.

12 자료이해

정답 ⑤

실력 UP 문제 분석

출제 포인트
제시된 정보를 바탕으로 비용 계산하기

소재
공장에서 물류센터까지의 수송량 및 수송비용

기출 포인트
NH농협은행, IBK기업은행, 국민은행 등 대부분의 금융 NCS에서는 비용 계산 문제가 출제된다. 제시된 자료 외에 추가로 제공하는 정보를 정확하게 이해한 후 자료의 수치를 활용하여 문제를 풀이해야 한다.

정답 체크

<정보>에 따르면 청주 공장의 '최대공급량'은 500개이고, 부산 물류센터의 '최소요구량'은 400개이므로 청주 공장에서 부산 물류센터까지의 수송량은 $500-300=400-200=200$개이다. 이때 총 수송비용을 최소화하는 경우는 공장에서 물류센터까지의 수송량을 각 물류센터의 '최소요구량'과 동일하게 맞추는 경우이고, 개당 수송비용은 구미 공장에서 대구 물류센터까지 2천 원, 구미 공장에서 광주 물류센터까지 3천 원이다. 따라서 총 수송비용을 최소화할 때, 개당 수송비용이 더 큰 구미 공장에서 광주 물류센터까지의 수송량은 광주 물류센터의 '최소요구량'과 동일한 150개이다. 또한 구미 공장에서 대구 물류센터까지의 수송량은 대구 물류센터의 '최소요구량'인 200개 이상, 구미 공장의 '최대공급량'이 600개 이하이므로 $600-200-150=250$개 이하이다. 총 수송비용을 최소화해야 하므로 구미공장에서 대구 물류센터까지의 수송량은 200개이고, 총 수송비용의 최소 금액은 $(200 \times 5)+(200 \times 2)+(150 \times 3)+(300 \times 4)+(200 \times 2)+(300 \times 2)=4,050$천 원$=405$만 원이다. 한편 구미 공장의 '최대공급량'이 600개에서 550개로 줄어든다면, 총 수송비용을 최소화할 때 구미 공장에서 광주 물류센터까지의 수송량은 150개이고, 구미 공장에서 대구 물류센터까지의 수송량은 구미 공장의 '최대공급량'이 550개 이하이므로 $550-200-150=200$개이다. 따라서 구미 공장의 '최대공급량'이 600개에서 550개로 줄어들어도 각 공장에서 해당 물류센터까지의 수송량은 변동이 없으므로 총 수송비용의 최소 금액도 변동이 없어 옳지 않은 설명이다.

오답 체크

① 청주 공장에서 부산 물류센터까지의 수송량은 200개이므로 옳은 설명이다.

② 총 수송비용을 최소화할 때, 구미 공장에서 광주 물류센터까지의 수송량은 150개이므로 옳은 설명이다.

③ 총 수송비용의 최소 금액은 405만 원이므로 옳은 설명이다.

④ 구미 공장에서 서울 물류센터까지의 수송량은 0개이므로 구미 공장에서 서울 물류센터까지의 개당 수송비용이 7천 원에서 8천 원으로 증가해도 총 수송비용의 최소 금액은 변동이 없어 옳은 설명이다.

정답 체크

ㄱ. 공장 관리직의 임직원 수는 4명으로 4등분한 각 집단에는 1명씩 속한다. 중간값 25,000원은 2분위에 속한 값과 3분위에 속한 값의 평균임에 따라 2분위에 속한 값은 25,000 × 2 – 30,000 = 20,000원이고, 평균은 25,000원으로 최고액은 25,000 × 4 – (15,000 + 20,000 + 30,000) = 35,000원이므로 옳은 설명이다.

ㄴ. 본사 임원의 임직원 수는 8명으로 4등분한 각 집단에는 2명씩 속한다. 이때 3분위에 속한 값 중 가장 높은 값인 Q3가 48,000원으로 2분위에 속한 값 중 가장 높은 값과 3분위에 속한 값 중 가장 낮은 값의 평균인 중간값과 동일하여 2분위에 속한 값 중 가장 높은 값과 3분위에 속한 값 중 가장 낮은 값도 48,000원이므로 '시간당 임금'이 같은 본사 임원은 최소 3명이므로 옳은 설명이다.

ㄷ. 본사 임원의 1분위에 속한 값은 24,000원과 25,600원, 2분위에 속한 값 중 하나는 48,000원, 3분위에 속한 값은 모두 48,000원, 4분위에 속한 값 중 하나는 55,000원이고, 2분위에 속한 값 중 나머지 하나가 25,600원, 4분위에 속한 값 중 하나가 48,000원일 때 '시간당 임금' 평균이 최소가 되어, 평균의 최솟값은 (24,000 + 25,600 × 2 + 48,000 × 4 + 55,000) / 8 = 40,275원이므로 옳은 설명이다.

오답 체크

ㄹ. '시간당 임금'이 23,000원 이상인 임직원은 공장 관리직의 3분위, 4분위에 속한 2명이고, 공장 생산직의 중간값이 23,500원으로 3분위, 4분위에 속한 값은 23,000원 이상이므로 공장 생산직의 '시간당 임금'이 23,000원 이상인 임직원은 최소 52 / 2 = 26명, 본사 임원의 최저액이 24,000원이므로 본사 임원의 '시간당 임금'이 23,000원 이상인 임직원은 8명, 본사 직원의 중간값이 23,500원으로 3분위, 4분위에 속한 값은 23,000원 이상이므로 본사 직원의 '시간당 임금'이 23,000원 이상인 임직원은 최소 36 / 2 = 18명이다. 따라서 '시간당 임금'이 23,000원 이상인 임직원은 최소 2 + 26 + 8 + 18 = 54명이므로 옳지 않은 설명이다.

> ⏱ **빠른 문제 풀이 Tip**
>
> ㄱ. 공장 관리직의 임직원 수는 4명, 평균은 25,000원, 2분위와 3분위에 속한 값의 평균인 중간값도 25,000원이므로 1분위와 4분위에 속한 값의 평균도 25,000원이다. 이때 1분위에 속한 값은 15,000원이므로 최고액은 25,000 × 2 – 15,000 = 35,000원임을 알 수 있다.

정답 체크

체질량지수 = $\dfrac{체중}{신장^2}$ 이므로 <그림>에서 기울기가 20(㉠), 25(㉡), 30(㉢), 40(㉣)인 선을 그리면 다음과 같다.

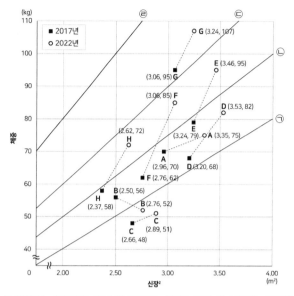

㉠ 아래에는 '저체중', ㉠과 ㉡ 사이에는 '정상', ㉡과 ㉢ 사이에는 '과체중', ㉢과 ㉣ 사이에는 '비만', ㉣ 위에는 '고도비만'으로 분류된 학생이 위치하게 된다. 이를 통해 체질량지수가 가장 큰 값은 '비만'으로 분류된 G이고, 체질량지수가 가장 작은 값은 '저체중'으로 분류된 B와 C 중 하나가 될 것임을 알 수 있다.

이에 따라 2022년 B, C, G의 체질량지수를 계산하면, B학생이 52 / 2.76 ≒ 18.8kg/m², C학생이 51 / 2.89 ≒ 17.6kg/m², G학생이 107 / 3.24 ≒ 33.0kg/m²이다. 체질량지수 중 가장 큰 값은 33.0kg/m², 가장 작은 값은 17.6kg/m²이므로, 가장 큰 값은 가장 작은 값의 33.0 / 17.6 ≒ 1.9배로 2배 미만이므로 옳지 않은 설명이다.

오답 체크

① 체질량지수가 20 미만인 '저체중'은 2022년에 B, C 2명, 2017년에 C 1명임에 따라 2022년이 2017년보다 많으므로 옳은 설명이다.

② A~H학생 체중의 평균은 2017년이 (70 + 56 + 48 + 68 + 79 + 62 + 95 + 58) / 8 = 67kg, 2022년이 (75 + 52 + 51 + 82 + 95 + 85 + 107 + 72) / 8 ≒ 77.4kg이다. 따라서 2022년 A~H학생 체중의 평균은 2017년 대비 {(77.4 – 67) / 67} × 100 ≒ 15.5% 증가하였으므로 옳은 설명이다.

③ 2017년과 2022년에 모두 '정상'으로 분류된 학생은 A, D 2명이다.

④ 신장의 차이가 가장 큰 학생은 신장²의 차이도 가장 크다. 2017년과 2022년 신장²의 차이는 A가 3.35 – 2.96 = 0.39m², B가 2.76 – 2.50 = 0.26m², C가 2.89 – 2.66 = 0.23m², D가 3.53 – 3.20 = 0.33m², E가 3.46 – 3.24 = 0.22m², F가 3.06 – 2.76 = 0.3m², G가 3.24 – 3.06 = 0.18m², H가 2.62 – 2.37 = 0.25m²이다. 따라서 가장 큰 학생은 A이므로 옳은 설명이다.

정답 체크

ㄱ. 24~26차 회의의 심의안건에 모두 동의한 위원은 기획재정부장관, 보건복지부장관, 여성가족부장관, 국토교통부장관, 해양수산부장관, 문화재청장으로 6명이므로 옳은 설명이다.

오답 체크

ㄴ. 심의안건에 부동의한 위원 수는 각각 24차 회의에 5명, 25차 회의에 6명, 26차 회의에 4명으로 매 회차 증가한 것은 아니므로 옳지 않은 설명이다.

ㄷ. A위원회의 전체 위원 수는 16명이므로 심의안건이 의결되기 위해서는 전체 위원의 $\frac{2}{3}$ 이상인 $16 \times \frac{2}{3} ≒ 10.7$명 이상, 즉 최소 11명이 동의해야 함을 알 수 있다. 25차 회의의 경우 심의안건에 동의한 위원의 수는 10명으로, 최소 동의 인원 수를 만족하지 않으므로 옳지 않은 설명이다.

---

16 자료계산   정답 ④

정답 체크

팀 A, B, C의 인원수를 각각 x, y, z라고 하면

세 팀의 참가자 개인별 점수의 합은 팀 A가 $40x$, 팀 B가 $60y$, 팀 C가 $90z$이다.

팀 연합 A+B의 참가자 개인별 점수의 합은 $40x+60y=52.5(x+y)$,

팀 연합 B+C의 참가자 개인별 점수의 합은 $60y+90z=77.5(y+z)$이다.

$40x+60y=52.5(x+y) \rightarrow 12.5x=7.5y \rightarrow x=0.6y$

$60y+90z=77.5(y+z) \rightarrow 12.5z=17.5y \rightarrow z=1.4y$

이때, 팀 연합 A+B의 인원수가 80명이므로

$x+y=80 \rightarrow 0.6y+y=80 \rightarrow y=50$

이에 따라 팀 연합 C+A의 참가자 개인별 점수의 합은 $90z+40x=126y+24y=150y=7,500$점이고, 팀 연합 C+A의 인원수는 $z+x=1.4y+0.6y=2y=100$명이므로 평균점수는 $\frac{7,500}{100}=75.0$점이다.

따라서 (가)에 들어갈 값은 100, (나)에 들어갈 값은 75.00이다.

정답 체크

ㄱ. 국어 평균 점수는 $(90+85+60+95+75)/5=81$점이므로 옳은 설명이다.

ㄷ. '갑'~'무'의 국어, 영어, 수학 점수에 가중치를 곱한 점수의 합은 '갑'이 $36+18+30=84$점, '을'이 $34+17+28=79$점, '병'이 $24+20+34=78$점, '정'이 $38+13+40=91$점, '무'가 $30+20+40=90$점으로 '정'의 점수가 가장 크므로 옳은 설명이다.

ㄹ. 여학생인 '을'과 '정'의 수학 평균 점수는 $(70+100)/2=85$점이고, 남학생인 '갑'과 '무'의 수학 평균 점수는 $(75+100)/2=87.5$점이다. '병'의 수학 점수는 85점으로 '병'의 성별과 무관하게 남학생의 수학 평균 점수가 더 높으므로 옳은 설명이다.

오답 체크

ㄴ. '갑'~'무'의 3개 과목 평균 점수는 '갑'이 $(90+90+75)/3=85$점, '을'이 $(85+85+70)/3=80$점, '병'이 $(60+100+85)/3≒81.7$점, '정'이 $(95+65+100)/3≒86.7$점, '무'가 $(75+100+100)/3≒91.7$점이고, 3개 과목 평균 점수가 가장 높은 '무'와 가장 낮은 '을'의 평균 점수 차이는 $91.7-80≒11.7$점이므로 옳지 않은 설명이다.

> ⏱ **빠른 문제 풀이 Tip**
>
> ㄹ. 성별 수학 점수의 평균을 계산하지 않더라도 남학생과 여학생의 점수를 비교할 수 있으므로 성별 수학 점수의 합까지만 계산하여 풀이 소요 시간을 줄인다.

18 자료계산

실력 UP 문제 분석

출제 포인트

신용카드별 예상청구액이 가장 적은 카드부터 순서대로 나열하기

소재

지출내역 및 신용카드별 할인혜택

기출 포인트

NH농협은행, 국민은행, 신한은행, 하나은행 등 대부분의 금융 NCS에서는 금융 관련 소재의 문제가 출제된다.

정답 체크

- A신용카드
  - 버스·지하철, KTX 요금 20% 할인액은 $(8+10) \times 0.2 = 3.6$만 원이나, 할인액의 한도는 월 2만 원이므로 총 교통비는 $8+2+10-2=18$만 원이다.
  - 외식비는 주말 결제액 5% 할인 받아 총 식비는 $30-5 \times 0.05 = 29.75$만 원이다.
  - 의류구입비는 할인 받을 수 있는 항목이 없으므로 총 30만 원이다.
  - 학원 수강료는 15%를 할인 받아 총 여가 및 자기계발비는 $30-(20 \times 0.15) = 27$만 원이다.

  이에 따라 예상청구액은 연회비를 포함하여 $18+29.75+30+27+1.5 = 106.25$만 원이다.

- B신용카드
  - 버스·지하철, KTX 요금 10% 할인액은 $(8+10) \times 0.1 = 1.8$만 원이나, 할인액의 한도는 월 1만 원이므로 총 교통비는 $8+2+10-1=19$만 원이다.
  - 식비는 할인 받을 수 있는 항목이 없으므로 총 30만 원이다.
  - 온라인 의류구입비는 10% 할인 받아 총 의류구입비는 $30-(15 \times 0.1) = 28.5$만 원이다.
  - 권당 가격이 1만 2천 원 이상인 도서의 도서구입비는 권당 3천 원 할인 받아 총 여가 및 자기계발비는 $30-(3 \times 0.3) = 29.1$만 원이다.

  이때 총 할인액은 $1+1.5+0.9 = 3.4$만 원이나, 최대 총 할인한도액이 3만 원이므로 예상청구액은 $20+30+30+30-3 = 107$만 원이다.

- C신용카드
  - 버스·지하철, 택시 요금은 10% 할인 받아 총 교통비는 $20-\{(8+2) \times 0.1\} = 19$만 원이다.
  - 카페 지출액과 재래시장 식료품 구입비는 각각 10% 할인 받아 총 식비는 $30-(5 \times 0.1)-(5 \times 0.1) = 29$만 원이다.
  - 의류구입비는 할인 받을 수 있는 항목이 없으므로 30만 원이다.
  - 영화관람료는 회당 2천 원 할인 받아 총 여가 및 자기계발비는 $30-(2 \times 0.2) = 29.6$만 원이다.

  이에 따라 예상청구액은 $19+29+30+29.6 = 107.6$만 원이다.

따라서 예상청구액이 가장 적은 카드부터 순서대로 나열하면 A - B - C이다.

---

19 자료변환

실력 UP 문제 분석

출제 포인트

제시된 보고서를 다양한 형태의 자료로 변환

소재

특허출원 건수의 비율, 구성비, 비중, 증가율

기출 포인트

IBK기업은행, 국민은행 등의 금융 NCS에서는 제시된 자료를 다른 형태의 자료로 변환하는 문제가 꾸준히 출제되고 있다. 선택지를 먼저 확인한 후 제시된 자료에서 관련 있는 항목의 값을 찾아 비교하는 방법으로 풀이해야 한다.

정답 체크

2015~2018년 기술분야별 초흡수성 수지 특허출원 건수 합의 국가별 비중은 친환경 기술분야에서 A국이 27건, B국이 8건, C국이 14건, D국이 15건, 공정 친환경 기술분야에서 A국이 16건, B국이 15건, C국이 28건, D국이 9건으로 <표>를 이용하여 작성한 그래프로 옳으나, 조성물 기술분야에서 A국이 35건, B국이 11건, C국이 18건, D국이 6건이므로 <표>를 이용하여 작성한 그래프로 옳지 않다.

오답 체크

① 2015~2018년 국가별 초흡수성 수지의 특허출원 건수 비율은 2015년에 A국이 $\{(5+3+1)/35\} \times 100 = 25.7\%$, B국이 $\{(4+0+3)/35\} \times 100 = 20.0\%$, C국이 $\{(2+7+3)/35\} \times 100 = 34.3\%$, D국이 $\{(1+1+5)/35\} \times 100 = 20.0\%$, 2016년에 A국이 $\{(8+2+3)/47\} \times 100 = 27.7\%$, B국이 $\{(4+2+1)/47\} \times 100 = 14.9\%$, C국이 $\{(5+8+5)/47\} \times 100 = 38.3\%$, D국이 $\{(2+3+4)/47\} \times 100 = 19.1\%$, 2017년에 A국이 $\{(11+5+10)/59\} \times 100 = 44.1\%$, B국이 $\{(2+5+3)/59\} \times 100 = 16.9\%$, C국이 $\{(5+7+3)/59\} \times 100 = 25.4\%$, D국이 $\{(1+3+4)/59\} \times 100 = 13.6\%$, 2018년에 A국이 $\{(11+6+13)/61\} \times 100 = 49.2\%$, B국이 $\{(1+8+1)/61\} \times 100 = 16.4\%$, C국이 $\{(6+6+3)/61\} \times 100 = 24.6\%$, D국이 $\{(2+2+2)/61\} \times 100 = 9.8\%$이므로 <표>를 이용하여 작성한 그래프로 옳다.

② 공정 기술분야의 국가별, 연도별 초흡수성 수지의 특허출원 건수는 2015년에 A국이 3건, B국이 0건, C국이 7건, D국이 1건, 2016년에 A국이 2건, B국이 2건, C국이 8건, D국이 3건, 2017년에 A국이 5건, B국이 5건, C국이 7건, D국이 3건, 2018년에 A국이 6건, B국이 8건, C국이 6건, D국이 2건이므로 <표>를 이용하여 작성한 그래프로 옳다.

③ A~D국 전체의 초흡수성 수지 특허출원 건수의 연도별 구성비는 2015년이 $(35/202) \times 100 = 17.3\%$, 2016년이 $(47/202) \times 100 = 23.3\%$, 2017년이 $(59/202) \times 100 = 29.2\%$, 2018년이 $(61/202) \times 100 = 30.2\%$이므로 <표>를 이용하여 작성한 그래프로 옳다.

⑤ A~D국 전체의 초흡수성 수지 특허출원 건수의 전년 대비 증가율은 2016년이 $\{(47-35)/35\} \times 100 = 34.3\%$, 2017년이 $\{(59-47)/47\} \times 100 = 25.5\%$, 2018년이 $\{(61-59)/59\} \times 100 = 3.4\%$이므로 <표>를 이용하여 작성한 그래프로 옳다.

⏱ 빠른 문제 풀이 Tip

비중을 계산하지 않아도 되는 선택지인 ②, ④와 비중 계산이 비교적 적은 선택지인 ③, ⑤부터 확인하는 것이 빠르다.

실력 UP 문제 분석

출제 포인트

제시된 자료를 바탕으로 보기의 옳고 그름 판단

기출 포인트

NH농협은행, 국민은행, KDB산업은행 등 대부분의 금융 NCS에서는 표 형태의 자료가 비중 높게 출제된다. 또한, 신한은행의 NCS에서는 합답형 문제의 비중이 높게 출제되므로 선택지를 소거하는 방법으로 문제를 풀이해야 한다.

정답 체크

ㄱ. 〈표〉에 따르면 2020년 어획량은 고등어가 가장 많고, 〈그림〉에 따르면 전년비가 100% 이상인 참다랑어, 멸치, 갈치, 전갱이, 조기는 2020년 어획량보다 2019년 어획량이 더 적으므로 참다랑어, 멸치, 갈치, 전갱이, 조기의 2019년 어획량은 고등어보다 더 적음을 알 수 있다. 이에 따라 광어, 고등어, 오징어의 2019년 어획량만 비교해 보면, 광어가 5,453 / 0.3 ≒ 18,176.7톤 미만, 오징어가 23,703 / 0.9 ≒ 26,336.7톤 미만, 고등어가 64,609 / 0.8 ≒ 80,761.3톤 초과로 고등어가 가장 많으므로 옳은 설명이다.

ㄷ. 평년비 = $\frac{2020년\ 어획량}{2011\text{~}2020년\ 연도별\ 어획량의\ 평균}$ × 100이고, 〈그림〉에 따르면 갈치의 2020년 어획량의 평년비는 120%보다 크므로 '2020년 어획량 > 2011~2020년 연도별 어획량의 평균'임을 알 수 있다. 이때 2021년 갈치 어획량이 2020년과 동일하다면, '2011~2020년 연도별 어획량의 평균'보다 더 큰 값이 더해짐에 따라 갈치의 '2011~2021년 연도별 어획량의 평균'은 '2011~2020년 연도별 어획량의 평균'보다 큰 것을 알 수 있으므로 옳은 설명이다.

오답 체크

ㄴ. 2019년 어획량과 2011~2020년 연도별 어획량의 평균을 비교하기 위해 제시된 각주를 변형한다.

$\frac{평년비}{전년비}$ = $\frac{2019년\ 어획량}{2011\text{~}2020년\ 연도별\ 어획량의\ 평균}$ 이므로 해당 값이 1보다 작으면 2019년 어획량이 2011~2020년 연도별 어획량의 평균보다 적은 것을 의미한다. 이때 그래프에 $y=x$인 임의의 선을 그었을 때 조기는 $y=x$의 좌상단에 위치함에 따라 조기는 2019년 어획량이 2011~2020년 연도별 어획량의 평균보다 많음을 알 수 있으므로 옳지 않은 설명이다.

⏱ 빠른 문제 풀이 Tip

ㄱ. 2019년 어획량 계산식에서 분모는 전년비, 분자는 2020년 어획량이다. 이때 고등어의 2020년 어획량은 광어의 10배 이상, 오징어의 2배 이상이고, 고등어의 전년비는 광어의 약 2배, 오징어의 약 0.9배로 고등어의 광어, 오징어 각각에 대한 분자값의 증가율이 분모값의 증가율보다 크므로 구체적인 수치를 계산하지 않더라도 고등어의 어획량이 가장 많음을 빠르게 비교할 수 있다.

ㄴ. 각주에서 전년비와 평년비를 구하는 식을 보면 분자값은 동일하나 분모값만 다른 형태이다. 따라서 각 어종의 전년비 > 평년비이면 2019년 어획량이 2011~2020년 연도별 어획량의 평균보다 적은 것이고, 전년비 < 평년비이면 2019년 어획량이 2011~2020년 연도별 어획량의 평균보다 많은 것임을 알 수 있다.

정답 체크

제시된 조건에 따르면 평가대상기관은 5개이고, 정성평가 기준에 따라 상, 중, 하에 따른 선정비율이 각각 20%, 60%, 20%이므로 '지자체 및 민간분야와의 재난안전분야 협력'과 '재난관리에 대한 종합평가'에서 각각 '상'을 받은 기관은 5 × 0.2 = 1개, '중'을 받은 기관은 5 × 0.6 = 3개, '하'를 받은 기관은 5 × 0.2 = 1개이다. 이때 A~E기관의 정성평가 점수를 확인하면, A기관이 20점으로 정성평가에서 모두 '상'을 받았고, B, C기관이 11점으로 정성평가에서 모두 '중'을 받았음을 알 수 있다. 이에 따라 D와 E기관이 받을 수 있는 점수는 재난안전분야 협력에서 중(6점), 하(3점)이고, 재난관리에 대한 종합평가에서 중(5점), 하(1점)이다. 기관별 평가 점수를 정리하면 다음과 같다.

평가 기관	정량 평가	정성평가				최종 점수
		경우 1	경우 2	경우 3	경우 4	
A	71	20				91
B	80	11				91
C	69	11				80
D	74	11	7	8	4	최대 85 최소 78
E	66	4	8	7	11	최대 77 최소 70

경우 1~4 모두 A기관과 B기관의 최종점수가 동점으로 가장 높으므로 정성평가 점수가 높은 A기관이 1위, B기관이 2위이다. 또한, E기관 최종점수의 최댓값이 D기관 최종점수의 최솟값보다 낮으므로 E기관은 5위이며, 경우에 따라 C기관과 D기관은 3위, 4위 또는 4위, 3위이다.

따라서 E기관은 어떠한 경우에도 5위이므로 옳은 설명이다.

오답 체크

① A기관은 항상 1위이므로 옳지 않은 설명이다.

② B기관은 항상 2위이므로 옳지 않은 설명이다.

③ D기관의 최종점수가 85점인 경우 C기관은 4위이므로 옳지 않은 설명이다.

④ D기관의 최종점수가 85점인 경우 D기관은 3위이므로 옳지 않은 설명이다.

실력 UP 문제 분석

출제 포인트

규칙 적용에 따른 항목 추론

소재

자동차 번호 추론

기출 포인트

NH농협은행, IBK기업은행, 국민은행 등 대부분의 금융 NCS에서는 조건 추리 문제가 출제된다. 고려해야 하는 조건이나 경우의 수를 빠짐없이 확인하여 빠르고 정확하게 문제를 푸는 연습을 해야 한다.

정답 체크

미세먼지 비상저감조치가 시행될 경우 차량 홀짝제를 시행하여, 시행일이 홀수이면 자동차 번호 끝자리 숫자가 홀수인 차량만 운행할 수 있고, 시행일이 짝수이면 자동차 번호 끝자리 숫자가 홀수가 아닌 차량만 운행할 수 있다. 12일(월), 13일(화), 14일(수)에 미세먼지 비상저감조치가 시행되었으므로 甲, 乙, 丙이 나눈 대화 내용을 바탕으로 각자가 자동차를 운행한 날을 정리하면 다음과 같다.

- 甲: 12일(월)에 자동차로 출근했으므로 자동차 번호 끝자리 숫자는 짝수이다. 또한, 이번 주에 총 4번 자동차로 출근했으므로 홀수일인 13일(화)을 제외한 14일(수), 15일(목), 16일(금)에도 자동차로 출근했음을 알 수 있다. 이때 목요일과 금요일에는 자동차 번호 끝자리 숫자가 7, 8, 9, 0인 경우 운행할 수 없으므로 甲의 자동차 번호 끝자리 숫자는 2, 4, 6 중 하나이다.
- 乙: 이번 주에 이틀만 자동차로 출근했으므로 자동차 번호 끝자리가 짝수인 경우 12일(월)과 14일(수)에 자동차를 운행할 수 있다. 이때 자동차 번호 끝자리 숫자가 목요일에는 7, 8, 금요일에는 9, 0인 경우 운행할 수 없어 목요일과 금요일 둘 다 운행하지 않는 경우는 존재하지 않으므로 乙의 자동차 번호 끝자리 숫자는 홀수임을 알 수 있다. 이에 따라 乙의 자동차 번호 끝자리 숫자는 13일(화), 15일(목)에 자동차로 출근한 경우 16일(금)에 운행할 수 없는 홀수인 9이고, 13일(화), 16일(금)에 자동차로 출근한 경우 15일(목)에 운행할 수 없는 홀수인 7이다.
- 丙: 13일(화)에 자동차로 출근했으므로 자동차 번호 끝자리 숫자는 홀수이다. 또한, 15일(목)과 16일(금)에도 자동차로 출근했으므로 丙의 자동차 번호 끝자리 숫자는 7, 8, 9, 0이 아니다. 이에 따라 丙의 자동차 번호 끝자리 숫자는 1, 3, 5 중 하나이다.

따라서 甲, 乙, 丙의 자동차 번호 끝자리 숫자의 합으로 가능한 최댓값은 6+9+5=20이다.

23 논리퍼즐
정답 ②

실력 UP 문제 분석

출제 포인트
경우의 수

소재
식당 방문 요일 및 시간

기출 포인트
NH농협은행, IBK기업은행, 국민은행 등 대부분의 금융 NCS에서는 같은 요일에 면접을 보는 사람, 발표 날짜 추리 등 순서를 파악하는 조건추리 문제가 꾸준히 출제되고 있다.

정답 체크

제시된 <대화>를 정리하면 다음과 같다.

- 방문 순서: 乙>甲
- 乙은 저녁에 丙은 점심에 식당을 다녀옴
- 丙은 월요일에 식당을 다녀오지 않음

乙은 저녁에 식당을 다녀오고, 방문 시기가 甲보다 빠르므로 乙은 월요일 또는 화요일 저녁에 식당에 다녀왔다. 이에 따라 가능한 경우를 정리하면 다음과 같다.

<경우 1> 乙이 월요일 저녁에 식당을 다녀온 경우

구분	월요일	화요일	수요일
점심(12시)	-	甲 또는 丙	甲 또는 丙
저녁(18시)	乙	甲	甲

<경우 2> 乙이 화요일 저녁에 식당을 다녀온 경우

구분	월요일	화요일	수요일
점심(12시)	-	丙	甲 또는 丙
저녁(18시)	-	乙	甲

만약 丙보다 甲이 먼저 점심 할인을 받았을 경우, 甲, 乙, 丙의 식당 방문 순서는 乙-甲-丙이고, 甲과 丙이 모두 점심에 식당을 다녀왔으므로 乙은 월요일 저녁, 甲은 화요일 점심, 丙은 수요일 점심에 식당을 다녀왔음을 알 수 있다.

오답 체크

① 만약 乙이 다녀온 바로 다음날 丙이 점심을 먹었을 경우, 乙은 월요일 저녁, 화요일 저녁에 식당을 방문할 수 있다. 따라서 甲, 乙, 丙이 언제 식당에 다녀왔는지 알 수 없다.

③ 만약 甲이 가장 늦게 식당을 방문했을 경우, 甲은 화요일 저녁, 수요일 점심, 저녁에 식당을 방문할 수 있다. 따라서 甲, 乙, 丙이 언제 식당에 다녀왔는지 알 수 없다.

④ 만약 월요일에 식당을 방문한 사람이 없을 경우, 乙은 화요일 저녁에 식당을 방문했음을 알 수 있으나 甲과 丙이 언제 식당에 다녀왔는지 알 수 없다.

⑤ 만약 丙보다 甲과 乙이 먼저 식당을 방문했을 경우, 乙은 월요일 저녁, 甲은 화요일 점심, 저녁, 丙은 수요일 점심에 식당을 방문할 수 있다. 따라서 甲이 언제 식당에 다녀왔는지 알 수 없다.

24 규칙 적용
정답 ⑤

실력 UP 문제 분석

소재
위원회 구성, 득표자

기출 포인트
전체 득표 수 및 최다 득표자가 여러 명인 경우 어떻게 위원장을 결정하는지 그 방식을 확인한 후, 이를 <보기>에 추가적으로 제시된 조건에 적용한다. <보기>에 제시된 각각의 조건을 구체적으로 수치화하여 가능한 경우를 파악하며 문제를 풀이해야 한다.

정답 체크

12명의 위원이 서로 다른 2명에게 1표씩 투표하므로 위원 모두에게 각각 2표가 주어진다. 또한 기권 및 무효표는 없으므로 전체 득표는 24표이다.

ㄴ. 득표자가 총 3명이고 그중 1명이 7표를 얻을 경우 나머지 2명이 얻은 표는 총 17표이다. 이때 7표를 얻은 득표자를 제외한 나머지 2명 甲, 乙이 득표할 수 있는 경우를 표로 정리하면 다음과 같다.

甲	1	2	3	4	5	6	7	8
乙	16	15	14	13	12	11	10	9

득표자 3명 중 1명이 7표를 얻었다면 나머지 2명 중 1명이 항상 최다 득표자가 되므로 위원장을 선발하기 위해 추첨을 해야 하는 경우는 없다. 따라서 위원장을 추첨으로 결정하지 않아도 되므로 옳은 설명이다.

ㄷ. 득표자 중 최다 득표자가 8표를 얻었고 추첨 없이 위원장이 결정되었다면, 최다 득표자는 1명이라는 의미이므로 나머지 득표자는 8표보다 적은 득표를 해야 한다. 이때 나머지 득표자가 얻은 표는 총 16표이고, 8보다 작은 수 중 가장 큰 수인 7은 2번 더하더라도 16이 되지 않으므로 8 미만의 득표 수의 총합이 16이 되려면 득표자는 최소한 3명이 필요하다. 따라서 최다 득표자를 포함하여 득표자는 4명 이상이므로 옳은 설명이다.

오답 체크
ㄱ. 득표자 중 5표를 얻은 위원이 존재하고 추첨을 통해 위원장이 결정되었다면 득표자 6명이 5, 5, 4, 4, 4, 2표를 얻은 경우도 가능하여 득표자가 3명을 초과할 수 있으므로 옳지 않은 설명이다.

25 규칙 적용
정답 ①

실력 UP 문제 분석

출제 포인트
가중치를 활용한 점수 계산

소재
복지시설의 다섯 가지 항목에 대한 점수 비교

기출 포인트
금융 NCS에서는 항목별 점수 계산을 필요로 하는 문제가 출제되기도 한다. 가중치가 같은 항목은 묶어서 계산하는 등 계산 과정을 최소화하는 방법으로 문제 풀이 시간을 단축해야 한다.

정답 체크
시설별 평가점수의 총점을 계산하여 등급을 매기면 A시설은 $(90+95+95+95+90) \times 0.2 = 93$점으로 1등급, B시설은 $(90+70+70+70+95) \times 0.2 = 79$점으로 3등급, C시설은 $(80+65+55+60+50) \times 0.2 = 62$점으로 4등급, D시설은 $(90+70+80+60+65) \times 0.2 = 73$점으로 3등급이다.

ㄱ. A시설은 1등급으로 특별한 조치를 취하지 않아 관리 정원을 감축하지 않아도 되므로 옳은 설명이다.

ㄴ. B시설은 3등급으로 관리 정원의 10%를 감축해야 하나, 정부의 재정지원은 받을 수 있으므로 옳은 설명이다.

오답 체크
ㄷ. 평가항목에서 환경개선의 가중치를 0.3으로, 복지성과의 가중치를 0.1로 바꾼다면 C시설은 $80 \times 0.3 + (65+55+50) \times 0.2 + 60 \times 0.1 = 64$점으로 4등급이고, 4등급을 받으면 정부의 재정지원도 받을 수 없으므로 옳지 않은 설명이다.

ㄹ. D시설은 3등급으로 관리 정원의 10%를 감축해야 하나, 정부의 재정지원은 받을 수 있으므로 옳지 않은 설명이다.

26 규칙 적용
정답 ④

정답 체크
ㄱ. 제시된 <성적 평정 기준표>에 따르면 D등급과 F등급의 배정 비율은 최소 0%이므로 평정대상 전원에게 C등급 이상을 부여할 수 있으며, +와 0의 비율은 교수 재량으로 정할 수 있어 평정대상 전원에게 C⁺ 이상의 학점을 부여할 수 있으므로 옳은 설명이다.

ㄷ. 5명에게 A등급을 부여하면, A등급의 배정 비율은 $(5/20) \times 100 = 25\%$가 되며, A등급의 잔여 비율인 5%를 B등급에 배정하면 B등급의 배정 비율은 최대 40%가 된다. 이에 따라 B⁺학점을 부여할 수 있는 학생은 최대 $20 \times 0.4 = 8$명이므로 옳은 설명이다.

ㄹ. A등급을 받을 수 있는 학생은 최대 $20 \times 0.3 = 6$명, B등급을 받을 수 있는 학생은 최대 $20 \times 0.35 = 7$명으로 총 13명의 학생이 A등급 또는 B등급을 받을 수 있다. 이에 따라 59점을 받은 18위 학생은 A등급과 B등급을 제외한 C등급, D등급, F등급 중 하나를 받을 수 있으므로 옳은 설명이다.

오답 체크
ㄴ. 제시된 자료에 따르면 A등급을 받는 최소 학생 수는 A등급 배정 비율이 최소 10%이므로 $20 \times 0.1 = 2$명이다. B등급을 받는 최소 학생 수는 B등급 배정 비율이 최소 20%이므로 $20 \times 0.2 = 4$명이 되어 A와 B등급을 받는 최소 학생 수는 6명이다. 이에 따라 79점을 받은 7위인 학생은 C등급을 받게 되며, 각 등급 내에서 +와 0의 비율은 교수 재량으로 정할 수 있기 때문에 79점을 받은 학생이 받을 수 있는 가장 낮은 학점은 C⁰가 되므로 옳지 않은 설명이다.

27 법·규정의 적용
정답 ③

정답 체크
제시된 조건에 따르면 甲과 乙은 공사도급계약을 체결하였으며, 甲은 乙의 과실로 인해 건물 리모델링이 30일 지연되었고, 乙의 고의로 인한 부실공사로 손해를 입었다. 그러나 제시된 지문에 따르면 채권자와 채무자는 예정된 사유가 아닌 다른 사유로 발생한 손해에 대해서는 손해배상액 예정의 효력이 미치지 않으므로 甲은 공사지연에 따른 손해는 손해배상액의 예정에 적용되며, 부실공사로 인한 손해배상액은 손해발생사실과 손해액을 증명해야 한다. 따라서 甲이 乙에게 청구할 수 있는 손해배상액은 공사기간 지연에 따른 손해배상액인 $100,000,000 \times 0.001 \times 30 = 3,000,000$원과 부실공사로 인한 손해배상액인 10,000,000원으로 총 13,000,000원이다.

28 법·규정의 적용
정답 ①

정답 체크
첫 번째 법조문의 제1항 제1호에서 신속한 국민의 권리 보호 또는 예측 곤란한 특별한 사정의 발생 등으로 입법이 긴급을 요하는 경우에는 입법예고를 하지 않을 수 있다고 하였으므로 옳은 설명이다.

오답 체크
② 두 번째 법조문의 제3항에서 행정청은 예고된 입법안 전문에 대한 복사 요청을 받은 경우에는 복사에 드는 비용을 복사를 요청한 자에게 부담시킬 수 있다고 하였으므로 옳지 않은 설명이다.

③ 첫 번째 법조문의 제1항 제2호에서 행정청은 법령의 단순한 집행을 위해 그 상위 법령을 개정하는 경우 입법예고를 하지 아니할 수 있다고 하였으나, 하위 법령에 대한 규정은 알 수 없는 내용이다.

④ 첫 번째 법조문의 제2항에서 법제처장은 입법예고를 하지 아니한 법령안의 심사 요청을 받은 경우에 입법예고를 하는 것이 적당하다고 판단할 때에는 해당 행정청에 입법예고를 권고하거나 직접 예고할 수 있다고 하였으므로 옳지 않은 설명이다.

⑤ 첫 번째 법조문의 제1항에서 행정청은 법령 등을 제정, 개정 또는 폐지하려는 경우에는 이를 예고해야 한다고 하였으므로 옳지 않은 설명이다.

실력 UP 문제 분석

출제 포인트

제시된 글의 내용을 근거로 선택지의 옳고 그름 판별하기

주제

두 선수의 엘로 점수, 승리할 확률

기출 포인트

선택지에서 두 사람 간의 엘로 점수 차이, 승리할 확률 등을 묻고 있으므로 지문의 내용과 식을 활용하여 풀이해야 한다. 지문에서 엘로 점수 차이와 이길 확률의 비례관계를 정확히 파악한다.

정답 체크

ㄴ. 마지막 단락에서 경기에서 승리한 선수는 그 경기에서 패배할 확률에 K를 곱한 만큼 점수를 얻고, 경기에서 패배한 선수는 그 경기에서 승리할 확률에 K를 곱한 만큼 점수를 잃는다고 했고, 패배할 확률이 가장 높은 경우는 1이므로 K = 32라면, 엘로 점수의 최댓값은 32점이다. 따라서 한 경기에서 최대한 얻을 수 있는 엘로 점수는 32점 이하이므로 옳은 설명이다.

ㄹ. 세 번째 단락에서 두 선수의 엘로 점수가 같다면 각 선수가 승리할 확률은 0.5로 같으나 만약 한 선수가 다른 선수보다 엘로 점수가 200점 높다면 그 선수가 승리할 확률은 약 0.76임을 알 수 있다. 이에 따라 A가 B에게 승리할 확률이 0.8이라면 0.76보다 높은 수치이므로 A의 엘로 점수는 B의 엘로 점수보다 200점 이상 높을 것이다. 또한 B가 C에게 승리할 확률이 0.8이라면 B의 엘로 점수도 C의 엘로 점수보다 200점 이상 높을 것이므로 A의 엘로 점수는 C의 엘로 점수보다 400점 이상 높을 것이다. 엘로 점수 차이가 정확히 400일 때, 엘로 점수가 400점 높은 선수가 승리할 확률은 다음과 같다.

$$P_{XY} = \frac{1}{1 + 10^{-(400-0)/400}} = \frac{1}{1 + 10^{-1}} = \frac{1}{1 + \frac{1}{10}} = \frac{1}{\frac{11}{10}} \fallingdotseq 0.91$$

이는 엘로 점수가 정확히 400점 높은 사람이 이길 확률이 약 0.91이라는 의미이고, A는 C보다 400점 이상 높으므로 A가 이길 확률도 0.91보다 더 높음을 알 수 있다. 따라서 A가 C에게 승리할 확률은 0.9 이상이므로 옳은 설명이다.

오답 체크

ㄱ. 두 번째 단락에서 두 선수가 승리할 확률의 합은 항상 1이 된다고 했으므로 두 선수가 경기할 때 한 선수가 승리할 확률을 a라고 하면 패배할 확률은 1−a이고, 한 선수가 승리할 확률은 다른 선수가 패배할 확률과 같다. 또한 마지막 단락에서 경기에서 승리한 선수는 그 경기에서 패배할 확률에 K를 곱한 만큼 점수를 얻고, 경기에서 패배한 선수는 그 경기에서 승리할 확률에 K를 곱한 만큼 점수를 잃는다고 했으므로 경기에서 승리한 선수가 얻는 엘로 점수와 그 경기에서 패배한 선수가 잃는 엘로 점수는 같으므로 옳지 않은 설명이다.

ㄷ. A가 B에게 패배할 확률이 0.1이라는 것은 B가 A에게 이길 확률이 0.9라는 의미이고, 이는 엘로 점수가 정확히 400점 높은 사람이 이길 확률인 0.91보다 작은 수치이므로 두 선수의 엘로 점수의 차이도 400점 미만이므로 옳지 않은 설명이다.

⏱ 빠른 문제 풀이 **Tip**

지문과 <보기>에 '0.76', '200점', '0.9', '0.1', '400점'과 같은 숫자가 제시되었으므로 공식을 여러 번 활용하기보다는 제시된 수치와 관련된 계산만 활용한다.

실력 UP 문제 분석

출제 포인트

제시된 글의 내용을 근거로 선택지의 옳고 그름 판별하기

기출 포인트

지문에 제시된 각 면적 간의 관계를 이해한 후 구분하여 문제에 접근하고, '전용면적', '공용면적' 등 다양한 용어들이 제시되어 있으므로 각 용어의 의미에 유의하여 문제를 풀이해야 한다.

정답 체크

각 면적의 내용을 정리하면 다음과 같다.

· 전용면적: 발코니 면적을 제외하고, 방이나 거실, 주방, 화장실 등을 모두 포함한 면적
· 공용면적: 주거공용면적과 기타공용면적으로 구분됨
  − 주거공용면적: 거주를 위하여 공유하는 면적으로 공용계단, 공용복도 등의 면적을 더한 것
  − 기타공용면적: 주거공용면적을 제외한 지하층, 관리사무소, 노인정 등의 면적을 더한 것
· 공급면적 = 전용면적 + 주거공용면적
· 계약면적 = 공급면적 + 기타공용면적 = 전용면적 + 주거공용면적 + 기타공용면적
· 서비스면적: 발코니 같은 공간의 면적으로 전용면적과 공용면적에서 제외됨

따라서 계약면적은 전용면적, 주거공용면적, 기타공용면적을 더한 것이므로 옳은 설명이다.

오답 체크

① 계약면적은 전용면적, 주거공용면적, 기타공용면적을 더한 것이며, 발코니 면적은 서비스면적으로 전용면적에서 제외되어 계약면적에서도 제외되므로 옳지 않은 설명이다.

② 공급면적은 전용면적, 주거공용면적을 더한 것이며, 관리사무소 면적은 기타공용면적에 해당하여 공급면적에는 포함되지 않으므로 옳지 않은 설명이다.

④ 공급면적은 전용면적과 주거공용면적을 더한 것이며, 주거공용면적에 해당하는 공용계단과 공용복도는 공급면적에도 포함되므로 옳지 않은 설명이다.

⑤ 개별 세대 내 거실과 주방의 면적은 개별 세대 현관문 안쪽의 전용 생활공간으로서 전용면적으로 공용면적에 해당하는 주거공용면적에 포함되지 않으므로 옳지 않은 설명이다.